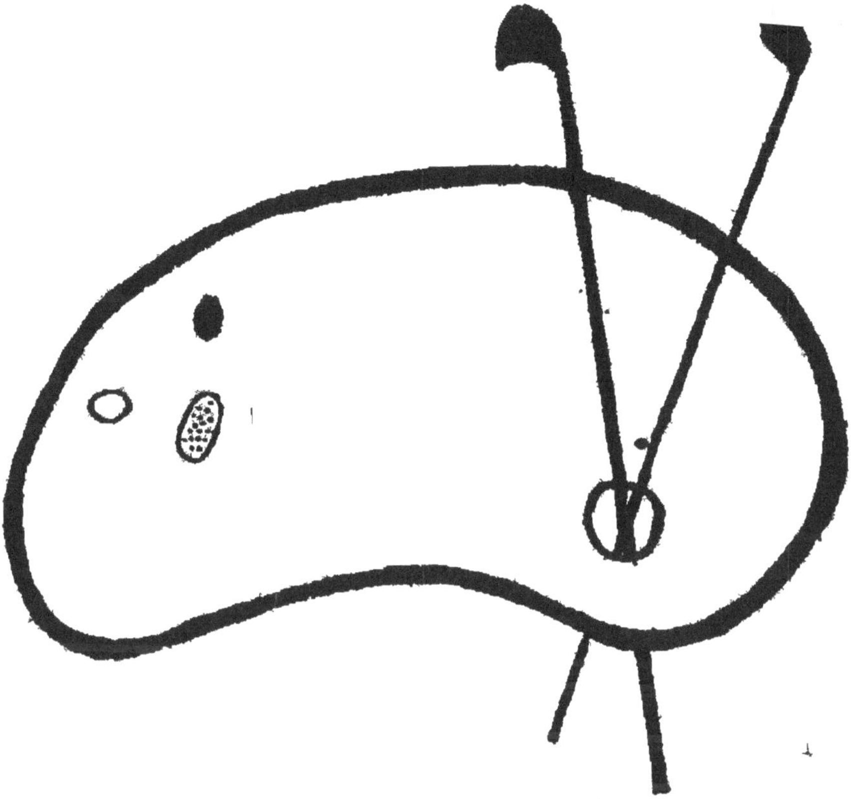

PUBLIÉ SOUS LA DIRECTION
DE LA SECTION HISTORIQUE DE L'ÉTAT-MAJOR DE L'ARMÉE

CORRESPONDANCE INÉDITE

DE

NAPOLÉON Ier

CONSERVÉE AUX ARCHIVES DE LA GUERRE

PUBLIÉE PAR

ERNEST PICARD
LIEUTENANT-COLONEL D'ARTILLERIE BREVETÉ

ET

LOUIS TUETEY
BIBLIOTHÉCAIRE-ARCHIVISTE ADJOINT AU MINISTÈRE DE LA GUERRE

TOME III. — 1809-1810

PARIS
HENRI CHARLES-LAVAUZELLE
Editeur militaire
10, Rue Danton, Boulevard Saint-Germain, 118
(MÊME MAISON A LIMOGES)

1913

CORRESPONDANCE INÉDITE

DE

NAPOLÉON PREMIER

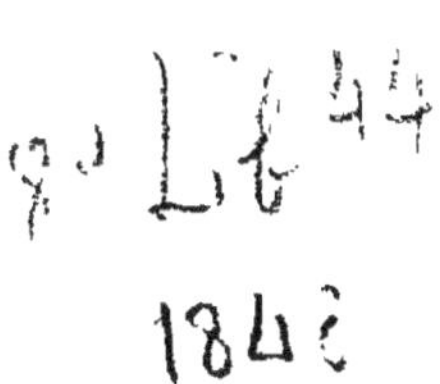

PUBLIÉ SOUS LA DIRECTION
DE LA SECTION HISTORIQUE DE L'ÉTAT-MAJOR DE L'ARMÉE

CORRESPONDANCE INÉDITE
DE
NAPOLÉON Ier

CONSERVÉE AUX ARCHIVES DE LA GUERRE

PUBLIÉE PAR

ERNEST PICARD
LIEUTENANT-COLONEL D'ARTILLERIE BREVETÉ

ET

LOUIS TUETEY
BIBLIOTHÉCAIRE-ARCHIVISTE ADJOINT AU MINISTÈRE DE LA GUERRE

TOME III. — 1809-1810

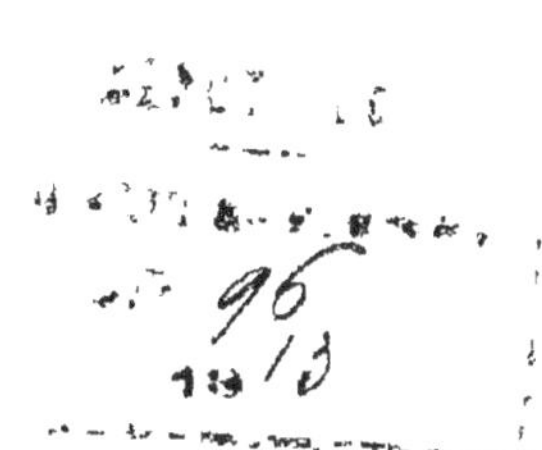

PARIS
HENRI CHARLES-LAVAUZELLE
Editeur militaire
10, Rue Danton, Boulevard Saint-Germain, 118
(MÊME MAISON A LIMOGES)

1913

CORRESPONDANCE

DE

NAPOLÉON PREMIER

3058. — AU MARÉCHAL BERTHIER.

Paris, 1er avril 1809.

Mon Cousin, je reçois votre lettre du 31 mars. Je ne sais pourquoi le 8e bataillon n'a pas reçu d'ordre; il doit suivre le mouvement des autres bataillons, de même que les 10e, 13e et 14e.

Le général Claparède doit se rendre à sa division; le général Marulaz doit se rendre à Ulm pour prendre le commandement de la cavalerie légère du corps du duc de Rivoli; ses fonctions seront remplies par le général Beaumont.

J'ai vu avec peine que le duc de Rivoli ait (*sic*) renvoyé les caissons de la division Legrand. Donnez ordre qu'ils prennent des cartouches au premier convoi qu'ils rencontreront, et qu'ils retournent. Réitérez au duc de Rivoli de ne plus donner de pareils ordres, et de se tenir prêt à chaque instant à partir.

Toutes les troupes d'artillerie et du génie, destinées à former le parc général, doivent d'abord se diriger sur Donauwörth.

Faites passer la lettre ci-jointe au roi de Wurtemberg.

NAPOLÉON.

3059. — AU GÉNÉRAL CLARKE.

1er avril 1809.

Monsieur le général Clarke, on passera la revue du bataillon de Neuchâtel à son arrivée à Paris ; lorsqu'on sera assuré qu'il ne manquera de rien, on me le présentera et il partira le lendemain pour Strasbourg.

NAPOLÉON.

3060. — DÉCISION.

Paris, 1er avril 1809.

Rapport du général Junot, relatif aux opérations militaires en Aragon.

Renvoyé au ministre de la guerre pour faire faire un article de journal de la reddition de Jaca, de Morella, de la dernière affaire du général Victor, du succès obtenu par le général Saint-Cyr à la fin de février et de la soumission de l'Aragon.

NAPOLÉON.

3061. — DÉCISION.

Paris, 2 avril 1809.

Le général Clarke rend compte à l'Empereur que le dépôt du 16e régiment d'infanterie de ligne, stationné à Toulon, n'a pas, à beaucoup près, un effectif suffisant pour envoyer à la division Molitor les 250 hommes qu'il a reçu l'ordre de diriger sur Strasbourg.

Contremander l'ordre de départ de ces 250 hommes ; ils seront remplacés au 16e par 250 hommes pris sur ce qu'il y a de disponible dans les détachements arrivés de Portugal, parmi lesquels on prendra également les 400 hommes qui doivent être fournis au 57e. Me faire un rapport s'il y a encore d'autres détachements qui n'ont pas été fournis par les dépôts et qui peuvent l'être par les hommes revenus de Portugal ; dès lors les contremander à ces corps, car il ne faut pas non plus que les régiments soient trop forts.

NAPOLÉON.

3062. — DÉCISION.

Paris, 2 avril 1809.

M. Hirsinger rend compte au comte de Champagny, ministre des

Renvoyé au major général pour faire diriger ces compa-

relations extérieures, que les deux compagnies de sapeurs formant le complément du contingent du grand-duc de Würzburg sont organisées et qu'elles n'attendent plus qu'un ordre de départ. gnies sur Donauwörth où elles rejoindront le parc général du génie et seront sous les ordres du général Bertrand.

NAPOLÉON.

3063. — AU GÉNÉRAL CLARKE.

2 avril 1809.

Monsieur le général Clarke, donnez ordre que demain lundi, 3 avril, 150 Polonais de la garde, des mieux montés et équipés, un bataillon des grenadiers de la garde, qui étaient à Paris, et un des chasseurs de la garde *idem*, chaque bataillon le plus fort possible et comptant au moins 600 hommes, y compris les détachements déjà partis pour conduire les conscrits de la garde, et qui s'arrêtent à Strasbourg, et les deux régiments de tirailleurs, forts au moins chacun de 1.500 hommes, partent pour Strasbourg.

Il restera un dépôt de tous les hommes qui ne sont pas encore habillés, lesquels partiront jeudi ou vendredi au plus tard, mais ce dépôt ne pourra pas être de plus de 150 grenadiers et de 150 chasseurs.

Ces détachements se dirigeront par les deux routes de Nancy et de Metz, les grenadiers par Metz, et les chasseurs par Nancy. Il y aura donc une colonne de 2.100 hommes sur chaque route.

Jeudi, ou au plus tard vendredi, les deux dépôts formant 300 hommes, et 100 autres Polonais, partiront pour Strasbourg, de sorte qu'avec les deux régiments de tirailleurs, forts au moins de 3.000 hommes, et les deux bataillons de grenadiers et chasseurs, forts de 1.200 hommes, j'aurai du 15 au 20 avril, à Strasbourg, 4.200 hommes et 2.000 chevaux; ce qui, y compris les boulangers, les chirurgiens et les hommes de l'administration qui s'y rendent directement, l'artillerie, etc., me fera déjà une réserve importante.

Demain je verrai tous les hommes disponibles des six régiments qui sont à Paris. Il faut avoir soin de distinguer parmi eux les conscrits des années antérieures, ceux qui reviennent de Bordeaux et du Portugal, et les conscrits de 1810. Le général Hulin me les présentera demain à midi, aux Champs-Elysées.

NAPOLÉON.

3064. — AU MARÉCHAL BERTHIER.

3 avril 1809.

Mon Cousin, donnez ordre qu'arrivés à Huningue, on passe la revue du régiment provisoire de chasseurs portugais et de la 13e demi-brigade provisoire, composée de 1.500 hommes d'infanterie portugais, pour s'assurer qu'ils sont en bon état et qu'ils ne manquent de rien. Si quelque chose manquait à leur habillement ou à leur armement, on le leur fournira, et on leur fera passer le Rhin pour se diriger sur Augsburg, où ils feront partie du corps du général Oudinot.

NAPOLÉON.

3065. — AU MARÉCHAL BERTHIER.

Paris, 3 avril 1809.

Mon Cousin, écrivez au sieur Otto, pour savoir quand le million de biscuits que j'ai demandé sera confectionné et ce qu'il y a de fait ; informez-vous aussi si l'on a établi des fours à Munich et à Augsburg. Il est indispensable d'établir à Augsburg des magasins de cartouches d'infanterie, de farine et d'avoine. Je suppose que vous êtes arrivé aujourd'hui à Strasbourg. Il me tarde d'apprendre que la division Saint-Hilaire et la réserve de cavalerie sont arrivées à Ratisbonne. Mes chevaux et ma garde doivent être arrivés à Strasbourg. Faites-moi connaître en quel état ils se trouvent et donnez des ordres pour qu'ils se reposent.

NAPOLÉON.

3066. — AU MARÉCHAL BERTHIER.

3 avril 1809.

Mon Cousin, faites connaître au duc de Rivoli que j'ai envoyé le général Rouyer pour commander le régiment des maisons ducales de Saxe qui ne sera réuni que le 15 avril à Würzburg ; que je verrai ensuite à en disposer définitivement. Recommandez au général Oudinot de s'assurer que chaque homme de son corps a ses 50 cartouches, et, qu'indépendamment de cela, ses caissons sont pleins. Vous verrez, par différentes demandes que fait le général Oudinot, qu'il est convenable que le général Songis lui envoie des ouvriers et une compagnie de pontonniers. Vous lui ferez connaître qu'il peut trouver 1.000.000 de cartouches bavaroises à Augsburg. Donnez ordre au général Songis qu'indépendamment des 3.000.000 de cartouches qu'il a fait partir pour Ulm, il en fasse partir 1.000.000 pour Augsburg. Il y a à Mayence différents détachements de sapeurs et de canonniers destinés pour le parc; dirigez-les sur Donauwörth. Je vous ai mandé que les escadrons provisoires de chasseurs et hussards, à mesure qu'ils sont formés, doivent partir, ceux destinés au corps du duc de Rivoli pour Ulm, ceux du corps d'Oudinot pour Augsburg, ceux de la division Montbrun et du corps du duc d'Auerstædt pour Donauwörth.

NAPOLÉON.

3067. — AU MARÉCHAL BERTHIER.

Paris, 3 avril 1809.

Mon Cousin, je vous renvoie votre correspondance. Je suppose que vous avez donné l'ordre au général Montbrun de se rendre avec sa division de cavalerie légère à Donauwörth et à Ratisbonne, en prenant les précautions convenables, et de cantonner ses régiments sur l'une et l'autre rive, en ayant soin de les inspecter et de les reposer.

Le général Claparède sera sans doute parti pour sa division. Au fur et à mesure de l'arrivée des escadrons de marche destinés à compléter les régiments de l'armée d'Allemagne, vous dirigerez ceux appartenant au corps du général Oudinot sur Augsburg, ceux appartenant au corps du duc de Rivoli sur Ulm et les autres sur Donauwörth.

Le général de brigade Lagrange sera employé dans la division Montbrun et aura une brigade de cavalerie. Il va se rendre à Strasbourg.

NAPOLÉON.

3068. — DÉCISION.

Paris, 3 avril 1809.

Le général Clarke fait connaître que les trois compagnies des princes d'Anhalt, qui sont à Metz, doivent entrer dans la composition du bataillon fourni par ces princes, et

Le (1) faire en conséquence diriger sur Strasbourg.

NAPOLÉON.

(1) *Sic*

il demande si l'intention de l'Empereur est que ces trois compagnies soient dirigées sur Strasbourg.

3069. — DÉCISION.

Paris, 3 avril 1809.

Le général Clarke rend compte des motifs pour lesquels il a cru devoir envoyer au dépôt du 43e régiment d'infanterie de ligne, stationné à Gravelines, les cadres des trois compagnies du 5e bataillon de ce régiment qui sont à Bayonne.

Approuvé.

NAPOLÉON.

3070. — DÉCISION.

Paris, 3 avril 1809.

Le général Clarke a fait diriger sur Metz 300 hommes du bataillon du train d'artillerie, pour pouvoir conduire à l'armée d'Allemagne 700 chevaux de remonte destinés au service de l'artillerie.

Approuvé.

NAPOLÉON.

3071. — DÉCISION.

Paris, 3 avril 1809.

Le général Clarke rend compte qu'il a donné l'ordre de faire diriger sur Strasbourg la 8e compagnie du 1er régiment d'artillerie à pied, qui est à Rennes, les 3e et 4e compagnies du 6e régiment d'artillerie à cheval, qui sont à l'armée d'Espagne. Il sollicite les ordres de l'Empereur pour la destination ultérieure de ces trois compagnies et en même temps pour celle des treize autres compagnies d'artillerie, venant de Bayonne et des côtes, qui arriveront à Strasbourg du 2 avril au 8 mai.

Tout cela sera à la disposition du général Songis pour le parc de l'armée d'Allemagne.

NAPOLÉON.

3072. — AU GÉNÉRAL CLARKE.

3 avril 1809.

Monsieur le général Clarke, donnez ordre qu'un bataillon de 250 hommes, composé de 30 hommes de chacun des 2e, 4e et 12e légère, de 130 hommes du 32e et de 30 hommes du 58e, soit formé sous le nom de 15e bataillon de marche du corps d'Oudinot, et parte demain pour Strasbourg.

Vous manderez au général Oudinot d'envoyer 1 capitaine, 2 lieutenants et 2 sergents à Strasbourg pour prendre ces 250 hommes. Vous lui ferez connaître que je le laisse maître de les distribuer dans les compagnies qui en auraient le plus besoin, en choisissant les plus beaux hommes pour les compagnies de grenadiers, et les autres pour les basses compagnies. Vous lui recommanderez de faire dresser procès-verbal de cette incorporation et de l'envoyer aux corps, afin que ces hommes soient effacés des contrôles. Ce bataillon se mettra en marche demain et arrivera le plus tôt possible à Strasbourg.

Vous donnerez des ordres au général Hulin pour que, le 5, les 3e et 4e demi-brigades soient placées dans les casernes que j'ai désignées, avec les colonels en second et les compagnies disponibles des quatre que doit fournir chaque bataillon.

NAPOLÉON.

3073. — AU MARÉCHAL BERTHIER (1).

Paris, 4 avril 1809.

Faites partir aussitôt qu'ils seront réunis les douze bataillons de marche du corps du général Oudinot. Faites aussi partir pour Donauwörth les 3e et 5e escadrons de marche.

(1) Non signé. Cette pièce est une dépêche télégraphique parvenue à Strasbourg le 6 avril.

3074. — AU GÉNÉRAL CLARKE.

4 avril 1809.

Monsieur le général Clarke, donnez ordre au général Travot, qui commande la 13e division militaire, de porter son quartier général à Pontivy le 25 avril et de commencer à réunir les 1re et 2e demi-brigades provisoires de la réserve, qui doivent se former sur ce point.

Donnez ordre au général Chanez de prendre le commandement des 3e et 4e demi-brigades provisoires, qui se forment autour de Paris. Il visitera tous les jours ces troupes, veillera à leur prompte organisation, à leur instruction, armement et équipement, et demeurera alternativement dans les lieux où elles se réunissent.

Donnez ordre au général Rousseau de se rendre à Saint-Omer, où il prendra le commandement des 6e et 7e demi-brigades provisoires, qui se réunissent dans cette ville ; il sera sous les ordres du général qui commande le camp de Boulogne.

Donnez ordre au général Chambarlhac, commandant la 24e division militaire, de porter son quartier général à Gand, où il prendra un soin particulier de la 8e demi-brigade provisoire qui s'y rassemble.

La 5e demi-brigade qui se réunit à Sedan, la 9e qui se réunit à Wesel, et la 10e qui se réunit à Mayence, seront sous les ordres du général Rivaud, commandant la 26e division militaire.

Le général Desbureaux commandera les 11e et 12e demi-brigades qui se réunissent à Strasbourg, et le général Roget la 13e qui se réunit à Metz.

Recommandez à ces généraux d'apporter les plus grands soins à la prompte formation des demi-brigades, à leur instruction, à leur armement et à leur équipement.

Les 15e, 16e et 17e demi-brigades provisoires qui se réunissent à Alexandrie seront d'abord sous les ordres du gouverneur général, mais le général César Berthier sera spécialement chargé de les commander. Il portera son quartier général à Alexandrie et veillera à l'organisation de ces demi-brigades, à leur instruction, et se tiendra prêt à se porter à leur tête, partout où il sera nécessaire.

Le général de brigade Dumoulin, qui est à Amiens, n'a rien à faire là ; envoyez-le au camp de Boulogne.

Donnez ordre au général Baville de se rendre dans la 24e division militaire, où il sera sous les ordres du général Chambarlhac.

Donnez ordre au général de division Olivier de se rendre dans la 16e division militaire pour en prendre le commandement ; il sera sous les ordres du général qui commandera le camp de Boulogne.

Donnez ordre au général de division Frésia de se rendre en Toscane, où la grande-duchesse lui donnera un commandement selon les circonstances.

Ce général, à son passage en Piémont, sera chargé de faire la revue des dépôts de cavalerie et d'infanterie des 27e et 28e divisions militaires. Il aura pour instruction de faire partir tous les hommes disponibles qui seraient nécessaires pour compléter les bataillons de guerre. Il portera surtout une attention particulière aux dépôts de cavalerie : il y en a quatre de grosse cavalerie et six de cavalerie légère ; il vous rendra un compte détaillé de chaque dépôt, il vous fera connaître les mesures qu'il aura prises pour monter le plus d'hommes possible.

Donnez ordre au général Durosnel d'aller passer la revue du 1er régiment provisoire qui se réunit à Versailles, de le faire manœuvrer et de vous rendre compte de la situation de ce régiment.

NAPOLÉON.

3075. — DÉCISION.

5 avril 1809.

Le général Clarke expose les motifs pour lesquels il lui paraît possible de réduire de 212 le nombre de voitures que le général Songis propose d'affecter aux armées d'Allemagne.

Approuvé cette réduction.

NAPOLÉON.

3076. — DÉCISION.

Paris, 5 avril 1809.

Rapport du général Clarke au sujet de l'organisation des troupes portugaises en marche vers le Rhin.

Le ministre de la guerre donnera l'ordre que ces troupes soient dirigées sur Neuf-Brisach, qu'il y ait là quelqu'un qui en passe la revue et leur fasse fournir tout ce dont elles auront besoin comme capotes, buffleterie, armement, etc., elles passeront le Rhin sur des barques et se dirigeront sur Augsburg.

NAPOLÉON.

3077. — DÉCISION.

Paris, 5 avril 1809.

Le maréchal Lefebvre écrit au maréchal Berthier qu'il n'a ni ordonnateur, ni médecin, ni chirurgien, ni service de poste organisé.

Le major général écrira en Bavière pour qu'on lui fournisse médecins, chirurgiens et ordonnateurs. Quant à la poste, elle doit être également fournie par la Bavière.

NAPOLÉON.

3078. — DÉCISION.

5 avril 1809.

Comme on manque d'hommes pour conduire les chevaux réunis à Strasbourg, le général Songis a donné l'ordre de démonter une des compagnies du 11e bataillon *bis* du train, lequel a plus d'hommes que de chevaux, de répartir les chevaux de cette compagnie sur les autres compagnies et de l'envoyer à Strasbourg.

Renvoyé au major général. Il serait plus convenable que cette compagnie se rendît directement à Donauwörth et que les chevaux fussent confiés à des paysans qui les conduiraient tout harnachés à Donauwörth. Par ce moyen les chevaux arriveraient à temps.

NAPOLÉON.

3079. — AU GÉNÉRAL CLARKE.

5 avril 1809.

Monsieur le général Clarke, donnez ordre par le télégraphe, et réitérez-le par la poste, pour que les 4es bataillons des 38e, 75e et 50e partent du camp de Boulogne pour Saint-Denis ; les 5e et 6e compagnies doivent déjà en être parties.

Faites connaître également au général Rampon que les deux demi-brigades qui sont à Saint-Omer sont sous ses ordres, et qu'il veille à leur prompte organisation, car, incessamment, il recevra l'ordre de diriger les autres 4es bataillons, qui sont à son camp, lesquels sont plus nécessaires à l'armée.

NAPOLÉON.

3080. — AU GÉNÉRAL CLARKE.

5 avril 1809.

Monsieur le général Clarke, je vous envoie la composition de l'armée. Vous ferez connaître au duc de Castiglione la composition du corps qu'il doit commander. Vous lui donnerez ordre d'être rendu le 13 à Strasbourg ; de là, il rejoindra la division de son corps d'armée, qui, jusqu'à cette heure, est destinée à former la gauche de l'armée agissante.

NAPOLÉON.

3081. — AU GÉNÉRAL CLARKE.

5 avril 1809.

Monsieur le général Clarke, répondez au roi de Hollande que la compagnie d'artillerie qui est en Espagne reçoit l'ordre de revenir, mais qu'elle est bien loin.

NAPOLÉON.

3082. — AU GÉNÉRAL CLARKE.

5 avril 1809.

Monsieur le général Clarke, le 10e régiment de cuirassiers, qui a 110 chevaux à son dépôt à Haguenau, ne peut-il pas en fournir ?

NAPOLÉON.

3083. — DÉCISION.

5 avril 1809.

Le général Songis rend compte au maréchal Berthier des dispositions qu'il a prises pour former à Ulm un approvisionnement de 3 millions de cartouches, conformément aux ordres du major général.

Renvoyé au major général. J'ai donné ordre que les caissons du duc de Rivoli fussent renvoyés à mi-chemin. Il y a des cartouches à Landau, à Huningue, à Neuf-Brisach. Il faut en faire partir de toutes ces places et les diriger sur Ulm.

NAPOLÉON.

3084. — DÉCISION.

5 avril 1809.

Le général Clarke rend compte qu'il a donné l'ordre aux trois compagnies d'infanterie des princes d'Anhalt, qui sont à Metz, de partir pour Strasbourg, où elles entreront dans la composition des bataillons que ces princes fournissent pour leur contingent.

Renvoyé au major général qui dirigera ces compagnies de Strasbourg sur Donauwörth, et de là il les enverra à leur corps.

NAPOLÉON.

3085. — ORDRE.

5 avril 1809

ARTICLE 1er. — Il sera attaché à chaque bataillon d'infanterie de ligne ou légère français, faisant partie des armées du Rhin, un caisson qui sera exclusivement destiné au transport du pain et du biscuit, soit de la manutention jusqu'au lieu où la troupe sera stationnée, soit à la suite de la troupe lorsqu'elle sera en marche.

ART. 2. — Ces caissons seront construits sur le modèle de ceux des équipages militaires, à quatre roues, attelés chacun de quatre chevaux, enharnachés comme ceux des équipages et conduits par deux hommes.

ART. 3. — Immédiatement après la publication du présent ordre du jour, les commissaires ordonnateurs en chef de chaque corps d'armée adresseront à l'intendant général des armées en Allemagne l'état des bataillons d'infanterie de ligne ou légère français présents à chaque corps d'armée.

L'intendant général expédiera en faveur du conseil d'administration de chaque bataillon, si le bataillon est isolé, ou en faveur du Conseil d'administration de chaque régiment, si plusieurs bataillons du même régiment sont réunis, une ordonnance de la somme de 2.300 francs à titre de première mise pour l'achat d'un caisson, des quatre chevaux et de leurs harnais.

ART. 4. — Les conseils d'administration prendront les mesures les plus promptes pour être pourvus du caisson, des quatre chevaux, des harnais et des conducteurs dans le délai de quinze jours.

ART. 5. — L'existence du caisson en état de marcher sera constatée par une revue de l'inspecteur aux revues.

ART. 6. — A dater du jour où l'existence du caisson aura été constatée, il sera payé aux conseils d'administration pour chaque caisson une somme de 50 francs par mois, laquelle servira à acquitter la paye des conducteurs et à l'entretien du caisson, des chevaux et des harnais, ainsi qu'il est déjà réglé pour les caissons d'ambulance.

ART. 7. — Cette somme de 50 francs par mois sera acquittée à la fin de chaque trimestre sur les ordonnances qu'expédiera l'intendant général, d'après les revues des inspecteurs constatant l'existence et le bon état des caissons.

Le major général, prince de Neuchâtel,
ALEXANDRE.

3086. — DÉCISION.

5 avril 1809.

Le général Clarke rend compte d'une demande du général Morio, commandant la division westphalienne, pour qu'il soit établi un dépôt général pour les corps de troupes qui composent cette division.

Ce dépôt général sera formé à Metz ; en instruire le roi de Westphalie.

NAPOLÉON.

3087. — DÉCISION (1).

5 avril 1809.

Il est rendu compte à l'Empereur de ce que coûterait l'entretien d'un caisson de vivres à la suite de chaque bataillon d'infanterie des armées d'Allemagne et d'Italie.

Approuvé. Me faire un projet de décret, et en attendant ordonner l'exécution.

NAPOLÉON.

3088. — DÉCISIONS (2).

Sa Majesté est priée d'accorder pour le siège de Girone un supplé-

Il n'est plus au service de France (3).

(1) Extraite du « Travail du ministre directeur de l'administration de la guerre avec S. M. l'Empereur et Roi, daté du 5 avril 1809 ».

(2) Sans signature ni date; extraites du « Travail du ministre de la guerre avec l'Empereur, du 5 avril 1809 ».

(3) Le nom de l'officier en question n'est pas indiqué.

ment de six officiers du génie, dont un colonel, trois capitaines et deux lieutenants, et trois compagnies de sapeurs.	
On met sous les yeux de Sa Majesté, conformément à ses ordres, l'état des services de M. le colonel Gudin, attaché à l'état-major du prince de Neuchâtel, major général.	Accordé.
Sa Majesté est priée de vouloir bien faire renvoyer à l'examen de son Conseil d'Etat une réclamation ayant pour objet le paiement d'une indemnité, pour perte d'un bâtiment mis en réquisition par le général Morand, à défaut de bâtiment de l'Etat, et qui a fait naufrage.	Renvoyé au Conseil d'Etat.

3089. — AU MARÉCHAL BERTHIER.

Paris, 6 avril 1809.

Mon Cousin, je reçois vos lettres du 4. Vous avez bien fait de faire partir les détachements des 44e et 46e et les bataillons de marche des divisions Legrand et Carra Saint-Cyr. Faites partir le plus tôt possible les escadrons de marche qui sont formés, les 91 hommes du 21e de chasseurs qui doivent être incorporés dans le 20e et les 92 hommes du 10e de hussards qui doivent être incorporés dans le 5e, les soldats seulement, car les officiers et sous-officiers doivent retourner à leurs dépôts, après avoir remis leurs hommes. Donnez l'ordre que ces incorporations se fassent par procès-verbal. 900 hommes du train sont en marche d'Augsburg sur Strasbourg et prendront les chevaux que l'artillerie a. S'il y a des cartouches à Würzburg, Mayence, Neuf-Brisach, Landau, il faut les diriger sur Ulm jusqu'à la concurrence demandée. Il me semble qu'il en est parti 4.000.000 de Strasbourg et 4.000.000 de Mayence ; il n'y aura donc pas besoin de faire envoyer de plomb à Strasbourg. Il y a des bataillons du train à Mayence et dans la 26e division qui doivent avoir quelques hommes disponibles qu'il faut appeler sur Strasbourg. Je vois que les six régiments provisoires de dragons ont déjà 1.200 hommes d'arrivés, que 1.200

doivent arriver de Tours et 1.200 d'Auch et de Niort, ce qui fait tout de suite 3.600. Ces détachements ont des officiers, ce qui doit compléter le nombre. Ces six régiments doivent être commandés par des colonels en second : je les ai nommés, je suppose que le ministre de la guerre vous les aura fait connaître. Vous pouvez prendre dans le dépôt du 18e de ligne 200 hommes pour en fortifier les dépôts du train qui sont à Strasbourg ; ces 200 hommes suffiront à panser 600 chevaux du train, ce qui donnera le temps d'attendre les soldats du train qui arrivent. Je pense vous avoir mandé que toutes les troupes d'artillerie du parc général devaient se rendre à Donauwörth ; ainsi, le général Bertrand peut y diriger les conscrits destinés à recruter les bataillons de sapeurs.

NAPOLÉON.

3090. — AU MARÉCHAL BERTHIER.

Paris, 6 avril 1809.

Mon Cousin, je vous envoie l'état de situation du détachement d'infanterie parti de Plaisance le 28 mars, qui doit arriver à Augsburg vers le 19 du mois. Il y a avec cette colonne 1 adjudant commandant et 600 hommes de cavalerie appartenant au corps du duc de Rivoli, et 2 pièces de canon. Il sera nécessaire que cette troupe ne perde pas son temps à se diriger sur Ulm, mais qu'elle marche directement sur Augsburg. Le général de division Grandjean, les généraux de brigade Brun et Razout se rendent au quartier général. J'attends de vous un état de l'armée, telle que je l'ai organisée, avec le lieu où se trouvent les généraux.

NAPOLÉON.

3091. — AU MARÉCHAL BERTHIER.

6 avril 1809.

Mon Cousin, le 8, le général Arrighi a dû arriver à Strasbourg avec 800 hommes de ma garde et 2 pièces de canon. Mes chevaux de main doivent y être arrivés le même jour. Le 9, a dû arriver un autre détachement. S'il y avait quelque chose de pressé, vous ferez continuer, en diligence, ces convois sur Stuttgart : mais, s'il n'y a rien de nouveau, vous les laisserez se reposer un jour, et, le 10, ils partiront pour Stuttgart, où ils peuvent arriver en trois jours, c'est-à-dire y être rendus le 13.

NAPOLÉON.

3092. — DÉCISION.

7 avril 1809.

Le maréchal Davout rend compte que la citadelle d'Erfurt est encore en état de défense et il demande quelles sont les intentions de l'Empereur à ce sujet.

J'ai ordonné qu'on demandât au prince Primat 600 hommes pour les mettre dans cette forteresse.

NAPOLÉON.

3093. — DÉCISION (1).

Paris, 7 avril 1809.

Le sieur Del, nommé le 16 mars sous-lieutenant des équipages militaires pour être employé dans le 12e bataillon, ayant été forcé de donner sa démission par suite d'une chute de cheval très grave, on propose à Sa Majesté le sieur Dastorg pour le remplacer et on soumet en conséquence un projet de décret.

Faire connaître l'âge, le pays et les états de service de cet officier.

NAPOLÉON.

3094. — DÉCISION.

Paris, 7 avril 1809.

Le général Clarke soumet à l'Empereur une demande du général Bertrand, tendant à obtenir un second acompte de 250.000 francs pour les dépenses des parcs et du train du génie à l'armée d'Allemagne, ainsi que pour la confection des caissons et outils qui doivent être fournis aux deux bataillons de marine attachés à ladite armée.

Approuvé.

NAPOLÉON.

(1) Extraite du « Travail du ministre directeur de l'administration de la guerre avec S. M. l'Empereur et Roi, daté du 5 avril 1809 ».

3095. — AU MARÉCHAL BERTHIER.

Paris, 7 avril 1809.

Mon Cousin, je vois, dans l'état de la place de Huningue au 1er avril, qu'il y est arrivé 300 hommes et 300 chevaux du 1er régiment provisoire de chasseurs de la légion portugaise, et que ce régiment manque d'armes et de chevaux. Pour les armes, elles seront bientôt trouvées : donnez ordre qu'on lui en fournisse sur-le-champ. Quant aux chevaux, envoyez un des officiers de cavalerie que vous avez à Strasbourg en passer la revue. Vous ferez venir le régiment à Neuf-Brisach, Huningue étant trop près de la frontière. Vous ferez les fonds pour les chevaux qui manquent, qu'on achètera dans le pays même et sans délai. J'attendrai le rapport que vous me ferez sur ce régiment pour ordonner son départ. Quatre compagnies du duc d'Anhalt, qui étaient à Metz, se rendent à Strasbourg. Vous les dirigerez sur Donauwörth pour, de là, gagner Würzburg et rejoindre leur régiment.

NAPOLÉON.

3096. — DÉCISIONS (1).

Paris, 7 avril 1809.

Sa Majesté est priée de faire connaître si l'on doit, dès à présent, réclamer des princes de la Confédération du Rhin une somme de 224.306 fr. 18, valeur d'armes fournies des magasins de l'Empire.

Il faut ajourner cette réclamation à d'autres temps.

Le roi de Westphalie demande 5.000 fusils et propose de les payer à dater du 1er janvier prochain et par cinquième de mois en mois.

Il est plus convenable de lui envoyer de Mayence tous les fusils qu'avait la division Morio qui ont été changés.

Le ministre prie Sa Majesté de vouloir bien faire connaître s'il doit toujours faire payer au prince de Piombino les 100.000 francs qui étaient destinés aux dépenses

Oui.

---

(1) Non signées; extraites du « Travail du ministre de la guerre avec l'Empereur, du 5 avril 1809 ».

des troupes que ce prince était chargé d'entretenir à Piombino.	
Sa Majesté est priée de vouloir bien faire renvoyer à l'examen de son Conseil d'Etat une réclamation ayant pour objet le paiement d'une indemnité pour perte d'un bâtiment mis en réquisition par le général Morand, et qui a fait naufrage.	Il sera envoyé au quartier général de l'armée d'Allemagne pour être employé selon les circonstances (1).
Le général de brigade Rostollant, blessé d'un coup de feu au siège de Saragosse et rentré en France sur l'autorisation de M. le maréchal duc de Montebello, demande un congé de convalescence de plusieurs mois.	Accordé.
On propose à Sa Majesté d'accorder à M. le chef d'escadron Saint-Simon, aide de camp de M. le maréchal duc d'Elchingen, l'autorisation qu'il sollicite de passer au service du roi d'Espagne.	Accordé.
M. Pastour, capitaine au 22e régiment d'infanterie légère, sollicite l'autorisation de passer au service du roi de Naples, qui veut bien l'admettre dans sa garde.	Accordé.
M. le capitaine Guériot, aide de camp du général Eblé, sollicite l'autorisation de passer au service du roi de Westphalie, qui a bien voulu témoigner le désir que cette demande soit accueillie par Sa Majesté.	Accordé.
On propose à Sa Majesté d'ordonner que 200 conscrits réfractaires du dépôt du fort Liberté seront incorporés dans le 2e bataillon colonial, où ils passeront par détachement de 50 hommes de quinze en quinze jours.	Approuvé.

(1) C'est du général Morand qu'il s'agit.

On propose de nommer à l'emploi de 1er porte-aigle du 75e régiment le sieur Guichard, qui est particulièrement recommandé par le colonel comme méritant la préférence.	Accordé.
On prie Sa Majesté de faire connaître si son intention est que trois militaires du 1er régiment suisse restent au service de Naples. Ils sont dans les vélites de la garde du roi.	Accordé.

3097. — DÉCISION (1).

Paris, 8 avril 1809.

On propose à Sa Majesté de nommer un officier pour remplacer le général Gassendi à la commission qui a été nommée pour examiner l'administration de l'artillerie de la garde et faire une enquête sur la gestion du sieur Robert.	Nommer le général Sugny, s'il est à Paris.

3098. — AU GÉNÉRAL CLARKE (2).

Paris, 9 avril 1809.

Monsieur le général Clarke, donnez ordre qu'on dirige sur-le-champ sur Livourne, indépendamment des 6 mortiers à la Gomer dont l'envoi est déjà ordonné de Gênes, 6 autres mortiers à la Gomer. Faites aussi diriger sur Livourne 10 affûts de côte de 24, 10 de 18 et 10 de 12.

3099. — AU GÉNÉRAL CLARKE.

Paris, 9 avril 1809.

Monsieur le général Clarke, il résulte du décret que je viens de prendre aujourd'hui qu'il faut 10 mortiers à la Gomer en Tos-

(1) Sans signature; extraite du « Travail du ministre de la guerre avec l'Empereur, du 5 avril 1809 ».

(2) Non signé, copie conforme.

cane. Vous en avez 39 à Gênes et 30 à Toulon. Le principal est de faire partir sans délai ce qui est nécessaire en Toscane.

Je vous demande aussi 6 pièces de 4 ; vous en avez partout. J'en vois 111 à Toulon et 129 à Antibes. Vous devez, en outre, envoyer des obusiers.

Il y a des pièces de 3 à Florence, mais il n'y a pas de boulets. Il faut en envoyer de Gênes ou de Toulon. Il y en a aussi à Antibes.

NAPOLÉON.

3100. — AU GÉNÉRAL CLARKE.

9 avril 1809.

Monsieur le général Clarke, je vous renvoie l'état de la 7e division militaire. Vous y verrez que les conscrits des quatre années y sont bien portés, mais qu'il n'y est nullement question de ce qu'il revient aux corps, de ce qu'ils ont reçu, et de ce qu'il leur reste à recevoir de la conscription de 1810.

NAPOLÉON.

3101. — AU GÉNÉRAL CLARKE.

Paris, 10 avril 1809.

Monsieur le général Clarke, donnez ordre que les quatre bataillons du 14e de ligne qui sont au 3e corps, et tous les détachements appartenant à ce corps qui seraient en Espagne, soient formés à trois bataillons, que tout ce qu'il y aurait de disponible des quatre bataillons soit incorporé dans les trois premiers, et que le cadre du 4e bataillon retourne au dépôt. Donnez le même ordre pour les 34e, 43e, 51e et 55e.

NAPOLÉON.

3102. — AU MARÉCHAL BERTHIER.

Paris, le 11 avril 1809.

Mon Cousin, je vous envoie un rapport que me fait le ministre de la guerre. Vous verrez de quelle manière sont formées les deux colonnes qui vont rejoindre le corps du duc de Rivoli. Veillez à ce qu'il n'arrive rien à ces colonnes.

NAPOLÉON.

3103. — AU MARÉCHAL BERTHIER.

Paris, 11 avril 1809.

Mon Cousin, je reçois vos lettres du 8. Je trouve fort ridicule qu'on envoie des farines de Metz et de Nancy sur Donauwörth. C'est le moyen de ne rien avoir, d'écraser le pays de transports et de faire de très grandes dépenses. Je ne m'attendais pas à une mesure aussi inepte de la part de Daru. Il était bien plus simple de faire passer des marchés dans un pays aussi abondant en blé que l'Allemagne; on aurait eu dans vingt-quatre heures tout le blé et la farine que l'on aurait voulu.

Vous ne me mandez pas si les boulangers et les constructeurs de fours dont j'ai ordonné la réquisition à Metz, Strasbourg et Nancy sont arrivés. Je suis fâché que vous n'ayez pas écrit là-dessus; cela est très important. Faites lever une compagnie de maçons bavarois à Munich; je la prendrai à mes frais, vous savez qu'on ne saurait trop en avoir.

Je vous ai écrit hier matin par le télégraphe et à midi par l'estafette. En réfléchissant sur les pièces que j'ai dans les mains, je me confirme dans l'idée que l'ennemi veut commencer les hostilités du 15 au 20. Je suppose que le duc de Rivoli arrivera le 15 sur le Lech, à Landsberg ou à Augsburg. Il me tarde de savoir le jour positif où le duc d'Auerstædt arrivera à Ratisbonne avec son armée, quand la cavalerie légère du général Montbrun et la grosse cavalerie du général Nansouty arriveront entre Ratisbonne, Munich et le Lech, de manière à pouvoir se porter sur le Lech si l'ennemi prenait l'offensive avant que nous fussions prêts. Il me tarde aussi de vous savoir à Augsburg.

Je suppose que, sans s'arrêter aux ridicules mesures qu'a prises le sieur Daru, le commissaire que j'ai envoyé à Donauwörth aura fait des marchés ou requis le blé et la farine nécessaires.

J'ai envoyé, à Innsbrück, mon officier d'ordonnance Constantin. Dépêchez-lui un courrier pour qu'il vous donne l'itinéraire des 4.000 hommes qui arrivent d'Italie par le Tyrol, et des nouvelles de ce que l'ennemi fait de ce côté. Donnez ordre au général Moulin, qui est à Strasbourg, de se rendre à Augsburg pour prendre le commandement de la ville.

NAPOLÉON.

P.-S. — Je vous prie de bien dire à Daru que mon intention est de ne rien tirer de France de tout ce qu'on peut se procurer en Allemagne; qu'on n'aille pas traîner à la suite de l'armée un tas de couvertures, de matelas, de linge, ce qui occasionne d'immenses dépôts et fait qu'on manque de tout, tandis qu'avec l'argent qu'on y emploierait, à Munich, à Augsburg et partout où nous serons, on sera abondamment pourvu de tout.

3104. — DÉCISION.

Compiègne, 11 avril 1809.

Le maréchal Soult rend compte que le commandement de la brigade du général Carrié (2e division de dragons) a été confié au général Gardane, en attendant que le général Carrié soit guéri des blessures qu'il a reçues au combat d'Alba-de-Tormès.

J'approuve cette disposition.

NAPOLÉON.

3105. — AU GÉNÉRAL CLARKE.

11 avril 1809.

Monsieur le général Clarke, les régiments dont les dépôts sont en Piémont et qui ont leurs bataillons de guerre en Allemagne, savoir : les 67e, 2e de ligne, 56e, 37e, 93e, 3e léger, ne doivent plus rien fournir de leurs dépôts à l'armée d'Allemagne ; tout ce qu'ils ont et tout ce qu'ils recevront doit être employé à former les 5es bataillons, tant pour fournir deux compagnies, et même trois ou quatre s'il est possible, aux demi-brigades provisoires, que pour fournir des garnisons aux citadelles de Turin et d'Alexandrie, et se porter partout où il serait nécessaire. Ainsi, donnez l'ordre au gouverneur général de tenir la main à ce que ces dépôts envoient le plus d'hommes possible aux demi-brigades provisoires qui en sont formées, en partant du principe qu'ils n'ont plus rien à fournir à leurs régiments en Allemagne.

NAPOLÉON.

3106. — AU GÉNÉRAL CLARKE.

11 avril 1809.

Monsieur le général Clarke, je vois par l'état du 9 avril, que vous m'avez envoyé, sur la formation des dix-sept demi-brigades provisoires de réserve, qu'il y a des ordres pour commencer la formation des 1re et 2e au 1er mai, des 3e, 4e, 5e, 6e, 7e et 8e au 1er avril ; qu'il n'y en a point pour commencer la formation des 10e, 11e, 12e, 13e, 14e, 15e, 16e et 17e. Donnez des ordres pour qu'elle soit commencée sans délai.

Il m'est important d'avoir à Turin un fonds de réserve qui puisse en imposer sur les derrières de mon armée d'Italie, et, en cas d'événements extraordinaires, garnir les places. Donnez ordre auparavant que tous les dépôts qui doivent encore fournir des détachements pour compléter les bataillons de guerre de l'armée d'Italie, les fassent partir le plus tôt possible.

NAPOLÉON.

3107. — AU GÉNÉRAL CLARKE (1).

11 avril 1809.

Monsieur le général Clarke, faites connaître au général Dufour que les 66e, 82e et 26e sont sous ses ordres, soit qu'ils soient dans sa division, soit qu'ils soient dans la 11e ou dans la 22e ; qu'il doit se faire envoyer des états de situation de ces dépôts, et en faire venir tout ce qu'il y aurait de disponible pour renforcer sa réserve. Chacun de ces régiments doit pouvoir fournir 2.000 hommes. Je pense donc qu'il doit avoir 6.000 d'infanterie, 2.000 canonniers marins à ses ordres, c'est-à-dire 8.000 hommes.

3108. — DÉCISION.

Paris, 12 avril 1809.

Le général Clarke propose de mettre en activité une cohorte de gardes nationales du département de l'Aude et une cohorte du département des Pyrénées-Orientales,

Approuvé.

NAPOLÉON.

(1) Non signé, copie conforme.

pour être employées à la défense des côtes et ports de la 10e division militaire, dégarnis par suite du départ pour la Catalogne des troupes qui y étaient stationnées.

3109. — AU GÉNÉRAL CLARKE.

Paris, 12 avril 1809.

Monsieur le général Clarke, les quatre compagnies de fusiliers des 4es bataillons des 57e et 3e de ligne n'ont point reçu l'ordre de rejoindre leurs bataillons à l'armée du Rhin.

NAPOLÉON.

3110. — AU GÉNÉRAL CLARKE.

12 avril 1809.

Monsieur le général Clarke, donnez ordre au duc de Valmy, qui commande à Bayonne, de lever un millier d'hommes en régiment provisoire, et d'en renforcer les garnisons de Saint-Sébastien et Bilbao.

NAPOLÉON.

3111. — DÉCISIONS (1).

Proposition d'approuver que la 9e compagnie du 6e régiment d'artillerie à pied, qui est à Dieppe, soit partagée entre cette place et celle du Havre.	Approuvé.
On rend compte à Sa Majesté des frais résultant du débarquement des troupes françaises revenues du Portugal. Sa Majesté est priée de donner l'autorisation nécessaire pour acquitter ces dépenses sur les fonds du ministère de la guerre.	Accordé.

(1) Sans signature ni date; extraites du « Travail du ministre de la guerre avec l'Empereur, du 12 avril 1809 ».

Sa Majesté est priée de décider si le Trésor public peut acquitter une dépense de 321 fr. 75, occasionnée par le déplacement de quelques vétérans du camp de Juliers, qui n'ont pu jusqu'ici avoir que des logements provisoires.	Approuvé.
Le général de brigade Beauregard demande à être remis en activité. Il n'a que 44 ans, est fort en état de servir et s'est occupé de divers écrits sur les manœuvres d'infanterie. Il n'y a aucun reproche fondé à lui faire.	Le ministre le placera s'il le juge convenable.
Un capitaine, aide de camp du général Reynier, demande à passer en cette qualité au service du royaume de Naples. Le roi de Naples s'intéresse au succès de cette demande.	Accordé.
Proposition de laisser momentanément dans le royaume de Naples sept militaires de la 7e compagnie du 3e bataillon de sapeurs.	Accordé.

3112. — DÉCISIONS (1).

Sur la demande du vice-roi d'Italie, on propose à Sa Majesté de décider s'il sera accordé des effets de campement de première mise aux troupes des armées d'Italie et de Dalmatie ou si on leur paiera seulement la masse de campement des années 1806, 1807, 1808 et 1809.	La loi.
On remet à Sa Majesté le rapport qu'Elle a demandé sur l'administration de la masse de linge et	Renvoyé au ministre de la guerre.

(1) Sans signature ni date; extraites du « Travail du ministre directeur de l'administration de la guerre avec S. M. l'Empereur et Roi, daté du 12 avril 1809 ».

chaussure des bataillons et escadrons de guerre.	
Comme il manque au complet du personnel du service de santé des armées d'Allemagne 555 officiers de santé, on propose d'envoyer à l'armée les chirurgiens des dépôts et de remplacer ceux-ci par des chirurgiens civils.	Approuvé. NAPOLÉON.

3113. — DÉCISIONS (1).

Paris, 13 avril 1809

On propose à Sa Majesté d'accorder des secours aux veuves de plusieurs employés des hôpitaux militaires.	Approuvé. NAPOLÉON.
On prie Sa Majesté d'approuver qu'il soit accordé 450 francs à la veuve d'un employé des hôpitaux mort en Espagne.	Approuvé. NAPOLÉON.

3114. — AU GÉNÉRAL CLARKE.

Donauwörth, 17 avril 1809.

Monsieur le général Clarke, je pense que le régiment de chasseurs du grand-duc de Berg est parti de Paris.

Je vous ai écrit pour faire partir le 1er provisoire.

Activez la formation des régiments provisoires de l'armée.

NAPOLÉON.

3115. — AU GÉNÉRAL CLARKE.

Donauwörth, 17 avril 1809.

Monsieur le général Clarke, passez en revue le 1er régiment provisoire des chasseurs de Westphalie et, après vous être assuré qu'il est muni de tout, faites-le partir pour Strasbourg.

NAPOLÉON.

(1) Extraites du « Travail du ministre directeur de l'administration de la guerre avec S. M. l'Empereur et Roi, daté du 12 avril 1809 ».

3116. — AU MARÉCHAL BERTHIER.

18 avril 1809.

Donnez l'ordre que, des deux premiers escadrons de marche qui arrivent à Augsburg, il soit provisoirement formé un escadron de 200 hommes qui sera provisoirement attaché à la division Rouyer jusqu'à ce qu'ils soient en état de rejoindre leur régiment et que l'on ait pu donner une autre cavalerie à ce général.

NAPOLÉON.

3117. — AU MARÉCHAL BERNADOTTE A DRESDE (1).

Ingolstadt, 19 avril 1809, midi.

Le duc d'Auerstædt commandait l'armée polonaise, puisqu'il commandait toutes les troupes en Allemagne et les troupes saxonnes; aujourd'hui, il ne commande plus qu'un corps de l'armée. Du moment que le maréchal a été prévenu, il a cessé de donner aucun ordre à l'armée polonaise. Quant à votre conduite, l'Empereur a voulu donner une preuve particulière d'attachement à la Saxe en ne dégarnissant pas Dresde avant la déclaration de guerre; le parti que vous avez pris de réunir l'armée saxonne et d'être prêt à faire des mouvements est le parti convenable.

Tout porte à penser que les Autrichiens n'entreprendront rien contre vous; menacez pour faire une diversion, afin que les Autrichiens laissent quelques troupes pour observer la Saxe. Faites aussi quelque temps courir le bruit que vous marchez sur Baireuth. Quant aux Polonais, le premier point est qu'ils réunissent leurs forces, qu'ils fassent une diversion et obligent l'ennemi à tenir beaucoup de forces en Galicie. Voilà, Prince, les dispositions pour la première scène de cette campagne, et les premières scènes doivent déterminer les mouvements à l'instant où les colonnes des deux armées sont mêlées.

Aujourd'hui, demain, après-demain, à chaque instant, il peut se présenter des affaires importantes.

Cela va finir par une grande bataille ou par une succession de combats. Vous vous serez sûrement tenu prêt à tout, et l'Empereur vous enverra des ordres :

---

(1) Minute de la main de Berthier.

D'entrer en Bohême si l'Empereur passe l'Inn;

De se porter sur Würzburg, si l'Empereur cède du terrain. Dans tous les cas, Sa Majesté pense qu'il serait convenable que la cour s'éloignât de Dresde, afin de vous laisser maître de tous vos mouvements.

Si le grand-duché était menacé, des gardes nationales doivent être à Varsovie, mais rien ne porte à penser que l'armée autrichienne puisse rien entreprendre de ce côté, parce qu'elle est certaine d'être bientôt attaquée par une armée russe, si le cas arrivait, et le duché serait à couvert. Vous pourriez, dès lors, attirer à vous une partie de l'armée polonaise.

Le parti que vous prenez, de faire travailler un camp retranché, est également très avantageux, parce que, dans un cas inopiné, vous pourriez tenir là pour être dégagé. Cette perspective, d'ailleurs, du refuge que vous avez dans ce camp, assure que l'ennemi n'entreprendra rien de sérieux.

Enfin, sous huit ou dix jours, au plus tard, vous recevrez l'ordre de vous porter en Bohême ou sur le Danube. Le ministre d'Autriche doit être renvoyé. Vous devez vous tenir en état de guerre et empêcher toute espèce de communication.

3118. — AU MARÉCHAL DAVOUT (1).

Bachl, 21 avril 1809.

Je reçois votre lettre du 21 avril. En peu de jours, il s'est passé bien des événements. Derrière vous toutes les armées autrichiennes sont en déroute, nous avons déjà 12.000 prisonniers. Le duc de Montebello, avec la division Gudin et la division Morand, se trouve à Rottenburg; la division Wrède et les Wurtembergeois se trouvent à Pfaffenhausen; le duc de Rivoli marche à Landshut. Je suis ici à Bachl avec une division bavaroise et Nansouty; on a reconnu de la cavalerie ennemie au village de Thann; je l'ai envoyé attaquer, ce qui va, je pense, établir la communication avec vous. Partout on a pris canons, drapeaux, prisonniers; c'est un second Iéna. L'archiduc Louis a été mortellement blessé à votre combat d'hier, *idem* un autre archiduc, les deux Liechtenstein blessés et grand nombre de généraux.

(1) Minute de la main de Berthier.

Reste actuellement (*sic*) quel est le meilleur parti à prendre, parce qu'ainsi l'on viendra à savoir où le prince Charles s'est retiré. Les uns prétendent qu'à 3 heures après-midi, aujourd'hui, il a marché sur Ratisbonne; d'autres, qu'il s'est retiré sur Eckmühl pour, de là, se retirer sur Landshut. Enfin, votre rapport de 5 heures du soir ferait penser qu'il est encore devant vous. Si vous ne recevez pas d'instructions, le mot d'ordre, dans un moment comme celui-ci, c'est de se porter partout où il y a des ennemis pour les détruire et s'en emparer. Le duc de Danzig reste de sa personne à Poket, le général Demont est entre Grossmus et Poket. Tout porte à penser que la cavalerie bavaroise vous aura rejoint et que l'Empereur aura, avant minuit, votre rapport sur tout ce que vous pensez; mais, si vous ne recevez pas d'ordres, d'après les renseignements que vous avez, attaquez l'ennemi. Si le duc de Danzig quitte Poket, il vous en préviendra.

3119. — AU GÉNÉRAL CLARKE.

Ratisbonne, 25 avril 1809.

Monsieur le général Clarke, il y a parmi les prisonniers beaucoup de Polonais. Donnez ordre au dépôt de Polonais qui est à Sedan d'envoyer des officiers à Strasbourg pour prendre les prisonniers polonais qui arriveront et les envoyer à Sedan, où ils seront habillés, et, de là, dirigés sur l'Espagne.

J'ai trois régiments de la Vistule, formant trente-six compagnies ; chaque compagnie pourrait être portée à 200 hommes, ce qui ferait 7.200 hommes pour les trois régiments. Ces corps n'ont que 3 à 4.000 hommes, ils peuvent recevoir 3.000 recrues.

J'ai trois régiments polonais du duché de Varsovie, formant neuf bataillons ou cinquante-quatre compagnies ; en les complétant à 10.800 hommes, ils peuvent recevoir 5.000 recrues.

Ce sera donc 8.000 prisonniers dont on se servira, qui rempliront les cadres et seront fort utiles. Tout cela peut être envoyé à Sedan et aux autres dépôts polonais.

On doit également recruter, pour porter au grand complet les régiments d'Isembourg et de la Tour d'Auvergne.

NAPOLÉON.

3120. — AU MARÉCHAL LANNES (1).

Landshut, 26 avril 1809, 7 heures du soir.

Le duc de Rivoli a dû se présenter aujourd'hui devant Passau, faire lever le blocus et pousser l'ennemi; il est probable que ce mouvement à forcé l'ennemi à se reployer par Otting pour, de là, tenir sur Braunau et s'opposer au duc de Rivoli.

L'Empereur n'a pas encore de nouvelles du duc de Danzig, qui se porte à Freising, mais tout porte à penser qu'il y a aussi un corps qui se retire sur Salzburg.

Le principal est de se mettre en communication avec le duc de Rivoli. Cela peut se faire par les gens du pays et par des patrouilles.

Tout porte à penser que le duc de Rivoli sera entré aujourd'hui à Passau et ne passera l'Inn que demain.

L'Empereur attend, cette nuit, des nouvelles de plusieurs points, qui le décideront à partir.

En marge :

Nous attendons aussi dans la nuit de vos nouvelles; 6.000 hommes, du corps d'Oudinot, sont arrivés à Augsburg, et 9.000 hommes d'infanterie de ligne sont arrivés à Landshut; l'ont joint à chaque instant.

3121. — AU MARÉCHAL BERTHIER (2).

Il est resté à Neuburg un bataillon de Wurtemberg ; il en est resté un à Ingolstadt. Je crois qu'il en est resté un à Bibourg (3) ou Vohburg. Donnez-leur l'ordre à tous trois de rejoindre à Landshut.

3122. — AU GÉNÉRAL CLARKE.

27 avril 1809.

Monsieur le général Clarke, faites partir promptement le 1er régiment de conscrits-chasseurs de la garde, et le 1er régiment de conscrits-grenadiers, pour Strasbourg. Il paraît qu'il n'y a pas assez de conscrits pour compléter le 2e régiment de conscrits.

(1) Minute de la main de Berthier.
(2) Sans signature ni date; expédié le 26 avril 1809.
(3) Bibourg, inconnu.

Alors, on peut prendre sur les 10.000 des conscriptions des quatre années.

Le 3e régiment d'infanterie du grand-duché de Berg doit être arrivé à Mayence ou à Francfort, ainsi que les 3e et 4e escadrons de chasseurs. Les deux autres escadrons qui étaient à Versailles doivent être arrivés à Metz.

Une compagnie d'artillerie et 200 chevaux du train doivent avoir pris à Metz le matériel d'artillerie.

Veillez à ce qu'il n'y ait aucun embarras, et que tout se rende, sans délai, à Augsburg.

NAPOLÉON.

3123. — AU MARÉCHAL BERTHIER (1).

Ameil (2), 200 chevaux de la brigade Pajol à Straubing. Donner pour instruction à ce major de voir ce que fait l'ennemi du côté de Cham, où est le maréchal Davout, se lier avec le général Boudet qui marche sur Passau, avoir des postes intermédiaires et donner fréquemment des nouvelles au quartier général à Neumarkt. Il faudra aussi qu'il prévienne le commandant de Landshut si l'ennemi faisait des mouvements qui pussent l'intéresser.

3124. — DÉCISION.

Landshut, 27 avril 1809.

Le général Clarke sollicite un ordre de départ pour le régiment provisoire de chasseurs qui, organisé à Versailles, sera prêt à se mettre en marche dans cinq ou six jours.

Il a reçu l'ordre de se rendre à Augsburg.

NAPOLÉON.

3125. — AU MARÉCHAL BERTHIER.

Burghausen, 28 avril 1809.

Mon Cousin, donnez l'ordre que tout ce qui est à Augsburg, destiné pour l'armée, infanterie, cavalerie, artillerie, soit dirigé sur Braunau, et que tout ce qui arriverait à Landshut, Munich et Augsburg suive la même direction. Le duc de Rivoli a laissé un

---

(1) Minute sans date, expédiée le 27 avril 1809.
(2) C'est-à-dire *major Ameil.*

bataillon badois et un bataillon de Hesse-Darmstadt à Augsburg ; ils ont dû se rendre à Munich : donnez-leur l'ordre de continuer leur route sur Braunau. Donnez ordre à la brigade Bruyère de continuer également sa marche sur Braunau. Donnez ordre au duc d'Auerstædt, aussitôt que la division Rouyer sera arrivée à Ratisbonne, de diriger la division wurtembergeoise, qui est dans cette ville, sur Passau.

NAPOLÉON.

3126. — *a*) AU MARÉCHAL DAVOUT (1).

Mühldorf, 28 avril 1809, 4 heures du matin.

Le duc de Rivoli a passé, le 26, l'Inn à Passau, et s'est porté sur Charding. Nous avons passé l'Inn à Mühldorf, nous passons la Salzach.

Les restes du corps du prince Louis et du général Hiller, réduit à 30.000 hommes, battent en retraite et se retirent sur Lambach.

Le général Boudet, s'étant rendu à Passau, il serait convenable de mettre à Straubing quelques chevaux de la division Rouyer.

A-t-on des nouvelles des Saxons ?

b) AU MARÉCHAL MASSÉNA.

Nous sommes aujourd'hui sur Passau; faites faire des reconnaissances sur la Bohême, afin de connaître la direction que prend l'ennemi.

Faites tenir à Passau :

500.000 rations de biscuit; 100.000 rations de pain, pour filer par le Danube.

3127. — DÉCISION (2).

Le maréchal Berthier soumet à l'Empereur une demande du maréchal Lannes, tendant à obtenir le général de brigade Gautier pour chef d'état-major et le général Rogniat pour commandant du génie de son corps d'armée.	Accordé. NAPOLÉON.

(1) Minute de la main de Berthier.
(2) Sans date; le rapport du maréchal Berthier est du 28 avril 1809.

3128. — DÉCISION.

Burghausen, 29 avril 1809.

Le général Clarke rend compte de l'organisation des compagnies formées dans les dépôts des régiments d'infanterie et ensuite dirigées sur Strasbourg, pour, de là, rejoindre leurs régiments à l'armée d'Allemagne.

Renvoyé au major général pour ordonner que ces compagnies, à mesure qu'elles arrivent à Strasbourg, soient réunies six à six avec une série de numéros et dirigées d'abord sur Augsburg et ensuite sur Braunau.

NAPOLÉON.

3129. — DÉCISION.

Burghausen, 29 avril 1809.

Le général Clarke rend compte de l'organisation du 2e régiment de marche de grosse cavalerie et de la réunion, à Strasbourg, des détachements destinés à le former ; il demande des ordres au sujet de la destination à assigner à ce corps.

Les diriger sur Augsburg et de là sur Braunau.

NAPOLÉON.

3130. — AU GÉNÉRAL CLARKE.

Burghausen, 29 avril 1809.

Monsieur le général Clarke, faites-moi connaître quand le 1er régiment de conscrits-chasseurs et le 1er régiment de conscrits-grenadiers de ma garde partiront pour Strasbourg ; je pense que ce sera le 1er mai.

Faites-moi connaître si le 15 mai les seconds régiments seront prêts.

Vous trouverez ci-joint un rapport du colonel Deriot.

Il sera nécessaire que, sur les 10.000 conscrits que j'ai requis pour ma garde, sur la conscription des quatre années, on prenne, pour former les deux premiers régiments de tirailleurs de la garde 3.000 hommes, 3.000 hommes pour compléter les régiments de conscrits-tirailleurs et fusiliers et réparer les pertes qu'ils auront faites dans la campagne, et 1.000 hommes pour le 65e. Il restera encore 3.000 hommes pour compléter la cavalerie, l'artillerie et autres corps qui en auraient besoin.

Dirigez le 1er régiment de conscrits-chasseurs et le 1er régiment de conscrits-grenadiers de ma garde, d'abord sur Metz, d'où j'en disposerai suivant les circonstances ; faites-moi connaître quand ils arriveront.

NAPOLÉON.

3131. — AU GÉNÉRAL CLARKE.

29 avril 1809.

Monsieur le général Clarke, je réponds à vos lettres du 18 avril et du 14. Les 200 hommes du 15e d'infanterie légère, venant de Portugal, doivent être formés en une compagnie de marche de ce régiment, qui servira à réparer ses pertes.

Les 180 hommes du 4e léger et les 300 hommes du 2e léger, faisant près de 500 hommes, doivent être dirigés sur le 10e léger.

Quant aux 200 hommes du 32e, ils seront envoyés au 57e.

Vous pouvez donc former de tout cela un bataillon de marche que vous dirigerez sur Strasbourg, et, de là, sur Braunau. Au moyen de ce secours, ces régiments se trouveront réparés des pertes qu'ils ont faites dans les dernières affaires.

Faites partir les 4es bataillons des 36e, 46e, 50e et 75e pour Braunau ; qu'ils forment ensemble une seule colonne de quatre bataillons, sous les ordres d'un major.

Faites partir les 5es et 6es compagnies des 4es bataillons des 25e et 28e pour Strasbourg.

Donnez ordre que les quatre compagnies des 4es bataillons de ces régiments qui sont à Boulogne se rendent également à Strasbourg.

Ces bataillons marcheront ensemble pour se rendre à Braunau.

Les 4es bataillons des 19e, 13e léger, 48e et 108e partiront de Boulogne pour Anvers, lorsque les demi-brigades qui se réunissent à Saint-Omer et à Gand auront un présent sous les armes de plus de 5.000 hommes.

NAPOLÉON.

3132. — AU GÉNÉRAL CLARKE.

Burghausen, 29 avril 1809.

Monsieur le général Clarke, mon intention est que le duc de

Valmy se rende à Mayence et qu'il soit réuni dans le comté de Hanau une division composée :

1° De la demi-brigade provisoire qui se réunit à Sedan, de celle qui se réunit à Metz et de celle qui se réunit à Mayence. Ces trois demi-brigades doivent former au complet 8.000 hommes et je pense qu'elles ne doivent pas tarder à en former 6.000 ;

2° Des quatre 4es bataillons des 75e, 50e, 36e et 46e que je vous ordonnais par ma lettre de ce matin d'envoyer à Strasbourg, mais que vous dirigerez sur Hanau ;

3° De trois régiments provisoires de dragons choisis parmi les plus en état et les mieux organisés des six qui se réunissent à Strasbourg, qui seront commandés par le général Beaumont, ce qui fera 11.000 hommes d'infanterie et 2.000 chevaux.

Vous donnerez ordre qu'on organise à Mayence 12 pièces de canon attelées à pied et à cheval qui seront attachées à cette colonne.

Donnez-en le commandement au duc de Valmy qui aura sous ses ordres les généraux de division Rivaud et Beaumont et le général de brigade Boyer.

Vous nommerez deux autres généraux de brigade pour être employés dans ce corps qui s'appellera corps d'observation de l'Elbe.

Le duc de Valmy se rendra sans délai à Hanau, fera exercer ses troupes et se tiendra prêt à se porter sur tous les points de l'Allemagne où la présence de cette force sera nécessaire pour rétablir et maintenir la tranquillité.

Napoléon.

3133. — DÉCISION.

Burghausen, 29 avril 1809.

Le général Clarke rend compte que l'escadron provisoire de grosse cavalerie sera, conformément aux ordres donnés par l'Empereur, réuni le 20 avril à Turin.

L'employer à maintenir la tranquillité dans le Piémont.

Napoléon.

3134. — AU GÉNÉRAL DEJEAN.

Burghausen, 29 avril 1809.

Monsieur le général Dejean, faites donc partir le 12e bataillon des équipages militaires, ainsi que le bataillon provisoire. Ces 240 caissons nous seraient bien utiles.

NAPOLÉON.

3135. — DÉCISION.

Burghausen, 29 avril 1809.

Le ministre rend compte qu'il a fait former une colonne mobile de 25 gendarmes à pied et 15 à cheval pour faire rejoindre les conscrits déserteurs du Cantal.

Il propose d'envoyer cette colonne dans la Haute-Loire pour le même objet.

Approuvé.

NAPOLÉON.

3136. — AU GÉNÉRAL GASSENDI.

Burghausen, 29 avril 1809.

Vous donnerez ordre qu'on organise à Mayence 12 pièces de canon attelées à pied et à cheval, qui seront attachées au corps d'observation de l'Elbe commandé par M. le maréchal duc de Valmy.

NAPOLÉON.

3137. — DÉCISION.

29 avril 1809.

Pour satisfaire à une demande du général Junot, le général Clarke propose à l'Empereur de faire partir pour l'Espagne tous les soldats disponibles existant dans les dépôts du 13e bataillon du train stationnés à Toulouse, Auch, Oloron et Bayonne.

Approuvé.

NAPOLÉON.

3138. — DECISIONS (1).

Burghausen, 29 avril 1809.

Proposition d'évacuer toute l'artillerie inutile existant à Madrid sur Burgos, Pampelune et Saint-Sébastien.	Approuvé cette évacuation.
Compte rendu de l'avantage d'entretenir l'activité des forges espagnoles d'Orbaiceta situées près de Pampelune. On propose d'assigner un fonds de 26.000 francs par mois pour les dépenses de ces forges.	Il n'y a pas besoin de mon autorisation pour cela. Le ministre peut l'autoriser sur les fonds du budget de l'artillerie.
Des quatre escouades d'ouvriers d'artillerie qui ont terminé leurs travaux à Toulon, le ministre propose d'en envoyer deux à Gênes, une à Grenoble et une à Auxonne.	L'armée d'Allemagne aurait besoin d'ouvriers.
Compte rendu du départ de Saragosse, le 4 de ce mois, des trois compagnies du bataillon principal du train d'artillerie de la garde.	Approuvé.
Proposition de fixer à 8.000 francs le traitement des colonels en second créés dans la garde impériale.	Approuvé, en leur donnant plus qu'un major et moins qu'un colonel.
On propose à Sa Majesté d'accorder aux trois adjudants et au secrétaire de la place de Strasbourg une gratification de 200 francs à chacun pour les indemniser du service extraordinaire auquel ils sont tenus.	Approuvé.
On propose à Sa Majesté d'accorder au capitaine Maire, qui a été chargé de porter à Corfou les budgets qui ont été arrêtés pour le service des îles Ioniennes, une gratification de 1.200 francs.	Approuvé.

(1) Non signées; extraites du « Travail du ministre de la guerre avec l'Empereur, du 19 avril 1809 ».

Le capitaine V. Konopka, adjudant-major au régiment des lanciers polonais, demande un congé de convalescence de six mois.	Approuvé.
On propose à Sa Majesté d'autoriser le passage du capitaine du génie Percheron au service du roi des Deux-Siciles.	Approuvé.
Le roi de Naples demande que MM. L'herbon de Lussats, Grenet, capitaines, Lecaux et Lallemand, sous-lieutenants au régiment d'Isembourg, soient autorisés à passer à son service.	Approuvé.
Le prince Kourakine demande la mise en liberté de cinq capitaines marchands et d'un matelot qui, par leur naissance en Finlande, sont devenus sujets de son souverain.	Approuvé.
On prend les ordres de Sa Majesté sur le renvoi en Angleterre des femmes, ainsi que des enfants au-dessous de 12 ans qui n'ont pas servi comme marins.	Approuvé.
Un lieutenant espagnol, qui a épousé une Française et qui est avec sa femme et ses deux enfants à Amiens, demande à résider, pendant la durée de sa captivité, dans sa famille à Bayonne. Le général Kindelan annonce que cet officier s'est bien conduit dans le Nord.	Approuvé.
On propose à Sa Majesté d'accepter la démission de M. le capitaine Morand-Dupuch, aide de camp du général de division Laroche.	Approuvé.

3139. — DÉCISION (1).

Burghausen, 29 avril 1809.

On propose à Sa Majesté d'accorder aux dépôts des 2e et 4e légère et du 32e de ligne un supplément de crédit ou secours pour les fournitures extraordinaires qu'ils ont faites en effets de toute espèce à un détachement revenu de Portugal.

Approuvé.

NAPOLÉON.

3140. — AU GÉNÉRAL CLARKE.

Burghausen, 30 avril 1809.

Monsieur le général Clarke, dans les circonstances actuelles, tous les prisonniers espagnols qui se trouvent à Niort et dans la Vendée doivent être éloignés en les dirigeant dans les départements où leur présence n'est d'aucun danger.

NAPOLÉON.

3141. — ORDRE.

Au camp impérial de Braunau, 1er mai 1809.

Les deux régiments de tirailleurs de notre garde formeront une brigade sous les ordres du général Roguet, colonel en second de la garde.

Les deux régiments de fusiliers formeront une brigade sous les ordres du général Gros.

Les deux brigades seront sous les ordres du colonel de la garde Curial, et marcheront toujours la brigade de tirailleurs en tête.

Au moment d'une affaire le général Mouton commandera cette division. Le général Curial commandera en second sous ses ordres.

24 pièces de canon seront attelées à cette division ; en attendant qu'elles soient arrivées, on y attachera les 8 pièces existantes.

Les régiments de chasseurs et de grenadiers formeront une brigade sous les ordres du général Dorsenne.

---

(1) Extraite du « Travail du ministre directeur de l'administration de la guerre avec S. M. l'Empereur et Roi, daté du 19 avril 1809 ».

Il y sera attaché 24 pièces, et, en attendant, on y attachera les 8 pièces de la seconde division qui arrive.

NAPOLÉON.

3142. — ORDRE.

Au camp impérial de Braunau, 1er mai 1809.

La brigade de tirailleurs partira demain à 4 heures du matin.

La brigade de fusiliers partira à 5 heures.

La brigade de la garde partira à 6 heures.

La cavalerie de la garde partira à 7 heures.

La garde prendra à Braunau pour quatre jours de vivres.

NAPOLÉON.

3143. — DÉCISIONS (1).

Compte rendu des travaux de la fonderie de Turin depuis le 1er germinal an XI. Bronze encore nécessaire pour compléter l'armement de toutes les places. Proposition d'échange pour éviter des frais de transports.	Refusé. J'ai beaucoup de bronze à Gênes, à Civita-Vecchia, à Naples, qui m'appartient, à Mantoue, à Venise, à Palmanova.
Le ministre a pensé qu'il fallait ajourner à la paix les transports d'artillerie de Mayence sur Metz, à l'exception des bronzes, dont il a ordonné l'évacuation sur cette place.	Pourquoi attendre à la paix ?
Proposition d'allouer au 5e bataillon principal du train d'artillerie une somme de 69 fr. 92, qu'il a touchée de bonne foi. La caisse du corps se trouve à découvert de cette somme.	Accordé.
On propose à Sa Majesté de décider que toutes les troupes de la	Accordé.

(1) Sans signature ni date; extraites du « Travail du ministre de la guerre avec S. M. l'Empereur et Roi, daté du 3 mai 1809 ».

marine, employées aux armées de terre, seront à la charge du département de la guerre.	
On rend compte à Sa Majesté de la mise en réquisition et des ordres donnés pour le paiement des gardes nationales des îles de Ré et d'Oléron et de celles qui avoisinent les côtes entre La Rochelle et Rochefort. Sa Majesté est priée de vouloir bien approuver cette mesure.	**Accordé.**
On propose à Sa Majesté de faire payer en acompte, à divers corps revenus de Naples, le quart de leur créance de solde par le Trésor de cet Etat.	Accordé sauf recours à Naples.
On soumet à Sa Majesté la proposition de porter à 1.500 francs par mois le traitement extraordinaire et de représentation de M. le général de division Sénarmont, qui remplace le général Lariboisière dans le commandement en chef de l'artillerie à l'armée d'Espagne.	Accordé.
On propose à Sa Majesté de vouloir bien accorder à 33 commissaires des guerres, qui ont rempli les fonctions de sous-inspecteurs aux revues pendant le 1er trimestre 1809, une indemnité de 9.200 francs.	Accordé.
On propose à Sa Majesté d'employer le général de brigade Cambacérès à l'armée d'Allemagne.	Non, il n'est bon à rien.
On met sous les yeux de Sa Majesté :	
La demande que fait M. le capitaine réformé Tailhaud, aide de camp de feu M. le général Commes, d'être autorisé à passer au service de S. M. le roi d'Espagne ;	Accordé.

La demande que fait M. le capitaine Régnier, aide de camp de M. le général de brigade Détrès, d'être autorisé à passer au service de S. M. le roi des Deux-Siciles.

Accordé.

On propose à Sa Majesté d'accorder au sous-lieutenant G. Darcy l'autorisation qu'il demande de rester au service de Hollande, sans perdre sa qualité de Français.

Accordé.

Le colonel suédois envoyé par S. A. R. le duc de Sudermanie demande, par ordre de ce prince, le renvoi sur parole, en Suède, de cinq officiers prisonniers de guerre qui ont droit d'assister à la Diète.

Ajourné. Me faire un rapport sur le nombre des prisonniers.

S. M. catholique demande le renvoi en Espagne des frères Alcedo, prisonniers de guerre, et fils du gouverneur de la Corogne, des services desquels elle est satisfaite.

Accordé.

L'empereur de Russie a témoigné au duc de Vicence le désir qu'un capitaine de navire anglais, parent de son chirurgien et prisonnier de guerre en France, fût renvoyé dans sa patrie.

Accordé.

3144. — DÉCISION.

Enns, 4 mai 1809.

Sur la demande du général Sainte-Suzanne, le ministre l'a autorisé à faire venir à Boulogne les 6e et 7e demi-brigades de réserve, fortes de 2.560 hommes, au 23 avril, et successivement tout ce qui doit servir à les compléter.

Approuvé cette mesure.

NAPOLÉON.

3145. — DÉCISIONS (1).

Evreux, 1 mai 1809.

On prend les ordres de Sa Majesté sur une dépense de 80.000 francs, qui serait à faire pour achever les forts de l'Heurt et de la Crèche à Boulogne.	Nul doute qu'il ne faille achever ces forts.
On rend compte à Sa Majesté des dispositions faites pour mettre à l'abri d'un coup de main le fort d'Aljaferia ou de l'Inquisition, à Saragosse.	Approuvé.
Projet de décret relatif aux changements apportés à l'organisation des compagnies du train du génie, créées le 23 mars 1809.	Approuvé.
On propose à Sa Majesté :	
D'employer à l'armée d'Allemagne les généraux de division Bourcier et Trelliard. Sa Majesté est priée de faire connaître ses ordres;	Il faut que ces généraux se rendent en Allemagne pour commander les dépôts de cavalerie.
De charger le général de division Delaroche du commandement de la 7e division militaire.	Il faut qu'il se rende à l'armée d'Espagne pour commander les dépôts de cavalerie.
Le général de brigade Sabatier demande un congé pour aller prendre les eaux de Barèges.	Approuvé.
On soumet à Sa Majesté la réclamation faite par le général de brigade Cassagne, pour obtenir le traitement extraordinaire de son grade, en raison de l'importance du commandement dont il est chargé à l'île d'Aix.	Lui accorder une gratification de campagne extraordinaire.
On rend compte à Sa Majesté que les ordres donnés pour la suppression du traitement extraordi-	Approuvé.

(1) Non signées; extraites du « Travail du ministre de la guerre avec S. M. l'Empereur, du 26 avril 1809 ».

naire dans les divisions militaires de l'Empire, depuis le 1er vendémiaire an XIV jusqu'au 1er avril 1808, n'étant point parvenus à l'île d'Aix, le général Almeras a continué à jouir de ce traitement.

Le ministre pense que ces paiements, ayant été faits et perçus de bonne foi, doivent être maintenus.

3146. — DÉCISION (1).

Le général Clarke rend compte qu'on suspend les transports d'artillerie de Mayence sur Metz jusqu'à la paix. On continue à évacuer les bronzes.

Pourquoi retarder à la paix ? Si l'ennemi investissait Strasbourg, on n'aurait rien en seconde ligne. Au contraire, évacuez-les.

NAPOLÉON.

3147. — DÉCISION.

Enns, 5 mai 1809.

Un grand nombre des sous-officiers et soldats des compagnies départementales demandent à servir dans des corps de l'armée active où ils ont des parents ou des amis ; plusieurs demandent à se substituer à des conscrits désignés pour des corps de ligne.

Accorder toutes ces demandes.

NAPOLÉON.

3148. — AU MARÉCHAL BERTHIER.

Enns, 5 mai 1809.

Mon Cousin, donnez ordre que le cadre du 3e bataillon du 65e se rende à son dépôt, et les cadres des deux autres bataillons à

(1) Non datée; le rapport du ministre est du 3 mai 1809, le renvoi au bureau est du 5.

Augsburg; que 8 officiers et 16 sous-officiers ou anciens soldats de ce régiment soient envoyés à Strasbourg pour y recevoir 1.000 conscrits, et qu'en attendant l'arrivée de ces conscrits ils s'occupent de faire confectionner leur habillement. Je donne ordre que tout ce que le 5e bataillon a de disponible soit envoyé de l'intérieur à Augsburg, où j'espère avoir bientôt réunis 1.600 hommes, complément de deux bataillons.

NAPOLÉON.

3149. — AU GÉNÉRAL CLARKE.

5 mai 1809.

Monsieur le général Clarke, je reçois votre lettre du 27. Il faut que les 200 dragons qui sont avec le colonel Henry rejoignent à Strasbourg, pour compléter les six régiments provisoires de dragons.

Les ouvriers et les canonniers de la marine sont suffisants pour garder Brest.

Votre observation que les deux demi-brigades provisoires qui sont à Pontivy sont à deux journées de Lorient, cinq journées de Brest et quatre journées de Saint-Malo, est juste ; il faut y remédier en plaçant la 1re brigade à Pontivy et la 2e à deux journées entre Pontivy et Brest. Si la division doit marcher sur Brest, la première demi-brigade y sera en deux jours, la seconde deux ou trois jours après ; elles seront également à portée de Lorient, de Saint-Malo et de Cherbourg.

Aussitôt que mes six régiments provisoires de dragons seront formés, il sera fait de nouvelles dipositions pour le courant de l'été.

NAPOLÉON.

3150. — AU GÉNÉRAL CLARKE.

5 mai 1809.

Monsieur le général Clarke, je donne l'ordre que les cadres des trois bataillons du 65e se rendent, le 3e au dépôt et les deux autres à Augsburg, où ils se reformeront avec les conscrits de la levée de 1810, que je lui ai accordés. Il y aurait quelque inconvénient à ce que les 1.000 conscrits qu'il doit recevoir sur les quatre classes antérieures à 1810 fussent envoyés à Augsburg en habits de paysans;

il vaut mieux les habiller à Strasbourg, et, de là, les envoyer tout habillés au régiment.

Ecrivez au colonel d'envoyer 8 officiers à Strasbourg, pour prendre ces 1.000 hommes. Le régiment peut être chargé de faire confectionner lui-même cet habillement à Strasbourg.

Je compte que ce régiment, avec ses sorties des hôpitaux, aura 400 à 500 hommes et que son dépôt pourra lui fournir 300 à 400 hommes, qu'il doit avoir disponibles. Cela pourra compléter les deux premiers bataillons, en y joignant les 1.000 hommes que j'ai accordés à ce régiment sur la conscription des quatre années et qui seront habillés par ses soins à Strasbourg. Il sera nécessaire qu'il reçoive de quoi former à son dépôt son 3e et son 5e bataillon. Les compagnies qu'il devait fournir aux demi-brigades provisoires de réserve ne seront point fournies, et le nombre d'hommes qui devait composer ces compagnies se rendra à Augsburg, pour servir à compléter le régiment. Ainsi, ces demi-brigades auront ces compagnies de moins. Proposez-moi les moyens de remédier à ce déficit.

Je vous ai écrit hier pour les tirailleurs corses et les tirailleurs du Pô.

Je viens d'ordonner que les 4es bataillons de la division Saint-Hilaire fussent versés dans les trois premiers, pour réparer leurs pertes, et que les cadres retournassent aux dépôts. Il faut donc, dans la distribution de la conscription, pourvoir à réformer les 4es bataillons du 10e légère, 57e, 72e, 105e et 3e de ligne.

Recommandez aussi que l'on favorise les corps de la division Friant, qui ont souffert.

Pour la cavalerie, je vous ai parlé du 14e de chasseurs, mais le 3e de chasseurs a fait aussi des pertes.

Ordonnez que les dépôts des dix régiments de carabiniers et de cuirassiers qui sont dans l'intérieur de la France envoient chacun à Strasbourg 60 hommes, desquels il sera formé un régiment provisoire de 600 hommes qui servira à réparer les pertes de ces régiments. Faites-moi connaître quand ce second régiment de marche de grosse cavalerie pourra partir.

Quant aux dépôts qui sont en Piémont, j'ai ordonné qu'ils fournissent 200 hommes, qui seront réunis à Turin.

Faites-moi connaître quand il sera possible de les porter à 400 hommes, c'est-à-dire à 150 hommes par régiment. Ils serviront à la garde du gouverneur, et, quand il en sera temps, je les ferai rejoindre.

Veillez à ce que les 5es et 6es compagnies des 4es bataillons de la division Demont et du corps d'Oudinot continuent à partir, afin de compléter les corps. Ayez soin que ce que les dépôts n'auraient pas envoyé rejoigne sans délai ; que les adjudants-majors et les adjudants sous-officiers rejoignent ; que les chefs de bataillon, capitaines, lieutenants de ces 4es bataillons qui resteraient au dépôt soient remplacés ; ce que j'ai déjà fait, lors de ma dernière revue du corps d'Oudinot.

Envoyez-moi de l'Ecole polytechnique et des lycées des jeunes gens de 18 ans ; je dois en avoir dans les lycées et à l'école de La Flèche. Quand Bellavène pourra m'envoyer une centaine de sujets, ils me seront fort utiles ; on les enverrait aux demi-brigades provisoires et on ferait venir ceux-ci aux bataillons de guerre.

Je suppose que mes deux premiers régiments de conscrits-grenadiers et chasseurs, sont partis ; faites-moi connaître quand les deux seconds régiments pourront partir. Après ceux-ci partiront les deux seconds régiments de tirailleurs.

Au 1er juin, les deux seconds régiments de conscrits pourront-ils partir, et au 20 juin, les deux seconds régiments de tirailleurs ?

Veillez à ce que toutes les dispositions que j'ai ordonnées pour porter les régiments de cavalerie légère à 1.000 chevaux s'exécutent par l'incorporation des corps qui sont en Espagne et par l'envoi des dépôts.

Que le ministre Dejean autorise les dépôts à acheter autant de chevaux qu'ils ont d'hommes disponibles, mais avec la condition *sine quâ non* d'acheter les chevaux de 5 ans et demi ou 6 ans, sans quoi, ils ne me seront d'aucun service.

Accélérez le départ des généraux Bourcier, Laroche, et trouvez-moi quelques autres vieux généraux de cavalerie ; ils me seront nécessaires pour surveiller et commander les dépôts.

Les ressources du pays que j'occupe et celles de la France ne sont pas de trop pour maintenir ma cavalerie dans un certain état.

NAPOLÉON.

3151. — DÉCISION (1).

Wels, mai 1809.

Le maréchal Berthier rend compte à l'Empereur de l'effectif des détachements d'infanterie et de cavalerie stationnés à Würzburg, et il demande des ordres au sujet de la destination à donner à ces troupes.

Former de ces 800 hommes une seule colonne, qui portera le nom de colonne de marche de Würzburg, la diriger sur Ingolstadt. Lui donner un officier intelligent pour la commander et lui donner pour instruction que si en route il apprenait, ce qui n'est pas probable, qu'il y eût quelque mouvement, il changerait de route et se dirigerait sur Donauwörth. D'Ingolstadt ce bataillon se dirigera sur Passau.

NAPOLÉON.

3152. — AU MARÉCHAL BERTHIER.

Enns, 6 mai 1809.

Mon Cousin, témoignez mon extrême mécontentement au général Moulin de ce qu'il envoie des Portugais pour escorter les prisonniers ; que cette mesure est absurde, et qu'il ne prenne plus sur lui, désormais, de donner de pareils ordres.

La colonne que commande le général Marion devant arriver aujourd'hui à Ebersberg, donnez ordre que tout ce qui fait partie de la division Claparède le rejoigne. Envoyez-lui la note des hommes qui lui appartiennent dans le 1er bataillon des conscrits de la garde, afin qu'il les fasse incorporer.

Faites-moi connaître combien, de ces 5.000 hommes, il y en a pour la division Claparède et combien pour l'autre division du général Oudinot.

NAPOLÉON.

3153. — AU MARÉCHAL BERTHIER.

Saint-Pölten, 9 mai 1809.

Mon Cousin, vous accuserez au général Bruyère la réception

(1) Sans date, expédiée le 5 mai 1809.

de sa lettre et lui ferez comprendre l'importance que j'attache à intercepter une malle d'Italie pour Vienne ou de Vienne pour l'Italie. Faites-lui connaître également que la quantité de pain qu'il a commandée n'est pas suffisante. Il fallait en commander aux villages de Saint-Veit, Strassen, etc., enfin dans tous les villages de la route.

NAPOLÉON.

La position naturelle de son quartier général devait être à Strassen ; recommandez-lui de commander tous les jours une grande quantité de vivres.

3154. — AU MARÉCHAL BERTHIER.

9 mai 1809.

Mon Cousin, donnez l'ordre au général Saint-Sulpice de monter à cheval vers 8 ou 9 heures du matin et de cheminer sur Saint-Pölten, si, cependant, il n'en est pas trop éloigné, parce qu'il ne faut pas trop fatiguer ses chevaux.

NAPOLÉON.

3155. — AU MARÉCHAL BERTHIER (1).

Saint-Pölten, 9 mai 1809.

Mon Cousin, envoyez 30 Wurtembergeois sur la route de Vienne qui passe par Böheimkirchen et Neu-Lengbach pour observer si quelque chose a passé par cette route, et, en même temps, y commander du pain qu'ils feront conduire à St-Pölten.

3156. — DÉCISION (2).

On prie Sa Majesté de décider si les dépenses d'entretien (c'est-à-dire celles de l'habillement, campement, harnachement et ferrage) des troupes de la Confédération seront à la charge de la France, et si

L'entretien des troupes allemandes, saxonnes et westphaliennes, n'est point à la charge de la France.

NAPOLÉON.

---

(1) Non signé.

(2) Sans date; extraite du « Travail du ministre directeur de l'administration de la guerre avec S. M. l'Empereur et Roi, daté du 10 mai 1809 ».

les troupes du royaume de Westphalie seront traitées de la même manière.

3157. — DÉCISIONS (1).

On rend compte à Sa Majesté qu'on a prescrit de nouveau aux conseils d'administration éventuels des régiments de grosse cavalerie de mettre de la célérité dans leurs opérations de remonte et de la sévérité dans le choix des chevaux et de combiner leurs achats de manière à avoir constamment à leurs escadrons de guerre en Allemagne 1.000 chevaux et 100 à leur dépôt pour entretenir la force desdits escadrons.

Approuvé.

NAPOLÉON.

On rend compte à Sa Majesté qu'on a autorisé le 3e régiment d'artillerie légère à acheter 30 chevaux, dont il avait besoin pour dresser dans la manœuvre à cheval 60 conscrits qu'il a reçus et quelques enrôlés volontaires.

Approuvé.

NAPOLÉON.

3158. — DÉCISIONS (2).

Compte rendu de l'interruption du service de la navigation du Pô.

Moyens proposés pour suppléer au manque de chevaux d'artillerie pour ce service.

L'on peut faire ce marché, mais pour le temps de guerre seulement.

Sa Majesté est priée de décider si l'on doit continuer les achats de chevaux d'artillerie qui restent encore à livrer à Metz et à Strasbourg.

L'on perd par morts et tués plus que l'on ne peut renouveler. Il faut raisonner en conséquence.

(1) Voir le renvoi 2 de la page précédente.

(2) Sans date ni signature; extraites du « Travail du ministre de la guerre avec S. M. l'Empereur et Roi, daté du 10 mai 1809 ».

Compte rendu de l'organisation de l'artillerie du corps d'observation de l'Elbe.	L'on a très mal fait de prendre les chevaux de l'armée d'Allemagne, nous en manquons ici.
Proposition d'employer à l'armée d'Allemagne le général de brigade Boussard.	Approuvé.
Sa Majesté est priée de faire connaître si son intention est que M. Fontanier, chef du 52e escadron de gendarmerie, reste au service de S. M. le roi de Naples et des Deux-Siciles.	Accordé.
Le capitaine Durivoir, adjoint à l'état-major de l'armée d'Espagne, demande l'autorisation de passer au service de S. M. catholique.	Accordé.
Le lieutenant Grandfils, du 102e régiment d'infanterie, demande l'autorisation de passer au service de S. M. le roi de Naples.	Accordé.
On soumet à Sa Majesté une demande de convalescence que fait le sieur Burthe, colonel du 4e régiment de hussards, pour aller prendre les eaux de Barèges jusqu'au 1er septembre prochain, à cause de blessures graves qu'il a reçues à l'armée.	Accordé 2 mois.
Le gouvernement anglais a échangé le général Brenier contre le major général Abercromby, au lieu du général Lefebvre-Desnoëttes, qui avait été redemandé. On prie Sa Majesté de prononcer sur cet échange et de faire connaître si Elle veut faire une autre proposition pour le général Lefebvre.	Refusé, le général Brenier est blessé.
Le sénateur Berthollet demande que le lieutenant espagnol Noguer, prisonnier de guerre, puisse se rendre à Perpignan, où il a sa fa-	Accordé.

mille qui jouit de la considération générale.	
M. Thompson, Anglais d'origine, qui a sollicité sa naturalisation, demande à aller pour six mois en Angleterre, afin de régler la succession de son père et de rapporter ses capitaux en France. Il laisserait sa femme et ses six enfants comme gage de son retour.	Refusé.
Le ministre de la guerre d'Espagne demande, au nom de S. M. catholique, le renvoi du lieutenant de Villaroet, prisonnier de guerre, dont le père a rendu des services pour l'approvisionnement de l'armée française.	Accordé.
On propose à Sa Majesté d'accepter la démission de M. Desfarges, chef de bataillon du génie.	Accordé.
Le ministre rend compte à l'Empereur qu'il a autorisé le paiement du traitement extraordinaire du général Poncet, commandant par intérim la 19e division militaire, sur le pied de 12.000 francs par an attribués au général de division dont il remplit les fonctions. Le ministre prie Sa Majesté de vouloir bien confirmer cette mesure.	Refusé.
Le ministre rend compte à Sa Majesté qu'il a provisoirement fait payer comme colonel de la garde M. le colonel Deriot, qui la commande à Paris. Sa Majesté est priée de vouloir bien approuver cette mesure.	Refusé.
On propose à Sa Majesté :	
De nommer à une lieutenance en 1er, dans l'artillerie française à cheval, le sieur Victor de Caraman,	A-t-il fait la guerre de 1807 en Prusse contre nous ?

employé en cette qualité au service de Hollande ;

De nommer lieutenant, aide de camp du général de division Kellermann, M. Lemoine, sous-lieutenant au 13e régiment de dragons ; — Il n'est pas lieutenant.

De confirmer M. Thévenin dans le grade de lieutenant aide camp du général de brigade Le Camus ; — Il est mort.

De nommer lieutenant M. d'Harembert, sous-lieutenant au 53e régiment d'infanterie, pour servir en qualité d'aide de camp auprès de M. le général de brigade Werlé, employé à l'armée d'Espagne. — Il n'est pas lieutenant.

3159. — AU MARÉCHAL BERTHIER.

Schönbrunn, 13 mai 1809.

Mon Cousin, donnez ordre au général Montbrun de se rendre à Vienne de sa personne. Il laissera le commandement de ses régiments de cavalerie au général de brigade qui s'y trouve.

NAPOLÉON.

3160. — DÉCISION.

Schönbrunn, 13 mai 1809.

Le maréchal Berthier rend compte de la marche, sur Augsburg et Passau, du 44e bataillon de flottille et du bataillon des ouvriers de la marine. — Aujourd'hui tout cela doit se diriger sur Vienne.

NAPOLÉON.

3161. — DÉCISION.

Schönbrunn, 13 mai 1809.

Le préfet des Vosges propose de porter la compagnie de réserve de son département de la 6e classe ou de 36 hommes à 60 hommes, cette — Approuvé.

NAPOLÉON.

compagnie étant trop faible pour l'étendue de son service dans le département. Le vingtième des revenus communaux sera plus que suffisant pour payer les frais de cette augmentation.

3162. — DÉCISION.

Schönbrunn, 13 mai 1809.

La légion du Midi a besoin d'environ 200 hommes pour compléter le bataillon auquel elle est réduite. Ses moyens de recrutement, qui consistent en enrôlements volontaires en Piémont, sont nuls ; on propose de la recruter avec des conscrits réfractaires du dépôt de l'île de Ré.

Refusé, continuer les engagements en Piémont, en prenant des anciens soldats.

NAPOLÉON.

3163. — AU GÉNÉRAL CLARKE.

13 mai 1809.

Monsieur le général Clarke, la 1re colonne de troupes, qui, d'Italie, devait se rendre en Allemagne, paraît avoir été prise par l'ennemi. Elle était composée du 3e bataillon du 3e d'infanterie légère, fort de 600 hommes ; du 3e bataillon du 2e de ligne, de 800 hommes ; d'un détachement de 80 hommes du 3e de chasseurs; d'un détachement de 270 hommes du 14e; de 80 hommes du 15e de chasseurs, et de 90 hommes du 1er régiment d'artillerie à cheval. Une partie paraît avoir été massacrée par les Tyroliens ; l'autre partie, je crois, a été faite prisonnière.

Il faut ordonner que le 3e bataillon du 3e léger et le 3e bataillon du 2e le ligne soient reformés, ainsi que les détachements de chasseurs et la compagnie d'artillerie. Donnez, en conséquence, aux dépôts de ces corps, un nombre de conscrits, pour réparer cette énorme perte. Il y avait là 300 hommes pour le 14e de chasseurs, dont ce régiment aurait un grand besoin. Effacez tous ces hommes de l'effectif et faites-les remplacer.

La 2e colonne, composée :

D'un bataillon de marche des 37e et 56e de ligne ;

Du 3e bataillon du 67e ;
Du 3e bataillon du 93e ;
De 100 hommes du 19e de chasseurs ;
De 100 hommes du 23e de chasseurs ;
Et de 70 hommes du 24e de chasseurs,
Est retournée à Vérone. Donnez ordre que cette colonne se reforme à Vérone, que les 5es bataillons des 37e, 56e, 67e et 93e envoient des détachements pour réparer les pertes faites par maladie ou par mort, de sorte que les compagnies soient toutes à 140 hommes ; que les 19e, 23e et 24e de chasseurs envoient tout ce qu'ils ont de disponible à Plaisance et dans leurs dépôts ; enfin, que les dépôts des 3e léger, 2e de ligne, 3e, 14e et 15e de chasseurs, envoient à Vérone les hommes qu'ils auront en état de faire la guerre, y compris ceux qui seraient à Plaisance.

Cette colonne ainsi reformée se mettra en marche sur Vienne, par la route la plus sûre, pour recompléter les cadres.

A cette colonne on pourra joindre ce que les dépôts des quatre régiments de cuirassiers pourront fournir, y compris l'escadron qui est à Turin.

Vous sentez qu'il m'est impossible d'entrer dans les détails.

Mon but est de former à Vérone une forte colonne des cinq régiments de chasseurs, des quatre de cuirassiers et des sept régiments d'infanterie, qui ont leurs dépôts dans les 27e et 28e divisions militaires, que je destine à rejoindre le corps du duc de Rivoli. Donnez vos ordres dans ce sens.

NAPOLÉON.

3164. — AU GÉNÉRAL CLARKE.

14 mai 1809.

Monsieur le général Clarke, je vois par l'état de la place de Paris, au 6 mai, qu'il y a beaucoup de troupes disponibles aux dépôts et que, cependant, les demi-brigades provisoires de réserve ne sont pas formées, puisque la 3e n'a que 1.000 hommes, et la 4e 600 hommes.

Ordonnez donc que tous les régiments qui doivent fournir à ces demi-brigades provisoires, et qui ont des hommes disponibles, y envoient une compagnie de plus.

En général, il est nécessaire que vous portiez une attention particulière à la formation de ces demi-brigades.

Je ne sais pourquoi le duc de Valmy met les gardes nationales de Strasbourg sous les armes, puisqu'il y a exprès là des demi-brigades provisoires.

La 4e demi-brigade provisoire peut être augmentée de 600 hommes, et se trouver sur-le-champ à 1.200 hommes.

Le 3e peut être sur-le-champ augmentée de 600 hommes et être portée à 1.600.

Faites former ces corps ainsi, passez-en la revue, et faites-moi connaître comment ils manœuvrent.

Les autres demi-brigades de Sedan, de Metz, de Strasbourg, de Saint-Omer, les deux du Nord, peuvent être également complétées ; mais, pour cela, il faut que vous donniez des ordres aux dépôts.

NAPOLÉON.

3165. — AU GÉNÉRAL CLARKE.

Schönbrunn, 14 mai 1809.

Monsieur le général Clarke, le duc de Valmy, au lieu de diriger sur Strasbourg le régiment de chasseurs du grand-duché de Berg, l'a dirigé sur Mayence. Je n'approuve point ce changement. Donnez-lui l'ordre de faire partir ce régiment pour Augsburg.

NAPOLÉON.

3166. — DÉCISION.

Schönbrunn, 14 mai 1809.

M. de Stichaner, commissaire général du roi de Bavière au cercle du Bas-Danube, adresse une supplique à l'Empereur à l'effet d'obtenir que la Haute-Autriche ait à contribuer à la formation du magasin de réserve de biscuit, d'eau-de-vie et d'avoine qui doit être constitué à Passau, conformément aux ordres de l'Empereur.

Renvoyé au major général pour répondre à cette lettre et faire connaître que la haute Autriche doit concourir au magasin de Passau.

NAPOLÉON.

3167. — AU MINISTRE DE L'INTÉRIEUR.

Schönbrunn, 14 mai 1809.

Monsieur Cretet, je vous envoie une lettre que je reçois d'Espagne. Donnez des ordres en conséquence, mon intention n'a jamais été de prohiber l'entrée des laines en France.

NAPOLÉON.

3168. — DÉCISION.

Schönbrunn, 14 mai 1809.

Le maréchal Berthier rend compte qu'en raison du mauvais état des chevaux du régiment de chasseurs du grand-duché de Berg, le maréchal Kellermann a cru devoir détourner ce régiment de sa marche sur Augsburg pour l'envoyer se refaire dans la principauté de Hanau.

Témoignez au duc de Valmy mon mécontentement de ces dispositions. Je n'approuve point qu'il change la destination que j'ai ordonnée. Donnez-lui l'ordre de diriger sur-le-champ ce régiment sur Augsburg.

NAPOLÉON.

3169. — DÉCISION.

Schönbrunn, 15 mai 1809.

Rapport sur la capitulation de Vigo.

Renvoyé au ministre de la guerre pour me faire un rapport sur les raisons qui ont porté le commandant de Vigo à se rendre lâchement ; de quel corps est ce chef d'escadron ?

NAPOLÉON.

3170. — AU MARÉCHAL BERTHIER.

Schönbrunn, 15 mai 1809.

Mon Cousin, donnez ordre au duc de Rivoli d'envoyer deux pièces d'artillerie légère et de l'infanterie légère de Hesse-Darmstadt prendre position à Bruck pour soutenir les généraux Montbrun et Marulaz. Ecrivez au duc d'Istrie, qu'il faut qu'il donne ordre au général Montbrun et aux généraux Marulaz et Colbert de faire faire des patrouilles, de manière à ne pas souffrir d'ennemis entre

Presbourg et le lac de Nessiedlersee et l'extrémité du lac, c'est-à-dire entre Œdenburg et Neustadt. Tout ce pays doit être maintenu libre d'ennemis.

NAPOLÉON.

P.-S. — Recommandez-leur de se comporter convenablement en Hongrie.

3171. — DÉCISION.

Schönbrunn, 15 mai 1809.

Comme l'armée se trouve à une grande distance de ses dépôts, et afin d'éviter de longues marches pour effectuer les réapprovisionnements, le général Songis propose de faire descendre des munitions de Passau, au moins jusqu'à Melk, par le Danube.

On doit avoir trouvé beaucoup de munitions à Vienne, de la poudre, cartouches à canon et autres. Il faut ramener tout cela, et on doit avoir de quoi donner une bataille.

NAPOLÉON.

3172. — DÉCISION.

Schönbrunn, 15 mai 1809.

Le maréchal Berthier rend compte que le régiment de chasseurs du grand-duché de Berg, tout d'abord dirigé sur Metz, est arrivé à Strasbourg, et que le régiment provisoire de chasseurs, tiré des 10e, 22e et 26e régiments, y arrivera le 17 mai.

Le major général sollicite des ordres au sujet de la destination ultérieure de ces deux régiments.

Ces deux régiments doivent continuer leur marche sur Augsburg, et l'on me fera connaître le jour de leur arrivée. Faire connaître au maréchal duc de Valmy que je n'approuve pas qu'ils aient été détournés de la route que j'avais prescrite.

NAPOLÉON.

3173. — AU MARÉCHAL BERTHIER.

Schönbrunn, 16 mai 1809.

Mon Cousin, donnez ordre au régiment de marche que commande le sieur Turenne, et qui doit se trouver à Augsburg, de continuer sa route à petites journées sur Vienne.

NAPOLÉON.

3174. — DÉCISION.

Schönbrunn, 17 mai 1809.

Le général Andréossy propose à l'Empereur de nommer M. Schulmeister commissaire général du comité de police, institué par décret du 15 mai.

Renvoyé au major-général pour le nommer.

NAPOLÉON.

3175. — AU GÉNÉRAL CLARKE.

Schönbrunn, 17 mai 1809.

Monsieur le général Clarke, donnez ordre que le 1er régiment de conscrits-grenadiers et le 1er régiment de conscrits-chasseurs de ma garde partent de Metz, à petites journées, pour se rendre à Augsburg.

Je n'approuve pas que vous ayez changé mes dispositions et que le régiment de chasseurs provisoire et le régiment de cavalerie du grand-duché de Berg aient été détournés de leur marche. Que tout cela se rende à Augsburg.

J'approuve encore moins qu'un escadron portugais ait été dirigé sur Hanau. Faites-le diriger sur Augsburg.

Le corps d'observation de l'Elbe fait partie de l'armée d'Allemagne; donnez ordre au duc de Valmy de ne pas disposer d'un seul bataillon sans mon ordre, si ce n'est pour la défense de Mayence ou de mes frontières.

Toutes les troupes françaises ne seraient pas suffisantes au roi de Westphalie.

L'idée que la Prusse nous déclare la guerre est une folie. Ce cas arrivant au fait, je sais comment je veux marcher et quelles dispositions j'ai à faire. Ne vous occupez jamais de l'Allemagne, et, dans des cas imprévus, ne prenez de mesures que pour mes frontières.

Je n'approuve pas que le bataillon du 19e soit parti en poste de Boulogne; il devait marcher à petites journées.

La garde nationale de Mayence et Strasbourg me paraissent parfaitement inutiles. Toutefois, régularisez cette opération : un bataillon à Wesel, un à Mayence et un à Strasbourg paraîtraient suffisants.

NAPOLÉON.

3176. — DÉCISION (1).

Au camp impérial de Schönbrunn, 17 mai 1809.

Proposition d'accorder, sans tirer à conséquence, au professeur de belles-lettres en second à l'Ecole militaire de Saint-Cyr, les mêmes appointements qu'au professeur en premier, qui jouit de 3.000 francs.	Accordé.

3177. — DÉCISIONS (2).

On propose à Sa Majesté :

D'employer dans le mois de juin, soit en Allemagne, soit dans une division de l'intérieur, M. le général de brigade Rostollant ;	Dans le Nord, 24e division militaire.
D'employer dans la 12e division militaire M. le général de brigade Brouard ;	Approuvé.
D'employer dans l'île de Corse le général de brigade Casalta ;	Refusé.
D'approuver le congé de trois mois avec appointements, qui a été accordé, pour cause de maladie, au général de brigade Vergez, employé au 7e corps de l'armée d'Espagne ;	Accordé.
D'employer à l'armée de Naples M. l'adjudant commandant Paroletti, qui jouit du traitement de réforme de son grade dans la 27e division militaire.	(Revenu sans décision.)
On soumet à Sa Majesté la demande d'un congé de convalescence avec appointements, formée par M. Lafosse, colonel du 44e régiment d'infanterie de ligne.	Accordé.

(1) Non signée; extraite du « Travail du ministre de la guerre avec S. M. l'Empereur et Roi, daté du 3 mai 1809 ».

(2) Sans signature ni date; extraite du « Travail du ministre de la guerre avec S. M. l'Empereur et Roi, daté du 17 mai 1809 ».

Le capitaine marchand américain Clubb, qui est né en Angleterre et qui est en France avec sa femme, née à Boston, demande son renvoi aux Etats-Unis, où il s'est établi, après avoir vendu ses propriétés en Angleterre.	Accordé.
On propose à Sa Majesté d'accepter la démission offerte par M. le capitaine du génie Marcilly, pour cause de mauvaise santé.	Accordé.
Le ministre prie Sa Majesté de vouloir bien régler le traitement qui doit être payé à S. A. I. le prince Félix, en sa qualité de général de division commandant les troupes du grand-duché de Toscane.	N'a d'autre titre que son grade.
Le ministre rend compte de ses dispositions pour la prompte levée du régiment espagnol Joseph-Napoléon.	Approuvé.
Proposition de nommer chef d'escadron, pour servir dans la ligne, M. Larchantel, capitaine, aide de camp du général de brigade Cambacérès.	Le faire passer dans la ligne comme capitaine.
Proposition de nommer commandant d'armes de 2e classe l'adjudant-commandant Simon et de lui accorder le traitement d'activité de ce grade jusqu'à ce qu'il puisse être placé en cette qualité.	Refusé.

3178. — DÉCISION.

Ebersdorf, 19 mai 1809.

Lettre du général Clarke au prince Borghese, gouverneur général des départements au delà des Alpes, pour l'inviter à envoyer d'Alexandrie à Toulon un détache-	Cette mesure n'a pas de sens. Retirer des troupes d'Alexandrie pour les envoyer à Toulon pour la garnison d'une frégate,

ment du 112e régiment d'infanterie de ligne, qui servira à compléter dans ce port la garnison de la frégate *la Thémis*. qui n'est rien moins que pressée, cela ne vaut rien.

NAPOLÉON.

3179. — AU MARÉCHAL BERTHIER.

Ebersdorf, 19 mai 1809.

Mon Cousin, donnez l'ordre qu'on fasse partir sans délai de Passau, en en formant un escadron de marche, tous les hommes montés en état de rejoindre, de tous les dépôts, soit de cavalerie légère, soit de grosse cavalerie. Il est nécessaire que cet escadron soit fort d'au moins 300 hommes. On en fera partir un second, aussitôt qu'on aura 300 autres hommes disponibles. Vous ordonnerez qu'ils soient dirigés sur leurs corps respectifs .

NAPOLÉON.

3180. — DÉCISION (1).

Ebersdorf, 19 mai 1809.

On rend compte à Sa Majesté du transport en poste de plusieurs corps de troupes de l'intérieur sur Hanau.

Ces troupes forment 8.000 hommes, et leur transport coûtera 212.272 francs.

Ce sont 200.000 francs jetés dans l'eau. Ces deux corps, étant composés de conscrits, auraient beaucoup plus gagné à aller à petites journées.

NAPOLÉON.

3181. — EXTRAIT D'UNE LETTRE DU PRINCE PONIATOWSKI AU MARÉCHAL BERTHIER, DATÉE D'ULANOW, 19 MAI 1809.

Les Galiciens donnent de jour en jour plus de preuves de leur haine contre l'Autriche (2).

(1) Extraite du « Travail du ministre directeur de l'administration de la guerre avec S. M. l'Empereur et Roi, daté du 17 mai 1809 ».

(2) « Haine contre l'Autriche », a été substitué par Napoléon au membre de phrase suivant : « Attachement à la cause de leur ancienne patrie et n'attendent que le moment de prouver qu'ils méritent encore d'y appartenir. »

3182. — AU GÉNÉRAL CLARKE.

Ebersdorf, 20 mai 1809.

Monsieur le général Clarke, j'ai reçu le rapport sur l'événement qui s'est passé à Chaudron, dans la Loire-Inférieure. Si le ministre de la police pense qu'il soit nécessaire d'envoyer des troupes à Beaupréau, faites-y passer 400 à 500 hommes que vous prendrez à La Rochelle, à Rochefort ou à l'île d'Aix.

Il faut faire une punition exemplaire de la commune qui a laissé assassiner un gendarme.

NAPOLÉON.

3183. — DÉCISION.

Ebersdorf, 25 mai 1809.

Le général Clarke propose à l'Empereur d'autoriser le général Morand à former, à l'aide des trois bataillons corses, un bataillon de 500 hommes de bonne volonté pour tenir garnison à Livourne.

Accordé.

NAPOLÉON.

3184. — AU MARÉCHAL BERTHIER.

Ebersdorf, 25 mai 1809.

Mon Cousin, donnez ordre au duc de Valmy de joindre à la brigade du général Lameth les 240 hommes des grenadiers et voltigeurs du 46e.

NAPOLÉON.

3185. — AU MARÉCHAL BERTHIER.

Ebersdorf, 25 mai 1809.

Mon Cousin, vous donnerez l'ordre au duc de Padoue, que j'ai nommé général de division, de prendre le commandement de la 3e division de cuirassiers que commandait le général Espagne. Le général de brigade Colbert prendra le commandement de la brigade de cette division que commandait le général Reynaud. Le général de brigade Bordessoulle prendra le commandement de la brigade de cette division que commandait le général Fouler. Le colonel Fiteau, major des dragons de ma garde, que j'ai nommé général de brigade, prendra le commandement de la brigade de la 2e division de cuirassiers (Saint-Sulpice) que commandait le général Lagrange. Le général de brigade Gérard prendra le commandement de la brigade de cavalerie légère du général Colbert.

NAPOLÉON.

3186. — AU MARÉCHAL BERTHIER.

Ebersdorf, 25 mai 1809.

Mon Cousin, donnez ordre au général Andréossy de faire mettre en liberté toutes les personnes qui sont en prison pour opinions politiques à Vienne. Il chargera le sieur Bacher de faire cette inspection. Donnez ordre que tous les officiers de landwehr et de landsturm, qui sont à Vienne, parmi lesquels se trouve un M. de Brenner, partent pour France. Vous en préviendrez le Ministre de la police pour qu'il le fasse mettre dans un fort pour répondre des personnes françaises ou sujettes des princes confédérés que la Maison d'Autriche a fait arrêter. Ce M. de Brenner est un commandant de landsturm ou levée en masse, qui ne doit pas être considéré comme prisonnier de guerre, mais comme à moitié prisonnier d'Etat.

NAPOLÉON.

3187. — DÉCISION.

Ebersdorf, 25 mai 1809.

Mesures prises par le ministre de la guerre pour faire transporter à l'île de Ré ou à l'île d'Yeu, pour être incorporés dans le bataillon colonial, les réfractaires et déserteurs des départements de la Loire-Inférieure et de Maine-et-Loire.

Peut-être serait-il convenable de les diriger sur la Corse.

NAPOLÉON.

3188. — DÉCISION.

Ebersdorf, 25 mai 1809.

Le général Clarke transmet une réclamation présentée par le duc d'Arenberg contre la prétention émise par le duc de Nassau, de le

Le ministre n'a pas besoin de mon autorisation pour cela. Il faut savoir d'un côté quel contingent doit le duc d'Arenberg,

faire contribuer aux frais de levée, solde, etc., et entretien des deux régiments de Nassau, bien qu'il ait été autorisé par l'Empereur à fournir en nature son contingent de prince de la Confédération du Rhin et à le joindre au régiment de son nom (aujourd'hui 27e chasseurs).

de l'autre ce qu'il a fourni. Si une partie de son régiment forme son contingent accepté par moi, il n'y a pas de doute qu'il ne le doit point.

NAPOLÉON.

3189. — AU GÉNÉRAL CLARKE.

Ebersdorf, 25 mai 1809.

Monsieur le général Clarke, je ne vois pas d'inconvénient à ce que les deux seconds régiments de conscrits de ma garde se forment à Strasbourg.

Il faut avoir soin d'ordonner qu'aussitôt que les trois compagnies du 65e seront arrivées à Augsburg, les cadres retournent à leurs 5es bataillons. On me rend compte que ce régiment est déjà fort de 800 hommes.

NAPOLÉON.

3190. — ORDRE.

Au camp impérial d'Ebersdorf, 26 mai 1809.

1° Le chevalier Bacher est nommé directeur général de la police de Vienne.

Il exercera, sous l'autorité du gouverneur général, toutes les attributions de cette place, dans son organisation actuelle.

2° Le directeur général aura auprès de lui deux commissaires centraux pour la police particulière de la ville et des faubourgs.

3° Notre major général est chargé de l'exécution du présent ordre.

NAPOLÉON.

3191. — DÉCISION.

27 mai 1809.

Le général Clarke propose de transférer le dépôt du 120e régiment de ligne de Tarascon (Ariège) à Orthez, où il sera plus à portée de correspondre avec ses bataillons de guerre qui sont en Espagne.

Accordé.

NAPOLÉON.

3192. — AU GÉNÉRAL CLARKE.

Ebersdorf, 28 mai 1809.

Monsieur le général Clarke, je n'ai pas encore reçu les différents états de situation à l'époque du 15 mai. Je ne suis pas au courant de la situation de mes troupes. Il est bien important qu'on ne se ralentisse pas et qu'on m'envoie régulièrement ces états.

NAPOLÉON.

3193. — DÉCISION (1).

Ebersdorf, 28 mai 1809.

On prie Sa Majesté de vouloir bien approuver que la pension de M. Sarazin de Belmont, premier vérificateur au bureau des fourrages de l'administration de la guerre, demeure fixée à 1.800 francs à compter du 1er mai 1809.

Approuvé.

NAPOLÉON.

3194. — DÉCISION (2).

Ebersdorf, 28 mai 1809.

L'Institut de France a reçu du président de la Société royale de Londres des remerciements pour les bontés de Sa Majesté envers les savants anglais et une recommandation en faveur de M. Smilhson, chimiste arrêté à Hamburg, dont il sollicite le renvoi.

Accordé sa liberté.

3195. — AU GÉNÉRAL CLARKE.

29 mai 1809.

Monsieur le général Clarke, je vois, dans l'état de situation de la

(1) Extraite du « Travail du ministre directeur de l'administration de la guerre avec S. M. l'Empereur et Roi, daté du 10 mai 1809 ».

(2) Non signée; extraite du « Travail du ministre de la guerre avec S. M. l'Empereur et Roi, daté du 10 mai 1809 ».

1re division militaire, que le dépôt du 32e a........ 100 hommes prêts à marcher.

Celui du 58e	100	—
Celui du 121e	100	—
Celui du 122e	200	—
ce qui fait	500 hommes,	

dont on pourrait augmenter la 3e demi-brigade provisoire, ce qui la porterait à 1.500 hommes.

Je vois, dans le même état, que le dépôt du 2e léger a prêts à marcher .... 200 hommes

Celui du 4e	200	—
Celui du 12e	100	—
Celui du 15e	300	—
ce qui fait	800 hommes,	

dont on pourrait augmenter la 4e demi-brigade. Pourquoi cela n'est-il pas fait ?

L'état de situation de la 2e division militaire présente comme disponibles 1.000 hommes des trois régiments de la Vistule, il faut les faire partir pour l'Espagne.

Les 12e, 14e, 34e et 88e ont 500 hommes prêts à marcher.

Le 25e en a 300 ; tout cela devait joindre les demi-brigades provisoires.

L'état de la 7e division militaire présente plus de 700 hommes prêts à marcher.

Dans la 8e division militaire, je vois que le 1er de ligne a 400 hommes, le 16e, 300, le 62e, 200.

Faites donc partir tout cela. Dans presque tous les états des divisions militaires, je vois beaucoup d'hommes prêts à partir. Il me semble que tous les hommes qui sont disponibles aux dépôts doivent se rendre ou aux demi-brigades provisoires ou à l'armée, pour compléter ce qu'ils doivent encore.

NAPOLÉON.

3196. — AU GÉNÉRAL CLARKE.

Ebersdorf, 30 mai 1809.

Monsieur le général Clarke, je reçois votre lettre du 23, par laquelle vous me rendez compte que le 3e régiment de marche de grosse cavalerie, fort de 475 hommes, sous le commandement du chef d'escadron Labiffe, partira le 10 juin de Strasbourg. Je désire fort que le 20 juin, il puisse en partir un semblable.

NAPOLÉON.

3197. — DÉCISION (1).

On propose à Sa Majesté d'accorder à un couvreur, estropié d'une chute qu'il a faite du toit de la citadelle de Besançon, une pension de 228 francs.	Refusé.

3198. — AU MARECHAL BERTHIER.

Ebersdorf, 31 mai 1809.

Mon Cousin, donnez ordre au général du génie Rogniat et au général d'artillerie Foucher de former une commission, de visiter l'île pour déterminer l'emplacement des ponts et des batteries, reconnaître les ouvrages qu'a faits l'ennemi pour fortifier son champ de bataille et les moyens de les annuler. Le général Bertrand leur donnera des instructions sur ce qui doit faire l'objet de leur travail.

NAPOLÉON.

3199. — AU MARÉCHAL BERTHIER.

Ebersdorf, 1er juin 1809.

Mon Cousin, écrivez au général Moulin que je vois dans l'état de situation de la place d'Augsburg, au 27 mai, qu'il y a un bataillon de marche de 900 hommes ; qu'il faut le faire partir pour l'armée, ainsi que les détachements des 43e, 59e, 69e, 76e, 3e et 57e de ligne ; qu'il a dans la place suffisamment de monde, puisque indépendamment de la division Beaumont, il y a deux régiments bavarois, et que d'ailleurs il a le 65e. Donnez-lui l'ordre de faire venir de Lindau ce qui était de ce côté-là, et de le faire remplacer par quatre compagnies du 65e, sans y comprendre les grenadiers et les volti-

(1) Sans signature ni date; extraite du « Travail du ministre de la guerre avec S. M. l'Empereur et Roi, du 31 mai 1809 ».

geurs, qu'on peut porter à 400 hommes ; elles seront d'un meilleur service et cela doit être suffisant.

NAPOLÉON.

3200. — DÉCISION.

Ebersdorf, 1er juin 1809.

Le général Clarke demande des ordres au sujet de la destination à assigner aux quatre compagnies des 4es bataillons des 65e et 72e régiments d'infanterie de ligne.

Faire partir les deux compagnies du 65e pour Augsburg où elles seront incorporées dans les deux bataillons qui sont dans cette place, et les cadres retourneront aux 5es bataillons.

NAPOLÉON.

3201. — AU GÉNÉRAL CLARKE.

Ebersdorf, 1er juin 1809.

Monsieur le général Clarke, je vous recommande de porter une attention particulière à la formation des demi-brigades provisoires, surtout des deux demi-brigades qui sont à Strasbourg, des quatre qui sont à Hanau, de celles qui sont destinées à la défense de la Bretagne, et des deux qui se forment à Paris et qui doivent se porter à tout événement sur les côtes.

En général, je ne reçois pas assez fréquemment les états de situation. Je pense que ceux à l'époque du 1er juin seront partis de Paris avant le 10, afin que je les aie vers le 15.

Portez une attention particulière à la formation des régiments provisoires de dragons qu'il est bien important de compléter, afin d'avoir un corps de cavalerie sur les derrières.

NAPOLÉON.

3202. — ORDRE.

2 juin 1809.

Faire venir le colonel Ménage, actuellement à Wels, pour prendre le commandement de la ville de Vienne.

Donner ordre au général d'artillerie de faire placer cette nuit quatre pièces de 18 en fer, en deux batteries, sur la droite de la rivière, aux deux côtés du premier pont brûlé et battant dans la première île.

Placer quatre pièces de 6 en fer dans l'ouvrage qui couvre le premier pont de radeaux, placé au-dessous du premier pont brûlé.

Ordre au général du génie de faire construire une tête de pont dans la seconde île pour couvrir le second pont de radeaux placé au-dessous du second pont brûlé. Cette tête de pont doit être solide, étendue, palissadée et établie de telle sorte que 100 hommes soient à l'abri de toute attaque.

Faire établir un tambour en avant de chaque petit pont que l'ennemi n'a pas détruit.

Faire choisir dans la seconde île une position qui enfile le tournant de Nussdorf et y établir deux pièces de 18 en fer pour battre les barques de l'ennemi qui communiquent de la rive gauche à ce village.

Etablir sur les hauteurs de Nussdorf deux pièces de 18 en fer pour plonger sur les batteries de l'ennemi et sur les bateaux qui tenteraient de passer la rivière.

Le but de toutes ces dispositions est de rendre toute l'artillerie de campagne disponible, de telle sorte que le corps laissé dans Vienne puisse rester sans canons, ou en avoir d'autant moins. Ces dispositions auront aussi l'avantage d'employer des pièces en fer au lieu de pièces en bronze, parce que ces dernières seront placées dans l'île.

Ordre au général d'artillerie de mettre dans le jour 3 pièces de 3 ou de 6 en bronze à la disposition des marins pour armer trois barques.

NAPOLÉON.

3203. — DÉCISION.

2 juin 1809.

Projet d'armement de la place d'Orbetello et des forts de Livourne ; légères modifications apportées aux dispositions prescrites par le décret du 10 avril dernier.

Le général Clarke sollicite l'approbation de l'Empereur.

Le ministre de la guerre décidera toutes ces questions.

NAPOLÉON.

3204. — DÉCISION.

Ebersdorf, 2 juin 1809.

Le général Bron, commandant le dépôt général de cavalerie à Penzing, demande l'autorisation de recevoir des chevaux à courte queue pour pouvoir compléter le nombre de chevaux dont l'Empereur a ordonné l'achat.

Il faut autoriser le général Bron à recevoir des chevaux à courte queue.

NAPOLÉON.

3205. — AU GÉNÉRAL CLARKE.

Ebersdorf, 3 juin 1809.

Monsieur le général Clarke, faites partir les 360 hommes du 65e, qui sont à Paris, pour Augsburg, afin de compléter les deux bataillons qui se trouvent dans cette place et donnez ordre que les cadres de ces 360 hommes retournent au dépôt.

Donnez le même ordre au détachement du 72e.

Donnez ordre que le 4e bataillon du 46e se réunisse à Augsburg. Les grenadiers et voltigeurs qui sont à Hanau et les quatre compagnies qui sont à Paris s'y rendent.

Il me semble que les dépôts de cavalerie de Versailles pourraient fournir des détachements aux régiments provisoires. Il y a là 500 à 600 chevaux.

NAPOLÉON.

3206. — DÉCISION.

Ebersdorf, 4 juin 1809.

Rapport au sujet des déclarations faites par le général-major Hillinger, en ce qui concerne l'organisation de l'insurrection de la région d'Œdenburg, en Hongrie, ainsi que sa propre participation à ces événements.

Renvoyer ce général en France comme prisonnier.

NAPOLÉON.

3207. — ORDRE.

Au camp impérial de Schönbrunn, 5 juin 1809.

1° L'abbaye de Melk sera fortifiée et mise à l'abri d'un coup de main.

2° Le général commandant le génie y enverra sur-le-champ les officiers de génie, et fera faire les travaux nécessaires.

Le général commandant l'artillerie y fera passer sur-le-champ de Vienne 6 pièces de 18 ou de 12 et 6 pièces de calibre inférieur.

3° Le général Vandamme veillera et fera fournir les ouvriers nécessaires, pour que cette place soit mise promptement en état de défense.

4° Il sera formé, dans l'abbaye de Melk, un hôpital capable de recevoir 2.000 malades ; il y sera établi 3 fours et des magasins de toute espèce.

NAPOLÉON.

3208. — AU MARÉCHAL BERTHIER.

Schönbrunn, 5 juin 1809.

Mon Cousin, donnez ordre au général de division Frère de prendre le commandement de la division Claparède, et au général de division Reynier, de prendre le commandement de la division Tharreau.

Donnez ordre au général Tharreau de se rendre à Hanau pour prendre le commandement de la division de réserve de l'Elbe. Quant au général Claparède, vous me ferez connaître quand il sera guéri.

NAPOLÉON.

3209. — DÉCISION.

Camp impérial de Schönbrunn, 6 juin 1809.

Le général Clarke a cru devoir ordonner d'incorporer dans les 48e et 108e régiments d'infanterie de ligne, qui sont à Anvers, 200 cons-

Approuvé.

NAPOLÉON.

crits réfractaires du dépôt du fort Lillo, pris parmi ceux qui ont montré le plus de bonne volonté et la meilleure conduite, à raison de 100 hommes par régiment.

3210. — DÉCISIONS.

Schönbrunn, 6 juin 1809.

M. l'intendant général de l'armée expose, au sujet du décret du 28 du mois dernier, qui, entre autres dispositions, ordonne qu'il ne sera pris dans les caisses des payeurs aucune somme en monnaie métallique, sans un ordre spécial de Votre Majesté :

1° Que des marchés ont été passés dans le grand-duché de Bade, dans le Wurtemberg et dans la Bavière, pour le loyer des voitures requises pour le service de l'armée, et que, le papier de la banque de Vienne n'ayant point cours dans ces Etats, il paraîtrait convenable que le paiement de ces loyers eût lieu en argent ;

En argent. Ces voitures ne sont plus utiles.

2° Qu'en Bavière et dans les Etats de S. A. le prince primat il est des dépenses que l'on ne peut également acquitter qu'en argent et qu'on ne peut retarder, parce qu'elles tiennent au service important de l'expédition des denrées et effets embarqués sur le Danube à Ulm, Donauwörth, Ingolstadt, Ratisbonne et Passau ;

Id.

3° Enfin, M. Daru expose, à l'égard du mois de paiement de solde à effectuer en papier monnaie à l'armée, qu'il y a des régiments et des parties prenantes qui se trou-

En argent.

NAPOLÉON.

vent ailleurs qu'en Autriche. Il demande si leur solde leur sera payée en papier. Si elle était payée ainsi, il en résulterait pour eux la perte de l'échange et d'ailleurs ils ne peuvent être payés que là où ils sont.

Les mêmes observations s'appliquent aux dépenses du matériel payables sur ordonnances de M. l'intendant général, aux régiments et aux parties prenantes ailleurs qu'en Autriche.

Je prie Votre Majesté de me faire connaître ses intentions.

BERTHIER.

3211. — DÉCISION (1).

Etat des hommes blessés, le 22 mai, au passage du Danube et proposés à Sa Majesté par le général de division Lariboisière, commandant l'artillerie de la garde, pour obtenir la croix de la Légion d'honneur.

Accordé.

NAPOLÉON.

3212. — DÉCISION (2).

Etat des officiers, sous-officiers et canonniers proposés par le général Lariboisière, commandant en chef l'artillerie de la garde, pour être nommés membres de la Légion d'honneur.

Accordé.

NAPOLÉON.

---

(1) Non datée; le rapport du général Lariboisière est daté de Vienne, 6 juin 1809.

(2) Non datée; l'état présenté par le général Lariboisière est daté de Vienne, 6 juin 1809.

3213. — DÉCISION (1).

Rapport par lequel le maréchal Berthier rend compte à l'Empereur que le général de brigade Maison, rétabli de sa blessure, demande à être appelé à l'armée d'Allemagne.	L'envoyer au corps d'observation de l'Elbe à Hanau. NAPOLÉON.

3214. — DÉCISION (2).

Demande faite par M. le maréchal duc de Valmy en faveur de M. Mousin de Bernecourt, qu'il désire avoir près de lui en qualité d'aide de camp colonel.	Refusé.

3215. — DÉCISIONS (3).

Au camp impérial de Schönbrunn, 7 juin 1809.

M. le général de division Puthod, nommé à ce grade par décret du 7 décembre 1808, demande à prendre rang à dater du 16 novembre même année. Il fonde sa demande sur une erreur de nom à son préjudice.	Accordé.
Le roi des Deux-Siciles désire que l'adjudant commandant Sénécal soit nommé général de brigade; S. M. assure que cet officier supérieur s'est distingué dans toutes les affaires qui ont eu lieu dans la Calabre.	Accordé.

(1) Sans date; la décision a été expédiée le 7 juin 1809.

(2) Sans signature ni date; extraite du « Travail du ministre de la guerre avec S. M. l'Empereur et Roi, daté du 7 juin 1809 ».

(3) Non signées; extraites du « Travail du ministre de la guerre avec S. M. l'Empereur et Roi, daté du 3 mai 1809 ».

3216. — DÉCISION.

Schönbrunn, 8 juin 1809.

Le maréchal Berthier propose d'incorporer dans les régiments de cavalerie, auxquels ils sont destinés, les détachements des 4e de hussards et 27e de chasseurs qui composaient l'escadron de marche provisoirement attaché à la brigade allemande commandée par le général Rouyer.

J'ai déjà donné ordre que les escadrons et bataillons de marche fussent incorporés, et que les cadres, officiers et sous-officiers retournassent à leurs corps.

Réitérer cet ordre.

NAPOLÉON.

3217. — AU GÉNÉRAL CLARKE.

Schönbrunn, 8 juin 1809.

Monsieur le général Clarke, pourquoi le 12e bataillon des équipages militaires ne part-il pas de Saint-Mihiel ? il serait cependant bien utile ici. Veillez à son départ.

Faites-moi, sur les demi-brigades provisoires, un rapport qui me fasse connaître leur situation au 1er juin, ce que les dépôts pourraient encore fournir sur les conscriptions passées, ce qu'ils pourront fournir sur l'appel des 40.000, et, enfin, quand ces demi-brigades pourront être complétées.

NAPOLÉON.

3218. — AU GÉNÉRAL CLARKE.

8 juin 1809.

Monsieur le général Clarke, aussitôt que les deux régiments de conscrits-grenadiers et de conscrits-chasseurs de la garde, qui se réunissent à Strasbourg, seront complètement armés, équipés et habillés, vous les dirigerez ensemble sur Augsburg, où ils tiendront garnison jusqu'à nouvel ordre.

Aussitôt que le 2e régiment de tirailleurs-chasseurs et le 2e régiment de tirailleurs-grenadiers seront formés à Paris, vous les dirigerez sur Strasbourg.

Je ne reçois aucun renseignement sur la conscription et sur la destination définitive qui a été donnée aux 10.000 hommes des quatre années.

Les deux premiers régiments de tirailleurs de la garde qui sont à l'armée et les deux régiments de fusiliers ont besoin, chacun, de 300 hommes de renfort ; ce qui fait, pour le complétement de ces quatre régiments, 1.200 hommes ; bien entendu qu'on remplacerait les fusiliers manquants en les prenant par département, parmi des hommes qui sachent lire et écrire.

NAPOLÉON.

3219. — AU MARÉCHAL BERTHIER.

Schönbrunn, 10 juin 1809.

Mon Cousin, donnez ordre au général de brigade Boyer de se rendre à la division Gudin (corps du duc d'Auerstædt), où il servira. Donnez ordre au général de brigade Desailly de se rendre à la division Puthod, qui fait partie du même corps.

NAPOLÉON.

3220. — AU MARÉCHAL BERTHIER.

Schönbrunn, 10 juin 1809.

Donnez l'ordre au prince de Ponte-Corvo de faire partir demain la division Dupas et la plus grande partie de la division saxonne et de la placer à Sieghardskirchen, de manière qu'elle puisse se porter en un jour à Vienne si cela est nécessaire.

Faites-moi connaître l'emplacement des deux autres divisions ; je désire qu'elles soient placées entre Saint-Pölten et Sieghardskirchen.

Donnez l'ordre aux cadres des deux régiments de tirailleurs de la garde de partir, la moitié demain à midi et l'autre moitié après-demain matin, pour se rendre en poste à Paris.

Consignez-leur tous les drapeaux pris dans les dernières affaires. Il est bon qu'ils les montrent en route à Munich. On les portera chez le ministre de la guerre, auquel je ferai connaître ce qui doit être fait (1).

3221. — ORDRE.

Schönbrunn, 10 juin 1809.

1°

Les murs de Mautern seront démolis de manière qu'ils ne puis-

(1) Non signé.

sent pas servir de tête de pont à l'ennemi ni de poste pour rétablir son pont, s'il passait sur ce point.

2°

L'abbaye de Göttweig sera mise à l'abri d'un coup de main.

Le général du génie donnera les ordres pour les travaux.

Le général Vandamme en surveillera l'exécution.

Le général d'artillerie y enverra 8 pièces de canon de fer, tirées de l'arsenal de Vienne.

3°

Il y aura à l'abbaye de Göttweig toujours des vivres pour la garnison pendant un mois. Il y sera établi un hôpital pour 1.000 malades.

4°

Le major général est chargé de l'exécution du présent ordre.

NAPOLÉON.

3222. — ORDRE.

Au camp impérial de Schönbrunn, 10 juin 1809.

1°

Il sera construit à l'embouchure de l'Enns, dans le Danube, sur la rive gauche de l'Enns et vis-à-vis de Mauthausen, une redoute palissadée et fraisée, telle que 2 pièces de canon, leur approvisionnement, 10.000 cartouches, dix jours de vivres pour 60 fantassins et 20 canonniers se trouvent à l'abri de toute attaque. Les pièces de canon seront placées de manière à battre le débouché de Mauthausen et à défendre le cours du Danube.

3°

Le général du génie donnera des ordres pour la construction de cette redoute.

Le duc de Danzig fournira les hommes nécessaires pour les travaux de cette construction ; il en surveillera la prompte exécution et fournira l'artillerie.

NAPOLÉON.

3223. — AU GÉNÉRAL CLARKE.

10 juin 1809.

Monsieur le général Clarke, je reçois une lettre de M. Lacuée, du 1er juin, où je trouve la répartition de 40.000 conscrits. Voici les changements que j'ai jugé nécessaire d'y faire (je les fais relever en détail dans les états A, B. C ci-joints).

Les 1.500 hommes des conscrits des quatre années, destinés pour la cavalerie, et les 1.500 hommes des mêmes années, destinés pour l'artillerie, formant 3.000 hommes, seront employés à renforcer le corps d'Oudinot.

Les trois régiments des côtes de La Rochelle fourniront trois autres mille hommes qui auront la même destination, ce qui renforcera de 6.000 hommes le corps d'Oudinot, conformément à l'état A.

Les 3.000 hommes qui étaient destinés pour le dépôt de Grenoble seront distribués entre les différents corps du duc de Rivoli, conformément à l'état B.

Les 3.000 hommes qui étaient réservés pour le dépôt de Strasbourg seront distribués de la manière suivante : 700 hommes à la division Saint-Hilaire, indépendamment de ceux accordés dans le travail de M. Lacuée ; 1.100 à la division Friant, aussi indépendamment de ceux accordés dans le travail de M. Lacuée, et 1.200 hommes au corps du duc de Rivoli ; total 3.000 hommes, le tout conformément au tableau C.

Mais, pour recruter promptement l'armée, voici les revirements à faire :

1° 3.000 soldats des plus exercés, des 82e, 26e et 66e régiments, formant trois bataillons de marche, se mettront en route pour Strasbourg, avec le nombre d'officiers et sous-officiers nécessaire pour les conduire, et, de là, seront dirigés sur Vienne, pour y être incorporés dans les différents corps d'Oudinot conformément à l'état A.

2° Les 3.000 conscrits des quatre années, qui étaient destinés pour la cavalerie et l'artillerie, se rendront aux dépôts des corps indiqués dans l'état A, et ces mêmes corps feront partir sans délai, soit des demi-brigades provisoires, soit de leur dépôt, un même nombre d'hommes choisis parmi les plus exercés et les dirigeront sur leur 4e bataillon, au corps d'Oudinot.

3° Vous ferez partir de la 4e demi-brigade provisoire 600 hommes qui seront dirigés sur Vienne, pour être incorporés dans le 3e régiment d'infanterie légère. Ils feront route sous le titre de bataillon de marche du 3e d'infanterie légère. Ces 600 hommes seront tirés :

200 hommes du 2e d'infanterie légère ;
200 — 4e —
200 — 12e —

Ils seront remplacés dans ces régiments par 600 conscrits pris sur les 3.000 qui étaient destinés au dépôt de Grenoble.

4° Vous ferez partir de la 3e demi-brigade provisoire 1.600 hommes, savoir :

600 du 32e pour le 2e de ligne ;
600 du 58e dont 300 pour le 37e ;
et 300 pour le 56e ;
200 du 121e pour le 93e,
et 200 du 122e pour le 67e.

TOTAL. 1.600 hommes.

Et, par contre, 1.600 conscrits, pris sur les 3.000 destinés pour le dépôt de Grenoble, seront répartis entre ces régiments.

Il restera encore 800 conscrits disponibles sur les 3.000 de Grenoble : 300 seront envoyés à Toulon pour le 16e régiment, et 500 à Milan pour le 35e.

5° Enfin, les 3.000 conscrits qui étaient destinés pour le dépôt de Strasbourg seront envoyés aux dépôts des corps désignés dans l'état C ; mais ces mêmes corps devront faire partir sans délai, soit des demi-brigades provisoires, soit de leur dépôt un nombre d'hommes pareil à celui qui leur est remplacé par cette répartition. Ils les choisiront parmi les plus exercés et les dirigeront sur leurs bataillons de guerre.

J'ai déjà ordonné que 300 hommes du 15e léger partissent de Paris et soient retirés de la 4e demi-brigade.

Le travail de M. Lacuée destine environ 3.000 hommes pour recruter les divisions Friant et Saint-Hilaire.

Les revirements que je viens de vous indiquer ajoutent pour ces deux divisions environ 1.800 hommes.

Les mêmes revirements doivent renforcer le corps du duc de Rivoli de 4.200 hommes, et celui du général Oudinot de 6.000 hommes.

Par suite de ces dispositions, mes armées d'Allemagne doivent donc recevoir sous peu un renfort de 15.000 hommes.

Présentez-moi les décrets qui doivent régulariser ces diverses incorporations.

NAPOLÉON.

3224. — DÉCISION (1).

Le détachement d'infanterie stationné entre Mannswörth et Petronell étant parti pour rejoindre son bataillon, le général Nansouty demande au maréchal de vouloir bien remplacer ce détachement par une force d'un effectif au moins égal, afin de pouvoir s'opposer aux tentatives de débarquement de l'ennemi.

Le major général donnera ordre au général Oudinot de mettre quelques compagnies de voltigeurs à la disposition du général Nansouty.

NAPOLÉON.

3225. — AU MARÉCHAL BERTHIER.

Schönbrunn, 11 juin 1809.

Mon Cousin, j'avais ordonné que le général Bourcier, qui commande les dépôts de cavalerie de Passau, fît des marchés en Bavière, pour acheter un grand nombre de chevaux de cuirassiers et de cavalerie légère et faire faire une grande quantité de selles et de cuirasses. Faites-moi connaître ce qui a été fait et s'il a été mis des sommes à sa disposition pour cet objet.

NAPOLÉON.

3226. — AU MARÉCHAL BERTHIER.

Schönbrunn, 11 juin 1809.

Mon Cousin, donnez ordre à Strasbourg, qu'aussitôt que mes seconds régiments de conscrits-chasseurs et conscrits-grenadiers seront complétés, armés et habillés, ils partent de Strasbourg pour se rendre à Augsburg. Donnez ordre que le 1er régiment de

(1) Non datée; l'expédition de la décision de l'Empereur a eu lieu le 11 juin 1809.

conscrits-grenadiers et le 1er régiment de conscrits-chasseurs, qui arrivent le 12 à Augsburg, continuent leur route pour Vienne.

NAPOLÉON.

3227. — AU MARÉCHAL BERTHIER.

Schönbrunn, 11 juin 1809.

Mon Cousin, donnez ordre au régiment de Nassau, qui est à Passau, d'en partir, sans délai, pour se rendre à Vienne, où il tiendra garnison.

NAPOLÉON.

3228. — AU MARÉCHAL BERTHIER.

Schönbrunn, 11 juin 1809.

Mon Cousin, pourquoi y a-t-il un dépôt du 9e de chasseurs à Neustadt composé d'une cinquantaine de chevaux éclopés ? Pourquoi ne sont-ils pas au dépôt général ?

NAPOLÉON.

3229. — DÉCISIONS (1).

11 juin 1809.

On rend compte à Sa Majesté des causes d'un déficit de 37.800 francs qu'éprouve le 1er régiment de dragons, et, vu qu'elles sont en très grande partie admissibles, on lui propose d'accorder à ce corps un secours de 20.000 francs pour diminuer d'autant ce déficit.	Approuvé. NAPOLÉON.
Au mois d'avril dernier, le régiment du grand-duché de Berg a été transporté en poste de Mayence à Francfort pour se rendre à Cassel. La dépense de ce transport s'est élevée à 1.340 francs. On demande à Sa Majesté si cette dépense restera à la charge de la France ou si	Par la France. NAPOLÉON.

(1) Extraites du « Travail du ministre directeur de l'administration de la guerre avec S. M. l'Empereur et Roi, daté du 24 mai 1809 ».

elle sera supportée par le Trésor de Westphalie, ou acquittée sur les fonds de l'armée d'Allemagne.

3230. — AU GÉNÉRAL CLARKE.

11 juin 1809.

Monsieur le général Clarke, j'envoie à Paris, en poste, les cadres des seconds régiments de tirailleurs de ma garde. Ils partent demain et arriveront probablement du 20 au 25. J'espère qu'au 1er juillet ces régiments pourront partir à petites journées, pour se rendre à Strasbourg. Je désire que vous m'envoyiez toutes les semaines l'état des dépôts de ma garde et des renseignements là-dessus.

Accélérez, je vous prie, la formation des trois compagnies de canonniers de la garde, ainsi que l'organisation des 24 bouches à feu qu'elles doivent servir.

NAPOLÉON.

3231. — AU GÉNÉRAL CLARKE.

11 juin 1809.

Monsieur le général Clarke, en conséquence de ma lettre d'hier et des tableaux qui y sont annexés, pour la répartition des 40.000 hommes, les dépôts des treize régiments, ou les compagnies des demi-brigades provisoires, doivent fournir 3.000 hommes à treize 4es bataillons du corps d'Oudinot. Je désire que vous donniez des ordres aux dépôts et aux demi-brigades provisoires, dont ces régiments font partie, de diriger ces hommes sur Strasbourg, et qu'aussitôt que trois détachements de ces corps, ou 600 hommes, seront réunis, on en forme des bataillons de marche, sous le titre de 1er, 2e, 3e, 4e et 5e bataillons de marche du corps d'Oudinot, et qu'ils partent ainsi de Strasbourg bien organisés.

Le 26e, le 66e et le 82e doivent fournir 3.000 hommes au corps d'Oudinot ; je désire que, d'abord, chacun de ces régiments fournisse 500 hommes. Ces 1.500 hommes se réuniront dans un point central, comme Orléans, partiront sous le titre de régiment de marche du corps d'Oudinot, et arriveront ainsi à Strasbourg et à l'armée. Les autres 1.500 hommes partiront de la même manière. quinze jours après. Ainsi, les 6.000 hommes que doit recevoir le corps d'Oudinot, formeront deux régiments de marche et cinq bataillons de marche.

Le corps du duc de Rivoli doit recevoir 2.200 hommes. Les 600 hommes du 32e porteront le nom de 1er régiment de marche du corps du duc de Rivoli ; les hommes du 2e d'infanterie légère, du 4e et du 12e porteront le nom de 2e bataillon de marche du corps du duc de Rivoli ; les hommes du 58e porteront le nom de 3e bataillon de marche du même corps, et les 400 hommes des 121e et 122e porteront le nom de 4e bataillon de marche du même corps. Le corps du duc de Rivoli doit recevoir, en outre, 1.200 hommes des dépôts ou des demi-brigades provisoires dont ils font partie. Le 26e léger, le 18e de ligne, le 24e léger et le 4e de ligne fourniront deux bataillons qui porteront le nom de 5e et 6e bataillons de marche du corps du duc de Rivoli. Ainsi, les 4.300 hommes que doit recevoir ce corps arriveront en six bataillons de marche.

La division Friant doit recevoir 2.400 hommes qui arriveront isolément. Vous ordonnerez qu'on en forme également quatre bataillons de marche de 600 hommes chacun, lesquels se formeront à Strasbourg.

Il doit en être de même pour la division Saint-Hilaire, qui reçoit 2.500 hommes.

Occupez-vous à faire former ces bataillons. Ordonnez que les procès-verbaux soient en règle, et que les demi-brigades et les dépôts fournissent conformément à mes ordres. Ce qu'ils fourniront sera remplacé aux uns et aux autres sur la levée des 40.000 hommes.

Napoléon.

3232. — AU GÉNÉRAL CLARKE.

Schönbrunn, 11 juin 1809.

Monsieur le général Clarke, faites partir les 60 hommes disponibles au dépôt du 10e de chasseurs et les 60 hommes du 22e pour renforcer le 1er régiment provisoire de chasseurs.

Faites partir les 120 chasseurs du 1er, les 200 hommes du 2e, les 10 du 5e, les 30 du 7e, les 60 du 12e, les 70 du 13e, les 150 du 20e et les 100 du 27e, formant près de 800 hommes, pour Strasbourg où ils formeront un régiment de marche qui portera le titre de 1er régiment de marche de chasseurs. Faites-moi connaître quand ce régiment sera disponible.

Faites partir également pour Strasbourg les 400 hussards disponibles ; ils formeront un régiment de marche de hussards. Ces 1.200 hommes sont bien précieux pour augmenter ma cavalerie légère.

Veillez à ce que les corps achètent le plus de chevaux possible ; ils ont besoin de plus de chevaux équipés que d'hommes. On en achète bien ici, mais, quoi qu'on fasse, j'aurai toujours beaucoup d'hommes à pied.

NAPOLÉON.

3233. — DÉCISIONS (1).

11 juin 1809.

On prie Sa Majesté de décider s'il sera accordé des bonnets de grenadiers au régiment espagnol Joseph-Napoléon.	Oui. NAPOLÉON.
M. l'ordonnateur Daure, appelé à Naples par S. M. le roi des Deux-Siciles, demande l'autorisation de s'y rendre.	Approuvé. NAPOLÉON.

3234. — AU GÉNÉRAL DEJEAN.

Schönbrunn, 11 juin 1809.

Monsieur Dejean, faites partir le 1er bataillon provisoire des équipages militaires, qui a cinq compagnies et 180 caissons. Faites partir également la 4e compagnie du 12e bataillon. Ces 216 caissons nous seraient fort utiles. Faites-les partir chargés des souliers que l'intendant a à Strasbourg et d'un millier de cuirasses.

NAPOLÉON.

3235. — DÉCISIONS (2).

11 juin 1809.

Compte rendu du dénuement total de plomb dans les places de Li-	S'il y a des fonds au budget.

---

(1) Extraites du « Travail du ministre directeur de l'administration de la guerre avec S. M. l'Empereur et Roi, daté du 31 mai 1809 ».

(2) Non signées; extraites du « Travail du ministre de la guerre avec S. M. l'Empereur et Roi, daté du 31 mai 1809 ».

vourne, Gênes et Alexandrie et de la quantité nécessaire pour leur approvisionnement.

Sa Majesté est priée de faire connaître ses intentions sur l'achat de 500.000 kilogrammes de plomb qui sont indispensables, et d'accorder pour cet objet un crédit spécial de 730.000 francs.

Proposition de compléter la 3e compagnie du 1er régiment d'artillerie à pied à Brest et de la faire passer à Cherbourg par échange avec une du 6e régiment.

Approuvé.

On prie Sa Majesté de faire connaître ses intentions sur la demande, faite par le gouvernement espagnol, de 4.500 fusils pour armer les nouveaux régiments espagnols qui se forment dans ce royaume.

Non.

On rend compte de l'autorisation donnée à l'administration des poudres et salpêtres de vendre aux préfets la poudre nécessaire aux exercices et au service journalier de leurs compagnies de réserve.

Accordé.

L'inspecteur de l'arsenal de Schaffouse a demandé à l'entrepreneur de la fonderie de Strasbourg de couler, pour le compte du gouvernement helvétique, deux pièces de 8 du modèle français.

Sa Majesté est priée de faire connaître ses intentions sur cette demande.

Faire à ce gouvernement présent de deux pièces de 8.

Compte présenté des armes livrées au département de la marine.

Sa Majesté est priée de faire connaître ses intentions sur le remboursement de la somme de 2 millions 247.795 fr. 89 due par cette administration.

Elle doit le solder.

Le général Donzelot demande à être autorisé à traiter de l'échange des prisonniers débarqués dans les îles Ioniennes, lorsqu'il y aurait lieu de craindre qu'ils ne fussent repris en passant sur le continent.	Accordé.
S. M. catholique demande le renvoi en Espagne du brigadier du génie d'Hermosilla, qui a été employé dans le Nord, qui s'est bien conduit et a été fidèle à son serment.	Accordé.
L'administration des ponts et chaussées réclame des prisonniers de guerre pour les travaux du canal Napoléon. Sa Majesté est priée de décider s'il peut être placé 1.000 Espagnols à Neuf-Brisach pour ces travaux.	Accordé.
L'Empereur est prié de vouloir bien décider si le prince de Lucques et de Piombino pourra obtenir un second aide de camp, la loi n'en accordant qu'un aux généraux de division.	La loi.
On soumet à Sa Majesté une demande de convalescence que fait M. Subervie, colonel du 10e régiment de chasseurs, qui est en Espagne.	Approuvé.
Le ministre de la guerre rend compte à Sa Majesté des ordres qu'il a donnés pour faire payer sur le pied de guerre le corps d'observation de l'Elbe.	Approuvé.
Sa Majesté est priée de faire connaître ses intentions sur la demande faite par le colonel du 32e régiment de ligne afin que son régiment soit organisé à trois bataillons de six compagnies, en attendant qu'il puisse être porté au	Approuvé.

complet de quatre et de cinq bataillons.	
Résultat de la revue d'inspection du bataillon septinsulaire.	Approuvé.
Le général Donzelot a été autorisé à envoyer à Vérone deux recruteurs pour prendre, parmi les prisonniers de guerre autrichiens, ceux qui s'enrôleraient volontairement pour ce bataillon en leur accordant 12 francs à chacun d'engagement.	
Vu l'urgence, S. A. I. et R. la grande-duchesse de Toscane a formé quatre compagnies de sbires dans les trois départements du grand-duché. Sa Majesté est priée d'approuver cette disposition.	Approuvé. En faire un bataillon que l'on appellera bataillon de police.
Le major du 28e régiment de chasseurs demande à être autorisé à former un 3e escadron.	Accordé.
Le ministre a recommandé de nouveau que l'on n'admît plus à l'avenir dans les régiments suisses d'hommes étrangers à la Suisse.	Approuvé.
On propose à Sa Majesté de nommer le sieur Garnier, fusilier, à l'emploi de 3e porte-aigle au 14e régiment de ligne.	Approuvé.
On rend compte à Sa Majesté de l'autorisation donnée aux préfets de délivrer des congés limités pour le temps de la moisson au cinquième des militaires des compagnies de réserve.	Approuvé.

3236. — DÉCISIONS (1).

11 juin 1809.

On propose à Sa Majesté d'approuver le paiement des gardes nationales et des pandours levés en Dalmatie par M. le duc de Raguse.	Cela doit être payé par le Trésor d'Etat.
On propose à Sa Majesté de vouloir bien accorder à M. le général Radet, commandant la gendarmerie de la Toscane, pour l'indemniser des dépenses auxquelles il est tenu, le traitement extraordinaire alloué aux généraux de son grade qui commandent un département.	Refusé.
On propose à Sa Majesté de décider qu'une somme de 60 francs, restée entre les mains de M. le général La Coste, sur celle de 7.000 francs qu'il avait reçue pour les travaux du siège de Saragosse en 1808, ne sera pas réclamée auprès des héritiers de cet officier général.	Approuvé.
On propose à Sa Majesté d'approuver les mesures prises pour accélérer l'exécution des ordres que S. A. I. le prince Borghese est dans le cas de donner à la gendarmerie du département du Taro.	Les comprendre dans la légion de la (2).

3237. — AU MARÉCHAL BERTHIER.

Schönbrunn, 12 juin 1809.

Mon Cousin, donnez ordre que, aussitôt que le 3e régiment de marche de grosse cavalerie sera arrivé à Augsburg, il continue sa marche sur Vienne.

NAPOLÉON.

(1) Non signées; extraites du « Travail du ministre de la guerre avec S. M. l'Empereur et Roi, daté du 24 mai 1809 ».
(2) Resté en blanc.

3238. — DÉCISION.

Schönbrunn, 12 juin 1809.

Le maréchal Berthier rend compte à l'Empereur qu'à l'aide des détachements de différents corps réunis à Magdeburg on pourrait former une colonne de 800 à 900 hommes, et il demande si Sa Majesté est disposée à ordonner le départ de cette colonne.

Diriger cette colonne sur Bamberg et de là sur Ratisbonne. La faire marcher en ordre, avec des cartouches (1). Ordonner qu'on désigne à Magdeburg un officier supérieur pour commander cette colonne. Donner ordre à ce commandant de la faire marcher toujours ensemble, d'avoir soin que chaque homme ait ses 50 cartouches ; organiser à Magdeburg 2 pièces de canon qui lui serviront en route de protection ; la diriger d'abord sur Würzburg d'où elle se dirigera sur Ratisbonne et de là sur Passau. Recommander qu'on vous envoie son itinéraire afin qu'on puisse changer sa destination si les circonstances le rendaient nécessaire ailleurs.

NAPOLÉON.

3239. — AU GÉNÉRAL CLARKE.

12 juin 1809.

Monsieur le général Clarke, pourquoi les quatre compagnies du 4e bataillon du 46e, qui est à Vincennes, les détachements disponibles des 65e et 72e, qui sont à Versailles, ne partent-ils pas ? Je les vois encore sur l'état de situation de Paris, au 5 juin, ainsi que 600 hommes de cavalerie, qui sont au dépôt de Versailles, qui pourraient renforcer les régiments provisoires de dragons.

Je vois, dans l'état de situation de la 2e division militaire au

---

(1) De la main de l'Empereur. Ce qui suit, écrit sous sa dictée, paraît avoir été destiné, sinon à remplacer la décision qui précède, du moins à la préciser et à la compléter.

1er juin, que les cinq dépôts de cette division pouvaient tous faire partir des détachements pour augmenter les deux demi-brigades provisoires.

Je vois que les neuf dépôts qui sont dans la 3e division militaire peuvent faire partir un millier d'hommes pour augmenter les demi-brigades provisoires ; que le 2e de cuirassiers avait 100 chevaux et le 3e 130, prêts à partir ; qu'il y avait des mineurs, des sapeurs et des bataillons du train. Envoyez donc ces détachements pour recruter l'armée.

On pourrait tirer des quatre régiments de cavalerie légère, qui sont dans la 24e division militaire, près de 600 chevaux. Le 2e de chasseurs seul a 249 chevaux. Faites donc partir ces 600 chevaux, qui seraient si utiles pour renforcer la cavalerie de l'armée.

Je vois que, dans la 26e division militaire, les 9e et 12e de cuirassiers et le 20e de chasseurs peuvent fournir de bons détachements.

Dans la 7e division militaire, on pourrait prendre quelques centaines d'hommes pour les envoyer à Alexandrie.

NAPOLÉON.

3240. — DÉCISION (1).

Le maréchal Berthier rend compte que le régiment de chasseurs du grand-duché de Berg et le 1er régiment provisoire de chasseurs sont arrivés à Augsburg, et il demande des ordres pour leur destination ultérieure.

Faire partir ces deux régiments pour Vienne.

NAPOLÉON.

3241. — AU GÉNÉRAL CLARKE.

Schönbrunn, 13 juin 1809.

Monsieur le général Clarke, je vois, dans l'état de situation de Paris, au 6 juin, qu'il y a toujours dans les dépôts beaucoup de monde disponible, et entre autres 600 chevaux de Versailles qui pourraient partir. Il en est de même de toutes les autres divisions militaires.

NAPOLÉON.

(1) Non datée; l'expédition de la décision a eu lieu le 13 juin 1809.

3242. — AU GÉNÉRAL CLARKE.

Schönbrunn, 16 juin 1809.

Monsieur le général Clarke, lorsque le duc d'Abrantès aura pris le commandement du corps de Hanau, donnez-lui bien pour première instruction de ne faire faire aucun mouvement à ce corps sans mon ordre et de mettre tous ses soins à l'organiser, à l'instruire et à achever de le former.

NAPOLÉON.

3243. — DÉCISION.

17 juin 1809.

Le général de Beaumont transmet au major général un rapport par lequel le colonel du 1er dragons donne des renseignements sur les mouvements des insurgés entre Ratisbonne et Straubing. Le général indique les ordres qu'il a donnés en conséquence à ce colonel.

Renvoyé au major-général.

Un régiment provisoire de dragons n'est pas suffisant; en envoyer un second. Ces deux régiments sous les ordres d'un général de brigade ayant réuni 1.100 chevaux, observeront tout le pays jusqu'à Passau, rendront compte au général Beaumont et au général Bourcier à Passau. Doivent, en cas d'événements, se resserrer à Passau. Ainsi le général Beaumont aura 3 régiments sur le Tyrol et 2 sur le Danube.

NAPOLÉON.

3244. — AU MARÉCHAL BERTHIER.

Schönbrunn, 17 juin 1809 (1).

Mon Cousin, écrivez au commandant de Braunau qu'il vous rende compte de tout ce qui arrive à sa connaissance, qu'il se mette en correspondance avec le commandant de Salzburg, pour qu'il lui donne avis de ce qui se passerait de ce côté, et qu'il vous

(1) On lit en marge : « Expédiée le 17 juin. » Cette lettre a été publiée par Brotonne, *Dernières lettres inédites de Napoléon Ier*, t. I, p. 423-424, mais sous la date du 19 juin.

en instruise. Envoyez-lui 6.000 francs en papier pour qu'il envoie des agents secrets en Tyrol pour lui rapporter des nouvelles de la situation et des mouvements de l'ennemi, soit en Tyrol, soit du côté de Salzburg, soit du côté de Kufstein.

NAPOLÉON.

3245. — AU MARÉCHAL BERTHIER.

Schönbrunn, 17 juin 1809.

Mon Cousin, écrivez au général Bourcier de vous faire connaître combien il a acheté de chevaux, combien il a d'argent à sa disposition, où en est la confection des selles et les mesures qu'il a prises pour cet objet.

NAPOLÉON.

3246. — DÉCISIONS (1).

17 juin 1809.

On rend compte à Sa Majesté de la situation des travaux du génie à l'armée d'Espagne et de la nécessité d'accorder de nouveaux fonds pour la continuation de ces travaux.	Le pays doit y pourvoir.
On propose à Sa Majesté de nommer à cinq places d'inspecteurs généraux et à six commandements d'écoles d'artillerie, tant pour compléter ceux actuellement vacants que pour remplacer les nouveaux inspecteurs à nommer.	Renvoyé au travail de l'artillerie qui se fait une fois l'an.
Sa Majesté est priée de faire connaître si Elle approuve que 87 hommes qui manquent au complet de la compagnie de gendarmerie du 7e arrondissement maritime soient pris dans l'infanterie de l'armée de terre.	Approuvé.

(1) Non signées; extraites du « Travail du ministre de la guerre avec S. M. l'Empereur et Roi, daté du 7 juin 1809 ».

M. le maréchal Jourdan demande le renvoi en Espagne du sieur Caresse, officier prisonnier de guerre, qui a prêté serment et qui est réclamé par S. M. catholique.	Accordé.
On présente à l'acceptation de Sa Majesté la démission de M. Bollemont, 2e capitaine au 8e régiment d'artillerie à pied.	Approuvé.
On soumet de nouveau à Sa Majesté la proposition précédemment faite le 13 avril de créer pour les régiments de dragons une 9e compagnie dite de ce dépôt, ainsi qu'Elle l'avait fait pour les régiments de chasseurs et hussards par son décret du 17 mars.	Refusé.
On propose d'incorporer dans les régiments les plus à portée les hommes des douze compagnies de réserve qui se trouvent encore à l'armée d'Espagne et de renvoyer en France le surplus des cadres de ces compagnies.	Approuvé.

———

3247. — DÉCISION.

Schönbrunn, 19 juin 1809.

Sire, le général baron de Hügel m'a fait connaître que le roi de Wurtemberg désirait que Votre Majesté voulût bien lui faire rendre, comme trophée, un canon wurtembergeois, qui se trouve actuellement dans l'arsenal des bourgeois à Vienne ; ce canon fut donné en 1600 par le duc Frédéric de Wurtemberg à l'Empereur régnant, comme signe de vassalité, lorsque le duc lui prêta foi et hommage.	Accordé. NAPOLÉON.

Je prie Votre Majesté de vouloir

bien me faire connaître ses intentions.

Le prince de Neuchâtel,
major général,
ALEXANDRE.

3248. — AU MARÉCHAL BERTHIER.

Schönbrunn, 19 juin 1809.

Mon Cousin, donnez ordre que les deux compagnies du 2e régiment d'artillerie à pied, savoir : la 5e et la 9e, rejoignent à Vienne le grand parc. Les deux compagnies du 8e régiment, savoir : la 3e et la 9e, resteront pour le service de l'artillerie du corps du duc de Raguse.

NAPOLÉON.

3249. — ORDRE (1).

20 juin 1809.

Sa Majesté ordonne ce qui suit :

L'artillerie dans l'île de Lobau sera organisée de la manière suivante :

1.

Le général de brigade Aubry, commandant l'artillerie de l'île, un colonel commandant la gauche, savoir :

Les batteries de l'île Masséna ;
La batterie de l'île Saint-Hilaire,
Et les batteries de la droite de la tête de pont.

Un colonel commandant le centre, savoir :

La batterie de l'île Espagne ;
Les batteries de la plage, gauche d'Enzersdorf, et les batteries de l'île Lannes.

Un colonel commandant la droite, savoir :

Les batteries de l'île Alexandre,
Et les batteries de l'embouchure dans le Danube.

---

(1) Non signé. — Sous le n° 15393 a été publié, dans la *Correspondance*, un tableau de répartition des bouches à feu de l'île Lobau, qui n'est autre que la seconde partie du document dont le présent texte constitue la première partie.

2.

Il y aura un chef de bataillon, directeur du parc, chargé de l'armement et de l'approvisionnement des batteries. Il y aura une forge de campagne, des ouvriers, des objets de rechange et ce qui est nécessaire pour réparer les affûts et les batteries, et des approvisionnements.

Le nombre des bouches à feu de position qui seront mises en batterie dans l'île est réglé de la manière suivante :

18 pièces de 18 ;
18 — de 12 ;
30 — de 6 ;
10 mortiers,
et 10 obusiers.

—

TOTAL.. 86 bouches à feu.

Il y aura, pour servir ces 86 bouches à feu, de 500 à 600 hommes d'artillerie, pris, partie aux parcs des différents corps d'armée, partie à la réserve générale, sans diminuer en rien le personnel des équipages de campagne.

3250. — AU MARÉCHAL BERTHIER.

Schönbrunn, 20 juin 1809.

Mon Cousin, remettez-moi l'état nominatif de tous les officiers autrichiens prisonniers qui ont été renvoyés, sur parole, soit à l'armée d'Italie, soit à la Grande Armée. Remettez-moi en même temps l'état nominatif des officiers du 65e qui ont été pris à Ratisbonne, pour que je consomme cet échange. Il paraît qu'à l'armée d'Italie on a renvoyé beaucoup d'officiers sur parole. Ecrivez au général Charpentier pour avoir l'état et leur parole d'honneur signée. J'ai besoin de réorganiser le 65e. Il y a aussi quelques autres officiers français qui ont été pris par les Autrichiens au commencement de la guerre, et qu'on m'assure avoir été renvoyés en France sur parole.

NAPOLÉON.

3251. — AU MARÉCHAL BERTHIER.

Schönbrunn, 21 juin 1809.

Mon Cousin, donnez ordre que le régiment de chasseurs du grand-duché de Berg, s'il n'a pas dépassé Ried, se dirige sur Passau, et, s'il a dépassé Lembach, se dirige sur Linz.

NAPOLÉON.

3252. — DÉCISION (1).

Le maréchal Berthier rend compte à l'Empereur que l'intendant général de la Grande Armée propose de désencombrer les hôpitaux de Vienne en en retirant : 1° les prisonniers de guerre en état d'être transportés, et les prisonniers de guerre sont aujourd'hui au nombre de 1.055 ; 2° les Français ou alliés, en état d'être transportés, que leurs blessures mettent dans un état d'invalidité absolue.

Approuvé. Mais il faut que l'on constate l'invalidité absolue.

NAPOLÉON.

3253. — AU MARÉCHAL BERTHIER.

Schönbrunn, 23 juin 1809.

Je suis surpris de ne pas avoir de nouvelles du général Rusca. Voilà six jours que je vous ai ordonné d'y envoyer un officier; la route est libre. Faites-moi connaître le nom des officiers que vous avez envoyés, l'instruction que vous leur avez donnée et pourquoi je n'ai point de nouvelles de ce point si important.

Envoyez un officier *ad hoc* sur-le-champ, témoignez mon extrême mécontentement au général Rusca de ce qu'il ne profite pas du passage des courriers et de l'estafette d'Italie. Chargez cet officier de rapporter des états de situation des troupes sous ses ordres, des rapports sur la vallée de la Piave, du côté du Tyrol, sur les communications avec Laybach, ses approvisionnements d'artillerie, de munitions et de vivres, ainsi que sur les fortifications de la place.

Donnez donc des ordres à Œdenburg et dans toutes les places

(1) Non datée; l'expédition de la décision a eu lieu le 22 juin 1809.

jusqu'à Klagenfurt pour que tous les détachements de cavalerie éclopés se rendent du côté de Neustadt; ils dépendront du dépôt de Schönbrunn. Ecrivez au général Gareau, à Bruck, qu'au lieu du pain qui venait d'Œdenburg, il fasse venir de la farine qu'il dirigera sur Vienne.

NAPOLÉON.

3254. — ORDRE (1).

L'escadron du 12e de chasseurs, division Pajol, rentrera à sa brigade aussitôt qu'il sera relevé à Saint-André.

Le général Vandamme poussera ses postes jusqu'à Klosterneuburg.

Le général Frère poussera aussi les siens jusqu'à cette ville et s'entendra avec le général des Wurtembergeois pour qu'il n'y ait pas de vide en attendant.

3255. — DECISION.

Schönbrunn, 24 juin 1809.

Le maréchal Berthier fait connaître que le général Lariboisière demande l'autorisation de renvoyer en France la majeure partie des pièces de 8 et de 4 existant à l'arsenal de Vienne et provenant des divisions françaises auxquelles on a donné en échange des pièces autrichiennes de 6.

Donner ces pièces pour le service de la marine qui consommera peu (*sic*) les approvisionnements.

NAPOLÉON.

3256. — AU MARECHAL BERTHIER.

Schönbrunn, 24 juin 1809.

Mon Cousin, donnez ordre au prince de Ponte-Corvo de faire partir demain, à 4 heures du matin, la division Dupas pour Vienne, où vous lui désignerez un cantonnement près de la ville. Une division saxonne viendra remplacer la division Dupas à Sieghardskirchen. La 3e division restera à Saint-Pölten. Je désire que la division Dupas arrive demain de bonne heure, pour qu'elle ait le

(1) Sans date ni signature; il a été expédié le 23 juin 1809.

temps de faire sa toilette et puisse se trouver à la grande revue que je passe demain à midi. Vous ferez connaître au prince de Ponte-Corvo qu'il est maître de porter son quartier général à celui des trois endroits qu'il lui conviendra de choisir : Saint-Pölten, Sieghardskirchen ou Vienne.

NAPOLÉON.

3257. — ORDRE.

Schönbrunn, 24 juin 1809.

Sa Majesté ordonne :

1° Il sera construit une batterie incendiaire de 11 bouches à feu, vis-à-vis Presbourg, savoir : 3 mortiers de 6 pouces, 2 obusiers de 6 pouces 4 lignes, qui, de Raab, seront conduits devant Presbourg; 6 mortiers de 11 pouces qui, de Vienne, partiront aujourd'hui et seront rendus demain devant Presbourg;

2° Chaque mortier aura 250 bombes, ce qui fera 1.500 pour les 6 mortiers. Ces 1.500 bombes partiront en deux convois, un demain matin et l'autre demain soir;

3° Le duc d'Auerstædt donnera des ordres pour le placement de cette batterie et pour faire commencer le feu.

NAPOLÉON.

3258. — ORDRE.

Schönbrunn, 24 juin 1809.

Sa Majesté ordonne :

Qu'aucun prisonnier autrichien n'entrera dans Vienne. Le dépôt des prisonniers sera établi au village de Schönbrunn et on tracera des routes pour y arriver à la distance d'au moins 500 pas de la ville.

NAPOLÉON.

3259. — DÉCISION.

Schönbrunn, 24 juin 1809.

Proposition du général Lariboisière tendant à envoyer devant Presbourg des mortiers de 6 et 9 pouces.	Approuvé. NAPOLÉON.

3260. — ORDRE.

Schönbrunn, 24 juin 1809.

Les nommés Teller, Laurent Wagner et Riquel, qui ont mis la main sur un gendarme français, l'ont blessé et l'ont obligé à se dessaisir d'un chef d'attroupement qui avait ameuté le peuple, forcé une patrouille française et délivré 60 prisonniers autrichiens, seront passés par les armes.

Le nommé Teller le sera aujourd'hui, à 6 heures du soir, sur l'esplanade de Vienne ; les deux autres le seront demain, à 9 heures du matin.

Le gouverneur témoignera mon mécontentement à la garde bourgeoise sur la manière dont le service se fait. Il donnera ordre dans les quartiers de la ville que les 200 prisonniers autrichiens soient remis sur-le-champ et que le chef d'attroupement soit ressaisi et remis en prison.

L'habitant de Vienne chez lequel on a trouvé deux canons après le désarmement sera traduit ce soir à une commission militaire, pour être puni conformément aux lois militaires. La sentence sera imprimée et affichée.

NAPOLÉON.

3261. — ORDRE.

Schönbrunn, 24 juin 1809.

La parade aura lieu demain à midi.

Toute la garde à pied et à cheval, ainsi que l'artillerie de la garde, s'y trouveront.

La division Friant, la division Morand et la brigade de cavalerie légère du général Pajol s'y trouveront également, ainsi que toute la division du général Frère, hormis ce qui est de service.

Le maréchal duc d'Istrie donnera des ordres pour le placement de toutes ces troupes sur la hauteur entre Schönbrunn et la ville.

NAPOLÉON.

3262. — DÉCISION (1).

Le maréchal Berthier soumet à l'Empereur la demande, faite par le général badois Vincenti, d'un certain nombre de fusils et de quelques pièces d'artillerie pour remplacer ceux qui manquent aux troupes de Bade.

Accordé.

NAPOLÉON.

3263. — AU MARÉCHAL BERTHIER.

Schönbrunn, 25 juin 1809.

Mon Cousin, je vois, dans le rapport du général Vandamme, qu'il y a de l'artillerie saxonne à Melk. Cela ne devrait pas être. Elle devrait être toute réunie à Saint-Pölten et à Sieghardskirchen, prête à se porter sans retard avec les corps saxons partout où il serait nécessaire.

NAPOLÉON.

3264. — AU MARÉCHAL BERTHIER.

Schönbrunn, 25 juin 1809.

Mon Cousin, le général Vandamme a pris 80 hommes par une expédition qu'il a faite sur la rive gauche. Je suis surpris qu'il ne vous ait pas envoyé de rapport; il m'écrit une lettre qui ne dit rien. Ecrivez-lui par son aide de camp que j'aurais voulu savoir comment l'expédition s'est faite, qu'on interrogeât les prisonniers pour connaître de quels corps ils sont et quelles sont les forces de l'ennemi depuis Melk jusqu'à Krems, dans le plus grand détail. Qu'il m'envoie sur-le-champ ces renseignements; que, faute de les avoir, c'est comme s'il n'avait pas fait d'expédition, et que c'est surtout pour les avoir qu'elle a été ordonnée.

NAPOLÉON.

3265. — DÉCISION (2).

Rapport du général Vandamme au maréchal Berthier sur l'enlève-

Témoignez mon mécontentement au commandant de Melk.

(1) Non datée; l'expédition de la décision a eu lieu le 25 juin 1809.

(2) Sans date; le rapport du général Vandamme est du 24, l'expédition de la décision du 25 juin 1809.

ment de bœufs par les Autrichiens dans la région de Melk.

Il doit établir une surveillance et envoyer des patrouilles jusqu'à 4 lieues sur la gauche de Melk.

NAPOLÉON.

3266. — AU MARÉCHAL BERTHIER.

Schönbrunn, 26 juin 1809.

Mon Cousin, faites écrire par le chargé d'affaires d'Autriche à Rome, que j'ai fait arrêter à Munich, qu'il est prisonnier des Bavarois et qu'il ne sera échangé que lorsqu'on échangera contre lui les agents civils du Tyrol qui ont été mal à propos arrêtés et conduits en Hongrie.

Faites arrêter par la gendarmerie M. Hoppé, principal secrétaire du ministère des affaires étrangères ; il faut qu'on prenne ses papiers et qu'on lui fasse écrire une lettre dans laquelle il dira qu'il est arrêté et qu'il sera détenu jusqu'à ce qu'on relâche M. de Tournon, qui est un agent civil comme lui, et qu'on l'arrête parce qu'on le considère comme un homme de même rang. Envoyez-le en Bavière.

NAPOLÉON.

3267. — AU MARÉCHAL BERTHIER.

Schönbrunn, 26 juin 1809.

Mon Cousin, l'escadron de chasseurs portugais, du moment qu'il sera arrivé, ira rejoindre son corps au corps du général Oudinot. Le 1er régiment provisoire de chasseurs formera la tête d'une brigade de cavalerie légère que mon intention est de donner à commander au général de brigade Thiry. Ce régiment me sera présenté à son arrivée. Je compte y joindre un autre régiment pour former la brigade. Moyennant l'arrivée de vos 100 guides, vous pouvez vous passer du régiment wurtembergeois que je vous avais attaché. Je désire qu'il fasse partie de la brigade Thiry.

NAPOLÉON.

3268. — DÉCISION.

Schönbrunn, 27 juin 1809.

D'après l'extrait du rapport de police de la ville de Vienne, en date du 27 juin 1809, il existe des communications entre les deux rives du Danube, au-dessus de Kloster-Neuburg.

Renvoyé au major général pour prévenir le général Vandamme de cette communication afin qu'il redouble de surveillance sur ce point.

NAPOLÉON.

3269. — AU MARÉCHAL BERTHIER.

Schönbrunn, 27 juin 1809.

Mon Cousin, vous donnerez l'ordre que le bataillon d'hommes à pied de cavalerie, fort de 920 hommes, me soit présenté demain à la parade. Vous nommerez un major d'infanterie pour le commander et un adjudant-major d'infanterie. Vous ferez cantonner ce bataillon près de Schönbrunn, vu que je veux le voir tous les jours à la parade, le faire manœuvrer et m'assurer de son ensemble.

NAPOLÉON.

3270. — AU MARÉCHAL BERTHIER.

Schönbrunn, 27 juin 1809.

Mon Cousin, il faut répondre au général Bourcier que je trouve extraordinaire qu'il veuille retenir, sur les convois qui viennent à l'armée, de la poudre et des munitions pour Passau, qu'il doit bien s'en garder. Ecrivez à Augsburg de faire venir de la poudre pour Linz.

NAPOLÉON.

3271. — AU MARÉCHAL BERTHIER.

Schönbrunn, 27 juin 1809.

Mon Cousin, donnez ordre au général Bron d'envoyer des officiers de cavalerie sur la route d'ici à Graz, et de Graz à Osoppo, d'ici à Neustadt, et de Neustadt à Œdenburg pour que tous les chevaux éclopés appartenant à des régiments de l'armée d'Italie qui se trouveraient sur cette route soient envoyés à son dépôt.

NAPOLÉON.

3272. — AU MARÉCHAL BERTHIER.

Schönbrunn, 27 juin 1809.

Mon Cousin, vous trouverez ci-joint un état de 2.000 chevaux qui arriveront dans le courant de juillet à Strasbourg et à Augsburg. Donnez des ordres pour que, de ces deux villes, on les dirige sur l'armée, après qu'ils se seront reposés quelques jours. On devra les faire passer par Passau, où le général Bourcier les fera reposer et les organisera comme il sera nécessaire et selon les ordres que je donnerai.

NAPOLÉON.

3273. — DÉCISION.

Schönbrunn, 27 juin 1809.

Le maréchal Berthier propose de mettre une somme de 1.691.720 francs à la disposition de M. Daru pour achats de chevaux et de caissons.

Cette demande est absurde.

NAPOLÉON.

3274. — DÉCISION.

Schönbrunn, 27 juin 1809.

Le général Clarke transmet une demande du maréchal Berthier tendant au transfert, à Strasbourg, du dépôt du bataillon de Neuchâtel qui est à Besançon.

Un dépôt ne doit jamais changer ; il y a trop d'encombrement à Strasbourg.

NAPOLÉON.

3275. — DÉCISION.

Schönbrunn, 27 juin 1809.

Le général Clarke propose de faire partir pour l'armée d'Allemagne 500 hommes du dépôt de la légion portugaise. La majeure partie de ces 500 hommes sont d'ailleurs des Espagnols.

Accordé, y mettre beaucoup de sous-officiers et officiers portugais.

NAPOLÉON.

3276. — AU MARÉCHAL BERTHIER.

Schönbrunn, 28 juin 1809.

Mon Cousin, les hommes de cavalerie à pied formeront deux bataillons. Le 1er bataillon sera composé des 500 hommes de cavalerie légère, et le second des 400 cuirassiers. Il faut nommer pour chacun de ces bataillons 1 officier supérieur, 1 chef de bataillon et 1 adjudant-major, qui s'occuperont de les organiser et de les mettre en état ; ils seront sous les ordres du général de brigade Lesuire.

NAPOLÉON.

3277. — AU MARÉCHAL BERTHIER.

Schönbrunn, 28 juin 1809.

Mon Cousin, donnez ordre au duc d'Istrie de passer la revue du dépôt de cavalerie de Schönbrunn et de réformer, dans la journée de demain, ce qui ne serait pas susceptible de servir, conformément aux ordonnances.

NAPOLÉON.

3278. — ORDRE.

Schönbrunn, 28 juin 1809.

Chaque sergent ou caporal que le régiment des fusiliers ou celui des tirailleurs de la garde fournit à un régiment de la ligne sera remplacé aussitôt par ce régiment, qui fournira à la garde un conscrit de taille, bien constitué. Aussitôt son arrivée dans la garde, ce conscrit sera habillé et instruit.

NAPOLÉON.

3279. — ORDRE DU JOUR (1).

28 juin 1809.

L'Empereur défend de recevoir des parlementaires ni aucune lettre dans l'île Napoléon.

S'il s'en présentait, on répondra à la voix, sans se permettre de communiquer, *que les lettres ne peuvent être reçues que par les*

(1) Minute.

avant-postes du côté de la Hongrie. MM. les généraux de division donneront aux postes avancés les consignes nécessaires pour l'exécution du présent ordre.

3280. — ORDRE.

Au camp impérial de Schönbrunn, 28 juin 1809.

Sa Majesté ordonne :

1°

La 4e compagnie du 5e bataillon des équipages militaires sera attachée au 4e corps avec la 2e compagnie.

La 1re et la 3e compagnies du même bataillon seront attachées à l'état-major général.

La 4e compagnie du 2e bataillon, qui est attachée au 2e corps, sera attachée à l'état-major général.

Les deux premières compagnies du 12e bataillon seront attachées au 2e corps.

Au moyen de ces deux nouvelles dispositions :

Le 2e bataillon des équipages militaires aura trois compagnies au 3e corps et une à l'état-major général ;

Le 5e bataillon aura deux compagnies au 4e corps et deux à l'état-major général ;

Le 12e bataillon aura deux compagnies au 2e corps et deux à l'état-major général ;

Le bataillon supplémentaire aura ses cinq compagnies à l'état-major général, sauf ce qui sera nécessaire d'en donner à l'armée que commande le vice-roi.

2°

Ces différents changements seront faits dans la journée de demain.

NAPOLÉON.

3281. — ORDRE.

Schönbrunn, 28 juin 1809.

ARTICLE 1er. — Les 1er et 2e porte-aigles de chaque régiment seront armés d'un esponton formant une espèce de lance de cinq pieds, auquel sera attachée une banderole, qui sera rouge pour le premier porte-aigle, blanche pour le second. D'un côté sera le nom du régiment, de l'autre le nom de l'Empereur.

Art. 2. — Ces espontons seront fournis par le ministre de la guerre ; mais, en attendant, les régiments seront autorisés à s'en procurer. Cet esponton sera une espèce de lance dont on se servira comme d'une baïonnette. Les banderoles blanche et rouge serviront à marquer le lieu où se trouve l'aigle.

Art. 3. — Le premier et le second porte-aigles porteront, indépendamment de l'esponton, une paire de pistolets, qui seront dans un étui, sur la poitrine, à gauche, à la manière des Orientaux.

Napoléon.

3282. — DÉCISIONS (1).

28 juin 1809.

Sa Majesté est priée d'accorder à l'administration des poudres et salpêtres la faculté de faire un emprunt à la Caisse d'amortissement de 500.000 francs, si le Trésor public ne peut lui faire l'avance de cette somme, pour reprendre les travaux des nitrières et faire les achats de salpêtres en Espagne.	Au compte de l'Espagne.
Travaux à faire pour l'établissement de l'arsenal de construction de Mayence.	Y a-t-il de l'argent au budget? Reporter cela à trois ans.
Sa Majesté est priée de faire connaître ses intentions ; dans le cas où Elle ordonnerait que les travaux fussent commencés, de vouloir bien affecter à cet objet 90.000 francs sur l'exercice 1809 et 180.000 francs sur celui de 1810.	
Sa Majesté est priée d'approuver l'autorisation donnée pour porter en compte la totalité des dépenses	Approuvé.

(1) Non signées; extraites du « Travail du ministre de la guerre avec S. M. l'Empereur et Roi, daté du 14 juin 1809 ».

de constructions faites à la poudrerie de Vouges, près Dijon.	
On soumet à l'approbation de Sa Majesté la démission offerte par le sieur Sciarelli, sous-lieutenant au 28e régiment de chasseurs à cheval (ci-devant dragons toscans).	Accordé.
Le sieur Bournot, chef de bataillon à la 4e demi-brigade de vétérans, qui a été impliqué dans l'affaire du général Malet, vient d'être mis en liberté par ordre de Sa Majesté. On ne pense pas qu'il y ait lieu de le remettre en activité, mais le ministre prie Sa Majesté de lui faire connaître si Elle est dans l'intention de lui rendre la pension de 1.800 francs qu'il a obtenue le 6 germinal an VI.	Destitué et éloigné de Paris.

3283. — DÉCISION (1).

On propose à Sa Majesté de fixer le nombre des ouvriers dans les régiments de cavalerie de quatre escadrons à 12, et dans ceux d'infanterie de cinq bataillons à 50, indépendamment des maîtres ouvriers attachés à l'une et l'autre arme.	Renvoyé au Conseil d'Etat.

3284. — AU MARÉCHAL BERTHIER.

Schönbrunn, 28 juin 1809.

Mon Cousin, écrivez au général Rusca qu'il a dû arriver à Osoppo, le 26 juin, 530 hommes de cuirassiers, et, le 29 juin, 500 hommes de cavalerie légère, et que, si ces 1.000 hommes ont continué leur route sur Villach, ils pourraient faire partie du corps qu'il amènera ; que 1.600 hommes d'infanterie des dépôts du Pié-

(1) Sans signature ni date; extraite du « Travail du ministre de la guerre avec S. M. l'Empereur et Roi, daté du 28 juin 1809 ».

mont arriveront le 2 juillet à Osoppo, et que, si le général Rusca croit qu'il y a sûreté pour les faire arriver à Klagenfurt, il leur envoie l'ordre de venir.

NAPOLÉON.

3285. — ORDRE.

Schönbrunn, 28 juin 1809.

Sa Majesté ordonne :

I. — Le capitaine Larue fera ponter les bateaux de manière à pouvoir jeter le pont, de l'embouchure dans le Danube, en deux heures de temps.

II. — Il sera choisi cinq bacs ou bateaux, pouvant porter chacun 300 hommes, lesquels seront remontés dans le bras et pourront débarquer 1.500 hommes à la fois sur la rive droite. Il sera jeté sur-le-champ une cinquenelle, et ces cinq bacs feront traille. Comme le bras du Danube n'a, dans cette partie, que 60 toises, on pourra passer autant de monde qu'on voudra. Chacun de ces bacs sera arrangé pour porter une pièce de canon.

III. — Le commandant des marins, avec ses bateaux armés de canons, prendra position, au commencement de l'affaire, dans le Danube, vis-à-vis le Hansel-Grund, et fera débarquer 2.000 hommes sur des bateaux à lui. Ces bateaux sont autres que ceux formant le pont; ces derniers étant pontés, ne doivent servir que pour les ponts.

IV. — Aussitôt qu'on sera maître des batteries du Hansel-Grund et que le débarquement aura eu lieu, le commandant des marins s'emparera de l'île de Kohrworth, tâchera d'introduire un de ses bateaux dans le canal qui sépare le Hansel-Grund du Danube, et placera ses bateaux armés vis-à-vis de Zahnet, en faisant le tour de l'île de Kohrworth, pour battre cette droite de la rivière.

V. — Le général Oudinot sera chargé de cette opération. Les commandants de l'artillerie et du génie du 2e corps prendront, à cet effet, les mesures convenables.

VI. — Il y aura sur des haquets des pontons tout prêts pour jeter des ponts vis-à-vis Muhle.

VII. — Il y aura, vis-à-vis le petit bras appelé Steigbiegl, qui sépare le Danube de la Maison-Blanche, un bateau avec trois chevalets, les madriers et agrès nécessaires pour jeter là un pont. Ce pont sera démasqué et mis à l'eau, lorsque ces troupes seront à cette hauteur.

VIII. — Le général Oudinot et les généraux commandant l'artillerie et le génie sont chargés de faire toutes les dispositions et de prendre les mesures de détail pour l'exécution de ce projet.

NAPOLÉON.

3286. — AU MARÉCHAL BERTHIER.

Schönbrunn, 29 juin 1809.

Mon Cousin, donnez ordre au général de division Claparède de prendre le commandement de la division Montrichard (corps du duc de Raguse). Le général Claparède attendra à Vienne l'arrivée du duc de Raguse.

NAPOLÉON.

3287. — AU GÉNÉRAL CLARKE.

Schönbrunn, 29 juin 1809.

Monsieur le général Clarke, je reçois votre rapport du 22 juin sur les régiments provisoires de dragons. J'approuve ce qu'il contient, mais je ne juge pas convenable de rien changer à l'organisation de ces six régiments.

Vous me marquez qu'il sera possible de porter bientôt cette formation à 9.000 dragons, cela ferait 1.500 chevaux par régiment ; ce n'est pas trop.

Les raisons qui s'opposent au changement que vous me proposez sont : que ces régiments ne se trouvent plus réunis dans le même lieu, et que, si on change leur organisation, cela donnera lieu à des mouvements qui ne peuvent pas s'exécuter à la guerre.

Dans le fond, chaque régiment provisoire a été composé de détachements tirés de quatre régiments de dragons. Si ces quatre régiments fournissent chacun deux escadrons, le régiment provisoire sera donc de huit escadrons ; il n'y a pas d'inconvénient à cela.

Faites mettre en route tout ce que vous me proposez de faire partir dans votre rapport du 22 ; complétez cette division de dragons à 9.000 hommes, mais laissez-la composée de six régiments.

Vous ne sauriez trop presser tous ces envois ; ces six régiments me procureront l'avantage de contenir et d'éclairer tous mes derrières.

NAPOLÉON.

3288. — AU MARÉCHAL BERTHIER.

Schönbrunn, 29 juin 1809.

Mon Cousin, on m'assure qu'il y a à Melk 22.000 rations de biscuit, 13.000 quintaux de froment, 134.000 de seigle, 10.000 de farine. S'il n'y a pas erreur, cet approvisionnement considérable pourrait fournir à Vienne. On me rend compte également qu'il y a à Enns, 14.000 quintaux de farine. Faites-moi connaître si ces rapports sont exacts.

NAPOLÉON.

3289. — DÉCISION.

Schönbrunn, 30 juin 1809.

Le général Clarke soumet à l'Empereur des observations au sujet du décret pris le 19 mai par la grande-duchesse de Toscane, au sujet de l'organisation de quatre compagnies de sbires et de leur réunion en bataillon, sous le nom de bataillon de police, et il propose de laisser ces compagnies indépendantes l'une de l'autre.

Les laisser isolées, comme on le désire, mais les appeler compagnies de police.

NAPOLÉON.

3290. — AU GÉNÉRAL DEJEAN.

Schönbrunn, 30 juin 1809.

Monsieur le général Dejean, depuis que les armées d'Italie et de Dalmatie sont réunies à la Grande Armée, elles sont payées comme la Grande Armée. Je viens de leur faire donner 15.000 francs des caisses de Vienne pour la solde ; ainsi, vous n'avez plus à vous en occuper.

NAPOLÉON.

3291. — DÉCISION (1).

1er juillet 1809.

On propose à Sa Majesté d'accorder un secours de 525 francs à la veuve Lusset, dont le mari est mort victime d'un accident de travail.	Accordé.

3292. — DÉCISIONS (2).

Schönbrunn, 1er juillet 1809.

On rend compte à Sa Majesté des jugements rendus par des conseils de guerre spéciaux contre seize gardes nationales en activité militaire, qui ont été condamnés contradictoirement pour cause de désertion. On propose à Sa Majesté de modifier ces divers jugements.	Approuvé.
On supplie Sa Majesté de décider qu'il ne sera donné aucune suite aux jugements rendus le 17 mai 1809, pour cause de désertion, contre deux Français qui faisaient partie d'un dépôt de prisonniers espagnols et qui avaient été enrôlés dans la légion hanovrienne qu'ils ont abandonnée pour servir dans un corps français où on propose de les placer.	Accordé.

3293. — DÉCISION (3).

Le prince Eugène propose à l'Empereur, pour le grade de grand officier de la Légion d'hon-	Accordé.

NAPOLÉON.

(1) Non signée; extraite du « Travail du ministre directeur de l'administration de la guerre avec S. M. l'Empereur et Roi, du 21 juin 1809 ».

(2) Non signées; extraites du « Travail du ministre de la guerre avec S. M. l'Empereur et Roi, daté du 14 juin 1807 ».

(3) Non datée; le rapport du prince Eugène est du 2 juillet 1809.

neur, les généraux Seras, Lamarque, Broussier et Fontanelli (1), qui se sont particulièrement distingués pendant la dernière campagne.

3294. — DÉCISION.

Ile Napoléon, 2 juillet 1809, 3 heures après-midi.

Etat des détachements de divers régiments d'infanterie et de cavalerie des 2e, 3e et 4e corps, et des brigades Colbert, Pajol, La Salle, qui doivent arriver à Vienne le 2 juillet 1809, pour rejoindre les régiments auxquels ils appartiennent.

On donnera l'ordre que tout ceci se mette en marche aujourd'hui à 6 heures des glacis de Vienne pour venir joindre leurs corps respectifs avec les modifications suivantes :

Tout ce qui appartient aux divisions Gudin ou Puthod attendra l'arrivée de ces divisions qui arrivent demain à Ebersdorf.

Tout ce qui appartient aux divisions Morand et Friant rejoindra ces divisions qui sont devant Vienne.

Tout ce qui appartiendrait à la division Montbrun et à la cavalerie légère qui est en avant attendra à Ebersdorf. A la tête du pont, on mettra à cet effet un officier qui les partagera par petits détachements, afin qu'au passage de chaque brigade ils puissent rejoindre sur-le-champ.

NAPOLÉON.

---

(1) L'Empereur a biffé le nom du général Fontanelli.

3295. — DÉCISION (1).

Le maréchal Berthier soumet à l'Empereur diverses demandes du colonel Baste, commandant des marins de la garde (frais de table pour les officiers, drap et toile pour fourniture supplémentaire d'habillement aux marins).

Non.

NAPOLÉON.

3296. — DÉCISION.

Volkersdorf, 7 juillet 1809.

Le général Clarke propose la création d'une compagnie de réserve de 5e classe dans le département de Tarn-et-Garonne.

Approuvé.

NAPOLÉON.

3297. — AU GÉNÉRAL CLARKE.

Volkersdorf, 8 juillet 1809.

Monsieur le général Clarke, je réponds à votre lettre du 25. Je pense que les chevaux d'artillerie doivent être fournis par les régiments, et que vous devez leur payer ce qui est nécessaire pour cela.

NAPOLÉON.

3298. — DÉCISION.

Volkersdorf, 8 juillet 1809.

Le général Clarke demande les ordres de Sa Majesté au sujet de la proposition faite par le général Dejean, de transférer à Niort le dépôt du 13e cuirassiers, qui est à Tarbes, vu l'impossibilité d'assurer dans cette ville la remonte du régiment.

Approuvé.

NAPOLÉON.

(1) Non datée, expédiée le 4 juillet 1809; le rapport du maréchal Berthier est du 2 juillet.

3299. — DÉCISION (1).

Le général Oudinot sollicite du maréchal Berthier des ordres pour faire rentrer à leurs corps celles de ses troupes encore détachées dans l'île Lobau, et notamment dans le fort d'Unterschloss.

Donner des ordres. Le fort dont il est question sera démoli.

NAPOLÉON.

3300. — ORDRE.

Au camp impérial de Wolkersdorf, le 9 juillet 1809.

Sa Majesté ordonne :

1° La ville de Vienne sera armée et mise dans le cas de soutenir un siège;

Les bastions seront retranchés et fermés à la gorge, de manière qu'ils puissent servir de citadelle contre les habitants;

2° Les armes, poudres et magasins à vivres seront placés dans les bastions, de manière à être à l'abri des insurrections de la population;

3° Il sera disposé pour la défense de Vienne de 100 bouches à feu de tout calibre, approvisionnées à 500 coups par pièce;

4° Des magasins à vivres seront formés pour une garnison de 6.000 hommes pendant six mois;

5° Le pont de Vienne sera rétabli sur pilotis, tel qu'il était;

6° On travaillera sans délai à établir une tête de pont ayant un réduit et embrassant par des redoutes un développement de 1.300 à 1.800 toises. Le réduit sera fermé à la gorge, de manière qu'il puisse tenir, indépendamment, à l'instar des fortifications de la Vistule à Prague;

7° L'artillerie des batteries de l'île Napoléon sera employée, en partie, à l'armement de Vienne;

8° Le général commandant l'artillerie prendra des mesures pour faire venir de France 300 milliers de poudre;

9° Les fortifications de Passau, de Linz, de Melk et de Gottweig, ainsi que l'armement de ces ouvrages, seront terminées dans le plus court délai;

(1) Non datée; l'expédition a eu lieu le 9 juillet 1809, la lettre du général Oudinot est du 8.

10° L'armement de la place de Raab sera porté à 40 bouches à feu;

11° Les pièces de canon prises à l'ennemi dans la dernière affaire et les pièces de 4 qui se trouvent à l'arsenal de Vienne seront destinées à compléter les pièces régimentaires;

12° Le gouverneur général de Vienne, les généraux commandant l'artillerie et le génie et l'intendant général de l'armée sont chargés de l'exécution du présent ordre.

NAPOLÉON.

3301. — AU MARÉCHAL BERTHIER.

13 juillet 1809.

Mon Cousin, donnez ordre que les 4es bataillons des 18e et 4e de ligne, du 26e léger et du 24e, qui font partie du corps du maréchal Oudinot, partent demain à 5 heures du matin pour se rendre à Znaïm, où ils rejoindront leurs régiments. Vous donnerez ordre au duc de Rivoli qu'aussitôt que ces 4es bataillons seront arrivés, il les fasse incorporer dans les trois premiers, et dirige sur Vienne les cadres de ces 4es bataillons, en ayant soin de ne garder ni officier ni sous-officier, mais, au contraire, de les compléter. Vous donnerez ordre que la division Puthod soit dissoute. A cet effet, les 4es bataillons rejoindront les trois premiers aux autres divisions du corps du duc d'Auerstædt, où ils seront incorporés, et les cadres seront renvoyés à Vienne. Tous ces cadres, arrivés à Vienne, seront employés à escorter les prisonniers en France, et là, ils rejoindront leurs dépôts. Vous écrirez au ministre de la guerre pour qu'il fasse compléter ces cadres, mais on ne fera ni grenadiers ni voltigeurs. Le 4e bataillon du 65e se rendra à Augsburg. Il versera les hommes qu'il a disponibles dans les premiers bataillons, et le cadre se rendra au dépôt, en France, pour recevoir des conscrits. Je suppose qu'il n'y a pas d'autre 4e bataillon qui ait ses trois premiers à l'armée ; faites faire des recherches pour vous en assurer, afin que s'il y en a on leur donne le même ordre.

NAPOLÉON.

3302. — AU MARÉCHAL BERTHIER (1).

Schönbrunn, 14 juillet 1809.

Faites-moi connaître quand le 3e bataillon de marche arrive, quand 140 hommes du 10e régiment arrivent, quand le 4e bataillon de marche arrive.

Il a dû arriver à Augsburg, le 11 juillet, 1.300 à 1.400 hommes sous le titre de 11e demi-brigade provisoire, et 800 hommes, sous le titre de 12e demi-brigade provisoire. Donnez ordre que ces deux demi-brigades, formant plus de 2.000 hommes, se rendent à Vienne sans délai pour être incorporées dans leurs cadres respectifs.

Faites-moi connaître si le 3e régiment de marche de grosse cavalerie est arrivé, quelle est sa force, de même que le 6e escadron et le 7e escadron de marche.

3303. — AU MARÉCHAL BERTHIER.

Schönbrunn, 14 juillet 1809.

Sa Majesté désire que le prince de Neuchâtel lui remette demain les derniers états de situation d'Augsburg et ceux du général Beaumont.

NAPOLÉON.

3304. — DÉCISION.

Schönbrunn, 15 juillet 1809.

Le général Clarke propose de prendre dans le dépôt des conscrits réfractaires, qui est au fort Lillo, un supplément de cent hommes dont a besoin le dépôt du 8e régiment d'infanterie pour pouvoir compléter les trois compagnies qu'il doit fournir à la 9e demi-brigade provisoire de réserve.

Approuvé.

NAPOLÉON.

(1) Non signé, expédié le 15 juillet.

3305. — AU MARÉCHAL BERTHIER.

Schönbrunn, 15 juillet 1809.

Mon Cousin, donnez ordre sur-le-champ qu'on ne laisse passer, ni en allant, ni en venant, aucune voiture au pont de Vienne. Elles passeront toutes au pont d'Ebersdorf.

NAPOLÉON.

3306. — DÉCISION.

Schönbrunn, 15 juillet 1809.

Le général Clarke propose d'ordonner que le sieur Vicente Camino, ancien capitaine de port à Santander, principal auteur de l'insurrection de cette ville, continuera à être détenu au fort de Joux et qu'il sera traité comme prisonnier d'Etat, attendu qu'il n'y a pas contre lui de charges assez fortes pour le traduire devant une commission militaire.

Approuvé.

NAPOLÉON.

3307. — AU GÉNÉRAL CLARKE.

Schönbrunn, 15 juillet 1809.

Monsieur le général Clarke, il y a à l'Ecole de Metz, plusieurs officiers d'artillerie et du génie disponibles : il faut en envoyer 30 à l'armée.

Faites revenir d'Espagne deux compagnies de mineurs.

NAPOLÉON.

3308. — AU GÉNÉRAL CLARKE.

15 juillet 1809.

Monsieur le général Clarke, je vois, dans l'état de situation de la 1re division militaire, au 1er juillet, que le 113e n'avait pas reçu un seul homme sur les 976 conscrits qu'il doit recevoir, qu'il n'y avait que 800 hommes au dépôt, sur lesquels seulement 400 hommes en état de servir. Portez un soin particulier à ce régiment.

Je vois que les 3e et 4e demi-brigades provisoires seront complétées par les conscrits supplémentaires, puisque les huit régiments qui fournissent ces deux demi-brigades reçoivent 2.600 conscrits et que ces demi-brigades ont aujourd'hui un effectif de 1.200 hommes. Cela formera donc 3.800 hommes, nombre suffisant pour compléter ces deux demi-brigades provisoires.

Je vois que les cinq régiments de dragons qui sont dans cette division militaire ont 1.000 hommes et 600 chevaux ; il est bien urgent de faire partir tout ce qu'il y a de disponible dans les régiments provisoires de dragons.

Portez une attention particulière au 28e de chasseurs.

Ainsi, je maintiens la formation de la 3e et 4e demi-brigades provisoires, qui vont se compléter avec les conscrits de l'appel extraordinaire, ce qui, avec un ou deux bataillons qui seront bientôt disponibles du 113e, formera, à la fin de juillet, une réserve de 5.000 hommes à Paris.

Voici mes observations sur les états de la 2e division militaire. Je vois qu'il y avait au 1er juillet, 900 hommes des trois régiments de la Vistule prêts à marcher. Il est nécessaire de les faire partir sans délai pour recruter les régiments qui sont en Espagne. Je suis étonné qu'il n'y en ait pas un plus grand nombre ; car, parmi les prisonniers, il y a beaucoup de Polonais qui ne demandent pas mieux que de servir.

Le 12e de ligne, à ce qu'il paraît, a 200 hommes à son dépôt, dont 120 prêts à marcher ; il faudrait faire marcher les 120 sur Vienne, en les dirigeant sur Strasbourg.

Le 14e a 300 hommes disponibles,

Le 34e 150 hommes,

Le 88e 100 hommes,

Et le 25e d'infanterie légère 100 hommes.

Ces cinq régiments peuvent former un bataillon de marche de 600 à 700 hommes, qui portera le nom de bataillon de marche de la 2e division militaire. Vous l'enverrez à Augsburg, et, de là, sur Vienne. Vous aurez soin de noter que le 14e et le 34e, n'ayant rien à l'armée, doivent être incorporés dans les corps que je désignerai.

Je vois, dans un dépôt du train compris dans cette division militaire, 360 hommes ; c'est probablement du train d'artillerie. Pourquoi n'enverriez-vous pas le disponible de ce dépôt à Strasbourg, en le réunissant aux autres dépôts du train, de manière à avoir 2.000 hommes pour recruter tout le train d'artillerie ?

Voici mes observations sur la 3e division militaire :

Le 59e peut offrir une compagnie de 100 hommes, le 69e, le 76e, le 96e, le 100e, le 103e, le 9e, le 24e, le 26e d'infanterie légère peuvent fournir le même nombre, cela fera un bataillon de marche de la 3e division militaire, fort de 800 à 900 hommes, que vous dirigerez sur Vienne.

Je vois que les 2e et 3e régiments de cuirassiers ont beaucoup d'hommes présents ; mais ils ne doivent venir que montés, car j'ai beaucoup d'hommes à pied à l'armée.

Je vois que le 5e régiment d'artillerie à pied a 150 hommes, et le 6e à cheval 100 hommes ; ils pourront envoyer de forts détachements à l'armée.

Les 1er, 4e, 8e, 9e bataillons du train ont des hommes disponibles; faites-les partir pour Strasbourg, pour former des bataillons de marche du train, et les envoyer, de là, à l'armée.

Il est plus facile de se procurer des chevaux que des hommes du train.

Le 2e bataillon de sapeurs a 150 hommes,

Le 1er de mineurs a 130 hommes.

Ils peuvent fournir des détachements aux dépôts pour compléter les mineurs et les sapeurs de l'armée ; donnez les ordres en conséquence.

Je ne dis rien de la 4e division militaire, parce que je n'ai pas reçu l'état, mais vous pouvez vous-même faire le travail.

5e division militaire. Il y a dix régiments dans la 5e division militaire. Ces dix régiments peuvent faire partir un bataillon de marche de 1.400 ou 1.500 hommes, sous le nom de bataillon de marche de la 5e division militaire.

Quant aux cuirassiers et aux dragons, je suppose que vous ferez partir ce qu'ils ont de disponible, et je vois que vous pouvez promptement augmenter l'armée de 700 à 800 dragons ou cuirassiers.

Il y a huit régiments de hussards et de chasseurs, qui peuvent sans délai fournir 1.200 hommes.

Le 1er régiment d'artillerie à pied, le 3e à cheval, peuvent faire partir des détachements, ainsi que les pontonniers et les bataillons du train ; faites partir tout cela pour l'armée.

Je ne dis rien de la 6e division militaire, dont je n'ai pas reçu l'état.

La 7e division militaire a huit régiments, dont les 5es bataillons ou dépôts peuvent fournir un bataillon de marche de 1.000 hommes ; faites-le, sur-le-champ, diriger par Huningue, sur Augsburg, et, de là, sur Vienne.

Le dépôt du 2e régiment d'artillerie à cheval doit fournir un bon détachement.

Les cinq régiments portugais peuvent fournir également un bon détachement.

La 8e division militaire a cinq régiments qui peuvent fournir un bataillon de marche de la 8e division militaire, fort de 1.000 hommes et que vous pouvez également diriger par Huningue, pour, de là, joindre l'armée.

Je n'ai pas l'état des 9e, 15e divisions militaires.

La 16e division militaire a seize régiments qui doivent d'abord compléter la demi-brigade provisoire qu'ils forment, mais qui, en outre, peuvent former un bataillon de marche de 1.600 hommes.

Le 11e de dragons et le 1er de chasseurs peuvent fournir aussi un notable détachement pour recruter ces régiments.

La 24e division militaire a quatre régiments, qui peuvent fournir un bataillon de marche de 600 hommes, indépendamment de ce qu'ils doivent fournir pour compléter la 8e demi-brigade provisoire ; bien entendu que le détachement du 65e s'arrêtera à Augsburg, pour être incorporé dans ce régiment.

Les quatre régiments de cavalerie légère peuvent faire partir 400 hommes de cavalerie.

Je trouve, dans cette division, le 4e bataillon du 27e léger, porté à 800 hommes. Je ne conçois pas cette dénomination, ce bataillon étant au corps d'Oudinot ; cela supposerait donc qu'il n'y aurait que deux bataillons en Espagne. Il faudrait faire partir un fort détachement de ce régiment.

Dans la 25e division, il y a huit régiments qui peuvent fournir un bon bataillon de marche de la 25e division militaire.

Il y a sept régiments de dragons qui peuvent fournir 700 à 800 chevaux.

Plus, huit régiments de cavalerie légère, qui peuvent également fournir 700 à 800 chevaux. Pourquoi donc tout cela reste-t-il oisif en France ?

Le 8e d'artillerie à pied peut offrir aussi un bon secours pour recruter les compagnies qu'il a à l'armée.

La 26e division militaire a sept régiments qui peuvent former un bataillon de marche de 700 à 800 hommes, y compris les tirailleurs corses.

Il y a deux régiments de cuirassiers qui peuvent fournir 100 chevaux.

Un régiment de chasseurs qui peut fournir 150 chevaux.

Elle peut fournir 150 hommes à 200 hommes du train, et une centaine de sapeurs pour recruter les corps. Faites partir tout cela.

Mon intention est que vous fassiez partir le 3e bataillon du 65e, avec un millier d'hommes de son dépôt, pour Augsburg.

J'ai fait former ici le 4e, de sorte que ce régiment réunira ses quatre bataillons à Augsburg.

Mon intention est de supprimer les demi-brigades provisoires suivantes :

La 5e, et, à cet effet, tout ce qui la compose aujourd'hui, savoir : les compagnies des 12e, 14e, 34e, 88e se rendront à Vienne où elles seront incorporées dans leurs corps ;

(Je donnerai une destination particulière aux compagnies des 14e et 34e, lorsqu'elles seront arrivées.)

De supprimer la 10e demi-brigade provisoire. Ainsi, les compagnies des 27e, 30e, 33e, 61e, 111e, 40e qui en font partie, se rendront sans délai à Vienne.

Je suis dans la même intention pour les 11e, 12e, 13e, 14e, 16e et 17e demi-brigades. Tout cela se dirigera, du lieu où il se trouve, sur Vienne, pour être incorporé dans les bataillons de guerre. Vous recevrez le décret qui dissout ces demi-brigades.

NAPOLÉON.

3309. — DÉCISION.

Schönbrunn, 15 juillet 1809.

Conformément aux dispositions de l'ordre de l'Empereur du 3 juin dernier, le général Clarke propose à Sa Majesté de retirer d'Espagne et de diriger sur l'armée d'Allemagne les 4e et 10e bataillons des équipages militaires.	Approuvé. NAPOLÉON.

3310. — DÉCISIONS (1).

Schönbrunn, 15 juillet 1809.

On propose à Sa Majesté d'accorder aux 33e, 40e, 63e et 95e régiments de ligne, comme acompte sur les secours que nécessite l'insuffisance des revues d'habillement, une décharge des débets respectifs de ces corps envers le Trésor public pour trop-perçu sur la solde des années VIII et IX. Ces débets s'élèvent à 95.654 fr. 65.

Accordé.

NAPOLÉON.

On prie Sa Majesté de décider si la première mise de l'habillement et équipement sera à la charge de l'administration de la guerre, ainsi qu'il est dit par l'arrêté pris par la grande-duchesse de Toscane, en vue de l'organisation en compagnies de 100 hommes des anciens sbires de la Toscane.

Approuvé.

NAPOLÉON.

3311. — DÉCISION (2).

Schönbrunn, 15 juillet 1809.

La masse d'habillement du 31e régiment d'infanterie ne pouvant supporter que le tiers de la dépense à laquelle a donné lieu une fourniture de 2.300 capotes, on a cru devoir faire à ce régiment remise des deux autres tiers à titre de gratification.

Approuvé.

NAPOLÉON.

(1) Extraites du « Travail du ministre directeur de l'administration de la guerre avec S. M. l'Empereur et Roi, daté du 21 juin 1809 ».

(2) Extraite du « Travail du ministre directeur de l'administration de la guerre avec S. M. l'Empereur et Roi, daté du 28 juin 1809 ».

3312. — DÉCISION (1).

Schönbrunn, 15 juillet 1809.

On met sous les yeux de Sa Majesté la demande que forme le sieur Bellot, maréchal des logis de gendarmerie à Coblenz, de passer au service du roi de Westphalie, qui a fait écrire à ce sujet par son ministre de la guerre.	Accordé.

3313. — DÉCISIONS (2).

Schönbrunn, 15 juillet 1809.

Compte rendu à Sa Majesté, d'après son ordre, de la situation des prisonniers de guerre suédois qui sont en France et du nombre de Français renvoyés des prisons de cette puissance en 1807.	Renvoyer ces prisonniers comme échange, et non autrement.
Les prisonniers autrichiens sont repartis, conformément à la décision de Sa Majesté, chez les agriculteurs et les manufacturiers; mais on ne croit pouvoir sans ses ordres en placer dans les départements du Calvados, de la Vienne ou de la Manche, où le manque d'ouvriers nuit essentiellement à la culture des terres. Déjà les préfets de ces premiers départements demandent qu'on leur en envoie un certain nombre pour en fixer sur-le-champ la répartition.	Leur en donner.

(1) Extraite du « Travail du ministre de la guerre avec S. M. l'Empereur et Roi, daté du 28 juin 1809 ».

(2) Non signées; extraites du « Travail du ministre de la guerre avec S. M. l'Empereur et Roi, daté du 28 juin 1809 ».

3314. — ORDRE.

Schönbrunn, 16 juillet 1809.

Sa Majesté ordonne :

1° Que tous les officiers et employés appartenant aux corps ci-après désignés aient à partir de Vienne et à se diriger :

Ceux du corps du duc d'Auerstædt, sur Brünn ;

Ceux du duc de Rivoli, sur Znaïm ;

Ceux de l'armée d'Italie, sur Graz et Œdenburg;

Ceux des Bavarois, sur Linz ;

Ceux des Saxons, sur Presbourg.

2° Les logements qu'ont à Vienne les officiers et employés de ces corps leur seront enlevés.

NAPOLÉON.

3315. — AU MARÉCHAL BERTHIER (1).

Schönbrunn, 17 juillet 1809.

Donnez ordre au général Moulin de faire partir pour Passau les 100 milliers qu'il a de poudre, et d'en demander 100 milliers à Strasbourg, pour les remplacer.

Donnez des ordres à Strasbourg, pour que l'envoi des 100 milliers de poudre n'éprouve aucune difficulté.

3316. — AU MARÉCHAL BERTHIER.

Schönbrunn, 17 juillet 1809.

Vous donnerez l'ordre que la 1re compagnie du 1er bataillon provisoire du bataillon d'équipages militaires soit affectée au service du 11e corps, que commande le maréchal Marmont, et vous ferez connaître aux maréchaux commandant les différents corps qu'ils doivent avoir les compagnies suivantes :

Le 3e corps, trois compagnies du 2e bataillon ou 108 voitures ;

Le 4e corps, deux compagnies du 5e ou 72 voitures ;

Le 2e corps, deux compagnies du 12e ou 72 voitures.

L'armée d'Italie, quatre compagnies du 9e bataillon, formant 144 voitures, et deux du 1er bataillon provisoire, de 72, formant 216 voitures.

(1) Non signé, expédié le 17 juillet.

Le 11e corps, une compagnie du 1er provisoire, formant 36 voitures.

Vous trouverez ci-joint l'état des bataillons d'équipages militaires ; donnez ordre que tout ce qui manque soit remplacé le plus tôt possible.

NAPOLÉON.

3317. — AU MARÉCHAL BERTHIER.

Schönbrunn, 17 juillet 1809.

Mon Cousin, le maréchal Oudinot a dû baraquer une de ses divisions à Jedlersee, une à Jedlersdorf et la troisième à Léopoldau. Donnez ordre que, dans chacun de ces villages, on choisisse plusieurs maisons pour y établir des hôpitaux de convalescence. Tous les hommes légèrement blessés de ces divisions y seront dirigés de Vienne et y seront soignés par les chirurgiens du corps. Il faut que, dans chacun de ces villages, on puisse mettre un millier de blessés.

NAPOLÉON.

3318. — DÉCISION.

Schönbrunn, 17 juillet 1809.

Mesures prises pour compléter les cadres des compagnies que beaucoup de régiments fournissent aux demi-brigades provisoires de réserve. Sa Majesté est priée de les approuver.

Approuvé.

NAPOLÉON.

3319. — DÉCISION.

Schönbrunn, 17 juillet 1809.

Le général Clarke propose à l'Empereur d'augmenter d'un bataillon le régiment d'Isembourg.

Accordé pourvu qu'on ne prenne point de Polonais.

NAPOLÉON.

3320. — AU GÉNÉRAL CLARKE.

Schönbrunn, 17 juillet 1809.

Monsieur le général Clarke, donnez l'ordre que l'escadron du 28e de chasseurs quitte l'armée de Catalogne et rentre à Orléans.

Indépendamment du 3e escadron, il faut organiser un 4e escadron à ce régiment, en ayant soin de ne prendre que des jeunes gens toscans. Ecrivez, pour cela, à la grande-duchesse.

Donnez ordre que tout ce qu'il y a du 113e de ligne en Catalogne rejoigne également à Orléans.

Il est nécessaire de prendre des mesures pour que ces deux régiments soient remis en état et à l'instar des autres régiments, en prenant la précaution spéciale, et qui est de rigueur, de n'y admettre, tant officiers que soldats, que des Toscans.

NAPOLÉON.

3321. — DÉCISION.

Schönbrunn, 17 juillet 1809.

Compte rendu des mesures prises pour le harnachement. Tous les corps, et spécialement ceux de grosse cavalerie, font fabriquer des selles, en proportion du nombre de chevaux qu'ils reçoivent, mais tous ont besoin de fonds assez considérables.

Le ministre fait diriger de Paris sur Passau 800 effets de harnachement de grosse cavalerie complets, indépendamment de ceux confectionnés par les dépôts des corps ; le général Bourcier a, de plus, passé des marchés à Passau pour 1.000 selles de grosse cavalerie et pour 1.000 de cavalerie légère.

Renvoyé au général Bourcier pour me faire connaître quand ces selles arriveront.

NAPOLÉON.

3322. — AU GÉNÉRAL DEJEAN.

Schönbrunn, 17 juillet 1809.

Monsieur Dejean, j'ai pris un décret pour porter le fonds de remonte à 15 millions. La consommation de chevaux est immense; il y a 4 ou 5 chevaux tués pour un homme. Aux batailles d'Essling et de Wagram, j'en ai eu bien des milliers de tués. Indépendamment de ce que vous enverrez, nous ferons ici des efforts considérables pour remonter tout ce que nous avons à pied. Nous avons 4.000 ou 5.000 hommes à pied.

NAPOLÉON.

3323. — DÉCISIONS (1).

Schönbrunn, 17 juillet 1809.

On soumet à l'approbation de l'Empereur la circonscription proposée pour la 13e légion de gendarmerie et les lieux de résidence des officiers supérieurs qui la commandent.

Approuvé.

Proposition de confirmer le congé accordé par S. M. catholique au sieur Konopka, colonel des lanciers polonais, pour prendre les eaux.

Approuvé.

L'ambassadeur du roi d'Espagne demande, au nom de son souverain, l'autorisation de faire recruter, parmi les prisonniers autrichiens qui sont en France et dans tels dépôts qu'il plaira à Sa Majesté d'indiquer.

Approuvé.

Proposition de remettre en activité et d'employer à l'armée d'Espagne le général de brigade Paris, réformé.

Approuvé.

Sa Majesté est priée d'approuver les mesures prises pour compléter les cadres des compagnies que beaucoup de régiments fournissent aux demi-brigades provisoires de réserve.

Approuvé.

Sur la fixation du traitement des militaires qui doivent entrer dans la composition de la compagnie de canonniers attachée à chaque régiment d'infanterie.

Approuvé.

(1) Non signées; extraites du « Travail du ministre de la guerre avec S. M. l'Empereur et Roi, daté du 5 juillet 1809 ».

3324. — DÉCISION.

Schönbrunn, 18 juillet 1809.

Le maréchal Berthier rend compte des difficultés qu'éprouvent les dépôts des 3e, 37e, 105e régiments de ligne et 10e d'infanterie légère à alimenter à la fois leurs 4es bataillons, leurs bataillons de guerre et les demi-brigades provisoires de réserve.

Mon intention est que ces 4es bataillons n'aient ni grenadiers, ni voltigeurs, mais qu'ils aient en place deux compagnies de fusiliers.

NAPOLÉON.

3325. — DÉCISION.

Znaym, 18 juillet 1809.

Le duc de Rivoli à l'Empereur.

Le colonel Sainte-Croix, mon premier aide de camp, ne sera point estropié de sa blessure reçue à la jambe, à l'affaire du 6, et il pourra rendre de nouveaux services, si la reprise des hostilités a lieu après la suspension d'armes. C'est un jeune homme du plus grand mérite que j'ai l'honneur de recommander aux bontés de Votre Majesté.

Le faire général de brigade.

NAPOLÉON.

3326. — DÉCISION (1).

Le maréchal Masséna présente à l'Empereur onze propositions de récompenses et d'avancement en faveur d'officiers de divers grades qui se sont distingués dans les affaires ayant eu lieu du 5 au 11 juillet.

Accordé.

NAPOLÉON

(1) Sans date; le rapport du maréchal Masséna est du 18 juillet 1809.

3327. — DÉCISION.

Schönbrunn, 18 juillet 1809.

Le maréchal Marmont demande l'autorisation de faire venir de Dalmatie à l'armée d'Allemagne un millier d'hommes appartenant aux corps qui se trouvent à cette armée.

Approuvé.

NAPOLÉON.

3328. — DÉCISION (1).

Le prince Eugène demande à l'Empereur l'autorisation de prendre pour aide de camp le colonel Gifflenga.

Accordé.

NAPOLÉON.

3329. — AU MARÉCHAL BERTHIER (2).

Schönbrunn, 19 juillet 1809.

Mon Cousin, donnez ordre que le bataillon du 11e de ligne, qui vient du corps du général Rusca et qui doit passer à Melk, le 23 ou le 24, se dirige de Melk sur Krems, où il rejoindra le corps du duc de Raguse, que les bataillons du 67e et du 96e suivent la même direction, et, de Krems, se portent sur Znaïm, où l'un et l'autre de ces bataillons rejoindront le corps du duc de Rivoli. Vous ferez connaître au duc de Rivoli que, dans ces deux bataillons, on a dû placer des détachements du 56e et du 37e régiment, et qu'il est convenable que tout ce qui appartient à ces régiments rentre à leur corps. Quant au bataillon réuni, à son arrivée à Vienne, vous me ferez connaître les détachements dont il est composé.

3330. — DÉCISIONS (3).

On expose de nouveau à Sa Majesté que les besoins des remontes sont extrêmes, et on la prie de vouloir bien tirer ce service de la crise

Sa Majesté a accordé un supplément de crédit de 6.000.000 au budget et de 2.000.000 dans la distribution d'août.

(1) Sans date; le rapport du prince Eugène est du 18 juillet 1809.
(2) Non signé, expédié le 19 juillet.
(3) Sans signature ni date; extraite du « Travail du ministre directeur avec S. M. l'Empereur et Roi, du 19 juillet 1809 ».

dans laquelle il se trouve, en accordant des fonds proportionnés à ses besoins qui s'élèvent en ce moment à 5.720.000 francs. On lui rend compte qu'en attendant que le crédit d'août soit connu, on a invité le ministre du Trésor public à faire une avance de 1.200.000 francs sur ce mois.

3331. — DÉCISION (1).

Le maréchal Berthier transmet une demande du maréchal Masséna, tendant à ce que celles de ses troupes qui sont détachées à l'armée d'Italie et au corps du maréchal Marmont reçoivent l'ordre de rentrer à son corps d'armée.	Répondre au duc de Rivoli que vous donnez des ordres pour que tout cela ait lieu. NAPOLÉON.

3332. — DÉCISIONS (2).

Le ministre demande s'il faut remettre en batterie les mortiers du fort de l'Heurt.	Laisser les choses comme elles étaient ; pour en tirer ces mortiers dans cette saison les faire remettre.
La cour de Wurtemberg réclame l'extradition du capitaine Kraft, prisonnier de guerre en France, qui doit être jugé comme étant resté au service d'Autriche, quoique sujet wurtembergeois.	Accordé.
Vingt quintaux de bronze ont été cédés à M. l'évêque de Mayence, au prix de 3 fr. 43 le kilogramme,	En faire présent à l'évêque (3).

---

(1) Sans date, expédiée le 19 juillet 1809; le rapport du maréchal Berthier est du 18.

(2) Sans signature ni date; extraites du « Travail du ministre de la guerre avec S. M. l'Empereur et Roi, daté du 19 juillet 1809 ».

(3) Une autre décision, en date du 5 août, relative au même objet, et qui fait partie du même « Travail », est ainsi conçue : « Je ne vends pas de bronze; le lui donner. »

pour fonte des cloches de l'horloge de la cathédrale.

La somme en résultant sera versée dans la Caisse d'amortissement.

3333. — ORDRE.

Schönbrunn, 20 juillet 1809.

La solde de juin et de juillet sera payée à l'armée. En conséquence, le payeur général enverra des mandats sur les cercles de Korneuburg, de Krems, de Znaïm, de Brünn, de Presbourg, d'Œdenburg et de Graz, aux différents corps d'armée, pour que les maréchaux et généraux commandants aient à presser la rentrée des contributions imposées sur lesdits cercles, et fassent payer la solde des deux mois de juin et de juillet.

NAPOLÉON.

3334. — AU MARÉCHAL BERTHIER.

Schönbrunn, 20 juillet 1809.

Mon Cousin, donnez l'ordre au général Bertrand d'envoyer deux officiers du génie et une escouade de sapeurs au général Reynier, à Presbourg; il s'en servira pour détruire tous les ouvrages des Autrichiens, sur la rive droite.

NAPOLÉON.

3335. — AU MARÉCHAL BERTHIER.

Schönbrunn, 20 juillet 1809.

Mon Cousin, écrivez au duc de Danzig que mon intention est que les trois batteries de pièces de 12 restent avec la division Wrède à Linz; il n'a pas besoin de pièces de 12 dans le Tyrol. Donnez ordre que ces trois batteries de 12 soient approvisionnées à 500 coups par pièce. Ecrivez-en au roi de Bavière. Le général de Wrède tiendra ces pièces de 12 à Linz, attelées et prêtes à se porter partout où il serait nécessaire, ce qui, avec les 24 pièces qu'a sa division, fera 36 pièces de canon. Recommandez au roi de Bavière de faire envoyer des munitions pour réapprovisionner toute son artillerie.

NAPOLÉON.

3336. — ORDRE.

Schönbrunn, 20 juillet 1809.

1° Il y aura un atelier de confection à Vienne, composé d'un directeur qui sera pris parmi les adjoints aux commissaires des guerres, de deux gardes-magasins et d'un maître tailleur.

2° L'adjoint aux commissaires des guerres directeur ordonnancera les fonds, et aura la surveillance de tout l'établissement.

Un garde-magasin sera chargé de recevoir les matières premières; il ne recevra, sous sa responsabilité, que des objets de bonne qualité.

L'autre garde-magasin sera chargé de recevoir les objets confectionnés.

3° Les draps et autres matières premières seront coupés par le maître tailleur et donnés en confection à des ouvriers de la ville, moyennant un prix fixe. Le garde-magasin ne recevra les objets confectionnés qu'après avoir constaté qu'ils ont été fabriqués avec les matières qui ont été délivrées du magasin, et que le travail est bien fait et en règle.

4° Le directeur, les deux gardes-magasins et le maître tailleur sont responsables des négligences qui seraient commises, si, par quelques raisons que ce soit, les objets confectionnés étaient refusés par les corps, soit comme de mauvaise qualité, soit comme mal confectionnés, soit comme défectueux par défaut du lavage des draps ou autres précautions utiles et jugées nécessaires.

Napoléon.

3337. — AU MARÉCHAL BERTHIER.

Schönbrunn, 21 juillet 1809.

Mon Cousin, les corps ont beaucoup d'hommes aux dépôts de cavalerie de Passau et de Klosterneuburg. Indépendamment des achats de chevaux que font ces dépôts, il est nécessaire que chaque colonel envoie de son côté des officiers en remonte. Donnez ordre qu'indépendamment de l'emploi que chaque corps aura fait des 40.000 francs que j'ai accordés pour la remonte, il envoie aux deux dépôts de cavalerie le signalement des chevaux qu'il aura achetés, en demandant des hommes pour les monter ; les fonds lui seront remboursés par les commandants de ces dépôts. Je vois, avec peine, que le général Bron n'a encore acheté que 500 chevaux. Il faut qu'il envoie des officiers dans les différentes provinces, afin d'accélérer la remonte de la cavalerie.

NAPOLÉON.

3338. — AU MARÉCHAL BERTHIER.

Schönbrunn, 21 juillet 1809.

Je n'approuve point la lettre du 15 que vous avez écrite au duc d'Auerstædt. Il faut que la ligne passe au point de Göding, à un quart de lieue de l'ennemi, que la Zaya m'appartienne et que le duc d'Auerstædt se batte si on veut passer cette limite. Vous recommanderez qu'on ménage les chasses du prince de Liechtenstein, qu'on donne des sauvegardes, et qu'on empêche qu'il soit fait aucun dégât.

NAPOLÉON.

3339. — ORDRE.

Schönbrunn, 21 juillet 1809.

L'artillerie et le génie de l'armée d'Italie font partie de l'artillerie et du génie de la Grande Armée. En conséquence, les deux parcs seront réunis en un seul.

NAPOLÉON.

3340. — AU GÉNÉRAL CLARKE.

Schönbrunn, 21 juillet 1809.

Monsieur le général Clarke, je vous ai demandé beaucoup de compagnies d'artillerie, mais il est nécessaire que vous en gardiez trois dans le Nord et une dans la 13e division militaire, afin de pouvoir atteler promptement quelques bouches à feu, si l'ennemi tentait quelque chose sur nos côtes. Je vous ai, je crois, demandé dix-neuf compagnies; envoyez-m'en dix ou douze, et j'en aurai suffisamment.

NAPOLÉON.

3341. — DÉCISION.

Schönbrunn, 21 juillet 1809.

Le général Bertrand rend compte du nombre de bateaux réunis tant à Vienne qu'à Melk.

Aussitôt qu'on aura assez de bateaux, faire un second pont du côté de Korneuburg. Me présenter avant l'emplacement.

NAPOLÉON.

3342. — DÉCISION.

Schönbrunn, 21 juillet 1809.

Le général Clarke propose de ne pas renouveler d'ici au mois de septembre les gardes nationales du département du Nord, et de les renouveler par moitié, tous les deux mois, à partir du 1er septembre.

Elles ne changeront pas jusqu'au 15 octobre, où probablement elles seront licenciées pour l'hiver.

NAPOLÉON.

3343. — AU MARÉCHAL BERTHIER.

Schönbrunn, 23 juillet 1809.

Mon Cousin, donnez ordre que le bataillon bavarois, qui est à Krems, continue sa route sur Linz, que le 18e léger, qui est à Neustadt, se rende à Krems pour rejoindre le corps du duc de Raguse, que tout ce qui se trouve au dépôt de Raab rejoigne à Krems le corps du duc de Raguse, à Graz, le corps du maréchal Macdonald, à Œdenburg, le corps du général Grenier; les détachements de cavalerie se rendront d'abord au dépôt de Klosterneuburg, d'où ils rejoindront leurs corps respectifs. Donnez ordre que tous les détachements qui sont dans les places rejoignent également leurs corps respectifs.

Je vois, dans l'état de la place de Vienne, qu'il y a 886 hommes isolés appartenant à différents corps. Il est nécessaire de renvoyer ces hommes à leurs corps, ainsi que ceux qui forment les dépôts des 2e, 3e et 4e corps. Qu'est-ce que c'est qu'un détachement du 65e qui est porté dans l'état de la ville de Vienne ?

NAPOLÉON.

3344. AU MARÉCHAL BERTHIER.

Schönbrunn, 23 juillet 1809.

Mon Cousin, donnez ordre à l'adjudant commandant Bonin de se rendre en France. Proposez-moi de donner la retraite à l'adjudant commandant David. Remettez-moi les états de service du chef de bataillon Morat, du chef de bataillon Asselin et du chef d'escadron du Coëtlosquet, pour lesquels le duc de Rivoli demande le grade d'adjudant commandant. Donnez l'ordre à l'artillerie de fournir au corps du duc de Rivoli le nombre de fusils et de baïonnettes qu'il demande.

NAPOLÉON.

3345. — AU GÉNÉRAL CLARKE.

Schönbrunn, 23 juillet 1809.

Monsieur le général Clarke, donnez ordre au général de division Frésia de passer la revue des dépôts des 4e, 6e, 7e, et 8e de cuirassiers, des 3e, 6e, 8e, 9e, 14e, 15e, 19e, 23e; 24e et 25e de chasseurs; du 6e de hussards et des 7e, 23e, 24e, 28e, 29e et 30e de dragons, et de réunir dans ces vingt et un dépôts 2.000 ou 3.000 hommes de cavalerie qu'il rassemblera à Vérone. Comme de raison, s'il peut porter cette réserve à 3.000 hommes, il la portera; et aussitôt qu'elle sera complétée, il se mettra en marche, à sa tête, pour venir rejoindre la Grande Armée, en ayant soin d'écrire tous les jours au major général, pour connaître la direction qu'il doit prendre. Ainsi, tout ce qui partira des différents dépôts de cavalerie, à compter du 15 août, fera partie de cette réserve que formera et commandera le général Frésia.

NAPOLÉON.

3346. — DÉCISIONS (1).

23 juillet 1809.

On propose à Sa Majesté d'accorder au régiment des chevau-légers polonais de la garde les mê-	Accordé.

(1) Non signées; extraites du « Travail du ministre de la guerre avec S. M. l'Empereur et Roi, daté du 12 juillet 1809.

mes premières mises et premières montures qu'aux chasseurs à cheval, auxquels ils sont assimilés par les masses.	
On demande les ordres de Sa Majesté pour savoir si les troupes stationnées dans les Etats de Rome et qui, depuis le 1er juin, font partie de l'armée de Naples, doivent continuer d'être payées par le Trésor de France ou si elles doivent être au compte du Trésor de Naples.	Par la France.
Le ministre de la guerre rend compte des ordres qu'il a donnés en faveur de dix-sept sous-officiers et soldats des 4e, 7e et 9e régiments d'infanterie polonaise, pour le paiement de la haute paye attachée à l'ordre de Pologne dont ils sont décorés.	Approuvé.
Le général Menou continue de toucher à Florence le traitement de 200.000 francs qu'il recevait comme commandant général des départements au delà des Alpes ; il jouit, en outre, d'un traitement particulier de 10.000 francs par mois, comme président du conseil de liquidation de la Toscane. Sa Majesté est priée de faire connaître si Elle approuve ces paiements et de fixer en même temps le traitement dont jouira le général Menou jusqu'à ce qu'Elle lui ait donné une nouvelle destination.	Il en jouira jusqu'au 1er janvier 1810. Le prévenir que son traitement finira à cette époque.
On met sous les yeux de Sa Majesté une lettre de M. le général de division Chabot, employé au 9e corps de l'armée d'Espagne, par laquelle cet officier général exprime le désir d'être chargé du commandement de la 9e division	Accordé.

militaire, jusqu'à ce qu'il soit entièrement guéri de la blessure qu'il a reçue à la cuisse droite.	
On prend les ordres de Sa Majesté sur l'échange du chef de bataillon du génie français Richaud, de la garnison de la Martinique, contre le lieutenant anglais White. Ces deux officiers sont respectivement sur parole dans leur patrie.	Accordé.
On met sous les yeux de Sa Majesté la demande de congé faite par le chef d'escadron Ruttié, des lanciers polonais.	Accordé six mois.
Etat des démissions de cinq officiers d'infanterie soumises à l'approbation de Sa Majesté.	Approuvé.

3347. — AU MARÉCHAL BERTHIER.

Schönbrunn, 24 juillet 1809.

Mon Cousin, écrivez à Magdeburg pour qu'on n'y garde qu'une compagnie d'artillerie française, et qu'on renvoie toutes les autres, ainsi que tous les sapeurs, mineurs, ouvriers et la compagnie d'armuriers qui se trouvent dans cette place, ce qui formera une colonne de 300 hommes qu'on mettra en marche sur-le-champ pour Passau.

NAPOLÉON.

3348. — DÉCISION.

Schönbrunn, 24 juillet 1809.

Le maréchal Berthier propose d'accorder une indemnité de 700 francs au chef de bataillon Meynadier, aide de camp du général Vignolle, à qui les Autrichiens ont tout pris pendant qu'il remplissait une mission.	Accordé. NAPOLÉON.

3349. — DÉCISION.

21 juillet 1809.

Le maréchal Marmont demande si les 4es bataillons qui l'ont rejoint, venant de l'armée d'Italie, devront être incorporés dans les trois premiers, en raison de leur faible effectif.

Qu'il fasse toujours construire son camp et qu'il m'envoie l'état de situation de ces régiments.

NAPOLÉON.

3350. — DÉCISION.

Schönbrunn, 21 juillet 1809.

Le maréchal Davout rend compte à l'Empereur que la dissolution de la 4e division laisse à sa disposition 4 canons régimentaires, et qu'il lui en faudrait encore 10 pour compléter, à raison d'un par bataillon, l'artillerie des quatorze régiments d'infanterie du corps d'armée.

Les quatre canons seront donnés au corps du maréchal Oudinot qui en a 17 et qui doit en avoir 24. Avant que le duc d'Auerstædt ait 3 canons par régiment, il faut que les autres régiments de l'armée en aient chacun deux. Le major général écrira au duc d'Auerstædt de remettre ces quatre canons au maréchal Oudinot.

NAPOLÉON.

3351. — DÉCISION (1).

Le général Lagrange rend compte au maréchal Berthier que le 4e bataillon du 46e régiment d'infanterie de ligne, arrivé le 20 juillet à Augsburg, n'est pas instruit, à l'exception de deux compagnies.

L'instruire et l'employer à l'expédition du Tyrol avec le 65e.

NAPOLÉON.

(1) Non datée, expédiée le 24 juillet 1809; le rapport du général Lagrange est du 21.

3352. — DÉCISION.

Schönbrunn, 25 juillet 1809.

Le maréchal Berthier rend compte que le général Bourcier a fait mettre provisoirement en subsistance dans des dépôts de cavalerie les déserteurs autrichiens, nés Français, qui ont été envoyés à Passau ; le général Bourcier demande s'il faut les incorporer définitivement.

Les envoyer également en France.

NAPOLÉON.

3353. — AU MARÉCHAL BERTHIER.

Schönbrunn, 25 juillet 1809.

Mon Cousin, écrivez en Bavière et à Stuttgart pour qu'on empêche les gazettes d'imprimer ce tas de bavardages et d'articles ridicules sur l'armée et sur les affaires; les gazettes de France les copient et cela fait le plus mauvais effet.

NAPOLÉON.

3354. — DÉCISION.

Schönbrunn, 25 juillet 1809.

Le général Bertrand demande si les deux petits ponts sur pilotis, qui conduisent à l'île Alexandre, devront être démolis.

Il ne faut pas détruire le pont sur pilotis de l'île Alexandre, non plus que le pont de l'île Saint-Hilaire.

NAPOLÉON.

3355. — DÉCISIONS (1).

Les dégâts occasionnés par les secousses de tremblement de terre qui se sont fait sentir dans les Sept-Iles ont déterminé le général Donzelot à faire mettre à la disposition du génie une somme de 62.000

Approuvé.

(1) Sans signature ni date; extraites du « Travail du ministre de la guerre avec S. M. l'Empereur et Roi, daté du 26 juillet 1809 ».

francs, qui a été prélevée sur les fonds provenant des revenus des îles.

Le Ministre a désigné pour l'emploi vacant de chef de bataillon dans le régiment espagnol Joseph Napoléon M. Kindelan, capitaine à ce régiment, et pour celui d'adjudant-major au même corps, M. Carle, capitaine réformé de la 80e demi-brigade.

Approuvé.

3356. — AU MARÉCHAL BERTHIER.

Schönbrunn, 26 juillet 1809.

Mon Cousin, j'apprends qu'il y a beaucoup de troupes retenues à Augsburg ; donnez ordre qu'elles rejoignent l'armée. Prévenez le commandant de la place qu'elles sont dirigées de France sur Augsburg, mais qu'elles doivent continuer à filer sur l'armée.

NAPOLÉON.

3357. — DÉCISION.

Schönbrunn, 26 juillet 1809.

Le maréchal Berthier rend compte d'une demande du général Lariboisière, tendant à ce que les détachements des 2e et 6e compagnies du bataillon principal du train, qui sont au corps d'armée du duc de Dalmatie, reçoivent l'ordre de rejoindre leur bataillon. Ce général demande, en outre, si ces hommes ramèneront leurs chevaux.

Ils rejoindront leurs corps sans chevaux.

NAPOLÉON.

3358. — DÉCISION.

Schönbrunn, 26 juillet 1809.

Le maréchal Berthier rend compte que la régence demande le rétablissement du trajet des diligences de Vienne par les provinces de Styrie, Carinthie et Carniole jusqu'à Trieste.

Approuvé.

NAPOLÉON.

3359. — DÉCISION.

Schönbrunn, 27 juillet 1809.

Proposition de faire venir à Strasbourg 200 à 300 soldats du train, démontés à l'armée d'Allemagne, pour y conduire une remonte de chevaux.

Cette proposition est ridicule; sans doute que les soldats du train sont tués comme les autres, puisqu'ils vont comme les autres au combat. On est donc fondé à penser qu'il manque autant d'hommes que de chevaux, d'autant plus qu'on peut se procurer ici des chevaux de trait, mais non des soldats du train. Faire venir de Strasbourg 12 ou 1.500 hommes des dépôts du train. J'en ai déjà donné l'ordre, mais l'armée ne peut rien fournir.

NAPOLÉON.

3360. — DÉCISION.

Schönbrunn, 28 juillet 1809.

M. le maréchal Oudinot expose que les régiments de ligne de la division Grandjean ont tous, les uns deux, les autres trois aigles, et que les colonels de ces régiments manifestent le désir de les réduire à un seul, conformément aux dispositions d'un décret impérial. Ils renverraient alors les autres en France.

Accordé de garder un aigle à l'armée et de renvoyer les autres en France pour être remis au Ministre de la guerre, quand il il en sera temps.

NAPOLÉON.

3361. — DÉCISION.

Schönbrunn, 28 juillet 1809.

Le général Montrichard rend compte au maréchal Berthier de la démolition des ouvrages ennemis sur la rive gauche du Danube.

Donnez ordre qu'à compter d'après-demain, le corps du maréchal Oudinot ne fournira plus de travailleurs pour les démolitions ; ils seront fournis par le général Montrichard des garnisons de l'île à raison de 300 hommes par jour.

NAPOLÉON.

3362. — AU GÉNÉRAL CLARKE.

Schönbrunn, 28 juillet 1809.

Monsieur le général Clarke, je crois vous avoir donné l'ordre d'organiser la 5e compagnie de pionniers, qui est à Wesel, la 7e, qui est à Strasbourg, la 8e, qui est à Juliers ; si ces compagnies sont complètes à 150 hommes présents sous les armes, dirigez-les sur Passau ; si elles ne sont pas complètes, complétez-les, et faites-les partir à mesure qu'elles le seront.

Il faut faire partir de Landau tout ce qu'il y a de disponible pour les deux bataillons irlandais qui sont en Espagne.

NAPOLÉON.

3363. — DÉCISION.

Schönbrunn, 29 juillet 1809.

Le général Clarke propose de former trois compagnies du train pour atteler les 24 bouches à feu destinées aux trois nouvelles compagnies d'artillerie de la garde impériale.	Approuvé. NAPOLÉON.

3364. — AU MARÉCHAL BERTHIER.

Schönbrunn, 30 juillet 1809.

Mon Cousin, donnez ordre au général de division Dessaix de se rendre au corps du duc de Rivoli pour prendre le commandement de la division Saint-Cyr, et au général Saint-Cyr de se rendre à Dresde pour prendre le commandement de cette place. Il prendra toutes les mesures pour l'armer et la mettre en état de défense, et il la défendra avec les bourgeois et les 2.500 hommes du colonel Thielmann. Vous ferez connaître cette disposition au roi de Saxe.

NAPOLÉON.

3365. — AU MARÉCHAL BERTHIER.

Schönbrunn, 30 juillet 1809.

Mon Cousin, l'état de situation de Klosternenburg, que commande le général Bron, est mal fait. Qu'il les fasse rédiger comme ceux du général Bourcier, et envoyez-lui, à cet effet, le modèle d'un de ces états. Les états du général Bourcier sont parfaitement faits. Je ne donne donc aucun ordre pour le dépôt de Klosterneuburg, parce que je n'en ai pas d'états. Donnez ordre au général Durosnel de commencer demain à en passer la revue, de l'organiser en trois parties : 1° en dépôt de cuirassiers; 2° en dépôt de chasseurs et hussards; 3° en dépôt de dragons. Il prendra l'état des hommes hors d'état de servir, ou qui auraient besoin de trois ou quatre mois de repos avant de servir. Vous m'en remettrez le travail, et je donnerai des ordres pour qu'ils soient dirigés sur Passau, où le général Bourcier, faisant fonctions d'inspecteur, en passera la revue, assignera à chacun la retraite où la pension dont il sera susceptible, et, aussitôt que j'aurai signé les décrets, ils partiront pour France, où les hommes qui auront leur retraite ou les invalides se rendront chez eux ou à l'hôtel, et ceux qui n'ont besoin que de quelques mois de repos se rendront à leurs dépôts. Donnez ordre que tous les hommes de cavalerie, amputés ou hors d'état de servir soient envoyés par le Danube sur Passau, où ils seront l'objet de la même inspection. Ecrivez aux commandants des corps d'envoyer à Passau tous leurs hommes blessés et estropiés, Passau étant le dépôt général de cavalerie et Klosterneuburg n'étant qu'une succursale.

Je vois, par l'état du dépôt de Passau qu'il y a 1.300 cuirassiers ou carabiniers et seulement 500 chevaux; c'est donc de 800 chevaux de cuirassiers que ce dépôt a besoin. Qu'il y a 1.000 hommes de chasseurs et hussards et seulement 500 chevaux; ce dépôt a donc besoin de 1.300 chevaux. Il me semble que cela doit être facile à trouver. Demandez au général Bourcier quels sont les 180 chevaux de trait qu'il a à son dépôt. Ce nombre me paraît bien considérable.

Napoléon.

3366. — AU MARÉCHAL BERTHIER.

Schönbrunn, 30 juillet 1809.

Mon Cousin, faites passer la ligne d'étapes de Landshut sur

Passau, pour toute espèce de choses, et donnez ordre que l'infanterie descende, de là, le Danube, dans des bateaux, jusqu'à Vienne. Il faut donc que vous fassiez tracer la route d'Augsburg sur Passau.

NAPOLÉON.

3367. — AU MARÉCHAL BERTHIER.

Schönbrunn, 30 juillet 1809.

Mon Cousin, donnez ordre aux généraux Beaumont et Lagrange de faire partir pour Vienne tous les détachements quelconques qu'ils ont, appartenant aux différents corps de l'armée, et qu'ils ont retenus, soit infanterie, soit cavalerie, soit artillerie, hormis le 65e, le 4e bataillon du 46e, les trois régiments provisoires de dragons et l'artillerie attachée à la colonne du général Beaumont. Excepté ces quatre corps, tout le reste doit partir sans délai, afin de compléter les régiments. Vous donnerez le même ordre au général Moulin avec les mêmes exceptions. Il pourra aussi garder les deux régiments de conscrits de la garde, jusqu'à nouvel ordre, comme garnison. Faites-moi connaître où se trouvent aujourd'hui les 11e et 12e demi-brigades provisoires. Faites-moi connaître si les 230 hommes du 72e, qui devaient arriver aujourd'hui à Vienne, sont arrivés ; si les 223 hommes du 65e et les 200 hommes isolés, qui doivent arriver le 31 juillet à Vienne, y seront arrivés demain ; quand arriveront les 3e, 6e, 7e, 8e, 9e, 10e et 11e escadrons de marche ; si l'on a des nouvelles des 782 hommes de la garde qui doivent arriver à Vienne le 12 août ; des 230 chevau-légers qui doivent y arriver le 1er. Les 1er, 2e, 3e et 4e bataillons de marche du duc de Rivoli, formant près de 2.000 hommes, et venant de Paris, seront le 3 ou 4 août à Linz. Donnez ordre qu'ils soient embarqués sur des bateaux jusqu'à Krems. Il est inutile qu'on les fasse venir à Vienne. Vous écrirez au duc de Raguse d'en passer la revue, de vous en rendre compte, et de faire partir ces quatre bataillons ensemble et réunis pour Znaïm. Ces bataillons seront incorporés dans les corps que j'ai désignés, et dont vous ferez passer la note au duc de Rivoli. Le ministre de la guerre me mande que 1.100 hommes de la 13e demi-brigade provisoire sont partis de Strasbourg, le 9 juillet, pour venir à Vienne. Avez-vous des nouvelles de ce détachement ? Il faudrait le faire embarquer à Passau ; avez-vous des nouvelles du détachement du 16e léger et des

200 hommes du 27e léger qui arrivent à Vienne le 16 août ? d'un détachement de 600 ou 700 hommes des 33e, 111e et 15e léger qui doivent arriver, du 1er au 2 août, à Vienne ; de 400 à 500 hommes des 48e, 108e et 15e léger, qui doivent arriver à Vienne le 11 août ? ces deux détachements feront 1,200 hommes de renfort pour la division Friant.

NAPOLÉON.

3368. — AU MARÉCHAL BERTHIER.

Schönbrunn, 30 juillet 1809.

Mon Cousin, vous enverrez directement l'ordre à Magdeburg pour que le détachement de 18 ouvriers d'artillerie de la 11e compagnie, et toutes les compagnies d'artillerie françaises qui s'y trouvent, excepté une seule, partent pour Passau, ainsi que les pontonniers, sapeurs et bataillons du train.

NAPOLÉON.

3369. — AU GÉNÉRAL CLARKE.

30 juillet 1809.

Monsieur le général Clarke, faites-moi faire un état particulier de tous les détachements qui, en conséquence de mes ordres, sont partis d'Italie et de France pour la Grande Armée, et qui n'étaient pas arrivés le 6 juillet, jour de la bataille de Wagram. Vous pouvez le dresser jusqu'au 5 août, et faire un second état de ce qui doit arriver du 5 août au 5 septembre. Par ce moyen, j'aurai ce que l'armée a reçu dans le courant de juillet et d'août, depuis la bataille.

NAPOLÉON.

3370. — ORDRE.

Au camp impérial de Schönbrunn, 30 juillet 1809.

Sa Majesté ordonne :

ARTICLE 1er. — L'île du Danube, située vis-à-vis Nussdorf, sera appelée l'île La Salle.

ART. 2. — Le général d'artillerie fera établir un pont entre l'île La Salle et la tête de pont de Spitz, vis-à-vis l'endroit qui sera désigné par le général Rogniat.

Les travaux seront dirigés de manière qu'on puisse y passer le 1er août. Il sera établi un autre pont, entre l'île La Salle et la rive droite, et ce pont sera terminé le 5 août.

Art. 3. — Le général du génie prendra des mesures pour mettre ce pont à l'abri des machines qui pourraient être lancées par l'ennemi.

Art. 4. — Il y aura à la tête de pont de Spitz un chef de bataillon d'artillerie et deux compagnies d'artillerie qui commenceront dès demain à former un magasin de gabions, de saucissons et de tout ce qui est nécessaire pour établir une redoute à la tête de pont.

Art. 5. — Au 5 août, il y aura dans la redoute, en avant de la tête de pont, des plates-formes pour recevoir 12 pièces de canon. Avant le 10 août, 6 pièces de canon devront y être en batterie. Il y en aura également 2 dans chaque bastion ou demi-bastion.

Art. 6. — Dès demain, des constructeurs de fours travailleront à construire six fours à Spitz, lesquels devront être terminés le 6 août.

Art. 7. — Le maréchal Oudinot réunira 10.000 quintaux de farine à Spitz, provenant du cercle qu'il occupe.

Art. 8. — Le commandant de l'artillerie, celui du génie, et l'intendant général de l'armée, prendront des mesures pour la stricte exécution du présent ordre.

Napoléon.

3371. — AU MARÉCHAL BERTHIER.

Schönbrunn, 30 juillet 1809.

Mon Cousin, ordonnez que désormais l'estafette passe par Augsburg, Passau et Linz. Donnez ordre au gouverneur de la Haute-Autriche et à l'intendant du cercle de la rive gauche, qui est vis-à-vis Linz, et dont le chef-lieu est, je crois, Freistadt, de fournir 600 bœufs qui seront dirigés sur Znaïm pour le corps du duc de Rivoli, à raison d'un convoi de 100 bœufs tous les cinq jours. Donnez en même temps ordre au duc de Raguse de faire fournir par son cercle 300.000 bouteilles de vin pour le corps du duc de Rivoli.

Napoléon.

3372. — DÉCISION.

31 juillet 1809.

Le maréchal Berthier sollicite les ordres de l'Empereur au sujet de l'organisation définitive des compagnies de sapeurs attachées à l'armée d'Italie et au 2e corps, et au sujet de l'achat de chevaux nécessaires pour la formation de deux compagnies du train du génie, dont une attachée au 2e corps et une à l'armée d'Italie.

Les chevaux seront requis en Styrie, l'armée d'Italie aura deux compagnies de sapeurs français, une italienne.

Le 2e corps aura une compagnie de sapeurs.

NAPOLÉON.

3373. — DÉCISION (1).

Les généraux Durosnel et Fouler étant échangés, M. le prince de Metternich, désigné comme otage pour eux, demande à être dégagé de la parole qu'il a donnée de ne pas s'éloigner de Vienne sans en avertir le gouverneur général.

Je prie Votre Majesté de me faire connaître ses intentions à cet égard.

Le prince de Neuchâtel,
major général,

ALEXANDRE.

Accordé pour tous.

NAPOLÉON.

3374. — DÉCISION (2).

Le général de division Moulin rend compte au maréchal Berthier que les colonels des régiments de conscrits-grenadiers et conscrits-chasseurs, stationnés à Friedberg, se sont opposés, au nom des priviléges de la garde, à fournir des postes pour le service de cette place.

Les deux régiments de conscrits de la garde fourniront tous les jours un capitaine, 3 lieutenants ou sous-lieutenants et 100 hommes par régiment de garde pour la ville de Friedberg.

NAPOLÉON.

(1) Non datée, expédiée le 1er août; le rapport du maréchal Berthier est du 28 juillet 1809.

(2) Non datée; expédiée le 1er août 1809.

3375. — NOTES POUR LE MARÉCHAL BERTHIER (1).

1er août 1809.

Remettre à S. A. S. le major général, le rapport de l'ordonnateur en chef de l'armée d'Italie, avec trois états donnant l'aperçu des fonds nécessaires pour aligner les dépenses au 1er juillet.

Le major général est prié de donner une destination au corps des Wurtembergeois, les troupes sont très serrées dans la partie de Graz.

Les corps de l'armée d'Italie viennent d'envoyer des officiers à leurs dépôts pour en ramener les hommes disponibles et les effets qui reviennent aux bataillons de guerre ; le major général est prié d'écrire au prince Borghese de ne mettre aucun retard à ces départs.

Le major général est prié de désigner Neustadt pour le parc d'artillerie du corps d'armée d'Italie ; cette position est avantageuse par rapport à la grande route pour la communication d'Italie, par rapport au canal pour la communication avec Vienne, pour les ressources, pour les réparations, etc. On joint une réclamation du bourgmestre de Neustadt.

3376. — AU MARÉCHAL BERTHIER.

Schönbrunn, 1er août 1809.

Mon Cousin, le général Lariboisière me présentera après-demain, 3 août, à la parade, le colonel ou major d'artillerie qu'il destine à commander les 12 pièces de 12, les 6 obusiers et les 12 pièces de 6 formant la réserve de 30 pièces qui doit être sous le commandement du général Lauriston, commandant l'artillerie de la garde. Il me présentera également un chef de bataillon et un chef d'escadron d'artillerie, le premier pour commander les 18 pièces de 12 et obusiers, le second pour commander les 12 pièces de 6 légères. Les deux compagnies du 1er régiment d'artillerie à cheval se rendront sans délai à Neustadt, où est le parc d'artillerie de la garde. 3 pièces de 12 et 6 obusiers attelés, et avec un approvisionnement, seront dès demain mis à la disposition du général Lauriston pour commencer à former cette réserve. On me fera connaître quand les 4 pièces de 12 qui viennent de Passau, et les 3 qui viennent de

(1) Sans signature; l'expédition de ces ordres a eu lieu le 1er août.

Graz seront arrivées, ce qui fera, sur-le-champ, 10 pièces de 12. Des mesures seront prises pour que le 10 août, au plus tard, les 30 pièces de canon attelées et approvisionnées puissent défiler la parade, et, désormais, cette réserve sera sous les ordres du général Lauriston.

NAPOLÉON.

3377. — DÉCISION.

Schönbrunn, 1er août 1809.

Le maréchal Berthier propose de déplacer le corps wurtembergeois, commandé par le général Vandamme, qui est trop à l'étroit du côté de Spitz.

Donner ordre d'abord que ce corps se dirige sur Neustadt.

NAPOLÉON.

3378. — AU GÉNÉRAL CLARKE.

1er août 1809.

Monsieur le général Clarke, je reçois votre lettre du 25. Les seize compagnies d'artillerie qui sont en route sont suffisantes. Je n'en demande pas d'autres. Vous pouvez garder les dix qui vous restent.

NAPOLÉON.

3379. — AU GÉNÉRAL CLARKE.

1er août 1809.

Monsieur le général Clarke, j'ai vu, avec peine, que vous avez dirigé, par compagnie, les seconds régiments de tirailleurs de la garde sur Strasbourg ; il fallait réunir les bataillons à Paris et me demander des ordres pour les faire partir au moins par bataillon : ils auraient pris à Paris plus d'aplomb, et, d'ailleurs, il n'a jamais été dans ma pensée de les faire venir ici ; mais, puisqu'ils sont en route, réunissez les premiers bataillons à Strasbourg et ne les disséminez pas à Metz et à Strasbourg.

Quant aux seconds bataillons, vous les laisserez à Paris et ne leur ferez faire aucun mouvement sans mon ordre.

Réunissez également les seconds bataillons des conscrits et ne les disséminez pas par morceaux ; il était plus naturel de les réunir à Strasbourg et de les faire marcher ensemble. Je sais que les premiers bataillons sont à Augsburg ; j'ignore où sont les deux seconds.

NAPOLÉON.

3380. — AU MARÉCHAL BERTHIER.

Schönbrunn, 2 août 1809.

Mon Cousin, envoyez sur-le-champ l'ordre au général Le Marois de faire partir pour l'armée le régiment de marche de cuirassiers resté à Udine, et au général Caffarelli l'ordre de faire partir les 1.600 hommes composés des détachements envoyés du Piémont. Il fera également partir tout ce qu'il y a de disponible dans les dépôts qui sont en Italie, infanterie, cavalerie et artillerie. Recommandez à l'un et à l'aure de ne mettre aucun retard dans l'exécution de ces ordres.

NAPOLÉON.

3381. — DÉCISION.

Schönbrunn, 3 août 1809.

Supplique du comte de Reuss, adjudant général de S. M. le roi de Bavière, à l'Empereur, à l'effet d'obtenir le pardon et la mise en liberté d'un de ses frères arrêté pour avoir parlé inconsidérément des affaires publiques.

Approuvé. Mettre cet individu à la disposition du roi de Bavière.

NAPOLÉON.

3382. — AU MARÉCHAL BERTHIER.

Schönbrunn, 3 août 1809.

Mon Cousin, donnez l'ordre au maréchal Marmont de renvoyer les détachements des 3e et 24e de chasseurs à leurs régiments. Faites, demain matin, une circulaire aux commandants des corps d'armée pour leur demander leur état de situation exact au 1er août. Faites faire également les états de situation des hôpitaux par corps et des convalescents qui sont à Vienne et environs, afin que je connaisse bien l'état de mon armée à cette époque du 1er août.

NAPOLÉON.

3383. — AU MARÉCHAL BERTHIER.

Schönbrunn, 3 août 1809.

Mon Cousin, écrivez au roi de Bavière de faire un travail avec son général d'artillerie, et de donner ordre que des places de Cronach, Forchheim et autres du Haut-Palatinat, où il y a plus de pièces que n'en comporte l'importance de ces places, on dirige sur Passau le plus grand nombre qu'on pourra de pièces de canon, de mortiers et d'obusiers, mon intention étant de tenir cette place sur le pied de défense le plus respectable.

Ecrivez au duc d'Abrantès de faire lui-même cette inspection et de diriger sur Passau toutes les pièces de 24 et tout ce qui ne sera pas rigoureusement nécessaire à ces petites places du Haut-Palatinat.

NAPOLÉON.

3384. — AU GÉNÉRAL CLARKE.

Schönbrunn, 3 août 1809.

Monsieur le général Clarke, j'ai reçu votre lettre du (1) juillet. Je vois avec plaisir les dispositions que vous avez prises pour l'exécution de mes ordres relatifs au recrutement de l'armée.

NAPOLÉON.

3385. — DÉCISION (2).

Le maréchal Berthier propose d'autoriser le directeur du parc d'artillerie à Passau, à traiter avec des particuliers pour le transport des munitions d'artillerie à Vienne.	Accordé. NAPOLÉON.

(1) La date du jour n'est pas indiquée.

(2) Non datée, expédiée le 4 août 1809; le rapport du maréchal Berthier est du 1er.

3386. — DÉCISION.

Schönbrunn, 5 août 1809.

Rapport du colonel Krasinki, commandant les chevau-légers polonais de la garde impériale, tendant à obtenir une somme de 30.000 francs pour pourvoir au paiement d'un marché de 60 chevaux.

Accordé 40.000 francs, sauf à régler la dépense définitive.

NAPOLÉON.

3387. — AU MARÉCHAL BERTHIER.

Schönbrunn, 5 août 1809.

Mon Cousin, vous trouverez ci-joint un ordre du jour que vous renverrez aux maréchaux, en leur faisant connaître que c'est pour eux seuls. Vous ne l'enverrez pas au général Reynier. Vous l'enverrez aux deux ministres de la guerre, vous l'enverrez aussi au roi de Westphalie.

NAPOLÉON.

3388. — AU MARÉCHAL BERTHIER (1).

Schönbrunn, 5 août 1809.

Mon Cousin, je suppose que le 4e régiment de grosse cavalerie passe par Passau. Donnez l'ordre au général Bourcier que toutes les fois qu'il passe des détachements de cavalerie venant de France, il garde les jeunes gens et donne, de préférence, des chevaux aux vieux cavaliers. Ecrivez au général Baraguey-d'Hilliers que le cadre du 4e bataillon du 23e doit retourner au dépôt, que les autres détachements doivent venir à l'armée, que, quant au détachement du 14e léger, dont le régiment n'est pas à l'armée, il l'envoie à Vienne où je le ferai incorporer dans un régiment de cavalerie légère.

NAPOLÉON.

3389. — AU MARÉCHAL BERTHIER.

Schönbrunn, 5 août 1809.

Mon Cousin, faites-moi connaître quand la route d'étapes passera par Landshut, Passau et Linz, et quand les troupes qui sont sur

(1) Publié par Brotonne, mais avec quelques variantes.

l'ancienne route, c'est-à-dire à Neumark, à Braunau, à Ried, à Lembach, à Wels, seront reportées sur la nouvelle route.

NAPOLÉON.

3390. — AU MARÉCHAL BERTHIER.

Schönbrunn, 5 août 1809.

Mon Cousin, donnez ordre que le fort de Graz soit approvisionné pour 1.000 hommes pendant trois mois.

NAPOLÉON.

3391. — DÉCISION.

Schönbrunn, 5 août 1809.

Le général Clarke propose de nommer à différents grades et emplois vacants dans le corps royal de l'artillerie.

Il y a plusieurs nominations faites à l'armée : refaire le travail.

NAPOLÉON.

3392. — DÉCISION.

Schönbrunn, 5 août 1809.

Le général Clarke rend compte à l'Empereur d'un vol de 1.754 francs qui a eu lieu par effraction dans le quartier de la cavalerie à Saint-Omer, et il propose de faire rétablir dans la caisse les fonds enlevés, le sous-officier dépositaire ayant été reconnu innocent.

Accordé.

NAPOLÉON.

3393. — AU GÉNÉRAL CLARKE.

Schönbrunn, 5 août 1809.

Monsieur le général Clarke, vous devez faire connaître au prince de Ponte-Corvo qu'il commande l'armée hollandaise, qu'il ne doit souffrir aucune rivalité de commandement et qu'il doit envoyer des ordres directs au maréchal (1) Dumonceau, toutes les fois que cela sera nécessaire, pour le faire concourir à ses opérations.

NAPOLÉON.

(1) Maréchal au service de la Hollande, et seulement général de brigade au service de la France.

3394. — DÉCISIONS.

Schönbrunn, 5 août 1809.

Sire, j'ai l'honneur de soumettre à Votre Majesté cinq questions que fait le général Baraguey d'Hilliers à S. A. le prince vice-roi d'Italie :

1° Le général Baraguey d'Hilliers fait diriger sur l'armée tous les détachements qui étaient à Laibach, mais il s'y trouve un cadre du 4e bataillon du 23e régiment de ligne, composé de 3 officiers et de 35 sous-officiers et soldats, dont il demande la destination. Le 23e régiment de ligne a ses quatre premiers bataillons au 11e corps, ainsi c'est sur Krems que ce détachement paraît devoir être dirigé ;

Si ces 35 hommes appartiennent au 4e bataillon, il peut les envoyer au dépôt du corps. Vous ordonnerez en même temps au maréchal Marmont de prendre les hommes disponibles du 4e bataillon, de les placer dans le 3e bataillon et de renvoyer le cadre en France où ces 2 détachements se rejoindront.

2° Un détachement du 5e bataillon du 14e d'infanterie légère composé d'un officier et 132 sous-officiers et soldats. Les deux premiers bataillons de ce régiment sont dans les Sept-Iles, les 3e et 4e bataillons à Rome et son 5e bataillon fournit des compagnies à la 15e demi-brigade provisoire de réserve. Ce détachement paraîtrait donc devoir être dirigé sur Milan pour rejoindre la 15e demi-brigade de réserve;

Envoyer ces 140 hommes sur Vienne, à leur arrivée, j'en disposerai par décret pour quelques régiments d'infanterie légère.

3° Un détachement de 76 hommes du 8e de ligne ; il est à présumer qu'il y a erreur et qu'il s'agit plutôt du 8e légère ; mais, dans les deux cas, ce régiment paraît devoir être dirigé sur l'armée, le 8e de ligne ayant son 4e bataillon au corps du maréchal Oudinot et le 8e légère ayant ses quatre premiers bataillons à l'armée de M. le maréchal duc de Raguse ;

Les diriger sur Vienne.

4° Le général Quétard a signalé au général Baraguey d'Hilliers quelques habitants dont les Français ont à se plaindre ; il demande s'il doit user de rigueur et quelles mesures il doit prendre contre eux;	Les faire arrêter.
5° Un officier envoyé par le duc de Raguse en Dalmatie a rapporté au général Baraguey d'Hilliers que plusieurs bâtiments de guerre anglais et espagnols occupent les ports de Fiume, Portoré et Segna. L'occupation de Fiume par les troupes françaises étant une condition de l'armistice soumise à la ratification de l'archiduc Charles, le général Baraguey d'Hilliers demande quelle conduite il doit tenir dans le cas de l'occupation de ce port par un ennemi étranger.	Les chasser. NAPOLÉON.
Je demande les ordres de Votre Majesté. *Le prince de Neuchâtel, major général,* ALEXANDRE.	

3395. — DÉCISION.

Schönbrunn, 5 août 1809.

Le général Ménard demande l'autorisation d'envoyer à l'établissement de bains le plus rapproché de Würzburg 96 hommes, qui sont hors d'état de faire aucune marche et qui pourraient être guéris par l'usage des eaux.	Approuvé. NAPOLÉON.

3396. — ORDRE.

Schönbrunn, 5 août 1809.

1° Le général commandant le génie nous présentera avant le

10 de ce mois un projet pour fortifier le contrefort des Karpathes, qui domine l'embouchure de la March.

2° Le commandant du génie nous présentera un projet pour approprier les débris du château romain qui existent à Thében, afin que 200 à 300 hommes, avec quelques pièces de canon en fer, puissent s'y défendre, ayant leur retraite sur la March par un bac.

3° L'on nous présentera le même jour un projet pour établir à Schlofshof (1) le pont qui est aujourd'hui à Marchegg et y construire une tête de pont, selon le protocole ordinaire de 300 toises de réduit avec trois ou quatre redoutes autour.

4° Tous les ouvrages que l'ennemi avait faits à Marchegg seront détruits, même les remparts de la ville, à dater du 7 ; le général Reynier sera chargé de ce travail.

5° Il sera établi au pont d'Angern une tête de pont, dans le protocole ordinaire.

Il y aura ainsi sur la March deux ponts et un bac.

6° Le général Reynier disposera ses cantonnements de manière à pouvoir fournir 500 travailleurs par jour aux têtes de pont, pris dans les régiments saxons.

Le général Bertrand, commandant le génie, enverra un officier du génie et une demi-compagnie de sapeurs.

Les têtes de pont de Schlofshof et d'Angern consisteront en une enceinte de 300 toises de développement et en trois redoutes à l'abri des pièces de campagne ennemies, dont l'une au centre et les deux autres à l'aval et à l'amont.

7° Le commandant de l'artillerie nous remettra, le 10, un rapport sur l'emplacement le plus propre pour établir le pont de Schlofshof ; on pourra employer les matériaux du pont de Marchegg à établir le pont de Schlofshof, pourvu qu'il soit fait dans la journée.

8° Le présent ordre sera communiqué au général Reynier, qui ira reconnaître le pays et nous fera connaître ses observations sur ce qu'il y a à faire, et ce, dans la journée du 9, afin que nous l'ayons avant les rapports du génie et de l'artillerie.

NAPOLÉON.

(1) Ou Theben-Neudorf (carte E.-M. autr. 1/75.000e).

3397. — DÉCISION (1).

Schönbrunn, 5 août 1809.

Le montant des armes fournies par la France aux troupes du royaume de Westphalie s'élève à la somme de 336.426 fr. 60. On demande les ordres de Sa Majesté pour exiger ce paiement.	Se les faire payer.

3398. — DÉCISIONS (2).

Schönbrunn, 5 août 1809.

On prie Sa Majesté d'accorder aux veuves de trois employés des hôpitaux des secours se montant à la somme totale de 1.665 francs.	Accordé.
Le nommé Joly, soldat réformé, a réclamé une pension de retraite. Ses titres ne lui donnent pas de droit à cette pension, mais, en raison de son âge (63 ans) et de ses infirmités, il a droit à un secours, et on propose à Sa Majesté de fixer ce secours à 200 francs pour toute récompense militaire.	Accordé.

3399. — DÉCISION (3).

Schönbrunn, 5 août 1809.

Le roi de Westphalie refusant de payer la masse des remontes, on a fait suspendre, jusqu'à la décision de l'Empereur, le remboursement de ce qui est dû à la Westphalie.	Il ne faut rien payer. NAPOLÉON.

(1) Non signée; extraite du « Travail du ministre de la guerre avec S. M. l'Empereur et Roi, daté du 19 juillet 1809 ».

(2) Non signées; extraites du « Travail du ministre directeur avec S. M. l'Empereur et Roi ».

(3) Extraite du « Travail du ministre directeur avec S. M. l'Empereur et Roi, du 19 juillet 1809 ».

3400. — DÉCISIONS (1).

Schönbrunn, 5 août 1809.

On propose à Sa Majesté :	
D'approuver un état de secours, montant à 5.850 francs, en faveur de veuves ou de parents de militaires qui ne sont pas susceptibles de pensions ;	Accordé.
D'approuver un état de secours, montant à la somme de 5.500 francs, en faveur de militaires réformés sans solde de retraite ;	Accordé.
De nommer à l'emploi de 1er porte-aigle, au 63e régiment d'infanterie de ligne, M. Planton, sous-lieutenant à ce régiment ;	Approuvé.
D'approuver l'état de 104 jeunes gens qui se sont enrôlés volontairement pour faire partie de la compagnie des gardes d'honneur de S. A. I. et R. le prince gouverneur général des départements au delà des Alpes ;	Approuvé.
D'attacher définitivement M. le colonel Jubé au commandement de la légion de gendarmerie de la Toscane, ainsi que le désire S. A. I. et R. la grande-duchesse de Toscane, qui est très satisfaite des services de cet officier supérieur.	Accordé.

3401. — DÉCISION.

Schönbrunn, 6 août 1809.

Le maréchal Berthier fait connaître à l'Empereur que les prisonniers de guerre rendus par les Autrichiens commencent d'arriver à	Les diriger sur Vienne. NAPOLÉON.

(1) Non signées; extraites du « Travail du ministre directeur avec S. M. l'Empereur et Roi, daté du 12 juillet 1809 ».

Presbourg et à Linz. Il demande si ces prisonniers doivent former des détachements dans ces deux villes pour, de là, être dirigés sur leurs corps respectifs, ou s'ils doivent être dirigés sur Vienne pour constituer un dépôt général.

3402. — DÉCISION.

Schönbrunn, 6 août 1809.

Le général Bourcier demande si le dépôt, avec un détachement du régiment de chasseurs à cheval du grand-duché de Berg, stationnés à Passau, doit en partir pour rejoindre le régiment.

Faire partir les hommes en état de servir, mais non le dépôt.

NAPOLÉON.

3403. — DÉCISION.

Schönbrunn, 6 août 1809.

Le général Vandamme rend compte au maréchal Berthier que les têtes de colonne de ses troupes arriveront le 6 août à Neustadt.

Les faire séjourner deux jours à Neustadt pour se reposer.

NAPOLÉON.

3404. — DÉCISION.

Schönbrunn, le (1) août 1809.

Le maréchal Berthier rend compte à l'Empereur que le général Reynier demande l'autorisation de venir passer quelques jours à Vienne.

Me faire connaître qui aura le commandement pendant ce temps-là ; il est convenable qu'il fasse les reconnaissances avant.

NAPOLÉON.

3405. — AU MARÉCHAL BERTHIER.

7 août 1809.

Mon Cousin, je vous envoie un ordre dont je vous recommande

(1) Sans date de jour; la décision a été expédiée le 7, le rapport du maréchal Berthier est du 6.

l'exécution. Je désire, en général, que le général Bourcier retienne à Passau tous les détachements appartenant aux régiments de chasseurs et hussards qui ont leurs régiments en Espagne et que je fais venir ici pour les incorporer dans les régiments qui sont à l'armée. Pendant le temps qu'ils resteront à Passau, le général Bourcier me proposera de donner leurs chevaux aux hommes à pied de son dépôt, et de renvoyer les hommes en France. Deux détachements de 100 hommes chacun, des 10e et 22e de chasseurs, sont arrivés à Passau le 30 juillet. Veillez à ce que, de Melk, ils soient dirigés sur les corps du duc de Raguse, à Krems, sans venir jusqu'à Vienne. Cela portera le régiment provisoire à 900 hommes.

NAPOLÉON.

3406. — AU MARÉCHAL BERTHIER.

Schönbrunn, 7 août 1809.

Mon Cousin, faites-moi connaître si mon ordre, pour la distribution des équipages de pont, de pontonniers, sapeurs, ouvriers, outils entre les différents corps d'armée a été exécuté.

NAPOLÉON.

3407. — LE MARÉCHAL BERTHIER, MAJOR GÉNÉRAL, AU ROI DE WESTPHALIE (1).

7 août 1809.

Sire, j'ai mis sous les yeux de l'Empereur la lettre que Votre Majesté m'a fait l'honneur de m'écrire. Sa Majesté a vu avec une vive peine l'événement d'Halberstadt. Elle n'a cessé depuis cette campagne de recommander à Votre Majesté de tenir ses troupes réunies. Voilà donc un régiment westphalien perdu contre des brigands. L'Empereur pense que si Votre Majesté, conformément aux principes de la guerre et à ses intentions, fût restée cantonnée avec ses troupes, pour attendre la fin des événements et exécuter ses ordres, sans retourner à Cassel sans raison, ce grand malheur ne fût pas arrivé.

Sa Majesté ne comprend pas comment le général Reubell, qui n'a aucune expérience militaire, qui a peu fait la guerre, qui n'a jamais

(1) Copie.

commandé comme général de brigade, peut commander une division, ni comment il peut y avoir de l'ensemble entre le général Gratien et le général Reubell. Les hostilités peuvent recommencer et les ordres de Sa Majesté ne seront pas exécutés. L'Empereur voudrait avoir enfin des notions positives sur votre corps, avoir les états de situation qu'Elle demande depuis trois mois et dans la forme suivie par les autres corps, c'est-à-dire des états sommaires tous les cinq jours et des états généraux tous les quinze jours. Votre Majesté a retiré les garnisons des places de l'Oder sans les remplacer. Sa Majesté ne sait pas où est son régiment de Berg.

J'ai déjà expédié un officier à Votre Majesté pour avoir tous ces renseignements que l'Empereur me demande trois fois par jour.

3408. — ORDRE.

En notre camp impérial de Schönbrunn, 7 août 1809.

Sa Majesté l'Empereur ordonne ce qui suit :

1° Les 89 chevaux du 27e régiment de chasseurs qui sont arrivés à Passau, ainsi que les selles et harnachement, seront mis à la disposition du général Bourcier, qui les distribuera aux différents détachements de chasseurs et hussards qui sont au dépôt de cavalerie de Passau. Procès-verbal de cette opération sera dressé et envoyé au ministre de la guerre. Les officiers, sous-officiers et soldats du 27e régiment de chasseurs retourneront à leurs dépôts en France à pied.

Les 142 chevaux du 1er régiment de hussards, les 25 chevaux du 2e régiment de hussards, les 51 chevaux du 4e régiment de hussards, avec les selles et harnais, seront mis également à la disposition du général Bourcier pour le même objet. Procès-verbal sera dressé et envoyé au ministre de la guerre et de l'administration de la guerre. Les hommes s'en retourneront à pied à leurs dépôts en France.

2° Si les détachements mentionnés ci-dessus étaient partis de Passau à la réception du présent ordre, ladite opération aurait lieu au dépôt de Klosterneuburg, près Vienne.

3° Notre major général fera exécuter sans délai ce présent ordre.

NAPOLÉON.

3409. — AU GÉNÉRAL CLARKE.

Schönbrunn, 7 août 1809.

Monsieur le général Clarke, je donne ordre au duc de Valmy de se rendre à Wesel, où, dans les circonstances, sa présence est nécessaire. Je l'autorise à retenir à Strasbourg les corps de cavalerie et d'infanterie qui viennent à l'armée, hormis les hommes isolés : ces détachements sont sous votre main, vous pouvez les faire embarquer sur le Rhin pour Wesel ; on en formera un corps pour servir dans les places de Wesel et de Juliers, ou un corps d'observation qui pourra se porter dans le Nord, selon les circonstances. Je donne également au duc de Valmy l'ordre de réunir tout ce qu'il pourra tirer des divisions qui sont sous ses ordres en infanterie et en cavalerie du côté de Wesel.

NAPOLÉON.

3410. — DÉCISION (1).

8 août 1809.

On propose à Sa Majesté de nommer le sieur Amette, grenadier au 115e régiment, à l'emploi de 2e porte-aigle audit régiment, et le sieur Maumy, grenadier au même corps, à l'emploi de 3e porte-aigle.	Accordé.

3411. — AU MARÉCHAL BERTHIER.

Schönbrunn. 8 août 1809.

Mon Cousin, le général Durosnel a désigné 300 hommes des dépôts de cavalerie pour être envoyés à Passau et, de là, en France. Il faut les faire diriger sans délai. Je vois, par le rapport du général Durosnel, que les Portugais n'ont pas d'argent pour ferrer leurs chevaux. Pourquoi n'en reçoivent-ils pas comme les autres régiments ? Mettez une somme à la disposition de l'intendant général pour pourvoir à ces petites dépenses.

NAPOLÉON.

(1) Non signée; extraite du « Travail du ministre de la guerre avec S. M. l'Empereur et Roi, daté du 21 juin 1809 ».

3412. — DÉCISION.

8 août 1809.

Etat de chevaux réformés à la revue passée par le général Durosnel les 2 et 3 août 1809.	Les faire vendre. NAPOLÉON.

3413. — DÉCISIONS (1).

8 août 1809.

On propose de nommer porte-aigles dans le 27e régiment d'infanterie légère les sieurs Barth à l'emploi de 1er porte-aigle, Paumier à l'emploi de 2e porte-aigle, La Lague à l'emploi de 3e porte-aigle ;	Approuvé.
De nommer 2e porte-aigle, au 10e régiment d'infanterie de ligne, le sieur Georges Goteschal, caporal de grenadiers de ce corps, ayant 26 ans de service.	Goteschal.

3414. — DÉCISION (2).

9 août 1809.

On propose à Sa Majesté de nommer adjudant commandant M. le colonel Viviand, colonel, aide de camp du général de division Montchoisy, qui commande la 28e division militaire.	L'envoyer à l'armée.

3415. — DÉCISION (3).

9 août 1809

Le ministre a fait passer à l'emploi vacant de chef de bataillon au 17e régiment d'infanterie légère, M. Cazeaux, chef de bataillon, aide de camp du général Quesnel. Il de-	Accordé.

(1) Non signées; extraites du « Travail du ministre de la guerre avec S. M. l'Empereur et Roi, daté du 28 juin 1809 ».

(2) Non signée; extraite du « Travail du ministre de la guerre avec l'Empereur, du 26 avril 1809 ».

(3) Non signée; extraite du « Travail du ministre de la guerre avec S. M. l'Empereur et Roi, daté du 21 juin 1809 ».

mande l'approbation de cette disposition.

3416. — DÉCISION.

9 août 1809.

Le général Clarke rend compte que le lieutenant Bresler, du régiment de La Tour d'Auvergne, demande à retourner en Hollande, sa patrie.

Accordé.

NAPOLÉON.

3417. — DÉCISION.

9 août 1809.

Le général Clarke soumet à l'Empereur une demande du comte Potocki, colonel du 4e régiment d'infanterie polonaise, tendant à obtenir un congé de quelques mois pour aller en Pologne.

Accordé.

NAPOLÉON.

3418. — DÉCISION.

9 août 1809.

Le général Clarke propose 18 élèves de Saint-Cyr répartis comme sous-lieutenants dans les troupes à cheval.

Savent-ils monter à cheval ?

NAPOLÉON.

3419. — DÉCISIONS (1).

9 août 1809.

On rend compte à Sa Majesté que le colonel Coste, commandant d'armes au château de Ham, a été mis à la disposition du gouverneur des îles Ioniennes.

On propose, pour le remplacer,

Il faut un homme ferme.

(1) Non signées; extraites du « Travail du ministre de la guerre avec S. M. l'Empereur et Roi, daté du 14 juin 1809 ».

le chef de bataillon Dillenius, commandant d'armes à Condé, et l'on présente pour cette place le chef de bataillon Daverton, commandant d'armes réformé.

On propose d'autoriser le sieur Bernard, aide de camp du capitaine général de Cayenne, à passer au service du roi de Westphalie. — Accordé.

On propose d'autoriser M. Allemand de Brunières, ex-lieutenant de gendarmerie, à passer au service de S. M. catholique. — Accordé.

3420. — DÉCISION (1).

9 août 1809.

On propose à Sa Majesté de nommer à l'emploi de 3e porte-aigle au 62e régiment le sieur Pinot, caporal et légionnaire. — Accordé.

3421. — DÉCISIONS (2).

9 août 1809.

On met sous les yeux de Sa Majesté la demande d'une sous-lieutenance de cavalerie, que fait le sieur Meynaud de Pancemont, maître des requêtes et premier président de la cour de Nîmes, en faveur de son neveu. — Accordé.

On propose à Sa Majesté d'approuver que le sieur Prosper Ceppi-Bayrol, dragon au 7e régiment, passe comme sous-officier dans la compagnie des gardes d'honneur de S. A. le prince Borghese. — Accordé.

(1) Non signée; extraite du « Travail du ministre de la guerre avec S. M. l'Empereur et Roi, daté du 7 juin 1809 ».

(2) Non signées; extraites du « Travail du ministre de la guerre avec S. M. l'Empereur et Roi, daté du 31 mai 1809 ».

3422. — DÉCISIONS (1).

9 août 1809.

On propose à Sa Majesté :

De nommer chef de bataillon M. le capitaine Destutt-Tracy, aide de camp de M. le général Sébastiani ;

Il faut qu'il serve dans un corps.

De remettre en activité dans l'artillerie le chef d'escadron Courier, démissionnaire du 1er régiment d'artillerie à cheval ;

Accordé.

De rappeler dans l'artillerie le capitaine Comin, aide de camp du général Roguet, qui demande à être remis en activité dans son arme.

Accordé.

3423. — DÉCISION (2).

9 août 1809.

Vu l'urgence et l'incomplet du corps du génie, le ministre a cru devoir autoriser la rentrée dans le corps impérial du génie, en son ancien grade de capitaine, de M. Ripoud-Lasalle, qui avait été nommé aide de camp de M. le général Roguet, et l'employer de suite à l'île de Kadzand.

Accordé.

3424. — DÉCISIONS (3).

9 août 1809.

On rend compte à Sa Majesté de la démission de sous-inspecteur aux revues surnuméraire, donnée par M. Guillemin, et l'on propose, pour le remplacer, M. Latrobe, commissaire des guerres;

Accordé.

(1) Sans signature; extraites du « Travail du ministre de la guerre avec S. M. l'Empereur et Roi, daté du 10 mai 1809 ».

(2) Non signée; extraite du « Travail du ministre de la guerre avec S. M. l'Empereur et Roi, daté du 3 mai 1809 ».

(3) Non signées; extraites du « Travail du ministre de la guerre avec S. M. l'Empereur et Roi, daté du 17 mai 1809 ».

De nommer au grade de lieutenant en second, garde principal de l'artillerie de la garde, le sieur Guillet, maréchal des logis chef de l'artillerie à cheval de la garde;

Accordé.

De nommer lieutenant, aide de camp du général de brigade Poncet, M. Montigny, sous-lieutenant au 9e régiment de dragons.

S'il ne peut servir aux escadrons de guerre, il ne peut être officier d'état-major.

3425. — DÉCISION (1).

On propose d'accorder une pension de 1.000 francs à la veuve du général de brigade Duprat, tué à la bataille de Wagram.

Décret signé. Accordé 2.000 francs.

3426. — DÉCISION.

Schönbrunn, 10 août 1809.

Lettre par laquelle le général Maureillan, gouverneur de Zara, adresse au maréchal Berthier la convention d'armistice conclue le 28 en ce qui concerne la Dalmatie.

Le major général écrira que les Autrichiens doivent évacuer toute la Dalmatie et que le commandant doit insister là-dessus.

NAPOLÉON.

3427. — DÉCISION.

Schönbrunn, 10 août 1809.

Le maréchal Berthier rend compte à l'Empereur qu'il y a au 2e corps 38 officiers et 494 soldats qui sont hors d'état de continuer le service, et il propose de les faire rentrer en France.

Approuvé leur départ pour le dépôt de Strasbourg. On commencera à les faire partir dès demain, on en enverra l'état nominatif au ministre de la guerre et au duc de Valmy. On fera d'abord partir tout ce qui est hors de service.

NAPOLÉON.

---

(1) Extraite du « Travail du ministre de la guerre avec S. M. l'Empereur et Roi, daté du 9 août 1809 ».

3428. — AU MARÉCHAL BERTHIER.

Schönbrunn, 10 août 1809.

Mon Cousin, écrivez au général de Wrède qu'il est autorisé à lever dans la province qu'il occupe 100 chevaux, pour remonter son artillerie. Faites-lui connaître que je n'ai pas reçu de rapport de lui depuis le 2 août, que j'ai vu avec plaisir qu'il a placé des postes sur la frontière, que c'est le moyen d'être instruit de ce qui se passe en Bohême, qu'il est bien placé pour avoir des renseignements, que vous lui envoyez 12.000 francs pour qu'il les emploie en espionnage et à se faire instruire de ce qu'il y a à Budweis, de la force du corps de Sommariva et de l'état de la place de Prague, des difficultés qu'il y aurait pour la prendre, enfin ce que fait l'ennemi. Envoyez 6.000 francs au général Reynier qui est bien placé pour savoir ce qui se passe en Hongrie ; envoyez également 6.000 francs au général Bourcier et 6.000 francs au général Bourcier (*sic*), ce qui fait 30.000 francs (*sic*) et recommandez à ces généraux d'user de tous les moyens pour être parfaitement instruits. Ecrivez au maréchal Marmont que je ne reçois point de nouvelles de lui, que je ne sais pas s'il a des postes sur l'extrême frontière, qu'il doit en avoir au débouché de toutes les routes et qu'il est à même de savoir ce qui se passe à Prague et dans toute la Bohême.

NAPOLÉON.

3429. — AU MARÉCHAL BERTHIER.

Schönbrunn, 10 août 1809.

Mon Cousin, le duc d'Abrantès a besoin de deux colonels en second pour les employer au commandement de ses bataillons. Donnez ordre aux colonels en second des 5e et 9e demi-brigades provisoires de se rendre à Bayreuth, pour être à la disposition du duc d'Abrantès. Le colonel en second de la 13e demi-brigade sera chargé de conduire la colonne composée des trois demi-brigades, 5e, 9e, 13e ; le général Bourcier retiendra ces troupes jusqu'au 20 août et, pendant ce temps, il se procurera les moyens de les envoyer ici à la fois par eau. S'ils doivent venir par terre, je désire que les trois demi-brigades réunies, formant une colonne de 6.000 hommes, partent ensemble sous la conduite du colonel en second de la 13e. Prévenez le duc d'Abrantès que je lui envoie deux colonels en second.

NAPOLÉON.

3430. — AU MARÉCHAL BERTHIER.

Schönbrunn, 10 août 1809.

Mon Cousin, donnez ordre qu'il soit retiré de la place de Rothenberg :

6 pièces de 12 de bronze de siège ;
3 — 3 ;
3 mortiers de 60 ;
et 2 obusiers.

14 bouches à feu. — 14 bouches à feu.

De Cronach :

4 pièces de 12 de bronze de siège ;
et 2 — 6 de bataille.

6 bouches à feu. — 6 —

De Forchheim :

4 pièces de 12 de bronze de siège ;
6 — 12 de bataille ;
2 — 6 de bataille ;
6 — 3 ;
et 2 obusiers.

20 bouches à feu. — 20 —

De Würzburg :

2 pièces de 12 de bronze de siège ;
10 — 6 de bataille ;
3 — 3 ;
3 mortiers de 60 ;
2 — 60 ;
et 2 obusiers.

22 bouches à feu. — 22 —

A reporter. . . . . 62 bouches à feu.

Report. .... 62 bouches à feu.

D'Augsburg :

8 pièces de 18 de siège en bronze ;
6 — 12 de bataille ;
18 — 6 ;
et 6 obusiers.

38 bouches à feu. 38 —

TOTAL.......... 100 bouches à feu.

Ces 100 bouches à feu seront dirigées sur Passau le plus tôt possible, ce qui, joint aux pièces qui s'y trouvent, permettra de bien armer cette place et d'avoir même de l'artillerie disponible pour Linz et Salzburg, si ces places en avaient besoin. Communiquez cette décision au général d'artillerie du roi de Bavière et au duc d'Abrantès. Il restera suffisamment d'artillerie dans les places du Haut-Palatinat pour les mettre à l'abri d'un coup de main.

NAPOLÉON.

3431. — AU MARÉCHAL BERTHIER.

Schönbrunn, 10 août 1809.

Mon Cousin, donnez ordre à la 3e brigade de cavalerie légère, que commande le général Castex, et à la 4e, que commande le général Piré, de se rendre à Nikolsburg. Ces deux brigades formeront une division de cavalerie légère sous les ordres du général Quesnel, qui se tiendra à Nikolsburg et recevra les ordres du duc d'Istrie. Le général Marulaz commandera la 1re et la 2e, et le général Montbrun la 5e et la 6e. Vous instruirez le duc d'Auerstædt de la formation de la division de cavalerie légère du général Quesnel entre lui et Vienne. Les 600 hommes de cavalerie légère que j'ai vus hier matin se rendront au dépôt de Klosterneuburg et y resteront les 10, 11 et 12, et le 13 vous les présenterez à ma revue, en ayant soin de monter de préférence les anciens chasseurs. Les jeunes resteront au dépôt, après quoi ils partiront pour leurs corps respectifs. Donnez le général Lamarque pour chef d'état-major au maréchal Oudinot. Faites connaître au général Colaud que je désire qu'il se rende en France pour commander 12,000 hommes de gardes nationales destinés à défendre Anvers et l'île de Walcheren attaqués par les Anglais. Envoyez le général Ducos et le général Pannetier au corps du duc de Rivoli. Envoyez le général Dalton au corps du duc d'Auerstædt remplacer le général La Cour qui a été tué.

NAPOLÉON.

3432. — AU MARÉCHAL BERTHIER.

Schönbrunn, 10 août 1809.

Mon Cousin, le 2e bataillon de marche du duc de Rivoli, composé des détachements des 2e, 4e et 12e d'infanterie légère, destinés à être incorporés dans le 3e, arrivent aujourd'hui à Krems et se dirigent sur Znaïm, pour rejoindre le corps du duc de Rivoli. Ayez soin de réitérer l'ordre qu'on ne garde aucun officier ni sous-officier et qu'on les renvoie à Vienne, d'où ils seront dirigés en poste sur Paris, vu qu'ils sont nécessaires pour former ces régiments. Donnez les mêmes ordres pour les officiers et sous-officiers qui accompagnent les détachements des 58e et 32e destinés également à être incorporés dans les régiments du duc de Rivoli.

NAPOLÉON.

3433. — AU MARÉCHAL BERTHIER.

Schönbrunn, 10 août 1809.

Mon Cousin, le dépôt de Klosterneuburg est trop compliqué; il me paraît indispensable de le subdiviser. Vous donnerez ordre au général Trelliard de se rendre à Mautern et de prendre le commandement de tous les dépôts de carabiniers et de cuirassiers. Indépendamment de ce dépôt, le général Trelliard aura le commandement des forteresses de Melk et de Göttweig (1) Il placera dans l'une et dans l'autre une compagnie de cuirassiers à pied, qu'il formera à cet effet et qu'il armera de fusils. Il organisera également pour le service de Saint-Pölten une compagnie à pied de 100 cuirassiers. Tous les mois, il fera lui-même la revue des forteresses de Melk et de Göttweig, et nous fera connaître la situation de chacune, particulièrement sous le point de vue de la dépense pour le service de l'artillerie et celui des magasins. Il fera aussi l'inspection des hôpi-

(1) Stift-Gottweig.

taux, il confirmera les marchés de remonte déjà passés et prendra toutes les mesures nécessaires pour monter promptement les hommes à pied du dépôt de cavalerie mis sous ses ordres. Il aura soin d'avoir à Mautern les fusils nécessaires pour armer ces hommes à pied et défendre le pays, surtout le poste important de Melk. Moyennant ces dispositions, vous donnerez ordre à tous les détachements du corps de Wurtemberg, qui se trouvent à Melk, à Göttweig et sur toute cette rive, de revenir à Vienne. La route de Braunau et de Ried étant supprimée, vous ferez également revenir sur Vienne tous les détachements du corps de Wurtemberg, qui se trouveraient actuellement de ce côté, soit à Braunau, soit à Ried, de sorte que tout ce qui appartient au corps de Wurtemberg vienne se réunir à Vienne. Vous donnerez également ordre que le régiment de chevau-légers de Hesse-Darmstadt quitte le corps du duc de Rivoli et se rende à Vienne pour y tenir garnison. Il sera remplacé au corps du duc de Rivoli par le régiment de cavalerie de Wurtemberg qui, depuis longtemps, fait le service de garnison à Vienne. A cet effet, le régiment de Hesse-Darmstadt partira d'Iglau le 13 de ce mois. Lorsqu'il sera arrivé ici vous ferez relever tous les petits détachements que le régiment de Wurtemberg a à Vienne et aux environs, et vous prendrez mes ordres pour que ce régiment aille remplacer celui de Hesse, dans la brigade de cavalerie légère du duc de Rivoli. Vous laisserez cependant le choix au duc de Rivoli de vous envoyer le régiment de Hesse ou celui de Bade, et vous lui ferez connaître que le changement lui est avantageux, puisque le régiment de Wurtemberg est fort de 400 chevaux et que celui qu'il donnera en échange est beaucoup plus faible. Vous demanderez au général Vandamme une note de tous les détachements qui sont en ce moment séparés du corps wurtembergeois, mon intention étant de réunir entièrement ce corps près de Vienne. A cet effet, vous donnerez ordre au général Vandamme de chercher un camp près du pont de Nussdorf, sur les hauteurs, ou au bas des collines, mais tel qu'il ne se trouve qu'à un quart de lieue du pont et près du bois. C'est dans cette position que j'ai le dessein de faire camper le corps wurtembergeois.

NAPOLÉON.

3434. — DÉCISION.

Schönbrunn, 10 août 1809.

Rapport du général de brigade Boyer, d'après lequel un corps de 6.000 hommes de troupes régulières serait établi à Klattau.

Répondre que ce rapport est exagéré, qu'il n'y a pas 6.000 hommes de troupes à Klattau, qu'il n'y a que deux bataillons. Engager à envoyer des espions et à avoir des renseignements plus précis.

NAPOLÉON.

3435. — DÉCISION (1).

Schönbrunn, 10 août 1809.

Sa Majesté est priée d'accorder un fonds de 70.000 francs par mois pour les dépenses de l'artillerie en Espagne, le pays étant dans l'impossibilité d'y fournir.

Accordé 50.000 francs sur le budget du ministre.

3436. — AU MARÉCHAL BERTHIER.

Schönbrunn, 11 août 1809.

Mon Cousin, donnez ordre au général sénateur Colaud de se rendre sans délai et par le plus court chemin à Anvers, dont il prendra le commandement, en qualité de gouverneur ; les troupes de terre et de mer qui se trouvent dans la place seront sous ses ordres, soit troupes de ligne ou gardes nationales. Le ministre de la guerre de France a reçu par l'estafette mes ordres à cet effet.

NAPOLÉON.

3437. — AU MARÉCHAL BERTHIER.

Schönbrunn, 11 août 1809.

Mon Cousin, j'approuve qu'à l'arrivée des 125 chevaux du 10e de hussards, ces chevaux soient remis au commandant du dépôt de Klosterneuburg, pour monter tous les hommes disponibles du 14e

(1) Non signée; extraite du « Travail du ministre de la guerre avec S. M. l'Empereur et Roi, daté du 26 juillet 1809 ».

régiment de chasseurs. Les officiers, sous-officiers et soldats du 10e de hussards retourneront en France, à leur dépôt, où ils prendront des chevaux. La remise des chevaux du 10e de hussards au 14e de chasseurs se fera par un procès-verbal, et vous en instruirez le ministre de la guerre et de l'administration de la guerre.

NAPOLÉON.

3438. — DÉCISION.

Schönbrunn, 11 août 1809.

Le général Baraguey d'Hilliers rend compte au maréchal Berthier de son arrivée à Laibach.

Me faire connaître l'opinion de l'artillerie, du génie sur ce poste, s'il peut tenir.

NAPOLÉON.

3439. — DÉCISION (1).

Le maréchal Berthier rend compte d'une demande des princes de Nassau, tendant à obtenir un meilleur traitement pour le prince Victor de Neuwied, frère puîné de l'ancien prince régnant de Neuwied, officier au service d'Autriche, qui, ayant été blessé et fait prisonnier à l'affaire de Landshut, est actuellement détenu à la citadelle de Strasbourg.

Accordé.

NAPOLÉON.

3440. — DÉCISION.

Schönbrunn, 13 août 1809.

Rapport du maréchal Berthier au sujet d'une demande du prince Eugène, tendant à ce que chaque régiment de dragons reçoive 30.000 francs, comme les chasseurs et hussards.

Accordé pour les 6 régiments de dragons de l'armée d'Italie.

NAPOLÉON.

(1) Sans date; le rapport du maréchal Berthier est du 12 août 1809.

3441. — AU MARÉCHAL BERTHIER.

Schönbrunn, 13 août 1809.

Mon Cousin, envoyez quelqu'un passer la revue de la légion de la Vistule, et faites-moi connaître quel est l'état de l'armement, de l'habillement et des masses ? Paye-t-on à ces troupes la solde ? A-t-on établi leurs livrets ?

NAPOLÉON.

3442. — AU MARÉCHAL BERTHIER.

Schönbrunn, 13 août 1809.

Mon Cousin, je vous renvoie l'état des décorations de légionnaires que j'accorde au 3e corps. Pour les grades d'officiers et de commandants, il faut attendre qu'il y ait des places vacantes. Pour l'état-major, il faut m'envoyer un état nominatif.

NAPOLÉON.

3443. — DÉCISION.

Schönbrunn, 13 août 1809.

Le maréchal Berthier rend compte d'une demande du général Broussier, tendant à obtenir la grâce de trois militaires de l'armée d'Italie, condamnés aux fers pour vol et maraudage, ces militaires s'étant bien comportés depuis dans plusieurs affaires, et notamment à la bataille de Wagram.

Accordé.

NAPOLÉON.

3444. — ORDRE.

Schönbrunn, 13 août 1809.

A dater du 16 août, les six redoutes en avant de la tête de pont de Spitz seront toutes les six commencées. Il y aura à chaque redoute 200 travailleurs, ce qui fera pour les six redoutes, en comprenant la redoute La Salle, 1.200 travailleurs.

2.000 ouvriers seront employés à la tête du pont.

Ces 3.200 ouvriers seront fournis par le corps du maréchal Oudinot.

NAPOLÉON.

3445. — DÉCISION.

Schönbrunn, 13 août 1809.

Le prince vice-roi d'Italie demande que le détachement de 132 hommes du 14e d'infanterie légère, qui est à Laibach et qui a l'ordre de se rendre à Vienne pour être incorporé, soit donné au 23e régiment d'infanterie légère, dont les trois bataillons ne présentent que 935 hommes sous les armes.

Comme les deux bataillons de ces régiments qui sont à Rome viennent à l'armée, ces 130 hommes seront mis dans la citadelle de Graz comme garnison et attendront le passage des deux bataillons.

NAPOLÉON.

3446. — DÉCISION (1).

Le maréchal Berthier propose de donner le commandement de la place de Brück à l'un des trois généraux Roize, Dutruy et Guérin d'Etoquigny.

Envoyer Roize.

NAPOLÉON.

3447. — DÉCISION (2).

Le maréchal Berthier rend compte que la 10e demi-brigade provisoire de réserve est arrivée à Augsburg et qu'elle arrivera le 17 à Passau.

Faire séjourner cette demi-brigade à Passau et la faire venir par eau.

NAPOLÉON.

3448. — DÉCISION (3).

Le maréchal Berthier rend compte à l'Empereur de la composition du corps de Wurtemberg, aux ordres du général Vandamme, et il demande des ordres au sujet de la destination de ce corps qui, depuis le 8 août, est réuni à Neustadt.

Faire venir le corps du général Vandamme et le camper près des hauteurs et le plus près possible de Neudorf.

NAPOLÉON.

(1) Non datée; le rapport du maréchal Berthier est du 12 août 1809, la date de l'expédition de la décision est du 13 août.

(2) Non datée; le rapport du maréchal Berthier est du 12 août 1809, la date de l'expédition de la décision est du 13 août.

(3) Sans date; le rapport du maréchal Berthier est du 12 août 1809, l'expédition de la décision a eu lieu le 13.

3449. — ORDRE DU JOUR.

Schönbrunn, 13 août 1809.

Sa Majesté a été mécontente du peu d'instruction de la division Tharreau. Les troupes de cette division n'ont pas été à l'école de bataillon ni à l'exercice à feu depuis la bataille.

Sa Majesté ordonne qu'à dater du 16 août, ces troupes soient exercées tous les jours à l'école de bataillon, depuis 6 heures jusqu'à 8 heures du soir. La matinée sera employée à l'école du soldat et de peloton. L'école de bataillon se fera devant les généraux de brigade et par régiment que commandera le colonel. Tous les soldats y assisteront, même ceux non encore à l'école de peloton, afin de se rompre à la marche.

Il sera établi dans chaque régiment une école de théories pour les officiers, une école de théorie pour les sergents.

Il sera délivré 10 cartouches par homme pour tirer à la cible. On fera tirer à la cible tous les soldats indistinctement. Le maréchal accordera des prix.

NAPOLÉON.

3450. — DÉCISION.

Schönbrunn, 13 août 1809.

Rapport alarmant du général Boyer, chef d'état-major de l'armée de réserve d'Allemagne, au sujet des mouvements de troupes autrichiennes en Bohême.

Ecrire que tous ces rapports sont faux. Engager à envoyer des espions et à avoir des renseignements plus précis.

NAPOLÉON.

3451. — AU MARÉCHAL BERTHIER.

Schönbrunn, 14 août 1809.

Mon Cousin, sur le mécontentement que le général Beaumont me témoigne du général Picard, ordonnez au général Picard de retourner en France, où il sera mis à la réforme. Ecrivez, en même temps, au général Beaumont, que je ne conçois rien à sa manière de se conduire ; que le prince royal de Wurtemberg est arrivé à Bregenz avec 5 ou 6.000 hommes, au moment où il lui demande d'évacuer le Vorarlberg, ce qui a excité, avec raison, la plainte du roi de Wurtemberg, et, ce qui est d'autant plus insensé, qu'il se plaint dans sa lettre du 10 de n'être point assez fort et de ne pouvoir occuper la montagne, et qu'enfin je puis avoir besoin de mes troupes. Donnez ordre au général Lagrange de rester dans le Vorarlberg et de garder un régiment de dragons s'il lui est nécessaire, et au général Beaumont de se rendre avec le reste à Munich. Vous prescrirez au général Lagrange d'écrire aux troupes wurtembergeoises de revenir dans le Vorarlberg. Faites connaître au roi de Wurtemberg que j'ai désapprouvé la conduite du général Beaumont et que je désire que ses troupes restent dans le Vorarlberg, et que j'ai besoin de la division du général Beaumont à Munich. Chargez le général Lagrange de presser le désarmement, d'enlever des otages et de prendre sur tout la haute main, que je blâme cette lutte entre les Bavarois et les Wurtembergeois, d'autant plus que les Wurtembergeois fournissent le plus de troupes qu'ils peuvent et qu'ils se donnent le plus de mouvement. Ecrivez au général Beaumont que les Wurtembergeois sont entrés à Brégenz avant ses troupes, ce qui résulte de la lettre même de l'adjudant commandant Froment, que ses rapports ne sont pas exacts, et que ce n'est pas à moi qu'il faut déguiser les faits. Enfin, écrivez au prince royal pour lui témoigner ma satisfaction de son entrée dans le Vorarlberg ; que je désire qu'il y retourne et se joigne au général Lagrange; que lorsque la soumission du pays avancera, il sera possible qu'il y reste seul et que le général Lagrange se rende à Munich. Proposez-moi un commandant pour la place de Lindau. Proposez-moi également d'y faire des ouvrages qui la mettent à l'abri d'un coup de main. Faites venir de l'artillerie d'Augsburg ou d'ailleurs, et demandez aux Bavarois d'y faire un approvisionnement de siège. Envoyez quelqu'un dans le Tyrol pour savoir ce qui s'y passe et si le rapport que fait le général Dutaillis est vrai.

Napoléon.

3452. — DÉCISION.

Schönbrunn, 15 août 1809.

Le maréchal Berthier propose d'attribuer le commandement de la place de Lindau au général Lesuire.	Approuvé. Napoléon.

3453. — AU MARÉCHAL BERTHIER.

Schönbrunn, 16 août 1809.

Mon Cousin, envoyez un courrier au général Liébert pour lui faire connaître que j'apprends que le général Candras, commandant en Poméranie, permet l'expédition des ports de la Poméranie suédoise de navires chargés de marchandises et autres objets, destinés pour la Suède et par suite pour l'Angleterre ; que si cela est vrai, il donne ordre au général Candras de se rendre au quartier général. Vous déclarerez au général Liébert que rien n'est changé avec la Suède, jusqu'à ce que la paix ait eu lieu ; que j'ai seulement autorisé l'envoi de paquebots pour les communications du gouvernement, et que la transaction faite par le général Candras est un abus d'autorité que ce général a pris sur lui, sans en sentir la conséquence, que tout doit rester sur le même pied que pendant la guerre, hormis les paquebots du gouvernement qui doivent être admis et qu'on doit laisser passer.

Napoléon.

3454. — AU MARÉCHAL BERTHIER.

Schönbrunn, 16 août 1809.

Mon Cousin, écrivez au général Bourcier que je vois qu'il a des bateaux pour porter 6.000 hommes, qu'il faut qu'il fasse transporter sur ces bateaux les trois demi-brigades provisoires, qu'il doit s'arranger avec les particuliers pour les acheter, ou bien qu'arrivés à Vienne on les leur rendra avec une indemnité convenable, qu'il donne donc ordre aux marins de prendre possession de ces bateaux et y fasse embarquer les troupes.

Napoléon.

3455. — AU MARÉCHAL BERTHIER.

Schönbrunn, 16 août 1809.

Mon Cousin, faites faire un recensement de tous les hommes qui sont présents aux hôpitaux à Vienne, dans la journée du 15 août, par hôpital et par régiment, et de ceux qui sont dans les faubourgs, également par faubourg et par régiment. Il est nécessaire que cet état soit fait le 19 à midi, et que le 20, à la parade, vous me remettiez un état comparatif avec celui qui a été fait, il y a un mois, pour le même objet. Demandez aussi que l'état des 1.800 hommes qui ont été envoyés aux dépôts en France, comme hors de service, soit fait par régiment, afin que les bataillons de guerre les effacent des états et les transportent au dépôt et que l'effectif de l'armée ne soit pas accru inutilement.

NAPOLÉON.

3456. — DÉCISION.

Schönbrunn, 16 août 1809.

Le maréchal Berthier rend compte que le 4e régiment de marche de grosse cavalerie est en route pour Vienne, où il doit arriver le 22.

Ce régiment de grosse cavalerie a-t-il, en passant à Passau, changé ses conscrits contre d'anciens soldats? S'il ne l'a pas fait, le faire à Klosterneuburg.

NAPOLÉON.

3457. — DÉCISION.

Schönbrunn, 16 août 1809.

Le prince Poniatowski rend compte d'une correspondance qu'il a échangée avec les Autrichiens au sujet de l'application de la suspension d'armes, en ce qui concerne les armées de Pologne. La volonté de S. M. l'Empereur à l'égard de l'évacuation de Cracovie par les troupes polonaises ne lui ayant pas été transmise, il a cru ne pouvoir se permettre aucun mouvement rétrograde sans en avoir reçu l'ordre direct.

Renvoyée au major général pour répondre au prince Poniatowski qu'il fasse sentir combien cela est faux, d'autant plus faux que, bien après l'armistice, c'est-à-dire le 24, les Autrichiens sont entrés en Dalmatie où ils occupent un district. Envoyer un officier intelligent qui passera directement; si le prince Jean se refusait à le laisser passer, il insistera sur ce que tous les jours il vient beaucoup d'officiers autrichiens à Vienne.

NAPOLÉON.

3458. — AU MARÉCHAL BERTHIER.

Schönbrunn, 17 août 1809.

Mon Cousin, envoyez un officier au général Lagrange pour me faire connaître qu'il doit considérer le Vorarlberg, comme en état de guerre, et qu'il doit prendre toutes les mesures convenables pour y rétablir sa tranquillité. Qu'il doit s'entendre avec le roi de Wurtemberg auquel j'ai écrit d'y envoyer 5.000 à 6.000 hommes de troupes; que, comme ces troupes sont hors de son contingent, il doit s'entendre toujours avec leur chef. Qu'il réprime et étouffe toutes les petites jalousies qui se sont élevées entre les Bavarois et les Wurtembergois. Que le fait est que la Bavière ne peut rien envoyer en ce moment dans le Vorarlberg, au lieu que les Wurtembergeois peuvent disposer de 6.000 à 7.000 hommes, qu'il faut donc les cajoler. Que le général Beaumont n'a pas mis la dextérité nécessaire dans cette mission ; que ces rivalités produisent du mal dans le Vorarlberg, mais que cela ne peut avoir aucune influence sur la destination future, et que toutes ces raisons frivoles des Wurtembergeois ont pour but de nous priver des 6.000 à 7.000 hommes qu'ils ont, ce qui serait très malheureux. L'officier que vous enverrez au général Lagrange restera dans le pays pour être à même de me rendre compte de ce qui se passe, et me rapporter un état de situation des troupes. Donnez ordre que la place de Lindau soit mise en état de blocus, et qu'il soit envoyé des vivres et de l'artillerie pour que cette place puisse se défendre longtemps.

NAPOLÉON.

3459. — DÉCISION.

17 août 1809.

Proposition tendant à organiser en bataillon le dépôt du 3e bataillon colonial, qui est à l'île de Ré.	Approuvé. NAPOLÉON.

3460. — DÉCISION.

Schönbrunn, 17 août 1809.

Le maréchal Berthier rend compte que le régiment de chevau-légers de Wurtemberg est mainte-	Je le verrai avant. NAPOLÉON.

nant disponible à Vienne et prêt à partir. Le maréchal demande si le régiment doit se rendre au 4e corps d'armée.

3461. — DÉCISION.

Schönbrunn, 17 août 1809.

Le maréchal Berthier soumet à l'approbation de l'Empereur les dispositions prises par le général Vandamme pour faire camper les troupes composant le corps de Wurtemberg.

Les faire camper tous ensemble sur une ligne ou sur deux; le camp sera tracé et commencé demain.

NAPOLÉON.

3462. — DÉCISIONS (1).

Schönbrunn, 17 août 1809.

Il n'existe que 16.500 livres de poudre de guerre dans les États romains.

Le général Miollis demande qu'on lui en envoie 60.000 livres.

On enverra 24 milliers de poudre à Rome ; pour le surplus, on mettra la poudrière de l'Etat romain en activité.

Compte rendu des effets d'artillerie détruits au 1er corps de l'armée d'Espagne.

Témoigner mon mécontentement au duc de Bellune de ce que ces effets d'artillerie ont été détruits, en lui faisant comprendre qu'à la guerre, on doit tenir tout attelé et que, dans cette circonstance, toute mon artillerie aurait dû rester à Madrid. Je dois donc considérer ces événements comme une marque d'imprévoyance de sa part.

Proposition relative à la composition du nouvel état-major à donner aux bataillons de pontonniers.

Je ne veux pas de régiment de pontonniers; à quoi servirait-il de former en régiment des troupes qui doivent toujours être dis-

(1) Non signées; extraites du « Travail du ministre de la guerre avec S. M. l'Empereur et Roi, daté du 2 août 1809 ».

séminées. Peut-être ne faudrait-il pas de régiments d'artillerie?

On rend compte à Sa Majesté de la demande faite par la ville de Mayence d'un canon qu'elle a fait fondre en 1552 pour perpétuer la mémoire de Gutenberg, l'inventeur de l'imprimerie.

Accordé.

Le général de brigade Préval, employé dans la 5e division militaire, déclare que le mauvais état de sa santé ne lui permet pas de supporter les fatigues du service militaire et demande comme une faveur spéciale d'être maintenu sur le tableau de l'état-major de l'armée.

Lui accorder sa retraite.

Proposition d'approuver le congé de quatre mois avec appointements que le ministre a accordé au général de brigade Debelle, pour aller aux eaux d'Aix.

Le placer sur l'état des officiers non employés : on a été peu content de cet officier en Portugal.

Proposition d'accorder le congé de deux mois avec appointements que le ministre a accordé au général de brigade Perreimond, rentré en France par autorisation de Sa Majesté catholique.

Cela me paraît extraordinaire, en temps de guerre les généraux ne doivent pas quitter l'armée.

Le capitaine espagnol Portola, qui s'est parfaitement conduit dans le Nord et qui désire vivement entrer au service de Sa Majesté catholique, demande à attendre des ordres, pour son retour en Espagne, chez les parents de sa femme à Perpignan.

Avoir l'opinion du roi d'Espagne.

Le chirurgien anglais Brown, resté à Astorga pour soigner les malades français et qui annonce avoir reçu de Sa Majesté des marques de sa satisfaction, une gratification de 150 napoléons et la pro-

Accordé. Il lui sera donné une nouvelle gratification de 150 napoléons. Il sera remis à une croisière anglaise vis-à-vis Dieppe ou Cherbourg.

messe de son renvoi, sollicite l'exécution de cette décision favorable, dont il justifie par une lettre du prince major général.	
On propose à Sa Majesté :	
De nommer à trois emplois de porte-aigle au 66e régiment d'infanterie ;	Approuvé.
De nommer le sieur Pernet, sous-lieutenant au 47e régiment, à l'emploi de 1er porte-aigle de ce régiment ;	Approuvé.
De nommer 1er porte-aigle du 15e régiment d'infanterie de ligne le sieur Martin, sous-lieutenant, en remplacement du sieur Cotterel, qui a été tué au siège d'Oporto.	Approuvé.

3463. — DÉCISIONS (1).

17 août 1809.

On rend compte des mesures d'exécution des décrets des 7 et 10 avril, concernant la mise en état de défense des places de la Toscane, et on prie Sa Majesté d'accorder un fonds de 146.200 francs, dont : 86.500 pour Livourne, 30.000 pour Orbetello, 9.700 pour Sienne et 20.000 pour Florence.	Accordé sur le budget.
On demande à Sa Majesté si son intention est : 1° Que les biens des femmes des dix grands d'Espagne, condamnés par le décret du 12 novembre, ne soient pas compris sous le séquestre ; 2° Et si les réquisitions frappées sur le produit des biens de ces con-	La question de savoir si les biens des femmes des dix grands d'Espagne déclarés traîtres doivent aussi être confisqués à mon profit est résolue par le décret même. Les termes de ce décret sont précis et doivent servir de loi. Si le décret porte : les biens

(1) Non signées; extraites du « Travail du ministre de la guerre avec S. M. l'Empereur et Roi, daté du 26 juillet 1809 ».

damnés ne doivent pas être bornées au contingent qui pèse sur les propriétés particulières.

des dix Espagnols et ceux de leurs femmes sont confisqués, M. Fréville a raison; si le décret ne dit pas cela, il est clair que je ne me suis rien réservé et que M. Fréville a tort d'élever des prétentions ridicules et de faire des tracasseries sans raison. Quant à la deuxième question, les impôts doivent peser sur ces biens dans une proportion égale à celle qui pèse sur toutes les propriétés particulières, et, quant aux réquisitions, on doit fournir sur ces biens tout ce qui est réclamé pour le service de l'armée, seulement on doit le faire sur mémoire et reçus, afin de pouvoir réclamer en temps et lieu ce qui aurait été fourni par des raisons extraordinaires et au delà de la proportion générale.

Rapport demandé par Sa Majesté sur les pertes éprouvées par M. Poulmarch, aubergiste à Cenon-la-Bastide, près Bordeaux, à cause du séjour des troupes françaises.

Ces pertes ont été évaluées à 5.000 francs. Sa Majesté est priée de faire connaître si son intention est de lui accorder une indemnité particulière.

Accordé.

Le roi d'Espagne demande le renvoi dans ses Etats d'un jeune soldat noble, prisonnier de guerre, dont la mère est veuve d'un capitaine de cavalerie.

Accordé.

Le prince de Nassau demande le renvoi dans ses Etats d'un jeune of-

Accordé.

ficier autrichien, prisonnier de guerre, âgé de 18 ans, admis au service d'Autriche sans l'aveu de ses parents qui sont sujets de ce prince.	
M. d'Arberg, chambellan de Sa Majesté, demande que le jeune Espagnol de Souza, prisonnier de guerre, dont le père est à Valençay, puisse demeurer chez M. d'Antraigues, près de la même terre.	Accordé.
Un M. Robert Anderson, Anglais, prisonnier à Verdun, devenu aveugle, demande la permission de s'embarquer dans le port de Morlaix pour retourner en Angleterre avec les femmes anglaises qui ont obtenu cette faveur.	Accordé.
Démission de M. Périer-Lagrange, second capitaine au 1er régiment d'artillerie à pied, soumise à l'approbation de Sa Majesté.	Approuvé.
Démission du sous-lieutenant Dalichoux, du 5e régiment de dragons, soumise à l'approbation de Sa Majesté.	Approuvé.

3464. — AU GÉNÉRAL CLARKE.

18 août 1809.

Monsieur le général Clarke, les 1re et 2e demi-brigades provisoires sont encore faibles ; il est nécessaire de les porter chacune à 3.000 hommes, de manière qu'il y ait à Pontivy une division de 6.000 hommes, dont on pourrait se servir à tout événement, même pour préparer une réserve en Espagne, si les circonstances l'exigent. Mon intention est donc qu'au reçu de la présente vous donniez ordre aux 300 hommes du 47e qui sont à Belle-Ile de repasser sur le continent pour compléter les deux bataillons que ce régiment a dans la 1re demi-brigade provisoire ; aux 500 hommes que le même régiment a à Lorient, Groix, Port-Louis et Quiberon, de rejoindre à Pontivy, également pour compléter ses deux bataillons, ce qui portera à 1.500 hommes les 4e et 5e bataillons du 47e, lesquels seront commandés par le major. Le 4e bataillon n'aura pas de grenadiers ;

Que vous donniez ordre aux 700 hommes, que le 70e a à Brest, de rejoindre également à Pontivy les deux bataillons de ce régiment, ce qui les portera à 1.500 hommes et la 1re demi-brigade à 3.000 hommes ;

Que vous donniez ordre aux 400 hommes, que le 86e a à Saint-Malo et aux petites îles des environs, de rejoindre les deux bataillons de ce régiment, près de Pontivy, ce qui portera également ces deux bataillons à 1.500 hommes;

Enfin, que vous donniez ordre qu'on fasse partir de Brest les 500 hommes du 15e de ligne, pour rejoindre les 3e et 4e bataillons de ce régiment à Pontivy, ce qui complétera également la 2e demi-brigade à 3.000 hommes.

Les deux demi-brigades réunies formeront ainsi une division de 6.000 hommes ; elles ne devront avoir ni grenadiers, ni voltigeurs. Cette division devra se trouver prête au 10 septembre à se mettre en marche pour se porter où il sera nécessaire.

Ouessant, les petites îles et Belle-Ile seront occupés soit par l'artillerie, soit par les ouvriers, soit par les bataillons de la marine.

Donnez ordre également que les 700 hommes du 4e régiment suisse qui sont à Belle-Ile repassent sur le continent, aussitôt qu'ils seront remplacés par les marins. On complétera ce 4e bataillon à 800 hommes, qui seront joints à la division de Pontivy.

Vous pouvez ordonner à la 3e compagnie de la 3e brigade de vétérans qui est à Rennes de se rendre à Belle-Ile, ce qui fera 100 hommes de plus sur ce point.

Par ce moyen, j'aurai, au mois de septembre, une division de 6.000 à 7.000 hommes prêts à partir de Pontivy.

Il faut également me préparer une autre division dans la IIe division militaire. Elle sera composée, savoir : des 4e, 6e et 7e bataillons du 26e régiment, faisant 2.400 hommes ; des 5e, 6e et 7e bataillons du 26e régiment, faisant 2.400 hommes, des 5e, 6e et 7e bataillons du 66e faisant 3.000 hommes, des 4e, 5e et 7e bataillons du 82e faisant 3.000 hommes et enfin d'un bataillon de marche composé de détachements de la légion du midi, de la légion hanovrienne et du bataillon colonial, faisant ensemble 800 hommes ; ces 10 bataillons formeront une division de 9.000 hommes.

J'aurai donc près de 16.000 hommes déjà rendus en Bretagne et du côté de Bordeaux, qui, dans la première quinzaine de septembre, pourront partir pour l'Espagne, s'il est nécessaire, et former une réserve de 15.000 hommes en Biscaye.

NAPOLÉON.

3465. — DÉCISION (1).

Rapport du maréchal Berthier sur la marche du 2e régiment de marche du corps du maréchal Oudinot, que le général Desbureaux va faire partir de Strasbourg pour Anvers.

Renvoyé à Fain.

NAPOLÉON.

3466. — DÉCISION.

Schönbrunn, 19 août 1809.

Le général de division Montrichard propose au maréchal Berthier de faire camper en arrière d'Ebersdorf les troupes du camp de l'île Napoléon, afin de les soustraire aux atteintes de la fièvre.

Accordé l'établissement du camp dans un endroit très sain en arrière d'Ebersdorf ; des détachements seront fournis pour la garnison de l'île.

NAPOLÉON.

3467. — DÉCISION.

Schönbrunn, 19 août 1809.

Le général de brigade Guyot, commandant les chasseurs à cheval de la garde, sollicite une somme de 40.000 francs pour la remonte et le harnachement de ce corps.

Lui donner 40.000 francs à compte de sa masse.

NAPOLÉON.

(1) Non datée; le rapport du maréchal Berthier est du 18 août 1809.

3468. — DÉCISION.

Schönbrunn, 19 août 1809.

Le général de division Lariboisière, commandant en chef l'artillerie de l'armée d'Allemagne, rend compte au maréchal Berthier de l'armement nécessaire pour mettre la place de Lindau à l'abri d'un coup de main.

Donnez des ordres pour que les 15 pièces soient prises parmi l'artillerie bavaroise d'Augsburg. Donnez des ordres pour qu'elles s'y rendent sans délai avec les compagnies d'artillerie bavaroises et avec l'armement et avec l'approvisionnement nécessaires.

NAPOLÉON.

3469. — DÉCISION (1).

Le maréchal Berthier soumet à l'Empereur une demande du général Lariboisière tendant à échanger les 9e et 20e compagnies du 8e régiment, dont la force effective est à peu près la même et qui sont au grand parc, afin que les 4es compagnies d'artillerie à pied employées au 11e corps d'armée appartiennent à un même régiment.

Approuvé. Trois compagnies suffisent à ce corps d'armée, il faudra une compagnie à cheval.

NAPOLÉON.

3470. — DÉCISION.

Schönbrunn, 19 août 1809.

Rapport du général de brigade Boyer, au sujet des mouvements des Autrichiens en Moravie et en Bohême.

Répondre au général Boyer de se méfier de ses espions, que toutes les nouvelles qu'il envoie sont fausses et controuvées.

NAPOLÉON.

(1) Non datée, expédiée le 20 août 1809; le rapport du maréchal Berthier est du 19.

3471. — DÉCISION.

Schönbrunn, 19 août 1809.

Le maréchal Macdonald demande qu'un officier soit désigné pour commander le fort de Graz.

Le major général proposera la nomination d'un commandant.

NAPOLÉON.

3472. — AU MARÉCHAL BERTHIER.

Schönbrunn, 19 août 1809.

Mon Cousin, écrivez au roi de Bavière que les plaintes qu'on porte contre le duc d'Abrantès ne sont pas très graves; que vous lui écrivez comme il le désire ; que quant au plus ou moins de cartouches à faire porter au soldat, c'est un détail de peu d'importance; que quant aux garnisons des places fortes, il laisse faire le duc d'Abrantès qui est chargé de répondre de ces places ; qu'il y faut effectivement peu de monde; que quant aux relations avec les principales autorités, vous lui écrivez de s'adresser au commandant; que ces tiraillements nuisent au bien du service, et qu'il ne faut donner aucune attention sérieuse à ces petites irrégularités; que le duc d'Abrantès reçoit l'ordre de s'entendre avec le roi de Bavière et que je désire que le roi s'entende avec lui.

NAPOLÉON.

3473. — AU MARÉCHAL BERTHIER.

Schönbrunn, 19 août 1809.

Mon Cousin, donnez l'ordre que les cadres des 4es bataillons du 2e d'infanterie légère et du 32e se rendent à Paris en poste, officiers et sous-officiers ; on leur signifiera d'être rendus dans douze jours. Ecrivez au duc d'Auerstædt que je l'autorise à venir à Vienne. Je vois qu'il reste dans les caisses des deux divisions Tharreau et Dupas 375.000 francs sur les secours que j'ai accordés aux masses. Il faut que les corps emploient en acomptes une partie de ces sommes pour les masses qui en ont le plus besoin.

NAPOLÉON.

3474. — AU MARÉCHAL BERTHIER.

Schönbrunn, 19 août 1809.

Mon Cousin, j'approuve les propositions contenues dans les trois états ci-joints. Il faut que tous ces hommes aient rejoint et fassent leur service au 1er septembre.

NAPOLÉON.

3475. — ORDRE.

Schönbrunn, 19 août 1809.

Les hommes isolés venant des derrières de l'armée, avant de m'être présentés, seront passés en revue par le général M. Dumas, qui leur fera donner des magasins des chemises, culottes, vestes, schakos, gibernes, armes, cartouches, et, en général, tout ce qui pourrait leur manquer. Ils ne seront présentés à ma revue que lorsqu'ils seront appropriés, armés et pourvus de tout ce qui leur est nécessaire pour rejoindre leur corps.

NAPOLÉON.

3476. — ORDRE.

Schönbrunn, 19 août 1809.

Il est accordé un crédit de 500.000 francs en argent pour être distribués par les soins de notre intendant général, en secours et aux masses des corps qui composaient les armées d'Italie et de Dalmatie, sur ce qui leur est dû antérieurement au 1er juillet 1809.

Cette somme sera confondue dans le budget général qui sera fait pour ces armées, conformément à nos derniers décrets.

NAPOLÉON.

3477. — AU GÉNÉRAL CLARKE.

Schönbrunn, 20 août 1809.

Monsieur le général Clarke, je reçois votre lettre du 13. Je vois avec peine que les gardes nationales étaient à Bruges sans armes ; c'est la faute du bureau d'artillerie. Dans les circonstances urgentes, il faut s'éloigner du protocole ; il faut prendre des fusils partout et charger les officiers de les accompagner à Bruges.

(1) Extrait non signé.

Les gardes nationales qui se réunissent à Bruges, Lille, Saint-Omer, Anvers, doivent y trouver des armes ; tout ce qui se forme dans les 2e, 3e, 4e, 15e, 16e, 24e et 25e divisions militaires doit se réunir aux chefs-lieux, où elles s'organiseront, s'armeront et se tiendront prêtes à se porter partout.

Je suppose que l'artillerie aura donné des ordres pour que, de mes places du Nord, il soit envoyé à Gand des approvisionnements considérables en poudres et en bombes, et qu'il aura été envoyé également des crapeaux, pour remplacer les munitions et avoir des crapeaux de rechange.

3478. — ORDRE.

Au camp impérial de Schönbrunn, 20 août 1809.

S. M. l'Empereur ordonne :

1° Il sera choisi, parmi les tirailleurs-chasseurs de notre garde, 100 hommes sachant lire et écrire, s'étant trouvés aux dernières batailles et ayant les meilleures dispositions, pour être incorporés dans les fusiliers de notre garde.

Il sera choisi, parmi les tirailleurs-grenadiers de notre garde, 100 hommes ayant les mêmes qualités, qui auront la même destination.

2° Il sera désigné dans chaque régiment de fusiliers 100 sujets, parmi lesquels 6 qui parlent italien. Ces hommes, étant destinés à être sergents, iront à une école de théorie qui sera établie dans chacun des deux régiments, où on leur montrera tout ce qu'il faut savoir pour être sergent.

Napoléon.

3479. — DÉCISION (1).

Le général Clarke propose de nommer lieutenant en 1er dans l'artillerie française le lieutenant Victor de Caraman, qui est au service de la Hollande.	A-t-il fait la guerre de 1807 en Prusse contre nous ? Napoléon (2).

(1) Sans date; le rapport du ministre est du 10 mai 1809; la décision a été renvoyée au général Gassendi le 21 août.

(2) L'Empereur avait d'abord mis : « Accordé »; il a biffé ce mot, qu'il a remplacé par la présente décision.

3480. — ORDRE DICTÉ PAR SA MAJESTÉ LE 21 AOUT 1809 (1).

Le prince de Neuchâtel et M. Daru écriront à Linz que Sa Majesté est indignée de voir qu'on n'a rien payé à Linz sur la contribution ; elle ordonne que 2 millions soient payés avant le 1er septembre sous peine de séquestrer les magasins et de faire une répartition sur les plus riches de la province.

A dater du 1er septembre, jusqu'à ce que le quart soit payé, c'est-à-dire 9 millions, il faut qu'ils s'arrangent pour payer 1 million tous les cinq jours.

Le major général écrira au général de Trieste que je suis mécontent des ménagements qu'on a pour les gens de Trieste ; qu'il faut commencer par payer 2 millions pour le 1er septembre et qu'ensuite on entendra les réclamations.

Ecrire au général Baraguey d'Hilliers, qu'il faut que la Carniole ait payé 2 millions au 1er septembre.

Ecrire à l'intendant de Trieste que si 2 millions ne sont pas versés avant le 1er septembre, on va mettre en vente les marchandises séquestrées et faire publier à Venise et à Milan que la vente commencera le 10 septembre. Lorsque les gens de Trieste verront arriver les acheteurs, ils verseront.

3481. — AU MARÉCHAL BERTHIER.

21 août 1809.

Mon Cousin, faites-moi connaître quelle est la situation de la 2e légion de la Vistule sous le rapport de l'habillement, de l'armement et de la solde. Présentez-moi un général qui ait été blessé pour commander dans la Haute-Autriche, afin de renvoyer le sénateur Demont à Paris.

NAPOLÉON.

3482. — AU GÉNÉRAL CLARKE.

Schönbrunn, 22 août 1809.

Monsieur le général Clarke, j'ai lu dans le *Moniteur* votre rapport au Sénat; j'ai vu avec peine que vous y avez retranché un passage que j'avais lu dans la minute que vous m'avez envoyée,

---

(1) Non signé.

dans laquelle vous caractérisiez l'action du général Bruce de lâche et d'infâme. Un pareil homme ne mérite aucun ménagement. Avez-vous écrit pour que ce misérable soit pendu ?

Vous avez sans doute reçu mes ordres pour faire mettre dans le *Moniteur* les dépêches officielles des généraux, en ayant seulement le soin d'en ôter quelques lignes et ce qui pourrait faire connaître la marche de nos troupes. Dans des événements de cette nature, le public doit tout savoir.

Vous aurez reçu le décret qui nomme le sénateur Colaud, gouverneur d'Anvers ; cela annulera le décret du roi de Hollande.

Vous aurez écrit au roi que j'ai nommé un maréchal et que c'est à ce maréchal de prendre toutes les mesures pour la défense de nos côtes.

Vous aurez ordonné au général Colaud de se rendre à Anvers et de faire toutes les dispositions nécessaires pour défendre la ville et y tenir trois mois de tranchée ouverte.

Tenez la main à ce que mon escadre soit placée en aval et en amont du fleuve, comme je l'ai prescrit au ministre de la marine.

Le général Saint-Laurent doit rester à Anvers pour commander l'artillerie. Le ministre Dejean doit y rester pour commander le génie, et le vice-amiral Missiessy pour commander la marine et l'escadre.

Indépendamment des 6.000 hommes que fournit l'escadre, on laissera dans cette place 6.000 gardes nationales et à peu près autant de troupes de ligne. Veillez à ce qu'on y fasse arriver des vivres en grande quantité.

Si jamais, ce que je ne puis croire, Flessingue venait à se rendre avant le 1er février, vous ferez arrêter à leur arrivée en France les généraux, colonels et officiers. Flessingue est imprenable, parce qu'il y a un fossé plein d'eau à passer et à cause de l'inondation. Il faut écrire par le télégraphe et par tous les signaux de rompre les digues.

Je suis fort aise que le général Rousseau ne se soit pas rendu à Flessingue : c'était une mesure insensée ; il y a assez de monde dans cette place.

Rappelez par toutes les occasions au général Rousseau, aux officiers d'artillerie à Breskens, dans l'île de Kadzand, de ne pas se décourager, de tirer et de toujours tirer : il faut que les officiers d'artillerie aient un principe inverse du protocole ordinaire, qu'au lieu d'économiser la poudre et les munitions, ils les prodiguent.

Il y a des circonstances où c'est un devoir de ménager ses ressources, c'est lorsqu'on est loin de la France, mais ici il faut les prodiguer.

Veillez à ce que l'artillerie prenne des mesures pour pourvoir abondamment ces points de poudre, de bombes, afin qu'on puisse tirer continuellement. On ne voit jamais le mal de l'ennemi surtout sur mer. J'ai vu des combats de six heures dans lesquels on croyait n'avoir rien fait après avoir tiré sans relâche, et puis, tout à coup, on était tout étonné de voir des bâtiments couler et d'autres s'éloigner à pleines voiles. Mais il faut, pour que cela soit efficace, que l'on ne manque point de munitions et qu'on prenne toutes les mesures nécessaires pour en faire arriver une grande quantité.

Qu'est-ce que c'est qu'une distance de 1.300 toises pour nos mortiers qui portent à 1.500 ou 1.800 toises? 30 bombes ne font rien, mais la 31e touche. Recommandez surtout que les bombes soient garnies de roches à feu. Si les bâtiments de l'ennemi sont à 1.000 toises du bord, ils ne sont pas hors de portée de la batterie impériale, pourquoi ne les coule-t-on pas? Ecrivez aux généraux et aux officiers d'artillerie de l'île de Kadzand et de la côte de prodiguer les munitions.

Je suppose que ces détails que donne le général Rousseau que la garnison combat hors de Flessingue, que la première bombe vient d'être lancée, etc..., vous les mettez dans le *Moniteur ;* il faut faire imprimer toutes les dépêches que vous m'envoyez, en ayant le soin d'en retrancher quelques lignes et de changer quelques chiffres.

Quant au tir des boulets, le tir de l'ennemi va loin, parce que les marins, lorsqu'ils sont hors de portée, tirent ordinairement à toute volée, et que le tir de l'artillerie de marine a plus de degrés que le tir des pièces de terre.

Ordonnez que la place d'Ijzendijke soit armée, approvisionnée et mise en état de siège, envoyez-y un commandant, un officier du génie, un officier d'artillerie, un commissaire des guerres et un garde-magasin ; faites-y mettre une grande quantité d'approvisionnements.

NAPOLÉON.

3483. — DÉCISION.

Schönbrunn, 23 août 1809.

Le maréchal Berthier propose pour le commandement de la Haute-Autriche, en remplacement du général Demont, l'un des généraux Lagrange, Frère ou Saluc.

Si le général Lagrange est dans le cas de commander, on peut l'envoyer à Linz.

NAPOLÉON.

3484. — DÉCISION.

Schönbrunn, 23 août 1809.

Le maréchal Berthier rend compte à l'Empereur de la situation de la 2e légion de la Vistule sous le rapport de l'habillement, de l'armement et de la solde. Le 1er bataillon de cette légion est à Saint-Pölten, le 2e à Linz.

Donnez ordre que ces deux bataillons se rendent à Augsburg où la légion se formera. Cela sera plus tôt fait, et, là, elle sera en mesure de se compléter.

NAPOLÉON.

3485. — DÉCISION.

Schönbrunn, 23 août 1809.

Comme il va y avoir au dépôt de cavalerie de Passau plus de chevaux de cavalerie légère que d'hommes à pied de cette arme, le général Bourcier propose d'envoyer de Klosterneuburg à Passau 300 chasseurs ou hussards à pied pour y recevoir des chevaux au fur et à mesure de l'arrivée des remontes.

Cela étant, il faut désormais lui faire connaître qu'il ne doit plus faire mettre pied à terre aux hommes qui arrivent au dépôt pour en prendre les chevaux et renvoyer les hommes en France, et qu'au lieu d'envoyer des hommes à Passau, il est plus convenable d'envoyer quelques chevaux à Klosterneuburg.

NAPOLÉON.

3486. — AU MARÉCHAL BERTHIER.

Schönbrunn, 23 août 1809.

Mon Cousin, je vois que vous n'avez nommé personne pour commander les cercles de Korneuburg, de Brunn, de Znaïm, de Bruck, de Leoben, de Graz, de Marburg, de Klagenfurt, de Laybach, etc., etc. Donnez ordre que les deux premiers bataillons du 2e régiment de conscrits de la garde, grenadiers et chasseurs, qui sont à Augsburg, chaque bataillon étant de 800 hommes, se rendent à Passau, où ils tiendront garnison jusqu'à nouvel ordre. Donnez ordre que, lorsque chaque premier bataillon des deux premiers régiments qui sont à Strasbourg seront au complet, ils en partent pour se rendre à Augsburg (1). Réitérez l'ordre au duc d'Abrantès de faire partir pour Vienne les 10e et 11e demi-brigades provisoires, mon intention étant d'incorporer ces deux demi-brigades dans les régiments qui sont à l'armée. Je désire que vous me fassiez faire un état de toutes les troupes annoncées tant par l'Italie que par l'Allemagne, venant de France, de celles parties et qui ne seraient pas encore arrivées aujourd'hui.

NAPOLÉON.

3487. — ORDRE.

Au camp impérial de Schönbrunn, 23 août 1809.

Sa Majesté l'Empereur ordonne ce qui suit :

1° Le 1er septembre, l'artillerie de notre garde, avec la réserve, défilera à la parade, ainsi que l'équipage de pont.

2° Deux compagnies de sapeurs, une compagnie de pontonniers et la compagnie des marins marcheront avec le parc de notre garde.

3° L'artillerie de notre garde défilera sur quatre divisions : 1° les quatre batteries d'artillerie à pied : on ne mettra avec ces quatre batteries aucun chariot de munitions, il y aura une seule forge pour douze pièces, avec approvisionnement complet en munitions; 2° la seconde fraction d'artillerie à pied formant les 2 batteries de 12 ; 3° l'artillerie à cheval ; 4° le parc où seront les chariots à munitions, les caissons d'infanterie, un approvisionnement complet pour les pièces et la plus grande partie des forges. Cet ordre sera constamment suivi, bien entendu que lorsqu'une division sera détachée, le directeur du parc fera détacher les forges, affûts et autres objets nécessaires et de rechange.

4° Chaque caisson du parc de notre garde portera un flambeau à éclairer les convois, ce qui fera 500 flambeaux pour le parc.

---

(1) Cette phrase et la précédente ont été barrées par l'Empereur.

Les caissons auront sur le devant des coffrets, qui seront destinés les uns à mettre la graisse, les autres à mettre les marteaux, clous et petits outils de rechange, les autres enfin à porter des lanternes et une provision de bougies. Il y aura pour chaque lanterne une quantité de bougies suffisante pour éclairer pendant trois nuits. Le nombre des lanternes sera d'au moins cent, dont une petite partie sera fabriquée de manière qu'on puisse y adapter un manche de bois pour la porter en l'air; ce manche sera attaché aux caissons.

Les proportions voulues par les ordonnances, pour les outils, roues et autres objets de rechange seront strictement observées.

5° Le 2 septembre défilera à la parade le parc du génie, avec les ouvriers et marins attachés au génie.

Les outils des pionniers, les outils des ouvriers, les différents objets prescrits pour le raccommodage des ponts et le passage des rivières, enfin quatre pièces de canon légères pour servir à l'usage de cette petite réserve, marcheront avec le parc, ensemble et en bon état.

Chaque voiture du parc du génie, quelle que soit sa dénomination, portera deux flambeaux à éclairer les convois, et le parc cent lanternes avec une provision de bougies.

6° Le 4 septembre, le général commandant le génie nous remettra un état du personnel et du matériel du génie, tant de la réserve que du parc et de chaque corps d'armée.

NAPOLÉON.

3488. — DÉCISIONS (1).

23 août 1809.

On rend compte à Sa Majesté que la valeur foncière des maisons à démolir et des terrains à reprendre pour le compte du département de la guerre, autour du château de Vincennes, en exécution du décret impérial du 16 mars 1808, a été légalement estimée à la somme de	Au budget de 1810.

(1) Non signées; extraites du « Travail du ministre de la guerre avec S. M. l'Empereur et Roi, daté du 9 août 1809 ».

101.369 fr. 70, et on supplie Sa Majesté de vouloir bien accorder ce fonds.

Proposition de donner une décision de régularisation pour la dépense faite à l'Ecole d'artillerie et du génie pendant les années XI, XII et XIII et qui s'élève :

Pour l'an XI, à 48.000 francs ;
Pour l'an XII, à 38.500 francs ;
Pour l'an XIII, à 54.000 francs.

Approuvé.

On propose à Sa Majesté d'autoriser la rentrée en France de M. l'adjudant commandant Desnoyers, employé au 2e corps de l'armée d'Espagne, qui est dans un état d'invalidité absolue.

Accordé.

On soumet à Sa Majesté la demande que fait M. Châteauneuf, capitaine-adjudant de place, employé dans le royaume d'Italie, de passer au service de Naples.

Accordé.

On met sous les yeux de Sa Majesté la demande que fait M. le lieutenant Orzelski, employé à l'état-major du 6e corps de l'armée d'Espagne, de passer avec le grade de capitaine dans les troupes de la Galicie.

Accordé.

L'envoyé de S. A. R. le grand-duc de Bade demande, au nom de son souverain, une exemption de conscription en faveur d'un second lieutenant des troupes du grand duc, employées en Espagne, qui est devenu Français par la réunion à l'Empire d'une partie de l'évêché de Bâle.

Accordé.

On propose à Sa Majesté :

D'accorder, à titre de soutien de famille, un congé absolu au sieur

Accordé.

Marcel, chasseur à pied dans la garde impériale ;	
D'exempter le maire de la commune d'Aubigny, département des Deux-Sèvres, du paiement des arrérages de la pension de son fils vélite, chasseur à cheval de la garde, tué à l'affaire de Benavente, le 23 décembre 1808 ;	Accordé.
D'accepter la démission du capitaine Duhesme, du 19e régiment de dragons.	Accordé.

3489. — AU MARÉCHAL BERTHIER (1).

Donnez ordre aux généraux de division Conroux et Lamarque et aux généraux de brigade Gency, Bourke et Cacault de se rendre dans (2) jours à Bruxelles, pour être employés dans l'armée qui se forme contre les Anglais.

Donnez le même ordre aux adjudants commandants Passinges et Shée.

Ils devront être rendus à Bruxelles dans les premiers jours de septembre.

3490. — ORDRE.

Au camp impérial de Schönbrunn, 24 août 1809.

Le général de brigade Guiton commandera la 1re brigade de la division de cuirassiers du duc de Padoue.

Le général de brigade Lhéritier commandera la 2e brigade de la même division.

NAPOLÉON.

(1) Sans signature ni date, mais expédié le 24 août 1809.
(2) En blanc.

3491. — DÉCISION (1).

Le maréchal Berthier demande si le 8e corps d'armée doit être pourvu d'équipages militaires.

Il n'en a pas besoin, il les prendra de réquisition.

NAPOLÉON.

3492. — DÉCISION.

Schönbrunn, 24 août 1809.

Le maréchal Berthier propose le général Guérin d'Etoquigny pour commander le fort de Graz.

Approuvé.

NAPOLÉON.

3493. — DÉCISION.

Schönbrunn, 24 août 1809.

M. de Talhouet, officier d'ordonnance de l'Empereur, rend compte à Sa Majesté de la situation et de l'emplacement des troupes stationnées dans l'île Napoléon, ainsi que de l'état des ouvrages, batteries et magasins dont ces troupes ont la garde.

Le major général me rendra compte pourquoi l'ordre que j'ai donné, il y a six semaines, d'ôter les troupes de l'île Napoléon, n'a pas été exécuté. Est-ce de la faute de l'état-major qui n'aura pas transmis l'ordre, ou de la négligence du général Montrichard?

Donnez ordre au général d'artillerie qu'au 1er septembre il n'y ait pas un seul caisson ou un seul boulet dans l'île, hormis ce qui est nécessaire pour le service des neuf pièces.

NAPOLÉON.

3494. — DÉCISION (2).

Le maréchal Berthier propose d'attribuer au général de division Reynier, comme commandant en

Approuvé.

NAPOLÉON.

(1) Sans date; a été expédiée le 24 août 1809.

(2) Non datée; le rapport du maréchal Berthier est du 22 août, l'expédition de la décision est du 25.

chef d'un corps séparé, un traitement extraordinaire de 3.000 francs par mois.

3495. — DÉCISION.

Schönbrunn, 25 août 1809.

Rapport du général Carra Saint-Cyr, commandant la place de Dresde, au maréchal Berthier, au sujet de la situation des troupes qui composent la garnison.

On peut rappeler ces deux compagnies en les remplaçant par un égal nombre d'hommes.

NAPOLÉON.

3496. — DÉCISION (1).

Pour pourvoir aux énormes consommations de fourrages qui ont lieu à Vienne, l'intendant général propose de mettre en distribution une partie de l'approvisionnement de réserve constitué conformément au décret du 9 juillet.

Accordé pourvu que l'on remplace à mesure que l'on consomme mille quintaux.

NAPOLÉON.

3497. — DÉCISION.

26 août 1809.

Le maréchal Berthier propose de nommer le général Watier au commandement de la brigade de la 2e division de cuirassiers, vacante par le départ du général Guiton, passé à la 3e division.

Accordé.

NAPOLÉON.

3498. — ORDRE (2).

Schönbrunn, 26 août 1809.

Je suis instruit que les régiments de dragons de l'armée d'Italie, malgré les ordres donnés et réitérés, ont leurs petits dépôts avec

---

(1) Sans date; expédiée le 26 août 1809. Cette décision comprend un second paragraphe qui n'a pu être lu.
(2) Non signé; cependant on lit en marge : « Expédié le 26 août 1809. »

eux, de sorte que, lorsqu'il y aura un mouvement, ils laisseront ces dépôts sur la frontière et les exposeront par là à les faire prendre par l'ennemi, ainsi qu'il est arrivé avant la bataille de Wagram.

Deux dépôts de ces corps ont quitté Klosterneuburg sans ordre ; faites punir les chefs et ordonnez qu'ils y retournent de suite.

3499. — DÉCISION.

Schönbrunn, 27 août 1809.

Rapport du général Lagrange au maréchal Berthier, daté de Lindau, 20 août 1809, sur l'insurrection du Tyrol.

Lui répondre que je compte sur son zèle et son activité pour maintenir en paix et tranquille le Vorarlberg.

NAPOLÉON.

3500. — ORDRE.

Schönbrunn, 27 août 1809.

Sa Majesté ordonne ce qui suit :

1° Service du génie : à dater du 28, il sera fourni au génie, pour les travaux de la tête de pont de Spitz, 4.500 travailleurs par le corps du maréchal Oudinot et 1.500 par le corps wurtembergeois, que commande le général Vandamme.

Ces 6.000 hommes seront employés, savoir :

500 à chacune des six redoutes de la tête de pont de Spitz.	3.000 hommes.
A l'enceinte actuelle.	2.000 —
500 à chacune des deux nouvelles lunettes à établir en avant des angles saillants.	1.000 —
TOTAL.	6.000 hommes.

2° La chapelle actuelle, qui est sur le tracé sera comblée de manière à former un cavalier, qui dominera l'enceinte, sur lequel on placera 4 pièces de canon. Il sera tracé, devant, un petit bastion du même relief que la lunette, et qui sera fraisé et palissadé, et qui sera armé d'une pièce de canon, avec des plates-formes pour en mettre cinq autres.

3° Vis-à-vis des deux saillants, il sera établi sur les capitales, à la distance de 50 ou 60 toises, deux petites lunettes pouvant contenir

4 pièces de canon, lesquelles auront devant une belle place d'armes et communiqueront avec le corps de la place par une caponnière.

4° La lunette actuelle sera fermée à la gorge par un blockhaus qui servira de réduit et de caserne, et qui aura une communication souterraine avec le réduit du cavalier de la chapelle.

Il sera établi un blockhaus dans la place d'armes, en avant de la lunette; un chemin couvert couvrira la grande lunette et les deux petites lunettes.

Il sera établi sur la lunette une traverse, sur chaque face, derrière laquelle chaque cavalier sera établi, avec une plate-forme pour 3 pièces de canon, de sorte que cet ouvrage pourra avoir jusqu'à 18 pièces de canon en batterie.

5° Le génie fera établir dans chaque redoute un magasin pour l'artillerie et un blockhaus servant de réduit et de corps de garde.

6° Le blockhaus de la place d'armes et les blockhaus des trois redoutes seront commencés à la fois.

7° Il sera établi, dans le lieu qui sera désigné par le génie, un magasin à poudre de campagne à l'épreuve de la bombe, et, autour. selon l'emplacement, un parc pour les boulets, une salle d'artifices et un magasin pour les besoins de l'artillerie. Ces établissements seront le moins éloignés possible du pont.

Il sera établi dans un autre emplacement deux forges avec un atelier de réparation pour réparer les affûts et pour les ouvrages de la place.

8° Dans l'île de Tabor, il sera construit un autre magasin à poudre pour former le complément des munitions nécessaires.

9° Service de l'artillerie : la tête de pont de Spitz commencera à être armée dès demain; et il sera placé : 1° sur le cavalier de la chapelle 2 pièces de 18 et 2 pièces de 6; 2° à chacun des angles saillants de l'enceinte ou de l'épaule, 1 pièce de 6 ou 1 de 12, sauf à mettre ensuite des pièces de campagne suivant la quantité nécessaire; 3° les 4 pièces qui sont sur les saillants de la lunette seront placées sur affûts de place; s'il n'y en a pas, on en fera construire à cet effet; 4° chaque redoute sera armée de pièces de 6. Il y sera préparé des plates-formes pour pouvoir mettre 10 pièces de canon en batterie. Le surplus sera fourni selon les circonstances par l'équipage de campagne; 5° on placera dans la lunette 4 mortiers en batterie et 6 mortiers dans l'enceinte de la place, de sorte que l'armement soit conforme à l'état ci-joint.

10° Subsistances : la manutention qui est à Spitz sera complétée à 6 fours. Il y aura des magasins pour 10.000 quintaux de farine, 200.000 rations de biscuit et 1.000.000 de rations de vin ou d'eau-de-vie.

Il y aura dans l'île de Tabor une manutention de 4 fours et des magasins contenant 10.000 quintaux de farine, 10.000 de blé et 300.000 rations de biscuit.

NAPOLÉON.

3501. — DÉCISION.

Schönbrunn, 27 août 1809.

Le maréchal Bourcier écrit au maréchal Berthier pour lui représenter que, si, comme l'annonce l'intendant général, les fonds accordés pour achat de chevaux sont réduits à 400.000 francs, le bon fonctionnement du service des remontes se trouvera compromis.

Répondre au général Bourcier que l'argent ne lui manquera pas ; qu'il envoie l'état de l'emploi des 400.000 francs, de ce qu'il a consommé, et de ce qui lui reste ; que vous lui ouvrirez sur-le-champ un nouveau crédit.

NAPOLÉON.

3502. — ÉTAT DE L'ARMEMENT DES BATTERIES DE LA TÊTE DE PONT DE SPITZ.

27 août 1809.

Grande lunette. . . . . .

- 1re batterie du saillant. — 4 pièces de 18.
- 2e batterie du centre de la face. — 1 pièce de 6 et des plates-formes pour 2 autres pièces.
- 3e batterie du centre de la face gauche. — 1 pièce de 6 et des plates-formes pour 2 autres pièces.
- 4e batterie de l'angle à épaule de droite. — 1 pièce de 12 et des plates-formes pour 2 autres pièces.
- 5e batterie de l'angle à épaule de gauche. — 1 pièce de 12 et des plates-formes pour 2 autres pièces.
- Batterie de mortiers au centre. 4 gros mortiers au centre.

Petite lunette sur les saillants. — 1 pièce de 12 et des plates-formes pour 4 pièces.

Petite lunette de droite. — 1 pièce de 12 et des plates-formes pour 4 pièces.

Corps de place.......	1 pièce de 12 à chacun des angles saillants. 1 pièce de 6 à chaque angle à épaule. Avec le plus de plates-formes qu'on pourra pour, selon les circonstances, y mettre des pièces de campagne. Ce qui fera 3 pièces par bastion ; en tout 12 pièces pour l'enceinte, et au moins des plates-formes pour 40 pièces.
Batterie et cavalier de la petite église.....	2 batteries de 3 mortiers chacune. 2 pièces de 18 } pour le cavalier. 2 — 6 } 1 pièce de 6 sur le saillant du centre avec des plates-formes pour en mettre 5 autres.
Armement de chacune des six redoutes....	1 pièce de 6 et des plates-formes pour 8 autres pièces dans chaque redoute.
Batterie de l'île La Salle et de l'île de droite.	Dans chacune 2 pièces de 18 et des plates-formes pour 6 autres pièces.
	10 pièces de 18. 8 — 12. 20 — 6. 10 mortiers.
TOTAL...............	48 pièces de canon.

3503. — AU MARÉCHAL BERTHIER.

Schönbrunn, 27 août 1809.

Mon Cousin, écrivez au général Desbureaux de laisser passer les 200 tirailleurs corses et de les diriger sur Vienne, de faire continuer leur route sur Vienne aux 800 hommes de cavalerie en en formant un régiment de marche, de diriger également sur Vienne les 133 hommes d'artillerie, ainsi que les 156 hommes d'équipages militaires. Vous lui donnerez l'ordre de faire embarquer pour envoyer à Wesel les deux compagnies de sapeurs, savoir : celles du 2e et du 5e bataillons, si ce sont des compagnies entières, mais si ce sont des recrues pour compléter des compagnies à la Grande Armée, de les laisser passer (même observation pour les mineurs) ; de faire partir tous les détachements composés de conscrits qui n'auraient pas un nombre d'officiers et de sous-officiers tel qu'ils pussent servir quelque part, mais de garder à Strasbourg tout ce qui aurait quelque consistance pour envoyer dans le nord, s'il était nécessaire. Ecrivez au général Trelliard pour que tous les hommes de son dépôt infirmes ou hors d'état de faire le service de trois mois, se rendent à Passau où ils passeront la revue du général Bourcier, qui décidera sur leur compte.

NAPOLÉON.

3504. — AU MARÉCHAL BERTHIER.

Schönbrunn, 27 août 1809.

Mon Cousin, je vois dans l'état que vous m'avez remis qu'il y a 2.042 hommes portés comme hors d'état de faire de service, savoir 206 malades et 1.836 blessés. Je désire que vous ordonniez au général Charpentier de passer la revue de ces hommes et de diriger ces 2.042 sur Passau et, de là, ils seront envoyés en France.

NAPOLÉON.

3505. — AU MARÉCHAL BERTHIER.

Schönbrunn, 27 août 1809.

Mon Cousin, je désire que tous les généraux blessés qui ne peuvent servir de quelque temps se rendent à Paris ; ils vous feront connaître quand ils seront en état de rentrer en campagne. Je désigne entre autres, pour rentrer en France, les généraux de division Frère et Bruyère et les généraux de brigade Destabenrath et Cosson. Ecrivez à ces officiers de vous faire connaître quand ils seront rentrés en France et quand ils pourront faire la guerre. S'ils ne vont pas à Paris et qu'ils se rendent chez eux, ils préviendront le ministre de la guerre du lieu où ils vont et quand ils seront disponibles.

Le général de brigade Ducos sera employé au corps du duc de Rivoli.

NAPOLÉON.

3506. — AU MARÉCHAL BERTHIER.

Schönbrunn, 27 août 1809.

Mon Cousin, écrivez à Strasbourg pour que les otages du Vorarlberg soient dirigés sur Metz, et ordonnez au commandant de la gendarmerie à Metz de les placer dans une petite forteresse où ils soient bien surveillés ; ce sont des hommes importants. Faites part de cette disposition aux ministres de la police et de la guerre. Donnez ordre à la division Rouyer de se rendre à Enns.

NAPOLÉON.

3507. — DÉCISION.

Schönbrunn, 27 août 1809.

Le général de division Rusca rend compte au maréchal Berthier de la situation critique de celles de ses troupes occupant Spital.

En cas de rassemblements trop près de lui, il doit marcher à eux et les dissoudre.

NAPOLÉON.

3508. — DÉCISION.

Schönbrunn, 28 août 1809.

Afin de partager les charges résultant des passages de troupes, le maréchal Berthier propose, de la part du gouvernement bavarois, d'embarquer à Ulm tout ce qui doit se rendre à l'armée, pour se diriger par le Danube, sur Passau et Vienne, la route actuelle d'étape restant affectée à tout ce qui suivrait la direction contraire.

Le gouvernement bavarois doit savoir qu'au-dessus de Passau, le Danube n'est presque jamais navigable.

NAPOLÉON.

3509. — AU MARÉCHAL BERTHIER.

Schönbrunn, 29 août 1809.

Mon Cousin, donnez ordre au vice-roi d'aller passer le plus tôt qu'il pourra l'inspection de la division Nansouty, de s'assurer de la situation des chevaux, des harnais et des hommes, de l'état de l'instruction et de l'emploi des fonds que j'ai accordés à cette division.

NAPOLÉON.

3510. — ORDRE.

Au camp impérial de Schönbrunn, 29 août 1809.

1°

Le château de Theben sera occupé conformément au plan qui nous a été présenté par le chef de bataillon du génie Boutin, et les travaux suivants y seront exécutés, savoir :

1° Tous les bâtiments du réduit seront démolis, hormis ceux qu'on pourra mettre à l'abri des obus ;

2° Quelques souterrains seront déblayés et préparés pour servir de magasins à poudre ;

3° La communication avec la rivière aura lieu par un escalier, tant pour servir à faire de l'eau que pour assurer la retraite de la garnison du dernier réduit.

4° Le plateau de la hauteur qui domine le bas de la March depuis Neudorf à Theben sera occupé par de bons ouvrages palissadés ;

5° On occupera la position qui est près de Neudorf, et le pont sera jeté dans l'endroit le plus convenable entre Theben et Neudorf;

6° Le chemin de Kaltenbrunn à Theben sera réparé ;

7° On établira du pont à la chaussée de Schlosshof une chaussée au-dessus des inondations.

2°

Le général Reynier cantonnera des troupes saxonnes à Theben et dans les villages voisins, lesquelles fourniront tous les jours un millier de travailleurs.

3°

Les travaux seront organisés et en train au plus tard le 1er septembre. Le nouveau pont sera jeté le 10.

NAPOLÉON.

3511. — ORDRE.

Au camp impérial de Schönbrunn, 29 août 1809.

1°

L'artillerie saxonne sera portée à 36 pièces, savoir : 6 d'artillerie à cheval et 30 d'artillerie à pied.

2°

Les soldats du train, les canonniers et les chevaux seront fournis par l'armée saxonne ; le matériel manquant sera fourni par le parc général.

Les chevaux et harnais seront achetés, avec les fonds encore disponibles, sur ceux qui ont été accordés pour l'équipage des régiments saxons.

3°

Les pièces seront organisées de la manière suivante : on ne laissera des pièces saxonnes que ce que l'on peut approvisionner à 400 coups par pièce, dont 100 resteront au parc général à Vienne. Les pièces qui manqueront pour former le nombre de 36 seront suppléées par des pièces françaises ou autrichiennes ayant l'approvisionnement convenable.

4°

Un général d'artillerie français sera attaché au commandement de l'artillerie saxonne, et un capitaine en second sera attaché au parc. On choisira des officiers français parlant allemand.

5°

Le général Lariboisière, commandant l'artillerie de l'armée, et le général Reynier, commandant le corps saxon, prendront des mesures pour que cet ordre ait eu son entière exécution avant le 10 septembre.

NAPOLÉON.

3512. — AU GÉNÉRAL CLARKE.

Schönbrunn, 29 août 1809.

Monsieur le général Clarke, faites revenir à Paris le colonel Henry avec ses gendarmes d'élite.

Laissez les détachements de ma garde à Paris, pressez seulement leur armement et leur équipement.

Rappelez à Paris toutes les compagnies de tirailleurs qui sont à Metz ou à Strasbourg, et formez-en deux seconds régiments, ce qui me ferait un corps de 3.000 hommes de ma garde disponibles et, avec les dépôts des autres corps, une réserve de 4.000 hommes suffisante pour la police de Paris et utile pour tous les événements, voyez pour cela Lacuée et prenez toutes les mesures pour compléter les deux seconds régiments de tirailleurs.

NAPOLÉON.

3513. — AU GÉNÉRAL CLARKE (1).

Schönbrunn, 29 août 1809.

Monsieur le général Clarke, je vois dans les journaux plus de nouvelles d'Espagne que je n'en ai. Il paraîtrait qu'il y a eu des courriers du roi d'interceptés.

Écrivez au roi que, s'il peut se passer du maréchal Ney, il n'a qu'à l'envoyer en France où il sera utile.

3514. — DÉCISION (2).

Schönbrunn, 29 août 1809.

On soumet à l'approbation de Sa Majesté la répartition d'une somme de 6.500 francs entre 32 commissaires des guerres qui ont été chargés des fonctions de sous-inspecteurs aux revues pendant le deuxième trimestre de 1809.	Approuvé.

3515. — DÉCISION (3).

Le maréchal Berthier rend compte de la proposition faite par le général Lariboisière, de prélever, sur les 2.300 chevaux que l'artillerie doit recevoir, 500 chevaux pour remonter l'artillerie légère.	Accordé 200 pour l'artillerie à cheval. NAPOLÉON.

---

(1) Non signé; copie conforme.

(2) Non signée; extraite du « Travail du ministre de la guerre avec S. M. l'Empereur et Roi, daté du 2 août 1809 ».

(3) Non datée; l'expédition de la décision a eu lieu le 30 et le rapport du maréchal Berthier est du 29.

3516. — DÉCISION.

Schönbrunn, 30 août 1809.

L'adjudant commandant Hénin de Cuviller, commandant d'armes à Raab, rend compte que la garnison de cette place est insuffisante pour la mettre à l'abri d'un coup de main.

Il faut ordonner que le service se fasse comme dans une place forte, et que les portes qui sont du côté de l'ennemi soient constamment fermées.

NAPOLÉON.

3517. — DÉCISION.

Schönbrunn, 30 août 1809.

Rapport du général Lagrange au maréchal Berthier, pour lui rendre compte des motifs pour lesquels il a refusé de céder la place de Lindau aux troupes wurtembergeoises.

Le major général parlera de tout cela au général wurtembergeois qui est ici.

NAPOLÉON.

3518. — AU MARÉCHAL BERTHIER.

Schönbrunn, 30 août 1809.

Mon Cousin, faites partir le régiment de Bade qui est dans l'île Napoléon pour se rendre à Raab. Il partira aujourd'hui pour être arrivé dans la journée de demain. Il débarquera sur le grand Danube, à 2 ou 3 lieues de Raab.

NAPOLÉON.

3519. — AU MARÉCHAL BERTHIER.

Schönbrunn, 31 août 1809.

Mon Cousin, donnez l'ordre au général commandant à Strasbourg de faire partir sans délai pour Paris tout ce qui appartient aux deux régiments de tirailleurs de ma garde. Donnez le même ordre à Metz. Exprimez bien, dans votre ordre, que ce sont les tirailleurs et non les conscrits. Ecrivez en même temps au ministre de la guerre que je désire que ces deux régiments de tirailleurs soient réunis à Paris pour former une réserve.

NAPOLÉON.

3520. — AU MARÉCHAL BERTHIER.

Schönbrunn, 31 août 1809.

Mon Cousin, écrivez au roi de Bavière pour qu'il envoie à Linz deux compagnies de pontonniers pour servir dans son armée, et donnez ordre aux deux compagnies de pontonniers qui sont à Linz de se rendre sans délai à Presbourg pour servir au corps du général Reynier. Donnez ordre que la revue de l'artillerie que je devais passer soit passée par le général Lariboisière. Il veillera à ce qu'il n'y manque rien, et, à la revue du 4 septembre, elle me sera présentée.

NAPOLÉON.

3521. — DÉCISION.

Schönbrunn, 2 septembre 1809.

Le maréchal Berthier soumet à l'Empereur le rapport de la commission nommée pour examiner la conduite de l'adjudant commandant Boussin, et il demande quelles sont les intentions de Sa Majesté relativement à cet officier.

Renvoyer l'adjudant commandant Boussin à une commission militaire.

NAPOLÉON.

3522. — DÉCISION.

Schönbrunn, 2 septembre 1809.

Extrait d'un article de la *Gazette de Presbourg* du 25 août 1809, annonçant la reddition de Flessingue, communiqué par le colonel commandant la place de Brünn.

Renvoyé au major général pour porter des plaintes contre le gazettier de Presbourg, qui a imprimé la reddition de Flessingue avant que cette place pût être rendue; établir une censure sur cette gazette.

NAPOLÉON.

3523. — DÉCISION.

Schönbrunn, 3 septembre 1809.

Le général Clarke propose de créer une direction d'artillerie dans les Etats romains.

Approuvé.

NAPOLÉON.

3524. — AU MARÉCHAL BERTHIER.

Schönbrunn, 3 septembre 1809.

Mon Cousin, le 1er régiment de marche du corps d'Oudinot, composé des 26e, 82e et 66e, sera distribué de la manière suivante :

Les 400 hommes du 26e partiront demain pour être incorporés dans le 16e de ligne, 4e corps.

Les 400 hommes du 82e partiront demain pour se rendre à la division Broussier; ils seront incorporés dans le 9e de ligne.

Les 400 hommes du 66e partiront demain pour se rendre à la division Seras ; ils seront incorporés dans le 13e de ligne, ce qui augmentera le présent sous les armes de chacun de ces régiments de 400 hommes. Vous donnerez l'ordre que les cadres officiers et sous-officiers retournent en poste à La Rochelle.

Vous donnerez l'ordre au maréchal Marmont de renvoyer d'abord à Milan, pour, de là, être renvoyés en France s'il y a lieu, les cadres des 4es bataillons du 18e léger, du 11e et du 60e de ligne, en versant tous les hommes disponibles dans les autres bataillons de ces régiments. Vous donnerez ordre au vice-roi de renvoyer en Italie les cadres des 4es bataillons du 92e et du 62e, en retenant tous les hommes disponibles et les incorporant dans les autres bataillons. Vous ai-je donné l'ordre de renvoyer en France le cadre du 4e bataillon du 19e de ligne ?

NAPOLÉON.

3525. — AU MARÉCHAL BERTHIER.

Schönbrunn, 3 septembre 1809.

Mon Cousin, vous voudrez bien donner l'ordre aux intendants des cercles de Znaïm et de Brunn, aux payeurs des 3e et 4e corps et aux maréchaux commandant ces corps, que la gratification accordée comme indemnité de logement ne soit payée que lorsque la solde l'aura été, et vous leur ferez comprendre que les premiers fonds qui rentrent doivent être employés à la solde.

NAPOLÉON.

3526. — AU MARÉCHAL BERTHIER.

Schönbrunn, 3 septembre 1809.

Mon Cousin, faites-moi connaître qui est-ce qui commande le

1er régiment de la Vistule. Faites-moi un rapport sur les mesures qui ont été prises pour habiller ce régiment. Je crois qu'il y a suffisamment de monde pour le compléter à deux bataillons de six compagnies chacun ; il ne doit pas manquer de sous-officiers, mais il est nécessaire de savoir s'il y a le nombre d'officiers nécessaire. Surtout faites en sorte que ce régiment trouve promptement son habillement et son armement à Augsburg. Ecrivez au général Trelliard d'envoyer aux colonels les hommes à pied qu'ils demandent, parce que les colonels ont des selles et achètent des chevaux. Donnez-lui l'ordre d'envoyer à Passau les 100 hommes hors d'état de servir qui sont à son dépôt.

NAPOLÉON.

3527. — DÉCISION.

Schönbrunn, 3 septembre 1809.

Rapport du maréchal Berthier rendant compte des ordres donnés par M. Daru pour la formation des approvisionnements de Spitz. M. Daru demande l'autorisation de prendre 4.000 quintaux de farine dans les magasins de réserve pour fabriquer de suite 300.000 rations de biscuit ; il demande, en outre, si les fours, dont la construction a été ordonnée par l'Empereur, devront être établis dans la grande ou dans la petite île de Tabor.

Ces fours doivent être établis dans la grande île. Accordé la permission de convertir en biscuit une partie de l'approvisionnement de siège.

NAPOLÉON.

3528. — AU GÉNÉRAL CLARKE.

3 septembre 1809.

Monsieur le général Clarke, j'ai renvoyé en France les cadres des 4es bataillons de l'armée ; ceux de l'armée d'Italie et de Dalmatie, je les ai fait partir également.

Les cadres des 5es bataillons qui formaient des brigades provisoires sont également partis ; je les ai fait même partir en poste, pour être rendus à Paris, ou à leur station dans le Nord, en douze jours : je leur ai fait donner l'argent nécessaire pour cela.

Je désire que vous fassiez distinguer dans vos états ce qu'il y a des 4es et des 5es bataillons en France. Tous les cadres des 4es bataillons doivent actuellement être en France, hormis les 4es bataillons du corps du maréchal Oudinot.

J'ai ordonné que les 4es bataillons qui sont en Espagne revinssent également en France ; si j'en avais oublié quelques-uns, faites-en faire la vérification et donnez des ordres pour les faire rentrer.

Il y a ainsi en France les cadres de plus de soixante bataillons pouvant recevoir près de 60.000 hommes, moyennant la conscription.

Les cadres des 5es bataillons doivent tous exister en France. Je ne compte pas la 1re et la 2e demi-brigade ; il ne reste donc plus que les 3e, 4e, 6e, 7e et 8e en France et la 15e, qui est en Italie.

La 3e demi-brigade doit avoir une force de 2.400 hommes. Les régiments qui fournissent à cette demi-brigade sont à Paris ; ils doivent pouvoir fournir les hommes et même les officiers et sous-officiers nécessaires pour la compléter et la porter à 2.400 hommes.

Même observation pour la 4e.

Les cadres des 4es bataillons de tous les régiments fournissant à cette demi-brigade, qui sont en Espagne, ont eu l'ordre de revenir. Aussitôt que ces cadres seront arrivés, je pense qu'il faudrait les porter à six compagnies.

Ainsi, la 3e demi-brigade serait composée des 4es bataillons des 32e, 58e, 121e et 122e régiments.

Même composition pour la 4e demi-brigade.

La 6e demi-brigade doit être de 2.500 hommes. Elle est composée de trois compagnies du 17e de ligne et de trois compagnies du 19e, pour le premier bataillon. Ayant renvoyé le cadre du 4e bataillon du 17e en Flandre, et le cadre du 3e bataillon du 19e, aussitôt qu'il y aura des recrues, ces bataillons pourront être reformés et complétés.

Les cadres du 4e bataillon du 44e, du 51e, du 55e et du 75e doivent être arrivés, ce qui peut permettre d'augmenter la force de la 7e demi-brigade.

La 8e a, je crois, une partie de son monde prisonnier, puisqu'il en est passé à Flessingue ; il faut donc la recomposer.

Vous avez un grand nombre de bataillons de marche rendus en Flandre ; il y en a même de la 7e division militaire ; cela ne peut faire qu'un extrême désordre. Il faudrait ordonner les dispositions suivantes :

Tous ces bataillons de marche qui n'ont envoyé en Flandre que des détachements les incorporeront dans les cadres déjà formés des demi-brigades provisoires, pour les compléter ; et alors ces détachements appartiendront définitivement aux régiments dans lesquels ils auront été incorporés. Le plus qu'il sera possible, on renverra les cadres aux dépôts, sans quoi on les incorporera aussi. Pour ceux qui auraient des compagnies entières, ces compagnies seront réunies et formeront une ou deux nouvelles demi-brigades provisoires. Voilà, je crois, les mesures à prendre provisoirement.

Il faudrait me préparer, sur le papier, la formation de tous ces détachements et sept ou huit nouveaux régiments auxquels on donnera les nos 123, 124, etc..., et un qu'on appellerait 33e léger. On compléterait ainsi ces régiments avec ce qui se trouve au nord et ce que peuvent fournir les dépôts. Je dis qu'il faut préparer ce travail, parce que cela ne peut se faire que dans un moment de repos et qu'autant que cela serait nécessaire.

NAPOLÉON.

3529. — DÉCISIONS (1).

Schönbrunn, 3 septembre 1809.

On rend compte à Sa Majesté qu'il n'existe plus d'élèves d'artillerie à Metz, et on propose d'en faire fournir un plus grand nombre par l'Ecole polytechnique.	Approuvé.
On propose à Sa Majesté de former un 3e bataillon de militaires étrangers, composé de six compagnies, comme chacun des deux premiers.	Approuvé.
On propose à Sa Majesté de faire mettre en liberté et de renvoyer du corps un soldat de la garde nationale de la Haute-Garonne, qui a subi un emprisonnement à la suite d'une condamnation pour désertion.	Accordé.

(1) Non signées; extraites du « Travail du ministre de la guerre avec S. M. l'Empereur et Roi, daté du 16 août 1809 ».

Sa Majesté est priée de faire connaître ses intentions sur la demande du ministre de la guerre, à Naples, tendant à autoriser le nommé E. Guyot, soldat au 4e regiment de chasseurs, à Naples, à passer au service de S. M. le roi des Deux-Siciles.	Accordé.

3530. — AU MARÉCHAL BERTHIER.

Schönbrunn, 4 septembre 1809.

Mon Cousin, écrivez au général Lagrange que 200 hommes du 65e viennent d'être renvoyés, qu'ils ont annoncé que 1.000 autres les suivaient. Mon intention est que le 3e bataillon de ce régiment, qui a été fait prisonnier à Flessingue, soit reformé à Augsburg en portant tous les hommes du 4e bataillon au 3e, et en ne portant ceux qui sont prisonniers que pour mémoire. Cette opération doit être faite facilement, puisque ce régiment a reçu 2.000 recrues, savoir : 1.000 à Strasbourg et 1.000 à son dépôt, qu'il avait 500 hommes à son dépôt, et qu'aujourd'hui 1.400 prisonniers lui rentrent, ce qui fait près de 4.000 hommes. Vous trouverez ci-joint le décret que je prends pour ordonner cette formation.

NAPOLÉON.

3531. — AU MARÉCHAL BERTHIER.

Schönbrunn, 4 septembre 1809.

Mon Cousin, donnez ordre au général de division Pully de se rendre en toute diligence à Paris, où il recevra des ordres du ministre de la guerre pour être employé à l'inspection et la formation du corps de cavalerie de l'armée du Nord.

NAPOLÉON.

3532. — AU GÉNÉRAL CLARKE.

Schönbrunn, 4 septembre 1809.

Monsieur le général Clarke, je reçois vos lettres du 29. Il me semble que ce n'est pas au général Colaud qu'il fallait adresser vos ordres pour ne pas comprendre la tête de Flandre et la citadelle d'Anvers dans le commandement de la place d'Anvers, mais que vous auriez dû adresser séparément, à l'un et à l'autre commandant, des lettres closes pour leur recommander de n'adhérer à aucune capitulation dans laquelle ils se trouveraient compris, mais de ne pas se rendre que la brèche ne soit praticable et que l'ennemi n'ait couronné la contre-escarpe, etc...

Voilà les mesures qu'il fallait prendre pour ne pas jeter l'alarme, au lieu que celles que vous avez prises sont véritablement alarmantes, en ce qu'elles feraient croire que je calcule sur la reddition d'Anvers ; dépêchez-vous donc d'envoyer au général Colaud, au commandant de la citadelle et au commandant de la tête de Flandre trois lettres pareilles à celle que j'ai fait expédier dans le temps pour le commandant de Palmanova.

Rappelez que le général Colaud est sous les ordres du prince de Ponte-Corvo, qui commande en chef, et que, dans le cas de réunion, le duc de Conegliano doit être aussi sous le commandement du prince.

Le général Reille, mon aide de camp, doit être arrivé le 1er septembre à Anvers, ainsi que les généraux d'artillerie et d'infanterie que j'y ai envoyés. Le général d'Hastrel, chef d'état-major du prince de Ponte-Corvo, doit y être également arrivé.

Je vois que vous ne continuez pas à mettre des nouvelles d'Anvers dans le *Moniteur*. Cependant, je vous en ai déjà plusieurs fois donné l'ordre. Il faut que tout soit connu, en ayant soin de retrancher tout ce dont la connaissance ne pourrait être d'aucune utilité.

NAPOLÉON.

3533. — AU MARÉCHAL BERTHIER.

Schönbrunn, 5 septembre 1809.

Mon Cousin, donnez ordre à la division de cavalerie légère que commande le général Quesnel de se rendre à Vienne à petites journées. Cette division se présentera à ma parade le jour où elle arrivera ; après quoi elle sera dirigée pour être cantonnée entre Kitsée et Altenburg.

NAPOLÉON.

3534. — ORDRE (1).

Schönbrunn, 6 septembre 1809.

Sa Majesté n'a pas approuvé le projet de proclamation présenté par M. Daru. Elle a dicté la note ci-jointe qu'elle fait adresser au major général pour qu'il fasse lui-même cette proclamation dans les termes indiqués.

3535. — DÉCISION.

Schönbrunn, 6 septembre 1809.

Rapport du général de division Bourcier, commandant le dépôt général de la cavalerie, à l'Empereur, sur les effets de harnachement fournis et à fournir à ce dépôt.

Je n'entends pas qu'on donne des selles de cavalerie aux équipages militaires. Les équipages militaires doivent s'en procurer. Tout ce qui est inutile au général Bourcier sera employé aux dépôts de Klosterneuburg et de Mautern.

NAPOLÉON.

3536. — DÉCISION (1).

On propose à Sa Majesté de décréter que les sous-officiers et soldats du train fournis à l'armée du Nord par les dépôts de tous les bataillons du train d'artillerie serviront à y former le 13e bataillon principal de cette armée, dont l'organisation est demeurée suspendue jusqu'à présent.

Sa Majesté a assez de cadres, en conséquence elle ne signe pas le décret. Elle préfère qu'on forme un bataillon provisoire sous le nom de 1er bataillon provisoire du train d'artillerie ; il sera organisé par une décision du ministre et composé de quatre compagnies formées chacune des dépôts les plus voisins. Quand ce bataillon ne sera plus nécessaire, les hommes retourneront à leur dépôt.

---

(1) Non signé; il a cependant été expédié le 7 septembre. Voir ci-après, sous le numéro 3539, la proclamation en question.

(2) Non signée; extraite du « Travail du ministre de la guerre avec l'Empereur, du 6 septembre 1809 ».

3537. — DÉCISION (1).

Le maréchal Berthier propose d'établir un bureau de poste militaire à Dresde.	Refusé. L'on se servira de la poste du pays. NAPOLÉON.

3538. — AU MARÉCHAL BERTHIER.

Schönbrunn, 7 septembre 1809.

Mon Cousin, il n'est arrivé à Raab que 423 hommes du régiment badois. Faites-m'en connaître la raison. Il faut que ce régiment ait des détachements qu'il est nécessaire de faire rentrer.

NAPOLÉON.

3539. — PROCLAMATION.

Au quartier impérial à Schönbrunn, 7 septembre 1809.

Une grande quantité d'armes a été trouvée enfouie sous terre près de cette capitale. 10.000 fusils ont été saisis comme ils entraient à Presbourg; plusieurs millions de florins ont été cachés lors de l'entrée de l'armée française à Vienne : ils ont été découverts et saisis ; plusieurs millions de billets, un grand nombre d'effets appartenant au gouvernement autrichien existent encore cachés dans différents lieux. Voulant récompenser ceux qui aident à faire de pareilles découvertes, Sa Majesté accorde le quart de la valeur de la chose trouvée à quiconque fera découvrir soit des fusils, soit des munitions de guerre, soit des effets d'habillement, soit des billets de banque, soit des valeurs ou des créances appartenant au gouvernement autrichien. Ces déclarations pourront être faites soit par écrit ou verbalement, soit aux intendants de province, soit ici à l'intendant général, soit même aux gouverneurs de provinces, soit enfin à tout agent français.

Le prince de Neuchâtel, major général,

ALEXANDRE.

(1) Non datée; le rapport du maréchal Berthier est du 5 septembre 1809, l'expédition de la décision est du 7.

3540. — DÉCISION.

Schönbrunn, 7 septembre 1809.

Le général Clarke rend compte que le ministre de la marine demande des détachements pour former les garnisons des frégates *l'Amazone* et *l'Elisa*, qui sont en armement au Havre.

Ces garnisons seront fournies par les canonniers de la marine.

NAPOLÉON.

3541. — ORDRE DU JOUR.

Au camp impérial de Schönbrunn, 7 septembre 1809.

Sa Majesté ordonne que le payeur général de l'armée ait à faire verser dans les caisses des différents payeurs la somme nécessaire pour solder entièrement à l'armée les mois de juillet et d'août.

Les généraux commandant les corps veilleront à ce qu'au 15 septembre au plus tard les comptes soient faits aux officiers, sous-officiers et soldats, et qu'ils aient touché ce qu'il leur revenait au 1er septembre.

NAPOLÉON.

3542. — AU GÉNÉRAL CLARKE.

Schönbrunn, 7 septembre 1809.

Monsieur le général Clarke, donnez ordre au bataillon de vélites italiens, qui est en Espagne du côté de Girone, de retourner en Italie.

NAPOLÉON.

3543. — AU GÉNÉRAL CLARKE (1).

Schönbrunn, 7 septembre 1809.

Monsieur le général Clarke, il ne faut pas envoyer les Portugais sur l'Escaut, il faut leur faire suivre leur destination pour l'Allemagne.

(1) Non signé; copie conforme.

3544. — DÉCISIONS (1).

Schönbrunn, 7 septembre 1809.

Proposition tendant à augmenter la légion hanovrienne d'un bataillon et d'un escadron.	Approuvé.
Plusieurs officiers autrichiens sollicitent la permission de visiter la capitale.	C'est inutile.
Le nommé H[te] Ottomani, chasseur du 2e bataillon du Golo, demande à être autorisé à passer au service du roi de Naples et des Deux-Siciles.	Accordé.

3545. — DÉCISION.

Schönbrunn, 10 septembre 1809.

Rapport du général Andréossy, gouverneur de Vienne, sur l'exploitation de 80,000 cordes de bois de chauffage à prendre dans les forêts des environs de Vienne.	Approuvé la coupe de 80.000 cordes de bois de chauffage, à condition que les 240.000 florins, qui doivent en être le prix, seront soldés, savoir : 100.000 florins au 15 septembre et 100.000 au 15 octobre.

NAPOLÉON.

3546. — DÉCISION.

Schönbrunn, 10 septembre 1809.

Le général Lariboisière, commandant en chef l'artillerie de l'armée d'Allemagne, représente au maréchal Berthier la difficulté qu'il y aura à constituer un approvisionnement de 800 coups par pièce dans les places de Raab, Graz et Klagenfurt.	Faire connaître au général Lariboisière que je persiste dans l'exécution de mon ordre, qu'il est nécessaire qu'il complète sans délai le nombre de 800 coups en boulets ou en mitraille.

NAPOLÉON.

(1) Non signées; extraites du « Travail du ministre de la guerre avec S. M. l'Empereur et Roi, daté du 23 août 1809 ».

3547. — DÉCISION.

10 septembre 1809.

Demande du préfet de la Haute-Marne, tendant à ce que la compagnie de réserve de ce département soit portée de la 6e classe à la 5e.

Accordé.

NAPOLÉON.

3548. — DÉCISION.

10 septembre 1809.

Le préfet du département du Var demande que la compagnie de réserve de ce département, qui est de 5e classe, soit portée à la 3e.

Accordé.

NAPOLÉON.

3549. — ORDRE.

Au camp impérial de Schönbrunn, 10 septembre 1809.

1° Les capitaines, lieutenants et sous-lieutenants des corps qui seront employés au service des fortifications auront une gratification conforme au tarif suivant, savoir : aux capitaines 10 francs par jour et aux lieutenants et sous-lieutenants 5 francs.

2° Le décompte de cette gratification sera fait à dater du 1er juillet dernier, pour les travaux de Spitz.

L'état nominatif des capitaines, lieutenants et sous-lieutenants qui y ont été de service sera arrêté par l'état-major du génie et soldé sans délai.

3° Le major général est chargé de l'exécution du présent ordre.

NAPOLÉON.

3550. — ORDRE.

Au camp impérial de Schönbrunn, 10 septembre 1809.

Sa Majesté ordonne ce qui suit :

1° A dater de demain 11, 800 travailleurs seront distraits des redoutes les plus avancées à Spitz, pour travailler aux deux redoutes de l'île situées à l'amont des ouvrages de Spitz. Cette île portera le nom d'île Lapisse. L'île qui est plus en descendant le Danube se nommera l'île Corbineau.

2° Il sera établi une redoute à 150 ou 200 toises du saillant du bastion gauche, à 50 ou 60 toises du bras du Danube de l'île Lapisse; on y emploiera, à partir de demain, 200 ouvriers. Il sera établi une redoute faisant tête de pont à la digue de l'île Lapisse; on y emploiera, à compter de demain, 300 ouvriers.

3° A dater de demain, il sera extrait de chaque redoute 100 travailleurs; total 600 travailleurs, lesquels seront employés à couper et à faire des palissades sous la direction des sapeurs, afin que chacun fasse les palissades de sa redoute.

4° A dater du 14, des ouvrages seront commencés sur les hauteurs qui dominent Korneuburg et conformément au plan que nous présentera le général en chef du génie. Ces ouvrages consisteront : 1° en une redoute sur le principal mamelon, au moins de 40 toises de côté intérieur, fraisée et palissadée; 2° en un chemin couvert tout autour et plus bas que ladite redoute et absolument sous le feu de la redoute; 3° en un chemin de communication avec le mamelon plus bas; et là, en l'établissement d'une redoute de 15 toises de côté intérieur, avec un chemin couvert à demi-hauteur; enfin, en un chemin de communication pour les hommes à pied, tombant d'aplomb sur le grand chemin, et à couvert d'une redoute en forme de tête de pont, protégeant un bac pour assurer la retraite de la garnison du fort par le Danube; de sorte que les 400 ou 500 hommes chargés de défendre les deux redoutes de la hauteur, cernés de tous côtés et coupés de l'ouvrage de Spitz, aient la faculté de descendre la montagne et de se jeter dans l'île du Danube vis-à-vis Klosterneuburg.

Ces trois ouvrages seront commencés à la fois et en pleine activité le 15.

5° A cet effet, il ne sera plus employé, à dater du 15, que 700 hommes aux six redoutes; il restera donc 1.500 hommes pour être employés aux ouvrages ordonnés par l'article 4.

6° A dater de demain, un officier du génie et 20 ouvriers de la marine, charrons, charpentiers ou menuisiers, seront placés à la plus importante redoute pour travailler à la casemate à feu de revers, qui sera placée dans l'angle saillant et conformément aux plans qui nous seront présentés par le commandant du génie. 20 autres ouvriers de la marine seront placés dans la même redoute et occupés également, sous les ordres d'un officier du génie, à former le blockhaus intérieur ou réduit, de manière que cette redoute offre dans peu de jours un modèle de défense.

7° Le major général est chargé de l'exécution du présent ordre.

NAPOLÉON.

3551. — AU MARECHAL BERTHIER.

Schönbrunn, 10 septembre 1809.

Mon Cousin, faites-moi connaître la distribution qui a été faite entre les différents régiments des 6.000 hommes que nous ont rendus les Autrichiens, et parmi les hommes que nous avons rendus aux Autrichiens, combien il y en a de sortis des hôpitaux depuis la dernière bataille. On m'assure que le général Dumas les rend sans échange.

NAPOLÉON.

3552. — ORDRE.

Au camp impérial de Schönbrunn, 10 septembre 1809.

1°

Il y aura un auditeur intendant près de chacun des cercles de la Haute-Autriche, de la Basse-Autriche, de Styrie, de Carinthie, et près de chacun des *comitats* de Hongrie.

2°

L'intendant général prendra des mesures pour que ces auditeurs aient leur commission avant le 12 septembre.

3°

Les auditeurs, intendants des cercles de la Haute et de la Basse-Autriche, de la Styrie et de la Carinthie, correspondront avec le chef-lieu des Etats de la province.

NAPOLÉON.

3553. — ORDRE.

Au camp impérial de Schönbrunn, 10 septembre 1809.

Sa Majesté, informée que plusieurs colonels, pour subvenir aux besoins de la chaussure et augmenter d'autant la masse de linge et chaussure des soldats, ont cru nécessaire de faire une retenue sur les 10 sols qu'elle a accordés à chaque soldat employé aux travaux des fortifications de Spilz, et que cette retenue varie selon la volonté des colonels, a ordonné et ordonne les dispositions suivantes :

1°

Il sera fait dans chaque régiment un décompte nominatif des sommes dues à chaque homme pour le nombre de jours qu'il a travaillé. Ce décompte sera arrêté au 10 septembre, matin.

2°

Il sera fait une retenue de 1 sol par jour, par homme, qui sera portée sur le livret à la masse de linge et chaussure. Les 9 autres sols seront sans délai payés au soldat pour en disposer à sa volonté.

3°

Le maréchal Oudinot nommera un sous-inspecteur aux revues pour vérifier ce décompte dans chaque division, en le comparant avec ce que le génie a payé. L'inspecteur aux revues du corps d'armée remettra ce travail arrêté au 10 septembre au général commandant en chef le génie pour le comparer avec les sommes payées par le génie.

4°

Sa Majesté, ayant ordonné le paiement de la solde du mois d'août à l'armée, autorise les corps à joindre à la masse de linge et chaussure, indépendamment de 1 sol, 2 autres sols par jour. Tout le reste devra être donné aux soldats sans autre retenue.

5°

Sa Majesté ordonne qu'au plus tard, le 14 au soir, ces décomptes soient terminés, que chaque soldat soit muni d'une feuille qui lui sera délivrée par son capitaine, contenant : le nombre de jours qu'il a travaillé, ce qui lui a été payé par le génie, ce qui a été retenu en conséquence de l'article 2, et ce qui lui a été remis, Sa Majesté voulant se trouver à même de vérifier les sujets de plainte qui pourraient lui être portés.

NAPOLÉON.

3554. — AU GÉNÉRAL CLARKE.

Schönbrunn, 10 septembre 1809.

Monsieur le général Clarke, le duc de Valmy a un bataillon portugais à Wesel ; ce bataillon est très mal placé là. Je ne m'y fie en aucune manière. Faites-le partir de Wesel pour Hanau, où il recevra de nouveaux ordres.

Le duc de Valmy a également des bataillons de marche des 2e, 25e, 26e, 5e divisions militaires, de Strasbourg et de la 7e division militaire. Ces bataillons font 2.500 hommes ; donnez ordre qu'il en soit formé une demi-brigade provisoire, comme je l'ai ordonné.

Le duc de Valmy a un bataillon irlandais, fort de 800 hommes, et un de La Tour d'Auvergne. Il faut qu'il envoie ce dernier en Italie le plus tôt qu'il pourra. Ce bataillon ne rendra aucun service dans le Nord.

NAPOLÉON.

3555. — DÉCISION.

Schönbrunn, 10 septembre 1809.

Le maréchal Berthier demande si Sa Majesté confirme le sursis qu'Elle a accordé au nommé Fallet, caporal au 105e régiment d'infanterie, condamné à mort pour désertion : les renseignements qui ont été pris, conformément aux ordres de Sa Majesté, sur le compte de ce militaire, sont des plus défavorables.

Donnez ordre que le jugement soit exécuté.

NAPOLÉON.

3556. — DÉCISIONS (1).

10 septembre 1809.

Le ministre a donné des ordres pour que le cadre d'une nouvelle compagnie de pionniers, qui sera la 9e, fût établie à Alexandrie.

Approuvé.

On soumet à Sa Majesté la demande d'un congé de convalescence faite par le général Lechi.

Accordé.

(1) Non signées; extraites du « Travail du ministre de la guerre avec S. M. l'Empereur et Roi, daté du 30 août 1809 ».

On met sous les yeux de Sa Majesté la demande faite par M. Menessier, lieutenant au 22e régiment d'infanterie légère, d'être autorisé à passer au service du roi de Naples.	Accordé.
On soumet à Sa Majesté la demande faite par M. le maréchal Macdonald de faire passer le lieutenant d'artillerie Ratoin dans le génie, attendu la faiblesse de sa vue.	Accordé.
Démissions présentées par des officiers d'infanterie et soumises à l'approbation de Sa Majesté.	Approuvé.

11 septembre 1809.

3557. — PROJET DE RÉPARTITION DES 10.320 CHEVAUX NÉCESSAIRES POUR COMPLÉTER LA RÉQUISITION DES 20.000 (1).

	CERCLES.	CHEVAUX de cuirassiers ou carabiniers.	de dragons.	de cavalerie légère.	de trait.	TOTAL des chevaux à fournir.	OBSERVATIONS.
Haute-Autriche.	L'Inn........	20	25	30	60	110	530 au dépôt de cavalerie de Passau.
	Hausruck....	30	25	50	60	140	
	Traun........	30	30	50	70	180	
	Mühl.........	20	20	20	60	100	
		100	100(2)	150	250	530	
Basse-Autriche	St-Pölten.....	20	40	60	100	180	700 au dépôt de cavalerie de Passau.
	Vienne.......	20	50	60	100	180	
	Krems.......	»	»	»	»	»	
	Korneuburg..	40	45	100	200	340	
		60	160(3)	220	400	700	
Hongrie	Presbourg....	39	39	117	195	390	1794 (4) ceux de cuirassiers et de dragons au dépôt de cavalerie à Mautern et ceux de caval. légère et de trait au dépôt de cavalerie de Klosterneuburg.
	Wieselburg...	28	28	84	140	280	
	Raab.........	35	35	105	175	350	
	Eisenburg....	47	47	141	235	470	
	Odenburg....	51	52	153	50	304	
		200	200	600	795	1.794	
	Salzbourg....	»	»	»	»	»	2500 ceux de cuirassiers et de dragons au dépôt de cavalerie à Mautern et ceux de cavalerie légère et de trait à Klosterneuburg. (Ceux de Styrie, Carinthie, Carniole, Frioul et Trieste), au dépôt général de cavalerie de l'armée d'Italie.
	Znaïm (5)....	»	»	»	»	»	
	Brünn........	30	60	200	250	500	
	Styrie........	100	100	300	500	1.000	
	Carinthie.....	50	50	100	300	500	
	Carniole......	100	100	100	200	500	
	Frioul........	»	»	»	»	»	
	Trieste.......	»	»	»	»	»	
		300	250	700	1.250	2.500	

(État soumis à l'Empereur par l'intendant Daru, le 11 septembre 1809. Les corrections sont de la main de l'Empereur.)

(1) Projet corrigé de la main de Napoléon. Les corrections et additions de l'Empereur ont changé ce total de 10.320. Tous les chiffres autres que ceux des colonnes biffées ont été ajoutés en surcharge par Napoléon.

(2) La colonne intitulée *Chevaux de dragons* a été biffée par l'Empereur.

(3) Colonne biffée par l'Empereur.

(4) Les 5 colonnes se rapportant aux cercles de Hongrie ont été barrées par l'Empereur.

(5) En regard des cercles de Salzburg et de Znaïm se trouvaient les chiffres suivants qui ont été biffés par l'Empereur :

Salzburg : 60, 60, 180, 180, 300, 600. — Znaïm : 40, 40, 120, 200, 400.

3558. — DÉCISION (1).

Rapport du général Bourcier relatif à la place de Passau, en ce qui concerne les passages et mouvements de troupes, etc.

Pourquoi y a-t-il encore des prisonniers autrichiens qui d'ici vont en France lorsque j'ai besoin d'en faire venir pour l'échange ?

3559. — AU MARÉCHAL BERTHIER.

Schönbrunn, 12 septembre 1809.

Mon Cousin, donnez ordre sur-le-champ que 10.000 fusils prussiens qui se trouvent à Magdeburg soient embarqués sur l'Elbe, dirigés sur Dresde, et donnez ordre à Dresde que cet envoi soit sur-le-champ dirigé sur Varsovie.

Donnez ordre également que 4.000 mousquetons, 3.000 paires de pistolets et 1.000 sabres soient dirigés de Magdeburg sur Dresde pour suivre la même destination.

NAPOLÉON.

3560. — AU MARÉCHAL BERTHIER.

Schönbrunn, 12 septembre 1809.

Mon Cousin, donnez ordre qu'il soit distribué 3.000 capotes au corps du duc de Raguse, pour les soldats de son corps qui n'en ont pas. Il s'arrangera de manière que tout le monde en ait. J'ai déjà donné l'ordre qu'on délivrât à ce corps 10.000 paires de souliers. Prenez des mesures pour que ces 3.000 capotes soient faites et distribuées le 15 au soir.

NAPOLÉON.

3561. — DÉCISION.

Schönbrunn, 12 septembre 1809.

Le maréchal Berthier soumet une demande tendant à ce qu'il soit fourni 1.400 paires de souliers au régiment de Nassau.

Accordé.

NAPOLÉON.

(1) Sans signature ni date; le rapport du général Bourcier est du 11 septembre 1809.

3562. — DÉCISION.

Schönbrunn, 12 septembre 1809.

Le colonel Baste demande une somme de 50.000 francs pour l'habillement des marins composant le 44e bataillon de flottille et des ouvriers militaires.

Accordé 40.000 francs.

NAPOLÉON.

3563. — AU GÉNÉRAL CLARKE.

Schönbrunn, 12 septembre 1809.

Monsieur le général Clarke, on doit fournir l'habillement et des capotes aux gardes nationales qui vont en avant, il n'y a pas de doute. Et c'est le ministre Dejean qui doit faire faire ces fournitures. Elles ne peuvent être faites par les préfets, qui n'ont pas d'argent pour cela, qui se laisseraient fournir des effets de mauvaise qualité et me dépenseraient des sommes immenses.

NAPOLÉON.

3564. — AU MARÉCHAL BERTHIER.

Schönbrunn, 13 septembre 1809.

Mon Cousin, vous ferez partir demain le 65e sous les ordres d'un major pour se rendre à Augsburg. Vous ferez connaître au général Lagrange que l'air de Lindau étant très malsain, mon intention est qu'il n'y laisse point de troupes françaises et personne surtout du 65e qui, moyennant ce qui vient d'arriver, passera 3.000 hommes et sera un des plus beaux corps de l'armée.

Vous ordonnerez qu'il soit tiré de ce régiment 20 hommes pour mes grenadiers et 20 pour mes chasseurs. Ce choix sera fait aujourd'hui à 6 heures par les colonels. Ces hommes seront choisis parmi ceux ayant dix ans de service.

NAPOLÉON.

3565. — DÉCISION (1).

On propose à Sa Majesté d'or-

Cette affaire sera envoyée par

(1) Sans signature ni date; extraite du « Travail du ministre de la guerre avec l'Empereur, du 13 septembre 1809 ».

donner l'exécution du jugement qui a condamné pour vol à 6 ans de fers le nommé Jacques Langrone, chasseur de la 4e cohorte de la garde nationale active du département de la Manche.

le ministre de la guerre à S. E. le grand juge.

3566. — AU MARÉCHAL BERTHIER.

Schönbrunn, 14 septembre 1809.

Mon Cousin, écrivez au duc de Rivoli que les deux compagnies du train attachées à son corps d'armée manquent de 50 chevaux et qu'il ait à prendre les mesures les plus promptes pour se les procurer.

Vous lui ferez connaître que j'ordonne qu'une des compagnies du 5e bataillon, qui est au quartier général, ainsi que l'état-major de ce 5e bataillon, le rejoigne sans délai. Par ce moyen, le duc de Rivoli aura 108 caissons ou trois compagnies de 36 caissons chacune ; chacun de ces régiments doit avoir 3 caissons, ce qui fait 42 pour les quatorze régiments. Il aura donc 150 caissons pour porter 160.000 rations de biscuit ou près de quatre jours de pain pour son corps d'armée. Il est nécessaire qu'il prenne les mesures pour avoir en magasin 30.000 rations de biscuit, ayant, si les hostilités recommencent, des projets particuliers sur son corps, qui exigent qu'il ait huit jours de biscuit.

Napoléon.

3567. — DÉCISION.

14 septembre 1809.

Le maréchal Berthier rend compte d'une demande faite par le prince vice-roi pour que les bâtiments trouvés par l'armée dans le port de Trieste, et qui avaient été pris par les Anglais dans le port de Pesaro, soient rendus à leurs propriétaires, lesquels sont des sujets italiens et napolitains.

Les leur rendre.

Napoléon.

3568. — AU GÉNÉRAL CLARKE.

14 septembre 1809.

Monsieur le général Clarke, je voudrais avoir à La Fère un équipage de la garde tout neuf, composé comme je l'ai réglé, savoir :

1° Servies par l'équipage de la garde :

4 batteries d'artillerie à cheval et 4 batteries d'artillerie à pied, chacune de 6 pièces, formant 16 obusiers et 32 pièces de 6. 48
et 12 pièces de 12. 12
—
60

2° Servies par l'artillerie des conscrits tirailleurs et fusiliers :

3 divisions, chacune de 8 pièces de 3 ou de 4, pour marcher avec les régiments, servies par les compagnies de nouvelle formation. 24

3° Servies par la ligne, comme réserve de l'armée, 12 pièces de 12 et 6 obusiers, marchant avec la garde. 18
et deux divisions d'artillerie à cheval de 4 obusiers et de 8 pièces de 6, servies par l'artillerie de la ligne. 12

formant un total de : 1°, 60 ; 2°, 24 ; 3°, 30, soit 114 bouches à feu, ayant des caissons et des voitures pour un double approvisionnement.

Il est nécessaire que les pièces aient une manière uniforme de charger, et que l'on discute la question de savoir si l'on peut se passer de sabot, ce qu'on dit économiser beaucoup de place. Je crois que cet équipage ainsi déterminé exigera plus de 700 voitures.

Je voudrais avoir à Metz, à Strasbourg et à Mayence, l'équipage d'un corps d'armée ; chacun de ces trois corps d'armée, composé de quinze régiments formés en trois divisions, chaque division ayant deux batteries, faisant 4 obusiers et 8 pièces de 6, et 10 pièces de régiment de 3 ou de 4, c'est-à-dire 22 pièces par division ; chaque corps d'armée ayant, en outre, une batterie d'artillerie à cheval de 6 pièces, et, enfin, une réserve de 12 pièces de 12 et de 6 obusiers. Total par corps d'armée : 90 bouches à feu.

Les cinq régiments par division doivent former vingt bataillons ou 15.000 hommes. Ces vingt bataillons doivent avoir leurs 20 caissons d'infanterie, ce qui ferait 60 pour le corps d'armée et 60 autres, savoir : 10 pour chaque division et 30 pour le parc général.

Ainsi donc, je voudrais avoir formés à neuf, à Metz, à Strasbourg et à Mayence, en bons matériaux et uniformes, 3 équipages d'artillerie faisant 270 bouches à feu, et, à La Fère, une réserve de 114 pièces, ce qui fera 384 bouches à feu.

On trouvera dans ce qu'il y a de meilleur à l'armée de quoi en former trois et former dix batteries de 6 pièces chacune d'artillerie à cheval, pour la réserve de cavalerie, savoir 20 obusiers et 40 pièces de 6. Total : 60 pièces. L'équipage d'une grande armée en Allemagne, composée de quatre-vingt-dix régiments d'infanterie ou de 270.000 hommes, de 40 régiments de dragons ou de cuirassiers formant 40.000 hommes et de beaucoup de cavalerie légère et de la réserve de la garde, ne serait que de 714 pièces. Selon les principes de M. de Gribeauval, 360 bataillons seuls devraient avoir au corps, en réserve ou au parc, 1.400 pièces de canon, ce qui est le double de l'équipage ci-dessus. Cet équipage comporterait à peu près 6.000 voitures et près de 30.000 chevaux d'artillerie.

NAPOLÉON.

3569. — DÉCISION.

Schönbrunn, 14 septembre 1809.

Le prince Eugène sollicite de l'Empereur un secours extraordinaire de 30.000 francs, pour les régiments de l'armée d'Italie.

Il sera accordé aux 52e, 29e, 1er de ligne, 102e, 62e, qui viennent de l'armée de Naples, 30.000 francs à compte sur leurs masses de ce que leur doit le roi de Naples. Cette somme sera employée à mettre dans le meilleur état l'administration de ces corps.

NAPOLÉON.

3570. — DÉCISION (1).

Le maréchal Berthier demande si l'intention de l'Empereur est d'envoyer à Theben les deux com-

Approuvé.

NAPOLÉON.

(1) Non datée; le rapport du maréchal Berthier est du 7, l'expédition de la décision est du 14 septembre 1809.

pagnies de sapeurs du 4e corps et la compagnie de sapeurs du 11e corps, pour exécuter les travaux et ponts sur le Danube prescrits par l'ordre de Sa Majesté du 5 de ce mois.

3571. — AU GÉNÉRAL DEJEAN.

Schönbrunn, 15 septembre 1809.

Monsieur Dejean, le personnel des 10e et 4e bataillons des équipages militaires se rend à Bayonne. Ces bataillons étaient destinés à venir à l'armée d'Allemagne. Voici mes intentions sur ces deux bataillons. Le 10e restera à Bayonne avec les 100 caissons existants, et vous ferez venir de Sampigny 40 caissons pour compléter ce bataillon en chevaux, harnais et voitures. Vous ferez, à cet effet, acheter des mulets dans le Poitou. Ce bataillon pourra servir à accompagner les renforts qui passeront en Espagne, si la paix a lieu ici. Le personnel du 4e bataillon se rendra en toute diligence à Sampigny, où vous lui composerez un matériel de 140 voitures et vous lui procurerez des chevaux et harnais, de sorte qu'au 15 octobre ce bataillon puisse se mettre en marche, ou pour se rendre à Bayonne, si le mouvement général a lieu de ce côté, ou en Allemagne, si la guerre continue. Par ce moyen, j'aurai 240 caissons que je pourrai diriger dans le courant d'octobre en Espagne ou en Allemagne.

NAPOLÉON.

3572. — DÉCISION.

Schönbrunn, 15 septembre 1809.

Le maréchal Berthier rend compte à l'Empereur que trois hommes du 31e d'infanterie légère, régiment qui fait partie du 2e corps de l'armée d'Espagne, viennent d'arriver à Passau, et il demande si ces hommes devront être renvoyés à leur dépôt en France.

Les incorporer dans le 5e d'infanterie légère.

NAPOLÉON.

3573. — AU MARÉCHAL BERTHIER.

Brunn, 17 septembre 1809.

Mon Cousin, donnez l'ordre à la division saxonne qui est à Saint-Pölten de se rendre à Vienne.

NAPOLÉON.

3574. — DÉCISION (1).

On propose à l'Empereur de nommer adjudant-commandant à la division de cavalerie du 8e corps le prince François-Louis de Salm-Salm, chef d'escadron, qui y fait déjà les fonctions de chef d'état-major.	Trop jeune.

3575. — DÉCISION.

Schönbrunn, 19 septembre 1809.

Rapport du général de brigade Roize au maréchal Berthier sur des rassemblements d'insurgés aux environs de Murzzuschlag et sur une bande armée qui infeste la route de Graz.	Renvoyé au vice-roi pour qu'il donne des ordres pour suivre et dissiper ces insurgés. NAPOLÉON.

3576. — AU MARÉCHAL BERTHIER.

Schönbrunn, 19 septembre 1809.

Mon Cousin, donnez ordre sur-le-champ au général du génie de suspendre les travaux faits à la nouvelle redoute sur la gauche de Spitz. Je désire que ce général vienne demain à la parade avec les plans. Mon intention n'est pas que cette flèche tire sa défense des ouvrages extérieurs ; il me fera un projet pour qu'elle tire sa défense du corps même de la place.

NAPOLÉON.

---

(1) Sans signature ni date; le mémoire de proposition est du 17 septembre 1809.

3577. — DÉCISIONS (1).

Schönbrunn, 20 septembre 1809.

Proposition de décréter qu'il y ait à Grenoble un second adjudant de place, qui sera de 2e classe.	Refusé.
On propose à Sa Majesté d'approuver un état de secours, montant à 5.900 francs, en faveur de 59 veuves ou parents de militaires morts soit aux armées, soit en retraite ou en réforme et qui, d'après la loi, ne sont point dans le cas d'obtenir de pensions.	Approuvé.
D'approuver un état de secours, montant à 3.750 francs, en faveur de 35 militaires réformés sans solde de retraite.	Approuvé.

3578. — DÉCISIONS (2).

Schönbrunn, 20 septembre 1809.

La veuve Vieilh, mère de six enfants, demande à être dispensée de payer 300 francs dus sur la pension de son fils, vélite, tué en Espagne le 24 décembre 1808.	Accordé.
On propose à Sa Majesté de nommer aux emplois de porte-aigles du 86e régiment.	Approuvé.

3579. — AU MARÉCHAL BERTHIER.

Schönbrunn, 20 septembre 1809.

Mon Cousin, répondez au général Desbureaux, en lui envoyant l'ordre ci-joint (3).

NAPOLÉON.

(1) Non signées; extraites du « Travail du ministre de la guerre avec l'Empereur, du 6 septembre 1809 ».

(2) Non signées; extraites du « Travail du ministre de la guerre avec S. M. l'Empereur et Roi, daté du 23 août 1809 ».

(3) En date du 21 septembre et reproduit ci-après sous le n° 3588.

3580. — AU MARÉCHAL BERTHIER.

Schönbrunn, 20 septembre 1809.

Mon Cousin, donnez ordre au gouverneur de Vienne que le commandant de la place, les officiers d'artillerie et du génie attachés à la place, les commissaires ordonnateurs et commissaires des guerres et, en général, tout ce qui appartient au service de la place, soient logés dans le palais, et ce, à dater du 25 septembre.

Recommandez au gouverneur que, sous aucun prétexte, ces individus ne coûtent rien à personne et n'acceptent rien.

NAPOLÉON.

3581. — DÉCISION (1).

Les ducs de Saxe demandent à l'Empereur l'autorisation de faire rentrer leur régiment à Erfürt pour y être réorganisé.	Répondre qu'il est à Vienne. NAPOLÉON.

3582. — AU GÉNÉRAL CLARKE.

Schönbrunn, 20 septembre 1809.

Monsieur le général Clarke, je suppose que vous avez pris les mesures suivantes :

1° Renvoyer aux dépôts de cavalerie tout ce qui en a été retiré d'hommes à pied et qui est nécessaire pour les remontes ;

2° Renvoyer la gendarmerie dans les départements, hormis 500 hommes qui resteront à Anvers ;

3° Renvoyer sur Hanovre tous les cuirassiers et carabiniers et autres détachements de cavalerie appartenant à la Grande Armée, hormis un millier de chasseurs et hussards, qui, avec 500 gendarmes, porteront la cavalerie de l'armée du Nord à 1.500 hommes ;

4° Renvoyer les bataillons corses et les Portugais sur Hanovre ;

5° Renvoyer sur Paris, pour, de là, filer sur l'Espagne, tout ce qui appartient aux régiments de la Vistule et aux régiments polonais, même les lanciers ;

6° Faire rentrer à Anvers les vétérans, pour les employer à l'arsenal et citadelle ;

(1) Sans date; l'expédition de la décision a eu lieu le 20 septembre 1809.

7° Renvoyer à La Fère les cadres des canonniers de la garde pour qu'ils se reforment, sans délai, avec les détachements des sept régiments d'artillerie ;

8° Depuis le 15, vous aurez arrêté tout mouvement de gardes nationales sur le Nord ;

9° Vous aurez renvoyé chez eux les généraux réformés. Je vous ai envoyé suffisamment de généraux de la ligne ;

10° Vous aurez également renvoyé les officiers généraux et supérieurs d'artillerie réformés, ou qui, par leur âge, sont hors d'état de servir ;

11° Vous aurez organisé les gardes nationales, en en faisant ôter les vieillards et les enfants, et en faisant passer des revues et en formant les cadres, conformément aux ordres que j'ai donnés ;

12° Renvoyez avec la colonne que vous dirigez sur Hanovre tous les détachements d'artillerie et du train destinés pour la Grande Armée.

NAPOLÉON.

3583. — AU GÉNÉRAL CLARKE.

Schönbrunn, 20 septembre 1809.

Monsieur le général Clarke, je réponds à votre lettre du 11 septembre.

Le 86e a bien son 4e bataillon en Espagne, mais il a son 3e bataillon en France.

Le 15e n'a qu'un bataillon en Espagne,

Le 5e léger en a trois.

Le 58e en a trois, il n'y a donc pas lieu à appliquer la mesure à ces régiments.

Quant aux 118e, 119e, 120e et au 12e léger, ces régiments ayant leurs quatre bataillons en Espagne, doivent envoyer leur 4e bataillon en France.

Quant à présent, il est inutile de retirer aucune compagnie de sapeurs d'Espagne.

NAPOLÉON.

3584. — ORDRE (1).

Schönbrunn, 20 septembre 1809.

La formation des trois nouvelles compagnies d'artillerie, qui doivent s'organiser à La Fère, n'avance pas.

Je désire que vous tiriez des sept régiments d'artillerie les 340 hommes nécessaires pour les compléter. J'ai besoin de les former sur-le-champ pour pouvoir les envoyer également en Espagne ou en Hollande selon les circonstances.

3585. — AU GÉNÉRAL DEJEAN.

Schönbrunn, 20 septembre 1809.

Monsieur le général Dejean, je désire connaître en détail ce que c'est que le dépôt d'équipages militaires, fort de 500 hommes et de 200 chevaux, que je trouve existant dans la 11e division militaire.

NAPOLÉON.

3586. — AU GÉNÉRAL LACUÉE.

Schönbrunn, 20 septembre 1809.

Monsieur le général Lacuée, je réponds à votre lettre du 7. Je me décide à appeler 30.000 hommes des conscriptions passées. Je préfère que chaque département y entre pour quelque chose.

Je désire que vous me fassiez connaître votre opinion sur l'idée de retoiser les hommes qui n'avaient pas la taille au moment de la conscription et de comprendre ceux qui ont depuis acquis la taille dans le disponible. Mais, comme ceux qui n'auraient pas la taille n'ont pas tiré, il faudra une opération particulière.

Si la paix a lieu ici, je désire que ces 30.000 hommes soient envoyés au nombre de 15.000 à Bayonne.

Si la paix n'a pas lieu, je désire qu'ils soient répartis entre tous les 4es bataillons de l'armée d'Allemagne, dont j'ai renvoyé tous les cadres en France, savoir : les cinq 4es bataillons de la division que commandait le général Saint-Hilaire, les quatorze du corps du duc d'Auerstædt, presque tous ceux de l'armée d'Italie et de l'armée de Dalmatie, et ceux du corps du duc de Rivoli, car j'ai envoyé les cadres de tous ces 4es bataillons aux dépôts.

(1) Extrait, non signé.

L'armée d'Allemagne est composée de 57 régiments et de 9 demi-brigades du maréchal Oudinot. Ces demi-brigades sont composées des 4es bataillons des corps qui sont en Espagne ; mais les 57 régiments ont les cadres de leurs 4es bataillons en France, hormis quelques-uns qui sont à l'armée de Catalogne. Faites dresser l'état de ces 4es bataillons qui sont en France, et vous répartirez les 30.000 entre ces 4es bataillons.

Quant au 65e, il doit actuellement être très beau ; il vient de recevoir 900 hommes, tous anciens soldats, venant des prisons d'Allemagne, que j'ai échangés.

Les quatre bataillons qui sont dans le Vorarlberg sont à 3.000 hommes.

Je suppose que les cadres des 26e, 66e et 82e sont pleins.

Si les cadres de ceux des 47e, 70e, 15e et 86e n'étaient pas pleins, il faut les compléter.

Les quatre régiments de ligne et les quatre régiments d'infanterie légère qui sont à Paris doivent avoir reçu leurs 4es bataillons de l'armée d'Espagne ; vous pourriez aussi les comprendre dans la distribution. D'ailleurs, je ne suppose pas que le départ puisse avoir lieu avant un mois ; ainsi, j'aurai le temps de retoucher le travail que vous ferez sur ces bases.

Je n'ai pas besoin de dire que le 1/10e de ces 30.000 hommes est nécessaire pour ma garde, savoir 600 pour les fusiliers, sachant lire et écrire, et ayant reçu quelque éducation, et 2.400 pour mes huit régiments de conscrits et tirailleurs, à raison de 300 par régiment.

La cavalerie a suffisamment, l'artillerie n'a pas de grands besoins. Je pense donc qu'il est convenable de placer tout le reste dans l'infanterie.

NAPOLÉON.

3587. — ORDRE.

Schönbrunn, 20 septembre 1809.

Demain, 21 septembre, à midi, je passerai la revue de toute ma garde. Elle sera rangée sur trois lignes :

L'artillerie sur la première ligne,

La cavalerie sur la seconde ligne,

Et l'infanterie sur la troisième ligne.

Chaque soldat d'infanterie aura 10 cartouches à poudre.

NAPOLÉON.

3588. — ORDRE.

Schönbrunn, 21 septembre 1809.

1°

Il sera formé un régiment de marche, composé de deux bataillons, savoir :

1er bataillon.

Une compagnie du 3e d'infanterie légère complétée à 200 hommes	200	hommes.
Une compagnie du 18e *idem*	200	—
Une compagnie composée de 70 hommes du 39e, 70 — 40e, 70 — 63e	200	—
Une compagnie du 57e	200	—
TOTAL	800	hommes.

2e bataillon.

Une compagnie du 105e complétée à	200	hommes.
— 7e léger *idem*	200	—
— 10e léger *idem*	200	—
— 17e léger *idem*	200	—
TOTAL	800	hommes.

2°

Ce régiment de marche sera formé à Strasbourg, il sera commandé par un colonel en second disponible ; il sera tenu armé, équipé, habillé et prêt à partir au 1er octobre, suivant les ordres directs qui seront adressés au général Desbureaux.

3°

Le major général et le ministre de la guerre sont chargés de l'exécution du présent ordre.

NAPOLÉON.

3589. — DÉCISION.

Schönbrunn, 21 septembre 1809.

Le maréchal Berthier demande des ordres au sujet de la division allemande du général Rouyer, qui arrive ce matin 21 septembre aux portes de Vienne.

En faire passer la revue demain par le général Dumas. J'en passerai la revue après-demain.

NAPOLÉON.

3590. — DÉCISION (1).

Le général Lariboisière propose de donner au corps wurtembergeois 120 chevaux, prélevés sur ceux qui ont été requis pour l'artillerie, ainsi qu'une somme de 12.000 florins pour pouvoir effectuer l'augmentation de l'artillerie de ce corps, conformément aux intentions de l'Empereur.

Accordé.

NAPOLÉON.

3591. — DÉCISION.

Schönbrunn, 23 septembre 1809.

Par un rapport au maréchal Berthier, le maréchal Lefebvre rend compte que les Tyroliens ont provoqué l'insurrection du Zillerthal et du Pinzgau, régions dépendant du pays de Salzburg.

Je ne comprends pas cette lettre. Comment, le duc de Danzig n'est pas assez fort pour maintenir la tranquillité dans le Salzburg ?

NAPOLÉON.

3592. — AU MARÉCHAL BERTHIER.

Schönbrunn, 23 septembre 1809.

Mon Cousin, renouvelez l'ordre déjà donné à tous les avant-postes de ne laisser passer aucun individu allant de Vienne à l'étranger ou venant de l'étranger à Vienne, sans être muni d'un passeport signé par le major général.

(1) Non datée; expédiée le 22 septembre 1809.

Cet ordre est commun à tous les avant-postes, du côté de Raab, de la March, de la Moravie et de la Bohême.

NAPOLÉON.

3593. — ORDRE.

Au camp impérial de Schönbrunn, 23 septembre 1809.

Sa Majesté ordonne :

1°

Le 22e régiment d'infanterie de ligne et le 65e de ligne, qui font partie du 8e corps de l'armée, auront chacun leurs deux pièces de 3 ou de 4, leurs huit caissons d'infanterie et leurs huit caissons des transports militaires.

L'intendant général prendra les mesures nécessaires pour que, si ces régiments n'ont pas ce nombre de caissons et n'ont pas touché les fonds accordés à chaque régiment pour cet objet, ils les touchent sans délai et se procurent les caissons qui leur manqueraient.

Le général commandant l'artillerie prendra de son côté des mesures pour ce qui concerne l'artillerie.

2°

Les huit 4es bataillons qui forment la division Rivaud auront chacun leur caisson d'infanterie et leur caisson de transport militaire. Les sommes nécessaires pour la confection de ces caissons seront mises à la disposition de l'ordonnateur du 8e corps pour qu'il les fasse confectionner soit à Nuremberg, soit à Bayreuth, soit à Würzburg, ainsi que les harnais. Les chevaux seront fournis par l'administration, comme nous l'ordonnons ci-dessous.

3°

L'artillerie du 8e corps sera composée : de 4 pièces de 12 ; de 16 pièces de 6 ; de 6 pièces de 3, et de 6 obusiers, ayant un double approvisionnement attelé.

L'artillerie saxonne de la division du général Saint-Cyr aura 30 pièces de canon, dont 4 de 12, ce qui formera pour le 8e corps 60 pièces de canon, indépendamment des pièces de régiment.

4°

Le génie aura à la suite du 8e corps au moins 1.500 fusils qui seront portés sur des chariots attelés, ainsi que les cordages et outils nécessaires pour la prompte réparation d'un pont.

5°

De la levée des chevaux.

Il sera levé 300 chevaux dans le pays de Bayreuth, 100 dans le pays d'Erfurt, et 100 dans le pays de Hanau, en tout 500 qui seront répartis dans le 8e corps de la manière suivante, savoir :

Pour l'artillerie.	300	chevaux.
Pour les transports militaires des huit bataillons de la division Rivaud.	50	—
Pour les transports du génie.	50	—
Pour les trois régiments provisoires de dragons.	100	—
	500	chevaux.

Le prix de ces chevaux sera retenu aux habitants selon le tarif qui sera réglé par l'intendant général.

6°

Des masses.

Il sera fait une avance de 2.000 francs à chacun des escadrons qui font partie des six escadrons provisoires de dragons.

Ces 2.000 francs seront retenus sur les masses des régiments par le ministre de l'administration de la guerre. La distribution entre les différentes masses en sera faite par le général Fouler pour les 1er, 5e et 6e régiments provisoires, et par le général Beaumont pour les 2e, 3e et 4e. L'un et l'autre de ces généraux enverront au ministre de l'administration de la guerre l'état de répartition qu'ils auront faite entre les masses.

Les chefs d'escadrons et capitaines commandant les escadrons des six régiments provisoires emploieront sur-le-champ ces fonds à mettre leurs escadrons en état. Les colonels en second, commandant les régiments provisoires, veilleront à l'exécution du présent ordre.

NAPOLÉON.

3594. — ORDRE.

Au camp impérial de Schönbrunn, 23 septembre 1809.

1°

Le fort de Sachsenburg sera mis en état de défense. Il sera armé de 6 pièces de canon et approvisionné pour 600 hommes pendant quatre mois.

2°

Le major général est chargé de l'exécution du présent ordre.

NAPOLÉON.

3595. — DÉCISION (1).

Le général Rusca transmet au maréchal Berthier les renseignements qu'il a reçus au sujet de la situation du matériel de la forteresse de Sachsenburg.

Approuvé. Armer le fort et l'approvisionner pour trois mois.

NAPOLÉON.

3596. — DÉCISION.

Schönbrunn, 23 septembre 1809.

Le maréchal Berthier rend compte à l'Empereur que les corps de la garde impériale sollicitent des avances sur leurs masses d'habillement, équipement et harnachement.

Approuvé.

NAPOLÉON.

3597. — AU MARÉCHAL BERTHIER.

Schönbrunn, 24 septembre 1809.

Mon Cousin, donnez l'ordre au duc de Rivoli de faire reformer les bataillons du 2e de ligne et du 3e léger qui ont été pris dans le Tyrol et de vous adresser le procès-verbal de formation de ces bataillons. Donnez l'ordre au général de division Marulaz de se rendre à Besançon.

NAPOLÉON.

3598. — DÉCISION.

Schönbrunn, 24 septembre 1809.

Le général Clarke rend compte de la situation de l'organisation des gardes nationales de Paris, et il propose de faire rentrer dans cette ville les vétérans et d'y remettre tout dans l'état ordinaire.

Approuvé ces conclusions.

NAPOLÉON.

---

(1) Non datée, expédiée le 23 septembre 1809. Le rapport du général Rusca est du 14 septembre.

3599. — AU GÉNÉRAL CLARKE.

24 septembre 1809.

Monsieur le général Clarke, je réponds à votre lettre du 15 septembre, où vous me faites connaître que vous avez pris des mesures pour organiser l'armée du Nord, conformément à mon ordre du 5.

J'approuve fort que la 22e demi-brigade provisoire soit composée de ce que le duc de Valmy a à Maëstricht, que les bataillons des régiments de la Tour d'Auvergne et d'Isembourg soient envoyés en Italie ; il faut que ces bataillons aillent rejoindre leurs corps et que les Polonais et les Irlandais se rendent en Espagne.

Je vois que les détachements de dragons qui sont à Anvers se montent à 1.500 hommes ; il faut les diriger tous sur Paris, pour être à même de les employer, selon les circonstances, en Espagne ou en Allemagne. Si la paix a lieu, ils s'arrêteront quelques jours à Versailles pour s'y reposer, et, de là, ils continueront leur route sur l'Espagne, ce qui, avec les détachements de chasseurs et de hussards, qui ont leurs régiments en Espagne, et qui ont ordre de se rendre à Versailles, de Maëstricht, fera... (1) hommes destinés à renforcer les cadres.

NAPOLÉON.

3600. — DÉCISION.

Schönbrunn, 24 septembre 1809.

Le général Clarke propose de faire arrêter les deux aides de camp du général Wirion, qui ont participé aux vexations exercées par ce général contre les prisonniers anglais.

Approuvé.

NAPOLÉON.

3601. — DÉCISION (2).

Rapport du maréchal Berthier duquel il ressort qu'une somme de 225.000 francs est nécessaire pour assurer le service du génie pendant les quinze derniers jours de septembre.

Le payeur avancera 200.000 francs au génie qui sera retenue (*sic*) sur ce que je lui accorderai au trimestre prochain.

NAPOLÉON.

---

(1) En blanc.

(2) Non datée, expédiée le 25 septembre; le rapport du maréchal Berthier est du 21.

3602. — AU GÉNÉRAL CLARKE.

Schönbrunn, 25 septembre 1809.

Monsieur le général Clarke, donnez l'ordre en Espagne de faire partir pour Bayonne les cadres des quatre compagnies de fusiliers du 3e bataillon du 9e léger. Tous les soldats de ces quatre régiments seront incorporés dans les deux premiers bataillons, la compagnie de grenadiers du 3e bataillon sera provisoirement attachée au 1er bataillon et la compagnie de voltigeurs sera provisoirement attachée au 2e bataillon ; le chef de bataillon et l'adjudant-major partiront avec les cadres des quatre compagnies qui sont destinés à venir chercher des conscrits à Bayonne.

Donnez les mêmes ordres pour les 3es bataillons des 16e léger, 45e, 54e, 8e, 24e et 96e.

Ces sept cadres doivent former 300 ou 400 hommes, ils se réuniront ensemble, afin de marcher avec précaution et en sûreté. S'il est nécessaire, on donnera aux officiers des carabines, pour se défendre en route.

Vous ferez la même opération pour les 3es bataillons des 28e, 32e, 58e et 75e ; ces quatre cadres marcheront également ensemble et en ordre.

Vous ordonnerez également que le 3e bataillon du 4e d'infanterie légère, le 3e bataillon du 2e, le 4e bataillon du 86e, le 3e bataillon du 31e légère, le 4e bataillon du 26e de ligne, le 4e bataillon du 66e et le 6e bataillon du 82e, qui est en Espagne, envoient de même leurs cadres à Bayonne, ce qui fera sept cadres du 2e corps. Ils formeront aussi une colonne, qui marchera en ordre, ayant leurs cartouches et tout ce qui est nécessaire pour se défendre en route.

Enfin, vous donnerez ordre au 6e corps, commandé par le duc d'Elchingen, d'envoyer de même à Bayonne le cadre du 2e bataillon du 6e légère.

Ces dix-neuf cadres recevront 12.000 hommes à Bayonne. Donnez ordre qu'il soit formé sans délai, dans la 11e division militaire, un bataillon de marche de 800 hommes, composé de quatre compagnies, qui seront tirées des 114e, 115e, 116e et 117e régiments d'infanterie de ligne, qui ont leurs dépôts dans cette division militaire. Ce bataillon portera le nom de bataillon de marche de Jaca ; il devra être dirigé sur cette place et, du moment où il y sera arrivé, le bataillon de marche qui s'y trouve actuellement se rendra à Saragosse où il sera dissous, et les compagnies qui le composent rejoindront les 114e, 115e, 116e, 117e régiments, auxquels elles appartiennent.

Faites connaître au général Bonet qu'il est urgent que les détachements des 31e et 58e régiments, qu'il a à sa division, rejoignent sans délai leurs régiments à Madrid.

Demandez au commandant de Vitoria un détail sur le bataillon de garnison de cette place, comment est-il composé ; demandez-lui les mêmes renseignements sur le bataillon provisoire de Bilbao.

Ecrivez au commandant de Valladolid pour savoir de quel corps est composé le bataillon de marche qui est dans cette ville, et le bataillon de 800 hommes isolés, qui s'y trouve également ; il serait important que ce commandant pût renvoyer, le plus tôt possible, le bataillon du 43e à la division Dessolle à Madrid.

NAPOLÉON.

3603. — ORDRE (1).

Schönbrunn, 26 septembre 1809.

Je vois qu'il y a au dépôt de Klosterneuburg 280 chevaux disponibles avec harnachement, 142 disponibles sans harnachement. Il y a donc 400 chevaux disponibles, car il y a 280 chevaux éclopés avec harnachement. On donnera ces harnachements à ceux qui n'en ont pas et on aura les 400 chevaux disponibles.

Indépendamment de ces 400 chevaux, il y a à ce même dépôt 250 mulets qui viennent d'être distribués tout équipés, provenant du détachement venu de France. Il y aura donc 650 chevaux que je désire voir à la parade au 1er octobre, afin que, de là, ils puissent rejoindre leurs régiments.

On aura soin de donner tous ces chevaux aux anciens ou à ceux ayant un an de service.

3604. — AU MARECHAL BERTHIER.

Schönbrunn, 26 septembre 1809.

Mon Cousin, faites-moi connaître quels sont les commandants des citadelles de Bruck, de Graz, de Klagenfurt et de Laibach. Envoyez le colonel Tricquenot commander le fort de Graz et le général Guérin d'Etoquigny pour commander la province de Carinthie et

(1) Non signé; il a cependant été expédié le 26 septembre.

la place de Klagenfurt. Prescrivez à ce général de prendre les mesures les plus promptes et les plus expéditives pour former l'approvisionnement de siège de Klagenfurt et faire fournir au soldat le vin et tout ce qui lui est nécessaire.

NAPOLÉON.

3605. — AU MARÉCHAL BERTHIER.

Schönbrunn, 26 septembre 1809.

Mon Cousin, donnez l'ordre au sieur Daru de faire distribuer dans la journée de demain au corps du maréchal Oudinot 3.400 culottes d'artillerie, 1.400 pantalons et 3.000 culottes de toutes couleurs, ce qui fait 8.000 culottes qu'il a en magasin, de sorte qu'il n'y ait aucun soldat de ce corps d'armée qui ne soit culotté et bien couvert.

NAPOLÉON.

3606. — AU GÉNÉRAL CLARKE.

26 septembre 1809.

Monsieur le général Clarke, il résulterait de l'état de situation des dépôts de la garde, que vous m'avez envoyé le 6 septembre, que les deux régiments de conscrits et les deux régiments de tirailleurs doivent, à l'heure qu'il est, être complets et avoir un effectif de 6.000 hommes.

Les deux régiments de conscrits sont à Augsburg, les deux régiments de tirailleurs sont à Paris. Je désire que, dans les premiers jours d'octobre, vous passiez la revue des deux régiments de tirailleurs et que vous me fassiez connaître quand ils seront prêts et en état de partir. Je désire aussi que vous me fassiez connaître la situation des deux régiments de conscrits qui sont à Augsburg ou des détachements qui sont en marche.

Il résulte de vos états que les cadres de ma garde sont complets ; alors, les 3.000 conscrits que j'ai destinés à la garde, sur la levée qui va avoir lieu en décembre, ne seraient plus employés qu'à réparer les pertes et à compléter les quatre régiments de tirailleurs et les quatre régiments de conscrits. Les quatre régiments de tirailleurs doivent former 6.000 hommes ; les quatre régiments de conscrits doivent former le même nombre, ce qui fait 12.000 hommes. Les 3.000 nouveaux conscrits qui seront incorporés formeront le quart du total, c'est-à-dire 50 hommes par compagnie.

Cette opération maintiendra au complet ces huit régiments que je suis dans l'intention d'employer en Espagne. Les morts par maladie, les hommes malingres qu'il faudra réformer, ceux qui, étant encore en convalescence, ne sont pas en état de marcher, formeront probablement une telle diminution, qu'arrivés à Bayonne, ces huit régiments ne seront peut-être pas encore à 12.000 hommes.

NAPOLÉON.

3607. — AU GÉNÉRAL CLARKE.

26 septembre 1809.

Monsieur le général Clarke, le ministre de l'intérieur a licencié les gardes des environs de Paris. Je lui mande de licencier celles de Paris. Faites revenir les vétérans et remettez tout dans l'état ordinaire.

Je vois, par votre lettre du 19, que les gardes nationales qui ont marché sont 62.000 hommes ; que 10.000 hommes sont prêts à marcher ; retenez-les. Je vous ai ordonné d'en garder 50.000. Je crois que celles de Rampon ne sont point comprises dans ce nombre ; ainsi, tout va se régulariser.

Je désire que les gardes nationales qui restent se perfectionnent ; car, si la paix ne se fait pas ici, j'appellerai les demi-brigades provisoires, et si la paix a lieu, je les ferai aller en Espagne, après la reprise de l'île de Walcheren.

NAPOLÉON.

3608. — DÉCISION.

27 septembre 1809.

Le général Clarke rend compte qu'il a accordé un congé de trois mois, pour raison de santé, au général Ruty, commandant l'artillerie du 7e corps de l'armée d'Espagne.

Approuvé.

NAPOLÉON.

3609. — DÉCISION.

27 septembre 1809.

Le général Clarke propose à l'Empereur d'accorder une gratification de 50 francs à deux brigadiers de gendarmerie qui se sont distingués dans la capture de deux malfaiteurs.

Accordé.

NAPOLÉON.

3610. — DÉCISION.

Schönbrunn, 27 septembre 1809.

Le général Clarke rend compte qu'il a donné l'ordre aux trois compagnies du 4e bataillon du régiment de La Tour d'Auvergne qui sont à Maëstricht d'en partir pour se rendre à Plaisance. Il demande si cette troupe, immédiatement après son arrivée à Plaisance, devra continuer sa marche sur Florence.

Oui.

NAPOLÉON.

3611. — DÉCISION.

Schönbrunn, 27 septembre 1809.

L'ambassadeur de Russie demande l'autorisation de faire passer en Russie des armuriers de la ville de Liège.

L'émigration est défendue par les lois de l'Etat; aucun ouvrier ne peut donc passer à l'étranger ; un ministre qui l'autoriserait commettrait un crime. C'est dans ce sens qu'il faut répondre.

NAPOLÉON.

3612. — AU GÉNÉRAL CLARKE.

Schönbrunn, 27 septembre 1809.

Monsieur le général Clarke, j'ai bien besoin d'avoir le plus tôt possible l'état de l'armée du Nord, conformément à mes derniers ordres.

NAPOLÉON.

3613. — DÉCISIONS (1).

27 septembre 1809.

On propose à Sa Majesté d'autoriser en faveur des autorités et de la gendarmerie d'Alais le payement à titre d'indemnités d'une somme de

Accordé.

(1) Non signées; extraites du « Travail du ministre de la guerre avec l'Empereur, du 13 septembre 1809 ».

3.157 francs pour frais d'arrestation et d'extradition des conscrits et déserteurs français pendant les années 1804, 1805, 1806 et 1807.

Le général Gouvion-Saint-Cyr a fait payer sur les fonds des contributions de la Catalogne, à M. le général Rey, chef de l'état-major, une indemnité extraordinaire de 1.066 francs par mois.

Le ministre demande à Sa Majesté si Elle veut bien approuver ce payement.

La loi.

On propose à Sa Majesté d'accorder une indemnité de 300 francs au commandant de la citadelle de Besançon pour le dédommager des dépenses qu'il doit faire en raison de sa position militaire.

Accordé pour cette fois comme gratification.

On soumet à Sa Majesté la question de savoir si la Westphalie doit avoir à sa charge 12.500 hommes employés sur son territoire ou à l'extérieur ou si elle doit pourvoir seulement au besoin des troupes stationnées dans le pays.

La Westphalie doit pourvoir à 12.500 hommes lorsqu'ils y sont ; lorsqu'ils n'y sont pas, elle doit pourvoir à ce qu'il y a.

On met sous les yeux de Sa Majesté l'état des officiers généraux et adjudants commandants, employés à l'armée d'Espagne, rentrés en France en congé ou avec l'autorisation de Sa Majesté catholique ou des commandants des différents corps de cette armée.

Me faire connaître si ces généraux sont disponibles. Mon intention est qu'ils ne rentrent en Espagne que sur des ordres, voulant les employer à y conduire des renforts.

On propose à Sa Majesté de confirmer le congé provisoire accordé au colonel Evers, commandant les chasseurs de la légion hanovrienne employée à l'armée d'Espagne, et de l'autoriser à rester en convalescence au dépôt de ce corps jusqu'au 15 novembre prochain ;

Envoyer en place le major, ou bien le colonel partira au 1er octobre avec tout ce qu'il pourra y avoir de disponible dans la légion.

D'accorder un congé absolu à M. Niewodowski, lieutenant au 2e régiment d'infanterie de la légion de la Vistule, pour cause d'infirmités contractées originairement hors du service militaire.	Approuvé.
Deux officiers du corps du duc d'Oels et un domestique ont été envoyés en France et mis en prison à la citadelle de Luxembourg. On prie Sa Majesté de prononcer sur leur détention ultérieure.	Faire juger ces officiers par une commission militaire, comme gens sans aveu.

3614. — DÉCISION (1).

27 septembre 1809.

On propose à Sa Majesté d'accorder à M. de Juniac, colonel du 1er régiment de hussards, la permission de se rendre au dépôt de son corps pour soigner sa santé.	Envoyer le major du régiment le remplacer ; lorsque le major sera arrivé, il pourra se rendre pour six mois au dépôt.

3615. — DÉCISIONS (2).

27 septembre 1809.

On propose à Sa Majesté d'accorder une gratification de 12.252 francs aux sous-officiers et gendarmes de la colonne mobile de gendarmerie qui a réprimé la désertion dans les départements de l'Orne, la Mayenne et la Sarthe.	Approuvé.
On propose à Sa Majesté d'ordonner que le jugement qui condamne pour cause de désertion le nommé Ant. Lainé, grenadier dans la 3e compagnie de la 3e cohorte de la légion de gardes nationales des	Approuvé.

(1) Non signée; extraite du « Travail du ministre de la guerre avec S. M. l'Empereur et Roi, daté du 30 août 1809 ».

(2) Non signées; extraites du « Travail du ministre de la guerre avec l'Empereur, du 6 septembre 1809 ».

10e et 11e divisions militaires, à trois ans de travaux publics et à 1.500 francs d'amende, sera exécuté.

On propose à Sa Majesté de décider que le commandant militaire du Mont-Cenis recevra une indemnité annuelle de 600 francs, attendu sa position particulière.

Accordé.

On propose à Sa Majesté d'accorder au commandant de la batterie de Cherbourg une indemnité de 300 francs pour le dédommager des dépenses extraordinaires qu'il est obligé de faire.

Accordé.

Sa Majesté est priée d'approuver le congé de trois mois accordé au général de brigade Buget.

Approuvé.

On rend compte à Sa Majesté de la permission accordée à M. Lallemand, colonel du 27e régiment de dragons, en Espagne, pour aller prendre les eaux en France et rétablir sa santé.

Faire aller le major du régiment à sa place.

On soumet à l'approbation de Sa Majesté la démission du sieur Vergniol, lieutenant dans le 22e régiment d'infanterie de ligne.

Approuvé.

3616. — DÉCISION.

Schönbrunn, 27 septembre 1809.

J'ai l'honneur de rendre compte à Sa Majesté que tous les ouvriers du 6e bataillon *bis* du train d'artillerie, dont le dépôt est à Bayonne, en ayant été retirés, pour être incorporés dans le 13e bataillon principal employé sur l'Escaut, j'ai cru devoir donner l'ordre aux dépôts des 2e bataillon principal et 2e bataillon *bis* du train d'artillerie, qui sont à Auch, d'en partir le 27 septembre

Je vous ai fait connaître que je n'approuvais pas la formation du bataillon principal, et qu'il ne fallait former qu'un bataillon provisoire.

NAPOLÉON.

pour se rendre à Bayonne, où ils arriveront le 3 octobre et seront provisoirement chargés de pourvoir aux réparations du 6e bataillon *bis* en attendant que celui-ci ait pu se procurer de nouveaux ouvriers.

J'ai l'honneur de soumettre cette mesure à l'approbation de Sa Majesté.

Le ministre de la guerre,
Comte d'Hunebourg.

3617. — DÉCISION (1).

Demande de 20.000 francs à titre de secours aux masses pour le 44e bataillon de flottille.	Accordé. Napoléon.

3618. — AU GÉNÉRAL CLARKE.

29 septembre 1809.

Monsieur le général Clarke, je reçois votre lettre du 22, où vous me rendez compte qu'il existe, à l'armée du Nord, un régiment provisoire de hussards fort de 566 hommes, un de chasseurs de 642 hommes, deux de dragons de 1.687 hommes et un de cuirassiers de 588. Je crois vous avoir mandé que les sept régiments de chasseurs et les six de hussards qui sont en Espagne devaient recevoir tout ce qu'ils ont, non seulement à Versailles, mais aussi dans le Nord ; il est probable que cela réduira les deux régiments provisoires de chasseurs et de hussards de moitié.

Je vous ai mandé de faire venir tous les dragons à Versailles.

Les carabiniers et les cuirassiers avaient été dirigés sur Hanovre ; vu les circonstances, je vous ai écrit de les arrêter où ils se trouveraient, et de les rapprocher de Paris.

Je vous ai ordonné de renvoyer 1.500 gendarmes dans les légions, et de n'en garder à Anvers que 500, avec 500 ou 600 chasseurs ou hussards.

Napoléon.

---

(1) Non datée, expédiée le 28 septembre 1809; le rapport du maréchal Berthier est du 26.

3619. — AU GÉNÉRAL CLARKE.

Schönbrunn, 29 septembre 1809.

Monsieur le général Clarke, je reçois l'état de situation de l'armée du Nord au 15 septembre. Il faut avoir l'attention, en général, que les états de situation comprennent toujours les dénominations des corps primitifs. Par exemple, je ne sais pas ce que c'est qu'un deuxième régiment de marche qui est à la division Chambarlhac. Je voudrais qu'il y eût : *tel régiment, formé de tel et tel bataillon*. Cela, du reste, sera plus clair désormais, parce que j'ai organisé les demi-brigades par décret. Je désire, cependant, que vous fassiez ajouter dans les états les éléments primitifs dont elles se composent.

Je vois que la légion de la Vistule a 1.400 hommes ; il faut les diriger sur Paris.

Dirigez également les lanciers polonais sur Paris, et faites venir du dépôt de Sedan à Paris tout ce qu'il peut y avoir de disponible.

Je vous ai mandé de faire passer le bataillon irlandais en Espagne et ce qui appartient au régiment de la Tour d'Auvergne en Italie.

NAPOLÉON.

3620. — AU GÉNÉRAL CLARKE.

29 septembre 1809.

Monsieur le général Clarke, les fusils qui partent de Magdeburg pour Stettin doivent être transportés aux frais du gouvernement du duché de Varsovie ; vous n'avez donc pas à vous en mêler.

Le transport de Dresde à Varsovie ne vous regarde pas davantage.

Quant aux 18.000 fusils à faire partir de Mayence, de Strasbourg et de Cologne, vous m'en rendrez compte et ne laisserez rien partir sans mon ordre.

Il y a suffisamment des 33.000 fusils partis des places d'Allemagne ; ainsi j'approuve le départ de ce qui est à Magdeburg et à Danzig, mais je n'approuve point que vous fassiez partir les 8.000 fusils qui sont à Mayence, les 4.000 qui sont à Strasbourg et les 6.000 qui sont à Cologne, les 1.000 paires de pistolets qui sont à Mayence, les 1.000 qui sont à Strasbourg et les 500 sabres qui sont à Cologne, lesquels doivent rester dans ces villes jusqu'à nouvel ordre.

Mettez-vous en correspondance avec le prince Poniatowski pour savoir si, quand il aura reçu les 33.000 armes, il en aura besoin d'autres.

NAPOLÉON.

3621. — DÉCISION.

Schönbrunn, 29 septembre 1809.

Le général Clarke rend compte d'une réclamation formée par la commission du Hanovre au sujet de 224 malades de la division westphalienne évacués de l'hôpital de Brême sur celui de Hanovre.

Evacuer ces malades sur Göttingen.

NAPOLÉON.

3622. — DÉCISION.

Schönbrunn, 29 septembre 1809.

Le maréchal Berthier rend compte que, conformément aux ordres de l'Empereur, des instructions ont été données en vue de la formation, à Strasbourg, d'un régiment de marche à l'aide des hommes disponibles dans les dépôts d'infanterie de la 5e division militaire, et il demande quelles sont les intentions de Sa Majesté au sujet de la destination de ce corps.

Ecrire dans les bureaux pour avoir la situation de ce régiment auquel je ne donnerai des ordres que lorsque je connaîtrai qu'il est formé.

NAPOLÉON.

3623. — DÉCISIONS (1).

30 septembre 1809.

Rapport au sujet de l'état d'organisation du régiment Joseph-Napoléon.

Accordé.

Le capitaine espagnol de Caviédès demande à retourner dans sa

Accordé.

(1) Non signées; extraites du « Travail du ministre de la guerre avec S. M. l'Empereur, du 20 septembre 1809 ».

patrie pour y prendre du service. Le général Kindelan fait l'éloge de cet officier qui n'a pas violé son serment de fidélité.	
Le lieutenant de vaisseau suédois Prentz, qui a rendu des services aux Français en Portugal et qui a couru des dangers pour échapper aux insurgés et exécuter la promesse qu'il avait faite de se rendre en France, sollicite son renvoi en Suède.	Accordé.
On propose à Sa Majesté d'imputer sur les dépenses de l'extraordinaire des guerres le payement en double emploi d'une somme de 1.550 francs due pour solde à un brigadier et à quatre gendarmes et qui a été prise par l'ennemi en Espagne.	Accordé.

3624. — DÉCISIONS (1).

1er octobre 1809.

Sa Majesté est priée de vouloir bien faire connaître si, en considération des services rendus aux Français par le sieur Krutich père, qui est l'un des principaux de la garde bourgeoise à Berlin, elle jugerait à propos d'user d'indulgence envers le fils de ce Prussien qui se trouve au nombre des brigands de la bande de Schill qui doivent être conduits aux galères.	Approuvé.
Sa Majesté est priée d'ordonner que le nommé Cartalas père sera remboursé d'une somme de 600 francs pour frais de garnisaires placés mal à propos chez lui et qu'il lui sera, en outre, accordé 400	Approuvé.

(1) Non signées; extraites du « Travail du ministre de la guerre avec l'Empereur, du 20 septembre 1809 ».

francs pour l'indemniser de la perte résultant de la vente qu'il a été obligé de faire d'une partie de ses biens fonds pour satisfaire au paiement de ces frais de garnisaires.	
Compte rendu de l'envoi de garnisaires suivant le mode prescrit par le décret du 24 juin 1808 dans deux communes du département des Deux-Sèvres.	Approuvé.

3625. — DÉCISION.

1er octobre 1809.

Le préfet de la Röer demande que la compagnie de réserve de son département soit portée de la 2e à la 1re classe.	Accordé.

NAPOLÉON.

3626. — ORDRE.

2 octobre 1809.

Les officiers des quatre divisions de gardes nationales du Nord n'ayant pas été nommés par décret, écrivez-leur une lettre d'avis, pour les prévenir que vous m'avez soumis leur nomination, et qu'ils recevront des brevets signés de moi.

NAPOLÉON.

3627. — ORDRE.

2 octobre 1809.

Le régiment d'infanterie du grand-duché de Berg n'a qu'un millier d'hommes présents. Si l'on pouvait avoir 700 à 800 Allemands de ceux destinés soit au régiment d'Isembourg, soit au régiment de La Tour d'Auvergne, on pourrait les incorporer dans le régiment de Berg, à son passage à Orléans.

NAPOLÉON.

3628. — AU MARÉCHAL BERTHIER.

Schönbrunn, 2 octobre 1809.

Mon Cousin, je verrai à la prochaine parade les deux régiments de marche de cavalerie qui viennent d'arriver. Mon intention est que les 100 hommes du 15e de chasseurs soient incorporés dans le 14e, comme l'ont été les précédents détachements.

NAPOLÉON.

3629. — DÉCISION.

Schönbrunn, 2 octobre 1809.

Le maréchal Berthier propose de faire cantonner la division Tharreau, le camp qu'elle occupe étant insalubre.

Approuvé. La faire cantonner depuis Stockerau, à Korneuburg et Stamersdorf, dans ce triangle.

NAPOLÉON.

3630. — DÉCISION.

Schönbrunn, 2 octobre 1809.

Le maréchal Berthier met sous les yeux de l'Empereur un état des troupes retenues à Passau par le général Bourcier, conformément aux ordres de Sa Majesté, et il demande quelle destination devra être affectée à ces troupes.

Me remettre cet état le 5 octobre avec ce qui sera arrivé d'ici à ce temps-là.

NAPOLÉON.

3631. — DÉCISION (1).

Le maréchal Berthier propose à l'Empereur d'imputer des frais de poste se montant à la somme de 12.038 fr. 25 sur un reliquat de fonds qui était destiné aux dépenses secrètes et qui est resté inemployé.

Approuvé.

NAPOLÉON.

(1) Non datée; le rapport du maréchal Berthier est du 2 octobre 1809.

3632. — DÉCISION.

Schönbrunn, 2 octobre 1809.

Le maréchal Berthier rend compte qu'un bataillon de marche de la légion portugaise, fort de 500 hommes, doit arriver le 6 octobre à Hanovre, et il demande des ordres pour la destination ultérieure de cette troupe.

Ce bataillon fait partie de la légion portugaise, il faut donc le laisser à Hanovre jusqu'à nouvel ordre. Mais il faut prévenir le général commandant les Portugais que ce bataillon lui appartient. On le fera après venir à Vienne si la guerre se continue, ou on le réunira aux autres, si la paix a lieu.

NAPOLÉON.

3633. — DÉCISION.

Schönbrunn, 2 octobre 1809.

Le colonel Laffite, du 18e dragons, jeté dans un cachot sur la dénonciation d'un capitaine, écrit au maréchal Berthier pour protester de son innocence et de son zèle.

Lui répondre des paroles de consolation ; lui faire sentir cependant qu'il doit être responsable de la conduite de son adjudant-major, qui ordinairement est l'homme du colonel, et qui se trouve criminel d'Etat.

NAPOLÉON.

3634. — AU MARÉCHAL BERTHIER.

3 octobre 1809.

Mon Cousin, remettez-moi l'état de situation de mon armée au 1er octobre.

NAPOLÉON.

3635. — AU MARÉCHAL BERTHIER.

3 octobre 1809.

Ordonnez que demain et après-demain les camps de la garde soient levés et qu'elle soit cantonnée dans les faubourgs de la ville et les villages d'ici au Danube. Me faire un rapport sur les malades qu'il y aurait au camp des Wurtembergeois et les cantonnements que l'on pourrait leur donner.

NAPOLÉON.

3636. — ORDRE.

Au camp impérial de Schönbrunn, 4 octobre 1809.

1°

Les grenadiers et chasseurs de la vieille garde seront cantonnés dans les faubourgs de Vienne, le plus près de Schönbrunn, demain 5.

2°

Les camps seront levés. Les fusiliers prendront les cantonnements que quitte la vieille garde. Les conscrits et les tirailleurs seront cantonnés dans les villages qui environnent Vienne.

Il sera laissé à chaque camp un corps de garde de 6 hommes, pour les garder et empêcher qu'il n'y soit commis de dégradations.

NAPOLÉON.

3637. — ORDRE (1).

Schönbrunn, mercredi 4 octobre 1809.

L'Empereur verra demain le régiment de Nassau à la parade.

3638. — DÉCISIONS (2).

Rapport du général Clarke, ministre de la guerre, duquel il résulte que Sa Majesté a sans doute eu l'intention de désigner les 3es bataillons des 16e légère, 45e, 54e, 8e, 24e, 96e de ligne, du 1er corps d'armée ;	Oui.
les 3es bataillons des 28e, 32e, 58e et 75e régiments de ligne du 4e corps d'armée ;	Oui.

(1) Non signé; a été expédié le 4 octobre.
(2) Sans signature ni date; le rapport du ministre est du 4 octobre 1809.

les 3es bataillons des 2e, 4e, 31e régiments d'infanterie légère, le 4e bataillon du 86e de ligne, le 4e bataillon du 66e de ligne et le 6e bataillon du 82e régiment de ligne, employés au 2e corps d'armée, comme devant envoyer chacun, à Bayonne, les cadres des quatre compagnies de fusiliers, pour y recevoir les 12.000 conscrits destinés pour l'armée d'Espagne.	Oui. NAPOLÉON.

3639. — DÉCISION.

Schönbrunn, 5 octobre 1809.

Rapport du général Clarke au sujet de l'installation défectueuse des troupes qui composent le camp de Pontivy.	Les réunir à Rennes. NAPOLÉON.

3640. — DÉCISION.

Schönbrunn, 5 octobre 1809.

Le prince Eugène demande que le dépôt du 8e cuirassiers soit transféré à Saluces et que le dépôt du 4e cuirassiers soit réinstallé à Pignerol.	Accordé. NAPOLÉON.

3641. — AU MARÉCHAL BERTHIER.

Schönbrunn, 5 octobre 1809.

Mon Cousin, envoyez l'ordre au 1er régiment provisoire de chasseurs qui doit être à Passau de continuer sa route sur Augsburg. Vous me ferez connaître le jour où il arrivera.

Donnez ordre au général Rouyer de continuer sa route sur Passau avec sa division.

Donnez ordre aux chevau-légers polonais de ma garde, qui sont à Saint-Pölten, de continuer leur route sur Linz, où ils arriveront le 9 au soir.

Donnez l'ordre aux chasseurs à cheval de ma garde de partir demain pour Saint-Pölten, hormis un escadron, qui restera ici pour mon service.

NAPOLÉON.

3642. — AU MARÉCHAL BERTHIER.

Schönbrunn, 5 octobre 1809.

Mon Cousin, donnez l'ordre à l'intendant général de faire distribuer 1.000 habits d'infanterie légère et 2.000 habits d'infanterie de ligne avec vestes, culottes et pantalons au 8e léger et autres corps du maréchal Marmont qui en ont le plus besoin. Mon intention est que cette distribution soit faite sans délai. Faites-moi connaître l'état de la distribution que j'ai ordonnée, de 6.000 culottes, au corps du maréchal Oudinot, et les besoins que pourrait avoir ce corps.

Napoléon.

3643. — DÉCISION.

Schönbrunn, 5 octobre 1809.

Le maréchal Berthier présente à l'Empereur l'état de situation des troupes qui attendent des ordres à Passau.

Me remettre l'état de situation de ces troupes au 7 octobre 1809.

Napoléon.

3644. — AU MARÉCHAL BERTHIER.

Schönbrunn, 7 octobre 1809.

Mon Cousin, donnez l'ordre aux dragons de ma garde de partir demain pour se rendre à Saint-Pölten. Ils mèneront avec eux leurs convalescents, leurs bagages et tout ce qui leur appartient, et autant de leurs malades qu'ils pourront.

Napoléon.

3645. — DÉCISION.

Schönbrunn, 7 octobre 1809.

Le général Clarke, ministre de la guerre, expose à l'Empereur qu'il serait essentiel de pouvoir disposer des quatre compagnies d'armuriers d'artillerie pour la réparation de 200.000 fusils prescrite par l'Empereur; mais que deux de ces compagnies sont en Espagne, une en

Le bureau d'artillerie a de fausses idées; les compagnies d'artillerie en temps de guerre doivent toutes être à l'armée, les 15 compagnies d'ouvriers doivent être à l'armée. Les ateliers d'artillerie doivent être alimentés

Allemagne et la quatrième à Magdeburg.

par des ouvriers civils. Je serais donc fâché qu'on ait retiré rien de l'armée du Nord. Si la guerre recommençait ici, mon premier soin serait d'y faire venir tous les ouvriers. Il serait possible que j'en prisse aussi pour l'Espagne. Les ouvriers d'artillerie sont faits pour la guerre; on ne saurait trop en avoir dans une armée; ce sont des gens bons à tout.

NAPOLÉON.

3646. — ORDRE.

Schönbrunn, 7 octobre 1809.

Sa Majesté ordonne ce qui suit :

1° Les 200 caissons des transports militaires, qui sont à Vienne attachés au quartier général, chargeront demain et après-demain quatre ou six malades ou blessés chacun et les conduiront à l'hôpital de Saint-Pölten ou à celui de Melk;

2° On évacuera de préférence les blessés;

3° On ne prendra aucun homme appartenant au corps du maréchal Marmont ou à l'armée d'Italie;

4° Le major général donnera des ordres pour que les cinq compagnies du 1er bataillon provisoire des transports militaires quittent les corps auxquels ils sont attachés et se rendent à Vienne. Les 180 caissons d'approvisionnement seront prêts à partir le 10, chargés de 180.000 paires de souliers pour France.

La garde impériale prendra des mesures pour faire évacuer dès demain, sur Saint-Pölten, le plus grand nombre de ses blessés et malades.

NAPOLÉON.

3647. — DÉCISION.

Schönbrunn, 7 octobre 1809.

Le maréchal Masséna demande l'autorisation de faire cantonner ses troupes qui souffrent beaucoup dans leurs camps des pluies et du froid.

Autoriser à les faire cantonner sur-le-champ.

NAPOLÉON.

3648. — AU GÉNÉRAL CLARKE.

7 octobre 1809.

Monsieur le général Clarke, je vois qu'il y a à Bayonne 31 pièces de 8 et seulement 24 affûts : faites-en passer 24 autres; qu'il y a 18 obusiers de 6 pouces et seulement 15 affûts : faites-en passer 15 autres. Du reste, il me semble qu'il y a à Bayonne tout ce qu'on peut désirer.

Je vois qu'il y a en Espagne beaucoup de voitures qui ne sont pas attelées. Je désirerais que vous me fissiez connaître si, en envoyant en Espagne des compagnies du train et d'artillerie pour 100 bouches à feu, on peut laisser le matériel sur le Rhin et faire venir les chevaux haut le pied. Il faut, pour cela, être certain qu'il y a à Madrid et à Burgos des pièces, des affûts, des caissons et des munitions confectionnées. Vous sentez combien cet objet est important.

Vous ne me parlez pas dans votre lettre du 30 septembre de l'équipage de siège qui doit se trouver à Bayonne ; envoyez-moi l'état des pièces de 24 courtes, des obusiers et des mortiers de 6 pouces et de tous les objets qui le composent. Je crois qu'il faut diriger une grande quantité de poudre sur Bayonne.

Je suppose que vous avez un état de l'artillerie, caissons, munitions, outils de pionniers, etc..., qui existent en Espagne, aux corps et dans les places ; si vous avez cet état, envoyez-le moi.

NAPOLÉON.

3649. — DÉCISION.

Schönbrunn, 8 octobre 1809.

Le général Bourcier désire savoir s'il peut faire partir de Passau 40 bouches à feu demandées par le général Lariboisière.

Me soumettre cela le 10 octobre.

NAPOLÉON.

3650. — AU MARÉCHAL BERTHIER.

Schönbrunn, 8 octobre 1809.

Mon Cousin, donnez ordre qu'il soit distribué dans la journée de demain 2.600 capotes au corps du maréchal Oudinot. Le maréchal fera la répartition entre les différents régiments, en ayant soin de ne pas parler dans l'état de distribution de demi-brigades provisoires, mais de régiments primitifs. Cet état sera envoyé au ministre de la guerre.

NAPOLÉON.

3651. — AU MARÉCHAL BERTHIER.

Schönbrunn, 8 octobre 1809.

Mon Cousin, envoyez l'ordre au général bavarois Stengel, à Salzburg, de se rendre à Vienne et faites mettre l'ordre suivant à l'ordre de l'armée :

Sa Majesté témoigne son mécontentement au général bavarois Stengel de la conduite lâche qu'il a tenue à Gölling, où il s'est laissé battre par une poignée de paysans;

Ordonne que ledit général Stengel soit traduit devant une commission d'enquête qui sera nommée pour examiner sa conduite et en faire son rapport.

NAPOLÉON.

3652. — DÉCISION.

Schönbrunn, 9 octobre 1809.

Le maréchal Berthier présente à l'Empereur l'état des troupes qui attendent des ordres à Passau et qui sont fortes de 2.577 hommes et 1.150 chevaux, sans compter un régiment de marche de cavalerie à l'effectif de 522 chevaux.

Me remettre cet état de situation le 11.

NAPOLÉON.

3653. — AU MARÉCHAL BERTHIER.

Schönbrunn, 9 octobre 1809.

Mon Cousin, donnez ordre à la division Rouyer, qui arrive le 10 à Linz, d'y séjourner jusqu'à nouvel ordre.

NAPOLÉON.

3654. — DÉCISIONS (1).

Schönbrunn, 9 octobre 1809.

On soumet à Sa Majesté la demande que fait le roi de Naples pour que M. le chef de bataillon Galdemar, employé à l'état-major de cette armée, soit autorisé à passer à son service.	Accordé.
On propose à Sa Majesté d'accorder à la veuve du capitaine Barthe, tué à la Grande Armée, une somme de 300 francs à titre de secours pour lui tenir lieu de la perte de deux chevaux éprouvée par son mari.	Approuvé.
On propose à Sa Majesté d'approuver le payement de deux gratifications de 200 francs: acquittées à deux officiers du génie blessés, employés à l'armée du Nord, et qui avaient été accordées par le premier inspecteur général du génie.	Approuvé.
Résultat de l'enquête faite contre le directeur de l'artillerie de Mayence, accusé d'avoir fourni à l'armée des voitures en mauvais état.	Approuvé sa mise en liberté et son renvoi en fonctions.

3655. — AU GÉNÉRAL CLARKE.

Schönbrunn, 9 octobre 1809.

Monsieur le général Clarke, donnez ordre au duc d'Istrie de restituer à l'escadre d'Anvers tout ce qui lui appartient, afin que cette escadre soit remise dans le meilleur état.

Faites connaître dans le *Moniteur* la note des vaisseaux et des bâtiments que les Anglais ont perdus à l'embouchure de l'Escaut.

NAPOLÉON.

(1) Non signées; extraites du « Travail du ministre de la guerre avec l'Empereur, du 27 septembre 1809 ».

3656. — DÉCISION.

Schönbrunn, 9 octobre 1809.

Le maréchal Berthier rend compte que, d'après le rapport du général Desbureaux, le régiment de marche d'infanterie formé à Strasbourg, conformément aux ordres de l'Empereur, est prêt à partir au premier ordre; son effectif est de 909 hommes.

Lui répondre qu'il faut que ce régiment de marche reste à Strasbourg jusqu'à ce qu'il soit formé au moins à 2.000 hommes.

NAPOLÉON.

3657. — ORDRE.

Schönbrunn, 9 octobre 1809.

S. M. l'Empereur ordonne :

1° Les archives de la Belgique et les archives de l'empire germanique seront saisies par les soins de l'intendant général, emballées sans retard et transportées à Paris;

2° Les archives d'Italie, de Venise, de la Carniole, de l'Esclavonie, de la Dalmatie seront saisies par les soins du vice-roi et transportées à Palmanova. Arrivées là, le rapport nous en sera fait pour que nous ordonnions leur répartition entre Milan et les provinces de l'Italie française;

3° L'intendant général nommera une commission, qui sera chargée de parcourir les archives et dépôts de papiers autrichiens et d'en enlever tout ce qui contiendrait des renseignements curieux ou des documents historiques relatifs à l'Alsace, à la Lorraine, à la Franche-Comté, ou qui concerneraient soit l'Espagne, soit tout autre pays confédéré et allié de la France;

4° Le major général fera rechercher toutes les archives, cartes, états de l'armée autrichienne, papiers militaires, rapports ou données qui pourraient faire connaître les situations diverses de l'armée autrichienne dans les différentes époques de la guerre. Tous les papiers que l'on pourrait soupçonner contenir ces renseignements seront saisis et envoyés à Strasbourg où le départ de tout ce qui sera reconnu utile et de ce qui sera inutile sera fait par les soins du Ministre de la guerre;

5° L'intendant général fera saisir ou fera fabriquer la plus grande quantité de papier possible propre à la fabrication des billets de banque.

NAPOLÉON.

3658. — DÉCISION.

Schönbrunn, 10 octobre 1809.

Le maréchal Berthier demande l'autorisation de tirer du magasin de Passau 500 culottes de peau demandées par le général Trelliard pour le dépôt général de cavalerie sous ses ordres.

Approuvé.

NAPOLÉON.

3659. — DÉCISION.

Schönbrunn, 10 octobre 1809.

Le maréchal Berthier soumet à l'Empereur une demande des autorités militaires autrichiennes qui réclament un hussard hongrois arrêté pour avoir dépassé avec un de ses camarades la limite fixée par l'armistice.

De combien de lieues ont-ils passé les limites ?

NAPOLÉON.

3660. — AU GÉNÉRAL CLARKE.

Schönbrunn, 10 octobre 1809.

Monsieur le général Clarke, je vous renvoie votre lettre avec une apostille. Il n'y a pas de doute qu'on ne se soit trompé en mettant 4e bataillon au lieu de 3e. Exécutez mon ordre selon les conclusions de votre lettre.

NAPOLÉON.

3661. — AU GÉNÉRAL CLARKE (1).

Schönbrunn, 10 octobre 1809.

Monsieur le général Clarke, donnez ordre que le 18 octobre on tienne prêts dans vos bureaux les états de situation au 15 octobre.

(1) Non signé, copie conforme.

Ecrivez au général Hédouville de vous envoyer ses états de situation tous les cinq jours ; de faire dresser les états des magasins d'habillement, d'équipement et de vous les envoyer le 15 octobre, afin que les calculs que je vois désormais établis soient établis sur des états certains.

3662. — DÉCISION.

Schönbrunn, 10 octobre 1809.

Le général Reynier demande que l'Empereur veuille bien accorder 185 chevaux pour monter les hommes à pied de la grosse cavalerie saxonne, à prendre sur ceux que fournit la Hongrie.

Approuvé.

NAPOLÉON.

3663. — DÉCISION.

Schönbrunn, 11 octobre 1809.

Le maréchal Berthier présente à l'Empereur l'état de situation des troupes, infanterie et cavalerie, qui attendent des ordres à Passau.

Donnez ordre que toute l'infanterie qui est à Passau s'embarque sur le Danube, et que la cavalerie vienne par terre.

NAPOLÉON.

3664. — AU MARÉCHAL BERTHIER.

Schönbrunn, 11 octobre 1809.

Mon Cousin, je vous ai envoyé, il y a déjà quelque temps, un état des places vacantes dans les régiments provisoires de dragons du corps du duc d'Abrantès. Il y en a plusieurs de capitaines et je vous ai demandé de me proposer des officiers pris dans les régiments de l'armée d'Italie. Vous ne m'avez pas présenté ce travail. Ne tardez pas plus longtemps que demain à me présenter des décrets pour nommer à toutes ces places. Je vous avais également ordonné de faire reformer les bataillons qui avaient été pris dans le Tyrol, du 2e de ligne et 3e léger. Je vois que cet ordre n'a pas été exécuté.

NAPOLÉON.

3665. — DÉCISION.

Schönbrunn, 13 octobre 1809.

Le maréchal Berthier soumet à l'Empereur un ordre que le général Savary se propose de donner aux gendarmes d'élite placés dans les postes, et pour lequel ordre il demande l'approbation du major général.

C'est au major général de donner ces ordres. Votre autorité seule est généralement reconnue dans l'armée. Concertez-vous avec le duc de Rovigo, et réglez ce qui est nécessaire. Il y aurait anarchie dans l'armée si un autre que vous pouvait donner des ordres, surtout ceux qui obligent les généraux et officiers. Ce qui regarde les postes est essentiellement de votre ressort.

NAPOLÉON.

3666. — DÉCISION.

Schönbrunn, 13 octobre 1809.

Le général Vandamme demande 2.000 paires de souliers pour le corps de Wurtemberg.

Accordé les deux mille paires de souliers.

NAPOLÉON.

3667. — AU MARÉCHAL BERTHIER.

Schönbrunn, 13 octobre 1809.

Mon Cousin, 1.000 hommes d'infanterie, appartenant à l'ancienne division Saint-Hilaire, sont en Bavière. Ce sont les 1.000 hommes qui étaient à la division Beaumont. Donnez ordre qu'ils se rendent sur-le-champ à Passau.

NAPOLÉON.

3668. — AU GÉNÉRAL CLARKE.

Schönbrunn, 13 octobre 1809.

Monsieur le général Clarke, vous avez eu tort de donner ordre aux 200 tirailleurs corses de se rendre à Deux-Ponts ; le régiment des tirailleurs corses ne doit pas rentrer en France.

Vous avez eu tort d'écrire au général Desbureaux de retarder la marche du bataillon portugais ; ce bataillon ne doit pas non plus rentrer en France. Ainsi, de Strasbourg il peut continuer sa route.

NAPOLÉON.

3669. — DÉCISION.

Schönbrunn, 14 octobre 1809.

Demande d'un secours de 30.000 francs pour le 23e d'infanterie légère, venant de Naples.

Accordé.

NAPOLÉON.

3670. — AU MARÉCHAL BERTHIER.

Schönbrunn, 14 octobre 1809, à midi.

Mon Cousin, ma garde partira demain de la manière suivante, savoir :

Un bataillon de 600 chasseurs à pied, bons marcheurs, aujourd'hui;

Les chasseurs à pied, tant conscrits, tirailleurs et fusiliers, que de la vieille garde, avec 12 pièces de canon, partiront demain 15 à 5 heures du matin;

Les grenadiers à pied, tant conscrits, tirailleurs et fusiliers, que de la vieille garde, avec 12 pièces de canon, partiront demain, à 6 heures du matin.

Les uns et les autres se dirigeront sur Saint-Pölten, où ils arriveront le 16 au soir;

Les chasseurs à cheval partiront demain et marcheront comme l'entendra le colonel: ils ne mèneront pas d'artillerie;

Les grenadiers à cheval partiront après-demain 16; ils mèneront 12 pièces d'artillerie à cheval;

Le parc d'artillerie de la garde, composé de 60 pièces de canon, partira le 16:

Les administrations de la garde se partageront; elles partiront, celles des grenadiers avec les grenadiers, celles des chasseurs avec les chasseurs;

Toutes les fois qu'il y aura des chevaux et des hommes fatigués, on en laissera de petits dépôts où ils se reposeront cinq ou six jours;

Les grenadiers à cheval et l'artillerie attendront de nouveaux ordres, entre Saint-Pölten et Melk.

Ainsi, la garde marchera de la manière suivante :

Les chevau-légers polonais sont à Munich;

200 chasseurs à cheval sont à Passau;

Les chasseurs à cheval partent demain pour Saint-Pölten;

Les grenadiers à cheval et le parc d'artillerie partent après-demain pour Saint-Pölten;

600 chasseurs à pied partent aujourd'hui pour Saint-Pölten;

Les chasseurs et les grenadiers à pied partent demain à la pointe du jour pour Saint-Pölten.

Le général Walther me remettra demain un tableau de ces mouvements, pour que je puisse, selon les circonstances, donner des ordres à la garde.

NAPOLÉON.

3671. — AU MARÉCHAL BERTHIER.

Schönbrunn, 14 octobre 1809.

Donnez l'ordre aux 180 caissons du 1er bataillon provisoire des équipages militaires, chargés de 180.000 paires de souliers, de partir demain pour se rendre à Linz. Vous me ferez connaître le jour où il devra y arriver, afin de lui envoyer de nouveaux ordres, si les circonstances ne changent pas. Donnez l'ordre aux Wurtembergeois de se rendre à Krems, où ils seront joints par le régiment de cavalerie de Wurtemberg, attaché au 11e corps et par celui attaché au 4e corps, ce qui complètera le corps de Wurtemberg. Ce corps de Wurtemberg partira demain 15, passera le pont de Vienne et ira par la rive gauche. Il arrivera à Krems le 17, y séjournera le 18, et, d'ici-là, vous le porterez sur l'état pour recevoir de nouveaux ordres. Par ce moyen, il n'y aura plus à Vienne que le corps du maréchal Oudinot, la garde et le corps de Wurtemberg étant partis.

NAPOLÉON.

3672. — AU MARÉCHAL BERTHIER.

Schönbrunn, 14 octobre 1809.

Un bataillon des chasseurs à pied de la garde, composé de 600 hommes, bons marcheurs, partira ce soir pour se rendre à

Passau. Il marchera de manière à ne pas fatiguer les hommes. Le chef de bataillon fera connaître le jour où il devra arriver à Passau.

Les chasseurs à cheval partiront demain pour se rendre à Passau. Le colonel voyagera de manière à ne pas trop fatiguer les chevaux et s'y rendre le plus tôt possible. Les dragons qui sont à Saint-Pölten recevront de suite l'ordre d'en partir demain pour se rendre à Passau. Le colonel voyagera de la même manière que ce qui est prescrit pour les chasseurs à cheval.

Les chevau-légers qui sont à Passau recevront l'ordre de partir demain pour se rendre à Munich. Le colonel fera connaître le jour où il compte arriver à Munich sans trop fatiguer les chevaux; il y attendra des ordres.

Le régiment provisoire de chasseurs à cheval, qui est à Landshut, recevra l'ordre de se rendre à Munich, où il attendra des ordres.

NAPOLÉON.

3673. — AU MARÉCHAL BERTHIER.

Schönbrunn, 14 octobre 1809.

Mon Cousin, donnez l'ordre aux 3e et 4e régiments provisoires de dragons, qui doivent être à Stuttgart, de continuer leur route et de se rendre à Strasbourg.

Donnez ordre aux deux régiments de conscrits de la garde, qui sont à Strasbourg, de se rendre à Paris.

Donnez ordre au duc d'Abrantès de faire partir sans délai les quatre bataillons du 22e de ligne, les huit bataillons français qui forment la division Rivaud avec l'artillerie, les trois régiments provisoires de dragons, et le régiment de chasseurs du grand-duché de Berg, pour se rendre à Mayence. Ainsi, tout le 8e corps, hormis les Saxons et les Bavarois et la division Lagrange, se rendront à Mayence.

Donnez ordre aux détachements de cavalerie, forts de 1.200 à 1.500 hommes, partis de Passau, de s'arrêter à Linz, pour attendre le passage de leurs corps. Donnez l'ordre à Passau de ne plus rien faire partir pour Vienne.

NAPOLÉON.

3674. — AU MARÉCHAL BERTHIER.

Schönbrunn, 14 octobre 1809.

Mon Cousin, le lendemain de l'échange des ratifications vous donnerez l'ordre au général Fresia d'aller prendre le commandement de la division Grouchy ; et vous autoriserez le général Grouchy à se rendre à Paris pour soigner sa santé.

Le général Puthod prendra le commandement de la division Boudet. Faites-moi connaître si le général Bruyère se trouve assez rétabli pour commander dès aujourd'hui une division, ou s'il a besoin d'aller passer l'hiver à Paris.

Napoléon.

3675. — AU MARÉCHAL BERTHIER.

14 octobre 1809.

Mon Cousin, vous donnerez ordre qu'il soit tiré, demain à midi, à Raab et à Presbourg, 60 coups de canon pour annoncer la paix.

Napoléon.

3676. — ORDRE.

Schönbrunn, 14 octobre 1809.

Les marins de la garde suivront le parc d'artillerie de la garde et marcheront avec lui.

Donnez l'ordre aux deux bataillons de la garde italienne de partir le 16 pour Neustadt.

Napoléon.

3677. — DÉCISION.

Schönbrunn, 14 octobre 1809.

Le maréchal Berthier rend compte que, conformément aux intentions de Sa Majesté, il a donné l'ordre au général Beaumont de faire partir sur-le-champ pour Passau tous les détachements appartenant à la division Grandjean, qui font partie de son commandement.

Il faut que tous ces corps attendent à Passau, Munich et Augsburg pour rejoindre leurs régiments. Le 65e n'est plus au 4e corps, mais il est avec la division Lagrange dans le Vorarlberg.

Napoléon.

3678. — AU GÉNÉRAL CLARKE (1).

Schönbrunn, 14 octobre 1809.

Monsieur le général Clarke, il n'y a pas d'inconvénient à rappeler le général Colaud.

3679. — DÉCISIONS (2).

Schönbrunn, 14 octobre 1809.

On soumet à Sa Majesté la demande que fait le général de brigade Maupetit, d'être employé soit dans les divisions de l'intérieur, soit sur les côtes.	Donnez-lui l'ordre de se rendre à Versailles, pour être employé dans les régiments provisoires que vous (3) en Espagne.
Proposition d'autoriser M. le général de brigade Pamplona, commandant les chasseurs à cheval de la légion portugaise, à rejoindre sa légion.	Ordre à ce général de se rendre à Paris.
Le ministre rend compte à Sa Majesté qu'il a fait payer à M. le maréchal prince de Ponte-Corvo le traitement extraordinaire de 10.000 francs par mois accordé aux maréchaux d'Empire qui commandent des corps d'armée, pour le temps qu'il a commandé l'armée du Nord.	Approuvé.
Le ministre des cultes demande qu'il soit établi un aumônier dans l'île Sainte-Marguerite, où les habitants, qui sont presque tous militaires, ainsi que les malades, sont privés des secours de la religion ou exposés aux dangers de la mer pour se rendre à la paroisse des Carmes (terre ferme).	Ceci ne regarde point la guerre, du reste j'ai pour principe qu'il ne faut pas d'aumônier dans mes régiments.

---

(1) Non signé, copie conforme.

(2) Non signées; extraites du « Travail du ministre de la guerre avec l'Empereur, du 4 octobre 1809 ».

(3) Lacune.

Sa Majesté est priée de juger si ces motifs ne pourraient pas donner lieu au rétablissement de la succursale de l'île Sainte-Marguerite.

3680. — AU GÉNÉRAL DE DIVISION DESBUREAUX.

Schönbrunn, 14 octobre 1809.

Monsieur le général de division Desbureaux, faites connaître par le télégraphe, à l'Impératrice, que la paix a été signée le 14, à 9 heures du matin, entre M. de Champagny et le prince de Liechtenstein. Répandez cette nouvelle dans votre division, et informez-en le maire de ma bonne ville de Strasbourg. Cette lettre n'étant à autre fin, je prie Dieu qu'il vous ait en sa sainte garde.

NAPOLÉON.

3681. — DÉCISION.

15 octobre 1809.

Le maréchal Berthier rend compte que le général Lariboisière demande l'autorisation de replier les deux ponts de bateaux qui sont au-dessous des deux ponts de charpente de Spitz et sur lesquels on ne passe plus.

Approuvé.

NAPOLÉON.

3682. — DÉCISION.

15 octobre 1809.

Le général Montrichard propose de faire cantonner les troupes du camp d'Ebersdorf, qui souffrent de l'humidité de la saison.

Accordé.

NAPOLÉON.

3683. — DÉCISION.

Schönbrunn, 15 octobre 1809.

Rapport au général de division Drouet d'Erlon, commandant le corps d'armée bavarois, au maréchal Berthier, dans lequel il lui ex-

Faites connaître au général Drouet les dispositions que j'ai ordonnées. Il est nécessaire, non qu'il attende tranquillement les

pose les difficultés que présenterait actuellement un mouvement sur Innsbrück.

ordres du vice-roi pour se rendre à Innsbrück, mais qu'il soumette en attendant le pays environnant et se rende maître de tous les passages.

NAPOLÉON.

3684. — DÉCISIONS (1).

Schönbrunn, 15 octobre 1809.

On propose à Sa Majesté de nommer aux emplois de porte-aigle du 119e régiment.

Approuvé.

De nommer à l'emploi de 1er porte-aigle du 122e.

Approuvé.

D'admettre à la retraite M. Dufour, adjudant-commandant, employé au camp de Boulogne.

Accordé.

3685. — DÉCISION (2).

Le général de brigade Gardane, ambassadeur à la cour de Perse, qui se rend dans ses foyers par ordre de l'Empereur, demande quel est le traitement dont il doit jouir.

Sa Majesté est priée de faire connaître ses intentions. Le ministre a provisoirement autorisé le général Gardane à recevoir le traitement d'activité attribué à son grade.

Il est revenu de Perse sans ordre et, par cela, a déplu à l'Empereur; du reste, pas d'inconvénient à l'employer dans son grade. L'envoyer sous les ordres du général Latour-Maubourg, mais en prenant les ordres de Sa Majesté à ce sujet.

3686. — AU MARÉCHAL BERTHIER.

Passau, 18 octobre 1809.

Mon Cousin, donnez l'ordre aux 14 régiments de carabiniers et de cuirassiers d'envoyer à Paris 10 hommes chacun pour recruter mes grenadiers à cheval. Ces hommes partiront sans cuirasses, sans

---

(1) Non signées; extraites du « Travail du ministre de la guerre avec l'Empereur, du 20 septembre 1809 ».

(2) Sans signature ni date; extraite du « Travail du ministre de la guerre avec S. M. l'Empereur et Roi, daté du 18 octobre 1809 ».

sabres, ni chevaux. Ils seront pris parmi les meilleurs sujets du régiment, devront être forts, vigoureux et d'une belle taille, n'avoir aucune blessure qui les empêche de faire un service actif, et avoir dix ans de service. Vous pourrez excepter de la condition de dix ans de service, ceux qui auraient assisté aux batailles d'Ulm et d'Austerlitz, ou aux deux batailles d'Heilsberg et de Friedland.

Donnez l'ordre à tous les régiments de chasseurs et de hussards de l'armée de fournir 10 hommes pour recruter mes chasseurs à cheval, et aux 5 régiments de dragons de l'armée d'Italie de fournir 10 hommes pour mes dragons. Mêmes conditions que pour les cuirassiers. Cela doit me faire 400 à 500 hommes qui ne diminueront pas les régiments, puisqu'ils ont plus d'hommes que de chevaux. Vous donnerez à ces hommes une gratification pour qu'ils ne soient pas obligés d'aller à pied jusqu'à Paris.

Donnez l'ordre aux régiments d'infanterie de l'armée, savoir :

Aux 14 régiments du corps du duc d'Auerstædt;

Aux 14 régiments du corps du duc de Rivoli;

Aux 5 régiments de l'ancienne division Saint-Hilaire;

Aux 8 régiments du 11e corps,

et aux 16 de l'armée d'Italie, de fournir chacun 8 hommes pour mes grenadiers à pied et huit pour mes chasseurs à pied. Mêmes conditions pour ceux-là que pour les cuirassiers, hormis que la bataille d'Iéna pourra leur compter. Cela me fera 450 hommes pour mes chasseurs et 450 pour mes grenadiers; en tout 900 hommes.

Vous ferez venir ces hommes, vous les passerez en revue pour vous assurer qu'ils ont les qualités requises. Vous les ferez partir ensuite pour Paris, de manière qu'ils y arrivent en même temps que ma garde.

NAPOLÉON.

3687. — AU MARÉCHAL BERTHIER.

Passau, 18 octobre 1809, à 8 heures du soir.

Mon Cousin, je reçois votre lettre du 16, à 9 heures du soir, que m'apporte Bongars. Donnez l'ordre aux 110 hommes du 10e de hussards et aux 11 hommes du 21e de chasseurs de se rendre à Strasbourg d'où ils recevront des ordres pour se rendre à Paris. Mon intention est que ma garde ne fasse aucun mouvement sans ordre. Elle séjourne les 16, 17 et 18 à Saint-Pölten. Il est 6 heures du soir et vous n'avez fait aucun signal. Aussitôt que les ratifications de Dotis seront arrivées, vous ferez filer, le premier jour, les chasseurs à pied, et un jour derrière, les grenadiers à pied. Ils pourront filer jusqu'à Linz. Vous dirigerez les grenadiers à cheval sur Steyr et les dragons sur Wels. Les Polonais et les chasseurs à cheval ont ordre d'aller jusqu'à Passau. Mais toutes ces troupes ne pourront continuer leur route qu'après l'échange des ratifications. Le parc d'artillerie se rendra à Wels.

NAPOLÉON.

3688. — AU GÉNÉRAL CLARKE.

Paris, 20 octobre 1809.

Monsieur le général Clarke, le général commandant l'artillerie de l'armée du Nord dit n'avoir que 200 canonniers à Anvers. Il doit tirer de Lille tout ce qui est disponible des seize compagnies qui s'y trouvent.

Que veut-on faire des canonniers qui se trouvent à Venloo, etc., etc ? On est bien sûr que l'ennemi ne tentera rien de ce côté. Il faut donc se servir de tous ces canonniers pour l'attaque de l'île de Walcheren.

NAPOLÉON.

3689. — AU MARÉCHAL BERTHIER.

Munich, 21 octobre 1809.

Mon Cousin, je reçois votre lettre du 17 octobre. J'y vois que le 7e principal et le 7e *bis* bataillons du train d'artillerie et le 6e principal sont à l'armée d'Italie, que, de plus, le 11e corps a quatre compagnies du 11e *bis*. Dans cet état de choses, j'approuve que tout le 11e *bis* soit au 11e corps. Par ce moyen, j'aurai en Italie deux bataillons principaux et deux bataillons *bis*. Il est inutile de changer le n° 11. Quand se fera le travail d'embrigadement, on sentira naturellement la nécessité de faire cela.

NAPOLÉON.

3690. — AU GÉNÉRAL CLARKE.

Munich, 21 octobre 1809.

Monsieur le général Clarke, je réponds à votre lettre du (1). Il

(1) Date restée en blanc.

est de principe qu'un homme né en France est Français. Nous ne reconnaissons ni à la Russie ni à aucune puissance le droit de changer ce caractère, à moins qu'elles ne trouvent le secret de la transfusion du sang. Voilà le principe d'Etat.

NAPOLÉON.

3691. — DÉCISION.

Munich, 21 octobre 1809.

Le maréchal Kellermann, commandant le corps de réserve à Maëstricht, demande l'autorisation d'établir son quartier général à Mayence.

Approuvé.

NAPOLÉON.

3692. — DÉCISION.

Fontainebleau, 26 octobre 1809.

Compte rendu des mesures prises pour faire conduire à l'armée d'Espagne les 1.000 mulets que Sa Majesté a prescrit d'acheter en Poitou.

Le ministre doit avoir reçu un décret pour la formation de l'équipage de siège qui lui aura fait connaître la destination de ces mulets.

NAPOLÉON.

3693. — DÉCISION.

Fontainebleau, 28 octobre 1809.

Plusieurs commandants de dépôts d'infanterie de la 3e division militaire demandent l'autorisation d'envoyer à leurs bataillons de guerre à l'armée d'Allemagne des effets d'habillement réclamés par les colonels.

Faire connaître en détail ce qu'on veut envoyer et pour quel corps.

NAPOLÉON.

3694. — AU GÉNÉRAL CLARKE.

Fontainebleau, 30 octobre 1809.

Monsieur le général Clarke, il sera formé une division de réserve de l'armée d'Espagne sous les ordres du général de division Loison.

Cette division sera composée de deux brigades d'infanterie :

1re brigade.
- Deux bataillons du 26e de ligne ;
- Deux bataillons du 66e ;
- Deux bataillons du 82e ;
- Un bataillon hanovrien ;
- Un bataillon de la légion du Midi.

Le général de brigade Simon commandera ces huit bataillons. Vous recevrez le décret qui le remet en activité.

Les deux bataillons du 26e seront commandés par un major ; les deux bataillons du 66e *idem*, les deux bataillons du 82e *idem*. Vous tirerez des 5es bataillons de ces corps, qui sont en France, de quoi compléter chacun des deux bataillons à 840 hommes présents. Cette brigade fera donc près de 6.000 hommes.

Un troisième bataillon de chacun des 26e, 66e et 82e sera tenu au dépôt prêt à marcher, dans le courant de décembre, selon les ordres que je donnerai.

2e brigade.
- Un bataillon du 15e de ligne ;
- Un bataillon du 47e ;
- Un bataillon du 70e ;
- Un bataillon du 86e ;
- Deux bataillons de la Vistule ;
- Un bataillon irlandais.

Ces sept bataillons, qui feront plus de 5.000 hommes, se réuniront sans délai à Angoulême. Ils seront commandés par le général de brigade Valentin.

Les dépôts des 15e, 47e, 70e et 86e tiendront prêts à marcher, dans le courant de décembre, chacun un bataillon complet.

Par ces dispositions, l'infanterie de la division Loison sera formée de quinze bataillons, ayant 12.000 hommes sous les armes, lesquels pourront entrer en Espagne, en grande partie, à la fin de novembre, pour servir à assurer les derrières.

La cavalerie de la division Loison consistera en 300 lanciers polonais et en deux régiments de marche de cavalerie qui porteront le nom de 1er et de 2e régiment de marche de cavalerie de l'armée d'Espagne.

Le 1er régiment de marche sera composé de la manière suivante :

de 125 hommes du 25e de chasseurs qui sont à Beauvais ;
122 — 10e —
138 — 22e —
112 — 27e —
108 — 1er hussards ;
80 — 2e —
98 — 3e —
30 — 10e —

813 hommes. Ils seront commandés par un colonel en second.

Le 2e régiment de marche de cavalerie sera composé de :

136 hommes du 4e hussards ;
73 — 1er cuirassiers ;
32 — 2e ;
38 — 3e ;
77 — 5e ;
28 — 9e ;
57 — 10e ;
62 — 11e ;
74 — 12e.

577 hommes.

Il y a de plus, à Soissons, 107 hommes du 1er de carabiniers et 90 hommes du 2e. Ces 200 hommes seront joints au 2e régiment de marche de cavalerie. Ils se mettront en marche sans délai pour le dépôt du 13e de cuirassiers et y laisseront leurs chevaux et leurs selles pour monter les hommes disponibles de ce dépôt. Les carabiniers retourneront ensuite à leurs dépôts.

Comme un homme peut mener deux chevaux, vous donnerez ordre que les 107 chevaux du 1er de carabiniers soient menés par 53 hommes, et les 90 chevaux du 2e de carabiniers par 45 hommes. et que les autres restent au dépôt. Ces 200 carabiniers, avec ce que pourra fournir le dépôt du 13e de cuirassiers, porteront la cavalerie du général Loison à 2.000 chevaux.

Vous remarquerez que j'ai réuni dans le 2e régiment de marche la grosse cavalerie du 4e de hussards : la raison en est que je destine le 2e régiment de marche à se rendre à Saragosse, où les 136 hommes du 4e régiment de hussards seront incorporés dans ce régiment qui est au 3e corps, et les cuirassiers et carabiniers dans le 13e régiment de cuirassiers. Les officiers et sous-officiers de ces régiments de marche retourneront en poste à leurs dépôts.

Donnez des ordres pour mettre en mouvement les troupes, infanterie et cavalerie, qui doivent composer cette division, afin qu'avant le 1er décembre tout cela puisse entrer en Espagne.

La division du général Loison prendra le nom de 1re division de réserve de l'armée d'Espagne.

Napoléon.

3695. — AU GÉNÉRAL CLARKE.

30 octobre 1809.

Monsieur le général Clarke, je vous ai fait connaître que mon intention était de réunir une première division de réserve, pour l'armée d'Espagne, à Angoulême et Bayonne. Cette division, composée de deux brigades formant 12.000 hommes d'infanterie et de trois régiments de cavalerie, savoir : les lanciers de la Vistule, le 1er régiment de marche de cavalerie, pour l'armée d'Espagne, et le 2e régiment de marche *idem*, formant 2.000 hommes de cavalerie, sera forte en tout de 12.000 hommes. Mon intention est que cette division soit prête le plus tôt possible, afin d'être promptement à même de rétablir l'ordre sur les derrières de l'armée d'Espagne et de renvoyer à leurs régiments respectifs tous les régiments qui se trouvent dans la Biscaye et autres provinces, tels que le bataillon des hommes isolés de Saint-Sébastien, qui est de 1.000 hommes, le bataillon de garnison de Bilbao, qui est de 500 hommes, celui de Vitoria, etc. Cette mesure rétablira l'ordre dans diverses provinces d'Espagne, réunira les corps et augmentera beaucoup tous les cadres de l'armée.

Une seconde division de réserve de l'armée d'Espagne sera commandée par le général Reynier. Elle sera composée d'un bataillon du 26e, d'un du 66e, d'un du 82e, d'un du 15e, d'un du 47e, d'un du 70e et d'un du 86e. Total, sept bataillons formant la 1re brigade, laquelle se réunira à Bordeaux, vers le 10 décembre, c'est-à-dire aussitôt que ces dépôts auront fourni ce qui est demandé pour la première division de réserve, et que les progrès du recrutement et autres circonstances auront mis à même de porter chaque bataillon au complet de 840 hommes, ce qui fera 5.600 hommes pour la première brigade ; vous nommerez un général de brigade pour la commander.

La 2e brigade sera composée d'un bataillon du 31e léger, d'un du 114e, d'un du 115e, d'un du 116e, d'un du 117e, d'un du 118e, d'un du 119e et d'un du 120e, chacun de ces bataillons composé de trois ou quatre compagnies, suivant ce que les dépôts pourront fournir. Total, huit petits bataillons formant une brigade d'environ 4.000 hommes.

La 3e brigade sera composée de tous les 4es bataillons qui viennent de recevoir l'ordre de se rendre à Bayonne, pour y prendre les conscrits provenant de l'appel extraordinaire ; vous m'en enverrez le détail. Cette brigade doit former 4.000 à 5.000 hommes, ce qui portera la division à 15.000 hommes environ.

Il est nécessaire que le général Reynier soit rendu le 10 décembre à Bayonne pour presser l'organisation des deux premières brigades qui doivent être réunies à cette époque.

La cavalerie de la division du général Reynier sera composée :

1° Du 1er régiment de chasseurs, fort de 800 hommes, qui vient d'Allemagne et doit être aujourd'hui arrivé à Strasbourg. Ce régiment doit être dirigé d'abord sur Orléans, et ensuite sur Bayonne, où il arrivera dans le courant de décembre. Il sera augmenté de tout ce que les dépôts du 10e, du 22e et du 26e de chasseurs auront de disponible au 15 novembre.

Pour l'état que vous m'avez remis, il paraît que le 10e de chasseurs pourra fournir 60 hommes, le 22e 75 hommes et le 26e 60 hommes, c'est-à-dire près de 200 hommes ; ce qui portera le 1er régiment provisoire à 1.000 hommes.

Vous donnerez ordre que tout ce que les dépôts des 10e, 22e et 26e régiments de chasseurs pourront fournir se réunisse à Saumur, d'où ces détachements rejoindront le 1er régiment provisoire à son passage.

2° Un troisième régiment de marche de cavalerie de l'armée d'Espagne sera attaché à la division Reynier ; il sera composé de tout ce que les dépôts des 5e, 21e et 27e de chasseurs, 1er, 2e, 3e, 4e et 10e de hussards auront de disponible au 15 novembre. Ces détachements se mettront en marche pour Tours, où le régiment sera formé. Il sera prêt à partir au 1er décembre.

Par les états que vous m'avez remis, il paraît que le 5e de chasseurs peut fournir 30 hommes, le 21e 120 hommes, le 27e 50 hommes, le 1er de hussards 150 hommes, le 2e 100 hommes, le 3e 100 hommes, le 4e 100 hommes, le 10e 100 hommes. Indépendamment de cela, il y a 200 hommes qui reviennent de l'armée d'Allemagne, appartenant au 10e de hussards, et, je crois, au 21e de chasseurs ; ce qui portera le 3e régiment de marche à environ 1.000 hommes.

3° Tout ce que les 1er, 2e, 3e, 5e, 9e, 10e, 11e, 12e; 13e de cuirassiers pourront fournir (et cela se monte à près de 400 hommes) se réunira également au 15 novembre, à Tours, sous le titre de 4e régiment de marche, pour l'armée d'Espagne. Ces hommes seront destinés à être incorporés dans le 13e régiment de cuirassiers, que mon intention est de porter à 1.500 chevaux.

4° Un régiment de marche de l'armée d'Espagne appartiendra également à la cavalerie de la division Reynier et sera formé de tout ce que pourront fournir au 15 novembre les dépôts de chasseurs et de hussards, dont les régiments sont en Allemagne. Mon intention n'est pas de comprendre dans ce nombre les dépôts qui sont dans les 27e et 28e divisions militaires. Cette formation aura également lieu à Tours. Ces quatre régiments porteront la cavalerie du général Reynier à 3.000 ou 4.000 hommes.

Le général Fouler recevra ordre de se rendre, sans délai, à Paris, et d'être à Tours au 1er décembre, pour y procéder à la formation des régiments de cavalerie de la division Reynier.

Les régiments de marche formés de détachements qui ont leurs escadrons de guerre en Espagne seront dissous, et ces détachements rejoindront, autant que faire se pourra, leurs corps à l'armée ; mais, le régiment de marche de cuirassiers et les autres qui ont leurs escadrons de guerre en Allemagne doivent être incorporés dans les régiments qui sont en Espagne. Il est donc nécessaire qu'au fur et à mesure que ces régiments seront organisés, vous me présentiez un projet de décret qui prescrira l'incorporation dans les cadres de l'armée d'Espagne, de sorte qu'aussitôt que les détachements auront rencontré le régiment dans lequel ils doivent être incorporés, les officiers reviennent en France et les soldats soient admis dans leur nouveau régiment. Dans ces décrets d'incorporation, il faudra avoir soin de deux choses : 1° d'incorporer le plus possible les détachements dans les régiments qui ont l'uniforme le plus analogue ; 2° d'avoir en vue de porter à un effectif de 1.500 chevaux tous les régiments de chasseurs et de hussards que j'ai en Espagne.

J'ai en Espagne douze régiments de chasseurs et de hussards ; cela fera donc un effectif de 18.000 chevaux.

Je n'ai en Espagne qu'un régiment de cuirassiers, qui est le 13e, et mon intention est également de le porter à 1.500 chevaux, ce qui fera près de 20.000 chevaux, sans compter les vingt-quatre régiments de dragons qui auront au moins 1.000 chevaux chacun.

Ainsi, l'effectif de ma cavalerie en Espagne sera de 40.000 à 44.000 chevaux.

NAPOLÉON.

3696. — DÉCISION.

Fontainebleau, 30 octobre 1809.

Pour éviter la dépense qu'entraînerait une fourniture de capotes à la 6e brigade de vétérans, le général Clarke propose à l'Empereur de faire rentrer dans leurs garnisons les compagnies de cette demi-brigade employées à l'armée du Nord.

Ces vétérans sont nécessaires pour la garde des magasins et arsenal d'Anvers. En les mettant à Anvers comme garnison, ils n'auront pas besoin de capotes.

NAPOLÉON.

3697. — DÉCISION.

Fontainebleau, 30 octobre 1809.

Comme la formation du nouveau bataillon de marche de Jaca ne peut avoir lieu quant à présent, les 5es bataillons des 114e, 115e, 116e et 117e régiments d'infanterie de ligne qui devaient former ce bataillon ne pouvant fournir que 280 hommes, le général Hédouville propose d'envoyer à Saragosse les 280 hommes disponibles pour rejoindre dans cette ville leurs régiments respectifs.

Approuvé ce mouvement.

NAPOLÉON.

3698. — DÉCISION.

Fontainebleau, 30 octobre 1809.

Le général Clarke rend compte du mouvement du 4e bataillon du régiment de la Tour d'Auvergne qui se rend à Plaisance, pour, de là, être dirigé soit sur Florence, soit sur Bologne.

Serait-il possible d'arrêter ce bataillon, de l'organiser assez bien et de le faire servir à Perpignan ?

NAPOLÉON.

3699. — AU GÉNÉRAL DEJEAN.

Fontainebleau, 31 octobre 1809.

Monsieur le général Dejean, j'ai reçu vos deux lettres. Je ne sais ce que veut dire cette expédition de trois vaisseaux sur Barcelone. Qui est-ce qui l'a ordonnée ? Remettez-moi une copie des ordres.

NAPOLÉON.

3700. — DÉCISIONS (1).

Fontainebleau, 31 octobre 1809.

Mesures proposées pour fournir du bronze à la fonderie de Turin, qui est sur le point d'avoir employé la totalité de celui rassemblé dans cette place, montant à 947.812 kilogrammes

Le ministre demande à augmenter la quantité de bronze et de bouches à feu que j'y ai et pour alimenter les fonderies de Turin, 200.000 kilos de bronze font 400.000 livres, et à 2.000 livres par pièce, 200 pièces de canon. Je ne crois pas avoir besoin de tant de bouches à feu en Italie, tout ce qui tient à la Grande Armée rentrant. Je suis dans l'opinion qu'on peut faire passer plutôt du bronze d'Italie en France, que de France en Italie.

A quoi bon entasser de si grandes quantités en Italie ? Il ne faut jamais oublier que la prudence veut qu'indépendamment de ce qu'on a en Italie on ait à Grenoble et au delà des Alpes de quoi faire face à des événements inattendus.

Il existe à l'Ecole militaire impériale de Saint-Cyr 60 élèves, dont l'instruction est achevée et qui peu-

Ces 60 élèves seront nommés aux corps qui sont en Espagne. Ils seront tous nommés sous-

(1) Non signées; extraites du « Travail du ministre de la guerre avec S. M. l'Empereur et Roi, daté du 18 octobre 1809 ».

vent occuper des places d'officiers dans la ligne. On demande à Sa Majesté de vouloir bien faire connaître à quelle armée Elle désire qu'ils soient dirigés.

lieutenants et employés au dépôt de Versailles. Ils iront en Espagne pour conduire les différents renforts que doivent recevoir ces régiments.

On fait connaître que les conseils d'administration des régiments de la garde continuent à se servir, pour les congés qu'ils délivrent, des modèles qu'ils ont fait imprimer, quoique Sa Majesté ait décidé qu'on se servirait des mêmes modèles que ceux employés dans la ligne.

Que le ministre fasse exécuter son ordre.

On propose à Sa Majesté d'approuver le congé qui a été accordé à M. le général de brigade Viala, employé au 7e corps de l'armée d'Espagne. Cet officier général est atteint depuis le mois d'août d'une fièvre quotidienne causée par l'insalubrité de l'air de Figuières, dont il a le commandement.

Approuvé.

Le lieutenant - général Gomes Freyre, qui commande par intérim la légion portugaise, désire obtenir l'autorisation de venir passer un mois à Paris pour y terminer des affaires importantes.

Accordé.

Sa Majesté catholique a accordé un congé de deux mois au colonel Bonnemains, du 5e régiment de chasseurs. Le ministre a cru devoir confirmer la convalescence accordée à ce colonel.

Donner ordre au major d'aller le remplacer.

Les autorités civiles sollicitent vivement la rentrée dans les dépôts de ceux des prisonniers de guerre autrichiens qui, aux approches de l'hiver, n'ont plus d'ouvrage chez les particuliers.

Il est inutile de faire aucun mouvement. Ils doivent être rendus.

3701. — DÉCISIONS (1).

Fontainebleau, 31 octobre 1809.

Le général de division Olivier, employé à l'armée du Nord, demande à reprendre le commandement de la 16e division militaire.

Prendre là-dessus l'avis du duc d'Istrie.

On met sous les yeux de l'Empereur la demande que fait le général Gratien, qui a donné sa démission du service de Hollande, à être rétabli sur le tableau de l'armée.

Ce général demande aussi que son aide de camp, le capitaine Michelin, passé au service de Hollande, obtienne la faveur de rentrer dans l'armée française.

Accordé, il sera employé dans la division Loison, en même temps le ministre de la guerre demandera en Hollande pourquoi on a renvoyé cet officier, et on l'a déshonoré. Ce général a bien fait, car il ne pouvait quitter la Grande Armée sans la permission de l'empereur, autrement, il vaudrait mieux ne pas avoir de troupes allemandes. Le roi de Bavière qui a 40.000 hommes, le roi de Wurtemberg qui en a 15.000 n'ont pas cette opinion. S'il n'y a pas d'autres motifs, on a fait une injustice à ce brave général, et l'injustice déshonore les gouvernements.

Proposition d'employer dans l'artillerie française le sieur Rappallo, ex-capitaine d'artillerie génoise.

Approuvé.

On soumet à Sa Majesté la demande que fait M. Deflue, capitaine au 1er régiment suisse, de passer au service de S. M. le roi de Naples.

Accordé.

Le gouvernement suisse a fait connaître qu'il n'existe aucun obs-

(1) Non signées; extraites du « Travail du ministre de la guerre avec S. M l'Empereur et Roi, daté du 25 octobre 1809 ».

tacle de sa part à ce que cette demande soit accueillie.	
Le chargé d'affaires de Hollande sollicite, par ordre de son souverain, le renvoi en Hollande du lieutenant de Bonninghausen, prisonnier de guerre autrichien, né Hollandais, et qui a deux frères au service de S. M. Louis Napoléon, l'un comme page et l'autre comme auditeur.	Un Hollandais qui porte les armes contre sa patrie mérite une punition; connaître celle que le roi de Hollande lui fera infliger.
M. Dulong, colonel au 31e régiment d'infanterie, grièvement blessé en Portugal, y a perdu tous ses équipages. Le ministre propose à Sa Majesté de lui accorder une indemnité de 1.200 francs ;	Accordé.
D'accorder au sieur Laviolette, capitaine au 4e régiment de hussards, qui s'est échappé des prisons de l'Angleterre, une somme de 950 francs, pour l'indemniser de la perte de ses effets.	Accordé.
Le ministre demande les ordres de Sa Majesté sur la remise d'une retenue de 301 fr. 66, qui reste à faire sur la solde de retraite de M. Poulle, capitaine au 12e régiment de ligne, qui a eu la jambe emportée à l'affaire de Wagram. Cette retenue devait avoir lieu pour une somme qui lui a été illégalement payée, mais qu'il a touchée en bonne foi.	Lui accorder la remise.

3702. — DÉCISIONS (1).

Fontainebleau, 31 octobre 1809.

On rend compte à Sa Majesté des secours en denrées qui sont réclamés avec instance pour la subsistance du 7e corps de l'armée d'Espagne qui, sous ce rapport, paraît dans une situation critique.

Tant que ce corps sera sur la frontière de France, il faut lui fournir tout ce qu'il demande.

On prie Sa Majesté de vouloir bien faire connaître si, pendant toute la durée du siège de Girone, on devra faire fournir à cette armée les farines, riz, légumes secs, eau-de-vie et bestiaux nécessaires.

On prie Sa Majesté de vouloir bien faire connaître ses intentions sur la demande de M. le maréchal duc de Castiglione, tendant à ce que la place de Figuières soit approvisionnée pour cas de siège pendant trois mois.

Cela est très important.

Le général commandant à Santander annonce que les troupes dans cette province manquent de vivres et qu'elle ne produit que du maïs qui a été la cause de beaucoup de maladies.

Faire passer tout ce qui est nécessaire par mer, par Bayonne et Bilbao.

On rend compte à Sa Majesté que le marché passé pour la fourniture de 650 chevaux, à Commercy, pour le 11e bataillon des équipages militaires, ne peut être annulé, mais qu'il sera réduit autant que possible.

Il n'y a qu'à envoyer des hommes probes et sévères et l'on recevra bien peu de ces chevaux, c'est probablement Breidt qui a fourni ces chevaux et tout ce qu'il a fourni est très mauvais. Faites-lui connaître que j'aurai l'œil sur cette fourniture.

On rend compte à Sa Majesté des dispositions faites pour la remonte

Dans la nouvelle situation où la paix me place, j'ai besoin de

(1) Non signées; extraites du « Travail du ministre directeur avec l'Empereur et Roi, du 27 octobre 1809 ».

des régiments de cavalerie légère qui doivent fournir des détachements à l'armée d'Espagne. On a l'honneur de lui exposer en même temps la détresse dans laquelle se trouvent les régiments de dragons sous les ordres de M. le duc de Bellune, et de la prier de vouloir bien donner ses ordres relativement à la remonte de ces corps.

prescrire de nouvelles mesures pour concilier le service de mes armées avec l'économie du Trésor. Je désire que vous me remettiez un tableau qui me fera connaître, 1re colonne : l'effectif présumé et par escadron de tous les régiments au 1er octobre; 2e colonne : la partie de cet effectif qui se trouve soit hors des frontières, soit aux régiments provisoires, soit aux régiments de marche, soit aux dépôts. On mettra d'abord les hommes et ensuite les chevaux sur deux colonnes verticales. Il me semble que, dans la conscription supplémentaire, je n'ai rien donné à la cavalerie ; ainsi je dois bien connaître mes dépôts, et il doit être facile de me dire combien j'ai d'hommes, combien j'ai de chevaux et quelle est la différence en hommes et en chevaux. Les bureaux, qui me paraissent au fait, pourront perfectionner ce tableau. Ils commenceront par l'armée d'Espagne en mettant les dépôts de Linarès, de Palencia, etc. Ils mettront aussi, pour l'armée d'Allemagne, les dépôts de Passau et de Klosterneuburg. C'est d'après ce tableau que je prononcerai sur les mesures à prendre. On ne saurait me le remettre trop tôt. Un autre état m'est également nécessaire, c'est celui des remontes, des marchés qu'on a passés, des chevaux qui ont été donnés et de ceux que les corps doivent encore recevoir. Il serait possible que je décidasse que tel régiment ne doit pas avoir les chevaux qui lui sont destinés et que les chevaux destinés à tel régiment doivent être donnés à tel autre.

On propose à Sa Majesté la création de trois nouvelles compagnies d'infirmiers, tant pour l'armée d'Allemagne que pour celle d'Italie.

Il n'y a pas lieu à cela.

Le 8e corps de l'armée d'Allemagne se rendant à Mayence, on a ordonné de lui fournir les vivres et fourrages de campagne. Les troupes de la Grande Armée les ont reçus en 1808, en passant d'Allemagne en Espagne. Les divisions Boudet et Molitor n'ayant pas de destination fixe, on avait néanmoins ordonné de les mettre après huit jours sur le pied de paix. On prend les ordres de Sa Majesté.

Ces troupes doivent peu s'arrêter et doivent continuer leur marche ; il faut toujours leur continuer les vivres de campagne.

On soumet à Sa Majesté la question de savoir si les officiers généraux, qui sont attachés à son service comme aides de camp ou officiers de sa maison, ont droit de recevoir leur indemnité de logement comme s'ils demeuraient constamment à Paris.

On ne leur doit aucun logement quand ils sont employés comme grands officiers ou comme aides de camp, on leur en donne seulement quand ils sont détachés et ont un commandement particulier.

3703. — DÉCISION.

Fontainebleau, 31 octobre 1809.

Afin de remédier aux enlèvements de courriers, de convois et de voyageurs sur la route de Bayonne à Madrid, le ministre de la guerre

Approuvé.

NAPOLÉON.

soumet à l'Empereur l'organisation d'un service de sûreté proposé par le général Hédouville.

3704. — NOTE EXTRAITE DES ORDRES DE L'EMPEREUR CONCERNANT LES ÉVACUATIONS.

Fin octobre 1809.

Première époque d'évacuation. — Au 5 novembre, le prince d'Eckmühl aura évacué la Moravie. Il occupera Vienne par 40.000 hommes d'infanterie, avec les Saxons, la division Montbrun, les cuirassiers et la cavalerie saxonne, ce qui fera, avec les détachements d'artillerie, une armée de près de 60.000 hommes.

A la même époque, le duc de Rivoli, prince d'Essling, avec ses 40.000 hommes aura évacué la Moravie et se concentrera sur Krems.

Les Bavarois seront à Salzburg ou dans le Tyrol.

Les Wurtembergeois, dans le cercle de Mühl-Viertel près Linz, pour garder les communications.

Le 2e corps (du duc de Reggio) sera à deux marches de Vienne sur Saint-Pölten et Melk.

L'armée d'Italie et le 11e corps occuperont toujours la ville de Raab et se concentreront entre Œdenburg et Graz, ayant un corps manœuvrant dans le Tyrol.

Telle sera la position de l'armée pendant la première époque d'évacuation, c'est-à-dire jusqu'à un mois après l'échange des ratifications, ce qui va au 20 novembre.

Deuxième époque d'évacuation (20 novembre). — A cette époque, le prince d'Eckmühl, formant l'arrière-garde, sera à Saint-Pölten avec ses troupes (ayant ainsi évacué Vienne).

L'armée d'Italie sera en Styrie (ayant ainsi évacué Raab et la Hongrie).

Le corps de Wurtemberg sera Passau.

Le prince d'Essling sera à Krems.

Il n'est pas parlé du 2e corps qui continuera sans doute d'être alors à deux journées en arrière du prince d'Eckmühl, c'est-à-dire à Linz.

Telle sera la position de l'armée pendant la deuxième époque d'évacuation, c'est-à-dire jusqu'à deux mois après l'échange des ratifications, ce qui va au 20 décembre.

Troisième époque d'évacuation (20 décembre). — A cette époque le duc d'Auerstædt sera à Linz, l'armée d'Italie en Styrie.

Et alors, selon les circonstances, l'Empereur aura fait connaître ses intentions sur la destination des autres corps.

Quatrième époque d'évacuation (5 janvier 1810).

3705. — NOTES (1).

Division Rouyer part de Linz le 14 pour occuper le cercle d'Obersmühl-Viertel.

Corps wurtembergeois part du Mühl-Viertel, aura dépassé Linz le 14, occupera Passau et une partie de l'Inn-Viertel (Braunau, Ried).

2e corps occupera sur la rive gauche le cercle d'Unter-Mühl-Viertel (Ufer, Freistadt), et, sur la rive droite, la partie du Hausruck-Viertel (Wels, Linz) comprise entre la ligne déterminée par le traité de paix, la Traun et le Danube. Ses premières troupes occuperont Linz le 14, les dernières quitteront Amstetten le 17.

La garnison de Raab sera rentrée le 20 dans la ligne d'évacuation. Les deux régiments badois rejoindront à Krems, le reste rejoindra l'armée d'Italie.

La 1re division de grosse cavalerie sera rendue le 15 à Saint-Pölten et ira prendre des cantonnements dans la partie supérieure du Traun-Viertel (Enns, Steyr).

La 2e division suivra son mouvement à un jour d'intervalle, pour cantonner dans la partie du Traun-Viertel qui ne sera pas occupée par la 1re division (Enns, Steyr).

La 3e division se concentrera le 19 dans la partie du cercle de Korneuburg, entre la limite de celui de Krems et le Danube, jusqu'à la hauteur de Neu-Aigen, son artillerie à Mautern.

Le parc du génie et de l'artillerie suivra le mouvement de la 2e division de cuirassiers pour l'établir, le parc du génie dans les environs d'Enns, et le parc d'artillerie dans les environs de Walsee.

Le 3e corps suivra le mouvement de ces parcs, marchant par division, à un jour d'intervalle.

Son parc ira cantonner aux environs d'Ybbs.

---

(1) Sans date ni signature, classées à la fin d'octobre 1809; elles ont été sans doute rédigées dans les bureaux du major général et extraites des ordres de l'Empereur.

La 3e division, entre le Gross-Erlauf et une ligne tirée de Kirchberg par Kuhln, Hürm, sur G. Keking (1).

La 2e division, entre cette ligne et la route de Wilhelmsburg à Mautern.

La 1re division, entre cette route et une ligne tirée d'Oberndorf, par Murstetten et Hasendorf sur Bodensee (2).

La cavalerie légère du général Pajol, entre cette dernière ligne et celle d'évacuation, depuis Breitenfurth jusqu'à Tulln.

La cavalerie légère du général Jacquinot, entre la route de Stockerau à Znaïm et une ligne tirée de Neu-Aigen par Stetteldorf, Weikersdorf, Kiblitz, Bernnsberg, Balka (3) sur Roth (4).

Le quartier général de l'armée et celui du 3e corps à Saint-Pölten.

Le corps saxon sera rentré le 20 dans la ligne d'évacuation, il cantonnera à droite et à gauche de la route de Neustadt à Lilienfeld, se liant par sa droite aux troupes de l'armée d'Italie et par sa gauche avec le 3e corps.

3706. — DÉCISION (5).

Novembre 1809.

On rend compte de nouveau à Sa Majesté du manque de fonds en Espagne pour les travaux du génie.

Il faudrait écrire au roi d'Espagne qu'au lieu d'entretenir de nombreux généraux espagnols qui ne servent à rien, il serait convenable qu'il donnât de l'argent pour les travaux du génie, qu'avec les énormes dépenses que je fais, je ne puis subvenir à tout.

---

(1) Sans doute Kilb, Hürm et G. Sirning (carte d'Autriche au 1/75.000e).
(2) Sans doute Ponsee (carte d'Autriche au 1/75.000e).
(3) Sans doute Pulka (carte d'Autriche au 1/75.000e).
(4) Sans doute Retz (carte d'Autriche au 1/75.000e).
(5) Non signée, sans date de jour; extraite du « Travail du ministre de la guerre avec l'Empereur, du 27 septembre 1809 ».

3707. — AU GÉNÉRAL CLARKE.

Fontainebleau, 1er novembre 1809.

Monsieur le général Clarke, donnez ordre au régiment de marche de Strasbourg de se diriger de Metz sur Orléans.

NAPOLÉON.

3708. — DÉCISION.

Fontainebleau, 2 novembre 1809.

Le général Clarke rend compte qu'un détachement de 352 conscrits réfractaires, dirigé du dépôt de Blaye sur l'armée d'Italie, s'est trouvé réduit par la désertion à 91 hommes.

C'est un très mauvais ordre de tirer des conscrits de Blaye pour l'armée d'Italie. Ils ont déserté, on devait s'y attendre. De plus, il ne faut jamais mettre de conscrits réfractaires dans l'artillerie, les sapeurs ou la cavalerie.

NAPOLÉON.

3709. — AU GÉNÉRAL CLARKE.

3 novembre 1809.

Monsieur le général Clarke, les six régiments provisoires de dragons formeront douze régiments provisoires. Vous me proposerez la nomination de six nouveaux colonels en second, s'il y en a, en faisant revenir ceux qui sont à l'armée d'Allemagne, ou des majors, s'il n'y a pas assez de colonels en second.

Le 2e régiment provisoire sera composé de :

300	hommes	du 1er de dragons	qui sont au	1er	provisoire,
180	—	du 1er	—	7e	—
250	—	du 2e	—	1er	—
100	—	du 2e	—	7e	—
830					

Le 1er régiment provisoire sera donc d'environ 850 hommes.

Le 2e régiment provisoire sera composé de :

327 hommes du 3e de dragons qui sont au 1er provisoire,
126 — du 3e — — 7e —
240 — du 4e — — 1er —
90 — du 4e — qui arrivent à Versailles.

Le 2e régiment provisoire sera donc de 700 à 800 hommes.

Le 3e régiment sera composé de tout ce que peuvent fournir le 5e et le 6e dragons ;

Le 4e provisoire.. de tout ce que peuvent fournir les 8e et 9e;
— 5e — .. de tout ce que peuvent fournir les 10e et 11e;
— 6e — .. de tout ce que peuvent fournir les 12e et 13e;
— 7e — .. de tout ce que peuvent fournir les 14e et 15e;
— 8e — .. de tout ce que peuvent fournir les 16e et 17e;
— 9e — .. de tout ce que peuvent fournir les 18e et 19e;
— 10e — .. de tout ce que peuvent fournir les 20e et 21e;
— 11e — .. de tout ce que peuvent fournir les 22e et 25e;
— 12e — .. de tout ce que peuvent fournir les 26e et 27e;

Vous prendrez à cet effet les 6.400 hommes qui se trouvent aux six régiments provisoires et 2.400 hommes qui se trouvent aux 7e et 7e *bis* provisoires. Vous y joindrez ce que les dépôts pourront fournir d'ici au 15 novembre, ce qui doit faire près de 10.000 hommes ou, l'un portant l'autre, 800 hommes par régiment.

Réitérez l'ordre que les 3e et 4e escadrons d'un régiment soient dans le même régiment provisoire. Chaque régiment provisoire sera composé des 3es et 4es escadrons en deux régiments différents, ce qui fera quatre escadrons par régiment provisoire. Cette nouvelle organisation se fera à Tours, Saumur, Niort, Fontenay, etc. Désignez-moi six emplacements entre la Loire et la Garonne, dans chacun desquels on mettra deux régiments. Ce sera une circonstance heureuse pour la Vendée, qui est un pays encombré de denrées. Ces douze régiments seront formés en quatre brigades, chacune de trois régiments. Vous désignerez quatre généraux de brigades pour les commander et un général de division pour commander les quatre brigades. Ces 10.000 chevaux formeront la cavalerie du corps du duc d'Abrantès.

Les 1er, 2e et 3e régiments provisoires formeront la 1re brigade ;
Les 4e, 5e et 6e formeront la 2e ;
Les 7e, 8e et 9e formeront la 3e ;
Les 10e, 11e, et 12e formeront la 4e.

Une brigade sera réunie à Versailles, une à Chartres, une à

Tours et une à Orléans. Vous réunirez le plus loin de Paris celles qui arriveront les premières.

Le duc d'Abrantès passera la revue de ces régiments au fur et à mesure qu'ils passeront, et il vous fera connaître les places vacantes.

Il faut à chaque régiment un colonel en second ou un major et deux chefs d'escadron. Cependant, si les deux chefs d'escadron sont présents à l'armée d'Espagne, on ne les nommera pas ; il suffira de le relater. Chaque régiment provisoire doit avoir également ses huit capitaines, lieutenants, sous-lieutenants, ses maréchaux des logis, etc. Avant que ces régiments passent la Loire, mon intention est qu'il ne leur manque aucun cadre.

Napoléon.

3710. — AU GÉNÉRAL CLARKE.

3 novembre 1809.

Monsieur le général Clarke, je reçois votre lettre du 1er sur la formation de la division Loison. Il est convenable que le 1er régiment de marche de l'armée d'Espagne, composé de 1.000 hommes, qui part de Beauvais pour se rendre à Bayonne, soit formé en règle. On l'organisera. Il sera commandé par un colonel en second et vous ferez dresser procès-verbal de cette formation. Vous sentez l'importance de cette mesure. Il peut se passer bien du temps avant qu'il puisse rejoindre les corps auxquels il appartient ; il peut faire la guerre dans cet intervalle ; il faut qu'il soit organisé pour être utile. Le principal est de lui donner un bon colonel en second.

Même chose pour le 2e régiment de marche.

Le général Loison doit arriver incessamment à Paris, s'il n'y est déjà.

Donnez ordre à un général de cavalerie (le général Digeon peut être propre à cela, s'il est en état de servir) de commander la cavalerie de la division Loison.

Il est nécessaire que vous donniez des ordres pour que la 1re division ne s'arrête pas à Bordeaux, mais aille à Bayonne, afin qu'elle entre en Espagne et gagne Vitoria, pendant que la 2e division arrivera à Bayonne.

Je vous recommande de choisir de bons colonels en second et un bon général de brigade pour commander cette cavalerie.

Vous donnerez l'ordre que ces régiments laissent, à leur passage à Tours, à Angoulême et à Mont-de-Marsan, des dépôts, non seulement de leurs chevaux blessés, mais encore de leurs chevaux fatigués. L'important n'est pas qu'ils arrivent en Espagne avec le plus grand nombre de chevaux possible, mais avec des chevaux en bon état. Ainsi, le cheval qu'on laissera à Tours ou ailleurs, sous les ordres d'un officier chargé de diriger ces dépôts, se reposera et rejoindra le régiment, sans être blessé, au lieu que s'il continuait sa route de Tours, Poitiers ou Angoulême, il arriverait hors de service. Faites faire par vos bureaux une instruction sur cet objet, qui est très important. Ce principe sera général pour toute la cavalerie de l'armée d'Espagne. Désignez trois dépôts à Versailles, Tours, Angoulême, Mont-de-Marsan. Les commandants de ces dépôts passeront en revue les régiments qui passent et retiendront les chevaux qui auraient besoin de repos. Les corps pourront y séjourner, afin qu'ils puissent se remettre en route avec avantage, après quelques jours de repos.

Faites-moi connaître l'artillerie qu'on pourra donner à la division Loison. La division Heudelet, qui arrive du côté du nord, devra nécessairement être réunie à cette division. Faites-moi connaître le nombre de canons qu'a la division Heudelet.

Faites revenir de l'armée d'Allemagne les généraux de cavalerie employés aux différents dépôts, hormis le général Bourcier.

Napoléon.

3711. — DÉCISION.

Fontainebleau, 3 novembre 1809.

Rapport du général Clarke au sujet des mesures prises en vue de la remonte de 645 hommes à pied que les régiments de chasseurs et de hussards employés à l'armée d'Espagne ont à Léganès.

Donnez ordre qu'il soit formé un régiment de marche de tous les hommes à pied des dépôts de Leganès, Aranda, Palencia, et autres dépôts quelconques, et que ces hommes soient dirigés sur Bayonne. Ecrire au ministre Dejean pour qu'il propose des moyens de fournir autant de chevaux qu'il y aura d'hommes sans faire de nouveaux achats. Comme il y a en Allemagne beaucoup de corps qui ont plus de chevaux que d'hommes, on pourra en retirer de là.

NAPOLÉON.

3712. — DÉCISION.

Fontainebleau, 3 novembre 1809.

Le général Clarke consulte l'Empereur sur l'opportunité de faire cesser l'état de siège dans diverses villes et places du Nord, et notamment dans la place de Lille.

Tous ces états de siège doivent cesser.

NAPOLÉON.

3713. — AU GÉNÉRAL DEJEAN.

Paris, 5 novembre 1809.

Monsieur le général Dejean, vous m'avez remis un état de la force des régiments de troupes à cheval au 31 octobre. Je désirerais que vous me remissiez le même état au 1er décembre. De l'état à l'époque du 31 octobre, il résulte qu'il resterait dans les dépôts des régiments de cavalerie de l'armée d'Espagne dans l'intérieur 6.000 hommes, et que ce nombre d'hommes pourrait être monté par les chevaux que les dépôts auraient ou devraient recevoir en conséquence des marchés passés ; qu'il resterait 8.000 hommes dans les dépôts de l'armée d'Allemagne et seulement 6.000 chevaux, ce qui ferait pour tous mes dépôts 14.000 hommes et 12.000 chevaux dont 5,000 à recevoir. Je ne donne aucun ordre d'après cet état, parce que je pense qu'il y a, depuis qu'il est fait, de grands changements dans le disponible des dépôts, que j'ai fait comprendre dans les régiments provisoires et de marche dont j'ai ordonné la formation. Que vos bureaux prennent connaissance des régiments provisoires et de marche de l'armée d'Espagne qui font partie du 8e corps et des divisions Loison et Reynier, et qu'ils dressent un état de ce qui restera dans les dépôts en hommes et en chevaux, lorsque les dépôts auront fourni ce qu'ils doivent à ces régiments.

NAPOLÉON.

3714. — DÉCISIONS (1).

Proposition de recréer les emplois de canonniers d'Etat. Avantages qui en résulteraient pour le service de l'artillerie dans les places sans presque aucune dépense. On soumet en conséquence un projet de décret à l'approbation de Sa Majesté.	Renvoyé au Conseil d'Etat.
On supplie Sa Majesté d'accorder grâce à 79 déserteurs condamnés aux travaux publics.	Renvoyé au grand juge.

3715. — DÉCISIONS (2).

Fontainebleau, 7 novembre 1809.

On soumet à l'approbation de Sa Majesté : Un état de secours, montant à 6.102 fr. 75, en faveur de veuves ou parents de militaires qui ne sont point susceptibles de pensions ;	Approuvé.
Un état de secours, montant à 10.400 francs, en faveur de militaires réformés sans solde de retraite.	Approuvé.

3716. — AU MARÉCHAL BERTHIER.

Fontainebleau, 7 novembre 1809.

Mon Cousin, envoyez à la division Lagrange tout ce qui appartient à la division du général Beaumont. Donnez ordre au général Clauzel de se rendre à Paris pour être employé en Espagne. Nommez deux généraux de division pour servir au 11e corps sous les ordres du duc de Raguse.

NAPOLÉON.

(1) Sans signature ni date; extraites du « Travail du ministre de la guerre avec S. M. l'Empereur et Roi, daté du 5 novembre 1809 ».

(2) Non signées; extraites du « Travail du ministre de la guerre avec S. M. l'Empereur et Roi, daté du 5 novembre 1809 ».

3717. — DÉCISIONS (1).

Fontainebleau, 7 novembre 1809.

On rend compte à Sa Majesté des dispositions prescrites pour que les troupes de l'armée d'Allemagne soient traitées, pendant leur marche en France, comme les troupes qui sont dans ce cas, et pour qu'elles pourvoient elles-mêmes à leurs besoins au moyen de leur masse d'ordinaire et du supplément d'étape. On la prie de vouloir bien faire connaître si Elle approuve ces dispositions.

Approuvé.

Le décret du 25 germinal an XIII ayant été fait pour un temps ordinaire, ne se trouve pas en rapport avec les circonstances de la guerre. Il est résulté de l'exécution de ce décret que les corps se sont trouvés dans l'impossibilité de faire face à leurs dépenses avec la masse d'habillement qui leur est allouée. On met sous les yeux de Sa Majesté les causes de l'insuffisance de cette masse et les moyens d'y remédier.

A représenter au conseil d'administration.

On rend compte à Sa Majesté de l'ordre donné par S. A. I. le prince gouverneur général des départements au delà des Alpes pour fournir une ration de pain par jour aux douaniers du département du Taro, employés à la poursuite des brigands et insurgés qui se sont montrés sur la frontière du royaume d'Italie, et des dispositions que l'on a prescrites pour l'exécution de cet ordre.

Arrêter cette mesure aussitôt que les circonstances le permettront.

(1) Non signées; extraites du « Travail du ministre directeur avec S. M. l'Empereur et Roi, du 6 novembre 1809 ».

Un décret du 0 juin dernier accorde par régiment d'infanterie :

1 caisson d'ambulance ;

1 caisson pour le transport des papiers par bataillon de guerre ;

1 caisson pour le transport des vivres.

On demande à Sa Majesté si Elle a eu l'intention de comprendre l'armée d'Espagne dans ce décret, ou si Elle entend qu'il lui en soit fait l'application.

L'Espagne n'y est pas comprise.

On demande à Sa Majesté si les camps de Boulogne devront continuer d'être éclairés à compter du 1er janvier 1810, et, au cas d'affirmative, si cette dépense restera à la charge du ministère de la guerre ou si elle sera acquittée par l'administration de la guerre.

A la charge de l'administration de la guerre.

On rend compte à Sa Majesté qu'on a cru devoir accorder une indemnité de 8.090 francs à 154 gardes nationaux de la Somme qui ont perdu leurs effets le 16 août par l'explosion de la poudrière de la batterie Marguerite, près de Terneusen. On la prie de vouloir bien approuver cette disposition.

Approuvé.

Le bataillon des chasseurs d'Orient doit recevoir à Corfou environ 600 recrues, dont l'habillement coûtera 84.000 francs. Le Trésor ne payant rien dans les îles Ioniennes au delà du budget de ces îles, on a, vu l'urgence, accordé 20.000 francs à ce corps sur le chapitre 7 du budget de l'administration. On prie Sa Majesté d'approuver cette mesure et d'accorder pour le surplus un supplément de 64.000 francs au budget des îles Ioniennes.

A prendre sur la masse d'habillement.

3718. — AU GÉNÉRAL CLARKE (1).

Fontainebleau, 7 novembre 1809.

Monsieur le général Clarke, je n'approuve pas le décret que vous me proposez sur la formation de trois nouvelles compagnies du train pour la garde.

L'artillerie de la garde qui revient fera le service de ces trois compagnies du train.

3719. — NOTE ÉCRITE SOUS LA DICTÉE DE S. M. L'EMPEREUR, LE 8 NOVEMBRE 1809 (1).

Il résulte de l'état qui m'a été remis que le 13e de cuirassiers sera de 1.500 hommes, et que les douze régiments qui devraient former 18.000 hommes n'en auront que 10.000 au plus.

Il restera à voir ce que l'on pourra tirer des dépôts de tous les régiments de chasseurs et de hussards qui sont en France, pour compléter ces corps.

Nota. — Quand je demande 1.500 hommes aux régiments de cavalerie qui sont en Espagne, j'y comprends l'effectif.

Je désire avoir en Espagne 2.500 hommes effectifs par régiment pour en avoir toujours 1.000 présents ; les dépôts de Leganés, de Palencia, etc., doivent concourir au complètement de cet effectif. sur le pied de 1.500 hommes par régiment de cavalerie légère.

3720. — NOTE ÉCRITE SOUS LA DICTÉE DE S. M. L'EMPEREUR, LE 8 NOVEMBRE 1809 (2).

3e et 4e divisions de réserve de l'armée d'Espagne.

Ces deux états-ci ne sont pas assez clairs ; ils se composent de trois états. La 22e demi-brigade provisoire, on sait que cela existe.

Le régiment de Strasbourg, on sait également l'époque à laquelle il arrivera. Mais il est contraire au bon ordre d'y comprendre des conscrits. Tout ce qui pourra être tiré des dépôts des corps de l'armée d'Espagne et de l'armée d'Allemagne au 10 ou au 15 décembre, doit entrer dans cette formation.

(1) Non signé.
(2) Non signée.

La même observation s'applique aux douze bataillons auxiliaires. Il faudrait d'abord en former 6 au 15 janvier et le reste au fur et à mesure.

La 4e division devra être considérée comme réserve supplémentaire.

3721. — ORDRE DE L'EMPEREUR, ÉCRIT SOUS LA DICTÉE DE SA MAJESTÉ, LE 8 NOVEMBRE 1809, AU MINISTRE DE LA GUERRE (2).

Il faut trouver 500 à 600 hommes pour le 22e régiment d'infanterie de ligne ; il a été appelé un supplément de conscrits de la garde, parmi lesquels il serait possible d'en tirer le nombre nécessaire pour cet objet.

Idem au 65e régiment pour le porter au complet.

Présentez-moi un travail, pour former quatre régiments de marche pour les corps d'armée d'Espagne, lesquels se réuniront depuis Orléans jusqu'à Bordeaux. Un colonel en second ou un major sera mis à la tête de chaque régiment pour le commander.

Le 1er régiment sera composé de tout ce qui est disponible à la 22e demi-brigade provisoire et au régiment de marche de Strasbourg et de ce qui pourra partir au 1er novembre des dépôts des 9e léger, 24e, 96e de ligne, etc., formant en Espagne le 1er corps, pour composer ce régiment de marche à 3.000 hommes.

Il y sera réuni le nombre d'officiers et de sous-officiers nécessaire : un officier pour 100 hommes et un capitaine de chaque régiment de l'armée d'Espagne ; il sera donné une organisation provisoire à ces régiments pour le maintien de la discipline en route.

Le 2e régiment de marche contiendra d'abord ce qui appartient aux 17e et 5e régiments d'infanterie légère. On verra aussi dans le 2e corps ce que pourront fournir les 28e et 75e de ligne du 4e corps.

On prendra ensuite les détachements appartenant au 5e corps, qui, avec les précédents, forment douze régiments ; ces divers détachements réunis composeront le 2e régiment de marche.

Le 3e régiment de marche sera composé des détachements des 14e, 44e et autres régiments appartenant au 3e corps.

Le 4e régiment comprendra les huit régiments du 6e corps.

On me fera connaître à quelle époque ces régiments pourront se

---

(2) Non signé.

mettre en marche ; ils peuvent être formés sur-le-champ et mis en marche au 15 décembre au plus tard.

Lorsque ces quatre régiments seront formés, il m'en sera rendu compte, et je donnerai mes ordres pour leur destination ultérieure à leur arrivée à Bayonne, attendu qu'ils ne doivent point entrer isolément en Espagne sans mon ordre.

Indépendamment de ces ressources, il sera formé douze bataillons tirés des dépôts. Il faut prendre d'abord dans les dépôts tout ce qui se trouve disponible en ce moment ; on y trouvera 6.000 ou 7.000 hommes, dont il sera formé autant de bataillons qu'il y a de corps d'armée d'Espagne ; le général Mouton sera chargé de les organiser. Les six premiers bataillons se mettront en marche le 15 janvier.

Les autres bataillons seront formés immédiatement après le départ des premiers bataillons.

Ces douze bataillons sont destinés à être incorporés dans les corps qui en auront besoin, savoir :

Trois bataillons au 1er corps ;
Trois bataillons au 2e corps ;
Un bataillon au 3e corps ;
Un bataillon au 4e corps ;
Deux bataillons au 5e corps ;
Deux bataillons au 6e corps.

Je désirerais également que vous me soumettiez un travail sur les moyens de réunir quelques corps mobiles de la gendarmerie. Elle est trop nombreuse dans l'intérieur ; on pourrait en tirer vingt escadrons dont partie à cheval et partie à pied. Les chefs d'escadron de gendarmerie en France n'ont rien à faire ; on pourrait en disposer pour commander ces vingt escadrons. Faites-moi un rapport sur cet objet.

3722. — DÉCISIONS (1).

8 novembre 1809.

L'adjudant commandant Aymé, autorisé par l'Empereur à passer au service du roi des Deux-Siciles,	Accordé.

(1) Non signées; extraites du « Travail du ministre de la guerre avec l'Empereur, du 4 octobre 1809 ».

désirerait ne quitter l'armée française qu'avec le grade de général de brigade.

On propose de rétablir sur les contrôles de l'armée M. Mordret, capitaine, réformé sans traitement.

Accordé.

3723. — DÉCISIONS (1).

Fontainebleau, 8 novembre 1809.

Etat de proposition pour nommer à des emplois de chefs de bataillon vacants dans différents régiments d'infanterie faisant partie des armées d'Espagne et de Naples.

J'ai en Allemagne et en Italie et surtout au 11e corps plus de 20 chefs de bataillon à la suite. Envoyer l'ordre à tous ces chefs de bataillon, lorsqu'ils ne sont pas placés dans leurs (2) ou dans leur 4e bataillon, de se rendre à Paris, mais en ne prenant que les chefs de bataillon à la suite et qui ne sont pas placés ; à ma revue de Krems, j'ai nommé beaucoup de chefs de bataillon qui ne sont pas placés; lorsqu'ils seront arrivés à Paris, le ministre me proposera un travail pour les placer dans les corps de l'armée d'Espagne.

On propose à Sa Majesté de nommer à des emplois de capitaines et de lieutenants vacants dans les demi-brigades de vétérans et compagnies de canonniers de même arme.

Les officiers proposés sont, par leurs services, blessures ou infirmités, susceptibles d'être admis dans ces corps.

Ne vaudrait-il pas mieux laisser vacants les emplois de vétérans et réduire les cadres ? J'ai demandé que le ministre me fasse un rapport sur ces corps qui, à ce qu'il paraît, ne font qu'un mauvais service. Cette réduction s'opérera successivement en 1811, et en même temps, proposer une augmentation des compa-

(1) Non signées; extraites du « Travail du ministre de la guerre avec S. M. l'Empereur et Roi, daté du 5 novembre 1809 ».

(2) Lacune.

	gnies départementales qui sont composées de beaux jeunes gens et dont on peut tirer un meilleur parti. On retirera de cette mesure deux avantages : 1° une économie de deux millions pour les dépenses du ministre puisque ces compagnies sont payées sur les fonds des départements et 2° on obtiendra un meilleur service.
On propose à Sa Majesté d'approuver l'autorisation qui a été donnée à M. Jarry, de finir la campagne à l'état-major de l'armée du Nord, en sa qualité de chef de bataillon de gardes nationales. M. Jarry était sous-préfet de l'arrondissement de Compiègne lorsqu'il est parti pour l'armée avec les gardes nationales du département de l'Oise.	Accordé.
On propose à Sa Majesté de nommer cinq généraux de brigade pour être employés à l'armée d'Espagne.	Tous ceux de l'armée d'Allemagne sont à présent disponibles. Il n'est pas nécessaire d'en nommer de nouveaux.
On propose à Sa Majesté de nommer le sieur Favier, sous-lieutenant, recommandé par son colonel, 1er porte-aigle du 4e régiment d'infanterie légère ;	Accordé.
De faire passer M. Dulong, major du 31e régiment d'infanterie légère, à l'emploi de colonel du 12e régiment de même arme, en remplacement de M. Jeanin, nommé général de brigade.	Accordé.

3724. — DÉCISIONS (1).

8 novembre 1809.

On soumet à Sa Majesté les demandes que font MM. les maréchaux ducs de Dalmatie et de Bellune du grade de général de brigade en faveur de M. Garbé, colonel du génie, et de celui de chef de bataillon pour MM. Bouchard, Calmet et Berlier, capitaines du génie.

Accordé.

On soumet à l'approbation de Sa Majesté les mesures provisoires arrêtées par S. A. I. et R. la grande-duchesse de Toscane, relativement à la formation du bataillon de vélites qui doit s'organiser à Florence.

A présent que la garde rentre en France, on peut s'occuper de l'organisation définitive.

On propose à Sa Majesté de nommer au commandement des trois nouvelles compagnies du train d'artillerie de la garde.

J'ai refusé d'adopter l'organisation. Il est inutile de nommer à ces places.

3725. — DÉCISION.

Fontainebleau, 9 novembre 1809.

Le général Clarke propose diverses dispositions et nominations en vue de pourvoir d'officiers du génie l'équipage de siège de l'armée d'Espagne.

Approuvé tout cela, hormis qu'il ne faut faire sortir personne de l'Allemagne jusqu'à ce que j'aie prononcé la dissolution de cette armée.

NAPOLÉON.

3726. — AU GÉNÉRAL CLARKE.

Fontainebleau, 9 novembre 1809.

Monsieur le général Clarke, écrivez au roi de Hollande pour lui porter plainte de ce qu'il ne fournit point l'artillerie et ce qui est

(1) Non signées; extraites du « Travail du ministre de la guerre avec S. M. l'Empereur et Roi, daté du 25 octobre 1809 ».

nécessaire pour prendre l'île de Walcheren et défendre son territoire.

NAPOLÉON.

3727. — AU GÉNÉRAL CLARKE.

9 novembre 1809.

Monsieur le général Clarke, pressez le duc d'Istrie de tout préparer pour l'attaque de l'île de Walcheren. Demandez-lui un détail sur chaque garde nationale et sur ce qu'on en pourrait faire ; combien il y aurait d'hommes qu'on pourrait engager à servir sous un titre quelconque, soit qu'on les conservât à l'armée du Nord, soit qu'on les envoyât en Espagne. Il est instant que j'aie un rapport sur cet objet avant le mois de décembre, afin que je puisse décharger mes finances du fardeau considérable de ces gardes nationales.

NAPOLÉON.

3728. — DÉCISIONS (1).

9 novembre 1809.

On demande à Sa Majesté si son intention est que les otages étrangers envoyés en France soient, pour le placement, la surveillance et le traitement, dans les attributions du ministre de la guerre ou de celui de la police générale.	Dans l'attribution du ministre de la guerre.
Proposition de laisser à l'armée d'Allemagne le matériel d'artillerie étrangère et de choisir pour être renvoyé en France celui d'artillerie française.	Approuvé, hormis qu'il ne faut pas faire en Allemagne des fers coulés, pour ne pas occasionner une nouvelle dépense. Il faut que chaque pièce ait en Allemagne l'approvisionnement voulu par les règlements.
Proposition de faire remplacer par un bataillon du train d'artillerie l'équipage de 1.100 chevaux de	Approuvé.

(1) Non signées; extraites du « Travail du ministre de la guerre avec S. M. l'Empereur et Roi, daté du 5 novembre 1809 ».

réquisition, qui sont à l'armée du Nord.

Les ministres de l'intérieur et de la police générale demandent que les forçats napolitains, employés par ordre de Sa Majesté aux marais de Rochefort et au canal de Niort, soient envoyés en Corse, où ils seront plus utilement employés et plus facilement surveillés.

Il faut savoir s'il y a des travaux en Corse.

On présente à Sa Majesté le duplicata du rapport qu'Elle a ordonné de lui faire concernant M. Dorival-Duhouleux, capitaine, ex-commandant du château de Bouillon, détenu depuis près de dix mois dans la prison militaire de l'Abbaye.

Sa Majesté est suppliée d'ordonner sa mise en liberté et de lui accorder sa retraite.

Accordé.

On propose à Sa Majesté d'approuver que le général de brigade Fabrefonds reste provisoirement à l'armée du Nord, en remplacement du général Darnaud, qui n'y est point encore arrivé.

Approuvé.

On propose à Sa Majesté d'approuver que M. Chiarizia, lieutenant au 112e régiment d'infanterie, passe au service du roi des Deux-Siciles.

Accordé.

Un négociant français, établi à Milan, demande l'autorisation d'employer dans cette ville le nommé Lloyd, ouvrier bottier anglais, qui est depuis sept ans à Paris et qui se conduit bien.

Approuvé.

Démission du sous-lieutenant Martin, du 4e régiment de dragons, soumise à l'approbation de Sa Majesté.

Approuvé.

Démission du sous-lieutenant Jourdain de Villiers, servant à la suite du 27e régiment de dragons, soumise à l'approbation de Sa Majesté.	Approuvé.
Etat des démissions présentées par cinq officiers d'infanterie et soumises à l'approbation de Sa Majesté.	Approuvé.
On propose à Sa Majesté de faire remplacer M. le général de brigade Varin, commandant la succursale des Invalides à Louvain, par M. le général de brigade Viala.	Approuvé.
On propose à Sa Majesté d'accepter la démission offerte par le sieur Gérard, capitaine en second de sapeurs, hors d'état par sa santé de continuer le service militaire.	Approuvé.

3729. — AU GÉNÉRAL DEJEAN.

Fontainebleau, 9 novembre 1809.

Monsieur le général Dejean, il n'y a pas de doute que la Hollande ne doive concourir à l'approvisionnement de l'île de Sud-Beveland, puisque c'est pour reconquérir son pays.

NAPOLÉON.

3730. — DÉCISION.

10 novembre 1809.

Le général Clarke fait connaître le nombre des colonels en 2e restant disponibles, et il propose des majors pour commander ces autres corps de cavalerie de nouvelle formation.	J'ai assez de colonels en 2e, je n'en veux pas nommer davantage. Faites venir ceux de l'armée d'Allemagne qui sont sans emploi. En cas d'insuffisance, employer des majors de dragons pour commander les régiments provisoires. NAPOLÉON.

3731. — DÉCISIONS (1).

10 novembre 1809.

Compte rendu des motifs qui s'opposent à la réorganisation de trois compagnies de vétérans faites prisonnières à Flessingue et des ordres donnés pour la suppression d'un bataillon de la 6e demi-brigade de vétérans.

Approuvé.

On soumet à Sa Majesté la demande d'un congé de six mois faite par le major Falkowski, commandant le dépôt de la 1re légion de la Vistule à Sedan.

Refusé.

On propose à Sa Majesté de révoquer la permission qu'Elle a accordée à deux gendarmes de passer au service du roi de Westphalie et de décider, d'une manière générale, que toute demande de cette nature sera ajournée jusqu'à la paix générale.

Accordé.

On met sous les yeux de Sa Majesté la demande que fait l'ancien chef de bataillon Bert, de jouir de sa solde de retraite, quoique résidant en Italie, où il est employé à la direction de divers établissements de la marine.

Accordé.

On rend compte à Sa Majesté de la réclamation du colonel de Birague, à qui Sa Majesté avait fait donner l'ordre de rentrer dans ses foyers, et Elle est priée d'approuver que cet officier supérieur soit employé dans un commandement de place.

Cet officier n'est bon à rien, tandis qu'il y a tant de militaires ayant été grièvement blessés qui seront de la plus grande utilité.

(1) Non signées; extraites du « Travail du ministre de la guerre avec S. M. l'Empereur et Roi, daté du 5 novembre 1809 ».

Les Finlandais réclamés par le prince Kourakine vont être remis à sa disposition.	Approuvé.
Le ministre rend compte à Sa Majesté que, d'après les ordres de M. le maréchal duc d'Istrie, il a été formé une musique dans le 1er régiment de la garde. Cette mesure n'étant point autorisée, elle n'a pu être payée. On demande à Sa Majesté si Elle approuve la formation de cette musique et si les hommes qui la composent seront traités comme les fusiliers de la garde. Le corps réclame pour eux la solde de caporal.	Il y aura une musique pour les deux régiments de conscrits et une pour les régiments de tirailleurs, tant de chasseurs que de grenadiers, ce qui fera quatre musiques. Les fusiliers se serviront de la même musique que la garde.
On présente à Sa Majesté un état de proposition pour nommer à des emplois d'officier vacants dans différents corps de troupes à cheval et légions.	Approuvé.

3732. — AU MINISTRE DE LA MARINE.

11 novembre 1809.

M. le Comte, j'ai l'honneur de prévenir Votre Excellence, que j'ai reçu, par le chef de l'état-major général de l'armée du Nord, les ordres de Sa Majesté Impériale, écrits sous sa dictée, relativement à l'expédition projetée sur l'île de Walcheren, dont je crois nécessaire au bien du service de communiquer à Votre Excellence les principales dispositions, relativement aux objets qui rentrent dans les attributions de son ministère.

L'Empereur a ordonné au maréchal duc d'Istrie, par un courrier extraordinaire, de faire embarquer sur-le-champ, les canons et mortiers qui doivent être placés sur le Sloe, en lui observant que tous les moyens de transport étaient à sa disposition, et surtout l'eau, qui est le principal.

L'intention de l'Empereur est, qu'avant le 20 de ce mois, toutes

---

(1) Minute.

les batteries battent le Sloe, et que les mortiers balayent le rivage de Walcheren.

L'Empereur déclare au duc d'Istrie qu'il est général en chef, et qu'en cette qualité il doit se servir des moyens que lui offre la marine; qu'elle a des matelots et des bâtiments de transport qu'il peut employer à sa volonté, et qu'avec tous ces moyens, il est à même de jeter 30.000 hommes à la fois dans l'île de Walcheren.

Sa Majesté observe que le duc d'Istrie a, pour le seconder, les amiraux Werhuell, Missiessy et Lhermitte, et qu'il peut réunir, dans le canal qui sépare le Nord-Beveland de Wolfersdick, et dans celui entre Wolfersdick et le sud de Beveland, toutes les chaloupes-canonnières de la marine hollandaise. L'Empereur entend donc que, le 20 de ce mois, on soit maître de l'île Walcheren, de Middelburg, de Veere, et que Flessingue soit investi.

Les mortiers et canons qui auront servi à battre le Sloe seront transportés en partie dans l'île de Walcheren pour être employés contre Flessingue. Il n'y a donc pas une heure à perdre, ajoute l'Empereur, pour toutes ces dispositions, car si l'on laisse arriver les glaces, la flottille rentrerait dans l'Escaut, et l'opération pourrait être retardée de plusieurs mois. Il faut donc agir et agir tout de suite.

Enfin, je ne puis mieux terminer cette lettre à Votre Excellence qu'en transcrivant textuellement les expressions dont l'Empereur se sert avec le duc d'Istrie, en résumant ses idées sur la manière dont cette expédition doit être dirigée.

Dans tout le pays vous avez succédé aux pouvoirs du prince de Ponte-Corvo, vous commandez à Berg-op-Zoom, à la marine, à l'armée hollandaise, et à l'escadre de l'Escaut... N'écoutez donc point les objections du roi de Hollande, ni aucune représentation; commandez et faites-vous obéir; employez même la force, s'il le faut, en cas de refus.

Vous montrerez cette lettre à l'amiral Missiessy, afin qu'il mette sans obstacle et sans retard à votre disposition tous les moyens que vous croirez devoir demander à la marine.

Vous commanderez la marine, la terre, les Hollandais. Disposez, ordonnez, exécutez. Vous êtes général en chef et vous répondez de tout. Sa Majesté ne s'en prendra qu'à vous seul, etc.

Votre Excellence trouvera sans doute, dans la manière dont l'Empereur a manifesté sa volonté à ce sujet, un motif pour prescrire de son côté à tous ses subordonnés un redoublement d'efforts et de zèle pour seconder l'opération à laquelle ils doivent concourir; et, sur toutes choses, l'obéissance la plus prompte, et la plus ponctuelle, à tous les ordres que le général en chef se trouvera dans le cas de leur donner, pour répondre aux intentions de l'Empereur. Quoique revêtu des pouvoirs nécessaires pour forcer toutes les résistances, le duc d'Istrie trouvera bien plus de secours et de facilités dans l'accord unanime de toutes les volontés, que dans l'emploi de son autorité, s'il devenait nécessaire, pour abréger des délais ou des oppositions que l'Empereur ne souffrirait pas. Votre Excellence, qui en jugera sans doute de même, me saura gré de lui fournir un moyen pour concourir à l'exécution des ordres de l'Empereur et pour lui donner de nouvelles preuves de dévouement.

3733. — DÉCISIONS (1).

Diverses propositions faites en faveur des officiers généraux et d'état-major des 1er, 2e, 4e, 5e et 7e corps de l'armée d'Allemagne.

L'Empereur ordonne que ceci soit renvoyé au prince de Neuchâtel afin de savoir ce qui a été fait ; ce prince doit connaître des avancements de cette nature. L'intention de Sa Majesté est que le colonel Meunier soit nommé général de brigade, si déjà cette promotion n'a été faite.

3734. — DÉCISION.

Fontainebleau, 14 novembre 1809.

Le général Clarke rend compte des ordres donnés pour que 1.200 hommes des conscrits appelés dernièrement au dépôt de la garde passent dans les 22e et 65e régiments de ligne.

Cet ordre a été donné trop précipitamment. Avant de le donner j'avais demandé un rapport.

NAPOLÉON.

(1) Sans signature ni date; extraite du « Travail du ministre de la guerre avec S. M. l'Empereur et Roi, daté du 13 novembre 1809 ».

3735. — DÉCISIONS (1).

La consulte de Rome pourvoit aux services des convois et transports du chauffage, de l'éclairage et du casernement.

L'ordonnateur demande si, à dater du 1er janvier, la France ne devra pas se charger de ces divers services.

Cela entrera dans le budget.

On prend les ordres de Sa Majesté sur un arrêté du duc d'Abrantès, qui autorise les officiers du 18e corps à prendre des fourrages pour le nombre de chevaux dont l'existence sera constatée par des revues, pourvu que ce nombre n'excède pas la moitié en sus de celui fixé par la loi.

Suivre les règlements.

3736. — DÉCISION (2).

Fontainebleau, 16 novembre 1809.

On propose à Sa Majesté d'ordonner, attendu les circonstances aggravantes de la désertion du nommé Bellocq, garde national, l'exécution du jugement qui condamne cet homme à quatorze ans de boulet et à 1.500 francs d'amende.

Approuvé.

3737. — DÉCISION.

18 novembre 1809.

Le général Clarke rend compte du débarquement, à Auray, des troupes de la garnison de la colonie du Sénégal, et il demande si les

Approuvé.

NAPOLÉON.

---

(1) Sans signature ni date; extraites du « Travail du ministre directeur avec S. M. l'Empereur et Roi, du 15 novembre 1809 ».

(2) Non signée; extraite du « Travail du ministre de la guerre avec S. M. l'Empereur et Roi, daté du 25 octobre 1809 ».

militaires qui la composent doivent être renvoyés à leurs dépôts respectifs.

3738. — AU GÉNÉRAL CLARKE (1).

Paris, 19 novembre 1809.

Monsieur le général Clarke, faites faire par vos bureaux l'état des quatre régiments de marche et des douze bataillons auxiliaires dont j'ai ordonné la formation.

Les douze bataillons auxiliaires porteront les nos 1 à 12.

Il est inutile que le général Mouton coure les différents dépôts; il vaut mieux qu'il reste à Paris, mais vous donnerez ordre que tous les dépôts de l'armée d'Espagne dirigent sur Orléans tout ce qu'ils ont de disponible, et, lorsque la tête arrivera, le général Mouton se rendra dans cette ville pour former l'incorporation.

3739. — AU GÉNÉRAL CLARKE (2).

19 novembre 1809.

Monsieur le général Clarke, donnez l'ordre à tous les corps de ma garde de continuer leur route de Strasbourg sur Paris.

3740. — DÉCISION.

Paris, 20 novembre 1809.

Le général Clarke demande que les chevaux du train soient attelés aux caissons français, chariots à munitions et forges de campagne attachés au corps d'armée du duc d'Abrantès.

Approuvé. Le ministre doit faire là-dessus ce qui convient.

NAPOLÉON.

3741. — DÉCISION.

Paris, 20 novembre 1809.

Le général Clarke met sous les yeux de l'Empereur deux lettres,

Envoyé au ministre de la guerre pour faire mettre l'ex-

(1) Non signé, copie conforme.
(2) Non signé, copie conforme.

l'une du maréchal Augereau, l'autre du général Suchet, relatives aux succès remportés en Catalogne.

trait de ces pièces dans le *Moniteur*.

NAPOLÉON.

3742. — DÉCISION.

Paris, 20 novembre 1809.

Le général Clarke rend compte à l'Empereur qu'à l'aide des hommes à pied existant dans divers dépôts de troupes à cheval, il pourra être formé un régiment de marche d'environ 1.150 hommes.

Il faut se servir de tous ces hommes pour tout ce qui est nécessaire pour l'organisation de la gendarmerie d'Espagne.

NAPOLÉON.

3743. — DÉCISION.

Paris, 20 novembre 1809.

Le général Clarke propose à l'Empereur diverses mesures relatives à l'organisation des régiments provisoires de dragons.

J'approuve tous les ordres contenus dans le présent rapport et je désire qu'ils soient exécutés le plus tôt possible. Le ministre chargera le général Pully de passer les revues nécessaires pour cette organisation. Il réitérera l'ordre au dépôt des vingt-quatre régiments de dragons, d'envoyer tout ce qu'ils ont de disponible pour compléter les 3e et 4e escadrons.

NAPOLÉON.

3744. — AU GÉNÉRAL CLARKE.

20 novembre 1809.

Monsieur le général Clarke, donnez ordre aux 200 hommes que le 22e a à la 19e demi-brigade provisoire de se rendre à Paris, ce qui portera donc la 22e à 3.000 hommes. J'ai donné ordre que 600 hommes des conscrits de la garde fussent, en outre, incorporés dans ce régiment, ce qui le portera à 3.600 hommes ; mais cela ne fera guère que 3.300 hommes à son arrivée à Bayonne.

Je n'approuve pas la mesure de retirer des hommes du 65e pour le 22e. Si le 65e a 1.000 à 1.100 hommes par bataillon, tant mieux; avant que ces bataillons soient arrivés à Bayonne, ils seront réduits à 840 hommes. Ainsi donc, les trois bataillons du 65e et le bataillon du 46e partiront d'Huningue aussi forts qu'il sera possible, pour se diriger sur Bayonne.

Le 22e, à son arrivée à Paris, sera complété par 600 hommes de la garde, de sorte que ces huit bataillons arriveront à Bayonne avec leur grand complet présent sous les armes.

NAPOLÉON.

3745. — AU GÉNÉRAL CLARKE.

20 novembre 1809.

Monsieur le général Clarke, j'ai lu avec attention votre lettre du 26 octobre sur le matériel de l'armée d'Espagne et j'y réponds.

Je vois que tout le matériel existe en Espagne.

Vous me dites, dans votre rapport, que les poudres et boulets pèseront 3 millions de livres ; faites vos calculs pour les voitures sur ce principe que la moitié seulement des munitions sera portée sur des charrettes attelées par l'artillerie, et que l'autre moitié sera portée de dépôt en dépôt et par les moyens du pays. J'approuve ce que vous me proposez pour les généraux Valée et Charbonnel et pour donner la direction du parc au colonel Camas.

Donnez donc tous les ordres et prenez toutes les mesures pour faire transporter les poudres et les projectiles nécessaires. Mettez en mouvement tous les chevaux que j'ai mis à votre disposition, afin d'avoir, vers le 15 janvier, 4.000 chevaux du train et des équipages en état d'entrer en campagne.

Donnez ordre que les 2.700 chevaux, dont l'état est ci-joint, quittent l'armée d'Allemagne et viennent à Strasbourg pour, de là, être dirigés sur l'Espagne.

Ainsi, il y a 2.000 mulets nouvellement achetés à Poitiers, 1.000 qui sont à Laon, 2.500 chevaux venant de l'armée d'Allemagne, 500 chevaux venant avec le 8e corps et 2.500 chevaux de la garde, ce qui fait un total de 8.500 chevaux ou mulets, dont 4.000 pour l'équipage de siège ; il en restera 4.500 pour l'équipage de campagne.

Ne pouvant pas me mêler de tous les détails, je charge le conseiller d'Etat Gassendi de bien pourvoir à ce que je ne manque pas d'approvisionnements en Espagne, soit en poudres et cartouches, soit en boulets, obus et bombes. Il faut remarquer que les obus et boulets de 12 seront plus nécessaires à cette armée, parce que, là, il n'y aura pas de batailles comme celle de Wagram, mais beaucoup d'affaires de villages et de villes qui consommeront une grande quantité de cette espèce de munitions. Si donc Burgos, Valladolid, Saint-Sébastien, Saragosse, Pampelune et Bayonne ne m'offraient pas des moyens raisonnables qui puissent suffire à tous les besoins de l'artillerie, il faudrait me remettre sous les yeux ce qu'il y aurait à faire pour être sûr de ne manquer de rien et pouvoir, dans le cas d'une extrême consommation de munitions, trouver le complément de mes besoins à Bayonne.

Il me semble que tirer des poudres de Lille, c'est les tirer de bien loin : nous en avons plus près que cela.

NAPOLÉON.

3746. — AU GÉNÉRAL CLARKE (1).

Paris, 20 novembre 1809.

Monsieur le général Clarke, le général commandant l'artillerie de l'armée du Nord dit n'avoir que 200 canonniers à Anvers : il doit tirer de Lille tout ce qui est disponible des seize compagnies qui s'y trouvent.

Que diable veut-on faire des canonniers qui sont à Venloo, etc. ? On est bien sûr que l'ennemi ne tentera rien de ce côté. Il faut donc se servir de tous ces canonniers pour l'attaque de l'île de Walcheren.

3747. — DÉCISION.

Schönbrunn, 20 novembre 1809.

Le général Clarke met sous les yeux de l'Empereur différentes lettres écrites par les maréchaux et généraux commandant en Espagne et notamment une du général Marchand relative à la retraite du 6e corps.

Renvoyé au Ministre de la guerre pour faire connaître au général Marchand mon mécontentement de sa conduite, et au roi que voilà la conséquence d'avoir renvoyé le maréchal Ney.

NAPOLÉON.

(1) Non signé, copie conforme.

3748. — DÉCISION.

Paris, 20 novembre 1809.

Le général Clarke soumet à l'Empereur une lettre du général Sénarmont relative aux pertes en matériel faites par l'artillerie à la bataille de Talavera. Cette lettre contient l'explication et l'excuse du silence gardé par ce général au sujet des canons tombés au pouvoir de l'ennemi.

Renvoyé au Ministre de la guerre pour témoigner mon mécontentement au général Sénarmont et lui faire connaître que je ne croyais pas devoir m'attendre de la part d'un officier aussi distingué à un pareil manquement de ses devoirs; que même l'ordre du roi et des généraux qui commandaient n'était pas suffisant pour l'autoriser à une telle irrégularité.

Napoléon.

3749. — ORDRE.

20 novembre 1809.

Employez le général Pully à former les douze régiments provisoires de dragons et à organiser les dépôts.

3750. — DÉCISION.

Paris, 20 novembre 1809.

Le général Clarke demande si le 4e bataillon du régiment de La Tour d'Auvergne devra, immédiatement après son arrivée à Perpignan, être dirigé sur le 7e corps de l'armée d'Espagne.

Il sera dirigé sur le 7e corps où il sera organisé en bataillon, ou comme le voudra le duc de Castiglione.

Napoléon.

3751. — DÉCISION.

Paris, 20 novembre 1809.

Le bataillon de Neuchâtel et la compagnie d'élite du quartier général arriveront incessamment à Strasbourg, où ils attendront de nouveaux ordres.

Lui ordonner de se rendre à Bayonne.

Napoléon.

---

(1) Non signé, copie conforme.

3752. — DÉCISION.

Paris, 20 novembre 1809.

Rapport du général Walther à l'Empereur au sujet de la marche des troupes de la garde impériale venant d'Allemagne et arrivant à Strasbourg.

Renvoyé au ministre de la guerre pour diriger tout cela sur Paris.

NAPOLÉON.

3753. — DÉCISION.

Paris, 21 novembre 1809.

Le général Clarke soumet à l'Empereur un projet de composition du matériel du génie à l'armée d'Espagne.

Approuvé.

NAPOLÉON.

3754. — DÉCISION.

Paris, 21 novembre 1809.

Le général Clarke demande si on doit dès à présent faire fournir aux corps qui sont en Espagne les dix voitures d'artillerie accordées aux corps d'infanterie par les décrets des 9 juin et 14 octobre derniers.

Non.

NAPOLÉON.

3755. — DÉCISION.

Paris, 21 novembre 1809.

Le général Dejean, ministre directeur de l'administration de la guerre, rend compte à l'Empereur que la Hollande se refuse à faire aucune fourniture aux troupes françaises stationnées à Sud-Beveland.

Renvoyé au ministre de la guerre. Comme l'expédition a pour but de défendre la Hollande et de reprendre la Zélande, le ministre doit donner ordre qu'on tire de la Hollande et du Sud-Beveland tout ce qui est nécessaire; qu'on requière et qu'on fasse obéir. Ecrire dans ce sens au roi de Hollande.

NAPOLÉON.

3756. — DÉCISION.

Paris, 21 novembre 1809.

Le général Dejean fait connaître à l'Empereur que le roi de Hollande est bien décidé à ne rien fournir à l'armée française qui occupe Sud-Beveland.

Le ministre de la guerre donnera ordre que l'on s'empare de tout ce dont on a besoin, et il fera connaître au roi que, s'il se refuse, je regarderai que par là le roi de Hollande a renoncé aux îles de Sud-Beveland et de Walcheren.

NAPOLÉON.

3757. — AU GÉNÉRAL CLARKE.

Paris, 21 novembre 1809.

Monsieur le général Clarke, envoyez l'ordre au général Carra-Saint-Cyr, qui est à Dresde, de rentrer en France, mon intention étant qu'il ne reste plus aucun Français à Dresde.

NAPOLÉON.

3758. — DÉCISION.

Paris, 21 novembre 1809.

Le général Clarke propose à l'Empereur de mettre à la disposition du général Belliard, gouverneur de Madrid, une somme de 15.000 francs pour dépenses de police secrète dont il rendra compte.

Approuvé.

NAPOLÉON.

3759. — ORDRE.

Paris, 21 novembre 1809.

Il y aura dimanche, 26 novembre, grande parade. Les bataillons du 32e et du 58e formeront une ligne, ceux du 121e et du 122e formeront la seconde ligne. Ceux du 2e légère et 4e *idem* seront en troisième ligne. Enfin, ceux du 12e et du 15e léger en 4e ligne.

Tous les hommes armés et habillés de chacun de ces régiments seront mis sur le premier rang ; tous les écloppés, tous les ouvriers, enfin tous ceux qui ne sont pas habillés, seront au deuxième rang.

Les deux 7es régiments provisoires de dragons, qui sont à Versailles, se trouveront à cette parade, si, par les ordres du mouvement général, ils ne sont pas encore partis. Tous les régiments provisoires de dragons qui seraient arrivés d'ici à dimanche seront à cette parade.

Quant à la garde, les deux régiments de conscrits, les deux de tirailleurs et tout ce que la garde a de disponible en cavalerie et dans les dépôts de ses différents régiments s'y trouvera.

Les colonels et les majors auront chacun leur état de situation dressé dans le plus grand détail, afin qu'en parcourant les rangs je puisse voir facilement ce que chaque corps devait recevoir, ce qu'il a reçu, et quelle est sa situation.

Le ministre de la guerre donnera tous les ordres nécessaires pour l'exécution du présent.

NAPOLÉON.

3760. — DÉCISIONS (1).

Paris, le 21 novembre 1809.

On propose à Sa Majesté d'approuver que les élèves gratuits ou pensionnaires au Prytanée passent à l'Ecole de Saint-Cyr comme élèves du gouvernement et ne payent à celle de Saint-Germain que 1.500 francs de pension par an au lieu de 2.400 francs.	Refusé. En faisant payer 2.400 francs à l'école de Saint-Germain, mon intention a été d'avoir au moins le tiers des places pour y mettre des élèves qui ne paieraient pas. Mon intention est donc qu'aussitôt que l'école de Saint-Germain sera organisée, on me présente un certain nombre d'élèves pris dans mon prytanée de La Flèche et dans les lycées et fils de militaires, lesquels entreront gratis à l'école de Saint-Germain.
On propose à Sa Majesté d'accorder à M. Morlaincourt, directeur du génie et des fortifications, employé à Florence, à titre d'indem-	Approuvé.

(1) Non signées; extraites du « Travail du ministre de la guerre avec S. M. l'Empereur et Roi, du 13 novembre 1809 ».

nité particulière, une somme de 600 francs pour lui tenir lieu de ses frais de bureau, pendant les mois de juin, juillet et août qu'il est resté à Florence pour la confection de plusieurs mémoires, cartes et plans relatifs à ce territoire.

On rend compte à Sa Majesté que la solde réclamée par M. Manavit, capitaine au 25e régiment de ligne, ne peut être acquittée que par la marine.

Approuvé.

On propose à Sa Majesté de se faire rendre compte de cette réclamation par le ministre de ce département.

Le général de Kindelan demande que les anciens militaires espagnols qui sont admis dans le régiment de Joseph-Napoléon soient autorisés à porter les chevrons lorsqu'ils auront le temps de service nécessaire et à jouir de la haute paye attachée à cette distinction. Il assure que cette faveur produira un très bon effet.

Approuvé.

On propose à Sa Majesté :

D'employer à l'armée d'Espagne M. le général Gardane pour être employé à la division de dragons aux ordres du général Victor La Tour-Maubourg ;

Approuvé.

D'autoriser le général de division sénateur Klein à rentrer au Sénat.

Accordé.

Les généraux de brigade Buquet et Nalèche suffiront pour commander la cavalerie de l'armée du Nord, composée de trois régiments provisoires.

On soumet à Sa Majesté :

La demande d'une prolongation de congé de six semaines faite par

Approuvé.

le général de brigade Leclerc des Essarts ;

La demande d'un congé de trois mois avec appointements faite par le général de brigade Bourke, employé à l'armée du Nord.

Après la prise de l'île de Walcheren.

M. le maréchal Jourdan demande à être autorisé à consentir l'échange du lieutenant-colonel anglais Scheridan, pris en Espagne, contre un des officiers français du même rang détenu en Angleterre.

Approuvé.

Le roi des Deux-Siciles désire que le chef d'escadron Manhès, l'un de ses aides de camp, passe définitivement à son service.

Approuvé.

On présente à l'approbation de Sa Majesté la démission du sieur Morel, premier lieutenant au 5e régiment d'artillerie à pied.

Approuvé.

Le sieur Lapierre, sergent au 29e régiment d'infanterie de ligne, sollicite la permission de quitter ce corps pour entrer dans la garde royale de Naples.

Approuvé.

Le sieur P. Arpin, soldat au 10e régiment d'infanterie de ligne, sollicite l'autorisation de quitter ce corps pour entrer dans la garde royale de Naples, où il a plusieurs parents.

Approuvé.

On propose à Sa Majesté de confier le commandement de la 18e division militaire au général de division Dallemagne.

Le général Devaux est bon pour cette division.

On demande les ordres de Sa Majesté pour la formation d'une direction d'artillerie dans les provinces illyriennes.

Le ministre me présentera un projet d'organisation militaire pour les provinces illyriennes qui comprendra le Cattaro, la Carniole, etc.

Je pense qu'il faudra deux ou

	trois divisions militaires et deux ou trois directions, tant pour l'artillerie que pour le génie.
On demande si l'on doit, dès à présent, faire des dispositions pour faire fournir aux corps qui sont en Espagne les dix voitures d'artillerie accordées aux corps d'infanterie par les décrets des 9 juin et 14 octobre derniers.	Non.
Proposition de vendre du bronze à Magdeburg pour acquitter 42.222 fr. 39 restant dus sur les transports occasionnés par l'évacuation de Danzig.	Me proposer là-dessus une mesure plus étendue.
Proposition d'autoriser M. Delaville-sur-Illon, chef de bataillon au régiment de La Tour d'Auvergne, à passer au service du roi de Naples.	Accordé.

3761. — DÉCISIONS (1).

Les militaires blessés qui reviennent de l'armée et qui sont conduits à Strasbourg pour y recevoir les titres provisoires de leur pension ne sont vêtus la plupart que d'effets hors de service. On prie Sa Majesté de décider si on doit leur délivrer des effets neufs.	Annoncer par une circulaire aux corps qu'ils seront habillés à leur compte.
On rend compte à Sa Majesté de la décision que l'on a prise pour le payement par l'administration de la guerre au sieur Zaffiropulo, négociant russe d'Odessa, de la somme qui lui est due pour valeur du chargement en blé du navire *la Minerve*, qui a été confisqué à Corfou au pro-	Approuvé.

(1) Non signées; extraites du « Travail du ministre directeur avec S. M. l'Empereur et Roi, du 22 novembre 1809 ».

fit de l'Etat le 13 septembre 1807 et dont des décisions du conseil des prises des 19 et 28 avril derniers ont ordonné la restitution.	
On prend les ordres de Sa Majesté sur la demande de M. Heurteloup, chirurgien en chef de l'armée d'Allemagne, d'un congé de quatre mois, et on la prie, dans le cas où elle daignerait l'accueillir, de vouloir bien autoriser cet officier de santé à toucher son traitement de guerre pendant la durée de son congé.	Refusé.
Le supplément d'étape, tel qu'il est réglé aujourd'hui, variant suivant les corps et donnant lieu à beaucoup d'inconvénients, ainsi qu'à beaucoup d'erreurs, on en propose à Sa Majesté une nouvelle fixation qui s'appliquera à tous les corps indistinctement, en faisant cesser l'allocation de la masse d'ordinaire pour les journées de route, et on lui soumet un projet de décret à ce sujet.	Pour le Conseil d'Etat.
On propose à Sa Majesté d'ordonner le renvoi à son conseil d'Etat d'un arrêté pris par le conseil de préfecture du département du Finistère le 27 fructidor an II, en faveur du sieur Sayrol, fournisseur de fourrages.	Pour le Conseil d'Etat.
On soumet à Sa Majesté la demande de pension de la veuve du sieur Jouennault, mort à l'armée d'Espagne directeur des services réunis, avec prière d'en ordonner le renvoi à M. le ministre d'Etat, directeur général de la liquidation, pour en régler et proposer la fixation.	Renvoyé à la liquidation générale.

3762. — DÉCISION.

23 novembre 1809.

Le général Bertrand sollicite des congés avec appointements pour plusieurs généraux et autres officiers du génie.	Accordé. NAPOLÉON.

3763. — AU MARÉCHAL BERTHIER.

Paris, 23 novembre 1809.

Mon Cousin, donnez ordre au général Bertrand, commandant le génie de l'armée d'Allemagne, de se rendre à Paris le plus tôt possible et de laisser le commandement au général Tousard. Donnez le même ordre au général Lariboisière, qui laissera le commandement de l'artillerie de l'armée au général Hanicque. Réitérez les ordres aux généraux Bertrand et Lariboisière de faire partir pour Strasbourg le matériel de l'artillerie et du génie qui a été désigné pour l'armée d'Espagne.

NAPOLÉON.

3764. — DÉCISION.

23 novembre 1809.

Le général Bertrand présente à l'Empereur, avec avis favorable, une demande du lieutenant Boistard, de l'artillerie de marine, qui désire passer dans l'artillerie de terre.	Accordé. NAPOLÉON.

3765. — AU GÉNÉRAL CLARKE (1).

Paris, 23 novembre 1809.

Monsieur le général Clarke, la division Lagrange a besoin de trois généraux de brigade ; proposez-moi ceux qu'on pourrait y nommer.

Il me semble qu'il n'y aurait pas d'inconvénient à rappeler le duc de Valmy au Sénat ; ce doit toujours être une économie (2).

(1) Non signé, copie conforme.
(2) Paragraphe publié par BROTONNE, *Dernières lettres inédites de Napoléon Ier*, t. I., p. 448.

3766. — AU GÉNÉRAL CLARKE.

23 novembre 1809.

Monsieur le général Clarke, il est convenable de charger le duc d'Abrantès de tout le détail relatif à la formation des nouvelles brigades de dragons, en mettant sous ses ordres, pour les détails, un général de cavalerie. Il faut également le charger de passer des revues pour former les différentes divisions de son corps d'armée.

Les trois bataillons du 66e et le régiment provisoire de dragons du général Lagrange doivent, d'Huningue, se diriger sur Bayonne.

Vous me demandez dans votre lettre si le matériel de l'artillerie de la garde doit rester à Strasbourg ou venir à La Fère ; je vous laisse le maître de faire ce qui vous paraîtra le plus convenable, mais il est nécessaire que la garde ait en Espagne 60 pièces d'artillerie, avec double approvisionnement. Il restera à savoir s'il convient de laisser venir cette artillerie à La Fère en envoyant des chevaux haut-le-pied pour la prendre ou de la faire filer sur l'Espagne. Je crois que l'artillerie de la garde a laissé du matériel à La Fère.

Je suppose que vous avez donné ordre au général Reynier de se rendre, en toute diligence, à Paris, afin de présider lui-même à la formation de son corps.

NAPOLÉON.

3767. — AU GÉNÉRAL CLARKE.

23 novembre 1809.

Monsieur le général Clarke, vous donnerez l'ordre au général Loison, aussitôt qu'il sera arrivé à Vitoria, de dissoudre le bataillon de Vitoria et de le renvoyer au 1er corps, pour être incorporé dans ses régiments respectifs ; de faire la même chose pour le bataillon de Bilbao et pour celui des hommes isolés de Santander.

Vous le chargerez également de faire partir les troupes qui sont dans la Biscaye pour leurs divisions ou corps respectifs, en faisant faire le service dans cette province par les troupes de sa division.

NAPOLÉON.

3768. — AU GÉNÉRAL CLARKE (1).

Paris, 23 novembre 1809.

Monsieur le général Clarke, les brigades Ménard et Taupin pourront entrer à Paris pour la cérémonie du 3 décembre.

Dans les premiers jours de décembre, je passerai la revue de ce corps, après quoi il faudra l'envoyer cantonner sur la Loire.

Chargez le duc d'Abrantès du cantonnement, de la discipline et de donner les ordres relatifs à ce corps d'armée.

3769. — DÉCISION.

Paris, 25 novembre 1809.

Le général Clarke propose de diriger sur Saintes le 1er régiment provisoire de chasseurs venant d'Allemagne et qui doit arriver à Orléans le 29 novembre.

Approuvé.

NAPOLÉON.

3770. — DÉCISION.

Paris, 25 novembre 1809.

Le général Clarke rend compte qu'un détachement de 350 hommes n'attend qu'un ordre de départ pour se mettre en marche, afin de rejoindre le régiment d'infanterie et l'escadron de cavalerie de Nassau qu'il est destiné à compléter.

Les diriger sur Versailles d'où ils seront envoyés en Espagne. Ecrire à Bade et à Darmstadt d'envoyer des renforts, afin de réunir tout cela en régiments provisoires.

NAPOLÉON.

3771. — AU GÉNÉRAL CLARKE.

Paris, 28 novembre 1809.

Monsieur le général Clarke, donnez ordre au duc d'Auerstædt de renvoyer dans les Etats du prince primat le bataillon des troupes de ce prince qui est à Bayreuth.

NAPOLÉON.

(1) Non signé, copie conforme.

3772. — AU MARÉCHAL BERTHIER.

Paris, 29 novembre 1809.

Mon Cousin, donnez ordre que tous les postillons et chevaux d'estafette qui avaient été envoyés de France en Allemagne retournent sur-le-champ à Strasbourg.

NAPOLÉON.

3773. — DÉCISION (1).

M. le général Pino demande des décorations et de l'avancement pour des officiers de la division italienne qui se sont distingués dans les affaires des 26 septembre et 9 novembre à l'armée d'Espagne.

L'empereur ordonne que ceci soit renvoyé à M. Marescalchi pour connaître quelles sont les nominations qui ont été faites dans l'ordre de la Couronne de fer ; et quant à la Légion d'honneur et à l'avancement étranger aux remplacements dans les corps, c'est le prince de Neuchâtel qui doit en connaître pour l'armée d'Espagne.

3774. — DÉCISION.

Paris, 30 novembre 1809.

Le général Clarke propose d'envoyer à l'armée d'Espagne la compagnie d'ouvriers du train d'artillerie qui revient de l'armée d'Allemagne et qui est à Strasbourg.

Approuvé.

NAPOLÉON.

3775. — DÉCISIONS (2).

Paris, 30 novembre 1809.

Sa Majesté est priée de faire connaître si son intention est d'autoriser une fabrication de poudre à Corfou. On pourrait y fabriquer

Oui.

(1) Non signée; extraite du « Travail du ministre de la guerre avec S. M. l'Empereur et Roi, daté du 29 novembre 1809 ».
(2) Non signées; extraites du « Travail du ministre de la guerre avec S. M. l'Empereur et Roi, daté du 22 novembre 1809 ».

50 milliers de poudre par an et même plus s'il était nécessaire.	
D'après les ordres de Sa Majesté, 11 officiers de la bande de Schill ont été traduits à une commission militaire, et 296 soldats de la même bande ont été envoyés aux galères. Sa Majesté est priée de décider si 3 autres officiers de cette bande seront aussi traduits à une commission militaire, si 185 autres soldats de la même bande et 4 de celle du duc d'Oëls seront aussi envoyés aux galères ; Enfin, si la même marche sera suivie envers les officiers et soldats de ces deux bandes qui seraient arrêtés dans l'avenir.	Oui.
On propose à Sa Majesté d'accorder une indemnité de 400 francs au sieur Fossani, maréchal des logis de gendarmerie en Toscane, pour le dédommager de la perte de tous ses effets qui lui ont été pillés lors de l'insurrection de San-Salvador.	Approuvé.
On renouvelle à Sa Majesté la demande d'approuver le choix fait par le duc de Castiglione du général de brigade Augereau pour chef d'état-major du 7e corps de l'armée d'Espagne.	Il est contre les principes qu'un frère soit chef d'état-major d'un maréchal.
Proposition de donner le commandement du département du Bas-Rhin au général de brigade Schramm, blessé à Ratisbonne, qui déclare être encore hors d'état de reprendre son service.	Approuvé.
On propose à Sa Majesté d'employer dans la 28e division militaire le général de brigade Pouget, qui a été fait prisonnier à l'armée d'Italie et qui est rentré en France.	Approuvé.

Le général de division Maurice Mathieu, affecté d'un sarcocèle, demande un congé de six mois avec appointements.	Accordé.
Le général de brigade Zenardi demande un congé de convalescence de trois mois avec appointements. Le ministre a accordé à ce général la permission d'aller à Montpellier jusqu'à nouvel ordre.	Laissé à la décision du duc de Castiglione.
Le maréchal duc de Raguse demande qu'il soit accordé un congé de quatre mois avec appointements à l'adjudant commandant Delort, employé au 11e corps de l'armée d'Allemagne.	Accordé.
M. Baillencourt, nommé chef d'escadrons dans les cuirassiers, a été nommé capitaine de la compagnie des gardes d'honneur de S. A. le prince Borghese. Sa Majesté est priée de faire connaître si cet officier ne touchera que le traitement de capitaine ou s'il recevra celui de chef d'escadrons de la ligne.	Il touchera le traitement de la place qu'il préférera.
Démission du sous-lieutenant Lavaulx, du 4e régiment de dragons, soumise à l'approbation de Sa Majesté.	Accordé.
Démission du capitaine du génie Justin Saint-Léger, présentée à l'approbation de Sa Majesté.	Accordé.
Sa Majesté est priée de faire connaître si son intention est d'accorder un congé au général de division Laborde, rentré en France par autorisation de S. M. C. et qui paraît hors d'état de continuer ses services.	Accordé un congé.

3776. — DÉCISION.

Paris, 30 novembre 1809.

Le maréchal Berthier rend compte que S. A. S. le prince primat désirerait savoir si le bataillon qu'il a fourni au 8e corps et qui, depuis, est resté à Bayreuth, peut retourner à Francfort.

Le faire revenir à Francfort.

NAPOLÉON.

3777. — ORDRE.

Paris, 2 décembre 1809.

Lundi 4 décembre, à midi, toute l'infanterie du 8e corps et les quatre régiments de notre garde à pied qui sont à Paris, ainsi que les chasseurs, dragons et chevau-légers polonais à cheval de notre garde, seront rendus à midi sur la place du Carrousel pour la parade.

NAPOLÉON.

3778. — DÉCISION.

Paris, 5 décembre 1809.

Propositions du ministre de la guerre relatives à la composition de l'équipage d'artillerie du 8e corps de l'armée d'Espagne.

Cette composition est la suivante :

6 canons de 12 ;
6 — de 8 ;
18 — de 4 ;
6 obusiers de 6 pouces.

Total. 36 bouches à feu.

S'il n'y a pas d'inconvénient, je préférerais 8 pièces de 12, 8 obusiers et 20 pièces de 4.

NAPOLÉON.

3779. — AU MARÉCHAL BERTHIER.

Paris, 5 décembre 1809.

Mon Cousin, j'avais donné l'ordre au 1er régiment provisoire du train, chargé de 200.000 paires de souliers, de se rendre à Strasbourg ; il doit y être arrivé. Donnez-lui l'ordre de continuer sa route sur Bayonne. Faites-moi connaître où il se trouve aujourd'hui.

NAPOLÉON.

3780. — AU MARÉCHAL BERTHIER.

Paris, 5 décembre 1809.

Mon Cousin, écrivez au général Loison, qui doit être arrivé à Bayonne, de vous envoyer l'état de toutes les troupes qui entrent avec lui en Espagne et de vous faire connaître les places vacantes qu'il y aurait dans sa division. Ecrivez également au général Hédouville de vous envoyer les états de situation des dépôts des corps et de vous instruire de tout ce qui peut m'intéresser.

NAPOLÉON.

3781. — DÉCISIONS (1).

5 décembre 1809.

On demande les ordres de Sa Majesté sur la régularisation d'une somme de 22.910 francs, qui a été avancée par le payeur de l'armée d'Espagne, d'après les ordres de S. A. I. le grand-duc de Berg, pour achats de fourgons et mulets pour son service.	Accordé.
On prend les ordres de Sa Majesté sur le remplacement d'une somme de 1.540 francs, qui appartenait à la gendarmerie des Hautes-Pyrénées, et qui a été enlevée par les insurgés espagnols.	Accordé.
On propose à Sa Majesté de confier au général de brigade Destabenrath le commandement du département de la Seine-Inférieure.	Accordé.
On propose à Sa Majesté d'accorder un congé absolu au nommé	Accordé.

(1) Non signées; extraites du « Travail du ministre de la guerre avec S. M. l'Empereur et Roi, daté du 29 novembre 1809 ».

Maréchal, soldat au 8e régiment de ligne.	
On propose à Sa Majesté d'accorder un congé de trois mois à l'adjudant commandant Tugnot, employé au 6e corps de l'armée d'Espagne.	Accordé.

3782. — AU GÉNÉRAL CLARKE.

5 décembre 1809.

Monsieur le général Clarke, donnez ordre au duc d'Abrantès de former les bataillons des 14e et 34e.

Donnez-lui également l'ordre de passer la revue des douze bataillons de la division Rivaud, de vous envoyer la note de toutes les places vacantes pour y nommer sur-le-champ, et l'état de tout ce qui manquerait de capotes, armement et habillement, afin de le faire donner à cette division, avant qu'elle parte pour Orléans.

Si le ministre Dejean a des souliers à Paris, on pourrait en faire délivrer une paire à chaque soldat, en ayant soin de la faire porter sur le livret.

Il y a un régiment qui a besoin de 200 à 300 capotes ; il faut que le général les lui fasse avoir.

NAPOLÉON.

3783. — AU GÉNÉRAL CLARKE.

5 décembre 1809.

Monsieur le général Clarke, il est nécessaire de donner l'ordre que les chevau-légers du grand-duché de Berg se rendent à Versailles pour soigner leur instruction et s'organiser.

Il me paraît convenable que les dragons qui forment les douze régiments provisoires évacuent Versailles et se portent sur la Loire, Versailles étant nécessaire pour y cantonner ma garde et le régiment du grand-duché de Berg.

NAPOLÉON.

3784. — AU GÉNÉRAL CLARKE.

5 décembre 1809.

Monsieur le général Clarke, je vois que le 13e régiment de cuirassiers a 400 hommes à son dépôt et qu'il n'a que 150 chevaux. Il serait peut-être nécessaire de diriger sur ce dépôt une centaine de chevaux des autres dépôts de cuirassiers, de ceux qui ont plus de chevaux que d'hommes.

Je vois qu'on forme à Versailles plusieurs régiments de dragons. Je vous écris de retirer les régiments provisoires de dragons de Versailles pour faire place à la garde, etc... Il faut donc que vous désigniez le point de formation de ces régiments dans un autre emplacement sur la Loire.

NAPOLÉON.

3785. — AU GÉNÉRAL CLARKE.

5 décembre 1809.

Monsieur le général Clarke, la 1re brigade de la division Loison, commandée par le général Simon, et la 2e brigade, commandée par le général Valentin, doivent arriver à Bayonne du 25 au 26. Faites-moi connaître la situation de ces brigades.

Le général Valentin est-il rendu à son poste ?

NAPOLÉON.

3786. — AU GÉNÉRAL CLARKE.

5 décembre 1809.

Monsieur le général Clarke, j'avais donné l'ordre au 1er bataillon provisoire du train chargé de 200.000 paires de souliers, qui était à Vienne, de se rendre à Strasbourg ; il doit y être arrivé. Donnez-lui l'ordre de continuer sa route sur Bayonne.

Faites-moi connaître où il se trouve aujourd'hui.

NAPOLÉON.

3787. — DÉCISION.

6 décembre 1809.

Rapport du maréchal Berthier à l'Empereur tendant à accorder une gratification de 3.000 francs aux auditeurs au Conseil d'Etat qui ont été employés en Allemagne et qui rentrent en France.	Accordé. NAPOLÉON.

3788. — AU GÉNÉRAL CLARKE.

6 décembre 1809.

Monsieur le général Clarke, donnez ordre au général comte de Lobau de passer la revue du 113e régiment dans le plus grand détail et de me faire connaître combien de bataillons ce régiment pourra fournir pour la campagne d'Espagne.

Donnez ordre au général comte Durosnel, de passer la revue des dépôts des 1er, 3e, 5e, 9e et 15e de dragons, qui sont à Versailles, et de me faire connaître ce que ces cinq dépôts ont de disponible, afin de l'envoyer joindre les régiments provisoires de dragons.

Donnez ordre au 1er régiment provisoire de dragons, qui est à Versailles, de se rendre sur la Loire.

Donnez le même ordre au 7e et aux détachements du 10e et du 19e.

Par ce moyen, Versailles sera débarrassé de près de 3.000 chevaux.

Le général Durosnel passera également l'inspection du dépôt du 28e de chasseurs.

Je vous prie de rester constant dans le principe que le 113e ne doit être composé que de Toscans, ainsi que le 28e de chasseurs.

NAPOLÉON.

3789. — DÉCISIONS (1).

Le général de brigade d'Oraison, commandant d'armes de Besançon, demande un congé pour assister aux séances du collège électoral du département de Seine-et-Oise.	Accordé.
On soumet à Sa Majesté la demande faite par le général de brigade Boyer (Henry), employé dans la 13e division militaire, pour qu'il lui soit accordé un congé d'un mois avec appointements et l'autorisation de venir à Paris.	Accordé.

(1) Non signées; extraites du « Travail du ministre de la guerre avec S. M. l'Empereur et Roi, daté du 6 décembre 1809 ».

Le sieur de Saint-Sauveur, major du 8e régiment de cuirassiers, sollicite un congé pour se rendre à Paris pour affaires de famille.	Accordé.
On met sous les yeux de Sa Majesté la demande formée par M. Antoine, capitaine de gendarmerie à Avignon, pour que son fils, âgé de 18 ans, passe au service de S. M. le roi de Naples et des Deux-Siciles.	Accordé.
On rend compte à Sa Majesté que le général Donzelot demande qu'il soit accordé aux archevêques grecs des îles Ioniennes, comme une marque de satisfaction de leur zèle et de leur dévouement, une croix grecque surmontée d'une couronne impériale.	Accordé.
Le roi de Westphalie a fait connaître au ministre de la guerre que l'intention de l'Empereur était d'approuver que le général de brigade Launay et le colonel en second Chabert prissent du service en Westphalie. Sa Majesté est priée de donner ses ordres à ce sujet.	Accordé.
Le général de division Muller demande que M. Pommereuil, capitaine, son aide de camp, soit élevé au grade de chef de bataillon.	Ajourné.

3790. — DÉCISIONS (1).

On a l'honneur de rappeler à Sa Majesté que le personnel du 11e bataillon du train des équipages militaires est arrêté à Angoulême en attendant qu'on lui désigne la place où il devra se réorganiser.	A Saintes.

(1) Non signées; extraites du « Travail du ministre directeur avec S. M. l'Empereur, du 6 décembre 1809 ».

On rend compte à Sa Majesté que S. A. I. le prince vice-roi d'Italie a accordé un supplément de 10 centimes à la masse d'ordinaire fixée à 15 centimes aux troupes qui font un service de guerre dans les départements bordant l'Adige, dans ceux du Passaro, du Crossolo et dans ceux frontières, ce qui porte la masse d'ordinaire à 25 centimes. On la prie de vouloir bien faire connaître si Elle approuve cette mesure.	Tout ce qui est en Italie doit être sur le pied de paix.
Vu les difficultés qu'éprouvent les troupes à Savone pour vivre avec leurs moyens ordinaires, à cause de l'augmentation excessive du prix des denrées depuis que le pape y séjourne, on propose à Sa Majesté de porter de 15 à 25 centimes la masse d'ordinaire pour les sous-officiers et soldats pendant tout le temps que le pape résidera dans cette place.	Approuvé.
On demande à Sa Majesté s'il faut accorder des caissons aux régiments du corps du duc d'Abrantès passant d'Allemagne en Espagne, et qui n'en ont pas reçu.	Refusé.

3791. — AU GÉNÉRAL CLARKE.

Paris, 7 décembre 1809.

Monsieur le général Clarke, vous me dites qu'il y a à l'armée du Nord, dans la 19e demi-brigade provisoire, 250 hommes du 14e de ligne, provenant du 4e bataillon. Vous pouvez ordonner que les cadres de deux compagnies de ce bataillon sans soldats viennent à Paris, où ils recevront 200 hommes qui iront rejoindre leur régiment au 8e corps.

NAPOLÉON.

3792. — AU GÉNÉRAL CLARKE.

Paris, 7 décembre 1809.

Monsieur le général Clarke, je réponds à votre lettre du 6, relative à la 15e demi-brigade provisoire. Vous devez la dissoudre ainsi que toute autre demi-brigade provisoire qui existerait encore au delà des Alpes. J'approuve que l'on incorpore dans l'armée d'Italie ce qui appartient à des régiments de cette armée, et que vous envoyiez à Naples les détachements des 10e et 20e. Mais je vous recommande de tenir la main à ce que des officiers et sous-officiers retournent à leurs dépôts.

NAPOLÉON.

3793. — DÉCISION (1).

Au palais des Tuileries, 7 décembre 1809.

On demande à Sa Majesté si Elle permettra qu'un officier de santé, né en France, qui a obtenu une solde de retraite de 1.030 francs, puisse en jouir à Naples.

Approuvé.

3794. — AU MARÉCHAL BERTHIER.

Paris, 9 décembre 1809.

Mon Cousin, vous voudrez bien ordonner, sans délai, que le 2e régiment de marche de cavalerie de l'armée d'Espagne, qui arrive à Bayonne le 14 décembre, soit, de Bayonne, dirigé sur Tolosa, de Tolosa sur Pampelune, et de Pampelune sur Saragosse, où il sera dissous et incorporé, savoir : les détachements du 4e hussards dans ce régiment, et les cuirassiers dans le 13e. Vous devez prescrire que les officiers et maréchaux des logis chefs viennent à leur dépôt en poste. Par ce moyen, le général Loison n'aura pas d'autre cavalerie que le 1er régiment de marche et le régiment de lanciers polonais. Je vous prie de faire connaître au général Loison que j'attache la plus grande importance à ce que tous les corps qui étaient en Biscaye composent, soit le bataillon de Vitoria, soit celui de Bilbao,

(1) Non signée; extraite du « Travail du ministre de la guerre avec S. M. l'Empereur et Roi, daté du 6 décembre 1809 ».

soit celui des hommes isolés de Saint-Sébastien, soit que tous les hommes isolés quelconques se dirigent sur leur régiment, afin de grossir les cadres, et à ce qu'il n'y ait dans les trois Biscayes que son corps. Vous lui ferez connaître aussi que je désire qu'il envoie des colonnes pour que, dans les environs de Logrono, de Santo-Domingo, sur les confins de la Navarre et dans les communications de Vitoria à Burgos, les brigands soient vivement poursuivis; qu'il est même autorisé à faire des expéditions de 2.000 à 3.000 hommes, à les diriger même du côté de la Navarre et de la Castille, jusqu'à trois journées de marche de la Biscaye, pour dissoudre les comités d'insurrection, désarmer les villes et ramener tout à l'obéissance; qu'il faut que les parties de la Navarre et de la Castille qui avoisinent la Biscaye se ressentent de son influence, de son autorité et de sa présence à Vitoria. La brigade Simon, de la division Loison, forte de 6.000 hommes, a dû arriver le 5 décembre à Vitoria; la seconde brigade, commandée par le général Gratien, forte également de 6.000 hommes, doit y arriver le 8. Ecrivez au commandant de Saint-Sébastien et des trois provinces de Biscaye, pour leur recommander que tout ce qu'ils avaient de troupes soit renvoyé à leur cadre. Recommandez au général Loison de vous faire un rapport sur la situation des trois provinces, et sur la manière dont elles sont gouvernées. Dites-lui que je m'en rapporte à lui sur toutes les mesures à prendre pour la tranquillité du pays et pour arrêter les malveillants; qu'il doit me proposer ce qu'il y aurait à faire; que, du reste, sa division de 12.000 hommes doit se reposer, s'instruire et se compléter. Faites-lui connaître qu'il ne doit disposer des troupes mises sous son commandement que par votre ordre; que, dans des cas pressés, il peut en disposer selon son propre jugement, mais sans s'éloigner de la Biscaye; enfin, qu'il ne doit pas pousser plus avant en Espagne.

Faites-moi savoir quand la 1re brigade du corps du général Reynier pourra entrer en Espagne.

NAPOLÉON.

3795. — AU MARÉCHAL BERTHIER.

Paris, 9 décembre 1809.

Mon Cousin, j'ai envoyé des ordres au ministre de la guerre pour des mouvements à opérer au 20 décembre à l'armée d'Allemagne. Faites connaître cela au prince d'Eckmühl. Je l'ai autorisé à renvoyer les alliés sur-le-champ chez eux, et à placer, s'il n'y a pas d'inconvénient, le 2e corps à Augsburg et Ulm, et le 4e corps à Bayreuth, Bamberg et Würzburg. Mais il devra attendre les ordres que mon ministre de la guerre lui enverra par un officier.

NAPOLÉON.

3796. — AU MARÉCHAL BERTHIER.

Paris, 9 décembre 1809.

Mon Cousin, vous me ferez connaître le jour où le 1er bataillon provisoire des équipages militaires arrive à Bayonne, ainsi que le 10e et le 11e. Ces trois bataillons, formant près de 400 caissons, ne doivent entrer en Espagne que par mon ordre. Faites-moi connaître si ces 400 voitures seront prêtes à Bayonne le 20 janvier.

NAPOLÉON.

3797. — DÉCISION.

Paris, 9 décembre 1809.

Le maréchal Berthier propose d'envoyer à l'armée d'Espagne les quatre divisions d'ambulance de l'armée d'Allemagne.

Accordé.

NAPOLÉON.

3798. — DÉCISION.

Paris, 9 décembre 1809.

Le général Clarke demande si les 200 hommes destinés aux cadres des deux compagnies du 4e bataillon du 14e régiment de ligne, dirigées d'Anvers sur Paris, seront fournis par les conscrits de la garde impériale.

Oui.

NAPOLÉON.

3799. — DÉCISION.

Paris, 9 décembre 1809.

Le général Clarke sollicite l'autorisation de l'Empereur au sujet des escortes à fournir pour les convois d'effets d'habillement destinés

Approuvé tous ces mouvements.

NAPOLÉON.

aux corps de troupe des armées d'Allemagne et d'Espagne.

3800. — AU GÉNÉRAL CLARKE.

Paris, 9 décembre 1809.

Monsieur le duc de Feltre, le 8e corps n'a que 600 chevaux d'attelage ; cependant l'artillerie qui est préparée pour ce corps en exige 1.000. J'approuve donc qu'on lui donne les 300 chevaux attendus d'Allemagne, mais comme ces chevaux n'arrivent que deux mois après, il est nécessaire de diviser l'équipage en deux parties ; savoir, la partie qui peut être prise par les 600 chevaux actuellement en marche et la partie qui restera à prendre en supplément par les 300 autres. Par ce moyen, on ne laissera rien à l'arbitraire des officiers d'artillerie qui pourraient d'abord emmener toutes les pièces d'artillerie, et laisser en arrière toutes les munitions. Je préfère donc que les 600 chevaux actuellement disponibles, emmènent 4 pièces de 12, 14 pièces de 4 et 6 obusiers, ce qui fera 24 pièces de canon. Il restera donc 12 pièces à prendre par les 300 chevaux venant d'Allemagne.

NAPOLÉON.

3801. — DÉCISION.

Paris, 9 décembre 1809.

Le général Clarke soumet à l'Empereur diverses demandes du ministre de la marine relatives aux détachements à fournir pour les garnisons des navires en armement dans les ports et pour les colonies.

Approuvé.

NAPOLÉON.

3802. — DÉCISION.

Paris, 9 décembre 1809.

Le maréchal Berthier fait connaître que, suivant le rapport du général Lagrange, les troupes venues de Vorarlberg, et notamment le 65e régiment d'infanterie, sont parties

Renvoyé au ministre de la guerre pour donner les ordres sur les lieux où doit s'arrêter le matériel d'artillerie. Donner ordre au général Lagrange de se

d'Huningue pour se rendre à Orléans et à Bayonne.

rendre à Paris et pourvoir à tous les besoins du 65e.

NAPOLÉON.

3803. — DÉCISION.

Paris, 9 décembre 1809.

Rapport du général Clarke à l'Empereur sur la situation des affaires d'Espagne au point de vue militaire.

Renvoyé au major général pour se mettre au fait de ce qui se passe en Espagne.

NAPOLÉON.

3804. — DÉCISION.

Paris, 9 décembre 1809.

Rapport par lequel le maréchal Davout rend compte à l'Empereur que le général Dumas et le colonel Romeuf ont été présentés à l'empereur d'Autriche. Le maréchal Davout craint que cette présentation ne soit contraire aux intentions de Sa Majesté.

Renvoyé au ministre de la guerre pour répondre à ces lettres que je n'attache aucune importance à la présentation de ces deux généraux.

NAPOLÉON.

3805. — DÉCISION (1).

Rapport du général Clarke à l'Empereur sur la dépense qu'exigera la formation d'un train de 4.000 outils à pionniers pour la dernière colonne de la garde impériale.

Les prendre à l'armée d'Allemagne.

NAPOLÉON.

3806. — DÉCISION (2).

Le général Clarke expose que le régiment d'infanterie du grand-duché de Berg a en ce moment plus de 400 galeux et que le duc

Oui, les guérir.

NAPOLÉON.

(1) Sans date; le rapport du ministre de la guerre est du 11 décembre 1809.
(2) Sans date; le rapport du ministre de la guerre est du 12 décembre 1809.

d'Abrantès demande instamment qu'il soit pris des mesures relatives à leur traitement.

3807. — DÉCISION (1).

On prie de nouveau Sa Majesté de décider si les provinces illyriennes doivent être régies au compte de la France à dater du 1er janvier 1810.

En conférer avec M. Daru.

3808. — ORDRE (2).

13 décembre 1809.

Ordre au duc d'Istrie de prendre possession de l'île de Walcheren au nom de l'Empereur et non au nom du roi de Hollande.

Toutes marchandises anglaises, denrées coloniales, etc., seront déclarées de bonne prise.

3809. — DÉCISION.

Paris, 14 décembre 1809.

Le maréchal Berthier demande l'autorisation de faire venir à Paris le général Dutaillis, qui est sans emploi à Munich.

Accordé.

NAPOLÉON.

3810. — DÉCISIONS (3).

14 décembre 1809.

On propose à Sa Majesté de changer d'emplacement les dépôts des 2e et 4e bataillons de sapeurs.

J'ai pour principe que les dépôts ne doivent jamais changer de place.

Sa Majesté est priée d'adopter la mesure proposée par le gouverneur des îles Ioniennes, tendant à am-

Accordé.

(1) Sans signature ni date; extraite du « Travail du ministre directeur avec S. M. l'Empereur et Roi, du 13 décembre 1809 ».

(2) Donné par l'Empereur au conseil d'administration du 13 décembre 1809.

(3) Non signées; extraites du « Travail du ministre de la guerre avec S. M. l'Empereur et Roi, daté du 13 décembre 1809 ».

nistier seize déserteurs de la compagnie de chasseurs ioniens à cheval.

Vu l'impossibilité où se trouvent deux déserteurs d'être transférés à leurs corps pour y purger leur contumace, Sa Majesté est priée de permettre qu'ils soient jugés contradictoirement à Grenoble, où ils sont actuellement.

Accordé.

Sur la demande du sieur Mauco, général de division, employé en qualité d'inspecteur général des hôpitaux militaires à Toulon, Sa Majesté est priée d'ordonner que le sieur Mauco fils, sous-lieutenant au 15e régiment de ligne, sera renfermé dans un château fort pendant trois mois, pour le punir de ses écarts et le ramener à ses devoirs.

Accordé.

On rend compte à Sa Majesté du refus fait par le roi des Deux-Siciles de payer les détachements de l'armée française qui ont quitté momentanément le royaume de Naples pour repousser des brigands qui menaçaient la sûreté de ce royaume.

Cela est ridicule.

Le général Pelletier, 1er inspecteur de l'artillerie et du génie dans le duché de Varsovie, demande que cinq militaires français, ouvriers et pontonniers, soient autorisés à rester au service de ce duché.

Accordé.

On soumet à Sa Majesté la demande d'un congé de trois mois faite par le général Millossévitz, actuellement à Perpignan.

Ce général est menacé de perdre la vue par l'effet d'une double cataracte.

Accordé.

Renseignements demandés par Sa Majesté sur les services de M. Leharivel-Durocher, nommé major à la parade du 4 de ce mois. Il demande la décoration de la Légion d'honneur.	Accordé.
Le ministre rend compte à Sa Majesté qu'il a fait payer une indemnité de 10.000 francs à M. le général de division Reynier.	Approuvé.

3811. — ORDRE (1).

Paris, vendredi 15 décembre 1809.

Demain, à 11 heures du matin, l'Empereur passera la revue dans la cour des Tuileries :

1° Des deux brigades de la division Lagrange formées des bataillons des 4e, 2e, 12e, 15e légères, 32e, 58e; 121e et 122e ;

2° De la 2e division de la garde.

Sa Majesté désire que M. le prince de Neuchâtel se trouve au Palais pour la revue.

3812. — DÉCISION.

Paris, (2) décembre 1809.

Le général Clarke propose à l'Empereur d'approuver que 500 prisonniers de guerre, de nationalité allemande et suisse, soient employés aux travaux du Retiro.	Renvoyé au major général pour bien faire connaître au ministre de la guerre que tous les Suisses, Allemands, Français, doivent être incorporés dans les régiments suisses, allemands et français au service de France. Indépendamment de cet ordre qui sera donné au duc de Dalmatie, le major général écrira à Bayonne que tous les prisonniers suisses, allemands, fran-

(1) Non signé.

(2) Sans date de jour; le rapport du ministre de la guerre est du 12 décembre 1809, l'expédition est du 15.

çais soient retenus et qu'on en forme des corps pour recruter les régiments qui sont en Espagne.

NAPOLÉON.

3813. — AU GÉNÉRAL CLARKE.

15 décembre 1809.

Monsieur le duc de Feltre, faites connaître au prince d'Eckmühl que les bataillons des tirailleurs corses et des tirailleurs du Pô cesseront de faire partie du 2e corps de l'armée d'Allemagne et passeront au 3e.

NAPOLÉON.

3814. — DÉCISION.

Paris, 15 décembre 1809.

Le général Clarke soumet à l'Empereur un état de propositions de nominations à des emplois d'officiers dans différents corps de cavalerie de nouvelle formation.

Renvoyé au général Durosnel pour rendre compte.

Par ordre de l'Empereur (1).

3815. — DÉCISION.

Paris, 15 décembre 1809.

Le général Clarke demande s'il devra être fait de nouvelles commandes de souliers pour l'armée d'Espagne, dans quelles proportions et sur quels points les approvisionnements devront être dirigés.

Renvoyé au major général pour me faire un rapport.

NAPOLÉON.

(1) Non signé.

3816. — DÉCISION.

Paris, 15 décembre 1809.

Sa Majesté avait décidé, le 13 novembre, qu'au 1er janvier les divers services assurés dans les Etats romains par les soins de la Consulte, rentreraient au budget de l'administration. Cette Consulte étant prorogée au 1er avril 1810, on demande à Sa Majesté si, pendant le 1er trimestre 1810, elle continuera à pourvoir à ces services.

Au 1er janvier Rome est traitée comme la France.

NAPOLÉON.

3817. — DÉCISION.

Paris, 15 décembre 1809.

On prie de nouveau Sa Majesté de décider si les services des provinces Illyriennes doivent être repris au compte de la France à dater du 1er janvier 1810.

Ceci est décidé par la note que j'ai datée hier au conseil des finances. On doit faire un budget en recettes et en dépenses qui couvre toutes les dépenses de l'Illyrie.

NAPOLÉON.

3818. — AU MARÉCHAL BERTHIER.

16 décembre 1809.

Mon Cousin, donnez l'ordre à l'état-major à Madrid que toutes les compagnies de marche qui sont dans cette ville soient dissoutes et que chacune soit renvoyée à son corps, autant, toutefois, qu'elles seront habiles à servir. Donnez le même ordre pour les compagnies de militaires isolés. Je vois, dans les derniers états de situation de l'armée d'Espagne, qu'il y a un bataillon d'hommes isolés de 800 hommes à Saint-Sébastien. Ces hommes sont-ils partis pour rejoindre leurs corps ? Il y a dans la même ville un bataillon de chasseurs de la montagne : ce bataillon peut rester dans la Biscaye. Il y a à Ernani 114 hommes du 47e de ligne : sont-ils partis ? Il y a à Vitoria un bataillon de garnison de Vitoria, fort de 700 hommes, appartenant au 1er corps : ce bataillon est-il parti ? Il y a

300 hommes isolés à la suite d'un bataillon de marche et 300 convalescents : tout cela est-il parti ? Il y a à Bilbao un bataillon de 500 à 600 hommes, appelé bataillon de marche de Bilbao, appartenant, pour la plus grande partie, au 6e corps : ce bataillon a-t-il rejoint ?

NAPOLÉON.

3819. — AU GÉNÉRAL CLARKE.

Paris, 16 décembre 1809.

Monsieur le duc de Feltre, les hommes disponibles du dépôt du 66e avaient été mis à la disposition du commandant de la 12e division militaire, lorsque les Anglais ont paru dans la rade de l'île d'Aix. Faites rentrer ce détachement à son dépôt, afin qu'il puisse fournir tous les hommes qui lui sont demandés.

NAPOLÉON.

3820. — AU MARÉCHAL BERTHIER.

Trianon, 17 décembre 1809.

Mon Cousin, donnez l'ordre positif en Espagne pour que, soit dans les gazettes soit dans les rapports, on ne donne point, à la division polonaise, le nom de *polonaise*, mais celui du *grand-duché de Varsovie*, et, à la division allemande, le nom *allemande*, mais celui de la *confédération du Rhin* (1).

NAPOLÉON.

3821. — AU MARÉCHAL BERTHIER.

Trianon, 17 décembre 1809.

Mon Cousin, je vous ai demandé un tableau qui me fasse connaître jour par jour le mouvement des douze régiments provisoires de dragons, formant cinq brigades. Ce tableau m'est nécessaire pour que je donne des ordres à ces troupes.

NAPOLÉON.

---

(1) Les mots en italique sont soulignés dans le texte.

3822. — AU MARÉCHAL BERTHIER.

Trianon, 17 décembre 1809.

Mon Cousin, le 1er régiment provisoire de chasseurs arrive à Bayonne le 1er janvier. Donnez-lui l'ordre de continuer sa route sur Vitoria. Le 4e régiment de marche de cavalerie de l'armée d'Espagne arrive le 7 janvier à Bayonne. Il continuera sa route sur Saragosse, où il sera incorporé dans le 13e de cuirassiers. Le 5e régiment de marche arrive le 8 janvier à Bayonne. Il continuera sa route sur Vitoria. Le 3e régiment de marche arrive le 11 à Bayonne, il continuera sa route sur Tolosa et Saint-Sébastien. Tous les détachements du 4e de hussards, qui arriveraient isolément, se rendront sur Saragosse.

NAPOLÉON.

3823. — AU MARÉCHAL BERTHIER.

Trianon, 17 décembre 1809

Mon Cousin, j'avais ordonné que tous les hommes à pied des différents dépôts de l'armée d'Espagne formassent un régiment de marche qui se réunirait à Bayonne. Prenez des renseignements pour me faire connaître la force de ce régiment et son mouvement. Aussitôt que la force de ce régiment sera connue, voyez le ministre de l'administration de la guerre, pour qu'il soit dirigé, des dépôts de l'armée d'Allemagne, le nombre de chevaux nécessaire pour monter ces hommes. Ce régiment de marche pourrait s'arrêter à Auch, où se rendraient les chevaux que les différents dépôts de l'armée d'Allemagne pourront envoyer.

NAPOLÉON.

3824. — AU MARÉCHAL BERTHIER.

Trianon, 17 décembre 1809.

Mon Cousin, le dépôt du 13e de cuirassiers, qui est à Niort, avait 400 hommes et 426 chevaux ; il a fourni 196 chevaux aux régiments de marche qui vont en Aragon et 12 à la gendarmerie : il doit rester 200 chevaux. Demandez au commandant de ce dépôt quand, sur ces 200 chevaux, il y en aura 150 qui pourront partir.

NAPOLÉON.

3825. — AU MARÉCHAL BERTHIER.

Trianon, 17 décembre 1809.

Mon Cousin, mon intention est que le régiment de Nassau et toutes les troupes de la division Rouyer entrent en France et se réunissent avec le 2e régiment de la Vistule et les détachements que Hesse-Darmstadt et Bade envoient pour recruter leurs régiments. Toutes ces troupes se réuniront d'abord à Orléans. Vous me ferez connaître où elles seront réunies et la force de cette division.

Napoléon.

3826. — DÉCISION.

Trianon, 17 décembre 1809.

Rapport par lequel le maréchal Berthier propose d'ordonner une nouvelle confection de 40.000 paires de souliers pour l'armée d'Espagne.

Je n'approuve pas ce rapport. Je n'ai pas besoin d'autres souliers que ceux qui sont commandés, vu que tous les corps en reçoivent de leurs dépôts.

Napoléon.

3827. — AU GÉNÉRAL CLARKE.

Trianon, 17 décembre 1809.

Monsieur le duc de Feltre, mon intention est que le régiment de chasseurs du grand-duché de Berg porte le nom de lanciers de Berg et qu'il soit sur-le-champ armé de lances. Prenez des mesures efficaces pour les lui procurer avant le 10 janvier, époque à laquelle je compte le faire partir. Vous ferez connaître au général Walther que ce régiment marchera avec la garde et que je le mets sous sa surveillance spéciale, pour qu'il soigne son instruction et son administration. Par ce moyen, j'aurai dans ma garde deux régiments de lanciers, l'un de chevau-légers polonais, et l'autre de chevau-légers de Berg.

Napoléon.

3828. — DÉCISION (1).

Au palais de Trianon, 17 décembre 1809.

On prie Sa Majesté de faire connaître ses intentions sur la demande que fait le sieur Boivin, ancien caporal, de cumuler la solde de retraite de 165 francs avec le traitement de portier d'un fort militaire dans le royaume de Naples.	Accordé.

3829. — AU GÉNÉRAL CLARKE.

Trianon, 18 décembre 1809.

Monsieur le duc de Feltre, les vingt-quatre régiments de dragons qui sont en Espagne (je ne compte pas le 24e qui est en Catalogne) ont encore 400 chevaux, après avoir fourni 1.000 chevaux aux régiments provisoires et 300 à la gendarmerie.

Donnez ordre que tout ce qui sera disponible aux dépôts de ces vingt-quatre régiments de dragons se rende à Versailles, où on formera un régiment de marche ; ce qui sera disponible au 15 janvier s'y rendra également. Vous me ferez connaître la force de ce régiment de marche de dragons.

Il y a en Espagne sept régiments de chasseurs et cinq de hussards. Il paraîtrait, par les états que m'a remis le ministre Dejean, qu'il resterait encore 1.000 chevaux aux sept régiments de chasseurs, lorsqu'ils auront fourni tout ce qu'ils doivent aux régiments provisoires et de marche ; et 700 chevaux aux cinq régiments de hussards, après qu'ils auront fourni ce qu'ils doivent aux mêmes régiments. Il serait donc possible de former un nouveau régiment de marche de chasseurs et un nouveau régiment de marche de hussards.

Selon le compte que me rend le général Dejean, le 5e de chasseurs, après avoir fourni tout ce qu'il doit fournir, aurait 160 chevaux disponibles, le 10e 240, le 15e 340, le 21e 30, le 22e 140, le 26e 40 et le 27e 158 ; si cela est ainsi, ordonnez que tout cela se réunisse à Saumur pour former un nouveau régiment de marche de l'armée d'Espagne, qui serait, je crois, le 6e. Les cinq régiments

(1) Non signée; extraite du « Travail du ministre de la guerre avec S. M. l'Empereur et Roi, daté du 13 décembre 1809 ».

de hussards, qui auront à leurs dépôts 700 chevaux, après qu'ils auront fourni tout ce qu'ils doivent fournir, les enverront à Versailles, pour former le 7e régiment de marche.

Le 1er régiment de chasseurs aurait 10 chevaux disponibles, le 2e 70, le 7e 17, le 11e 30, le 12e 10, le 13e 20, le 16e 60, le 20e 40, ce qui formerait 280 chevaux. Des quatre régiments de hussards, le 5e aurait 50 chevaux, le 7e 80, le 8e 30, le 9e 80. Ces 540 chevaux pourraient former le 8e régiment de marche.

Présentez-moi un projet d'ordre pour la formation de ces quatre régiments de marche.

NAPOLÉON.

3830. — AU GÉNÉRAL CLARKE.

Trianon, 18 décembre 1809.

Monsieur le duc de Feltre, je lis dans un journal, article *Augsburg*, que la légion de la Vistule était encore à Augsburg le 9 décembre.

NAPOLÉON.

3831. — AU GÉNÉRAL DEJEAN.

Trianon, 18 décembre 1809.

Monsieur le comte Dejean, les lettres ci-jointes vous sont communes avec le ministre de la guerre à qui j'en écris de semblables. Entendez-vous tous les deux et présentez-moi le travail que je vous demande.

NAPOLÉON.

3832. — AU GÉNÉRAL DEJEAN.

Trianon, 18 décembre 1809.

Monsieur le général Dejean, je vois, par le dernier état des remontes, que vous m'avez remis le 13 décembre, que le 13e régiment de cuirassiers a encore 100 chevaux à recevoir, en vertu de marchés qui ont été passés ; que les vingt-quatre régiments de dragons qui sont en Espagne ont encore à recevoir 400 chevaux ; que les sept régiments de chasseurs, qui sont en Espagne, ont encore à recevoir 600 chevaux et les cinq régiments de hussards, 500 ; que les dépôts de carabiniers et de cuirassiers ont encore à recevoir

200 chevaux ; les dépôts de dragons qui sont en Italie 300 ; ceux des chasseurs, qui sont en Allemagne, 600 ; ceux des hussards 200, ce qui fait près de 3.000 chevaux qui restent encore à recevoir. Je désire que vous ordonniez les dispositions suivantes : 1° contremander dans les dépôts de cavalerie la réception des chevaux ; 2° annuler les marchés autant que possible, sans, cependant, que je fasse aucune perte ; 3° arrêter à Lyon, Chambéry, etc., les chevaux qui iraient en Italie. Je vois que le 24e de dragons, par exemple, qui est à Lodi, a encore 47 chevaux à recevoir ; que le 15e de chasseurs, qui est à Parme, a 200 chevaux à recevoir ; que le 23e de dragons, qui est à Lodi, a 20 chevaux à recevoir ; le 28e, qui est à Bologne, 130 ; le 29e, qui est à Modène, 140 ; le 6e de chasseurs, qui est à Mantoue, 114 ; le 8e de chasseurs, qui est à Crémone, 77 ; le 14e *idem*, qui est à Fossano, 290 ; le 24e *idem*, qui est à Ivrée, 73 ; le 19e *idem*, qui est à Plaisance, 23 ; que le 6e de hussards, qui est à Reggio, en a 150 à recevoir. Il n'est pas suffisant de contremander la réception de ces chevaux au dépôt : il faut aussi s'informer où ils se trouvent, et ordonner qu'on les arrête dans les lieux où ils sont actuellement, en marche, soit sur Lyon, soit sur Chambéry, soit sur d'autres points. Ceux-là, il faudrait les diriger sur Niort, pour servir à recruter l'armée d'Espagne. Le bureau des remontes doit savoir où chaque dépôt envoie recevoir ses chevaux ; il faut qu'il écrive là pour contremander leur réception, vu que l'état de paix rend l'achat de ces chevaux inutile, et que ceux déjà achetés, il les dirige sur Niort, et, de là, sur l'Espagne, où ils me seront toujours utiles.

NAPOLÉON.

3833. — AU MARÉCHAL BERTHIER.

Trianon, 19 décembre 1809.

Mon Cousin, je vois dans votre lettre du 18 que vous ne faites séjourner la 1re brigade de la 1re division de ma garde, que commande le général Roguet, à Tours, que le 23 et le 24. Faites-la séjourner à Poitiers le 27 et le 28. La 2e brigade pourra séjourner à Châtellerault le 27 et le 28. C'est donc un séjour de plus que je veux lui donner. Donnez ordre que les logements soient préparés à Bordeaux, pour que cette division y séjourne au moins huit jours, afin de se bien remettre. Ecrivez au général Reynier qu'aussitôt qu'il entrera en Biscaye, il prenne des mesures pour détruire les bandes d'insurgés. Faites connaître au général Loison que je suis fâché qu'il ait laissé si peu de troupes du côté de Saint-Sébastien, et qu'il n'ait rien fait pour détruire les bandes de brigands qui s'y trouvent.

NAPOLÉON.

3834. — DÉCISION.

19 décembre 1809.

Rapport du ministre de la guerre à l'Empereur au sujet d'une demande du colonel du 14e chasseurs, tendant à obtenir que les escadrons de guerre de ce régiment, qui sont à Laibach, reçoivent l'ordre de se réunir au grand dépôt du corps.

Ce régiment est aussi bien à Laibach que partout ailleurs. Laisser le maréchal Marmont maître de le renvoyer en Italie sur les derrières.

NAPOLÉON.

3835. — AU GÉNÉRAL CLARKE.

19 décembre 1809.

Monsieur le duc de Feltre, faites connaître au duc de Raguse que je desire avoir un état de situation de son corps au 1er janvier, dans le plus grand détail, afin que je donne des ordres pour que les 4es bataillons envoient le nombre d'hommes qui sera nécessaire pour compléter les premiers, mon intention étant que les corps qui sont dans les provinces illyriennes soient portés à 140 hommes par compagnie.

J'ai laissé en Illyrie trois régiments de cavalerie, les 14e, 19e et 25e de chasseurs ; je désire les maintenir à 800 chevaux chacun, ce qui lui fera 2.400 chevaux. Demandez au duc de Raguse si ces trois régiments lui sont suffisants et si le pays peut en nourrir davantage. Je comprends dans l'arrondissement des provinces illyriennes tout le pays depuis l'Isonzo, c'est-à-dire l'Istrie et la Dalmatie. Le duc de Raguse doit administrer ce pays, en toucher les revenus et les faire servir à l'entretien des troupes, en ne faisant rien pour les finances que de concert et par le canal du conseiller d'Etat Dauchy.

NAPOLÉON.

3836. — DÉCISION.

19 décembre 1809.

Rapport du général Durosnel au sujet des militaires proposés pour remplir divers emplois d'officiers dans les régiments de cavalerie de l'armée d'Espagne de nouvelle formation. Parmi les officiers proposés, il s'en trouve un qui est capitaine dans le régiment de La Tour d'Auvergne.

Renvoyé au ministre de la guerre. J'ai déjà fait connaître plusieurs fois, que je ne voulais d'aucun homme, ni des régiments de la Tour d'Auvergne, ni d'Isembourg, ni des régiments étrangers, qui n'aurait point servi pendant toute la Révolution dans mes armées, pour servir dans la ligne. Lors donc qu'il a de pareilles propositions à me faire, il doit le faire dans des rapports particuliers.

NAPOLÉON.

3837. — AU GÉNÉRAL DEJEAN.

Trianon, 19 décembre 1809.

Monsieur le général Dejean, il me paraît qu'il y a assez de subsistances à Bayonne. Ce que je désirerais, c'est que vous y fissiez fabriquer 500.000 rations de biscuit.

NAPOLÉON.

3838. — AU MARÉCHAL BERTHIER.

Trianon, 20 décembre 1809.

Mon Cousin, faites partir le 25 la 3e brigade de dragons, composée des 6e et 7e régiments provisoires, qui est à Orléans, et la 5e, composée des 11e et 12e provisoires, qui est à Vendôme, pour se rendre à Bayonne. Faites-les marcher à petites journées, surtout dans les bons pays. Faites partir la 2e brigade, qui est à Blois, composée des 4e et 5e régiments provisoires, le 1er janvier, la 4e brigade, composée des 8e, 9e et 10e régiments provisoires, qui est à Tours, également le 1er janvier, et la 1re brigade, qui est à Saumur, composée des 1er, 2e et 3e régiments provisoires, le 5 janvier, toutes trois pour Bayonne.

Coordonnez la marche de ces troupes avec le reste du 8e corps et avec ma garde, afin qu'il n'y ait encombrement nulle part.

Remettez-moi un état, divisé en colonnes, où je voie l'itinéraire, jour par jour, de la division Rivaud, de la division Lagrange, de la division Reynier, infanterie et cavalerie, de la division Clauzel et de ma garde, afin que je puisse leur donner des ordres. Ecrivez pour qu'on prépare des vivres à ces troupes dans la Biscaye. Mandez aux généraux commandant les différentes brigades, de vous envoyer l'état exact de leur situation, et d'avoir soin de vous faire connaître de quels bataillons et de quels escadrons sont composés leurs corps, afin que je voie les officiers manquants et que je sache sur quoi compter. Enfin, recommandez à ces généraux de ne pas attendre que les chevaux soient blessés pour les faire séjourner, mais de laisser les chevaux fatigués dans des dépôts à Tours, Poitiers, Mont-de-Marsan, pour qu'ils s'y reposent et rejoignent après.

NAPOLÉON.

3839. — AU GÉNÉRAL CLARKE.

20 décembre 1809.

Monsieur le duc de Feltre, beaucoup de troupes napolitaines viennent du Tyrol et du royaume de Naples ; dirigez-les toutes, infanterie et cavalerie, sur Perpignan, où elles feront partie du 8e corps.

NAPOLÉON.

3840. — AU MARÉCHAL BERTHIER.

Trianon, 21 décembre 1809.

Mon Cousin, dans le nombre des prisonniers faits à la bataille d'Ocaña, il y a des officiers qui ont été amnistiés et qui, depuis, ont servi contre le roi. Donnez ordre qu'on les arrête à Bayonne. Ecrivez au duc de Dalmatie qu'il fasse conduire à Bayonne tous ceux qui sont dans ce cas, pour qu'il en soit fait une sévère justice.

NAPOLÉON.

3841. — DÉCISION.

21 décembre 1809.

Le général Clarke propose de tirer du dépôt de conscrits réfractaires de Blaye 200 hommes pour compléter le 4e bataillon du 14e de ligne.

Approuvé. Envoyer ce 4e bataillon à Blaye.

NAPOLÉON.

3842. — AU MARÉCHAL BERTHIER.

Trianon, 22 décembre 1809.

Mon Cousin, donnez ordre au dépôt de Niort de faire partir tout ce qu'il a de disponible pour se rendre à Saragosse recruter le 13e de cuirassiers.

NAPOLÉON.

3843. — DÉCISION.

Trianon, 22 décembre 1809.

Le général Clarke rend compte à l'Empereur d'une proposition du ministre de l'intérieur, relative au licenciement des gardes nationales des départements du Mont-Tonnerre et du Bas-Rhin.

Le ministre de la guerre ordonnera le licenciement de ces gardes nationales. Il me faut proposer le licenciement de toutes les gardes nationales au 1er janvier, afin d'économiser.

NAPOLÉON.

3844. — AU GÉNÉRAL CLARKE.

22 décembre 1809.

Monsieur le duc de Feltre, le 1er d'infanterie légère et le 42e ont leurs dépôts en Italie et leurs régiments en Catalogne ; il faut les recruter. Faites-moi connaître ce qu'on pourrait faire partir de ces deux régiments. Ces détachements se réuniraient aux 3e léger, 7e de ligne, 93e, 2e, 56e, 37e et 112e. Les détachements de ces neuf régiments formeraient un régiment de marche, qui serait dirigé sur Perpignan.

Les 32e, 16e de ligne et 67e peuvent fournir également des détachements pour recruter l'armée de Catalogne.

NAPOLÉON.

3845. — DÉCISIONS (1).

22 décembre 1809.

Sa Majesté est priée de faire connaître ses intentions relativement

Approuvé.

(1) Extraites du « Travail du ministre de la guerre avec S. M. l'Empereur et Roi, daté du 20 décembre 1809 ».

au remboursement d'une somme de 26.000 francs, prise sur les fonds destinés à la construction de la colonne Napoléon à Danzig et appliquée aux ouvrages de défense de cette place.	
Les princes de la maison de Nassau désirent vivement que le général de Schaeffer, qui commande leur contingent en Espagne, soit autorisé à rentrer au sein de sa famille pour y rétablir sa santé.	Accordé.
Sa Majesté est priée de faire connaître ses intentions sur la demande d'un congé de trois mois que fait le sieur Faure de Gière, colonel du 4e régiment d'artillerie à cheval, commandant deux divisions d'artillerie sous les ordres de M. le maréchal duc de Tarente.	Refusé.
Le sieur Egan, chirurgien irlandais, attaché à l'armée anglaise en Espagne, a sauvé la vie à plusieurs Français que les insurgés voulaient égorger. Il demande à n'être pas considéré comme prisonnier de guerre et à être libre de retourner en Irlande. On propose à Sa Majesté de lui accorder cette autorisation et une gratification de 60 napoléons.	Accordé.
Démission du sous-lieutenant Taveau, du 19e régiment de dragons, soumise à l'approbation de Sa Majesté.	Accordé.
Démission d'un capitaine du génie pour cause d'infirmités. Sa Majesté est priée d'accepter cette démission.	Accordé.
Le général de brigade Dumoulin, blessé de plusieurs coups de feu, demande un congé de six mois avec appointements.	Accordé.

3846. — AU GÉNÉRAL DEJEAN.

Trianon, 22 décembre 1809.

Monsieur le général Dejean, je reçois votre rapport du 21 décembre. Je vois qu'il y a encore 2.300 chevaux à recevoir, savoir : 1.100 dans les dépôts de l'intérieur, 680 à Lyon et 750 au delà des Alpes. Comme les derniers qui doivent être livrés au delà des Alpes sont probablement achetés en France, donnez sur-le-champ l'ordre qu'ils soient arrêtés en route, ce qui permettrait de diriger ces chevaux sur Angoulême. Ayez soin de vous concerter avec le ministre de la guerre pour que les hommes à pied du régiment de marche passent à Angoulême, pour y prendre des chevaux, ou qu'ils aillent les prendre aux dépôts.

Faites-moi connaître si les effets d'habillement qui étaient dans les magasins de Paris sont partis et quand ils arriveront dans les magasins de Bayonne. Il y a à Bayonne un grand nombre d'hommes qui ne sont pas disponibles, par défaut d'habillement.

NAPOLÉON.

3847. — DÉCISION (1).

Le maréchal Berthier rend compte que le duc d'Abrantès propose d'attribuer un colonel en 2e ou major pour deux bataillons dans les brigades Jeanin et Corsin, composées l'une et l'autre de 4es bataillons.

Refusé. Ces bataillons doivent retourner à leurs régiments (2).

3848. — DÉCISION.

Trianon, 24 décembre 1809.

Le maréchal Berthier rend compte que le régiment de cavalerie formé avec des détachements de la garde impériale et attaché à la 2e division de cette garde a été dirigé de Paris sur Poitiers.

L'infanterie, les caissons et le personnel de cette 2e division de la garde seront passés en revue par le prince de Neuchâtel au 1er janvier. Mon intention est de ne pas faire marcher ce corps

(1) Non datée; expédiée le 24 octobre 1809; le rapport du maréchal Berthier est du 23.

(2) De la main de Berthier.

qu'une partie de ce qui est resté en Allemagne soit arrivé.

NAPOLÉON.

3849. — DÉCISION.

Trianon, 24 décembre 1809.

Le général Chambarlhiac, chargé en chef des travaux de Passau, demande à être pourvu des fonctions de commandant du génie de l'armée d'Allemagne à la place du général Tousard, qui est moins ancien que lui dans son grade.

Le général Tousard est trop vieux pour être envoyé en Catalogne. Il faut lui laisser le commandement du génie de l'armée d'Allemagne, étant d'ailleurs habitué à servir avec le prince d'Eckmühl.

3850. — DÉCISION.

Trianon, 24 décembre 1809.

Le général Clarke propose de transférer à Caen, Saint-Lô, Alençon, Evreux, les dépôts des 4e, 6e, 7e et 8e cuirassiers, qui sont actuellement stationnés en Italie.

On donnera des ordres pour qu'aucun cheval ne soit plus envoyé à ces dépôts ; et l'on me représentera cela au mois de mai, ne voulant pas faire marcher des dépôts en hiver.

NAPOLÉON.

3851. — AU GÉNÉRAL CLARKE.

24 décembre 1809.

Monsieur le duc de Feltre, il sera formé un régiment de marche, qui portera le titre de régiment de Catalogne. Il se réunira à Turin, sous l'inspection du prince Borghese. Il sera composé, ainsi qu'il suit :

1er bataillon.

Une compagnie du dépôt du 1er léger..........	100	hommes.
Une compagnie du dépôt du 42e..............	130	—
Une compagnie du dépôt du 7e de ligne.........	120	—
Deux compagnies de 60 hommes chacune, du 93e.	320	—
TOTAL.........	670	hommes.

2e bataillon.

Deux compagnies du dépôt du 2e de ligne.......	300	hommes.
Deux compagnies du dépôt du 56e *id*.....	300	—
Une compagnie du dépôt du 37e *id*.	140	—
Une compagnie du dépôt du 3e léger.	200	—
TOTAL.........	940	hommes.

Ces deux bataillons formant un total de 1.600 hommes.

Aussitôt que ce régiment sera formé à Turin, il se mettra en marche pour Perpignan. Le prince Borghèse aura soin d'en passer des revues et de le pourvoir de tout ce qui lui sera nécessaire pour faire campagne.

Il sera formé à Toulon un bataillon de marche, qui sera composé de :

Une compagnie du 32e léger, de.............	150	hommes.
Deux compagnies du 16e de ligne, de.........	300	—
Et d'une compagnie du 67e, de..............	150	—
TOTAL.........	600	hommes.

Aussitôt que ce bataillon sera réuni à Toulon, il continuera sa marche sur Perpignan.

Arrivés en Catalogne, ce régiment et ce bataillon de marche seront dissous et incorporés dans leurs régiments respectifs.

NAPOLÉON.

3852. — AU GÉNÉRAL CLARKE.

24 décembre 1809.

Monsieur le duc de Feltre, par votre lettre du 23 décembre, sur la revue passée par M. le comte de Lobau, du 113e de ligne, vous ne me faites pas connaître si tous les officiers, dont le nombre se monte à 109, sont toscans ; mon intention est qu'ils soient tous toscans, hormis peut-être un adjudant-major et un quartier-maître, si cela est nécessaire. Je désire que vous veilliez à cela.

Je vous autorise à faire revenir de Boulogne ce qui s'y trouve, et de (*sic*) former le 1er bataillon et le 2e au complet de 1.600 hommes, de manière que, vers le 1er février, ces deux bataillons ainsi formés, avec le colonel, puissent partir et se rendre à Bayonne ; ce sera une ressource pour alimenter l'armée.

Donnez ordre que la conscription de la Toscane marche et vienne porter ce régiment au grand complet.

NAPOLÉON.

3853. — DÉCISION.

Trianon, 25 décembre 1809.

Le général Clarke rend compte que la 2e légion de la Vistule, partie d'Augsburg le 12 décembre, arrivera à Strasbourg le 22, pour, de là, se rendre à l'armée d'Espagne. L'esprit de ce corps est très mauvais. Il en déserte beaucoup de monde.

Renvoyé au major général pour donner ordre à ce corps de continuer sa route sur Orléans.

NAPOLÉON.

3854. — AU MARÉCHAL BERTHIER.

Trianon, 25 décembre 1809.

Mon Cousin, la brigade du général Montmarie, de la division Reynier, est composée de sept bataillons. Les cinq premiers seront arrivés à Bordeaux avant le 1er janvier ; les deux derniers n'y arrivent que le 8. Mon intention est que le bataillon du 66e, qui arrive le 25 décembre à Bordeaux, en parte le 28, que le bataillon du 82e en parte le 29, celui du 26e le 31, celui du 86e le 2 janvier et celui du 47e le 3, que ceux des 15e et 70e en partent le 9.

Mon intention est que le général Montmarie entre en Espagne avec les bataillons des 66e, 82e et 26e, que ceux des 86e et 47e y entrent après et ceux des 15e et 70e après. Demandez au général qui commande à Bayonne quand les brigades Valentin et La Martinière seront prêtes et pourront entrer en Espagne.

NAPOLÉON.

Faites-moi connaître le jour où les brigades du général entreront en Espagne.

3855. — DÉCISION.

Trianon, 25 décembre 1809.

Le maréchal Berthier rend compte de l'inspection du régiment d'infanterie du grand-duché de Berg, passée par le général Bailly de Monthion, et il fait connaître à l'Empereur qu'il y a dans ce corps quatre vacances d'emplois d'officiers.

Le major général me présentera la nomination aux places vacantes.

NAPOLÉON.

3856. — DÉCISION (1).

On propose à Sa Majesté de nommer général de brigade l'adjudant commandant Rouyer et de l'admettre à la retraite d'adjudant commandant.

Sa Majesté a décidé qu'il prendrait la retraite d'adjudant-commandant, sans avoir le grade de général de brigade.

3857. — AU GÉNÉRAL CLARKE.

27 décembre 1809.

Monsieur le duc de Feltre, faites former à Versailles une compagnie de marche de 200 chevaux au moins, savoir : 100 des dépôts des 1er, 5e, 15e, 9e et 3e de dragons et 100 du dépôt du 28e de chasseurs, qui est dans cette ville. Faites-moi connaître si cette compagnie peut partir le 15 janvier.

NAPOLÉON.

3858. — AU GÉNÉRAL CLARKE.

27 décembre 1809.

Monsieur le duc de Feltre, lorsque nous aurons pris possession de l'île de Walcheren, je désire que les 3e et 4e demi-brigades provisoires se rendent à Paris.

Les 18e et 21e demi-brigades provisoires resteront dans le Nord.

La 6e demi-brigade provisoire se rendra à Paris, hormis les détachements du 17e de ligne.

(1) Non signée; extraite du « Travail du ministre de la guerre avec S. M. l'Empereur et Roi, daté du 27 décembre 1809 ».

La 7e et la 19e se rendront également à Paris; la 7e hormis les détachements du 46e, et la 19e, hormis les détachements du 72e.

On renforcera des détachements des 17e, 46e et 72e, les 18e et 21e demi-brigades.

Ainsi, sur sept demi-brigades provisoires qui existent dans le Nord, cinq viendront à Paris et deux resteront en entier au Nord.

Quant à la cavalerie, le 1er régiment provisoire de hussards et le 1er régiment provisoire de chasseurs se rendront à Paris.

On laissera seulement à l'armée du Nord le 1er régiment provisoire de gendarmerie.

NAPOLÉON.

P.-S. — Vous avez destiné dix compagnies d'artillerie pour l'armée d'Espagne ; mais, même l'île de Walcheren prise, je désire qu'il reste à l'armée du Nord onze compagnies d'artillerie ; cinq seulement pourront se rendre à Paris et, après s'y être reposées, filer sur l'Espagne.

3859. — DÉCISION.

Paris, 27 décembre 1809.

Le général Clarke rend compte qu'il a donné l'ordre de diriger sur Bayonne dix compagnies d'artillerie tirées d'Anvers.

Donner contre-ordre ; il n'y a pas de sens de dégarnir l'Escaut d'artillerie avant que Walcheren soit pris.

NAPOLÉON.

3860. — DÉCISION.

Paris, (1) décembre 1809.

Le maréchal Berthier rend compte d'un rapport du général Hédouville, relatif à la mauvaise installation des troupes stationnées à Bayonne, qui sont mal à l'abri des intempéries dans des baraques établies sur les glacis.

Réitérez l'ordre au général Reynier d'entrer en Espagne et de garnir Tolosa, Saint-Sébastien, Vitoria, Bilbao des troupes de son corps. Elles y seront mieux qu'à Bayonne et rendront disponible le général Loison.

NAPOLÉON.

---

(1) Sans date de jour; le rapport du maréchal Berthier est du 23 décembre, l'expédition de la décision du 28.

3861. — DÉCISION.

Paris, ce (1) décembre 1809.

Le maréchal Berthier rend compte que, sur la demande du commandant du 1er chevau-légers westphaliens, le major Stein, commandant le dépôt de ce corps à Limoges, a fait partir le 21 décembre un détachement de 80 hommes pour rejoindre les escadrons de guerre du régiment à Burgos.

Renvoyé au ministre de la guerre, pour tenir la main à ce que désormais aucun détachement ne parte ainsi de France sans votre ordre. Témoignez mon mécontentement au commandant du dépôt et à qui a donné cet ordre.

NAPOLÉON.

3862. — DÉCISION (2).

Paris, ce (1) décembre 1809.

Rapport du maréchal Berthier relatif aux nouvelles reçues d'Espagne et notamment à une incursion des brigands dans la Navarre.

Témoignez mon mécontentement au général Suchet, de ce qu'il ne garnit pas davantage la Navarre.

NAPOLÉON.

3863. — DÉCISIONS (3).

28 décembre 1809.

On présente à Sa Majesté la demande que fait le roi de Naples pour que les adjudants commandants Chavardès, J. Thomas et le colonel Goguet, commandant le 22e régiment d'infanterie légère, soient nommés généraux de brigade.

Refusé.

On propose de nommer chef d'escadron le capitaine Gentil, aide de camp du prince de Ponte-Corvo;

Cette demande a été refusée.

(1) Sans date; la décision a été expédiée le 28 décembre 1809, le rapport de Berthier est du 25.

(2) Sans date; la décision a été expédiée le 28 décembre 1809; le rapport de Berthier est du 24.

(3) Non signées; extraites du « Travail du ministre de la guerre avec S. M. l'Empereur et Roi, daté du 13 décembre 1809 ».

De conférer l'emploi de 1er porte-aigle au 52e régiment d'infanterie de ligne au sieur Michel Moulard, sous-lieutenant, en remplacement du sieur Rigonot, nommé capitaine.

Accordé.

3864. — DÉCISION.

28 décembre 1809.

Le général Clarke propose à l'Empereur des nominations à différents emplois d'officiers dans le 1er régiment de marche de cavalerie légère de l'armée d'Espagne.

Refusé.

NAPOLÉON (1).

3865. — DÉCISION (2).

28 décembre 1809.

Rapport demandé par Sa Majesté à sa revue du 26 novembre dernier sur les plaintes de passe-droits, faites par le sous-lieutenant Palma, du 2e régiment de dragons.

Le ministre vient de donner des ordres pour que cet officier soit reconnu à un emploi de lieutenant vacant au tour de l'ancienneté dans les escadrons de guerre du 21e régiment de même arme, d'après le compte favorable qui a été rendu de sa conduite.

Sa Majesté approuve la décision de S. E. le ministre de la guerre, qui place comme lieutenant M. Palma.

3866. — AU MARÉCHAL BERTHIER.

Paris, 28 décembre 1809.

Mon Cousin, je suis étonné que vous n'ayez pas de nouvelles de la formation des brigades Valentin et La Martinière. Ecrivez donc là-dessus au général Hédouville.

NAPOLÉON.

(1) En marge, on lit l'annotation suivante : « L'Empereur ne veut pas d'avancements ni de remplacements dans les régiments de marche. »

(2) Non signée; extraite du « Travail du ministre de la guerre avec S. M. l'Empereur et Roi, daté du 13 décembre 1809 ».

3867. — DÉCISION (1).

28 décembre 1809.

On présente à Sa Majesté un état de proposition de nomination à différents emplois dans le 1er régiment de marche de cavalerie légère, organisé par le général Digeon le 28 octobre dernier.

L'Empereur ne veut pas d'avancement, ni de remplacement dans les régiments de marche.

3868. — DÉCISION (2).

28 décembre 1809.

On propose à Sa Majesté de nommer capitaine de gendarmerie M. Desrayaud, ex-capitaine quartier-maître au 1er régiment de chasseurs à cheval.

Refusé. Sa Majesté veut que tous les officiers à la suite de cette arme soient placés avant d'en nommer de nouveaux.

Il veut également qu'il reste quelque avancement aux officiers de gendarmerie.

3869. — DÉCISIONS (3).

28 décembre 1809.

M. le maréchal duc de Castiglione demande que l'adjudant commandant Devaux soit élevé au grade de général de brigade.

Si Sa Majesté est dans l'intention d'accueillir cette demande, on présente à sa signature le projet de décret.

Cette demande a été refusée.

On propose à Sa Majesté de nommer chef du 3e bataillon du 3e régiment suisse M. Jérôme Weltner, capitaine à ce régiment.

Refusé, il a peu de service.

(1) Non signée; extraite du « Travail du ministre de la guerre avec S. M. l'Empereur et Roi, daté du 6 décembre 1809 ».

(2) Non signée; extraite du « Travail du ministre de la guerre avec S. M. l'Empereur et Roi, daté du 13 novembre 1809 ».

(3) Non signées; extraites du « Travail du ministre de la guerre avec S. M. l'Empereur et Roi, daté du 29 novembre 1809 ».

Sa Majesté est priée de faire connaître si le sieur Billiot, sous-lieutenant au 2e régiment de chasseurs, passera comme lieutenant en second dans les grenadiers à cheval de la garde. Sa Majesté, par un décret du 21 septembre dernier, a nommé cet officier à l'emploi de sous-lieutenant dans les grenadiers à cheval de la garde, où il n'existe pas d'emploi de ce grade.

M. Billiot doit être placé comme lieutenant en 2e dans les grenadiers à cheval de la garde impériale. C'est la décision de Sa Majesté et l'esprit des règlements.

On soumet à Sa Majesté la demande que fait M. Perrier, colonel du 4e régiment suisse, du grade de général de brigade.

Si Sa Majesté est dans l'intention d'accueillir cette demande, on présente à sa signature le projet de décret.

Ajourné.

3870. — AU GÉNÉRAL CLARKE.

Paris, 28 décembre 1809.

Monsieur le duc de Feltre, par les comptes qui me sont revenus, il est établi qu'il est dû 7 millions à la garde pour les différentes masses de cette année. Il est nécessaire que vous teniez sur-le-champ, et au plus tard demain matin, un conseil d'administration pour la répartition de 4 millions que j'ordonne au Trésor public de tenir à votre disposition à cet effet. Les deux colonels de la garde à pied rembourseront à la Liste civile ce qu'elle a prêté. Comme j'aurai parade dimanche, je désire que la solde soit au courant jusqu'au 1er janvier, et que je n'aie aucune réclamation à entendre.

NAPOLÉON.

3871. — DÉCISION (1).

Paris, 28 décembre 1809.

Le général Clarke propose de retarder jusqu'au 5 janvier 1810 le départ du régiment de marche,

Tout ce qui appartient à la division de la garde que commande le général Roguet ne partira

(1) Non signée.

composé d'hommes appartenant à la 1re division de la garde impériale, qui, atteints de la gale, doivent rester encore en traitement dans les dépôts jusqu'à cette date.

que le 10 janvier, et sera passé en revue avant par le vice-connétable.

3872. — ORDRE.

Paris, 28 décembre 1809.

Il y aura parade, dimanche prochain, 31 décembre. Toute la garde impériale à pied et à cheval y paraîtra.

NAPOLÉON.

3873. — DÉCISION.

Paris, 29 décembre 1809.

Le maréchal Berthier rend compte que les 500 conscrits destinés au 16e d'infanterie de ligne seront dirigés sur Bayonne et réunis à Dax.

Le 16e de ligne ne doit pas avoir d'hommes dirigés sur Bayonne. Ce doit être le 16e léger, puisque le 16e de ligne n'a qu'un bataillon à l'armée de Catalogne. C'est donc une erreur, légère à la vérité, mais il faut voir s'il n'y en a pas d'autres. Me proposer d'incorporer ce détachement dans les corps qui en ont le plus besoin.

NAPOLÉON.

3874. — DÉCISION.

Paris, 29 décembre 1809.

Le maréchal Berthier rend compte que le régiment de cavalerie de la garde impériale, qui devait marcher avec la 2e division, et qui est parti le 20 de ce mois de Paris, doit arriver le 31 décembre à Poitiers et y attendre de nouveaux ordres.

Il séjournera jusqu'à nouvel ordre. Je suppose que le fourrage est à bon marché, à Poitiers.

NAPOLÉON.

3875. — DÉCISION.

Paris, 29 décembre 1809.

Le maréchal Berthier rend compte à l'Empereur que le duc d'Abrantès, ayant chez lui 21 drapeaux conquis sur les Espagnols à Saragosse, demande quelles sont les intentions de l'Empereur au sujet de la destination de ces drapeaux.

On peut les donner au colonel Ségur qui les portera au corps législatif, avec ceux de l'autre campagne.

NAPOLÉON.

3876. — DÉCISION.

Paris, 29 décembre 1809.

Le général Clarke rend compte à l'Empereur que les cinq dépôts de dragons, stationnés à Versailles, pourront fournir ensemble et faire partir, le 15 janvier, environ 100 hommes montés, et qu'à la même époque au moins 100 hommes montés pourront être également fournis par le dépôt du 28e de chasseurs, qui se trouve à Orléans.

Conformément aux intentions de Sa Majesté, ces 2.000 chevaux pourraient composer une compagnie ou un escadron de marche à Orléans, où les dragons, venant de Versailles, prendraient à leur passage le détachement du 28e de chasseurs.

Le 28e de chasseurs a deux escadrons à Versailles. Il faut réunir tout cela et voir si l'on ne pourrait pas faire partir un beau régiment. Quant au dépôt de dragons de Versailles, il faut attendre l'arrivée des dragons pour les faire marcher ensemble.

NAPOLÉON.

3877. — DÉCISION.

Paris, 29 décembre 1809.

Le général Clarke propose de faire partir de Niort pour Bayonne environ 400 hommes montés des chasseurs hanovriens, qui seront prêts à marcher à cette époque, et qui, de Bayonne, rejoindraient leur régiment au 2e corps de l'armée d'Espagne.

Approuvé. Les diriger sur Bayonne à la disposition du major général, qui prendra mes ordres.

NAPOLÉON.

3878. — DÉCISION.

Paris, 29 décembre 1809.

Mesures proposées par le général Clarke pour le départ des détachements destinés à former les 6e, 7e et 8e régiments de marche de cavalerie.

Approuvé les conclusions du présent rapport. Donner les ordres en conséquence et faire marcher les régiments à très petites journées et avec repos.

NAPOLÉON.

3879. — AU GÉNÉRAL CLARKE.

Paris, 29 décembre 1809.

Monsieur le duc de Feltre, je reçois votre lettre du 28 par laquelle vous me rendez compte que vous licenciez les gardes nationales du Nord.

Ce n'est pas ainsi que cela doit se faire, ma décision du 22 décembre ne s'étendant qu'à la frontière du Rhin.

J'approuve donc que vous licenciiez les gardes nationales qui sont inutiles dans le Midi.

Quant au Nord, faites-moi connaître la situation des gardes nationales qui s'y trouvent au 15 décembre, afin que je voie le parti qu'il y aura à prendre.

Dans ces affaires, il ne faut pas marcher si vite ; je n'ai pas encore de rapport officiel de l'occupation de l'île de Walcheren.

NAPOLÉON.

3880. — DÉCISION.

Paris, 30 décembre 1809.

Le maréchal Kellermann demande que le petit dépôt du régiment de chasseurs à cheval du grand-duché de Berg, lequel, en raison de sa composition défectueuse, n'est point propre à être incorporé dans les escadrons de guerre, soit renvoyé au grand dépôt du régiment à Munster.

Approuvé.

NAPOLÉON.

3881. — AU GÉNÉRAL CLARKE.

Paris, 30 décembre 1809.

Monsieur le duc de Feltre, faites-moi connaître quand vous pourrez me soumettre le budget des dépenses de ma garde pour 1806, 1807, 1808 et 1809. Il faut que ces états me présentent le nombre d'hommes de chaque arme par exercice ; combien la garde a coûté pour la solde et pour chaque article des masses ; combien elle aura de la caisse des contributions en pays étranger et combien des caisses du Trésor public, et la diminution qui a eu lieu sur les masses des fourrages et autres masses pour les denrées prises en pays ennemi ; par là, je connaîtrai la situation de différents exercices des comptes de ma garde. Ce travail demande à être fait avec beaucoup de soin, car il ne faut pas qu'un seul écu donné en Allemagne soit porté comme donné en France, ce qui est une chose toute différente.

NAPOLÉON.

3882. — DÉCISION.

Paris, 31 décembre 1809.

Le général de brigade Rogniat, désigné pour commander l'équipage de siège de l'armée d'Espagne, étant actuellement en congé de trois mois, le maréchal Berthier demande si cet officier général peut attendre, pour rejoindre son poste, l'expiration de son congé, le 23 février prochain.

Il faut qu'il soit rendu le 15 janvier.

NAPOLÉON.

3883. — DÉCISIONS (1).

Paris, 31 décembre 1809.

On soumet à Sa Majesté la proposition faite par le roi des Deux-Siciles, de confier au colonel Tugny le commandement de son artillerie avec le grade de général de brigade.

Si cet officier demande de passer au service du roi de Naples, on le lui accordera, mais il faut qu'il fasse une demande en forme.

(1) Extraites du « Travail du ministre de la guerre avec S. M. l'Empereur et Roi, date du 27 décembre 1809 ».

Sa Majesté est priée de vouloir bien faire connaître ses ordres sur la demande d'être employés dans l'armée française, faite par plusieurs officiers autrichiens, nés dans les provinces cédées par le traité de Vienne.	Il faut savoir de quel pays sont ces officiers et les envoyer au maréchal Marmont, s'ils sont Illyriens.
Le général de brigade Doumerc, employé dans la 1re division de grosse cavalerie de l'armée d'Allemagne, demande qu'il lui soit accordé un congé de quatre mois.	Accordé, s'il y a un général de division.
Le général de brigade Guiton, employé dans la 3e division de cuirassiers, demande un congé de deux mois.	Laisser à la disposition du prince d'Eckmühl de l'accorder.
On propose à Sa Majesté d'accorder un congé de trois mois avec appointements au colonel Ramard, commandant d'armes à Boulogne.	Approuvé.
Rapport demandé par Sa Majesté sur les services et les notes de M. Peretti, lieutenant au bataillon des tirailleurs corses, qui, à la parade du 16 de ce mois, a demandé la décoration de la Légion d'honneur.	Accordé.
Cession sur estimation, à l'Ecole militaire de Saint-Germain, de meubles du ministère de la guerre, peu propres à l'usage des bureaux. Projet de faire acheter, pour le compte du ministère, des meubles plus nécessaires à son service, jusqu'à concurrence de la valeur de ceux cédés.	Approuvé.
En considération des circonstances qui atténuent la désertion du nommé Louis Bodot, garde national de la cohorte du Gard, condamné aux travaux publics, Sa Majesté est priée de lui accorder sa grâce.	Accordé.

Proposition motivée à Sa Majesté à l'effet d'ordonner la non-exécution des jugements rendus contre deux déserteurs de la garde nationale d'élite des 10e et 11e divisions militaires. Même proposition en faveur de soldats du régiment irlandais, condamnés à mort pour désertion.	Approuvé.
Démission du sous-lieutenant Chasteignier, du 22e régiment de chasseurs, soumise à l'approbation de Sa Majesté.	Approuvé.
Démission du sous-lieutenant Lépine, du 23e régiment de dragons, soumise à l'approbation de Sa Majesté.	Approuvé.
Etat des démissions de quatre officiers d'infanterie soumises à l'approbation de Sa Majesté.	Approuvé.

3884. — DÉCISION.

2 janvier 1810.

Le général Clarke propose d'envoyer à Poitiers 200 soldats du train de l'artillerie de la garde impériale, qui sont disponibles à Paris.	Approuvé.

NAPOLÉON.

3885. — DÉCISION.

2 janvier 1810.

Le général Clarke propose de tirer du 4e bataillon colonial ou du dépôt du 86e 60 hommes demandés par le ministre de la marine pour la garnison de la frégate *la Nécessité*, en rade de Brest.	Approuvé.

NAPOLÉON.

3886. — ORDRE.

2 janvier 1810.

Monsieur le duc de Feltre, ayant donné l'ordre de prendre possession de l'île de Walcheren en mon nom, je suppose que vous avez fait les dispositions nécessaires pour garnir la côte de batteries et mettre cette île à l'abri de toute attaque.

NAPOLÉON.

3887. — DÉCISIONS (1).

Paris, 3 janvier 1810.

Sa Majesté est priée de faire connaître si Elle approuve l'achat des effets d'artillerie anglaise indiqués dans l'état ci-joint et provenant de bâtiments pris ou échoués à Calais et à Boulogne.	Je ne vois pas d'inconvénient à faire cet achat, si ce sont de bons effets. Il faut à cette occasion faire un rapport général sur les pertes qu'ont faites les Anglais dans l'île de Walcheren.
Compte rendu de nouveaux procédés utiles introduits dans le séchage des poudres par le sieur Champy fils, administrateur adjoint des poudres et salpêtres. On demande en sa faveur la décoration de la Légion d'honneur.	Accordé.
On rend compte à Sa Majesté qu'il est indispensable d'accorder de suite une somme de 349.344 francs pour les dépenses d'habillement et équipement des gendarmes tirés de la ligne pour l'armée d'Espagne. On propose à Sa Majesté d'autoriser le Trésor public à faire l'avance de cette somme.	Accordé.
On prend les ordres de Sa Majesté sur une réclamation de la veuve de M. Serrière, gérant pro-	Accordé.

(1) Non signées; extraites du « Travail du ministre de la guerre avec S. M. l'Empereur et Roi, en date du 3 janvier 1810 ».

visoire du consulat d'Alicante, assassiné par les révoltés espagnols, qui a pour objet le remboursement d'une somme de 600 francs avancée par son mari sans qu'elle puisse en produire les pièces justificatives.	
On renouvelle à Sa Majesté la proposition de faire supporter par le Trésor public la perte d'une somme de 805 fr. 14 provenant d'un déficit laissé par le sieur Rossignol, lieutenant destitué de la 13e compagnie de canonniers vétérans.	Accordé.
On propose à Sa Majesté de vouloir bien accorder une gratification de 25 francs par mois au sieur M.-P.-D. Boissier, maréchal des logis, invalide, âgé de 86 ans et doyen des invalides.	Accordé.
On soumet à Sa Majesté la demande du roi de Naples de conserver à son service quatre sous-officiers d'artillerie française, maintenant employés dans son royaume et qu'il désire employer en qualité de seconds lieutenants.	Accordé.
Le général de brigade Abbé demande l'autorisation de passer de l'armée d'Italie à celle d'Espagne.	Accordé. L'envoyer à Bayonne.
Le général de brigade de Grave, commandant l'île d'Oléron, demande l'autorisation de rentrer dans ses foyers jusqu'à ce que sa santé soit rétablie.	Accordé la retraite.
Le jeune de Souza, Espagnol, âgé de 18 ans, fils du marquis de Guadalazar, demande à retourner en Espagne pour y servir S. M. I. Joseph-Napoléon auquel son père a, à Valençay, prêté serment et est entièrement dévoué.	Accordé.

Le sieur Paul Daviot, sergent-major au 22e régiment d'infanterie légère, sollicite l'autorisation de quitter ce corps pour passer au service du roi des Deux-Siciles.	Accordé.

3888. — AU MARÉCHAL BERTHIER.

Paris, 3 janvier 1810.

Mon Cousin, je suis surpris que vous n'ayez pas encore de nouvelles de la division Loison. Je ne comprends pas cela (1). Je vous prie de me faire un rapport sur la situation des quatre régiments de marche, des douze bataillons auxiliaires, ainsi que des vingt escadrons de gendarmerie qui se forment pour l'armée d'Espagne.

Il faut écrire au général Bonet qu'il ait à prendre toutes les mesures pour rétablir la tranquillité dans le pays, empêcher les abus des douanes et retirer les profits du pays pour l'entretien de ses troupes.

Vous devez recevoir actuellement les états de situation des places d'Espagne. Je vous prie de me les envoyer.

NAPOLÉON.

3889. — DÉCISION.

Paris, 3 janvier 1810.

Propositions présentées par le général Clarke tendant à la vente du matériel d'artillerie inutile et à la fixation du budget de l'artillerie pour 1810. Explications relatives aux dépenses faites pendant les quatre dernières années pour l'achat et l'entretien du matériel et les consommations de munitions : ces dépenses ont atteint la somme de 100.000.000.	Me présenter des projets de décrets pour vendre tout le matériel inutile, afin de régler ainsi le budget. NAPOLÉON.

(1) Sur l'original, tout ce qui suit est souligné.

3890. — DÉCISION.

Paris, 3 janvier 1810.

Rapport du maréchal Berthier au sujet d'une demande du général Suchet tendant à faire rentrer à leurs corps un bataillon du 3e d'infanterie légère, détaché dans la province de Valladolid, et 80 hussards du 4e régiment, détachés au 1er corps d'armée.

Approuvé ces mouvements.

NAPOLÉON.

3891. — DÉCISION.

Paris, 3 janvier 1810.

Rapport du général Clarke au sujet de la marche des troupes de la marine qui arriveront à Strasbourg le 18 janvier.

Les diriger sur Orléans.

NAPOLÉON.

3892. — AU GÉNÉRAL CLARKE.

3 janvier 1810.

Monsieur le duc de Feltre, la 2e division de la garde que commandera le général Dumoustier, sera composée de deux brigades : la 1re, du 1er régiment de chasseurs tirailleurs, et du 1er régiment de fusiliers ; la 2e brigade, du 1er régiment de grenadiers tirailleurs et du 2e régiment de fusiliers. Ainsi, les fusiliers se trouveront substitués aux conscrits, qui ne paraissent pas en état de faire campagne de sitôt, et que je désire laisser reposer à Paris.

Donnez ordre au général de brigade Dumoustier de se mettre en marche pour Tours, avec son état-major et ses administrations, le 10 janvier.

Vous aurez soin de recommander aux inspecteurs aux revues de passer la revue de cette division ; d'arrêter les livrets au 1er janvier et de faire en sorte que le décompte soit fait, tant aux officiers qu'aux soldats, et qu'il n'y ait lieu à aucune réclamation après le départ.

Le général Dorsenne se rendra à Tours, le lendemain de l'arrivée de cette division, et reviendra immédiatement me rendre compte de la revue qu'il en aura passée.

La 3e division se trouvera composée de deux régiments de conscrits et de la vieille garde. Elle se tiendra prête à partir au 1er février.

Vous donnerez l'ordre qu'il soit formé un 3e régiment de marche de cavalerie de la garde, composé, comme les deux premiers, d'un escadron de chevau-légers polonais, d'un escadron de dragons, d'un escadron de chasseurs et d'un escadron de grenadiers.

Il sera attaché à la 2e division deux batteries d'artillerie légère, formant douze pièces de canon. On choisira les hommes les mieux portants et les moins fatigués, pour composer cette division, dont le prince de Neuchâtel passera la revue le 8, et qui se mettra en marche le 9 pour Tours et Poitiers.

Par ce moyen, le 10 janvier, chacun des régiments à cheval de la garde aura dehors 450 hommes. Il est nécessaire que ces régiments tiennent des états en règle, et sachent bien ce qui compose les 1er, 2e et 3e régiments de marche de cavalerie de la garde. Le 1er régiment est à Bordeaux, le 2e est à Poitiers et va rejoindre incessamment le 1er à Bordeaux ; et le 3e partira le 10 pour Poitiers.

NAPOLÉON.

3893. — AU GÉNÉRAL CLARKE.

3 janvier 1810.

Monsieur le duc de Feltre, donnez l'ordre au train d'artillerie de la garde, qui n'a point de chevaux, de se rendre à Poitiers, pour y prendre des mulets.

Donnez ordre à l'artillerie de la garde de partir tout entière des environs de Paris, et répartissez-la sur la Loire, entre Tours et Orléans, dans les endroits où le fourrage est à meilleur marché.

NAPOLÉON.

3894. — AU GÉNÉRAL CLARKE.

3 janvier 1810.

Monsieur le duc de Feltre, je suppose que le duc d'Istrie aura fait passer de l'artillerie à Flessingue. Dans tous les cas, entendez-vous avec le ministre de la marine pour y faire entrer une centaine de pièces de canon en fer. Je suppose que vous avez fait diriger, de plusieurs places, des affûts de côte sur Anvers et sur ce point.

NAPOLÉON.

3895. — DÉCISION.

3 janvier 1810.

Le général Clarke propose d'accepter la démission d'un élève de l'École polytechnique, d'origine suisse, qui a été nommé à l'École d'application d'artillerie, bien qu'ayant manifesté le désir d'entrer dans la carrière des ponts et chaussées.

Accordé.

NAPOLÉON.

3896. — DÉCISION.

3 janvier 1810.

Le général Clarke propose de faire passer par Périgueux, Bergerac, Agen, Auch, Tarbes, une partie des troupes du 8e corps qui se rendent à Bayonne, plutôt que de les diriger par Bordeaux. Cette mesure a pour but d'éviter l'encombrement dans cette dernière ville.

Approuvé, si cela ne les détourne pas.

NAPOLÉON.

3897. — DÉCISION.

3 janvier 1810.

Le général Clarke propose de nommer au 8e corps de l'armée d'Espagne le général Foucher à la place du général Mossel, indisponible pour raison de santé.

Accordé.

NAPOLÉON.

3898. — DÉCISION (1).

M. Lambert, intendant général de l'armée d'Espagne, demande quelles seront les indemnités et le traitement qui lui seront accordés.

Il aura le traitement de M. Denniée.

Il sera payé sur la solde comme les ordonnateurs.

(1) Non signée; extraite du « Travail entre le ministre directeur de l'administration de la guerre et S. M. l'Empereur et Roi, daté du 3 janvier 1810 ».

3899. — DÉCISION.

Paris, 4 janvier 1810.

Le général Clarke sollicite l'approbation de l'Empereur au sujet de l'itinéraire des troupes de la 1re division du 8e corps, qui comporte leur passage par Agen et Auch.

Approuvé.

NAPOLÉON.

3900. — AU GÉNÉRAL BONET, A SANTANDER.

Paris, 4 janvier 1810.

L'Empereur prend connaissance, Monsieur le général Bonet, de tous les rapports que vous m'adressez et de tous les renseignements qui me parviennent, soit par le général Avril, soit d'autre part, sur votre situation et vos opérations. Sa Majesté vous recommande de prendre toutes les mesures nécessaires pour rétablir la tranquillité dans le pays qui dépend de votre commandement ; elle vous recommande aussi d'empêcher les abus des douanes et de retirer les profits du pays pour l'entretien de vos troupes. Faites en sorte que je reçoive fréquemment de vos nouvelles ; je vous ai annoncé que vous serez incessamment renforcé par les 118e et 122e qui sont à Burgos et Valladolid. Correspondez avec le général Solignac pour connaître la marche de ces troupes.

Le prince de Wagram et de Neuchâtel, major général.

ALEXANDRE.

3901. — DÉCISION.

7 janvier 1810.

Le prince d'Eckmühl demande s'il doit diriger sur Strasbourg un dépôt de recrues de la 2e légion de la Vistule qui existe à l'armée d'Allemagne.

Oui, de là à Sedan.

NAPOLÉON.

3902. — AU GÉNÉRAL CLARKE.

Paris, 7 janvier 1810.

Monsieur le duc de Feltre, donnez ordre que, passé la Loire, la garde reçoive les vivres de campagne. En conséquence, la division Roguet les recevra à Bordeaux, et la division Dumoustier à son arrivée à Tours. Au lieu de vivres de campagne, le ministre de l'administration de la guerre peut leur donner une indemnité.

NAPOLÉON.

3903. — AU GÉNÉRAL CLARKE (1).

Paris, 7 janvier 1810.

Monsieur le duc de Feltre, je ne comprends rien à votre lettre du 6. L'aide de camp Laville ne m'a rien apporté.

Le duc d'Istrie n'a pas reçu votre dernier ordre, puisque, le 4, il déclare que tout est licencié.

Je ne sais si les demi-brigades provisoires que j'appelais à Paris sont en route, ou restent au Nord, de sorte que j'ignore absolument où en sont là mes affaires.

Le duc d'Istrie doit retourner à Paris.

Il faut établir à Anvers une salle d'armes de 20.000 à 30.000 fusils.

J'attends donc que vous me fassiez connaître le plus tôt possible où sont mes troupes de l'armée du Nord et quelle est leur situation.

Faites faire pour le *Moniteur* une relation des renseignements que vous avez reçus sur l'île de Walcheren, sur les pertes qu'y ont faites les Anglais, et sur la situation où ils ont laissé la place.

3904. — AU GÉNÉRAL CLARKE.

7 janvier 1810.

Monsieur le duc de Feltre, les quatre premiers bataillons auxiliaires qui sont à Versailles seront réduits à deux, composés de la manière suivante, savoir :

(1) Copie certifiée par le secrétaire général du ministère de la guerre.

1er BATAILLON (infanterie de ligne).

1re compagnie.

2 officiers et 101 soldats du 4e régiment de ligne,
» — 40 — du 18e,
1 — 31 — du 30e,

3 officiers et 172 hommes.

2e compagnie.

3 officiers et 97 soldats du 12e de ligne,
» — 60 — du 17e,

3 officiers et 157 hommes.

3e compagnie.

1 officier et 90 soldats du 3e de ligne,
1 — 9 — du 61e,
1 — 48 — du 85e,

3 officiers et 147 hommes.

4e compagnie.

1 officier et 70 soldats du 57e,
» — 18 — du 33e,
» — 55 — du 108e,
1 — 49 — du 72e,

2 officiers et 192 hommes.

5e compagnie.

2 officiers et 117 hommes du 105e,
» — 58 — du 48e,

2 officiers et 175 hommes.

6e compagnie.

2 officiers et 147 hommes du 111e,
» — 18 — du 21e,

2 officiers et 165 hommes.

2e BATAILLON (infanterie légère).

1re compagnie.

3 officiers et 132 hommes du 24e régiment d'infanterie légère.

2e compagnie.

4 officiers et 249 hommes du 26e, *idem*.

3e compagnie.

1 officier et	35 hommes du	7e, *idem*,
» —	97 —	du 10e, *idem*.
1 officier et	132 hommes.	

4e compagnie.

1 officier et 47 hommes du 13e, *idem*.

Le comte de Lobau dressera procès-verbal de la formation de ces deux bataillons, avant le 10 janvier. Les compagnies seront égalisées. Un chef de bataillon sera nommé pour commander chaque bataillon. Il sera également nommé à toutes les places d'officiers et de sous-officiers.

Les officiers, sous-officiers et soldats seront effacés des contrôles de leur corps, et, à dater du 1er janvier 1810, l'existence de ces bataillons sera reconnue et ils seront payés directement par le Trésor.

Il y aura trois tambours par compagnie.

Au fur et à mesure que les trois bataillons auxiliaires viendront à se former, au lieu de douze, les cadres seront resserrés de manière que chaque bataillon soit porté au complet de 840 hommes.

Un colonel en second sera nommé inspecteur de tous les bataillons auxiliaires. Il sera chargé de rendre compte au ministre de leur formation et de veiller à ce que les différents détachements partent des lieux où ils se rassemblent bien organisés et complets en officiers, sous-officiers et soldats.

Le 5e bataillon auxiliaire, qui se réunit à Lyon, en partira avec la formation provisoire qu'il aura reçue dans cette ville, et se rendra à Bayonne, où il sera définitivement formé.

Faites-moi connaître pourquoi les corps ont envoyé aux bataillons auxiliaires des détachements dont la force est si peu proportionnée aux demandes qui leur ont été faites. Je désire savoir quand ils pourront envoyer le reste.

Aussitôt qu'un bataillon auxiliaire sera formé, présentez-moi un projet de décret pour lui donner une existence régulière.

Faites mettre à la disposition du comte de Lobau une trentaine de jeunes gens de Fontainebleau, pour être placés dans ces bataillons.

Surtout ayez soin de mettre à Versailles un colonel en second qui veille à l'instruction.

NAPOLÉON.

P.-S. — Vous dirigerez sur le second bataillon deux compagnies d'infanterie légère, faisant 300 hommes, pour compléter ce bataillon.

3905. — DÉCISION.

7 janvier 1810.

Le général Clarke propose d'attacher à quatre convois de chevaux du train d'artillerie, en route pour Bayonne, deux compagnies d'artillerie à pied qui arrivent à Strasbourg.

Approuvé.

NAPOLÉON.

3906. — DÉCISION.

Paris, 8 janvier 1810.

Le maréchal Berthier demande des ordres au sujet de la marche ultérieure d'un détachement de 400 hommes, tiré du dépôt des chasseurs hanovriens, établi à Niort, qui se dirige sur Bayonne, où il doit arriver le 29 janvier.

Qu'il rejoigne son régiment.

NAPOLÉON.

3907. — AU MARÉCHAL BERTHIER.

Paris, 8 janvier 1810.

Mon Cousin, écrivez au général Reynier, par un officier, afin de me faire connaître quelle sera, au 1er février, la situation de ses trois brigades. En attendant, faites-moi dresser un état qui me fasse connaître la force de ses troupes et les lieux où elles sont placées au 25 janvier.

NAPOLÉON.

3908. — AU MARÉCHAL BERTHIER.

Paris, 8 janvier 1810.

Mon Cousin, remettez-moi un tableau des mouvements des divisions Reynier et Loison, du 8e corps et des brigades de dragons qui se dirigent sur l'Espagne, en conséquence des derniers renseignements que vous avez.

NAPOLÉON.

3909. — AU GÉNÉRAL CLARKE.

8 janvier 1810.

Monsieur le duc de Feltre, la 2e légion de la Vistule, le 2e bataillon du 113e régiment et tout ce qu'on pourra retirer de France, après le 1er février, doivent se réunir à Orléans, ainsi que tout ce que vous pourrez tirer du 28e régiment de chasseurs. Donnez-moi l'état de ces troupes, pour que j'en forme une division d'arrière-garde.

NAPOLÉON.

3910. — DÉCISION (1).

Le général Clarke rend compte d'une demande du colonel du 3e régiment de chasseurs à l'effet d'obtenir que le 3e escadron de ce corps, stationné à Savigliano, rejoigne les deux premiers qui arriveront à Lyon le 9 janvier, venant de Mayence.

Refusé.

NAPOLÉON.

3911. — AU MARÉCHAL BERTHIER.

Paris, 9 janvier 1810.

Mon Cousin, concertez-vous avec le ministre de l'administration de la guerre pour que le régiment de marche d'hommes à pied démontés, parti le 23 décembre de Leganès pour Bayonne, se rende au lieu où le ministre fait diriger des chevaux.

NAPOLÉON.

(1) Sans date; le rapport du ministre est du 20 décembre, le renvoi de la décision aux bureaux est du 9 janvier 1810.

P.-S. — Remettez-moi un état qui me fasse connaître la situation de la division Reynier, du 8e corps, des brigades de dragons et de tout ce qui est dirigé sur l'Espagne, artillerie, équipages, etc., le lieu où cela est jour par jour. J'ai besoin de cet état pour faire une combinaison.

3912. — DÉCISION.

9 janvier 1810.

Rapport du maréchal Berthier en date de Paris, 8 janvier 1810, au sujet d'une revue d'une division de la garde qu'il vient de passer au Champ de Mars.

Les galeux des deux brigades resteront à Versailles ou à Paris, et il sera formé un régiment de marche de 1.000 hommes qui partira le 22 janvier.

NAPOLÉON.

3913. — DÉCISION.

Paris, 9 janvier 1810.

Rapport du général Clarke au sujet d'une difficulté relative à l'entretien des hôpitaux français restés dans les pays de l'Autriche évacués.

Renvoyé par ordre de l'Empereur au duc de Cadore.

NAPOLÉON.

3914. — AU GÉNÉRAL CLARKE.

9 janvier 1810.

Monsieur le duc de Feltre, remettez-moi une note qui me fasse connaître la marche du 2e corps sur Augsburg et Ulm et celle du 4e corps sur Würzburg et Hanau, afin que je sache quand ces corps arriveront à leur destination et que je connaisse leur situation en infanterie, cavalerie et artillerie.

NAPOLÉON.

3915. — DÉCISION.

Paris, 10 janvier 1810.

Le général Clarke sollicite une décision de l'Empereur au sujet de la destination à donner à un certain nombre de Français et Italiens, déserteurs et prisonniers de guerre rentrés.

On les réunira d'abord à Strasbourg.

NAPOLÉON.

3916. — DÉCISIONS (1).

On demande à Sa Majesté si son intention est d'accorder en gratification les 9.600 paires de souliers expédiées d'après ses ordres sur Orléans pour la 1re division du 8e corps de l'armée d'Espagne.

Les imputer aux corps.

On supplie de nouveau Sa Majesté de vouloir bien faire connaître si Elle consent à ce que les fournitures faites par la maison Pordelanne, à Bayonne, pour l'approvisionnement de Pampelune, soient payées sur le produit de la vente des laines provenant de l'Aragon.

On observe à Sa Majesté que ces fournitures étaient urgentes et que S. M. catholique ayant été dans l'impossibilité d'envoyer des fonds pour cet objet, l'ordonnateur de la 11e division avait été chargé de faire des achats et de trouver des négociants qui voulussent traiter sur hypothèque des laines dont il s'agit, ce qu'il avait obtenu de la maison Pordelanne qui a mis dans cette affaire un zèle désintéressé.

Si ces prétentions sont sur des laines de Burgos, saisies en conséquence du décret de Sa Majesté, il faut refuser. Si ce sont des laines de Saragosse ou autres que celles provenant de la commission de Burgos, il y a lieu à explication. L'envoyer au ministre de l'intérieur. L'intention est de ne permettre sur aucun motif une affectation à quelque titre que ce soit sur les laines de Bayonne.

3917. — AU GÉNÉRAL CLARKE (2).

Paris, 10 janvier 1810.

Monsieur le duc de Feltre, écrivez au prince d'Eckmühl que, s'il n'y a rien de nouveau, il laisse séjourner plusieurs jours à Hamburg la 3e division du 2e corps, composée des 10e léger, 3e, 72e et 105e de ligne ; après quoi, il la fera partir pour Strasbourg, ce qui donnera plus de place pour le cantonnement des autres divisions.

Faites-moi connaître quand les deux autres divisions et la cavalerie arrivent dans leurs cantonnements.

---

(1) Sans signature ni date; extraites du « Travail entre le ministre directeur de l'administration de la guerre et S. M. l'Empereur et Roi, daté du 10 janvier 1810 ».

(2) Non signé, copie conforme.

3918. — DÉCISIONS (1).

Sa Majesté est priée de vouloir bien donner ses ordres sur l'emploi des billets de banque de Vienne de l'émission du 1er janvier 1800, retirés de la circulation par ordre de l'empereur d'Autriche et qui se trouvent dans la caisse de l'armée.

Renvoyé au ministre du Trésor public.

On soumet à Sa Majesté la proposition faite par l'intendant général de l'armée d'Allemagne de prohiber les billets de la banque de Vienne dans les parties de la Haute-Autriche et de la province de Salzburg cédées par le traité.

Cet objet n'est pas dans les attributions de l'intendant général.

On rend compte à Sa Majesté de la situation des finances de l'armée d'Allemagne et on la prie de donner ses ordres pour le payement de la solde de décembre 1809 à cette armée.

Cette affaire n'est pas suffisamment instruite.

On rend compte à Sa Majesté d'un mode de payement adopté par le roi des Deux-Siciles à tous les corps français de l'armée de Naples en acompte sur leur créance arriérée.

Ce mode est préjudiciable au bien-être des corps.

Le ministre soumet son opinion et des vues à cet égard.

Faire connaître la somme due et la perte éprouvée. Proposer des mesures.

Le général de brigade Boyer, chef d'état-major du 8e corps de l'armée d'Espagne, demande la décoration de la Légion d'honneur pour le capitaine Marco, son aide de camp.

Cette demande est rejetée.

On propose à Sa Majesté de nom-

Cette demande est rejetée par

(1) Sans signature ni date; extraites du « Travail du ministre de la guerre avec S. M. l'Empereur et Roi, daté du 10 janvier 1810 ».

mer lieutenant, pour être employé en cette qualité dans un régiment de troupes à cheval, le sieur Bérard, né Français, officier au service de Russie.

M. l'ambassadeur de Russie prend intérêt à cet officier.

Sa Majesté. Il doit se soumettre aux lois sur la conscription en attendant.

3919. — AU GÉNÉRAL CLARKE (1).

Paris, 11 janvier 1810.

Monsieur le duc de Feltre, le bataillon de Prusse se joindra à la division qui s'organise à Orléans.

Les deux bataillons du grand-duché de Berg, qui sont à Paris, se joindront également à cette division.

3920. — AU GÉNÉRAL CLARKE (2).

Paris, 11 janvier 1810.

Monsieur le duc de Feltre, j'ai plusieurs fois donné l'ordre au général commandant mon armée du Nord de prendre possession de Berg-op-Zoom et de Bréda, mais je n'entends pas dire que cela ait été fait.

Aucun des ordres que vous donnez à l'armée du Nord n'est exécuté.

3921. — DÉCISION.

Paris, 11 janvier 1810.

Lettre du duc de Cadore à l'Empereur concernant la solution de certaines difficultés relatives à la fixation des limites dans la Haute-Autriche.

Renvoyé au ministre de la guerre pour lui servir de règle.

NAPOLÉON.

3922. — DÉCISION.

Paris, 11 janvier 1810.

Rapport du général Clarke au

Le joindre à la division d'ar-

---

(1) Non signé, copie conforme.
(2) Non signé, copie conforme.

sujet des ordres qu'il a donnés pour activer la confection de l'habillement du 2e bataillon du régiment de Prusse.

rière-garde qui se forme à Orléans.

NAPOLÉON.

3923. — DÉCISION.

Paris, 11 janvier 1810.

Rapport du maréchal Berthier au sujet des mesures qu'il a prises en vue de l'expédition des ordres de l'Empereur pour la nouvelle composition des divisions Loison, Solignac et Reynier.

Approuvé. N'expédiez ces ordres que demain, parce que, ce soir, je vous en enverrai d'autres et que vous les expédierez par le même officier.

NAPOLÉON.

3924. — DÉCISION.

Paris, 11 janvier 1810.

Le général Clarke rend compte à l'Empereur d'un rapport par lequel le général Kellermann expose les inconvénients qui résulteraient de l'exécution de l'ordre donné aux troupes de l'arrondissement de Valladolid de se réunir dans cette ville à la brigade Simon (division Loison). Le retrait de ces troupes rendrait difficile la situation de la brigade Thomières et de la division Ferey qui occupent le nord de l'Espagne et compromettrait la communication avec Madrid.

Le général Ferey, ayant peu de troupes, ne formera plus qu'une brigade du corps du général Loison. Le général Thomières pourra être employé dans la division Solignac avec le général Gratien. Conformément à ma lettre de ce jour, le général Kellermann gardera le commandement de Valladolid. Le général Loison pourra établir son quartier général à Benavente et à Astorga. Cette division Loison à garder (*sic*) Léon et Astorga et à maintenir tout le pays. Le général Bonet, qui va recevoir un accroissement considérable, ou entrera dans les Asturies, et alors, il couvrira Léon et Valladolid ; ou bien placera sur sa gauche une brigade formée des 122e et du 118e qui lui arrivent de Burgos et maintiendra ainsi ses communications avec le corps du général Loison.

NAPOLÉON.

3925. — DÉCISION (1).

Paris, 12 janvier 1810.

On prie Sa Majesté d'approuver qu'il soit accordé des secours aux veuves de trois employés des hôpitaux de l'armée d'Allemagne, montant au total de la somme de 1.105 francs.	Accordé. NAPOLÉON.

3926. — ORDRE.

Paris, 13 janvier 1810.

La division Lamarque étant déjà arrivée à Givet, Dinant, Namur, il n'est plus temps de l'arrêter. Présentez-moi demain un projet de décret pour en licencier les bataillons.

Les bataillons de l'Oise, de Seine-et-Marne, du Loiret et de l'Aisne recevront ordre de se rendre à Boulogne.

Ainsi, les divisions Lamarque et Gouvion seront dissoutes.

Les deux bataillons du Pas-de-Calais, qui sont arrêtés à Arras, les 1er, 2e et 3e bataillons du Nord et le 1er bataillon de la Lys seront licenciés.

Présentez-moi, pour tout cela, des projets de décret. Il ne restera donc plus que la division Jacopin et la division Soulès.

Faites-moi connaître la situation de ces deux corps, ainsi que de ce qui est au camp de Boulogne.

Ordonnez que tous les fusils soient réunis. Faites diriger les hommes qui voudraient servir sur Lille, où se réunit le régiment des gardes nationales de la garde.

Faites venir à Paris les deux régiments de cavalerie légère qui sont au Nord.

Vous me ferez connaître quelle sera la situation de mon armée

(1) Extraite du « Travail entre le ministre directeur de l'administration de la guerre et S. M. l'Empereur et Roi, daté du 10 janvier 1810 ».

du Nord, après ces licenciements, afin que je voie si je puis faire venir quelques demi-brigades provisoires

Donnez ordre au maréchal Oudinot de prendre possession de Berg-op-Zoom et de Bréda.

NAPOLÉON.

3927. — DÉCISIONS (1).

Paris, 13 janvier 1810.

Proposition de faire rentrer à Strasbourg un dépôt d'armes laissé à Ulm, savoir : 20.000 fusils, 2.000 paires de pistolets, 4.000 sabres de cavalerie.	Approuvé.
Principes proposés à l'Empereur pour servir de base au règlement relatif aux approvisionnements que Sa Majesté a l'intention d'établir dans les places et les dépôts centraux.	Approuvé.
On soumet à l'approbation de Sa Majesté un projet de commande pour 1810 dans les onze arsenaux de l'empire.	Approuvé. Je suppose qu'on s'est réservé les moyens d'armer parfaitement Alexandrie. Alexandrie est dans le cas d'être armée à la fin de cette année. Il faut présenter un projet d'armement de cette place qui exige beaucoup de pièces et beaucoup d'affûts.
Les effets d'artillerie cédés à la Bavière ne peuvent être utilisés que par cette puissance, et le général Lariboisière les eût laissés à Vienne si la Bavière n'eût fourni des moyens de transport. Sa Majesté est priée de sanctionner cette cession au roi de Bavière.	Approuvé tous ces objets.
Proposition de réunir en comité	Approuvé. Renvoyer à lundi

(1) Non signées; extraites du « Travail du ministre de la guerre avec S. M. l'Empereur et Roi, daté du 10 janvier 1810 ».

les généraux d'artillerie qui se trouvent à Paris, pour prononcer définitivement sur les nouvelles constructions et pour y ramener l'uniformité et la simplicité, en coordonnant ce qui reste du système du général Gribeauval et ce que l'on conserve de celui de l'an XI.	prochain ce comité qui se réunira deux fois par jour jusqu'à ce qu'il ait fini son travail qui me sera immédiatement présenté.
On soumet à Sa Majesté la réclamation du 4e chasseurs à cheval tendant à obtenir le remboursement d'une somme de 2.036 fr. 80 payée pour frais de transport et de douane relatifs à des caisses d'armes qui lui ont été expédiées à Naples.	Approuvé.
On propose à Sa Majesté d'envoyer au général de brigade Chanlatte une somme de 1.500 francs à titre de gratification extraordinaire.	Accordé.
On propose à Sa Majesté d'accorder une indemnité de 1.200 francs à M. Bonaffos-Latour, capitaine d'artillerie de la garde, qui a eu deux chevaux enlevés par l'ennemi au village d'Elchingen dans la nuit du 13 au 14 novembre 1809.	Accordé.
M. Eckendorff, capitaine au 5e régiment de ligne, a eu sa baraque consumée par la foudre, ainsi que tous ses effets et 1.400 florins en papier destinés à la solde de sa compagnie. On propose à Sa Majesté d'accorder une somme de 600 francs à cet officier pour remplacer la solde.	Accordé.
On propose à Sa Majesté de nommer colonel du génie M. Decaux, chef de bataillon dans cette arme.	Renvoyé après le travail arrêté sur les fortifications de Flessingue.
Un sergent-major du 4e régiment d'infanterie de ligne sollicite l'autorisation de quitter ce corps pour	Approuvé.

passer au service du roi des Deux-Siciles.	
Un adjudant sous-officier du régiment d'Isembourg sollicite l'autorisation de quitter ce corps pour passer au service du roi des Deux-Siciles.	Approuvé.
On propose à Sa Majesté d'employer dans la 7e division militaire, à Chambéry le général de brigade Fabre. Cet officier général, qui était au 3e corps de l'armée d'Espagne, a essuyé une maladie très grave à la suite de laquelle il a obtenu un congé de convalescence de quatre mois.	L'employer dans la 13e division militaire.
Le général de division Fririon, chef d'état-major du maréchal, prince d'Essling, désire obtenir un congé. Le prince s'intéresse beaucoup au succès de cette demande.	Ce congé lui sera accordé lorsque le 4e corps sera dissous.
Le général de division Molitor, employé au 4e corps de l'armée d'Allemagne, demande un congé de quelques mois.	Approuvé.
Le général de division Lagrange, ex-gouverneur de la province de la Haute-Autriche, demande un congé de convalescence.	Accordé.
Le général de brigade Piré, qui commande la 4e brigade de cavalerie légère d'Allemagne, demande un congé de convalescence.	Aussitôt que sa brigade sera placée définitivement.
M. d'Esparbès de Lussan, employé à l'état-major du général Vandamme, demande l'autorisation de passer au service du roi des Deux-Siciles.	Accordé.
On propose à Sa Majesté d'accepter la démission de M. de Lostan-	Accordé.

ges, lieutenant de l'état-major de l'armée du Nord, affecté d'une maladie de poitrine.

3928. — DÉCISION.

Paris, 14 janvier 1810.

Le général Clarke rend compte d'une demande du colonel, commandant le 1er hussards hollandais, tendant à obtenir que son régiment, qui ne compte que 232 hommes montés, soit renforcé, ou bien que les 2e et 3e escadrons versent dans le 1er tous leurs hommes disponibles.

En écrire au roi de Hollande.

NAPOLÉON.

3929. — DÉCISION.

16 janvier 1810.

Le général Clarke soumet à l'Empereur les renseignements qu'il se propose de transmettre au prince d'Eckmühl en vue de la solution des difficultés relatives à la fixation des limites de l'arrondissement de Cracovie.

Renvoyé à M. le duc de Cadore par ordre de l'Empereur.

NAPOLÉON.

3930. — DÉCISION.

Paris, 16 janvier 1810.

Le général Clarke soumet à l'Empereur les observations du ministre de l'administration de la guerre au sujet de la nécessité d'établir un dépôt de cavalerie près de Bayonne.

Approuvé.

NAPOLÉON.

3931. — AU GÉNÉRAL CLARKE (1).

Paris, 16 janvier 1810.

Monsieur le duc de Feltre, donnez ordre à la cohorte volontaire de la garde de Paris de se mettre en marche pour Orléans.

(1) Non signé, copie conforme.

3932. — DÉCISION.

Le général Clarke rend compte que le 1er régiment provisoire de hussards et le 1er régiment provisoire de chasseurs partiront respectivement de Malines et d'Anvers les 20 et 22 janvier pour se rendre à Paris.

Renvoyé au ministre de la guerre. Arrivés à Versailles, ces régiments feront partie des régiments qui se réunissent pour l'Espagne.

NAPOLÉON.

3933. — DÉCISIONS (1).

Le maréchal duc de Danzig demande que le sieur de Fontange, lieutenant-colonel au service de la Hollande, qui a été employé à son état-major et traité comme adjoint hollandais pendant la dernière campagne, soit maintenu en activité à l'état-major de l'armée française dans son grade de chef d'escadron.

L'Empereur a ordonné qu'il passerait au service de France comme capitaine.

3934. — DÉCISIONS (2).

On met sous les yeux de Sa Majesté la situation financière des corps dont les escadrons ont concouru à la formation de la 1re brigade de dragons à Saumur et on lui propose de faire payer aux 1er, 2e et 3e régiments provisoires une somme de 30.000 francs.

Le régiment provisoire ne doit pas faire une ouverture de dépenses. C'est une réunion des 3e et 4e escadrons de dragons. Il faut que ses masses de ferrage, harnachement, etc., soient fournies par les soins de l'administration des corps; au lieu que si on porte les régiments provisoires comme un élément de dépense, on crée une dépense nouvelle en double emploi.

Les dépenses à faire pour compléter l'habillement et l'équipement

Approuvé. Passer une revue exacte.

(1) Sans signature ni date; extraite du « Travail du ministre de la guerre avec S. M. l'Empereur et Roi, en date du 17 janvier 1810 ».

(2) Sans signature ni date; extraites du « Travail du ministre directeur de l'administration de la guerre avec S. M. l'Empereur et Roi, daté du 17 janvier 1810 ».

de la 2e légion de la Vistule s'élèvent à 198.712 fr. 96.	
Cette somme ne faisant pas partie du budget de 1810, on prie Sa Majesté de vouloir bien l'accorder par supplément.	
On prie Sa Majesté de vouloir bien faire connaître si les troupes de la garde, après avoir passé la Loire, jouiront des vivres de campagne en nature ou d'une indemnité en remplacement.	A la disposition du ministre en ne comprenant que la petite garde.
On propose à Sa Majesté de décider que les troupes dans le Frioul recevront seules la masse d'ordinaire.	Le Frioul comme toute l'Italie au pied de paix.
Sa Majesté est priée de faire connaître si la 1re compagnie du 12e bataillon des équipages doit continuer sa route sur Bayonne.	Sur Bayonne.

3935. — DÉCISION.

Paris, 18 janvier 1810.

Rapport du duc de Cadore à l'Empereur sur une difficulté relative à l'entretien des hôpitaux français à Vienne.	Renvoyé au ministre de la guerre par ordre de l'Empereur. NAPOLÉON.

3936. — AU MARÉCHAL BERTHIER.

Paris, le 19 janvier 1810.

Mon Cousin, faites-moi connaître si je vous ai donné l'ordre de faire partir le 1er bataillon provisoire des équipages militaires, chargé de souliers, pour Burgos et Madrid. Il paraît qu'on a besoin de souliers à l'armée d'Espagne.

NAPOLÉON.

3937. — DÉCISION.

Paris, 19 janvier 1810.

Le général Clarke soumet à l'Empereur un projet de formation de la division d'arrière-garde qui va être organisée à Orléans.

Renvoyé au major général. Cette division sera commandée par le général Le Marois.

NAPOLÉON.

3938. — DÉCISION.

19 janvier 1810.

Le général Clarke propose de faire rentrer dans les compagnies de canonniers gardes-côtes les officiers et hommes de bonne volonté qui en ont été tirés, au mois d'août dernier, pour coopérer à la défense des côtes des directions d'artillerie maritimes du Havre, de Cherbourg et de Brest.

Approuvé.

NAPOLÉON.

3939. — AU GÉNÉRAL CLARKE (1).

Paris, 19 janvier 1810.

Monsieur le duc de Feltre, donnez ordre au général Le Marois de se rendre à Orléans, où il sera chargé du commandement et de la formation de toute la division d'arrière-garde, et de correspondre avec vous et avec le ministre de l'administration de la guerre pour son habillement et son équipement.

Envoyez-moi l'état des bataillons auxiliaires, qui se font à Versailles ; il paraît qu'il y a déjà 5.000 hommes.

3940. — AU GÉNÉRAL CLARKE.

19 janvier 1810.

Monsieur le duc de Feltre, les régiments provisoires de chasseurs et de hussards de l'armée du Nord doivent se rendre à Saumur, Versailles et Auch, pour faire partie des 6e, 7e et 8e régiments de marche de cavalerie.

Ainsi, par exemple, le détachement du 1er de chasseurs, qui est

(1) Non signé, copie conforme.

au régiment provisoire de chasseurs de l'armée du Nord, se rendra à Auch pour se réunir à ce que le dépôt de ce régiment aura fourni pour faire partie du 8e régiment de marche, et ainsi de suite.

Dans votre lettre du 19, vous dites qu'on pourrait tirer des dépôts d'infanterie, au delà des Alpes, environ 3.000 à 4.000 hommes, mais vous ne m'envoyez pas l'état de ces détachements.

NAPOLÉON.

3941. — DÉCISION (1).

Rapport du général Clarke à l'Empereur pour lui soumettre une difficulté relative à la nomination d'un quartier-maître au 3e régiment suisse : le candidat proposé par le major n'a que le grade de sergent-major.

Accordé (2).

NAPOLÉON.

3942. — DÉCISION.

20 janvier 1810.

Le maréchal Berthier rend compte à l'Empereur que le 1er bataillon provisoire des équipages militaires sera entièrement arrivé, vers le 20 janvier, à Bayonne, d'où il continuera sa marche vers Vitoria.

Lui faire continuer sa route pour Burgos.

NAPOLÉON.

3943. — DÉCISIONS (3).

20 janvier 1810.

L'ambassadeur de Perse demande que M. Verdier, chef de bataillon, attaché à la légation fran-

L'Empereur autorise à mettre cet officier à la disposition du ministre des relations extérieu-

(1) Sans date; le rapport à l'Empereur est du 10 janvier 1810.

(2) En marge du rapport, le comte Lobau a mis cette note explicative : « L'Empereur ordonne que, par exception, M. Guisy soit nommé quartier-maître sous-lieutenant, sauf à lui donner successivement les grades qui doivent le porter au rang de lieutenant en premier. — Le 20 janvier 1810 ».

(3) Non signées; extraites du « Travail du ministre de la guerre avec S. M. l'Empereur et Roi, en date du 3 janvier 1810 ».

çaise en Perse, obtienne un emploi de son grade dans la garde de Sa Majesté et la permission de se rendre une seconde fois en Perse.

res, qui pourra le renvoyer en Perse ; mais Sa Majesté refuse l'admission dans sa garde.

On propose à Sa Majesté de nommer à l'emploi d'adjudant commandant le sieur Steenhaudt, colonel du 21e régiment de chasseurs.

L'Empereur a décidé que le colonel Steenhaudt serait renvoyé par devant un conseil d'enquête et qu'on donnerait ordre au major du régiment d'aller en prendre le commandement à sa place.

3944. — DÉCISION (1).

20 janvier 1810.

Le général Clarke propose de nommer adjudant commandant le colonel Steenhaudt, du 21e régiment de chasseurs. Cet officier, qui est d'ailleurs brave et zélé, est peu propre à commander un régiment, s'étant aliéné les officiers du 21e chasseurs.

Renvoyer le pétitionnaire à un comité du Conseil d'Etat.

NAPOLÉON.

3945. — AU MARÉCHAL BERTHIER.

Paris, 20 janvier 1810.

Mon Cousin, donnez l'ordre au 1er bataillon provisoire des équipages militaires, qui doit se rendre à Vitoria avec un chargement de souliers, de continuer sa route sur Burgos. Donnez ordre au bataillon de Neuchâtel, à la compagnie des guides de l'état-major général et à la partie de mes écuries qu'ils escortent, de se rendre à Burgos. Vous recommanderez aux commandants de tout réunir sous leur escorte, de marcher avec ordre, et de manière qu'il n'arrive aucun accident, et que je ne perde aucun cheval. Réitérez l'ordre au général Hédouville de faire partir tous les jours de forts détachements pour renforcer les trois brigades de la division Reynier et envoyez-lui l'état de ces trois brigades. Donnez ordre aux

(1) Variante de la décision de l'Empereur relative au même officier, publiée ci-dessus.

120 lanciers polonais qui sont à Bordeaux de continuer leur route sur Madrid. Ils partiront avec les 400 chasseurs hanovriens qui arrivent à Bayonne le 29, ce qui fera un régiment de marche de 500 hommes. Donnez ordre que le détachement disponible du dépôt de cavalerie établi à Versailles, fort de 99 dragons, s'arrête à Tours où on pourra le rejoindre. Il attendra là l'arrivée du régiment de marche de dragons, qu'on forme à Versailles, pour marcher ensemble.

NAPOLÉON.

3946. — AU MARÉCHAL BERTHIER.

Paris, le 20 janvier 1810.

Mon Cousin, faites-moi connaître quel est le général qui commande la 1re division du 8e corps, celui qui commande la 2e et celui qui commande la 3e. Est-ce le général Clauzel ou le général Dufour qui commande la 1re ? Il me semble que le duc d'Abrantès a fait changer quelque chose à l'ordre que j'avais donné. Faites-moi connaître quand les quatre régiments de marche de la 1re division pourront se mettre en marche et être réunis à Bayonne.

NAPOLÉON.

3947. — AU MARÉCHAL BERTHIER.

Paris, 20 janvier 1810.

Mon Cousin, cinq bataillons auxiliaires sont organisés à Versailles. Je désire qu'ils partent bientôt. Pressez le ministre de la guerre pour pourvoir aux places vacantes. Vous en ferez passer la revue, le 22, par un de vos aides de camp ; et, sur le compte qu'il vous rendra, vous ferez fournir par le ministre de la guerre tout ce qui serait nécessaire à ces bataillons. Vous en passerez vous-même la revue le 28, afin qu'ils puissent partir le 1er février. Vous me ferez connaître quand ces bataillons auxiliaires, les quatre régiments de marche et les vingt escadrons de gendarmerie pourront se mettre en mouvement pour se rendre à Bayonne.

NAPOLÉON.

3948. — AU MARÉCHAL BERTHIER.

Paris, 20 janvier 1810.

Mon Cousin, réitérez les ordres aux généraux Kellermann, Loison, Solignac, Reynier, de renvoyer à Madrid tout ce qui appartiendrait à la division allemande que commande le général Leval.

NAPOLÉON.

3949. — DÉCISION (1).

21 janvier 1810.

On propose à l'Empereur de nommer 3e porte-aigle du 28e régiment d'infanterie le sieur Louis Morin, sergent au même régiment.

Approuvé.

3950. — DÉCISION.

21 janvier 1810.

Le général Clarke rend compte à l'Empereur qu'il faudrait 400 mulets de trait pour l'attelage des voitures du train des équipages en Espagne.

Je ne veux acheter aucun mulet cette année ; j'ai fait assez de dépenses.

NAPOLÉON.

3951. — DÉCISION.

21 janvier 1810.

Le général Clarke demande si le général Dulauloy, plus ancien de grade que les généraux Lariboisière et Sénarmont, doit cependant être renvoyé à l'armée d'Espagne, et il propose de le remplacer au 2e corps par un général de brigade.

Le remplacer d'abord par un général de brigade.

NAPOLÉON.

(1) Extraite du « Travail du ministre de la guerre avec S. M. l'Empereur et Roi, daté du 27 décembre 1810 ».

3952. — DÉCISION.

Paris, 21 janvier 1810.

Le maréchal Davout demande à l'Empereur l'autorisation de reconduire sa femme à Paris.

Renvoyé au ministre de la guerre pour lui répondre qu'aussitôt qu'il aura terminé le second mouvement il peut se rendre à Paris.

NAPOLÉON.

3953. — DÉCISION.

Paris, 21 janvier 1810.

Le général Clarke présente à l'Empereur des propositions afin de pourvoir à l'emploi de major du 7e régiment d'artillerie à pied. Il propose en même temps de nommer major un des inspecteurs des manufactures d'armes, qui continuerait à remplir ses fonctions dans l'établissement auquel il est attaché.

Pour avoir des droits à un avancement extraordinaire, il faut aller aux armées.

NAPOLÉON (1).

3954. — DÉCISIONS (2).

Paris, 21 janvier 1810.

On rend compte à Sa Majesté que la compagnie de gendarmerie de Rhin-et-Moselle se trouve débitrice d'une somme de 6.897 francs pour excédent de fourrages pendant l'an XII.

Cette somme ayant été reçue de bonne foi, Sa Majesté est priée d'en faire la remise à cette compagnie.

Accordé.

(1) A la suite de la décision de l'Empereur et en marge du rapport, on lit la note suivante : « Ce n'était pas un avancement extraordinaire que l'on demandait. Mais comme il faut remplir cette place vacante de major, proposer de nouveau les deux premiers candidats, sans parler des manufactures. (Signé) : L. Evain. »

(2) Non signées; extraites du « Travail du ministre de la guerre avec S. M. l'Empereur et Roi, daté du 17 janvier 1810 ».

Le maréchal prince d'Eckmühl demande qu'il soit accordé un congé de six semaines au général de division Gudin, employé à l'armée d'Allemagne.	Aussitôt que sa division sera placée, me faire connaître le général qui la commandera en l'absence du général Gudin.
Le général duc de Padoue, employé à l'armée d'Allemagne, demande un congé afin de régler, dans le grand-duché de Berg et en Hollande, quelques affaires relatives à la dotation qui lui a été accordée dans ces pays.	Aussitôt que sa division sera définitivement placée.
L'adjudant commandant Tavernier, employé à l'armée d'Allemagne en qualité de chef d'état-major de la division Montbrun, demande un congé de six semaines.	Accordé.
Le colonel Leclerc, commandant les forts de Weichselmunde et de Neufahrwasser, demande un congé de quatre mois.	Accordé.
Le sieur Renaud, colonel du 30e régiment de dragons, sollicite un congé de deux mois pour se rendre dans sa famille.	Accordé.
MM. de La Vauguyon, chef de bataillon; Rochambeau, lieutenant, et Gobert, sous-lieutenant aide de camp du roi de Naples, demandent à passer définitivement au service de ce souverain.	Accordé.
Vu les circonstances atténuantes de la désertion du nommé Kupschin, chasseur dans le régiment d'Isembourg, Sa Majesté est priée d'ordonner qu'il ne sera pas donné suite à la condamnation à mort prononcée contre lui.	Accordé.
Un soldat du 29e régiment d'infanterie de ligne sollicite l'autorisation de quitter ce corps pour	Accordé.

passer au service du roi des Deux-Siciles.

Le sieur A. Riva, sergent-major au 50e régiment d'infanterie de ligne, sollicite l'autorisation de quitter ce corps pour passer dans la garde du roi des Deux-Siciles, où deux de ses frères servent en qualité d'officiers.

Accordé.

Les prisonniers anglais qui sont à Auxonne ont arrêté un incendie qui menaçait la ville entière. Un d'eux a sauvé deux femmes, un autre a laissé brûler ses effets pour préserver ceux de son hôte, sept d'entre eux ont été grièvement blessés.

On rend compte à l'Empereur de la conduite honorable de ces prisonniers.

Faire connaître ce trait. Me faire connaître si ce Pimberton est digne de la Légion d'honneur, si les autres en seraient également susceptibles, quels sont leurs mœurs, enfin, ce qu'ils sont.

3955. — DÉCISION.

Paris, 21 janvier 1810.

Le général Clarke rend compte de l'organisation du régiment espagnol Joseph-Napoléon et il propose à l'Empereur de placer les deux premiers bataillons de ce corps à Turin ou à Gênes, de manière à ne pas être trop éloignés d'Avignon, comme le désire le général Kindelan.

Lui faire passer la revue de ce régiment au 1er février, et l'on me rendra compte de son esprit et formation. L'on peut envoyer un bataillon ou deux à Nîmes.

Napoléon.

3956. — DÉCISION.

Paris, 21 janvier 1810.

Le maréchal Berthier soumet à l'Empereur un état de 57 militaires infirmes, que le comité de santé, établi près les hôpitaux de Valladolid, juge susceptibles d'être renvoyés à leurs dépôts en France.

Accordé. Donner des ordres en conséquence.

Napoléon.

3957. — AU MARÉCHAL BERTHIER.

Paris, 22 janvier 1810.

Mon Cousin, vous ferez ainsi exécuter mon ordre relatif au placement des escadrons de gendarmerie. Le 1er escadron ne doit pas être à Irun, le 2e à Ernani, etc... Lorsque les six premiers escadrons seront prêts, vous les ferez placer ainsi : le 1er à Miranda, le 2e à Vitoria, le 3e entre Vitoria et Tolosa, le 4e à Tolosa, le 5e à Ernani et le 6e à Irun. Lorsqu'un 7e sera en état de marcher, on le poussera sur Irun et le 1er sur Briviesca, et ainsi de suite ; à mesure que les autres escadrons pourront partir, ils prendront la queue. Donnez ordres pour changer tout cela.

NAPOLÉON.

3958. — AU MARÉCHAL BERTHIER.

Paris, 22 janvier 1810.

Mon Cousin, donnez ordre aux quatre régiments de marche de partir le 1er février pour se diriger sur Bayonne, où se réunit la 3e division du 8e corps. Donnez ordre aux cinq bataillons auxiliaires, qui sont organisés à Versailles, de partir également le 1er février. Vous les ferez marcher à petites journées. Il sera donné à ces cinq bataillons auxiliaires et aux quatre régiments de marche deux paires de souliers par homme, à Bayonne ou à Bordeaux, selon que les souliers seront dans l'une ou l'autre de ces villes.

NAPOLÉON.

3959. — AU MARÉCHAL BERTHIER.

Paris, 22 janvier 1810.

Mon Cousin, je ne vois pas que le général Dufour soit à sa division. Pressez-le de s'y rendre sans délai.

Envoyez le général Séras à Orléans, pour organiser et commander la division d'arrière-garde.

NAPOLÉON.

3960. — AU GÉNÉRAL CLARKE.

Paris, 22 janvier 1810.

Monsieur le duc de Feltre, le major général me rend compte de la formation des quatre régiments de marche ; le 1er, réuni à Périgueux, fort de 2.500 hommes ; le 2e, réuni à Angoulême, fort de 1.600 hommes ; le 3e, réuni à Limoges, fort de 2.000 hommes, et le 4e, ne formant qu'un seul bataillon, fort de 600 hommes.

Dirigez sur les trois premiers régiments trois majors ou colonels en second, des premiers que vous aurez sous la main, en leur donnant l'ordre de partir en poste et en toute diligence.

Vous me ferez connaître les colonels en second ou majors que vous aurez envoyés, et l'époque de leur arrivée.

On me rend compte que cinq bataillons auxiliaires sont organisés à Versailles ; mon intention est qu'ils partent au 1er février.

NAPOLÉON.

3961. — DÉCISIONS (1).

23 janvier 1810.

On soumet à Sa Majesté la demande du général de brigade Darnaud d'être élevé au grade de général de division.	Cette demande est ajournée.
Le général Gilot demande le grade de chef de bataillon pour le capitaine Morot, son aide de camp. Si Sa Majesté est dans l'intention d'agréer cette demande, on soumet à sa signature le projet de décret.	Cette demande est rejetée.
De nommer lieutenant aide de camp du général Ménard le sieur Faucon, adjoint provisoire.	L'Empereur désire qu'on le mette à portée de faire la guerre dans un corps.
Nominations de porte-aigle au 117e d'infanterie soumises à l'acceptation de Sa Majesté.	Approuvé.
Le général de division Claparède demande un congé de six semaines avec appointements.	Accordé.
Le ministre prie Sa Majesté de vouloir bien faire connaître si son intention est de faire la remise, au	Accordé.

(1) Non signées; extraites du « Travail du ministre de la guerre avec S. M. l'Empereur et Roi, daté du 20 décembre 1809 ».

père d'un vélite mort à Bayonne après avoir fait la campagne de Prusse et d'Espagne, d'une somme de 517 fr. 77, qui restait due pour pension.	
Deux soldats du 22e régiment d'infanterie légère sollicitent l'autorisation de quitter ce corps pour passer dans les troupes de S. M. le roi des Deux-Siciles.	Accordé.
Un soldat du 10e régiment d'infanterie de ligne sollicite l'autorisation de quitter ce corps pour passer dans les troupes de S. M. le roi des Deux-Siciles.	Accordé.
On soumet à Sa Majesté deux états de secours, montant l'un à 6.360 fr. 20, l'autre à 12.200 francs, en faveur de militaires ou de veuves et parents de militaires non susceptibles de pensions.	Accordé.

3962. — DÉCISION (1).

Rapport du conseiller d'État Daru au nom de la commission chargée de l'habillement.	Sa Majesté demande que les comptes des différents exercices soient dressés d'après une autre forme qu'Elle fait connaître en prenant pour exemple l'exercice 1807.

3963. — AU MARÉCHAL BERTHIER.

Paris, 23 janvier 1810.

Mon Cousin, faites passer l'extrait ci-joint des gazettes anglaises à Madrid.

NAPOLÉON.

(1) Sans signature ni date; extraite du procès-verbal de la séance du conseil d'administration de la guerre, tenu par l'Empereur le 23 janvier 1810.

3964. — DÉCISION.

Paris, 23 janvier 1810.

Le maréchal Berthier rend compte à l'Empereur de la situation critique de la 1re division du 8e corps au point de vue de la chaussure.

Leur faire donner deux paires en gratification à Bayonne, s'il en est temps.

NAPOLÉON.

3965. — DÉCISION.

Paris, 23 janvier 1810.

Le général Digeon, dont la santé est rétablie, demande le commandement de son ancienne brigade.

Me faire connaître s'il y a une brigade vacante.

NAPOLÉON.

3966. — AU MARÉCHAL BERTHIER.

Paris, 24 janvier 1810.

Mon Cousin, donnez l'ordre aux généraux Bonet, Avril et Thouvenot de vous envoyer tous les procès-verbaux et interrogatoires relatifs aux prises, et vous les transmettrez au conseiller d'Etat Collin, pour qu'il m'en fasse un rapport. Envoyez à M. Collin les copies des ordres donnés à ces différents généraux, sur lesquels vous lui demanderez également de me faire un rapport. Je vous renvoie les lettres du général Bonet.

NAPOLÉON.

3967. — EXTRAIT DU PROCÈS-VERBAL DE LA SÉANCE DU CONSEIL GÉNÉRAL DES FINANCES, TENU PAR SA MAJESTÉ LE 24 JANVIER 1810.

Le ministre de l'administration de la guerre présente les états et budgets de 1806, 1807, 1808 et 1809 et le projet de budget de 1810.

Sa Majesté fait les observations suivantes :

On voit que l'habillement est porté nécessairement, en 1806, à 41 millions, en 1807, à 40 millions, en 1808, à 44 millions et en 1809, à 48 millions ; mais le ministre, dans ce calcul, compte pour comptant ce que la Grande Armée a payé en 1806, 1807 et 1808, soit pour acompte des masses, soit pour fournitures en nature, selon l'évaluation qui en a été faite, ce qui est au moins un objet de 20 millions. Il faut les porter positivement et ajourner une colonne *payable avec les fonds donnés, ou les fournitures faites de l'armée.* Car, dans notre système, cela équivaut à une dépense de 20 millions de moins.

Il faut voir, pour la boulangerie, s'il n'y a pas quelque chose à la Grande Armée. Pour les remontes, si Sa Majesté a donné des fonds à compte, il faut les comprendre ; il faut comprendre également ce qu'on a payé pour l'administration extérieure. On a payé à la Grande Armée 500.000 francs pour les remontes, 2 millions pour l'habillement, 3 millions de dépenses extérieures. Il faut savoir si cela est compris dans les budgets.

Le ministre de l'administration de la guerre examinera l'état du Trésor qui lui est remis par sa Majesté.

Sa Majesté désire qu'il tienne demain un conseil avec les chefs de ses bureaux, afin de bien distinguer la partie qui servira à acquitter le budget des dépenses réelles, de la dépense faite à la Grande Armée, qui ne servira pas à cet objet. Ainsi, par exemple, il faut ôter de l'habillement, qui est porté à 48 millions, ce qui a été donné à la Grande Armée. Il faut ôter de même, sur les remontes, sur le harnachement, etc., ce qui a été donné par l'Empereur, d'après les réclamations qui ont été faites.

Il faut procéder de même pour tous les exercices.

Il paraît que les ministres de la guerre et de l'administration de la guerre doivent ajouter à leurs états deux colonnes. La première colonne présentera les dépenses faites pour la campagne, qui, aux termes des décrets, doivent être remboursées. Le ministre du Trésor devait les soustraire et faire connaître que les ordonnances comptaient sur la Grande Armée et non sur le Trésor ; la deuxième colonne présentera les dépenses faites à la Grande Armée.

3968. — DÉCISION.

Paris, 24 janvier 1810.

Notes soumises à l'Empereur par le prince Borghese, relatives notamment au passage à Turin d'un convoi de chevaux de remontes.

Renvoyé au ministre de l'administration de la guerre. J'avais ordonné que ces chevaux ne passassent point le mont Cenis et fussent retenus.

NAPOLÉON.

3969. — DÉCISION.

24 janvier 1810.

Rapport du duc de Cadore à l'Empereur pour faire connaître à Sa Majesté qu'il n'a pas d'objections à formuler contre la solution proposée par le ministre de la guerre au sujet de la délimitation de l'arrondissement de Cracovie.	Renvoyé au ministre de la guerre, par ordre de l'Empereur. NAPOLÉON.

3970. — DÉCISIONS (1).

Les troupes stationnées dans l'île de Walcheren recevront-elles les vivres de campagne dont jouissait précédemment la garnison de Flessingue ? On prie Sa Majesté de faire connaître ses intentions à cet égard.	Décidé affirmativement.
On prie Sa Majesté de faire connaître ses intentions sur la question de savoir si les hôpitaux qui sont ou vont être formés dans les Etats de Bavière, de Würzburg, ainsi que dans la province de Bayreuth, seront ou non à la charge de ces pays.	Ajourné après le travail préparé.
MM. Buhot, inspecteur aux revues, et Denniée, sous-inspecteur, sont chargés des fonctions d'ordonnateur en chef des 1er et 5e corps de l'armée d'Espagne. Sa Majesté ayant reconnu l'incompatibilité de ces deux fonctions, on a l'honneur de lui proposer de rendre au service des revues MM. Buhot et Denniée.	Approuvé.
Trois négociants réclament le paiement d'une somme de 1 million	A la charge de l'Espagne.

(1) Sans signature ni date; extraites du « Travail du ministre directeur de l'administration de la guerre avec S. M. l'Empereur et Roi, daté du 24 janvier 1810 ».

6.200 réaux de veillon, qui leur reste due sur la valeur d'un chargement de grains dont ils étaient propriétaires, et qui a été mis en réquisition à la Corogne, le 1er mars dernier, par M. le maréchal duc d'Elchingen pour la subsistance de l'armée.

3971. — AU MARÉCHAL BERTHIER.

Paris, 27 janvier 1810.

Mon Cousin, donnez ordre au général Digeon de se rendre à Madrid, pour prendre le commandement de la 1re brigade de la 4e division de dragons, qui est au 2e corps.

Donnez ordre au général Fouler de se rendre également à Madrid, pour prendre le commandement de la 4e brigade de la 3e division de dragons, du 4e corps. Ecrivez au général Solignac, que le général Loison a bien fait de frapper 1.500.000 réaux de contributions, mais qu'il faut que cet argent entre dans la caisse de l'armée, pour fournir à ses besoins. Ecrivez la même chose au général Loison et au général Reynier. J'approuve que tous les Français et étrangers, qui avaient été pris avec le général Dupont, repassent en France. On les distribuera dans les différents dépôts, on les armera et habillera, et ils reprendront du moral et de l'esprit français.

NAPOLÉON.

3972. — AU MARÉCHAL BERTHIER.

Paris, 27 janvier 1810.

Mon Cousin, réexpédiez en Espagne l'aide de camp du roi (Clermont-Tonnerre), avec une lettre que vous écrirez au roi. Avant d'expédier l'aide de camp, vous prendrez mes ordres.

NAPOLÉON.

3973. — AU GÉNÉRAL LACUÉE.

Paris, 27 janvier 1810.

Monsieur le comte de Cessac, faites donner une paire de souliers à chacun des hommes qui composent les six bataillons auxiliaires formés à Versailles. Il est nécessaire qu'ils la reçoivent avant le 29 au soir, ces bataillons devant partir bientôt. Vous ferez également donner à chaque homme une chemise. Comme ces bataillons forment des corps à part, il sera inutile d'aller chercher les éléments dont ils sont composés. Il suffira d'en tenir un compte à part. Et, comme ces bataillons sont destinés à être incorporés dans les corps qui sont en Espagne, leur existence ne sera pas longue.

NAPOLÉON.

3974. — AU MARÉCHAL BERTHIER.

Paris, 28 janvier 1810.

Mon Cousin, vous ferez connaître au roi d'Espagne que mes finances se dérangent, que je ne puis suffire aux énormes dépenses que me coûte l'Espagne, qu'il devient indispensable que les fonds nécessaires pour le génie, l'artillerie, l'administration, les hôpitaux, chirurgiens et administrateurs de toute espèce soient fournis par l'Espagne, ainsi que la moitié de la solde, que nul n'est tenu à l'impossible, que le roi doit nourrir l'armée d'Espagne, que tout ce que je puis faire est de donner deux millions par mois pour supplément de solde, que si cela ne peut pas avoir lieu, il n'y a plus qu'un moyen, c'est de faire administrer les provinces pour le compte de la France, vu que la situation de mes finances ne me permet plus de continuer de si grands sacrifices. Vous préviendrez de cet état de choses l'intendant général et le commandant du génie.

NAPOLÉON.

3975. — DÉCISION.

Paris, 29 janvier 1810.

Le général Clarke fait connaître à l'Empereur les dispositions qui ont été prises en vue de l'organisation des 6e, 7e et 8e régiments de marche de cavalerie.

Il faut comprendre ces régiments dans le corps d'arrière-garde de l'armée d'Espagne.

NAPOLÉON.

3976. — DÉCISION.

Paris, 29 janvier 1810.

Le général Clarke propose d'accorder une somme de 29.767 fr. 31, pour première mise d'habillement, à des militaires passés des régiments de ligne dans la gendarmerie.	Accordé. NAPOLÉON.

3977. — DÉCISION.

Paris, 29 janvier 1810.

Le général Clarke sollicite les ordres de l'Empereur pour l'achat des chevaux nécessaires au transport du matériel du génie de l'armée d'Allemagne et celle de l'Espagne.	Je ne veux plus acheter de chevaux. NAPOLÉON.

3978. — DÉCISIONS (1).

Paris, 29 janvier 1810.

On demande à Sa Majesté si le Trésor de France doit continuer de pourvoir au paiement des dépenses de troupes d'augmentation dans l'armée du grand-duché de Varsovie.	Non, à dater du 1er janvier 1810.
On soumet à Sa Majesté :	
La demande d'un congé de convalescence de quelques mois, faite par le général de brigade Duppelin, employé à l'armée d'Allemagne ;	Accordé.
La demande d'un congé de deux mois faite par le général de brigade Jarry, employé au 2e corps de l'armée d'Allemagne ;	Accordé.

(1) Non signées; extraites du « Travail du ministre de la guerre avec S. M. l'Empereur et Roi, en date du 24 janvier 1810 ».

La demande d'un congé de trois mois que fait le colonel Paultre, commandant le 9e régiment de cuirassiers, pour se rendre au dépôt de son régiment à Mayence et ensuite dans sa famille ;	Accordé le congé au colonel, avec ordre au major de le remplacer.
La demande d'un congé de trois mois que fait le sieur Guyon, colonel du 12e régiment de chasseurs, pour aller régler des affaires de famille ;	Accordé le congé au colonel, avec ordre au major de le remplacer.
La demande d'un congé absolu que fait le sieur Cousin, sous-lieutenant quartier-maître du 2e régiment de hussards. L'état de sa blessure lui rend impossible un travail assidu et tout service actif.	Accordé.
Un maréchal des logis chef du 3e régiment de cuirassiers sollicite l'autorisation de passer au service du roi des Deux-Siciles.	Accordé.
Sa Majesté est priée de faire connaître si la solde de retraite à laquelle le général Malet a été admis antérieurement à sa détention doit être réglée et si l'on peut lui en faire payer les deux tiers, ainsi que cela se pratique à l'égard des officiers détenus et en retraite, ou s'il doit être privé de toute espèce de traitement.	Ce misérable doit être privé de toute espèce de traitement.

3979. — DÉCISION.

Paris, 30 janvier 1810.

Le maréchal Berthier rend compte que M. Lambert demande des officiers de santé et des soldats d'ambulance pour compléter l'organisation des ambulances du quartier général de l'armée d'Espagne.	Tout cela est inutile. Donnez ordre au sieur Lambert d'être rendu à Vitoria le 10 février. NAPOLÉON.

3980. — DÉCISION.

30 janvier 1810.

Le général Clarke a donné ordre au dépôt de recrutement de la 2e légion de la Vistule de continuer sa marche pour se rendre de Strasbourg à Sedan.

Approuvé.

NAPOLÉON.

3981. — DÉCISION.

30 janvier 1810.

La navigation sur la Saône étant devenue impossible par suite des glaces, le général Clarke a donné l'ordre à la division Rouyer de se rendre à pied à Lyon.

Approuvé.

NAPOLÉON.

3982. — AU GÉNÉRAL CLARKE.

30 janvier 1810.

Monsieur le duc de Feltre, donnez ordre que l'état-major de la 3e division du 2e corps de l'armée d'Allemagne, avec l'artillerie et les administrateurs, se rendent à Metz.

Le 10e léger sera dirigé sur son dépôt à Schlestadt ;

Le 3e de ligne, sur son dépôt à Strasbourg ;

Le 105e, sur son dépôt à Neuf-Brisach ;

Le 72e se rendra à la réserve de Saint-Omer.

La division restera intacte et les régiments rendront compte au général de division ; je les envoie seulement à leurs dépôts, pour les y faire séjourner et se reposer.

NAPOLÉON.

3983. — DÉCISION.

30 janvier 1810.

Le maréchal Davout demande si les commandants des corps saxon, badois et wurtembergeois doivent continuer leur correspondance avec l'armée d'Allemagne.

Non.

NAPOLÉON.

3984. — DÉCISION.

Paris, 31 janvier 1810.

Rapport du maréchal Berthier à l'Empereur pour demander si la compagnie du 10e bataillon des équipages militaires qui a suivi le 8e corps y restera attachée.

Je ne comprends rien à cette lettre. Tout le 10e bataillon du train doit être attaché au 8e corps.

NAPOLÉON.

3985. — DÉCISIONS (1).

Plusieurs places fortes de la Hollande étant maintenant occupées par des troupes françaises, on demande à Sa Majesté si les approvisionnements de ces places devront être fournis par ce pays ou des magasins de la France.

Envoyé à Sa Majesté le 27 janvier, qui a décidé que tout serait fourni par les magasins de Berg-op-Zoom et Bréda et que ces magasins seraient remplis par le pays.

Le général Vouillemont a été chargé par le ministre de la guerre de faire approvisionner le fort de Venasque.

Ce fort se trouvant sur le territoire espagnol, on demande à Sa Majesté si les denrées nécessaires à son approvisionnement doivent être fournies des magasins de la France, dans le cas où le général Vouillemont serait dans l'impossibilité de se les procurer dans le pays.

Ce fort sera approvisionné aux frais du roi d'Espagne.

On prie Sa Majesté d'accorder extraordinairement un secours de 2.724.080 francs sur l'an XIII, 1807, 1808 et 1809.

Cette somme est destinée à acquitter une partie des sommes dues aux hospices civils qui ont fait des avances considérables et qui sont dans l'impossibilité de les continuer.

L'Empereur a accordé 4 millions.

(1) Sans signature ni date; extraites du « Travail du ministre directeur de l'administration de la guerre avec S. M. l'Empereur et Roi, daté du 31 janvier 1810 ».

3986. — DÉCISIONS (1).

Paris, 1er février 1810.

On prend les ordres de Sa Majesté sur une demande de fonds de M. le général Chambarlhiac pour la continuation des ouvrages de fortification de Passau en 1810.	Il ne doit plus rien être dépensé pour mon compte à Passau à dater du 1er janvier 1910.
On rend compte à Sa Majesté que deux des députés des îles Ioniennes, lors de leur retour à Corfou, ont perdu la totalité de leurs effets et argent. On demande à Sa Majesté si Elle ne juge pas à propos d'autoriser le remplacement de ces pertes, qui forment pour chacun des deux députés une somme de 6.000 francs.	Approuvé.
On propose à Sa Majesté d'accorder une somme de 5.250 francs pour indemnité de la perte de 15 chevaux, éprouvée à l'armée du Nord par des officiers, sous-officiers et gendarmes, par suite de marches forcées, lors de l'apparition des Anglais sur les côtes.	Approuvé.
Proposition d'approuver la révocation de l'ordre qui avait été donné au général de division Le Marois, qui est malade, d'aller prendre le commandement de la division d'arrière-garde d'Orléans.	Accordé.
Le général de brigade Schiner désirerait être employé dans l'intérieur. On demande les ordres de Sa Majesté sur la proposition qu'en fait le maréchal prince d'Essling.	Approuvé.
Le général de division du Muy, qui commande la 8e division militaire, demande un congé.	Accordé.

(1) Non signées; extraites du « Travail du ministre de la guerre avec S. M. l'Empereur et Roi, daté du 31 janvier 1810 ».

On soumet à Sa Majesté la demande du général de division Sahuc, qui désire obtenir une prolongation de congé pour se rétablir de sa blessure.	Accordé.
On soumet à Sa Majesté la demande d'un congé de convalescence de deux mois avec appointements formée par S. A. I. le prince vice-roi d'Italie en faveur de M. Billard, colonel du 29e régiment d'infanterie de ligne, pour aller dans ses foyers rétablir sa santé.	Accordé. Faire venir le major à sa place.
S. M. le roi des Deux-Siciles désire que M. Bauffremont fils soit autorisé à passer à son service.	Accordé.
Le nommé Joseph Diesbach, Français, convaincu de désertion de la légion hanovrienne, a été condamné aux travaux publics. Le commandant d'armes de La Rochelle, considérant qu'en exécution du décret du 21 décembre 1808 cet homme aurait dû être condamné à mort, a fait surseoir à l'exécution de ce jugement. Sa Majesté est priée de lever ce sursis et de faire exécuter le jugement tel qu'il a été rendu, sauf à prescrire aux conseils de guerre spéciaux de se conformer, à l'avenir et en pareil cas, au décret du 21 décembre 1808.	Approuvé.

3987. — DECISION (1).

Paris, 1er février 1810.

396 sous-officiers et soldats du 53e régiment, faits prisonniers dans	Approuvé.
	NAPOLÉON.

(1) Extraite du « Travail du ministre directeur de l'administration de la guerre avec S. M. l'Empereur et Roi, daté du 31 janvier 1810 ».

le Tyrol en novembre 1809, venant de rentrer au dépôt de ce corps dans le plus grand dénuement, on a l'honneur de proposer à Sa Majesté d'accorder à ce corps un secours extraordinaire de 19.708 francs pour un équipement neuf.

3988. — DÉCISION.

Paris, 2 février 1810.

Le général Hédouville a fait mettre à la disposition de l'ordonnateur du 8e corps 12.000 paires de souliers prises parmi celles que le 1er bataillon provisoire des équipages a laissées à Bayonne, faute de chevaux pour les emporter.

Approuvé cette mesure.

NAPOLÉON.

3989. — NOTE DICTÉE PAR SA MAJESTÉ DANS LA SÉANCE DU CONSEIL D'ADMINISTRATION DU 2 FEVRIER 1810.

Il y aura jeudi prochain un conseil d'administration où seront appelés les ministres de la guerre, de l'administration de la guerre et du Trésor public et les conseillers d'Etat Gau et Daru.

Ce conseil aura pour objet:

1° De régler le budget de la guerre et de l'administration de la guerre pour 1810 ;

2° D'établir le budget de l'armée d'Allemagne, qui se divisera en budget de janvier, février et mars, et en budget des trois autres trimestres, conformément aux bases qui ont été données à M. le comte Daru ;

3° D'établir le budget de la guerre et de l'administration de la guerre en Italie, en Illyrie, à Rome, à Corfou et dans les 27e, 28e et 29e divisions militaires, de manière que ce budget n'excède pas :

Pour l'Illyrie. . . . . 10.000.000 francs.
Pour l'Italie. . . . . 26.000.000 —

1 million sera pris pour tenir lieu à la France de l'habillement et 3 millions seront

A reporter. . . . . 36.000.000 francs.

Report.	36.000.000	francs.
envoyés à Corfou : ce qui complétera l'emploi des 30.000.000 de l'Italie.	4.000.000	—
Pour Rome.	3.000.000	—
Somme égale aux recettes :		
Pour les 27e, 28e, 29e divisions.	14.000.000	—
Ces divisions fourniront en outre, pour Corfou.	3.000.000	—
TOTAL.	60.000.000	francs.

3990. — AU MARÉCHAL BERTHIER.

Paris, 4 février 1810.

Mon Cousin, il sera formé un bataillon de marche de 1.500 hommes, des hommes qui sont disponibles au dépôt de la légion de la Vistule à Sedan, et un escadron de 200 lanciers. Tout cela se dirigera sur Orléans pour faire partie de la division d'arrière-garde.

NAPOLÉON.

3991. — AU GÉNÉRAL LACUÉE.

Paris, 4 février 1810.

Monsieur le comte de Cessac, on m'instruit qu'il y a 1.500 hommes du régiment de la Vistule au dépôt de Sedan qui ne peuvent partir faute d'habits. Faites-les habiller, pour qu'ils puissent se rendre sans délai à Orléans et se réunir à la division d'arrière-garde.

NAPOLÉON.

3992. — DÉCISION.

Paris, 5 février 1810.

Le maréchal Berthier rend compte qu'un détachement de 275 gendarmes, venant de l'armée d'Allemagne, doit arriver le 7 février à Bayonne.

Diriger cette gendarmerie sur Vitoria.

NAPOLÉON.

3993. — DÉCISION.

Paris, 5 février 1810.

Le maréchal Berthier rend compte à l'Empereur que le 43e bataillon de la flottille sera arrivé le 13 à Bordeaux, que le 44e bataillon arrivera le 12 à Orléans.

Mon intention est que ces deux bataillons soient sous les ordres du colonel Baste ; qu'on laisse reposer deux jours à Bordeaux le bataillon qui y arrive et qu'on le dirige ensuite sur Saint-Sébastien, également le bataillon qui arrive d'Allemagne.

NAPOLÉON.

3994. — DÉCISION.

Paris, 5 février 1810.

Dispositions concertées entre le général Travot, commandant la 13e division militaire, et le directeur des douanes du département du Morbihan, en vue de prévenir les tentatives de l'escadre anglaise contre le convoi rassemblé à Locmariaquer.

Approuvé.

NAPOLÉON.

3995. — DÉCISION (1).

Paris, 5 février 1810.

Le général Bronikowski, qui commande la 2e légion de la Vistule, demande à prendre rang parmi les généraux français.

En supposant que ce général dût passer au service de France, le ministre propose à Sa Majesté de ne le classer que parmi les généraux de brigade.

Consulter là-dessus cet officier sur ce qu'il désire.

(1) Non signée; extraite du « Travail du ministre de la guerre avec S. M. l'Empereur et Roi, daté du 31 janvier 1810 ».

3996. — DÉCISION.

Paris, 5 février 1810.

Le prince d'Eckmühl demande des instructions sur la conduite à tenir à l'égard d'officiers prussiens et autrichiens, mis sous la surveillance de la police dans la province de Bayreuth.

Comme cette province va bientôt passer à la Bavière, renvoyer cela à M. de Montgelas.

NAPOLÉON.

3997. — AU GÉNÉRAL CLARKE (1).

Paris, 6 février 1810.

Monsieur le duc de Feltre, donnez l'ordre au régiment de lanciers du grand-duché de Berg de partir demain de Versailles pour se rendre à Rennes, où il restera jusqu'à nouvel ordre.

Faites-lui faire une marche raisonnable.

3998. — AU MARÉCHAL BERTHIER.

Paris, 7 février 1810.

Mon Cousin, je vous ai fait connaître que le général Solignac devait faire partie du 8e corps et le général... (2) du 6e. Je crois vous avoir fait connaître également que mon intention était que le général Dufour continuât sa marche et concentrât ses quatre régiments de marche et ses six bataillons auxiliaires sur Vitoria. Vous avez dû recevoir aussi l'ordre de faire partir pour Saint-Sébastien les deux bataillons de marins, sous les ordres du colonel Baste.

Envoyez ces officiers pour vous rapporter la situation de la division d'arrière-garde qui se forme à Orléans, en infanterie, cavalerie, artillerie et administrations.

NAPOLÉON.

3999. — NOTE DICTÉE PAR SA MAJESTÉ LE 7 FÉVRIER 1810 (3).

Il faut voir avec M. Mollien qui doit me porter demain l'état de mes affaires.

(1) Non signé, copie conforme.
(2) Le nom est resté en blanc.
(3) Non signée.

Il paraît que le budget de l'armée du Rhin se trouve terminé à 54 millions.

Il me reste devoir 8 millions pour solder la Grande Armée. Il faut prendre l'état du payeur au 1er janvier et mettre cela en équation et la caisse de M. La Bouillerie.

Voir ce qu'ils ont fait pour janvier, légaliser ce qu'ils ont fait et leur accorder les fonds de février et mars.

Mon intention est de leur accorder 3 millions par mois, outre les revenus du pays.

J'entends que les fonds soient versés dans la caisse du payeur.

On en tirera le plus possible.

Je décide que le ministre du Trésor public leur versera cet argent.

Me faire connaître ce qui me reviendra de la vente des magasins.

Le payeur a des effets de Pologne qui ne lui servent de rien ; les verser à la Caisse générale.

Il faudra que je mette sous l'inspection des deux ministres l'argent qui sera versé dans la caisse de l'armée du Rhin, comme dépenses extraordinaires du Trésor public sur les ordonnances des deux ministres qui arrêtent les dépenses, si l'armée venait à diminuer.

Prendre des mesures d'économie et fixer la valeur de la ration à la manière prussienne, 20 sols le fourrage, même en Westphalie ; par ce moyen ils dépenseront les revenus du pays.

Quant au soldat, selon la mode d'Allemagne, il faut le plus possible mettre le soldat chez le paysan, en payant une indemnité, comme en Bavière.

4000. — DÉCISIONS (1).

On propose à Sa Majesté de nommer à l'emploi de major du 5e régiment de hussards le sieur Hollosy, chef d'escadron au 3e régiment de même arme.	Rejeté, proposer un autre sujet.
On soumet à Sa Majesté la demande que fait l'archevêque de Besançon pour qu'un aumônier soit attaché à la citadelle de Besançon.	L'Empereur a ajourné cette demande.

(1) Sans signature ni date; extraites du « Travail du ministre de la guerre avec S. M. l'Empereur et Roi, daté du 7 février 1810 ».

4001. — DÉCISIONS (1).

On rend compte que des négociants français ont proposé au ministère espagnol une soumission pour la fourniture à l'armée d'Espagne des vivres-viande et de l'eau-de-vie, qui seraient tirés de France. On prie Sa Majesté de vouloir bien faire connaître ses intentions à cet égard.	Approuvé.
On expose à Sa Majesté le besoin d'un décret pour la suppression de la masse des fourrages en Italie, et pour faire assurer le service par les soins du gouvernement italien, au prix moyen d'un franc par ration.	En écrire au vice-roi.

4002. — NOTE DE NAPOLÉON POUR LE MINISTRE DIRECTEUR DE L'ADMINISTRATION DE LA GUERRE (2).

SÉANCE DU 7 FÉVRIER 1810.

Il y a trop de chevaux dans les dépôts d'Italie. Cela vient de ce qu'on n'a pas retiré de chevaux d'au delà des Alpes. Sa Majesté verrait avec peine des chevaux repasser les Alpes. La mesure qu'il conviendrait de prendre consisterait à vendre les chevaux, argent comptant, au royaume d'Italie et au roi de Naples qui contremanderaient les remontes qu'ils font faire en Allemagne. Ces chevaux resteraient ainsi pour le service. Sa Majesté désire que le ministre écrive, à ce sujet, au roi de Naples et au vice-roi.

4003. — AU MARÉCHAL BERTHIER.

Paris, 8 février 1810.

Mon Cousin, donnez l'ordre à la brigade de dragons que com-

(1) Sans signature ni date; extraites du « Travail du ministre directeur de l'administration de la guerre et S. M. l'Empereur et Roi, daté du 7 février 1810 ».

(2) A cette note se trouve jointe une lettre d'envoi de Maret au ministre directeur de l'administration de la guerre, datée de Paris, 8 février 1810.

mande le général Gardane, composée des 4e et 5e régiments provisoires, qui est arrivée à Burgos, de se rendre à Valladolid, où elle sera dissoute ; les escadrons des 3e et 6e, 10e et 11e régiments de dragons rejoindront leur corps, ce qui portera la division du général Kellermann à près de 4.000 hommes. Donnez ordre au 11e régiment provisoire de dragons, qui est à Vitoria, de se diriger sur Madrid, d'où il sera envoyé au 2e corps et dissous ; ainsi, les 13e et 22e de dragons auront chacun leurs quatre escadrons. Par ce moyen, de douze régiments provisoires, les 11e et 12e et les 4e et 5e étant dissous, il ne restera plus que huit régiments, lesquels, formant plus de 6.000 hommes, feront partie du 8e corps. Donnez ordre au duc d'Abrantés d'occuper la plaine par cette cavalerie, de former des magasins et de poursuivre les brigands. Demandez-lui s'il n'y aurait pas moyen d'imposer 2 millions sur la province de Burgos pour subvenir à l'entretien de son corps d'armée.

NAPOLÉON.

4004. — AU MARÉCHAL BERTHIER.

Paris, 8 février 1810.

Mon Cousin, écrivez au général Roguet, qui commande la 1re division de ma garde à Vitoria, de placer sa cavalerie et son artillerie, de manière à les faire vivre abondamment, soit en les étendant au delà de Vitoria, soit en les mettant du côté de Logroño et autres points de l'Ebre.

NAPOLÉON.

4005. — AU MARECHAL BERTHIER.

Paris, 8 février 1810.

Mon Cousin, la division que commande le général Dufour, composée des 1er, 2e, 3e et 4e régiments de marche, se rendra de Tolosa à Pampelune, où le général Dufour établira son quartier général, maintiendra la tranquillité dans la Navarre, et percevra les contributions ordinaires et extraordinaires de la province pour subvenir à la solde et à l'entretien de sa division. Les six bataillons auxiliaires se réuniront à Vitoria, et, avant qu'ils soient arrivés, je ferai connaître leur destination ultérieure. Donnez des ordres en conséquence.

NAPOLÉON.

4006. — AU GÉNÉRAL CLARKE.

8 février 1810.

Monsieur le duc de Feltre, faites former un escadron de marche, de 450 chevaux, des quatre régiments de cuirassiers dont les dépôts sont à Turin. Cet escadron de marche se rendra à Perpignan, où il sera incorporé dans le 3e régiment de cuirassiers provisoire. Faites-moi un rapport sur ce régiment provisoire, et s'il ne serait pas à propos de faire former un 4e régiment de cuirassiers.

Donnez ordre que le dépôt du 24e de chasseurs, qui est en Italie, envoie 100 chevaux au 4e régiment qui est à Naples.

Donnez ordre que le dépôt du 15e de chasseurs fasse partir une compagnie de marche de 200 hommes montés pour Bayonne.

Donnez ordre que le dépôt du 24e de dragons fasse également partir pour Perpignan une compagnie de marche de 300 chevaux. Vous prescrirez que cette compagnie de marche emmène 50 chevaux de plus que d'hommes, pour en donner à ceux des deux régiments qui en manquent.

Vous me ferez connaître quand la compagnie de marche du 15e de chasseurs arrivera à Bayonne, et quand celle du 24e de dragons arrivera à Perpignan, d'où elle rejoindra son régiment.

NAPOLÉON.

4007. — AU GÉNÉRAL CLARKE.

8 février 1810.

Monsieur le duc de Feltre, je vous ai ordonné de faire partir 300 chevaux du dépôt du 24e de dragons, qui est à Lodi, pour Perpignan, d'où ils rejoindront leur régiment. Si ce dépôt n'a pas ce nombre de chevaux, faites-les fournir par les autres régiments et même des hommes montés, s'il est nécessaire, pour que ces 300 hommes puissent partir. Ainsi, il y a 700 chevaux de dragons disponibles dans les dépôts d'Italie ; il n'en restera que 400.

J'ai ordonné que le 15e de chasseurs envoyât 200 chevaux à son régiment et que le 24e de chasseurs en envoyât 100 au 4e de la même arme qui est à Naples. Envoyez encore à ce dernier régiment 100 chevaux du 3e, 100 du 19e, 100 du 23e et 100 du 25e, ce qui, avec les 100 du 24e, fera 500 chevaux et portera le 4e régiment à 1.260 chevaux. Il sera donc sorti des dépôts 300 chevaux de dragons, 500 des 5 régiments de chasseurs désignés ci-dessus, 200 du 15e de chasseurs et 450 de cuirassiers, total 1.450 chevaux. Il en restera encore trop; on peut en vendre 800 au vice-roi et 800 au roi de Naples. Il n'en restera alors que 1.400.

Donnez des ordres conformément à la présente lettre.

NAPOLÉON.

4008. — AU GÉNÉRAL CLARKE.

8 février 1810.

Monsieur le duc de Feltre, comme les lanciers polonais ont beaucoup d'hommes à Sedan et pas de chevaux, il faut leur faire donner des chevaux des régiments de chasseurs qui en ont trop.

NAPOLÉON.

4009. — DÉCISIONS (1).

8 février 1810.

On propose à Sa Majesté d'accorder une gratification de 300 francs par compagnie aux canonniers employés dans l'île de Sud-Beveland pour travaux extraordinaires de jour et de nuit.	Accordé.
Le roi de Westphalie demande de conserver pendant un an encore quatre sous-officiers d'ouvriers envoyés à Cassel.	Accordé.
On propose à Sa Majesté de nommer M. Heim à l'emploi de secrétaire du gouvernement général des provinces illyriennes.	Accordé.
Sa Majesté est priée de faire connaître si 136 conscrits, faisant partie du bataillon des gardes nationales du département de la Marne, peuvent entrer dans les régiments des gardes nationales de la garde, et si des conscrits servant dans d'autres bataillons pourraient aussi y être admis.	Accordé.

(1) Non signées; extraites du « Travail du ministre de la guerre avec S. M. l'Empereur et Roi, daté du 7 février 1810 ».

On propose d'exempter le père d'un vélite qui a été tué d'un boulet à la bataille d'Essling du payement de la somme de 122 fr. 22 qu'il redoit pour la pension de son fils.

Accordé.

Le général de division Durutte, employé à l'armée d'Italie, demande un congé de trois mois.

Accordé.

Le général de brigade Fiteau, qui commande la 1re brigade de la 2e division de cuirassiers, demande un congé de convalescence.

Accordé.

On propose à Sa Majesté de confier le commandement des régiments portugais qui sont en Allemagne au lieutenant général Gomes Freyre, qui a commandé par intérim la légion portugaise.

Accordé.

Sa Majesté est priée d'approuver le congé de convalescence de deux mois accordé au général de brigade Gency qui, pour cause de maladie, ne peut en ce moment se rendre au 8e corps de l'armée d'Espagne.

Accordé.

On propose à Sa Majesté d'accorder un congé de vingt-quatre jours au colonel Signy, commandant d'armes à Saint-Malo, pour venir à Paris terminer des affaires importantes pour ses intérêts.

Accordé.

S. M. C. a autorisé le sieur Beurmann, colonel au 17e régiment de dragons, à rentrer en France pour rétablir sa santé.

Sa Majesté est priée de lui accorder un congé de quatre mois avec appointements.

Le major d'Haubersart a ordre d'aller prendre le commandement des escadrons de guerre en l'absence de ce colonel.

Accordé, le major le remplacera.

On soumet à Sa Majesté une demande de congé de trois mois qu'adresse S. M. le roi de Naples en faveur du sieur Boulnois, colonel du 4e régiment de chasseurs.	Le major le remplacera.
Le capitaine Delamarre, aide de camp du général Launay, demande à passer au service de Westphalie. Le roi de Westphalie a donné son adhésion à ce changement.	Accordé.
S. M. le roi de Naples demande que le sieur Mayaud, lieutenant au 26e régiment de dragons, soit admis à passer à son service.	Accordé.
Le ministre de la police générale demande que le sieur Pereira, né au Brésil, venu en France pour étudier la médecine et qui s'est distingué par ses talents et sa conduite, puisse retourner dans sa patrie par les Etats-Unis.	Accordé.
Le général Seras, commandant la division d'arrière-garde de l'armée d'Espagne, demande la permission de se rendre à Paris et d'y passer vingt-quatre heures pour voir son frère malade et dans un état désespéré.	Accordé.
On propose à Sa Majesté de nommer aux deux emplois d'adjudants de cavalerie à l'école impériale de Saint-Germain MM. Colin, capitaine au 5e régiment de cuirassiers, et Saint-Privé, lieutenant aide de camp du général Clément.	Prendre des hommes blessés ne pouvant plus faire le service d'armée.

4010. — DÉCISION.

9 février 1810.

Le général Clarke propose d'accorder aux gardes forestiers et aux gardes champêtres, ayant fait le	Accordé. NAPOLÉON.

service de gendarmes pendant la descente des Anglais sur les côtes de l'Escaut, l'indemnité de découcher attribuée aux gendarmes par la loi du 28 germinal an VI.

4011. — DÉCISIONS (1).

9 février 1810.

Dans un précédent rapport, on a eu l'honneur de proposer à Sa Majesté de substituer la toile au cadis dans toutes les parties non apparentes de l'habillement et de lui indiquer les avantages de cette substitution. Sa Majesté a donné son approbation à cette mesure. On lui propose aujourd'hui une réduction des devis militaires en vigueur pour l'habillement de l'infanterie de ligne. Cette réduction procurera une économie de 8 fr. 06 par habit.	Approuvé. NAPOLÉON.
Votre Majesté ayant fait connaître que les troupes de l'armée d'Illyrie devaient, pendant 1810, être traitées sur un demi-pied de paix, j'ai l'honneur de lui proposer d'accorder, en remplacement des vivres de campagne, aux sous-officiers et soldats, la masse d'ordinaire sur le pied de 25 centimes, et aux lieutenants et sous-lieutenants, l'indemnité de 24 francs par mois.	Approuvé. NAPOLÉON.
J'ai l'honneur de mettre sous les yeux de Votre Majesté l'état des approvisionnements de siège fournis dans diverses places, en exécution des décrets des 10 et 11 avril 1809. Je pense que ces approvisionne-	Ils sont inutiles, les quérir sans délai. NAPOLÉON.

(1) Extraites du « Travail du ministre directeur de l'administration de la guerre avec S. M. l'Empereur et Roi, daté du 7 février 1810 ».

ments pourraient être diminués de moitié.

J'ai l'honneur de rendre compte à Votre Majesté que j'ai donné les ordres nécessaires pour faire délivrer des magasins de Bordeaux et de Bayonne deux paires de souliers par homme aux quatre régiments de marche organisés à Châteauroux, Limoges, Périgueux et Angoulême, et une paire à chacun des hommes composant les bataillons auxiliaires organisés à Versailles.

Je prie Votre Majesté de décider si ces effets sont donnés en gratification et si la distribution faite à Versailles ne doit pas faire réduire l'ordre donné pour les bataillons auxiliaires à Bayonne.

En gratification et une à Versailles.

NAPOLÉON.

Dans le mois d'août dernier, des détachements tirés des compagnies de la réserve et des gardes nationales ont été envoyés en poste par relais sur les bords de l'Escaut ; le transport en a été ordonné et organisé par les préfets. La dépense qui en est résultée est d'environ 400.000 francs et a été faite par quarante départements.

Je prie Votre Majesté de me faire connaître si cette dépense doit être supportée par l'administration de la guerre ou rester au compte des départements.

Au compte des départements.

NAPOLÉON.

Je prie Votre Majesté de vouloir bien prononcer sur la demande qui lui a été faite par mon prédécesseur, d'autoriser M. Bondurand, ordonnateur du 2e corps de l'armée d'Allemagne, à passer en la même qualité au 3e corps de l'armée d'Espagne.

Accordé.

NAPOLÉON.

4012. — DÉCISION (1).

10 février 1810.

Dispositions proposées pour assurer une fourniture de souliers au 8e corps de l'armée d'Espagne.

Approuvé.

NAPOLÉON.

4013. — PROCÈS-VERBAL DE LA SÉANCE DU CONSEIL D'ADMINISTRATION DE LA GUERRE, CONCERNANT L'ARTILLERIE, TENU PAR SA MAJESTÉ, LE 10 FÉVRIER 1810.

Sont présents :

Le ministre de la guerre ;
Les généraux Gassendi, conseiller d'État ;
Lauriston, aide de camp,
Et Lariboisière.

Le ministre de la guerre présente l'état général de l'armement des places et celui des batteries des côtes.

Sa Majesté fait les observations et prescrit les dispositions suivantes :

Il faut, en artillerie, partir de ce principe qu'on doit conserver les pièces irrégulières, lorsqu'elles sont bonnes; 1.000 boulets de leur calibre par pièce et 600 bombes par mortier ou obusier. Les pièces qui n'ont pas cet approvisionnement doivent être notées pour être fondues. Il faut apporter au prochain conseil un projet d'armement pour la place d'Anvers, dans lequel on distinguera les batteries pour défendre l'Escaut contre les vaisseaux, dont l'armement doit être en pièces de 36, ayant un grand approvisionnement d'obus de 6 pouces, et les batteries qui constituent l'armement particulier de la place, qui doivent être en bronze et sur affûts de place. Tout cet armement doit être prêt au mois d'avril.

Il faut proposer de tirer sur-le-champ 400 ou 500 affûts des places de la Flandre et de 3e ligne, et rendre tous les affûts qui appartiennent à la marine.

Il faut aussi faire un rapport sur les batteries de Flessingue, de Kadzand et de tout l'Escaut, afin que la situation de l'Escaut soit bien établie au 15 février.

(1) Extraite du « Travail du ministre directeur de l'administration de la guerre avec S. M. l'Empereur et Roi, daté du 14 février 1810 ».

Le comité de l'artillerie appellera auprès de lui un officier de marine pour le consulter sur cet objet.

Il faut bien distinguer quelle espèce de mortiers on emploiera à l'armement de l'Escaut. Il faut beaucoup de mortiers à plaque.

Sa Majesté désire qu'on lui rende compte, au prochain conseil, de la quantité d'affûts de côtes qui ont été construits depuis cinq ans, de l'emploi qu'on en a fait et du restant en magasin.

Il convient de proposer aussi dans le même conseil de diminuer le nombre de caissons dans la commande de cette année, et d'augmenter le nombre des affûts de côtes, de manière qu'on en construise 500 en 1810. Il convient aussi que le ministre fasse faire des inspections, afin de diviser les batteries de côtes en trois classes : 1° celles où il faut des affûts de côtes ; 2° celles où il faut des affûts marins ; 3° celles où on peut ne mettre qu'un garde-magasin et laisser servir la batterie par les habitants.

Le ministre présente l'état des armes portatives existantes.

Sa Majesté demande qu'on lui présente, au prochain conseil, un projet sur les bronzes et les armes étrangères de toute espèce qui sont en Allemagne, provenant soit de la dernière campagne, soit de la campagne de Prusse.

L'intérêt est de vendre à la Bavière et à la Saxe, pour la Pologne, tout ce qui doit et peut être vendu.

Le ministre présente le budget des recettes et des dépenses de l'artillerie en 1807.

Sa Majesté renvoie l'examen de ce budget et de tout le reste du travail à un conseil qui se tiendra samedi prochain et où seront présentés les divers travaux qu'Elle a demandés dans le présent conseil.

La séance est levée.

Pour expédition conforme :

Le ministre, secrétaire d'État,

DUC DE BASSANO.

4014. — AU MARÉCHAL BERTHIER.

Paris, 12 février 1810.

Mon Cousin, je désire que vous me remettiez demain un état général qui annule les derniers que vous m'avez remis, et qui contienne le mouvement jour par jour des corps qui sont en Espagne ou en marche pour l'Espagne, depuis le 1er février jusqu'au 15 mars.

NAPOLÉON.

4015. — AU MARÉCHAL BERTHIER.

Paris, 12 février 1810.

Mon Cousin, faites-moi connaître les ordres que j'ai donnés au 1er bataillon provisoire des équipages militaires et aux 10e et 11e bataillons, et où ils se trouvent aujourd'hui, afin que je puisse leur donner des ordres définitifs.

NAPOLÉON.

4016. — AU GÉNÉRAL CLARKE (1).

Paris, 12 février 1810.

Monsieur le duc de Feltre, je reçois votre lettre du 11.

Je désire que les trois premiers bataillons du 1er régiment de ligne se rendent à Naples pour renforcer l'armée de Naples.

J'approuve que les 4e et 5e bataillons du 1er légère se rendent à Alexandrie, et que le 4e bataillon du 14e légère se rende à Rome.

4017. — AU GÉNÉRAL CLARKE (2).

Paris, 12 février 1810.

Monsieur le duc de Feltre, je destine la division de Saint-Omer pour garder le camp de Boulogne, et le 2e corps pour garder les côtes de Normandie, de Bretagne et du Poitou.

J'attends le rapport que vous devez me faire sur la dissolution du 2e corps et les feuilles de mouvement des derniers mouvements que j'ai ordonnés en Allemagne.

Vous ordonnerez au général commandant la 13e division militaire de placer, sur les côtes du Morbihan, quelques détachements de lanciers du grand-duché de Berg.

4018. — AU GÉNÉRAL LACUÉE.

Paris, 12 février 1810.

Monsieur le comte de Cessac, prenez des mesures pour que les Polonais qui sont au dépôt de Sedan aient des habits et puissent partir le plus tôt possible pour l'Espagne.

NAPOLÉON.

(1) Non signé, copie conforme.
(2) Non signé, copie conforme.

4019. — DÉCISION.

Paris, 13 février 1810.

Le maréchal Berthier rend compte que le duc d'Abrantès n'a pu trouver à Bayonne, pour son corps d'armée, qu'un approvisionnement de trente cartouches par homme, et qu'il a été obligé de laisser dans cette place sept pièces de canon, faute de chevaux pour les emmener.

Renvoyé au ministre de la guerre, pour savoir pourquoi il n'y a pas de cartouches à Bayonne et pourquoi on a manqué de chevaux pour emmener les pièces.

NAPOLÉON.

4020. — DÉCISION.

Paris, 13 février 1810.

Le maréchal Berthier propose de prendre dans le 11e bataillon des équipages militaires le demi-bataillon d'équipages que l'Empereur a prescrit d'attacher à la garde impériale.

J'ai déjà ordonné au major général de me faire connaître où sont le 1er bataillon provisoire et les 10e et 11e bataillons des équipages militaires, afin que je donne des ordres.

NAPOLÉON.

4021. — DÉCISIONS (1).

On rend compte à Sa Majesté que le 5e bataillon des équipages militaires a dû arriver le 11 de ce mois à Mayence et on la prie de vouloir bien faire connaître ses intentions sur la destination ultérieure de ce bataillon.

Qui lui a donné l'ordre de venir ? A quel corps appartenait-il ?

Le décret du 17 décembre dernier, qui rétablit le supplément d'étape sur l'ancien pied, contient quelques expressions susceptibles de donner lieu à des dépenses abusives.

Renvoyé au Conseil d'Etat.

(1) Sans signature ni date; extraites du « Travail du ministre directeur de l'administration de la guerre avec S. M. l'Empereur et Roi, daté du 14 février 1810 ».

L'époque fixée pour sa mise en exécution est trop rapprochée de sa date. On a l'honneur de proposer une nouvelle rédaction de ce décret et d'en fixer l'exécution au 1er avril.	
On propose à Sa Majesté de laisser aux corps de l'armée d'Allemagne la faculté de prendre ou refuser les souliers existants dans les magasins militaires et de fixer, en raison de la différence des qualités, le prix de ceux de ces souliers qui seront cédés aux corps.	A la disposition du ministre.
Les villes hanséatiques étant chargées de pourvoir à la dépense des troupes françaises sur leur territoire, on pense qu'il serait de l'intérêt du gouvernement de faire opérer la vente, au profit du Trésor, des denrées de l'approvisionnement des fourrages à Danzig, qui menacent avarie, et d'obliger le Sénat à les remplacer à ses frais et à les entretenir à la même hauteur.	Approuvé.
On propose à Sa Majesté d'approuver que le commissaire des guerre Hatot-Rosière et l'adjoint Naurath, fixés à Palmanova par décrets des 2 et 5 mars 1809, soient remis à la disposition du commissaire ordonnateur en chef en Italie.	Approuvé.

4022. — EXTRAIT DU PROCÈS-VERBAL DE LA SÉANCE DU CONSEIL D'ADMINISTRATION DE LA GUERRE, TENU PAR SA MAJESTÉ, LE 14 FÉVRIER 1810 (1).

Le ministre des finances présente les états des exercices 1806 et 1807.

(1) Non signé.

Sa Majesté renvoie ce travail à mercredi prochain.

Elle désire que le ministre du Trésor et de l'administration de la guerre se réunissent en conseil chez le ministre des finances, pour éclaircir et régler tout ce qui concerne l'affaire de 4 millions, qui se trouvent en excédent pour le service de l'habillement en 1806, sur les payements faits par le Trésor et les sommes ordonnancées par le ministre de l'administration de la guerre. Seront appelés à ce conseil le sieur Jehannot, payeur général de la guerre, et le sieur Julien, qui a été chargé du bureau de l'habillement sous le ministère de M. le comte Dejean.

4023. — DÉCISION (1).

M. le duc de Raguse demande le grade de général de brigade en faveur de M. l'adjudant commandant Delort qui remplit les fonctions de chef d'état-major du 11e corps.

L'Empereur a ajourné cette demande.

4024. — DÉCISION.

15 février 1810.

Dispositions proposées par le général Clarke pour remonter le 4e régiment de chasseurs.

Il faut laisser le 4e escadron et le dépôt du 4e de chasseurs à Naples.

NAPOLÉON.

4025. — AU MARÉCHAL BERTHIER.

Paris, 15 février 1810.

Mon Cousin, je n'approuve pas qu'on change l'organisation des escadrons de gendarmerie. Ils se mettront en marche aussitôt qu'ils seront complétés à quelques hommes près. Les quatre premiers escadrons entreront dans la Biscaye et les quatre suivants dans la Navarre. Mon intention est qu'ils entrent en Espagne au 10 mars. Mandez au duc d'Abrantès de prendre avec lui le 1er bataillon provisoire des équipages militaires. Par ce moyen, le duc d'Abrantès aura 140 caissons du 10e bataillon et 140 du 1er provisoire, total

(1) Sans signature ni date; extraite du « Travail du ministre de la guerre avec S. M. l'Empereur et Roi, daté du 14 février 1810 ».

280 caissons. Recommandez-lui de les faire mettre en bon état, d'y établir une bonne organisation et de les tenir chargés de biscuit, soit de celui qu'il prendra à Bayonne, soit de celui qu'il prendra à Burgos. Il sera ainsi à même de suivre toute sorte d'opérations. Pressez le départ du 11e bataillon des équipages pour Bayonne, et faites-moi connaître quand il y arrivera. Écrivez au général Hédouville de garder à Bayonne les 51.000 paires de souliers qu'a laissées le 1er bataillon des équipages militaires. Elles serviront à approvisionner les troupes de passage.

NAPOLÉON.

4026. — DÉCISIONS (1).

Paris, 15 février 1810.

Sa Majesté est suppliée d'accorder à chacun des officiers supérieurs du génie appelés d'après ses ordres à Paris pour discuter les projets des places les plus importantes de l'empire, une indemnité de 1.000 francs pour les dépenses extraordinaires auxquelles les a obligés leur séjour à Paris.	Accordé.
Sa Majesté est priée de faire connaître si son intention est d'accorder au général de division Caulaincourt le congé de trois mois avec appointements dont il fait la demande.	Accordé.
Le général de division Lechi, qui a obtenu un congé de convalescence de trois mois, sollicite une prolongation.	Accordé.
On propose à Sa Majesté d'accorder un congé de trois mois avec appointements au colonel Blancard, commandant le 2e régiment de carabiniers.	Accordé.

(1) Non signées; extraites du « Travail du ministre de la guerre avec S. M. l'Empereur et Roi, daté du 14 février 1810 ».

M. Lambert, colonel du 23e régiment de chasseurs à cheval, à l'armée d'Allemagne, demande l'autorisation de revenir en France pour se marier.	Accordé.
Enlèvement d'une somme de 100.000 francs de la caisse du receveur principal payeur des îles Ioniennes pour être employée à des dépenses secrètes ordonnées par le ministre de la guerre.	Renvoyé au ministre de la guerre, pour prendre une mesure sur ces ordonnances pendantes au Trésor.

4027. — AU GÉNÉRAL CLARKE.

15 février 1810.

Monsieur le duc de Feltre, donnez l'ordre qu'à mon armée du Nord, et sur toute la côte, depuis Flessingue jusqu'à Rochefort, il soit fait une salve d'artillerie en l'honneur de l'entrée des Français à Séville et de la soumission de l'Andalousie.

Faites passer le *Moniteur* de demain à Calais, et chargez le commandant de mon armée, d'en envoyer plusieurs dizaines d'exemplaires en Angleterre.

NAPOLÉON.

4028. — DÉCISIONS (1).

15 février 1810.

On propose à Sa Majesté de décider qu'à partir du 1er janvier 1810, les officiers employés à l'armée d'Italie et dans la place de Gênes cesseront de jouir du supplément d'indemnité de logement.	Approuvé. NAPOLÉON.
Le maire de Flessingue a fait des pertes en effets de casernement estimées 3.302 fr. 62. Ces pertes ne sont pas justifiées par pièces et ne peuvent l'être. On prie Sa Majesté de faire connaître si son intention est d'accorder cette somme au maire de Flessingue.	Approuvé. NAPOLÉON.

(1) Extraites du « Travail du ministre directeur de l'administration de la guerre avec S. M. l'Empereur et Roi, daté du 14 février 1810 ».

4029. — DÉCISION.

Paris, 15 février 1810.

Le maréchal Davout étant autorisé à se rendre à Paris, le général Clarke demande à quel général ce maréchal devra remettre son commandement pendant son absence.

Au général Compans qui restera chef d'état-major et prendra le commandement.

NAPOLÉON.

4030. — DÉCISION.

18 février 1810.

Propositions d'avancement en faveur de deux capitaines et de trois sergents-majors qui se sont distingués au siège de Girone.

Accordé.

NAPOLÉON.

4031. — DÉCISION.

Paris, 18 février 1810.

Rapport du général Clarke au sujet de bataillons de garde nationale que le duc de Reggio propose de licencier.

Me faire connaître où sont les bataillons qu'on veut licencier, leur situation ; nommer ceux à licencier, et proposer un projet de décret où soit indiqué le jour de licenciement.

NAPOLÉON.

4032. — DÉCISION (1).

Paris, 18 février 1810.

On soumet à Sa Majesté un état de propositions et un projet de décret pour nommer à différents emplois vacants dans les régiments de troupes à cheval employés à l'armée d'Espagne et dans les 6e et 9e régiments provisoires de dragons

L'Empereur jugeant que les régiments provisoires doivent bientôt être au point où ils doivent subir leur incorporation, ordonne de faire un travail, afin d'éviter qu'il n'y ait un nombre

(1) Extraite du « Travail du ministre de la guerre avec S. M. l'Empereur et Roi, daté du 17 janvier 1810 ».

qui viennent d'être organisés par le général Pully.

trop considérable d'officiers excédant le complet aux escadrons de guerre des régiments primitifs après cette incorporation effectuée. Sa Majesté désire aussi qu'on place les officiers surnuméraires avant d'en créer de nouveaux ; cette disposition devra être communiquée à S. E. le ministre de la guerre qui arrêtera, s'il le juge opportun, d'après cette base, l'avancement des régiments provisoires, nonobstant la signature des décrets où des promotions pour ces régiments se trouvent comprises.

Par ordre de l'Empereur :
Comte DE LOBAU.

4033. — DÉCISIONS (1).

18 février 1810.

On propose à Sa Majesté :

De nommer à des emplois d'officiers vacants dans différents régiments d'infanterie qui font partie de divers corps d'armée et principalement de celle d'Espagne ;

Accordé. L'Empereur improuve la proposition à une sous-lieutenance au 5e légère du sieur Leroy qui n'est que fourrier; ce serait le favoriser que de l'admettre dans l'armée active comme sous-officier.

D'accorder à M. Henri Elliot une sous-lieutenance dans les chasseurs à cheval ; quatre de ses frères ont servi en France, trois sont morts au service, le dernier a été tué à la bataille d'Arcole, étant aide de camp de l'Empereur, qui a fait placer son buste dans la galerie de Fontainebleau.

Approuvé.

(1) Non signées; extraites du « Travail du ministre de la guerre avec S. M. l'Empereur et Roi, daté du 31 janvier 1810 ».

4034. — DÉCISIONS (1).

Paris, 18 février 1810.

On soumet à Sa Majesté un état de proposition à des emplois de tous grades vacants dans les régiments de troupes à cheval.

Approuvé.

NAPOLÉON.

L'état est approuvé, sauf ce qui est relatif aux régiments provisoires, et pour cela il convient de consulter la note sous le n° 1 (2). Les adjudants-majors doivent être désignés parmi les lieutenants ; on ne connaît pas les services de M. Bouvier d'Yvoire, qui doit servir comme lieutenant au 4e provisoire de dragons et être définitivement attaché dans ce grade au 6e de l'arme.

Comte de LOBAU.

On soumet à Sa Majesté la demande que fait le sieur Wasronval, capitaine des grenadiers du 3e régiment de la brigade de Berg, d'être employé à l'état-major du 8e corps de l'armée d'Espagne.

Accordé.

NAPOLÉON.

4035. — AU MARÉCHAL BERTHIER.

Paris, 19 février 1810.

Mon Cousin, donnez ordre au général Seras de partir le 25 d'Orléans avec le 4e régiment de la Vistule, fort de 2.200 hommes, deux bataillons du 113e, forts de 1.600 hommes et un escadron du 28e de chasseurs, fort de 300 hommes. Il se rendra à Tours, où il prendra le 5e régiment de marche d'infanterie, fort de 1.500 hommes. Vous y joindrez le 6e régiment de marche de cavalerie, qui se réunit à Saumur, le 7e régiment de marche de cavalerie et le nouveau régiment provisoire de dragons, qui se réunissent à Versailles, de ma-

(1) Extraites du « Travail du ministre de la guerre avec S. M. l'Empereur et Roi, daté du 7 février 1810 ».

(2) Il s'agit de la décision ci-dessus du 18 février, relative à l'avancement dans les régiments suisses.

nière à lui former une division de 7.000 à 8.000 hommes dont 2.000 environ de cavalerie. Le général Seras se rendra avec cette division à Poitiers, où il recevra de nouveaux ordres. Le régiment de marche de cavalerie qui arrive à Leganes et qui se réunit à Angoulême, et le 8e régiment de marche qui se réunit à Auch, feront partie de la 2e brigade. Nommez un général de brigade pour se rendre à Orléans et réunir cette 2e brigade.

NAPOLÉON.

4036. — AU MARECHAL BERTHIER.

Paris, 19 février 1810.

Mon Cousin, donnez l'ordre au 11e bataillon du train des équipages militaires de se rendre à Saragosse pour servir au 3e corps. Il prendra à Bayonne. les effets d'habillement qui sont destinés à ce corps.

NAPOLÉON.

4037. — AU MARECHAL BERTHIER.

Paris, 19 février 1810.

Mon Cousin, donnez ordre que les 1.000 chevaux d'artillerie qui arrivent le 28 à Bayonne et les 370 qui arrivent le 24, faisant près de 1.400 chevaux, se rendent à Saragosse, où ils seront aux ordres du général Suchet, pour le siège de Lerida. Ils attelleront la poudre et tout ce qui sera nécessaire pour ce siège, en ayant soin de ne prendre à Bayonne que tout ce que l'on ne pourra pas se procurer à Pampelune et à Saragosse. Ordonnez que tous les détachements des 3.000 chevaux qui arrivent d'Allemagne. prennent, en passant à Poitiers, des mulets pour se compléter. Ordonnez au général Lariboisière d'envoyer un officier d'artillerie pour diriger ce mouvement. Ecrivez au général Suchet pour lui donner avis de cela, et dites-lui qu'après la prise de Lerida ces chevaux lui serviront pour Tortose et Valence ; qu'il faut que, du 1er mars au 8, il ait investi Lerida ; que le duc de Castiglione est prévenu, pour qu'il se mette en communication avec lui.

NAPOLÉON.

4038. — DÉCISION

19 février 1810.

Le général Clarke propose de nommer major du 7e régiment d'artillerie à pied l'un des deux officiers supérieurs suivants : M. Chapelle, inspecteur de la manufacture d'armes à Maubeuge, ou M. Cotty, inspecteur de la manufacture d'armes à Turin.

Nommer M. Chapelle.

NAPOLÉON.

4039. — DÉCISION (1).

19 février 1810.

On soumet à Sa Majesté un état de proposition à des emplois de tous grades vacants dans les divers régiments d'infanterie.

Approuvé.

NAPOLÉON.

L'Empereur désire qu'on se conforme aux lois sur l'avancement dans les régiments suisses; des fourriers qui ne sont que caporaux y deviennent sous-lieutenant et passent sur le corps des sous-officiers ; des sous-officiers y deviennent lieutenants en second et froissent les intérêts des sous-lieutenants ; un lieutenant en second passe adjudant-major capitaine. Il conviendrait qu'il fût préalablement lieutenant en premier ou adjudant de place à Berne ou employé comme capitaine de 2e classe adjudant-major au 3e régiment.

Comte de LOBAU.

(1) Extraite du « Travail du ministre de la guerre avec S. M. l'Empereur et Roi, daté du 7 février 1810 ».

4040. — AU MARÉCHAL BERTHIER.

Paris, 20 février 1810.

Mon Cousin, vous enverrez un de vos aides de camp passer la revue de la division du général Seras, à Orléans, et prendre note de ce qui lui manque pour le lui faire fournir sans délai. Les corps de cette division, après avoir séjourné deux jours à Poitiers, continueront leur route sur Bordeaux. Donnez ordre au général Seras de vous envoyer un état de situation bien exact.

NAPOLÉON.

4041. — DÉCISION.

Rambouillet (1), février 1810.

Le général Clarke propose de former un escadron de marche avec les détachements tirés des dépôts des 4e, 6e, 7e et 8e régiments de cuirassiers, et il rend compte qu'avec le 3e provisoire de même arme, il serait possible de former un régiment.

Je n'ai déjà que trop de cadres ; je répugne à en former un nouveau. Le laisser en escadron provisoire.

NAPOLÉON.

4042. — DÉCISION (2).

On soumet à Sa Majesté une demande du général Drouet, comte d'Erlon, relative à plusieurs officiers de la division bavaroise dont il loue le zèle et le dévouement.

L'Empereur a renvoyé cette affaire à un autre moment.

4043. — AU GÉNÉRAL CLARKE.

Rambouillet, 22 février 1810.

Monsieur le duc de Feltre, donnez ordre que, lorsque le régiment de marche qui a été formé à Turin et qui va en Catalogne y sera arrivé, il y soit dissous, et que chaque détachement rejoigne son corps.

(1) Le rapport du général Clarke est du 21 février; il a été renvoyé aux bureaux avec la décision de l'Empereur, le 23.

(2) Sans signature ni date; extraite du « Travail du ministre de la guerre avec S. M. l'Empereur et Roi, daté du 21 février 1810 ».

Donnez ordre également que les escadrons de marche qui, du Piémont, vont en Catalogne, soient dissous à leur arrivée.

Parmi les régiments de marche de cavalerie qui font partie de l'arrière-garde de l'armée d'Espagne, il y a des détachements qui n'ont pas leur régiment en Espagne. Présentez-moi un projet pour transporter ceux de ces détachements dont les corps ne sont pas en Allemagne, dans les régiments qui sont en Espagne.

NAPOLÉON.

4044. — AU GÉNÉRAL CLARKE.

Rambouillet, 22 février 1810.

Monsieur le duc de Feltre, vous recevrez un décret que je viens de prendre pour licencier treize bataillons de gardes nationales de l'armée de Brabant.

Il n'en restera donc plus que huit.

Je désire que vous me fassiez un rapport sur ces treize bataillons pour voir le parti que j'ai à prendre.

Donnez ordre au duc de Reggio de placer ces bataillons de préférence en garnison à Bréda, Berg-op-Zoom et dans les places qui sont le plus près de la France.

NAPOLÉON.

4045. — AU GÉNÉRAL CLARKE.

24 février 1810.

Monsieur le duc de Feltre, donnez ordre au régiment de lanciers du grand-duché de Berg, qui est à Rennes, de se rendre à Pontivy, où il sera plus près de Brest et du Morbihan, pour s'y porter, si les circonstances l'exigent.

NAPOLÉON.

4046. — AU GÉNÉRAL CLARKE (1).

Paris, 24 février 1810.

Monsieur le duc de Feltre, envoyez à Poitiers un courrier porter l'ordre d'arrêter tout achat de mulets ; contremandez même et faites rendre, autant qu'on le pourra, sans blesser la justice, tous ceux qui auraient été achetés.

(1) Non signé, copie conforme.

Envoyez également partout des courriers pour que les transports militaires arrêtent les convois d'artillerie dans les points centraux près desquels ils se trouveraient. Il paraît que je n'ai plus besoin de ce grand mouvement sur le Midi.

Les charrettes mêmes, chargées de munitions, qui arrivent d'Allemagne, pourraient laisser ces munitions dans les endroits où elles se trouvent; j'en excepte cependant la poudre, qui est toujours nécessaire.

4047. — DÉCISION.

Paris, 24 février 1810.

La régence de Linz sollicite pour le commandant de la maison d'éducation des élèves du régiment de Chasteler, qui est encore à Salzburg, la permission de se rendre en Autriche avec les personnes qui composent cet établissement et les meubles et effets qui sont à leur convenance.

Leur accorder ce qu'ils demandent.

NAPOLÉON.

4048. — DÉCISION.

Paris, 24 février 1810.

Le général baron de Merville, commandant les troupes autrichiennes dans la Haute-Autriche, a demandé qu'il fût fait remise à son gouvernement des archives du commandement militaire de la Haute-Autriche qui ont été enlevées à Linz dans la campagne dernière et transportées à Strasbourg.

Renvoyé tout ce qui n'est relatif qu'à l'Autriche.

NAPOLÉON.

4049. — DÉCISION (1).

Paris, 24 février 1810.

Le sieur Garon, chirurgien sous-aide au 14e régiment d'infanterie

Accordé.

NAPOLÉON.

(1) Extraite du « Travail du ministre directeur de l'administration de la guerre avec S. M. l'Empereur et Roi, daté du 24 février 1810 ».

légère, demande l'autorisation de passer au service de S. M. le roi des Deux-Siciles.

4050. — DÉCISIONS (1).

On a l'honneur de rendre compte à Sa Majesté que le gouvernement bavarois a fait afficher la vente de l'approvisionnement de siège de Lindau.	Laisser faire.
On rend compte à Sa Majesté que, vu les plaintes portées sur la mauvaise qualité des chevaux fournis par les corps de cavalerie pour l'organisation des vingt escadrons de gendarmerie de l'armée d'Espagne, on a chargé le général Bourcier d'en passer la revue à l'effet de connaître la vérité et de découvrir les coupables.	Envoyer M. Préval.

4051. — AU GÉNÉRAL CLARKE (2).

Paris, 28 février 1810.

Monsieur le duc de Feltre, donnez l'ordre au général Colbert de placer un de ses régiments de cavalerie depuis Strasbourg jusqu'à Lunéville, pour servir d'escorte à l'impératrice ; l'état-major et la compagnie d'élite seront placés à Lunéville.

Le second de ces régiments sera placé depuis Lunéville jusqu'à Bar ; la compagnie d'élite et l'état-major seront à Nancy.

Enfin, le troisième de ses régiments sera placé depuis Bar jusqu'à Reims, sa compagnie d'élite et l'état-major à Châlons.

La garde impériale prendra le service à Reims.

---

(1) Sans signature ni date; extraites du « Travail du ministre directeur de l'administration de la guerre avec S. M. l'Empereur et Roi, daté du 24 février 1810 ».

(2) Non signé, copie conforme.

4052. — DÉCISION.

Paris, 28 février 1810.

Le maréchal Berthier demande l'autorisation d'envoyer à son dépôt à Landau le capitaine Saint-Léger, du 2e régiment irlandais, qui est dans la nécessité de quitter le service actif pour raison de santé.

Accordé.

NAPOLÉON.

4053. — DÉCISION.

Paris, 28 février 1810.

Le général de division Andréossy, président de la section de la guerre au Conseil d'Etat, rend compte à l'Empereur des contributions frappées par le général Loison en Espagne, des sommes que ce général a fait verser dans la caisse du payeur à Burgos ou dans la caisse de la trésorerie royale à Madrid et de celles qu'il a retenues pour les dépenses courantes de sa division.

Envoyez les ordres les plus positifs au général Loison que tout l'argent soit versé dans les caisses françaises. Je ne sais point ce que veut dire ce versement de fonds dans les mains d'un administrateur espagnol. Faire connaître au général Loison, qu'il doit s'attendre à rendre compte de toutes les contributions qu'il a levées, qu'il faut donc qu'il fasse verser toutes ces contributions dans la caisse du 6e corps.

NAPOLÉON.

4054. — DÉCISION.

Paris, 28 février 1810.

Rapport du maréchal Berthier au sujet du général de division Thiébault, qui sollicite un congé pour soigner sa santé.

Autorisé sa rentrée en France.

NAPOLÉON.

4055. — DÉCISION.

Paris, 28 février 1810.

Le général de division Andréossy, président de la section de

Approuvé.

NAPOLÉON.

la guerre au Conseil d'Etat, propose d'employer au 6e corps d'armée le général de brigade Maransin.

4056. — DÉCISION.

Paris, 28 février 1810.

Rapport du général Clarke relatif à la suspension des achats de mulets en Poitou. Instructions demandées au sujet de la destination à donner à 2.200 chevaux ou mulets qui se trouvent à Bayonne et à Bordeaux.

Il faut d'abord se servir de ces chevaux pour compléter l'artillerie du 8e corps à trente-six bouches à feu; il paraît qu'il n'en a que vingt.

NAPOLÉON.

4057. — DÉCISION.

Paris, 28 février 1810.

Le général Clarke propose de réformer les chevaux hors de service aux 15e dragons, 8e et 24e chasseurs.

Aucune espèce de doute qu'il faut sur-le-champ réformer tous les chevaux hors de service.

NAPOLÉON.

4058. — DÉCISION.

Paris, 28 février 1810.

Le général Clarke propose de transférer de Mayence à Turin le dépôt du 11e bataillon *bis* du train d'artillerie, employé en Illyrie.

Approuvé ; ne commencer le mouvement qu'au 20 mars.

NAPOLÉON.

4059. — DÉCISION.

Paris, 28 février 1810.

Le général Clarke propose de former deux bataillons à l'aide des prisonniers de guerre autrichiens originaires de Croatie qui se trouvent à Dôle et à Besançon, et de les diriger ensuite sur l'armée d'Illyrie pour les incorporer dans les bataillons de Croatie de cette armée.

Si ces hommes sont des régiments qui me sont restés, je ne vois pas d'inconvénient à les diriger sur l'armée d'Illyrie.

NAPOLÉON.

4060. — DÉCISION (1).

Le ministre pense qu'il serait infiniment préjudiciable aux intérêts du département de la guerre de céder les grands bâtiments du grand séminaire à Troyes qui ont été convertis en caserne et qui sont demandés par M. l'évêque pour les rendre à leur première destination, sauf à les remplacer, s'il y a lieu, par l'ancien couvent des Cordeliers.

Les ministres de la guerre et des cultes s'entendront pour terminer cette affaire.

4061. — DÉCISION (2).

On a l'honneur de proposer à Sa Majesté d'assimiler les infirmiers ordinaires des hôpitaux non incorporés à ceux des compagnies militairement organisées.

A la disposition du ministre.

4062. — AU MARÉCHAL BERTHIER.

Paris, 2 mars 1810.

Mon Cousin, donnez l'ordre à la brigade du général Lamartinière, forte de 5.000 hommes, de se rendre à Valladolid, où elle sera sous les ordres du général Kellermann, qui la réunira aux régiments suisses et aux autres détachements qui sont dans son commandement, ce qui lui fera 7.000 à 8.000 hommes d'infanterie. Donnez-lui l'ordre d'appuyer le général Bonet et de maintenir la tranquillité dans la Castille, ce qui laissera le duc d'Abrantès libre de se porter partout et sans crainte pour ses derrières. Donnez ordre que les six bataillons auxiliaires continuent leur route de Vitoria sur Burgos, et nommez, pour les commander, un général de brigade qui soit sur les lieux. Ces bataillons se discipineront et s'exerceront tout en servant au maintien de l'ordre et de la sûreté dans les Castilles ; ils se lieront avec Santander et se porteront

(1) Sans signature ni date; extraite du « Travail du ministre de la guerre avec S. M. l'Empereur et Roi, daté du 28 février 1810 ».

(2) Sans signature ni date; extraite du « Travail du ministre directeur de l'administration de la guerre avec S. M. l'Empereur et Roi, daté du 28 février 1810 ».

partout où leur présence serait nécessaire. Le général Seras, avec la division d'arrière-garde, continuera sa route et se rendra dans la Biscaye ; par ce moyen, le général Thouvenot aura à sa disposition une bonne division d'infanterie, les 43e et 44e bataillons de la flottille et quatre escadrons de gendarmerie, valant 800 à 900 hommes, ce qui est plus que suffisant pour mettre le pays à l'abri de toute inquiétude. Vous ferez connaître au duc d'Abrantès ces mouvements de troupes, pour qu'il puisse en disposer en cas d'événement extraordinaire.

NAPOLÉON.

4063. — DÉCISION.

Paris, 2 mars 1810.

Le général Clarke fait connaître à l'Empereur les motifs pour lesquels le 8e corps de l'armée d'Espagne a manqué de chevaux à Bayonne pour y atteler toute son artillerie.

Disposer des chevaux qui viennent en arrière, pour atteler les autres pièces.

NAPOLÉON.

4064. — DÉCISION (1).

2 mars 1810.

Renvoyé par ordre de l'Empereur au général Bertrand, pour voir si tout est en règle dans cette relation et planches de la bataille de Saint-Georges, et s'il n'y a des corrections à faire à celle de la bataille d'Arcole.

4065. — DÉCISION.

Paris, 2 mars 1810.

Le maréchal Berthier rend compte à l'Empereur que le détachement de 250 gendarmes, venu de l'armée d'Allemagne, est parti de Bayonne pour se rendre à Vitoria, et que le bataillon de Neuchâ-

Donner l'ordre à ces gendarmes de joindre le bataillon de Neuchâtel pour être là avec mes chevaux et mes bagages.

NAPOLÉON.

(1) De la main du baron Fain, se rapportant sans doute aux relations de campagnes rédigées au dépôt de la guerre.

tel, la compagnie des guides et la moitié des chevaux de Sa Majesté sont arrivés à Burgos.

4066. — DÉCISION.

Paris, 2 mars 1810.

Le général Cacault, qui devait commander une brigade de la division du général Dufour, se trouvant sans emploi par suite de la réduction de cette division, le général Andréossy propose de donner à ce général le commandement de la Vieille-Castille.	Approuvé. NAPOLÉON.

4067. — DÉCISIONS (1).

Paris, 4 mars 1810.

On propose à Sa Majesté de régler le traitement de l'intendant général des finances, du commissaire général de justice, du commandant de marine et du secrétaire du gouvernement des provinces illyriennes.	Approuvé.
M. le général de Maureillan, qui a commandé en Dalmatie, a avancé une somme de 10.056 francs, pendant le blocus de Zara, pour le service qui lui était confié. Sa Majesté est priée d'autoriser le remboursement de cette avance.	Accordé.
On propose à Sa Majesté d'accorder au sieur Simonet, commandant le fort Chapus, une indemnité de 200 francs pour le dédommager des dépenses extraordinaires auxquelles il est assujetti.	Accordé.

(1) Non signées; extraites du « Travail du ministre de la guerre avec S. M. l'Empereur et Roi, daté du 21 février 1810 ».

Sa Majesté est priée de décider s'il ne serait pas convenable de former à Paris ou à Versailles, de préférence à Rouen, le conseil de guerre qui doit juger le vice-amiral Villaret.	Accordé.
On met sous les yeux de Sa Majesté une demande en grâce faite par M. le général de Wedel, au service de Prusse, en faveur de M. H. de Wedel, son fils, officier de la bande de Schill et parent de M. le comte de Goltz, ministre des affaires étrangères de Prusse.	Refusé.
Proposition d'accorder une gratification à 147 hommes des compagnies de réserve des départements de la Mayenne, de la Sarthe, de l'Orne et d'Eure-et-Loir, qui ont été employés à réprimer la désertion dans ces départements.	Approuvé.
Le général de division Trelliard est disponible à Paris. Sa Majesté est priée de faire connaître ses intentions à l'égard de cet officier général.	L'envoyer au 8e corps. Le duc d'Abrantès, l'emploiera comme il jugera convenable.
On propose à Sa Majesté d'accorder au général du génie Chambarlhiac, commandant le génie à Passau, un congé de trois mois avec appointements.	Accordé.
Le maréchal prince d'Eckmühl annonce que le général de division Legrand désire obtenir un congé de trois mois.	Accordé.
On soumet à Sa Majesté la demande d'un congé de six mois faite par le général de division Pino, employé au 7e corps de l'armée d'Espagne.	Accordé.
Le général de brigade Dufour, employé à l'armée de Naples, de-	Refusé.

mande un congé de trois mois avec appointements. On demande les ordres de Sa Majesté.	
Le général de brigade Borrel, employé dans la 16e division militaire, demande un congé d'un mois avec appointements.	Accordé.
On propose à Sa Majesté d'accorder un congé de trois mois avec appointements au sieur Montmarie, colonel du 28e régiment de dragons, pour se rendre dans sa famille.	Accordé.
On rend compte à Sa Majesté du congé de deux mois accordé au sieur Crabbé, major du 14e régiment de chasseurs.	Accordé.
Un négociant anglais, prisonnier à Valenciennes, a l'esprit aliéné depuis deux ans. Ses compatriotes sollicitent son renvoi dans sa patrie.	Accordé.
On soumet à l'approbation de Sa Majesté la démission du sieur Jobal, lieutenant au 2e régiment de dragons, qui expose que sa mauvaise santé et sa faible constitution ne lui permettent plus de continuer à servir activement.	Accordé.
Le sieur Brun, adjudant sous-officier au 20e régiment d'infanterie de ligne, sollicite l'autorisation de quitter ce corps pour passer dans les troupes du roi des Deux-Siciles.	Accordé.
On rend compte à Sa Majesté que la cherté des vivres en Hollande y rend insuffisante la solde des troupes. Le ministre demande à Sa Majesté si son intention est que ces troupes soient payées d'après le tarif qui a toujours été en usage pré-	Comme en France. J'ai depuis ce temps beaucoup augmenté la solde en France.

cédemment pour la solde des troupes françaises.	
On rend compte à Sa Majesté d'une mesure prise en Hanovre, à la fin de l'an XII, par M. le prince de Ponte-Corvo, pour faire délivrer aux soldats les fonds provenant de la masse du pain de soupe. Le ministre représente que cette mesure, contraire à l'arrêté du 24 frimaire an XI, prive le Trésor public des bonifications qui en seraient résultées. Il propose néanmoins à Sa Majesté de ne point revenir sur cet objet, déjà ancien, mais de blâmer la conduite du prince de Ponte-Corvo dans cette circonstance.	Approuvé.
Le ministre de la guerre rend compte à l'Empereur d'un vol de 1.277 fr. 40, qui a été fait au 23e régiment d'infanterie légère, et propose à Sa Majesté d'en ordonner le remboursement.	Approuvé.

4068. — DÉCISIONS (1).

Paris, 4 mars 1810.

On propose à Sa Majesté d'accorder une indemnité de 750 francs au courrier Le Cocq, qui a perdu tous ses effets au mois de janvier 1807, en sauvant les dépêches de Sa Majesté.	Approuvé.
On propose à Sa Majesté d'accorder à M. Lawless, chef de bataillon, et à M. O'Reilly, lieutenant au bataillon irlandais, une somme de 1.455 francs pour les pertes qu'ils ont faites à Flessingue, lors de la capitulation de cette place.	Approuvé.

(1) Non signées; extraites du « Travail du ministre de la guerre avec S. M. l'Empereur et Roi, daté du 28 février 1810 ».

On soumet à Sa Majesté la demande de retraite faite par le général d'artillerie Hanicque, commandant l'artillerie du 3e corps d'armée en Allemagne.	Approuvé.
On propose à Sa Majesté d'employer dans la 20e division militaire le général de brigade Soyez ;	Approuvé.
D'accorder un congé au général de brigade Colbert, qui est à Strasbourg.	Accordé, après le passage de l'impératrice.
M. Langeron, colonel en second, commandant la 2e demi-brigade d'infanterie légère, sollicite un congé.	Accordé.
M. Bouge, colonel du 61e régiment d'infanterie de ligne, demande un congé de convalescence.	Accordé.
M. Delcambre, colonel du 23e régiment d'infanterie légère, demande un congé de deux mois.	Accordé.
M. Penne, colonel du 112e régiment, demande un congé de deux mois.	Accordé.
On propose à Sa Majesté d'accorder un congé de trois mois sans solde à M. Danlion, major du 37e régiment.	Accordé.
Le ministre a accordé un congé de deux mois avec appointements au major Jolly, du 29e régiment de dragons, pour se rendre dans sa famille et rétablir sa santé.	Accordé.
Sa Majesté est priée de faire connaître si Elle approuve que M. le général Bronikowski ait le commandement des chevau-légers de sa garde.	Accordé.
M. le duc de Frias sollicite, par ordre de son souverain, le renvoi en Espagne du capitaine espagnol	Accordé.

Fleury, dont le frère est au service de Sa Majesté catholique, et qui désire vivement y entrer lui-même.	
L'évêque de Casal demande que le lieutenant espagnol Puech, qui est d'origine française, puisse retourner en Espagne, où il sera à portée de servir utilement Sa Majesté catholique.	Accordé.
On soumet à Sa Majesté la pétition d'un ancien tambour, employé, à Düsseldorf, dans une fabrique d'imprimerie de coton, qui sollicite la faveur d'y jouir de sa solde de retraite.	Accordé.
Proposition d'accepter la démission du sous-lieutenant Muller, attaché à l'état-major de l'armee du Nord.	Accordé.
On propose à Sa Majesté d'autoriser le paiement, comme chef de bataillon, de M. de Malzewski, officier polonais, employé en cette qualité à l'état-major de M. le prince de Neuchâtel.	Accordé.
Le ministre prend les ordres de Sa Majesté sur la demande qui lui est faite par le général Vandamme de faire jouir le colonel Vincent, son premier aide de camp, du traitement du grade auquel il a été promu par décret impérial du 23 juillet.	Accordé.
Le ministre rend compte à l'Empereur qu'il a accordé au colonel Pinoteau une somme de 3.600 francs, à compte sur celle de 7.772 fr. 99 qui lui reviendrait pour traitement de réforme depuis le 29 messidor an X, époque de sa destitution, jusqu'au 10 janvier 1809, date de sa remise en activité à l'armée d'Espagne.	Puisqu'il a été destitué, il ne doit rien lui être payé ; si depuis je lui ai fait grâce, cela n'a rien de commun.

Sa Majesté est priée de faire connaître si Elle approuve que la somme de 4.172 fr. 99, complétant celle de 7772 fr. 99, soit également payée à cet officier supérieur, par exception aux règlements qui n'accordent pas un rapport de traitement de réforme de plus de trois ans.

Le colonel Vigier, qui est disponible, ayant demandé une destination, on propose à Sa Majesté de l'employer à l'état-major de l'armée de Catalogne.

Approuvé.

4069. — DÉCISION (1).

Paris, 4 mars 1810.

On propose à Sa Majesté d'accorder, à titre de secours, à Mme veuve Racine, la somme de 1.500 francs, montant de trois mois des appointements dont jouissait son mari, décédé directeur principal des hôpitaux militaires en Espagne.

Accordé.

NAPOLÉON.

4070. — DÉCISION.

Paris, 4 mars 1810.

Le général Clarke prie l'Empereur de mettre à sa disposition une somme de 7.896 francs, montant de la gratification à accorder aux sous-officiers et gendarmes de la 5e légion de gendarmerie, qui ont arrêté 658 déserteurs ou conscrits réfractaires.

A prendre sur les fonds divers du ministère.

NAPOLÉON.

---

(1) Extraite du « Travail du ministre directeur de l'administration de la guerre avec S. M. l'Empereur et Roi, daté du 28 février 1810 ».

4071. — DÉCISION.

Paris, 4 mars 1810.

Nouveau mode proposé par le général Clarke pour centraliser l'administration de la comptabilité des compagnies d'ouvriers d'artillerie.

Inutile.

NAPOLÉON.

4072. — DÉCISION.

Paris, 4 mars 1810.

Le général Clarke soumet à l'approbation de l'Empereur la mesure prise par le général Schaal, commandant la 26e division militaire, pour faire payer 3 sols par lieue aux gardes nationales en activité à Mayence, licenciées le 1er janvier, pour se rendre dans leurs foyers.

Suivre la loi.

NAPOLÉON.

4073. — DÉCISION.

Paris, 4 mars 1810.

Le général Clarke a donné au colonel Steenhaudt, colonel du 21e régiment de chasseurs, l'ordre de se rendre à Paris. Le major commandera le régiment à sa place.

Approuvé.

NAPOLÉON.

4074. — DÉCISION (1).

4 mars 1810.

On a l'honneur de proposer à Sa Majesté d'accorder à M. le comte Villemanzy, intendant général de l'armée d'Allemagne, un congé de six mois pour rétablir sa santé.

Accordé.

NAPOLÉON.

(1) Extraite du « Travail du ministre directeur de l'administration de la guerre avec S. M. l'Empereur et Roi, daté du 24 février 1810 ».

4075. — AU MARÉCHAL BERTHIER.

Paris, 5 mars 1810.

Mon Cousin, réitérez les ordres pour que toutes les marchandises coloniales saisies sur des bâtiments américains, dans les ports de Saint-Sébastien, de Bilbao, de Santander et autres ports d'Espagne, soient envoyées à Bayonne pour être vendues. Le produit en sera versé dans une caisse spéciale, et il en sera tenu compte. Je vous envoie une décision sur une question proposée par le général Thouvenot.

Répondez à ce général qu'il faut que l'argent soit versé dans la caisse des douanes à Bayonne, sans quoi les marchandises ne doivent point être délivrées.

NAPOLÉON.

4076. — DÉCISION.

Paris, 6 mars 1810.

Le général Clarke propose de faire rentrer à son corps, à Vérone, 11 hommes et 15 chevaux du 7e bataillon principal du train, détachés à Rome.	Approuvé.
Même demande concernant cinq hommes de la 15e compagnie d'ouvriers détachés à Alexandrie.	Approuvé.

NAPOLÉON.

4077. — DÉCISION.

Paris, 6 mars 1810.

Le prince Borghèse demande l'autorisation d'effectuer divers mouvements de troupes et changements de garnison en Piémont.	Distribuez ces troupes comme vous l'entendrez.

NAPOLÉON.

4078. — DÉCISION (1).

Paris, 7 mars 1810.

Proposition de réintégrer le sieur Madron, adjudant du génie, dans le grade de capitaine de cette arme.	L'Empereur n'a pas signé ce décret, mais il a approuvé cette réintégration.

(1) Non signée; extraite du « Travail du ministre de la guerre avec S. M. l'Empereur et Roi, daté du 14 février 1810 ».

4079. — DÉCISIONS (1).

Le général de brigade Seras demande que le sieur Barera, capitaine au régiment de La Tour d'Auvergne, soit employé en qualité d'adjoint à l'état-major de la 1re division d'arrière-garde.

On demande les ordres de Sa Majesté.

L'Empereur improuve cette passe et a décidé que M. Barera resterait employé où il est.

On soumet à Sa Majesté la demande d'avancement faite par M. le maréchal duc de Castiglione en faveur du capitaine Simonin, du 2e régiment d'artillerie à cheval; du maréchal des logis Delamare, du 2e régiment d'artillerie à cheval, et du maréchal des logis chef La Bonté, du 4e bataillon du train.

Approuvé. Faire le décret.

4080. — DÉCISIONS (2).

Le grand bailli de la République valaisane réclame le paiement de la somme de 13.684 fr. 90, pour frais de logements militaires fournis par les communes et les habitants du Valais aux troupes françaises stationnées ou de passage pendant les exercices 1806, 1807 et 1808.

A la disposition du ministre.

Sa Majesté a décidé, le 25 février 1809, que M. Joubert, ordonnateur en chef de l'armée d'Italie, jouirait de 2.000 francs par mois de frais de bureau pendant le cours de cette année.

Approuvé (3).

Cette indemnité paraissant sus-

(1) Sans signature ni date; extraites du « Travail du ministre de la guerre avec S. M. l'Empereur et Roi, daté du 7 mars 1810 ».

(2) Sans signature ni date, extraites du « Travail du ministre directeur de l'administration de la guerre avec S. M. l'Empereur et Roi, daté du 7 mars 1810 ».

(3) De la main de Maret, ainsi que la précédente.

ceptible de réduction pour l'exercice courant, on a l'honneur de proposer à Sa Majesté de la réduire à 1.500 francs par mois.

4081. — DÉCISIONS (1).

8 mars 1810.

On propose à Sa Majesté d'employer l'adjudant commandant Neraud à l'armée de Naples, en remplacement de l'adjudant commandant Millet, qui a été envoyé à l'armée d'Espagne;

Accordé.

De suspendre la retraite qui a été accordée, pour cause de blessures graves, au major Perquit, du 9e régiment de chasseurs.

Cet officier supérieur expose que, d'après plusieurs consultations de médecins et chirurgiens célèbres, il a lieu d'espérer pouvoir continuer un service actif.

Accordé.

Le capitaine Fouquier, admis à la retraite pour cause de blessures, se trouvant parfaitement guéri, demande à être remis en activité et à être employé en qualité d'adjoint à l'état-major du 2e corps de l'armée d'Espagne.

L'Empereur approuve ce qui est demandé en faveur du capitaine Fouquier.

Comte DE LOBAU.

On propose à Sa Majesté de nommer adjoint le sieur de Montbert, capitaine au régiment d'Isembourg, pour servir en cette qualité à l'état-major du 8e corps de l'armée d'Espagne.

L'Empereur a décidé que les officiers des corps étrangers devaient jusqu'à nouvel ordre rester et avancer dans ces régiments.

Comte DE LOBAU.

---

(1) Non signées, sauf trois; extraites du « Travail du ministre de la guerre avec S. M. l'Empereur et Roi, daté du 14 février 1810 ».

On met sous les yeux de Sa Majesté la demande que fait le sieur Ducolombier, capitaine au régiment de La Tour d'Auvergne, d'être employé en qualité d'adjoint à l'état-major de l'armée d'Espagne.

L'Empereur n'a point agréé cette proposition.

Comte DE LOBAU.

Sa Majesté veut que ces officiers restent jusqu'à nouvel ordre dans les régiments étrangers.

Les sieurs Solar de Villeneuve et Scarampi de Caïro, adjudants des palais de Turin et de Stupinigi, paraissent, à raison de leurs fonctions, devoir être autorisés à porter les décorations militaires.

Sa Majesté est priée de faire connaître si Elle veut les nommer lieutenants et les attacher à l'état-major de la 27e division militaire, où ils compteraient seulement pour mémoire.

Accordé.

4082. — DÉCISIONS (1).

Paris, 8 mars 1810.

On propose à Sa Majesté de vouloir bien autoriser, en faveur du général Rousseau, employé dans l'île de Kadzand, le paiement d'une somme de 2.180 francs dont il a fait l'avance à divers militaires blessés.

Approuvé.

On propose à Sa Majesté d'approuver le paiement d'une somme de 9.850 francs, réclamée par le directeur général des revues, pour des indemnités aux commissaires des guerres qui ont été chargés des fonctions de sous-inspecteurs aux revues pendant le 3e trimestre de l'an 1809.

Accordé.

(1) Non signées; extraites du « Travail du ministre de la guerre avec S. M. l'Empereur et Roi, daté du 7 mars 1810 ».

Le ministre demande en faveur des officiers de vétérans qui se sont rendus à l'armée du Nord le paiement d'une indemnité, pour les dédommager des pertes qu'ils ont faites.	Accordé.
Le général de division Beker, qui est disponible, est proposé pour le commandement des dépôts de cavalerie de l'armée d'Espagne, en remplacement du général Bourcier, rentré au Conseil d'Etat.	Ce général a été renvoyé de l'armée d'Allemagne comme malingre. Il est peu propre au service.
On propose à Sa Majesté d'employer le général de brigade Paillard dans la division d'arrière-garde, commandée par le général Séras.	Accordé.
On soumet à Sa Majesté une demande de prolongation de congé de deux mois faite par le général de brigade Grandeau.	Accordé.
Le général de brigade Ricard demande l'autorisation de prolonger son séjour à Paris pendant trois semaines. M. Boyer, premier chirurgien de Sa Majesté, certifie que cet officier général ne peut se mettre en route sans inconvénient.	Accordé.
On soumet à Sa Majesté la demande d'un congé de quatre mois que fait le colonel du 6e régiment de hussards, Vallin, blessé au bras droit.	Accordé.
Le colonel Duclos, commandant le 11e régiment de cuirassiers, demande un congé de deux à trois mois pour se rendre à Paris, où des affaires du plus grand intérêt exigent sa présence.	Accordé.
On propose à Sa Majesté d'accorder un congé de trois mois avec	Accordé.

appointements au colonel du génie Legrand, récemment désigné pour les fonctions de directeur des fortifications de Maëstricht.	
On soumet à Sa Majesté la demande de congé faite par le général de division Dallemagne, qui commande la 25e division militaire et que des affaires rappellent dans sa famille.	Accordé.
Deux chirurgiens anglais qui ont rendu des services aux blessés français en Espagne et deux vieillards infirmes de la même nation sollicitent leur renvoi dans leur patrie. Le gouvernement anglais a, de son côté, renvoyé plusieurs vieillards infirmes.	Accordé pour les deux chirurgiens.
Le lieutenant-colonel Falques et le lieutenant Fernandès, de la division espagnole du Nord, demandent à retourner à Madrid pour y entrer au service de leur souverain. Ils ont prêté serment de fidélité et se sont bien conduits.	Accordé.
On propose à Sa Majesté d'accorder une gratification de 200 francs au lieutenant de gendarmerie Folbohn, du département de la Sarre, qui s'est bien conduit lors des derniers événements qui ont eu lieu dans ce département.	Accordé.

4083. — DÉCISIONS (1).

8 mars 1810.

Explications sur les services de M. Poli, capitaine titulaire au ba-	Le remettre où il était. L'Empereur a décidé qu'on rendrait à

(1) Extraites du « Travail du ministre de la guerre avec S. M. l'Empereur et Roi, date du 21 février 1810 ».

taillon des chasseurs corses du Liamone, nommé provisoirement par le général commandant la 23e division militaire à l'emploi de chef de bataillon, commandant le 4e bataillon de chasseurs corses.

M. Poli le bataillon dont il avait précédemment le commandement, c'est-à-dire le 4e bataillon de chasseurs corses.

Comte DE LOBAU.

On propose de confirmer le sieur de Saint-Amans, lieutenant au 7e chasseurs, dans le grade de capitaine, auquel il a été promu à la revue de Sa Majesté le 19 septembre dernier.

L'Empereur confirme cet officier dans le grade de capitaine (1).

4084. — DÉCISION (2).

Paris, 8 mars 1810.

On a l'honneur de mettre sous les yeux de Sa Majesté les dispositions faites et celles à faire pour compléter l'habillement et l'équipement des deux légions de la Vistule.

Renvoyé au ministre pour faire que ces hommes soient le plus tôt possible disponibles.

NAPOLÉON.

4085. — DÉCISIONS (3).

Paris, 8 mars 1810.

M. le maréchal prince d'Eckmühl a fait délivrer en gratification aux corps sous ses ordres des effets formant le résidu d'un magasin autrichien à Brünn.

Comme ces effets sont de peu de valeur, on a l'honneur de proposer à Sa Majesté d'approuver cette disposition.

Approuvé.

NAPOLÉON.

1.700 prisonniers de guerre autrichiens, originaires de la Croatie, vont être organisés en bataillons à

Approuvé.

NAPOLÉON.

(1) Non signée.

(2) Extraite du « Travail du ministre directeur de l'administration de la guerre avec l'Empereur, du 28 février 1810 ».

(3) Extraites du « Travail du ministre directeur de l'administration de la guerre avec S. M. l'Empereur et Roi, daté du 7 mars 1810 ».

Dôle et à Besançon pour, de là, être dirigés sur les provinces illyriennes. On a pris des mesures pour fournir à chacun de ces hommes une capote, deux chemises et deux paires de souliers. On prie Sa Majesté d'approuver ces mesures et d'accorder pour cet objet un supplément au budget de 1810 d'une somme de 35.700 francs.	
M. le maréchal duc de Reggio demande l'établissement d'un service de poste militaire pour l'armée de Brabant.	Refusé. NAPOLÉON
On prie Sa Majesté de faire connaître si son intention est d'accorder en gratification une chemise et deux paires de souliers à trois compagnies du 5e bataillon auxiliaire en formation à Versailles, les 1er, 2e, 3e et 4e bataillons auxiliaires ayant déjà reçu une semblable gratification.	Accordé. NAPOLÉON.

4086. — AU MARÉCHAL BERTHIER.

Paris, 9 mars 1810.

Mon Cousin, envoyez un officier supérieur d'état-major passer la revue de la 2e brigade de l'arrière-garde, composée :

Du 6e régiment de marche d'infanterie ;

D'un 1er bataillon de marche de la Confédération rhénane, composé de 300 hommes de Nassau et de 200 hommes du prince primat ;

Du 2e bataillon du régiment prussien ;

Du 4e bataillon du régiment d'Isembourg,

Et d'un détachement de lanciers polonais.

Quant au noyau du bataillon auxiliaire, faites-le partir pour Tours, d'où l'on lui enverra, de Versailles, les hommes disponibles pour le former à 1.000 hommes. Aussitôt que j'aurai reçu l'état de situation des troupes composant cette brigade, par le retour de votre officier, j'ordonnerai leur mouvement. Envoyez un général de brigade prendre le commandement de cette brigade.

NAPOLÉON.

4087. — AU GÉNÉRAL CLARKE.

11 mars 1810.

Monsieur le duc de Feltre, l'état ci-joint prouve que le duc d'Abrantès a laissé 77 caissons à Bayonne. Il est nécessaire que vous affectiez des chevaux pour prendre ces caissons et les faire rejoindre, car il est important que l'artillerie du duc d'Abrantès soit complète et bien approvisionnée.

NAPOLÉON.

4088. — AU GÉNÉRAL CLARKE (1).

11 mars 1810.

Monsieur le duc de Feltre, faites-moi connaître les ordres qui ont été donnés au personnel et aux attelages d'artillerie, qui se rendent d'Allemagne en Espagne, où ils se trouvent et quels sont les derniers ordres qu'ils ont reçus.

4089. — AU GÉNÉRAL CLARKE (1).

Paris, 11 mars 1810.

Monsieur le duc de Feltre, j'ai reçu vos rapports avec le projet de décret pour licencier les gardes nationales. J'attends votre réponse à ma lettre du 2 mars, pour finir le tout ensemble.

4090. — AU GÉNÉRAL CLARKE (1).

Paris, 11 mars 1810.

Monsieur le duc de Feltre, j'attends votre rapport sur l'objet de ma lettre du 2 mars, afin de prescrire divers mouvements. Nous sommes au 11, il m'importe beaucoup d'avoir ce rapport au plus tôt.

(1) Copie certifiée.

4091. — DÉCISION.

Paris, 11 mars 1810.

Le général Clarke soumet à l'Empereur le procès-verbal de la démarcation des frontières autour de Cracovie.

Renvoyé au duc de Cadore pour me faire un rapport.

NAPOLÉON.

4092. — DÉCISION.

Paris, 11 mars 1810.

Le général Clarke propose de laisser à la charge des villes hanséatiques la nourriture des troupes de la division Molitor qui y sont détachées.

Cette division doit être à la charge des villes hanséatiques.

NAPOLÉON.

4093. — DÉCISION.

Paris, 14 mars 1810.

M. de Champagny propose de ratifier l'arrangement relatif à la démarcation de l'arrondissement de Cracovie.

Approuvé.

NAPOLÉON.

4094. — DÉCISIONS (1).

On rend compte à Sa Majesté des indemnités qui restent dues à divers habitants d'Alexandrie dépossédés par suite de l'exécution des travaux militaires ordonnés dans cette place et qui n'ont pas pu être dédommagés par voie d'échange, à raison de ce qu'il n'y a plus de domaines nationaux disponibles dans les départements au delà des Alpes et de la nécessité d'accorder un acompte d'un million.

Le total des indemnités qui restent à payer est de 1.965.203 fr. 48.

Renvoyé au ministre des finances.

(1) Sans signature ni date; extraites du « Travail du ministre de la guerre avec S. M. l'Empereur et Roi, daté du 14 mars 1810 ».

On propose à Sa Majesté d'admettre à la retraite le général de brigade Viala et de le remplacer, dans le commandement de la succursale des Invalides, à Louvain, par M. le général de brigade Viallanes.	Faire une autre proposition.

4095. — DÉCISION (1).

On propose à Sa Majesté de décider qu'à l'avenir il ne sera plus attaché d'inspecteur à l'hôpital militaire de Zara.	Approuvé (2).

4096. — AU GÉNÉRAL CLARKE.

15 mars 1810.

Monsieur le duc de Feltre, j'approuve que vous dirigiez les chevaux d'artillerie qui ont été retenus à Bordeaux, sur l'Espagne, puisqu'il paraît que Cadix résiste. Arrivés à Burgos, ces chevaux recevront des directions du général Sénarmont. Mon intention est qu'avant tout : 1° l'équipage de campagne des 6e et 8e corps soit complété; 2° que l'équipage de siège de Ciudad-Rodrigo et de Lérida soit organisé comme je l'ai ordonné. Le reste des chevaux sera dirigé sur Madrid, pour servir, soit pour le siège de Cadix, soit pour le siège de Badajoz.

NAPOLÉON.

4097. — AU GÉNÉRAL CLARKE.

15 mars 1810.

Monsieur le duc de Feltre, je vous envoie les décrets relatifs au licenciement des gardes nationales. Envoyez-les, par courriers extraordinaires, afin que cela se fasse sans délai. Donnez l'ordre aux deux bataillons du 5e léger de partir de l'endroit où ils se trouvent pour rejoindre leur régiment à Cherbourg.

NAPOLÉON.

(1) Sans signature ni date; extraite du « Travail du ministre directeur de l'administration de la guerre avec S. M. l'Empereur et Roi, daté du 14 mars 1810 ».
(2) De la main de Maret.

4098. — AU GÉNÉRAL CLARKE.

15 mars 1810.

Monsieur le duc de Feltre, faites-moi connaître quand le 7e bataillon auxiliaire, qui se réunit à Tours, sera prêt à partir.

NAPOLÉON.

4099. — DÉCISIONS (1).

Paris, 15 mars 1810.

Sa Majesté est priée de faire connaître ses intentions sur une demande de M. le préfet de la Vendée tendant à obtenir, en faveur du bureau de bienfaisance de la nouvelle ville de Napoléon, la cession de baraques qui y ont été établies pour le logement provisoire des troupes, mais qui ne sont plus utiles depuis la construction de la caserne.	Approuvé.
On renouvelle à Sa Majesté la proposition de nommer M. Bottu à l'emploi vacant de secrétaire général du commissaire impérial des îles Ioniennes. M. Bottu a été désigné à cette place par M. Lesseps, commissaire impérial.	Accordé.
On demande à Sa Majesté si, au moyen de la première mise qui a été payée aux officiers d'artillerie à cheval qui ont passé dans l'artillerie à pied de la garde, on doit se dispenser de leur payer une nouvelle première mise.	Cela est expliqué dans l'organisation de la garde.
On propose à Sa Majesté d'autoriser le paiement, sur les fonds du dépôt général de la guerre, d'une somme de 1.400 francs, qui a été	Accordé.

(1) Non signées; extraites du « Travail du ministre de la guerre avec S. M. l'Empereur et Roi, daté du 14 mars 1810 ».

enlevée à la Grande Armée au sieur Chaalons, chargé du matériel du service topographique de cette armée. M. Chaalons sert bien ; c'est un homme fidèle et discret qui a toujours été utile.	
On soumet à Sa Majesté la proposition de conserver au général de brigade Préval, nommé maître des requêtes, ainsi qu'aux autres officiers pourvus des mêmes fonctions, le traitement d'activité ordinaire de leur grade sur le pied de paix.	Accordé.
On soumet à Sa Majesté la demande d'un congé de quatre mois avec appointements faite par le général de division Baraguey d'Hilliers.	Accordé.
S. A. I. le vice-roi d'Italie demande qu'il soit accordé un congé de convalescense de trois mois au général de division Broussier et un congé de convalescence non déterminé au général de brigade Quétard.	Accordé.
Le général de brigade Albert, employé à l'armée d'Allemagne, demande un congé de plusieurs mois avec appointements.	Accordé.
Le général de brigade Bruno, employé à l'armée d'Allemagne, demande un congé de trois mois avec appointements.	Accordé.
On propose à Sa Majesté d'accorder au général de brigade Dejean, commandant d'armes à Marseille, un congé de deux mois avec appointements.	Accordé.
M. le comte Gambin, colonel du 84e régiment d'infanterie, demande une prolongation de congé de convalescence de trois mois.	Accordé.

On propose à Sa Majesté d'accorder un congé de deux mois au colonel Avice, du 29e régiment de dragons, qui n'en jouirait qu'après le retour du major en congé;	Accordé.
D'accorder un congé de quatre mois avec appointements au major Garavaque, du 10e régiment de dragons, pour rétablir sa santé.	Accordé.
On met sous les yeux de Sa Majesté l'état comparatif du complet de l'équipage des marins de sa garde avec l'effectif de ce même corps au 1er de ce mois, et on demande à Sa Majesté si l'on doit comprendre dans les revues de la garde les sous-officiers et marins revenus d'Espagne et qui forment un excédent au complet.	Oui.
L'adjudant commandant Millet, qui est employé à l'armée d'Espagne, demande l'autorisation de passer au service de S. M. le roi de Naples, qui désire le succès de sa demande.	Accordé.
Un colonel et un lieutenant espagnols sollicitent la faveur d'être renvoyés dans leur patrie, le premier à cause de son grand âge, et le second pour entrer au service de Sa Majesté catholique.	Accordé.
Le sieur O'Ryan, Irlandais, âgé de 64 ans, qui est depuis longtemps avec sa famille en France, demande à aller passer trois mois dans sa patrie pour des intérêts majeurs.	Accordé.
On propose à Sa Majesté de réformer sans appointements M. le capitaine du génie de Brichambeau, malade depuis longtemps, et qui a l'espoir, après sa guérison, de reprendre de l'activité.	Approuvé.

Le ministre rend compte à Sa Majesté que M. Villemanzy réclame le traitement d'intendant général des provinces réservées avec celui d'intendant général de l'armée pour les mois de novembre et décembre 1809.

Accordé.

4100. — DÉCISION.

Paris, 15 mars 1810.

Le général Clarke soumet à l'Empereur un projet de répartition de la cavalerie française dans les divisions militaires.

Renvoyé au ministre de l'administration de la guerre pour me faire connaître si cette répartition est économique, car c'est surtout ce qu'il faut considérer dans la répartition de la cavalerie.

NAPOLÉON.

4101. — DÉCISION.

Paris, 15 mars 1810.

Le général Donzelot, gouverneur général des îles Ioniennes, demande qu'il lui soit envoyé un détachement de mineurs.

Un officier et 10 bons mineurs seraient suffisants.

NAPOLÉON.

4102. — DÉCISION.

Paris, 15 mars 1810.

Rapport par lequel le général Clarke propose à l'Empereur plusieurs dispositions relatives à la réduction de l'artillerie en Allemagne et en Hollande.

Approuvé. Hormis également la création des deux directions qui ne peut se faire que par un décret spécial.

NAPOLÉON.

4103. — DÉCISION.

Paris, 15 mars 1810.

Le général Clarke soumet à l'Empereur un rapport relatif à l'orga-

Approuvé, hormis la création de deux directions qui doit être

sation du service du génie aux armées d'Allemagne et de Brabant, au 3e corps, à la division Molitor et aux divisions Puthod et Dessaix.

faite par décret spécial et qui ne peut avoir lieu sans décret.

NAPOLÉON.

4104. — DÉCISION (1).

15 mars 1810.

Le 6e régiment d'infanterie de ligne a fait, dans sa traversée d'Otrante à Corfou, une perte d'effets estimés 7.943 francs.

On propose à Sa Majesté d'accorder un secours de 6.000 francs à la masse d'habillement de ce régiment.

Accordé.

NAPOLÉON.

4105. — ORDRE.

Paris, 15 mars 1810.

Notre ministre de la guerre donnera les ordres ci-après :

I

ARMÉE D'ALLEMAGNE.

Le grand quartier général, les grandes administrations, les parcs généraux d'artillerie et du génie, et tout ce qui appartient à l'état-major général de la Grande Armée, sont dissous à dater du 1er avril prochain.

Les états-majors et administrations, et tout ce qui tient à l'organisation des 2e et 4e corps et de la réserve générale de cavalerie, sont dissous conformément aux dispositions prescrites par des décrets des 7 et 18 février dernier.

En conséquence, l'armée qui restera en Allemagne sous le commandement du prince d'Eckmühl sera composée de la manière suivante, savoir :

Etat-major général.

1 maréchal d'empire ;

1 général de division, chef d'état-major général ;

(1) Extraite du « Travail du ministre directeur de l'administration de la guerre avec S. M. l'Empereur et Roi, daté du 14 mars 1810 ».

2 adjudants commandants, dont 1 sous-chef de l'état-major ;
6 adjoints, dont 2 chefs de bataillon ;
1 colonel de gendarmerie grand prévôt ;
1 chef d'escadron commandant la gendarmerie ;
1 chef de bataillon vaguemestre général.

Etat-major de l'artillerie.

1 général de division commandant ;
1 général de brigade, chef d'état-major ;
4 capitaines adjoints.

Etat-major du génie.

1 général de brigade commandant ;
1 chef de bataillon, chef d'état-major ;
2 capitaines adjoints.

1 inspecteur aux revues ;
1 sous-inspecteur.

1re division d'infanterie, commandée par le général Morand, composée des 13e régiments d'infanterie légère, 17e, 30e, 57e et 61e régiments d'infanterie de ligne. Cette division sera cantonnée à Bayreuth jusqu'à nouvel ordre.

2e division d'infanterie, commandée par le général Friant, composée des 15e régiment d'infanterie légère, 33e, 48e, 108e et 111e régiments d'infanterie de ligne.

Cette division sera cantonnée du côté de Ratisbonne, de Nuremberg et de Straubing.

3e division d'infanterie, commandée par le général Gudin, composée des 7e régiment d'infanterie légère, 12e, 21e, 25e et 85e régiments d'infanterie de ligne.

Cette division restera cantonnée dans le royaume de Westphalie, et sera entretenue (solde et administration) par le roi de Westphalie.

Les trois bataillons portugais et les deux escadrons de chasseurs portugais Carcome-Lobo seront attachés à la division du général Friant.

Les bataillons des tirailleurs corses et du Pô feront le service du quartier général du prince d'Eckmühl.

La brigade de cavalerie légère du général Pajol est destinée à rentrer en France ; elle sera cantonnée autour d'Ulm et d'Augsburg, aussitôt que le prince d'Eckmühl n'en aura plus besoin du côté de l'Inn et aura fait la remise des nouvelles provinces au roi de Bavière.

La brigade de cavalerie légère du général Jacquinot, composée des 7e de hussards, 1er et 2e de chasseurs, qui se trouve, en ce moment, stationnée dans le royaume de Westphalie, restera en Allemagne, sous le commandement du prince d'Eckmühl.

La division de grosse cavalerie, commandée par le général Bruyère, composée des 1er et 2e régiments de carabiniers, 2e, 9e, 3e et 12e régiments de cuirassiers, restera cantonnée dans le pays de Hanovre, et sera nourrie, soldée et entretenue par le roi de Westphalie.

Parc d'artillerie.

Le parc d'artillerie sera composé de :

3 colonels, dont 1 directeur du parc;
6 chefs de bataillons ;
8 capitaines ;
12 compagnies d'artillerie à pied ;
3 compagnies d'artillerie à cheval ;
2 compagnies de pontonniers ;
1 compagnie d'ouvriers ;
19 compagnies du train d'artillerie avec 72 pièces d'artillerie approvisionnées.

Au total, 620 voitures attelées.

Le parc d'artillerie se rendra du côté de Bamberg.

Parc du génie.

Le parc de génie sera composé de :

4 capitaines ;
2 compagnies de sapeurs ;
1 compagnie de mineurs ;
1 compagnie du train, avec 24 caissons, chargés de 6.000 outils.

Au total, 35 voitures attelées.

La division, commandée par le général Molitor, composée des 16e, 37e et 67e régiments d'infanterie de ligne, du 23e régiment de chasseurs à cheval, d'une compagnie d'artillerie à pied, d'une compagnie d'artillerie à cheval, d'une compagnie de pontonniers, de trois compagnies du train, d'une compagnie de sapeurs, avec pièces d'artillerie approvisionnées, attelées, restera cantonnée, jusqu'à nouvel ordre, dans les villes hanséatiques. Cette division sera sous le commandement du prince d'Eckmühl.

Il y aura, dans les places de Magdeburg, de Passau, Danzig, Stettin, Küstrin et Glogau :

Artillerie.
- 1 colonel d'artillerie ;
- 5 chefs de bataillons ;
- 15 capitaines ;
- 14 compagnies d'artillerie à pied ;
- 2 compagnies du train.

Génie.
- 1 colonel ;
- 3 chefs de bataillons ;
- 2 capitaines.

D'après ces dispositions, tous les officiers généraux, supérieurs et autres, ainsi que le personnel et le matériel de l'artillerie et du génie, qui ne sont point conservés à l'armée du prince d'Eckmühl, rentreront en France et recevront les destinations indiquées dans les mémoires de proposition désignés sous les lettres A. B. C.

Toutes les autres troupes françaises évacueront également de suite l'Allemagne, savoir :

II

2e CORPS.

La 1re division, commandée par le général Tharreau, composée des 1re et 3e demi-brigades d'infanterie légère, 1re et 2e demi-brigades d'infanterie de ligne, se réunira dans les places de Mayence, Worms et Spire.

La 2e division, commandée par le général Dupas, composée des 2e et 5e demi-brigades d'infanterie légère, 6e, 7e et 8e demi-brigades d'infanterie de ligne, se réunira dans les places de Strasbourg, Schlestadt et Neuf-Brisach.

La 3e division, commandée par le général Grandjean, composée des 10e d'infanterie légère, 3e et 105e régiments d'infanterie de ligne, qui sont en ce moment à Strasbourg, Schlestadt et Neuf-Brisach, se réuniront à Metz.

Immédiatement après la réunion de ces trois divisions dans les positions indiquées, notre ministre de la guerre nous en fera le rapport, et nous soumettra des ordres pour décider la marche de ces trois divisions, savoir :

La 1re division du 2e corps, sur Tours ;
La 2e id. sur Orléans,
et la 3e id. sur Reims.

Et quand ces trois brigades seront arrivées à Tours, à Orléans et à Reims, notre ministre de la guerre nous en fera le rapport, et nous demandera nos ordres ultérieurs.

La brigade de cavalerie légère, commandée par le général Colbert, se rendra à Orléans. Lorsqu'elle y sera arrivée, le ministre de la guerre nous en rendra compte, et prendra nos ordres sur la destination à lui donner.

La 2e division de grosse cavalerie, commandée par le général Saint-Germain, restera jusqu'au 1er mai dans les cantonnements où elle se trouve. D'ici à ce temps, notre ministre de la guerre nous fera connaître si les dépôts des régiments qui composent cette division sont dans des lieux où les fourrages sont à bon marché, et, d'après ce rapport, nous statuerons sur la destination à donner à chacun de ces régiments.

La 3e division de grosse cavalerie, commandée par le grand-duc de Padoue, se rendra à Strasbourg à petites journées. Lorsqu'elle aura passé le Rhin, le ministre de la guerre prendra nos ordres sur sa destination ultérieure.

III

ARMÉES DU NORD ET DE BRABANT.

Les états-majors, les administrations, et tout ce qui tient à l'organisation des armées du Nord et de Brabant sont dissous, à dater du 5 avril prochain, pas avant.

Une brigade, composée du 2e d'infanterie de ligne, du 3e de chasseurs et de 4 pièces de canon, se rendra à Emden, sous les ordres du général de brigade Bordessoulle, et fera également partie du commandement du duc de Reggio. Cette brigade ne fait plus partie de la division Molitor.

La division Puthod, à laquelle se joint le 26e régiment d'infanterie légère et le 4e de ligne, ce qui portera cette division à cinq régiments, restera dans le Brabant, et sera sous les ordres du duc de Reggio, jusqu'au 1er mai, époque de la réunion après laquelle ce pays, comme division militaire, passera sous les ordres du général de division.

Le 5e régiment d'infanterie légère, qui fait, en ce moment, partie de la division du général Puthod, se rendra à Cherbourg pour y tenir garnison.

Toutes les gardes nationales employées aux armées du Nord et de Brabant seront licenciées au 1er d'avril prochain. En conséquence, les bataillons de l'Oise, des Ardennes, de l'Aisne, de la Marne, de la Moselle, du Loiret, de la Meurthe et de Seine-et-Marne, actuellement en garnison dans les places du Brabant, seront renvoyées dans leur département. Il ne restera en activité que la cohorte de gardes nationales du département de l'Escaut, qui continuera à faire le service dans l'île de Kadzand.

Les 13e et 14e régiments de chasseurs à cheval seront dirigés sur Aire et Saint-Omer, pour former une réserve de cavalerie au camp de Boulogne et être sous les ordres du général commandant le camp de Boulogne.

La 6e demi-brigade provisoire, composée de trois bataillons formés de détachements des 17e, 19e, 25e, 28e, 36e et 43e régiments d'infanterie de ligne, sera dirigée sur Boulogne, pour y demeurer sous le commandement du général Vandamme. Ainsi, le camp de Boulogne sera composé des 19e, 46e, 72e régiments de ligne, et de la 6e demi-brigade provisoire, formant ensemble un effectif d'environ 10.000 hommes.

Les bataillons de gardes nationales, qui sont, en ce moment, employés au camp de Boulogne, sont licenciés; et la cohorte de volontaires de la garde nationale de Paris, qui se trouve à Boulogne, sera dirigée sur l'île de Walcheren, pour y être incorporée dans la 18e demi brigade provisoire.

La 3e demi-brigade provisoire, composée des 5es bataillons des 32e, 58e, 121e et 122e régiments d'infanterie de ligne ;

La 4e demi-brigade provisoire, composée des 5es bataillons des 2e, 4e, 12e et 15e régiments d'infanterie légère,

Et la 7e demi-brigade provisoire, composée de trois bataillons formés de détachements des 44e, 46e, 50e, 51e, 55e et 75e régiments d'infanterie de ligne, seront dirigés sur Paris.

La 18e demi-brigade provisoire, composée du 4e bataillon du 13e d'infanterie légère, du 4e bataillon du 48e de ligne, du 5e bataillon du 65e et du 4e bataillon du 108e, sera employée dans l'île de Walcheren. Le 3e bataillon du 3e régiment suisse, qui fait actuellement partie de la 21e demi-brigade provisoire, sera attaché à la 18e demi-brigade ; il sera envoyé, à cet effet, dans l'île de Walcheren.

La 19e demi-brigade provisoire sera dissoute. En conséquence, le détachement du 4e régiment d'infanterie de ligne rejoindra son régiment à la division du général Puthod. Le détachement du 72e régiment d'infanterie de ligne rejoindra son régiment au camp de Boulogne, et les détachements des 12e, 14e, 34e, 54e et 88e régiments d'infanterie de ligne seront dirigés sur Tours, pour entrer dans la composition du 6e régiment de marche et du 7e bataillon auxiliaire.

La 21e demi-brigade provisoire sera dissoute, et les compagnies de réserve retourneront dans leurs départements respectifs.

Les places du Brabant seront organisées, comme étant réunies définitivement à l'Empire. En conséquence, les états-majors des places, les administrations, l'artillerie et le génie, y seront formés comme dans les autres places de l'Empire.

Le régiment provisoire de gendarmerie, actuellement employé aux armées du Nord et de Brabant, formera le front de la gendarmerie de Brabant.

Les gardes nationales en activité à Cherbourg et dans la 14e division militaire seront dissoutes immédiatement après l'arrivée du 5e régiment d'infanterie légère à Cherbourg.

NAPOLÉON.

4106. — DÉCISION.

16 mars 1810.

Le général Andréossy, président de la section de la guerre au Conseil d'Etat, propose de faire passer au 5e corps le général Bourgeat, commandant l'artillerie du 6e corps, qui demande son changement.

Approuvé.

NAPOLÉON.

4107. — AU MARÉCHAL BERTHIER.

Paris, 16 mars 1810.

Mon Cousin, écrivez au duc d'Abrantès qu'il donnera des ordres au général Kellermann pour tout ce qu'il aura à faire. Le général Gardane se rendra au corps du maréchal Ney, qui l'emploiera dans sa cavalerie. Le général Maransin, actuellement à Valladolid, sera employé au corps du duc d'Abrantès.

NAPOLÉON.

4108. — AU MARECHAL BERTHIER.

Paris, 16 mars 1810.

Mon Cousin, donnez ordre au 28e régiment de chasseurs, qui arrive vers le 20 mars à Bayonne, faisant partie de la division d'arrière-garde du général Séras, de continuer sa marche pour se rendre sous les ordres du général Bonet.

NAPOLÉON.

4109. — DÉCISIONS (1).

De graves malversations ont été commises aux hôpitaux militaires. Les prévenus sont arrêtés, mais des doutes s'élèvent sur le tribunal compétent pour les juger. On a l'honneur de proposer à Sa Majesté le renvoi de cette affaire au Conseil d'Etat, attendu qu'il s'agit de l'interprétation d'une loi.	Renvoyé au Conseil d'Etat (2).
Les approvisionnements en biscuit et salaisons des forts de Lillo, Liefkenshoek et la Perle, n'étant plus suceptibles de se conserver, on a ordonné qu'ils seraient mis en consommation. On prie Sa Majesté de faire connaître si ces approvisionnements seront remplacés.	Cela n'a rien de pressé.

4110. — AU MARECHAL BERTHIER.

Compiègne, 22 mars 1810.

Mon Cousin, concertez-vous avec le ministre de la guerre pour qu'un général de brigade soit nommé pour organiser et commander la 3e brigade de l'arrière-garde de l'armée d'Espagne, qui sera composée du 7e bataillon auxiliaire, qui est à Tours, du bataillon de marche de la Vistule, fort de 1.200 hommes, qui arrive le

(1) Sans signature ni date; extraites du « Travail du ministre directeur de l'administration de la guerre avec S. M. l'Empereur et Roi, daté du 20 mars 1810 ».

(2) De la main de Maret, ainsi que la suivante.

30 mars à Orléans, du détachement d'infanterie badoise, de 800 hommes, qui arrive le 20 à Orléans. On y joindra le 8e régiment de marche de cavalerie, qui est à Auch, et un nouveau régiment de cavalerie, qui est à Angoulême, composé de détachements des régiments qui sont en Espagne, ce qui fera près de 5.000 hommes.

Il est nécessaire que cette brigade puisse se mettre en marche les 1er et 3 avril, pour, de là, se rendre à Bayonne. Cette brigade marchera en deux colonnes. La 1re colonne, composée du 7e bataillon auxiliaire et du bataillon badois, pourra partir le 1er avril, et la seconde colonne le 3.

NAPOLÉON.

4111. — DÉCISIONS (1).

Compiègne, 22 mars 1810.

Sa Majesté est priée de vouloir bien faire connaître si, à raison des difficultés qu'on éprouve à recruter la gendarmerie d'élite par les gendarmes tirés des départements, elle approuve la démission d'un carabinier du 2e régiment et d'un dragon du 3e régiment.	Non.
On propose de confier les fonctions de chef d'état-major de l'armée de Naples au général de division Grenier qui est employé à l'armée d'Italie.	Approuvé.
Le général de division Chabot qui commande la 9e division militaire demande un congé de deux mois.	Accordé.
M. Pelleport, colonel du 18e régiment de ligne, demande un congé de deux mois avec appointements pour se rendre dans ses foyers.	Accordé.
Sa Majesté est priée de faire connaître ses intentions sur la de-	Accordé.

(1) Non signées; extraites du « Travail du ministre de la guerre avec S. M. l'Empereur et Roi, daté du 20 mars 1810 ».

mande du roi des Deux-Siciles, d'attacher à son service le capitaine Legrand, du 2e régiment d'artillerie à pied.	
Proposition d'attacher à l'école de Metz, comme instituteur en topographie, le sieur Maissiat, capitaine au corps des ingénieurs géographes, en l'autorisant à cumuler ses années actuelles de service avec celles qu'il prendra dans ses nouvelles fonctions.	Accordé.
Le général Brenier, renvoyé d'Angleterre, en échange du major général Abercromby, qui y était sur sa parole, a annoncé que Sa Majesté daignait consentir à la ratification de cet échange. Sa Majesté est priée de faire connaître ses intentions.	Accordé.
Le jeune médecin irlandais Russel, qui a terminé ses études en France et qui a épousé une Française dont il a trois enfants, demande à retourner avec sa famille dans sa patrie. Il a traduit un ouvrage de M. Pinel, sous ses yeux, et désire le faire publier. Les savants sous lesquels il a étudié s'intéressent à lui.	Accordé.
On propose à Sa Majesté d'accorder à M. Rouillé d'Orfeuil, ancien aide de camp du général La Salle, une indemnité de 500 francs pour le dédommager de la vente qui a été faite de ses effets et équipages.	Accordé.

4112. — AU GÉNÉRAL CLARKE.

22 mars 1810.

Monsieur le duc de Feltre, je vous renvoie votre projet de décret. J'applaudis à l'idée que vous avez de licencier les gardes nationales, afin d'économiser les bras, les hommes et l'argent; mais il faut, au préalable, être certain que le bataillon du 11e, que vous proposez d'envoyer à Montpellier, est effectivement de 700 hommes. Avant de licencier les gardes nationales, il faut être assuré d'avoir une force sur cette frontière.

NAPOLÉON.

4113. — AU GÉNÉRAL CLARKE.

22 mars 1810.

Monsieur le duc de Feltre, vous devez témoigner mon mécontentement au général Lariboisière de ce que des modèles d'artillerie ont été faits sans votre autorisation, pour être envoyés en pays étrangers.

Vous témoignerez également au duc d'Istrie mon mécontentement qu'il se soit permis cette infraction aux lois militaires.

Vous me ferez, là-dessus, un rapport, qui me fasse connaître quels sont ces modèles, et vous me proposerez un projet de décret en conséquence de votre opinion.

NAPOLÉON.

4114. — AU GÉNÉRAL CLARKE.

22 mars 1810.

Monsieur le duc de Feltre, je réponds à votre lettre du 16. Il est inutile que le 66e fournisse rien au 6e régiment de marche. Désormais, ne tirez rien des dépôts sans mon ordre et sans m'avoir fait un rapport.

NAPOLÉON.

4115. — DÉCISIONS (1).

Compiègne, 22 mars 1810.

Les douaniers, dans les villes hanséatiques et autres pays d'Allemagne, jouissent des fourrages. Cependant, le décret du 29 septembre 1809 ne leur accorde point expressément cette fourniture. Il paraît convenable, à l'instar même de ce qui se pratique pour la gendarmerie détachée aux armées, de faire rembourser cette fourniture par l'administration des douanes. On demande les ordres de Sa Majesté.

Approuvé.

NAPOLÉON.

Le chef de l'état-major général de l'armée de Brabant, le général Chambarlhac, et le général Rousseau représentent la nécessité de continuer les distributions de viande, de légumes secs et de sel aux troupes dans l'île de Kadzand, attendu que l'île n'offre aucune ressource.

Approuvé.

NAPOLÉON.

4116. — DÉCISION.

Compiègne, 22 mars 1810.

Le général Lacuée rend compte à l'Empereur qu'il a cru pouvoir décider qu'une indemnité de 1 franc serait accordée à chaque sous-officier et soldat de la garnison de Paris à l'occasion du mariage de Sa Majesté. Il demande si cette mesure doit être appliquée à la seule garnison de Paris.

Je pense effectivement qu'il serait convenable de donner ce jour-là une gratification à toute l'armée. Me faire connaître ce qu'il en coûterait.

NAPOLÉON.

(1) Extraites du « Travail du ministre directeur de l'administration de la guerre avec S. M. l'Empereur et Roi, daté du 20 mars 1810 ».

4117. — DÉCISION.

Compiègne, 24 mars 1810.

Le général Clarke propose de transférer d'Ivrée à Dôle le dépôt du 24e régiment de chasseurs qui sera ainsi plus rapproché des escadrons de guerre.

Je ne veux pas faire de déplacement avant d'avoir arrêté le travail général des dépôts de cavalerie. Cependant je consens que, d'Ivrée, ce dépôt se rende dans toute autre position de la 28e division.

NAPOLÉON.

4118. — DÉCISION.

Compiègne, 26 mars 1810.

Le général Clarke fait connaître à l'Empereur en quoi consistent les petits modèles d'artillerie arrêtés à la douane, et qui étaient envoyés au grand-duc Constantin de Russie par le maréchal Bessières. Le ministre demande si Sa Majesté autorise cette expédition.

Il propose, en outre, à l'Empereur un projet de décret portant défense de communiquer les plans, mémoires, dessins, constructions, etc., relatifs au service de l'artillerie.

Il n'y a pas besoin d'un décret de moi pour cela. Une circulaire du ministre est suffisante. Il est ridicule qu'on fasse rien dans les arsenaux sans l'ordre du ministre.

J'approuve du reste la sortie des objets d'artillerie que demande le prince Kourakine.

NAPOLÉON.

4119. — DÉCISION.

Compiègne, 26 mars 1810.

Mesures proposées par le général Clarke pour recompléter les troupes westphaliennes employées à l'armée de Catalogne.

Approuvé ces mesures.

NAPOLÉON.

4120. — DÉCISION.

Compiègne, 26 mars 1810.

Le général Clarke propose d'établir un lieu d'étapes intermédiaire entre Bazas et Roquefort, sur la route de Bordeaux à Bayonne.

Approuvé.

NAPOLÉON.

4121. — DÉCISION.

Compiègne, 26 mars 1810.

Le maréchal Marmont sollicite l'autorisation d'adresser à l'Empereur une députation des provinces illyriennes, envoyée par les habitants de ce pays.

Approuvé cette députation.

NAPOLÉON

4122. — DÉCISION (1).

Compiègne, 26 mars 1810.

Propositions présentées à l'Empereur tendant à la réorganisation de la manufacture d'armes de luxe de Versailles.

Approuvé ces conclusions.

4123. — AU MARÉCHAL BERTHIER.

Compiègne, 27 mars 1810.

Mon Cousin, il faut joindre le bataillon badois à la seconde brigade d'arrière-garde de l'armée d'Espagne, que commande le général Brenier, et faire partir ce bataillon pour Orléans, d'où il rejoindra cette brigade.

NAPOLÉON.

4124. — DÉCISION (2).

27 mars 1810.

On a l'honneur de proposer à Sa Majesté d'approuver que le sieur Codron, destitué des fonctions d'huissier de la cour criminelle du département de la Seine, pour exactions au préjudice du Trésor, cesse de recevoir le traitement de réforme du grade de commissaire des guerres.

Approuvé.

NAPOLÉON.

(1) Non signée; extraite du « Travail du ministre de la guerre avec S. M. l'Empereur et Roi, daté du 20 mars 1810 ».

(2) Extraite du « Travail du ministre directeur de l'administration de la guerre avec S. M. l'Empereur et Roi, daté du 20 mars 1810 ».

4125. — DÉCISION (1).

Compiègne, le (2) avril 1810.

Le conseil d'administration des chevau-légers de la garde demande pour 32 sous-officiers et chevau-légers de ce corps, dans le cas de recevoir des congés de réforme, un secours pécuniaire pour les aider à retourner dans leur patrie.

Accordé.

4126. — DÉCISION.

Paris, 4 avril 1810.

Le ministre de la guerre rend compte que les prisonniers croates du dépôt de Besançon ont refusé de se soumettre à l'organisation qu'on avait voulu leur donner parce qu'ils craignent d'être envoyés loin de leur pays. Toutefois, on a l'espoir de leur faire entendre raison.

Tout cela ne signifie rien. Dirigez par centaines ces individus sur la route d'Illyrie; pour leurs cantonnements, ne pas perdre un moment.

NAPOLÉON.

4127. — DÉCISION.

Paris, 4 avril 1810.

Le général Clarke propose à l'Empereur d'envoyer à Besançon la légion portugaise qui est à Grenoble et qui se trouve fort à l'étroit dans les casernes de cette ville.

Il ne faut pas que les Portugais sortent de la 7e division militaire. D'un moment à l'autre on peut en avoir besoin en Portugal.

NAPOLÉON.

(1) Non signée; extraite du « Travail du ministre de la guerre avec S. M. l'Empereur et Roi, daté du 28 mars 1810 ».
(2) Sans date de jour.

4128. — DÉCISIONS (1).

Rapport au sujet des conditions dans lesquelles se font les distributions de vivres aux troupes françaises dans Westphalie.	Suivre le même mode que pour les troupes qui sont en Allemagne (2).
Paiement d'arrérages d'appointements réclamés par le comte de Jollivet, conseiller d'Etat, ministre plénipotentiaire de Sa Majesté à Cassel.	A renvoyer à M. le comte Defermon.
Projet de décret relatif aux masses d'habillement, de harnachement et de ferrage.	Renvoyé au Conseil d'Etat.
On a l'honneur de soumettre à Sa Majesté le travail de réduction des tarifs proposés par les préfets pour le remboursement des fourrages qui seront directement distribués aux troupes par les départements et communes pendant 1810.	Renvoyé au Conseil d'Etat.
On supplie Sa Majesté d'ordonner que les distributions de fonds pour l'exercice 1810, ne présenteront que les divisions des exercices précédents, afin d'éviter la complication des écritures.	Approuvé.
L'artillerie et le génie étant les seuls corps qui aient des capotes bleues, on propose à Sa Majesté de décider qu'à dater de 1811 elles seront en drap beige.	Ne pas toucher à l'artillerie.

4129. — DÉCISION.

Paris, 4 avril 1810.

Le général Clarke propose de diriger les trois divisions du 2e corps	Approuvé. Me faire connaître quand ces trois divisions arrive-

(1) Sans signature ni date; extraites du « Travail du ministre directeur de l'administration de la guerre avec S. M. l'Empereur et Roi, daté du 4 avril 1810 ».

(2) Toutes ces décisions sont de la main de Maret.

de l'armée d'Allemagne la 1re sur Tours, la 2e sur Orléans et la 3e sur Reims.

raient à destination pour que je donne des ordres ultérieurs.

NAPOLÉON.

4130. — AU MARÉCHAL BERTHIER.

Compiègne, 9 avril 1810.

Mon Cousin, donnez ordre au général Abbé de se rendre à Saragosse, où il sera employé au 6e corps. J'approuve que le général Maransin soit employé au 5e corps. Donnez ordre de faire passer en Espagne les chevaux nécessaires pour les remontes faites par le roi d'Espagne. Donnez ordre que la 1re compagnie du 12e bataillon d'équipages militaires, chargée de 36 caissons d'ambulance, se rende à Valladolid. Donnez ordre que la 2e brigade d'arrière-garde de l'armée d'Espagne, commandée par le général Brenier, et qui arrive à Bayonne le 18 de ce mois, continue sa route sur Vitoria, où elle sera à la disposition du général Seras. Donnez ordre au duc d'Elchingen de dissoudre le 1er régiment provisoire de chasseurs et de diriger les différents détachements qui composent ce régiment sur leurs régiments définitifs.

Ecrivez au duc d'Elchingen que la province d'Avila doit être comprise dans son commandement et qu'elle doit subvenir à la nourriture de son corps d'armée. Donnez ordre que, de Burgos, 250.000 rations de biscuit, et que, de Valladolid, la même quantité soient dirigées sur Salamanque pour y être à la disposition du duc d'Elchingen.

NAPOLÉON.

4131. — DÉCISION.

Compiègne, 9 avril 1810.

Le général Clarke soumet à l'Empereur une lettre du général Compans, chef d'état-major de l'armée d'Allemagne, datée de Ratisbonne, relative à une réclamation du gouvernement autrichien tendant à la suppression des courriers expédiés du quartier général à Vienne.

Il serait convenable, économique et utile de supprimer ces courriers de Vienne. Pour quelques lettres de soldats, on fait des dépenses énormes. Il serait bien plus simple de faire partir ces lettres par les postes civiles.

NAPOLÉON.

4132. — AU MARÉCHAL BERTHIER.

Compiègne, 10 avril 1810.

Mon Cousin, le 1er bataillon provisoire du train des équipages militaires, qui est en Espagne, est composé de cinq compagnies, qui appartiennent chacune à un des bataillons du train de l'armée d'Espagne. Faites-moi connaître à quel bataillon chaque compagnie appartient, où est ce bataillon, et proposez-moi de dissoudre ce 1er bataillon provisoire.

NAPOLÉON.

4133. — DÉCISION (1).

Compiègne, 10 avril 1810.

On propose à Sa Majesté d'accorder 400 francs à titre de secours à la veuve d'un premier commis de l'hôpital de Toulon.

Accordé.

NAPOLÉON.

4134. — AU GÉNÉRAL CLARKE (2).

Compiègne, 10 avril 1810.

Monsieur le duc de Feltre, je vous renvoie le projet d'instruction pour le duc de Reggio, qui me paraît remplir le but.

Il faut mettre sous les ordres du duc de Reggio des chaloupes canonnières et des douaniers ; adressez-vous aux ministres de la marine et des finances pour ces deux objets.

4135. — DÉCISION.

Compiègne, 11 avril 1810.

Le général Clarke propose à l'Empereur de s'en tenir aux dispositions du décret du 25 février 1809 en ce qui concerne l'avancement des officiers d'artillerie rentrés à Saint-Domingue.

Approuvé la proposition du rapport.

NAPOLÉON.

(1) Extraite du « Travail du ministre directeur de l'administration de la guerre avec S. M. l'Empereur et Roi, daté du 4 avril 1810 ».

(2) Non signé, copie conforme.

4136. — DÉCISIONS (1).

Compiègne, 11 avril 1810.

Compte rendu d'une commande de boulets de 36 et de bombes de 12 pouces dans les forges des Ardennes.	Approuvé, si cela est absolument nécessaire, quoiqu'il y ait bien des fers coulés sur les places du Rhin et de la Meuse.
Proposition de réduire à 25 gendarmes, commandés par un lieutenant, le détachement de gendarmerie employé à la police du camp de Boulogne.	Approuvé.
Sa Majesté est priée d'accorder une indemnité de 4.000 francs proposée en faveur des canonniers de ligne et auxiliaires employés aux travaux de l'artillerie à Corfou.	Approuvé.
Sa Majesté est priée d'accorder au colonel d'artillerie Tuffet de Saint-Martin, directeur général des manufactures impériales d'armes, et faisant aussi les fonctions de directeur général des forges, une gratification de 1.500 francs.	Approuvé.
Proposition d'accorder une gratification d'un mois de solde à 20 gendarmes, qui ont fait rentrer dans le devoir une colonne de 300 gardes nationales du département de Seine-et-Marne, qui désertaient avec leurs armes chargées et paraissaient disposées à la résistance.	Approuvé.
On soumet à Sa Majesté la demande que fait le prince Poniatowski pour que douze ouvriers d'artillerie, dont six en bois et six en fer, soient autorisés à passer au service du duché de Varsovie.	Accordé.

(1) Non signées; extraites du « Travail du ministre de la guerre avec S. M. l'Empereur et Roi, daté du 28 mars 1810 ».

On propose à Sa Majesté de confier le commandement de la 3e brigade de la division d'arrière-garde de l'armée d'Espagne au général de brigade Valletaux, qui est employé à l'armée de Brabant. — Approuvé.

Le maréchal duc de Castiglione désirerait que le général de brigade Augier, qui est dans la 10e division militaire, fût employé dans la 21e division, parce qu'il ne peut supporter le climat du Midi. — Approuvé.

Le général de division Souham sollicite un congé de quatre mois pour se rétablir de sa blessure. — Accordé.

On soumet à Sa Majesté la demande d'un congé de convalescence de trois mois, faite par le général de brigade Rousseau, qui commande l'île de Kadzand. — Accordé.

Sa Majesté est priée de faire connaître ses intentions sur la demande d'un congé de trois mois avec appointements faite par l'adjudant commandant Bartier, employé à l'armée d'Italie. — Accordé.

L'adjudant commandant Martial Thomas, employé à l'armée d'Italie, demande un congé pour aller faire usage des eaux thermales. Cette demande a été transmise par S. A. I. le vice-roi. — Accordé.

On propose à Sa Majesté d'accorder un congé de vingt-cinq jours avec appointements au colonel Piolaine, commandant d'armes à Granville. — Accordé.

On soumet à Sa Majesté une demande que fait M. d'Albuquerque, colonel dans la légion portugaise, transmise par son frère, afin d'obtenir un congé de deux mois avec — Accordé.

appointements pour se rendre à Paris.	
Le ministre rend compte à Sa Majesté qu'il a provisoirement réglé que le traitement du général Kirgener, commandant le génie de la garde, serait le même que celui des autres généraux commandant une arme de la garde.	Cette décision est mauvaise, il n'y a pas d'arme dans la garde.
Le ministre rend compte à Sa Majesté qu'il a provisoirement réglé que les premières mises des sous-officiers et soldats de l'artillerie à pied de la garde seraient les mêmes que celles de l'infanterie de la garde, et que les premières mises des officiers seraient les mêmes que celles des officiers des grenadiers à cheval.	Approuvé.
On rend compte à Sa Majesté du vol qui a été fait à M. Laurain, chef de bataillon au 24e régiment d'infanterie légère, commandant la place de Grave. Sa Majesté est priée d'approuver qu'il soit payé une indemnité de 1.000 francs à cet officier en dédommagement de ses pertes.	Approuvé.
Don Diego Godoy, frère du prince de la Paix, désirerait rentrer dans la carrière militaire et prendre du service soit dans les troupes de Sa Majesté catholique. Il était inspecteur général et commandant en chef de la cavalerie espagnole.	Il n'est bon à rien.
On propose à Sa Majesté d'approuver qu'il soit délivré un congé à un maréchal des logis chef des dragons de la garde qui, après s'être absenté pendant huit mois sans permission, est revenu au	Approuvé.

corps, et que ses chefs ont refusé de recevoir.	
Le lieutenant-colonel espagnol Marti, prisonnier sur parole à Bayonne, sollicite l'autorisation de se rendre à Madrid, où l'avait appelé Sa Majesté catholique afin de lui donner de l'emploi.	Approuvé.
Le grand maître de l'Université et M. le comte de Lacépède sollicitent le renvoi en Irlande d'un jeune médecin qui a fait des cours à Paris et qui s'est distingué.	Approuvé.
Les sieurs Barker et W. Stamland, chirurgiens anglais, qui ont rendu des services aux Français en Espagne, demandent à jouir de la faveur déjà accordée à quatre autres de leurs compatriotes, d'être renvoyés dans leur patrie.	Accordé.
Un capitaine anglais, qui a perdu la cuisse en Espagne, sollicite son échange contre le capitaine du génie français Mescur, qui est en état de servir. On prie Sa Majesté de décider si le capitaine anglais sera relâché après le retour en France de l'officier français.	Approuvé.
Le ministre plénipotentiaire des Etats-Unis sollicite le renvoi d'un Américain, pris à bord d'un bâtiment anglais où il était simple passager.	Approuvé.
On rend compte à Sa Majesté d'un excédent de 144 fr. 68, solde perçue par le colonel Sicard, ancien aide de camp de M. le duc de Castiglione.	Approuvé.
Cet officier supérieur étant mort depuis, à la suite des blessures qu'il avait reçues à la bataille d'Heilsberg, on propose, vu la mo-	

dicité de cette somme, de n'exercer aucun recours contre les héritiers de cet officier.	
Le roi de Naples demande le rappel dans ses Etats des officiers d'artillerie napolitains qui servent encore dans les armées françaises.	Accordé.
On propose à Sa Majesté de borner aux dispositions du décret du 25 février 1809 l'avancement des officiers d'artillerie nouvellement de retour de Santo-Domingo ;	Approuvé la proposition du rapport.
D'assimiler les places de Juliers, Breskens et les îles Ioniennes aux places où se font de grands travaux et dans lesquelles il est accordé des indemnités aux officiers du génie employés à ces travaux.	Approuvé.
On propose à Sa Majesté de placer dans la 7e division militaire le général de brigade Daumas, où il sera à portée des eaux d'Aix, nécessaires au rétablissement de ses blessures.	Approuvé.
Le général de division Verdier, employé à l'armée de Catalogne, demande un congé de convalescence de trois mois avec appointements.	Accordé.
Le général de division Bisson, employé à l'armée d'Italie, demande un congé de trois mois.	Accordé.
Le général de brigade Ledru, qui était employé au 4e corps de l'armée d'Allemagne, et qui est en ce moment à Saint-Omer dans la division commandée par le général Legrand, demande un congé de six semaines avec appointements.	Accordé.
M. le maréchal prince d'Eckmühl, qui commande l'armée d'Allemagne, désire qu'il soit accordé	Accordé.

un congé au général de brigade Pajol.	
Le général de brigade Ravier, qui commande le département du Haut-Rhin, demande un congé de six semaines et l'autorisation de venir à Paris.	Accordé.
On propose à Sa Majesté d'accorder un congé de convalescence de trois mois avec appointements à M. Label, colonel du génie, actuellement à Milan.	Accordé.
Le général Avril, commandant la Biscaye, sollicite le renvoi à Bilbao de trois prêtres séculiers du chapitre de cette ville envoyés en France comme otages; ils se sont bien conduits et ce général pense que leur retour fera un bon effet.	Approuvé.
Un Anglais, âgé de 23 ans, qui est venu en France pour son éducation et auquel M. Langlès, membre de l'Institut, s'intéresse particulièrement, demande à retourner dans sa patrie sous condition d'échange ou pour un temps limité.	Approuvé.

4137. — DÉCISIONS (1).

Compiègne, 11 avril 1810.

Projet de répartition des 9 millions accordés à la direction générale des vivres pour les achats sur le budget de 1810.	Approuvé. NAPOLÉON.
On prie Sa Majesté d'accorder un fonds spécial de 37.908 fr. 22 pour payer les frais d'habillement et d'équipement des quatre compagnies de police formées en Toscane.	Approuvé. NAPOLÉON.

(1) Extraites du « Travail du ministre directeur de l'administration de la guerre avec S. M. l'Empereur et Roi, daté du 4 avril 1810 ».

On propose à Sa Majesté de faire faire une inspection extraordinaire des différents services qui dépendent de l'administration de la guerre, et d'en charger M. le comte de Chaban.

Approuvé.

NAPOLÉON.

On propose à Sa Majesté d'ordonner que trois des cinq compagnies d'infirmiers de l'armée d'Allemagne en soient détachées et envoyées à l'armée d'Espagne.

Approuvé.

NAPOLÉON.

4138. — DÉCISION.

Compiègne, 11 avril 1810.

On propose de donner le commandement d'une brigade de la 1re division du 3e corps au général Abbé, n'y ayant point de brigade vacante au 2e corps.

Le général Abbé ayant été nommé au corps d'Aragon, proposer un autre général.

NAPOLÉON.

4139. — DÉCISION.

Compiègne, 11 avril 1810.

Le général Clarke soumet à l'Empereur des demandes adressées par des militaires des 10e et 20e d'infanterie légère afin d'être autorisés à passer au service du roi des Deux-Siciles. Ces demandes ont été transmises par le ministre de la guerre et de la marine du royaume de Naples.

Cette demande doit venir par le canal de leurs colonels.

NAPOLÉON.

4140. — DÉCISION.

Compiègne, 11 avril 1810.

Le général Clarke demande l'autorisation de faire rentrer au dépôt de Rennes huit officiers du 4e régiment suisse, qui y seraient plus utiles qu'au corps.

Accordé.

NAPOLÉON.

4141. — DÉCISION.

Compiègne, 11 avril 1810.

Le maréchal Berthier sollicite des ordres afin qu'un officier d'artillerie de la garde du roi d'Espagne, arrivé à Irun pour prendre livraison de chevaux de remontes, puisse sans difficulté les faire passer en Espagne.

Accordé.

NAPOLÉON.

4142. — DÉCISION.

Compiègne, 11 avril 1810.

Le général Clarke propose de faire passer au service du roi des Deux-Siciles le 4e bataillon de chasseurs corses, que la grande-duchesse désirerait voir quitter ce pays, où le bataillon vit en mauvaise intelligence avec les habitants.

Accordé.

NAPOLÉON.

4143. — DÉCISION.

Compiègne, 11 avril 1810.

Cantonnements proposés par le général Clarke pour les dépôts de régiments de cuirassiers composant la 2e division de grosse cavalerie.

J'approuve les cantonnements que propose le ministre. Au 1er mai la division se mettra en marche pour entrer dans ses cantonnements sur le pied de paix.

NAPOLÉON.

4144. — AU MARÉCHAL BERTHIER.

Compiègne, 12 avril 1810.

Mon Cousin, réitérez l'ordre au général Suchet de renvoyer le bataillon du 64e à Madrid, pour, de là, rejoindre son corps. Faites-moi connaître où se trouve le général de dragons de Lamotte, afin que je puisse donner des ordres pour l'employer activement.

NAPOLÉON.

4145. — AU MARÉCHAL BERTHIER.

Compiègne, 12 avril 1810.

Mon Cousin, donnez l'ordre au 6e régiment de marche de cavalerie, qui fait aujourd'hui partie de la division Seras, de continuer sa marche sur Madrid où il sera dissous, et d'où chaque détachement rejoindra son régiment définitif. Donnez ordre au 7e régiment de marche de cavalerie, qui fait partie de la même division, de se diriger sur Madrid où il sera dissous et chaque détachement envoyé à son corps, hormis que le détachement du 3e de hussards ira directement à Salamanque et celui du 4e de hussards à Saragosse où sont leurs régiments. Donnez ordre au régiment provisoire de dragons, qui fait partie également de la division Seras, de se rendre à Madrid où il sera dissous, et chaque escadron rejoindra les premiers escadrons de son régiment. Il sera nécessaire, cependant, que vous ordonniez qu'en passant à Burgos, les détachements appartenant aux régiments qui sont au 6e corps, qui ont là leurs quatre escadrons réunis, se rendent directement à Salamanque. Donnez ordre que le détachement des troupes de la Confédération du Rhin, qui fait partie de la 2e brigade d'arrière-garde, qui arrive le 20 avril à Bayonne, se rende à Madrid où il sera dissous, et chaque détachement réparti dans son corps définitif. Donnez ordre aux 200 lanciers polonais qui sont à la 2e brigade d'arrière-garde de se rendre à Madrid, d'où ils seront dirigés sur leurs corps. Donnez ordre que le 8e régiment de marche de cavalerie, qui part d'Auch le 22 avril pour arriver à Bayonne le 29, continue sa marche, savoir : les détachements des 1er, 2e, 7e, 11e, 12e, 13e, 16e et 20e de chasseurs, c'est-à-dire tous les chasseurs, formant 250 à 300 chevaux, sur Salamanque, pour être incorporés dans le 15e de chasseurs, et les détachements des 5e, 7e, 8e et 9e de hussards, formant près de 500 hommes, sur Salamanque où ils seront incorporés dans le 3e de hussards. Donnez ordre que le 9e régiment de marche de cavalerie, qui arrive les 23, 25 et 27 avril à Bayonne, continue sa route sur Madrid où ce régiment sera dissous, et chaque homme rejoindra sa division, en faisant rejoindre, de préférence, les 1er et 2e escadrons, qui sont à Madrid et en Andalousie : les détachements qui appartiennent aux régiments qui sont tout entiers au 6e corps se rendront à Salamanque. Par ce moyen, il y aura en marche sur Madrid un renfort de 3.200 hommes de cavalerie.

NAPOLÉON.

4146. — AU GÉNÉRAL CLARKE (1).

Compiègne, 14 avril 1810.

Monsieur le duc de Feltre, donnez ordre que le détachement de Hessois, de 600 hommes, qui arrive le 24 avril à Orléans, se rende à Bayonne, où il recevra de nouveaux ordres.

Donnez le même ordre aux 130 hommes de la légion hanovrienne et aux 600 hommes de la légion de la Vistule, qui arrivent le 3 mai à Orléans.

4147. — AU GÉNÉRAL CLARKE (2).

Compiègne, 14 avril 1810.

Monsieur le duc de Feltre, proposez-moi des cantonnements où l'on puisse placer les quatre régiments de cavalerie de la division du duc de Padoue, soit sur la Somme, soit en Normandie, mais dans les lieux où les fourrages soient à bon marché et à proximité des côtes.

4148. — DÉCISION.

Compiègne, 15 avril 1810.

Le commissaire Victor Hugues, détenu à la prison militaire de l'Abbaye, demande à être transféré dans son domicile, sous la garde d'un gendarme, afin de pouvoir soigner sa santé.

Je ne vois pas d'inconvénient qu'on allège le plus possible la situation du commissaire V. Hugues, puisqu'il n'est pas condamné.

NAPOLÉON.

4149. — DÉCISION.

Compiègne, 15 avril 1810.

Mouvements proposés par le ministre afin de rapprocher la cavalerie de la légion portugaise de son infanterie.

Tous ces mouvements sont inutiles.

NAPOLÉON.

(1) Non signé, copie conforme.
(2) Non signé, copie conforme.

4150. — DÉCISION.

Compiègne, 15 avril 1810.

Mesures proposées par le général Clarke pour porter le 4e régiment de chasseurs, qui est à Naples, à son complet en hommes et en chevaux.

Me proposer un projet de décret pour que les hommes qui sont au 4e y soient incorporés, de sorte que la force de ce régiment soit à 1.100 hommes et 1.100 chevaux. Faire passer une revue extraordinaire de ce régiment pour que les hommes et chevaux à réformer le soient.

NAPOLÉON.

4151. — DÉCISION.

Compiègne, 15 avril 1810.

Mesures proposées par le général Clarke pour fournir à l'escadre de l'Escaut les détachements nécessaires à la composition des garnisons des vaisseaux.

Se concerter avec le ministre de la marine pour faire un nouveau travail sur les garnisons et les fournir de bons soldats, en les tirant des troupes qui sont dans le Brabant.

NAPOLÉON.

4152. — DÉCISION.

Compiègne, 15 avril 1810.

Le général Clarke soumet à l'Empereur une nouvelle demande par laquelle le roi de Westphalie sollicite le retour à Cassel de la division westphalienne employée en Catalogne.

Cette division me serait inutile en Allemagne et me ferait un vide en Catalogne. Il faut attendre que les affaires s'améliorent là.

NAPOLÉON.

4153. — DÉCISION.

Compiègne, 15 avril 1810.

Gratifications accordées au major Schmitt, au voltigeur et aux gendarmes qui ont arrêté le chef de bande Mina.

Accordé.

NAPOLÉON.

4154. — DÉCISION.

Compiègne, 15 avril 1810.

Mesures proposées pour l'évacuation de l'artillerie de la place de Girone.

Ordonner l'évacuation de l'artillerie de Girone sur Figuières. Je n'approuve pas l'évacuation par mer parce qu'elle est trop chanceuse. Mon intention est de conserver Figuières.

NAPOLÉON.

4155. — DÉCISION.

Compiègne, 15 avril 1810.

Le général Clarke fait connaître à l'Empereur l'emplacement des corps qui composent la brigade Jacquinot, tels qu'ils ont été fixés par le maréchal Davout.

Je ne sais qui est-ce qui a donné cet ordre, je n'en comprends pas le but ; il y a là une méprise.

NAPOLÉON.

4156. — DÉCISION.

Compiègne, 15 avril 1810.

Le général Clarke propose de diriger sur Düsseldorf le détachement d'artillerie du grand-duché de Berg, resté à l'armée d'Allemagne.

Diriger ce détachement d'artillerie sur Paris.

NAPOLÉON.

4157. — DÉCISION (1).

On propose à Sa Majesté que la somme de 14.804 francs, payée par la marine à M. le général Ernouf, capitaine général de la Guadeloupe, pour indemnité de fourrages du pied de non-activité pour six mois vingt jours de l'an XI et les exercices XII, XIII, XIV, 1806 et 1807, resteront à la charge de ce département.

Renvoyé au Conseil d'Etat (2).

(1) Sans date; extraite du « Travail du ministre directeur de l'administration de la guerre avec S. M. l'Empereur et Roi, daté du 15 avril 1810 ».
(2) De la main de Maret.

4158. — AU GÉNÉRAL LACUÉE.

Compiègne, 16 avril 1810.

Monsieur le comte de Cessac, faites-moi un rapport sur les approvisionnements de Corfou et sur les moyens d'y pourvoir.

NAPOLÉON.

4159. — AU MARÉCHAL BERTHIER.

Compiègne, 17 avril 1810.

Mon Cousin, donnez ordre que le 7e bataillon auxiliaire rejoigne la division de bataillons auxiliaires qui est à Burgos.

NAPOLÉON.

4160. — AU MARÉCHAL BERTHIER (1).

Compiègne, 17 avril 1810.

Mon Cousin, le ministre secrétaire d'État vous transmettra des décrets pour l'armée de Portugal. Vous donnerez des ordres au commandant de la cavalerie et à l'intendant général d'être rendus à cette armée le plus tôt possible. Le ministre du Trésor public nommera un payeur général ; il pourra le prendre dans le 6e ou le 8e corps. Voyez le duc de Rivoli pour le choix de son chef d'état-major et de ses commandants du génie et de l'artillerie. Vous me ferez un rapport sur la portion de génie, d'artillerie et de gendarmerie, à attacher à cette armée. Mon intention est d'y envoyer les 200 gendarmes venant de la Grande Armée, qui étaient à Burgos.

4161. — DÉCISION.

Compiègne, 17 avril 1810.

Le général Cacault demande que les 70.000 francs qui sont disponibles à Burgos soient mis à sa disposition.

Approuvé pour la solde des troupes.

NAPOLÉON.

---

(1) Non signée; de la main de Meneval. — Tout le texte de cette lettre est souligné.

4162. — AU GÉNÉRAL CLARKE.

Compiègne, 17 avril 1810.

Monsieur le duc de Feltre, écrivez au duc de Castiglione que les plaines entre Lerida et Villafranca sont très abondantes, que le général Suchet, dans sa retraite de Valence, n'a rien perdu, et qu'il a toujours battu tout ce qui s'est trouvé devant lui. Je pense qu'aujourd'hui le duc de Castiglione a pris Tarragone et qu'il est en communication avec l'armée d'Aragon.

NAPOLÉON.

4163. — AU GÉNÉRAL CLARKE (1).

Compiègne, 17 avril 1810.

Monsieur le duc de Feltre, vous m'avez annoncé qu'un bataillon du train se rendait d'Allemagne à Anvers. Ce mouvement est inutile. Il faut l'envoyer à Barcelone où il sera plus utile, tant pour l'évacuation de Girone que pour le siège de Tarragone et les autres opérations militaires de l'armée de Catalogne.

4164. — DÉCISION.

Compiègne, 18 avril 1810.

Cantonnements proposés pour les quatre régiments de cuirassiers de la division du duc de Padoue, parmi lesquels Evreux pour le 8e régiment.

Renvoyé au ministre de l'administration de la guerre pour me faire connaître le prix des fourrages dans ce pays, et s'il ne serait pas convenable de mettre un régiment plus près de Caen qu'Evreux.

NAPOLÉON.

4165. — DÉCISION.

Compiègne, 18 avril 1810.

Proposition de porter à la 1re classe la compagnie de réserve du département du Bas-Rhin, qui est de 3e classe.

Approuvé.

NAPOLÉON.

(1) Non signé.

Les revenus peuvent suffire à l'augmentation de la dépense nécessaire.

4166. — DÉCISION.

Compiègne, 18 avril 1810.

Rapport à l'Empereur concluant à ce que 200 marins détachés aux batteries de Sud-Beveland soient rendus à leur service, et que 531 hommes de troupe soient destinés à compléter les garnisons des dix vaisseaux de l'escadre de l'Escaut.

Renvoyé au ministre de la guerre pour donner les garnisons nécessaires pour relever les marins qui sont à terre.

NAPOLÉON.

4167. — DÉCISIONS (1).

Compiègne, 18 avril 1810.

Sa Majesté est priée de faire connaître ses ordres sur l'adoption des modèles de cuirasses pour les deux régiments de carabiniers.

Je désirerais d'autres cuirasses que celles du modèle qui m'a été présenté, de sorte qu'on ne pût jamais confondre les carabiniers avec les cuirassiers ; il faudrait une différence non seulement dans les cuirasses, mais encore dans le casque.

Proposition d'approuver l'acquisition, au prix de 15.000 francs, d'une maison destinée à servir de logements militaires dans la place de Wesel, qui en est dépourvue.

Approuvé.

M. le maréchal duc de Dalmatie sollicite, par ordre du roi d'Espagne, le renvoi du lieutenant-colonel du génie Perez, qui doit entrer au service et dont la famille a fait sa soumission.

Accordé.

On propose d'ordonner que la Westphalie pourvoira à l'entretien

Le ministre de la guerre peut entamer là-dessus telle espèce

(1) Non signées; extraites du « Travail du ministre de la guerre avec S. M. l'Empereur et Roi, du 11 avril 1810 ».

de 18.500 hommes de troupes françaises à sa charge. — d'organisation (*sic*) qu'il voudra avec le roi de Westphalie.

On rend compte à Sa Majesté que M. Bottex, capitaine adjoint à l'état-major de la garde, qui a perdu une jambe à l'armée d'Espagne, réclame une indemnité particulière pour les pertes d'effets et de chevaux qu'il a faites. — Accordé.

On propose à Sa Majesté d'accorder au général Kindelan un congé pour venir à Paris, afin de donner les éclaircissements demandés par Sa Majesté sur le régiment de Joseph-Napoléon. — Approuvé.

On soumet de nouveau à Sa Majesté la demande d'un congé de convalescence de trois mois faite par M. Bonté, colonel du 81e régiment d'infanterie. — Approuvé.

4168. — DÉCISIONS (1).

Compiègne, 18 avril 1810.

Projet de décret chargeant le département de la guerre de l'entretien des voitures d'artillerie à la suite des régiments d'infanterie. — Toutes les voitures d'artillerie doivent être entretenues par le ministre de la guerre.

NAPOLÉON.

Les employés, officiers de santé, commissaires des guerres et adjoints provisoires, rentrant de l'Allemagne par suite des réformes ordonnées, n'ayant pu être payés de ce qui leur reste dû sur 1809 à cause de l'épuisement du budget de cette armée pour les neuf derniers mois, on propose à Sa Majesté d'autoriser le Trésor public à leur payer par avance, sur les fonds de la 5e — Le ministre du Trésor public fera solder, sauf à porter en compte pour régularisation et à en décider lorsqu'il sera nécessaire.

NAPOLÉON.

(1) Extraites du « Travail du ministre directeur de l'administration de la guerre avec S. M. l'Empereur et Roi, daté du 15 avril 1810 ».

coalition et sauf régularisation ultérieure, les traitement et solde qui seront constatés leur être dus.

On rend compte d'un achat de chevaux fait en France par l'artillerie de la garde royale d'Espagne.

Autoriser l'achat des chevaux en France.

NAPOLÉON.

4169. — DÉCISION.

Compiègne, 20 avril 1810.

Le général Clarke rend compte que 550 hommes du dépôt de la Vistule, destinés à faire partie de l'arrière-garde de l'armée d'Espagne, doivent arriver le 3 mai à Orléans, et qu'un détachement de 600 hommes d'infanterie de Hesse-Darmstadt doit y arriver le 24. Le régiment d'infanterie du grand-duché de Berg pourrait être joint à ces troupes pour former une 4e brigade d'arrière-garde.

Faire partir les deux premiers corps, les Hessois et le détachement de la Vistule pour Bayonne à mesure qu'ils arrivent.

NAPOLÉON.

4170. — AU GÉNÉRAL CLARKE (1).

Compiègne, 21 avril 1810.

Monsieur le duc de Feltre, je réponds à votre lettre du 18. Le prince d'Eckmühl a eu tort de faire voyager la brigade de cavalerie légère du général Jacquinot, puisque je la destinais à aller dans les places prussiennes ou ailleurs, et parce que tous les mouvements que je n'ai pas approuvés sont dangereux, en ce qu'ils mettent de l'incertitude chez les puissances étrangères.

Je pense qu'il faut laisser reposer la brigade du général Jacquinot pendant quelque temps, pour ne pas la fatiguer par des mouvements et des contre-mouvements, et parce qu'on pourra bientôt rapprocher de France la brigade Pajol, qui est destinée à y rentrer.

NAPOLÉON.

(1) Copie certifiée.

4171. — DÉCISIONS (1).

Proposition de faire replier le pont de bateaux établi sur le Rhin et de faire rentrer à l'arsenal de Strasbourg les bateaux et agrès.	Approuvé.
Le général de brigade Pamplona, autorisé verbalement par l'Empereur à rester à Paris, désire avoir un ordre par écrit à ce sujet.	L'envoyer à l'armée de Portugal.

4172. — DÉCISIONS (2).

23 avril 1810.

On propose à Sa Majesté d'accorder à titre de secours une somme de 1.200 francs à la veuve du sieur de Bavière, directeur des services réunis, mort en activité de service à l'armée d'Espagne le 29 janvier dernier.	Accordé. NAPOLÉON.
On prie Sa Majesté de vouloir bien accorder à Mme Boisset, épouse du commissaire des guerres de ce nom, une somme de 300 francs à titre de secours.	Accordé. NAPOLÉON.
On propose à Sa Majesté de confirmer la nomination du sieur Gault au grade de chirurgien-major.	Approuvé. NAPOLÉON.

4173. — DÉCISION.

Compiègne, 24 avril 1810.

Le chef d'escadron de Salm, se trouvant détenu depuis trois mois à la suite d'une plainte formée contre lui, le général Clarke propose, en considération de cette longue détention, de faire mettre cet officier en liberté.	Approuvé sa mise en liberté. NAPOLÉON.

(1) Sans signature ni date; extraites du « Travail du ministre de la guerre avec S. M. l'Empereur et Roi, daté du 22 avril 1810 ».

(2) Extraites du « Travail du ministre directeur de l'administration de la guerre avec S. M. l'Empereur et Roi, daté du 22 avril 1810 ».

4174. — DÉCISION.

Compiègne, 24 avril 1810.

Le général Clarke présente à l'Empereur les renseignements demandés par Sa Majesté au sujet du prix des fourrages dans les places d'Abbeville, Amiens, Rouen et Evreux, où le ministre de la guerre propose d'établir la division du duc de Padoue.

Renvoyé au ministre de la guerre pour me proposer de placer ces régiments à Caen en place d'Evreux, et à Beauvais en place de Rouen.

NAPOLÉON.

4175. — DÉCISION.

Compiègne, 24 avril 1810.

La 1re compagnie du 5e bataillon du train des équipages militaires est rentrée en France avec la division Dupas et se dirige sur Orléans. Ses caissons n'ont point de chargement.

Le ministre demande s'il entre dans les intentions de Sa Majesté que cette compagnie suive le mouvement de la division Dupas, ou qu'elle rétrograde sur son bataillon.

Cette compagnie s'arrêtera à Sampigny où elle se rétablira bien, et l'on me fera connaître quand elle sera en bon état.

NAPOLÉON.

4176. — DÉCISION.

Compiègne, 24 avril 1810.

Proposition tendant à accorder une gratification de 25 francs à deux gendarmes de la compagnie de la Sarthe.

Accordé.

NAPOLÉON.

4177. — DÉCISION.

Compiègne, 24 avril 1810.

Un détachement de recrues de Hesse-Darmstadt, fort de 604 hommes, arrivant le 24 avril à Orléans, le régiment d'infanterie de Berg, 500 hommes du dépôt de la légion

Oui, en y joignant les lanciers de Berg qui sont à Rennes.

NAPOLÉON.

de la Vistule, et 120 hommes du dépôt de la légion hanovrienne sont les seules troupes destinées pour l'arrière-garde de l'armée d'Espagne qui n'aient pas reçu d'ordre de mouvement.

On demande si l'intention de Sa Majesté est d'en former une 4e brigade d'arrière-garde.

4178. — DÉCISIONS (1).

24 avril 1810.

On supplie Sa Majesté de faire connaître si Elle consent à réintégrer comme chirurgien-major au 18e régiment d'infanterie légère le sieur Berthet.	Approuvé. NAPOLÉON.
Les bataillons corses formés dans la 23e division, en vertu de l'arrêté du gouvernement du 12 prairial an XI, n'ayant pas existé assez longtemps pour liquider eux-mêmes, par le produit des retenues opérées sur leur solde, les dépenses faites pour leur première mise, on pense que le gouvernement doit être chargé de la liquidation de ces dettes.	Approuvé. NAPOLÉON.

4179. — DÉCISION (2).

24 avril 1810.

On propose à Sa Majesté de nommer un capitaine sortant du 16e régiment de dragons, à l'une des deux places d'adjudant-major de l'école militaire de Saint-Germain.	L'Empereur a décidé qu'il fallait prendre des sujets qui aient servi dans les cuirassiers ou les carabiniers.

(1) Extraites du « Travail du ministre directeur de l'administration de la guerre avec S. M. l'Empereur et Roi, daté du 22 avril 1810 ».

(2) Non signée; extraite du « Travail du ministre de la guerre avec S. M. l'Empereur et Roi, daté du 21 février 1810 ».

4180. — DÉCISIONS (1).

Paris, 24 avril 1810.

On soumet à Sa Majesté la liste des officiers de tous grades qui ont été désignés pour être employés dans les provinces illyriennes en qualité de commandants d'armes et d'adjudants de place.

L'Empereur désire que son ministre de la guerre fasse de nouveau ce travail, qu'il ne laisse de commandant français que dans les principales places de son royaume d'Italie, que les officiers italiens qui ont maintenant l'aplomb convenable soient employés, exclusivement, dans les autres. Ces remplacements par des Italiens présenteront des sujets français qui pourront être placés dans les provinces illyriennes. Sa Majesté veut également que ce système soit adopté relativement aux états-majors d'artillerie et du génie qui sont dans les places d'Italie. Cette méthode présentera, entre autres avantages, des sujets disponibles et de l'économie dans la dépense.

Le comte LOBAU.

On propose à Sa Majesté de nommer aux cinq places vacantes de sous-inspecteurs aux revues de 3e classe :

MM.

Chabert, chef de bataillon, aide de camp du général Olivier ;

Boileau, commissaire ordonnateur ;

Magin, chef d'escadron, quartier-maître du 29e dragons ;

L'Empereur approuve le choix de MM. Boileau, Magin et Leclerc, et improuve la désignation des deux autres. S. E. le ministre de la guerre fera faire un décret en conséquence (2).

---

(1) Extraites du « Travail du ministre de la guerre avec S. M. l'Empereur et Roi, daté du 14 mars 1810 ».

(2) Non signée.

Géraudon, commissaire des guerres,

Et Leclerc, chef de bataillon attaché à l'état-major de l'armée d'Espagne.

4181. — DÉCISIONS (1).

Compiègne, 24 avril 1809.

Sa Majesté est priée de faire connaître si Elle approuve la mise en vente des palissades du Pétersberg et du Siriasberg, à Erfurt, pour en faire verser le produit dans la caisse du domaine extraordinaire.	Approuvé.
On propose à Sa Majesté d'accorder au général Humbert une indemnité de 1.500 francs pour le dédommager des dépenses extraordinaires qu'il a faites lorsqu'il a été remis en activité.	Accordé.
On propose à Sa Majesté d'accorder au général Brenier le montant de la gratification de campagne de 2.000 francs pour l'indemniser des pertes qu'il a éprouvées lorsqu'il a été fait prisonnier en Angleterre.	Accordé.
Le général de division Dupas, qui est très malade, demande un congé de six mois avec appointements. M. le maréchal prince d'Eckmühl appuie cette demande.	Approuvé.
Le prince d'Eckmühl appuie également la demande d'un congé de convalescence de trois mois faite par le général de division Saint-Germain, qui commande la 2e division de cuirassiers.	Approuvé.

(1) Non signées; extraites du « Travail du ministre de la guerre avec S. M. l'Empereur et Roi, daté du 22 avril 1810 ».

Le général de division Olivier, qui commande la 16e division militaire, demande une autorisation de venir passer quinze jours à Paris.	Approuvé.
On propose d'accorder un congé de trois mois avec appointements à M. le général Tousard, commandant le génie à l'armée d'Allemagne.	Approuvé avec appointements.
On soumet à Sa Majesté la demande que fait le général de brigade Destabenrath pour être autorisé à venir à Paris pendant les fêtes du mois de mai. Ce général désire avoir l'honneur de prêter serment entre les mains de Sa Majesté.	Approuvé.

4182. — AU MARÉCHAL BERTHIER.

Compiègne, 25 avril 1810.

Mon Cousin, donnez ordre que les détachements des 55e et 43e, formant 150 hommes, faisant partie du 4e régiment de marche, qui est à Burgos, se rendent à Madrid d'où ils rejoindront leurs corps.

NAPOLÉON.

4183. — AU MARÉCHAL BERTHIER.

Compiègne, 25 avril 1810.

Mon Cousin, faites connaître au ministre du Trésor public l'état des contributions imposées par les 6e et 8e corps et par les quatre gouvernements.

NAPOLÉON.

4184. — AU GÉNÉRAL CLARKE.

25 avril 1810.

Monsieur le duc de Feltre, donnez ordre à la division Grandjean, qui est à Reims, de se rendre à Paris.

Donnez ordre à la brigade Colbert, qui est à Orléans, de se rendre à Nantes.

Donnez ordre aux quatre régiments de cuirassiers de la division du duc de Padoue de se rendre à Paris. Vous ferez connaître l'époque où cette division arrivera pour que je la fasse placer entre la Somme et la Loire, à portée des côtes. Aussitôt que les emplacements seront désignés, vous demanderez mes ordres pour faire venir de Piémont les dépôts de ces régiments, pour être placés dans ces nouveaux et définitifs cantonnements.

Donnez ordre au général Hulin de faire compléter les 3e, 4e et 7e demi-brigades provisoires, qui sont à Paris, par tout ce que les dépôts de Paris et de la 1re division pourront fournir, et de faire mettre l'habillement et l'équipement de ces trois corps en bon état. Lorsque ces trois demi-brigades seront prêtes, vous en ferez passer la revue par le comte de Lobau. Après quoi, réunies au régiment d'infanterie de Berg, ce qui fera un corps de 6.000 à 7.000 hommes, elles se mettront en marche pour Bayonne, sous le titre de brigade d'arrière-garde de l'armée d'Espagne. Vous en donnerez le commandement à un général de brigade. Cette brigade se mettra en marche à un régiment d'intervalle. Vous donnerez ordre qu'en partant de Paris chaque homme ait ses trois paires de souliers.

Donnez ordre au régiment de lanciers qui est à Rennes de se rendre à Bayonne.

Donnez ordre que le détachement du 19e de ligne, qui fait partie de la 6e demi-brigade provisoire de réserve qui est au camp de Boulogne, soit incorporé dans le 19e régiment de ligne, et que le détachement du 17e soit placé dans une garnison convenable, dans le camp de Boulogne.

Le reste de cette demi-brigade, savoir : le détachement de 400 hommes du 25e, les 300 hommes du 28e, les 200 hommes du 36e et les 300 hommes du 43e, se rendront à Paris, où vous les ferez passer en revue à leur arrivée et d'où ils partiront ensuite pour l'Espagne.

Je vous ai demandé un rapport sur la situation du régiment de gardes nationaux de la garde.

Donnez ordre au général Lepic de se rendre en Espagne pour prendre le commandement de la cavalerie de ma garde.

Donnez ordre à la division de ma garde, qui est à Angers, de se mettre en marche pour Bayonne.

Donnez ordre au général Dorsenne d'aller prendre le commandement de ma garde en Espagne, infanterie, cavalerie et artillerie.

Donnez ordre au régiment de chevau-légers polonais de partir pour Bayonne. Le régiment de lanciers de Berg sera réuni à la cavalerie de ma garde.

NAPOLÉON.

Donnez l'ordre aux 12 pièces d'artillerie légère de ma garde, qui sont à Bordeaux, de se joindre à la division de ma garde qui vient d'Angers, à son passage par cette ville, et de marcher avec elle, pour se rendre en Espagne.

4185. — AU GÉNÉRAL CLARKE.

25 avril 1810.

Monsieur le duc de Feltre, je vois, dans une de vos lettres du 22 mars, que des détachements des 12e, 14e, 34e, 54e et 88e de ligne sont formés en un détachement de marche qui est parti le 7 mars de Bois-le-Duc et arrive le 7 mai à Tours, et que vous avez le projet de la réunir au 7e bataillon auxiliaire et au 6e régiment de marche. Le 6e bataillon de marche n'existera plus alors, et Dieu sait où sera le 7e bataillon auxiliaire. Cette disposition est donc mauvaise. Faites-moi connaître la force de ces détachements, et faites-en former une compagnie qui sera jointe à un des régiments provisoires qui partent de Paris pour l'Espagne. Je suppose que les gardes nationales de la Manche sont, à l'heure qu'il est, licenciées.

NAPOLÉON.

4186. — DÉCISION.

25 avril 1810.

Le général C. de Lameth, gouverneur de Würzburg, ayant reçu l'ordre de rentrer en France, a confié à l'officier français le plus ancien dans le grade le plus élevé le commandement de la ville et de sa citadelle, en ce qui concerne les troupes françaises, en attendant que l'Empereur ait fait connaître si son intention est que le commande-

Pour être remis aux agents du grand-duc de Würzburg.

NAPOLÉON.

ment de cette place soit définitivement remis au général commandant les troupes du grand-duc de Würzburg.

4187. — DÉCISIONS (1).

25 avril 1810.

On soumet à Sa Majesté la liste des officiers de la légion portugaise bien notés par le général Pamplona.

Sa Majesté est priée de faire connaître quels sont ceux de ces officiers qu'elle jugera convenable d'adjoindre au général Pamplona.

L'Empereur a ajourné ce travail qui lui sera reproduit plus tard.

Sa Majesté est priée d'accorder la décoration de la Légion d'honneur à M. Bagetti, capitaine ingénieur géographe.

L'Empereur a décidé que cette affaire serait adressée au général Bertrand qui devra faire un rapport à Sa Majesté et demandera, s'il y a lieu, une gratification pécuniaire en faveur de M. Bagetti.

4188. — DÉCISION.

25 avril 1810.

Le général Clarke expose la nécessité qu'il y a d'éloigner des frontières d'Espagne le régiment espagnol Joseph-Napoléon, qui perd beaucoup de monde par la désertion.

Envoyer un bataillon dans la Maurienne ; on le fera travailler aux routes. Envoyer un bataillon à Lyon pour travailler à la digue et au comblement de Perrache, un bataillon à San-Remo pour travailler à la Corniche ; enfin un bataillon à Flessingue pour travailler aux fortifications.

NAPOLÉON.

---

(1) Non signées; extraites du « Travail du ministre de la guerre avec S. M. l'Empereur et Roi, daté du 14 mars 1810 ».

4189. — DÉCISIONS (1).

25 avril 1810.

On soumet à Sa Majesté la demande que fait le général de brigade Lauer pour être nommé général de division. Cet officier général a près de trente-deux ans de service, a fait toutes les campagnes depuis 1792 jusqu'en l'an IX, et a fait celles de 1806, 1807, 1808 et 1809 à la Grande Armée, en Espagne et en Allemagne, en qualité de commandant de la gendarmerie.

Refusé.

La veuve de C. F. Debay, négociant de la ville de Gand, sollicite l'annulation de la nomination de son fils comme sous-lieutenant dans l'armée française, afin qu'il puisse l'aider dans son commerce de toiles et dentelles.

A renvoyer au ministre de la police.

4190. — DÉCISIONS (2).

25 avril 1810.

Le général de brigade Bronikowski désirerait obtenir le grade de général de division. Il paraît persuadé que Sa Majesté a eu l'intention de le lui accorder.

Refusé.

On propose d'annuler la nomination de M. Omalins d'Halloy à un emploi de sous-lieutenant d'infanterie et de renvoyer sa demande d'un emploi civil au Conseil des mines.

L'Empereur a ordonné que cette proposition serait renvoyée au ministre de la police.

(1) Non signées; extraites du « Travail du ministre de la guerre avec S. M. l'Empereur et Roi, daté du 20 mars 1810 ».

(2) Non signées; extraites du « Travail du ministre de la guerre avec S. M. l'Empereur et Roi, daté du 28 mars 1810 ».

4191. — DÉCISIONS (1).

25 avril 1810.

Le colonel du 3e régiment d'infanterie légère demande avec instance la destitution de M. Avallier, 3e porte-aigle de ce régiment.

La destitution est prononcée.

On rend compte à Sa Majesté des services de M. le chef de bataillon du génie Bron, pour qui le ministre de la marine a demandé le grade de colonel : la décoration de la Légion d'honneur, déjà proposée en faveur de cet officier supérieur, paraît une récompense suffisante de sa bonne conduite au blocus de Santo-Domingo.

La décoration de la Légion est accordée.

4192. — DÉCISIONS.

Compiègne, 26 avril 1810.

Mutations de généraux d'artillerie à l'armée d'Espagne, soumises à l'approbation de l'Empereur.

Approuvé.

NAPOLÉON.

4193. — DÉCISION.

Compiègne, 26 avril 1810.

Le maréchal Berthier sollicite les ordres de l'Empereur au sujet de la destination à donner aux quatre compagnies d'infanterie de Bade et à un bataillon de marche de la légion de la Vistule qui vont arriver à Bayonne.

Le bataillon de Bade se rendra à Madrid et le bataillon de la Vistule rejoindra son régiment.

NAPOLÉON.

(1) Non signées; extraites du « Travail du ministre de la guerre avec S. M. l'Empereur et Roi, daté du 11 avril 1810 ».

4194. — DÉCISION.

Compiègne, 26 avril 1810.

M. le général Campredon demandant un renfort en sapeurs et mineurs pour l'armée de Naples, on a l'honneur de proposer à Sa Majesté d'y faire passer les 8e et 9e compagnies du 1er bataillon de sapeurs, qui sont à Palmanova, et la 1re compagnie du 1er bataillon de mineurs, présentement à Osoppo.

Il ne faut envoyer à Naples ni sapeurs, ni artillerie, ni train. Le roi peut former toutes ces armes accessoires de ses propres sujets. Répondre dans ce sens au général Campredon.

NAPOLÉON.

4195. — DÉCISION.

Compiègne, 26 avril 1810.

Le maréchal Berthier soumet à l'Empereur le texte d'une décision à faire connaître aux gouverneurs des provinces d'Espagne, relativement au paiement des dépenses de l'artillerie qui leur incombe.

Approuvé le contenu de cette dépêche. Il faut écrire dans ce sens.

NAPOLÉON.

4196. — AU GÉNÉRAL CLARKE.

Compiègne, 27 avril 1810.

Monsieur le duc de Feltre, je vous ai écrit il y a peu de jours de donner ordre aux chevau-légers polonais de se rendre en Espagne. Mon intention est que vous leur donniez contre-ordre. Il suffira que le général commandant la garde fasse choisir, parmi les hommes les plus en état de faire la guerre, de quoi compléter à 400 hommes les deux escadrons de ce régiment qui sont en Espagne.

Je vous ai écrit d'envoyer en Espagne la division de la garde, commandée par le général Dumoustier. Envoyez sur-le-champ contre-ordre à la brigade de fusiliers et arrêtez-la à Angers, ou bien où elle se trouvera. Le général Dumoustier continuera sa marche avec le reste de sa division. Donnez ordre à la brigade de conscrits qui est à Paris d'en partir pour remplacer les fusiliers à la division du général Dumoustier. De cette manière, cette division, forte de 6.000 conscrits, se rendra en Espagne ; recommandez bien que l'on mène ces troupes avec soin, et sans les fatiguer. La brigade des fusiliers restera à Angers et la vieille garde à Paris.

Le détachement de fusiliers, qui est à Bayonne, y restera pour la garde du château de Marrac. Faites-moi connaître quel est le dépôt général de cavalerie. que vous portez dans l'état de situation comme étant à Paris.

NAPOLÉON.

4197. — DÉCISIONS.

Anvers, 3 mai 1810.

Le général Clarke demande des ordres au sujet de la destination ultérieure des troupes ci-après, savoir :	
Un détachement d'infanterie tiré du dépôt de la légion hanovrienne, qui doit arriver le 13 mai à Bayonne.	Il continuera pour son régiment.
Un détachement d'environ 600 hommes d'infanterie de Hesse-Darmstadt, qui doit arriver le 25 mai à Bayonne.	Il continuera pour Madrid.
Et un détachement de 550 hommes de la légion de la Vistule, qui doit arriver le 2 juin à Bayonne.	Il rejoindra son régiment. NAPOLÉON.

4198. — AU MARÉCHAL BERTHIER.

Anvers, 3 mai 1810.

Mon Cousin, je vous ai déjà donné l'ordre pour que les détachements des 43e et 55e, qui sont à Burgos, se rendissent à Madrid pour rejoindre leurs régiments. Je vous renvoie la lettre ci-jointe pour que vous me fassiez connaître les ordres que j'ai donnés depuis ma lettre de Compiègne, du 25 avril, et ce qui resterait disponible.

NAPOLÉON.

4199. — AU GÉNÉRAL CLARKE.

Anvers, 3 mai 1810.

Monsieur le duc de Feltre, aussitôt que la division de cuirassiers du duc de Padoue sera arrivée à Paris, je la passerai en revue et je donnerai des ordres pour sa destination ultérieure.

Donnez ordre que les dépôts des quatre régiments de cette division quittent le Piémont, pour se rendre à Versailles, d'où ils se rendront dans les stations définitives qui auront été assignées à leurs régiments.

NAPOLÉON.

4200. — AU GÉNÉRAL CLARKE.

Anvers, 3 mai 1810.

Monsieur le duc de Feltre, je reçois votre lettre du 30 avril. Deux compagnies d'artillerie tirées de Naples pour Corfou. sont trop ; une compagnie est suffisante, en la complétant à 120 hommes. Il est inutile de faire passer à Naples aucune nouvelle compagnie de canonniers. Il suffira d'y envoyer 120 hommes, pour compléter les cinq compagnies qui y restent. Ces cinq compagnies suffisent.

Je donne ordre au vice-roi d'envoyer une compagnie de canonniers italiens à Corfou.

NAPOLÉON.

4201. — AU GÉNÉRAL CLARKE.

Anvers, 3 mai 1810.

Monsieur le duc de Feltre, donnez l'ordre aux 1re, 2e, 3e et 4e compagnies de vétérans de la 1re demi-brigade, qui sont à Nantes, de se rendre à Berg-op-Zoom;

A la 1re compagnie du 1er bataillon de la 6e demi-brigade, qui est à Mézières, de se rendre à Bréda ;

A la 1re compagnie du 2e bataillon de la même demi-brigade, qui est à Bruxelles, de se rendre à Anvers, où elle se joindra à la 2e et à la 3e. Ces trois compagnies, qu'on complétera à 100 hommes chacune, seront à la disposition de la marine ;

Aux 3e et 4e compagnies du 1er bataillon de la 8e demi-brigade, qui sont à Arras, de se rendre à Bois-le-Duc ;

A la 2e compagnie du 2e bataillon de la 8e demi-brigade, qui est à Péronne, et à la 4e, qui est à Amiens, ainsi qu'à la 1re et à la 2e du 3e bataillon de la même demi-brigade, de se rendre à Bois-le-Duc.

Au moyen de cette répartition, il y aura : à Berg-op-Zoom, quatre compagnies de vétérans ; à Bréda, une ; à Anvers, trois, et à Bois-le-Duc, six.

Je désirerais que vous dirigeassiez les trois autres compagnies du

1er bataillon de la 6e demi-brigade sur Bréda, et le reste de la 8e demi-brigade sur Bois-le-Duc, mon intention étant de ne garder aucune garnison de troupes de ligne dans les places fortes de Hollande pendant l'été, et de les abandonner aux vétérans. D'ailleurs ces vétérans, se trouvant ainsi réunis en bataillon, ne pourront que gagner. Au fur et à mesure des réformes, vous aurez soin de compléter de préférence ces bataillons.

Je désirerais également envoyer quelques compagnies de vétérans à Rome pour tenir quartier au château Saint-Ange.

Je vous ai demandé trois compagnies de canonniers pour placer dans les îles de Beveland, de Schouwen et de Walcheren.

NAPOLÉON.

4202. — DÉCISION.

Anvers, 3 mai 1810.

Dispositions proposées par le général Clarke en vue de l'utilisation des ressources disponibles au dépôt général de cavalerie établi à Versailles.

Faire venir 100 chevaux (tout sellés et bridés) de différents régiments de cavalerie qui ne sont pas en Espagne, en me proposant un projet de décret pour les incorporer définitivement dans un régiment de l'armée d'Espagne.

NAPOLÉON.

4203. — DÉCISION (1).

Anvers, 3 mai 1810.

On met sous les yeux de Sa Majesté le rapport qu'Elle a demandé sur les 21 prisonniers anglais qui se sont distingués dans l'incendie d'Auxonne (10 ont été blessés). On publiera leur conduite et la récompense qu'ils auront obtenue, dès que Sa Majesté aura prononcé.

Le ministre de la guerre leur témoignera ma satisfaction, leur fera payer une gratification de six mois de leur traitement et les renverra dans leur patrie sous leur parole de ne point servir jusqu'à échange.

(1) Non signée; extraite du « Travail du ministre de la guerre avec S. M. l'Empereur et Roi, daté du 11 avril 1810 ».

4204. — DÉCISION.

Anvers, 4 mai 1810.

Le général Valée, commandant l'équipage de siège de Lérida, demande l'autorisation de tirer de Pampelune l'équipage de pont qui y existe.

Accordé.

NAPOLÉON.

4205. — AU GÉNÉRAL LACUÉE.

Anvers, 4 mai 1810.

Monsieur le comte de Cessac, pourvoyez aux services de l'armée de Catalogne, autant qu'il vous sera possible.

NAPOLÉON.

4206. — DÉCISION.

Anvers, 4 mai 1810.

Le maréchal Berthier demande s'il faut regarder comme définitive l'incorporation dans la légion de la Vistule des détachements polonais appartenant aux 4e, 7e et 9e régiments qui faisaient partie du 3e régiment de marche.

Tout ce qui appartient aux régiments polonais doit se diriger sur Madrid pour, à la première occasion, rejoindre ces corps.

NAPOLÉON.

4207. — DÉCISION.

Anvers, 5 mai 1810.

Le général Clarke rend compte à l'Empereur de la marche de la division Grandjean qui, à son arrivée dans le département de la Manche, sera établie à Carentan, Cherbourg et Valognes.

Je désire que toutes ces troupes soient établies à Cherbourg et villages environnants pour paraître plus considérables et avoir un air plus hostile.

NAPOLÉON.

4208. — ORDRE (1).

Anvers, 5 mai 1810.

Donnez le commandement de la dernière brigade d'arrière-garde de l'armée d'Espagne au général Pannetier.

(1) Non signé, extrait conforme.

4209. — AU GÉNÉRAL CLARKE (1).

Anvers, 5 mai 1810.

Monsieur le duc de Feltre, donnez ordre à la brigade de carabiniers, qui est dans le pays de Hanovre, de rentrer à Lunéville. Par ce moyen, la division du général Bruyère ne sera plus composée que de quatre régiments de cuirassiers.

Donnez ordre à la brigade de cavalerie légère du général Jacquinot de prendre position à Magdeburg et sur la rivière de l'Elbe, en évacuant toute la Bavière, hormis le régiment de cavalerie légère qui est le plus près de France, qui se portera sur le Rhin.

NAPOLÉON.

4210. — DÉCISION.

Anvers, 5 mai 1810.

Le général Clarke demande si les dépôts des 44e, 46e, 50e, 51e, 55e et 75e régiments d'infanterie de ligne devront faire partir tous les hommes disponibles et en état de faire la guerre pour compléter la 7e demi-brigade provisoire stationnée à Paris.

Prendre seulement les détachements du corps qui sont à Paris.

NAPOLÉON.

4211. — DÉCISION.

Bois-le-Duc, 7 mai 1810.

Rapport du général Lacuée sur la nécessité de ravitailler la place de Barcelone par la voie du commerce, sous la protection de la marine.

Renvoyé au ministre des finances pour prendre toutes les mesures nécessaires pour protéger le retour en marchandises coloniales des bâtiments portant des grains en Catalogne.

NAPOLÉON.

(1) Copie certifiée.

4212. — DÉCISION.

Bois-le-Duc, 7 mai 1810.

Dispositions proposées par le général Clarke pour assurer le retour en Hollande du 1er régiment de hussards hollandais venant de Bayonne.

Approuvé.

NAPOLÉON.

4213. — AU GÉNÉRAL LACUÉE.

Berg-op-Zoom, 8 mai 1810.

Monsieur le comte de Cessac, je vois avec plaisir que vous avez fait tout ce qui dépendait de vous pour que mon armée de Catalogne ne manquât de rien. Je ne sais si les vivres ont manqué à mon armée, mais je sais fort bien que, si le maréchal qui la commandait eût été au milieu des troupes au lieu de rester à vingt lieues derrière, il eût jeté dans la mer les misérables troupes qui lui ont enlevé des détachements et lui ont fait faire une retraite peu honorable pour mes armes.

NAPOLÉON.

4214. — DÉCISIONS (1).

On prend les ordres de Sa Majesté pour une négociation relative à l'échange ou à la cession d'une portion de terrain appartenant à la ville de Bâle, dont la réunion au territoire de Huningue est nécessaire pour l'exécution de la tête de pont ordonnée par Sa Majesté.

Communiqué au ministre des relations extérieures.

Projet de décret relatif au mode d'admission et de sortie des compagnies de police du grand-duché de Toscane, et aux indemnités à accorder pour frais de tournée aux officiers qui les commandent.

Renvoyé au Conseil d'État.

(1) Sans signature ni date; extraites du « Travail du ministre de la guerre avec S. M. l'Empereur et Roi, daté du 10 mai 1810 ».

Le gouvernement helvétique demande si les déserteurs des régiments suisses au service de France sont compris dans le décret d'amnistie dernièrement rendu.

Renvoyé au Conseil d'Etat.

4215. — DÉCISIONS (1).

Middelburg, 11 mai 1810.

On rend compte à Sa Majesté d'une demande faite par M. le duc de Raguse, de 10.500 gibernes, porte-gibernes et bretelles de fusil pour l'équipement des Croates.

Décidé négativement (2).

On prie Sa Majesté de faire connaître s'il ne conviendrait pas que l'administration générale des postes françaises continuât à faire comme par le passé les avances nécessaires pour assurer le service des postes militaires en Espagne, sauf à se faire rembourser de ces avances par le Trésor espagnol.

Il faut réformer toutes les postes de l'armée d'Allemagne, et mettre la plus grande économie dans celles de l'armée d'Espagne.

NAPOLÉON.

On prie Sa Majesté de vouloir bien faire connaître si la dépense des troupes françaises en Westphalie, excédant le nombre de 18.500 hommes et de 6.000 chevaux, doit rester à la charge de ce royaume ou être supportée par le gouvernement français.

Elles doivent être traitées comme les troupes françaises en temps de guerre. S'il y a plus de 18.500 hommes, on m'en rendra compte. Je pourvoirai au surplus.

NAPOLÉON.

On a l'honneur de rappeler à Sa Majesté un rapport du 15 avril dernier par lequel on lui a proposé d'accorder, à titre de supplément au budget de 1809, une somme de 208.164 francs pour la première mise d'habillement des compagnies d'honneur de LL. AA. II. la grande-

Ces gardes d'honneur et le bataillon des vélites avaient été formés dans le temps de la guerre. Il faut à présent faire la dépense peu à peu et avec le temps.

NAPOLÉON.

---

(1) Extraites du « Travail du ministre directeur de l'administration de la guerre avec S. M. l'Empereur et Roi, daté du 11 mai 1810 ».
(2) Non signée.

duchesse de Toscane et le prince gouverneur général des départements au delà des Alpes.

4216. — DÉCISIONS (1).

On prie Sa Majesté de vouloir bien fixer le traitement de M. Lambert, intendant général de l'armée de Portugal, et de décider en même temps que ce traitement sera payable sur les fonds de la solde.	A représenter au retour de Sa Majesté.
On présente à la sanction de Sa Majesté un nouveau tarif des rations à allouer en campagne, en rassemblement sur le pied de paix, à compter du 1er juillet 1810.	Renvoyé au Conseil d'Etat.
On a l'honneur de rappeler à Sa Majesté un rapport du 15 avril dernier, par lequel on lui a proposé de charger chaque garde d'honneur de S. A. I. le prince Camille, de se procurer un lit à ses frais.	Approuvé.

4217. — AU GÉNÉRAL CLARKE.

Middelburg, 13 mai 1810.

Monsieur le duc de Feltre, donnez l'ordre à la division Dupas de se rendre d'Orléans à Tours et à la division Tharreau de se rendre de Tours à Nantes.

Vous donnerez l'ordre au général comte de Lobau, mon aide de camp, de se rendre à Tours et à Nantes, pour passer la revue de ces deux divisions. Il verra l'effectif du corps et effacera ce qui ne doit pas y être, prendra l'état réel des présents, l'état des officiers manquants, vérifiera l'armement, l'habillement, les livrets, la solde, la

(1) Sans signature ni date; extraites du « Travail du ministre directeur de l'administration de la guerre avec S. M. l'Empereur et Roi, daté du 11 mai 1810 ». — Ces décisions sont de la main de Maret.

comptabilité, enfin, passera une revue en règle de chaque régiment, et vous fera connaître sa véritable situation. Il recevra les réclamations pour la solde et autres réclamations. Il vous adressera la revue de chaque demi-brigade, et vous fera connaître le nombre des places vacantes.

Faites-moi connaître les ordres que vous avez donnés aux 3e, 4e et 7e demi-brigades provisoires, qui sont à Paris ; vous ne m'avez point parlé de la situation de ces corps et de la revue qu'a dû en passer le comte de Lobau. Si ces trois demi-brigades sont en état, faites-les partir à petites journées, pour Bordeaux et Bayonne.

NAPOLÉON.

4218. — DÉCISION.

Au palais de Laeken, 15 mai 1810.

Rapport du général Pelletier, commandant par intérim la 8e division militaire, au sujet d'un coup de main effectué par les Anglais sur l'île de Pomègue.

Renvoyé au ministre de la guerre pour traduire devant une commission militaire le commandant du fort, pour être traité selon toute la rigueur des lois.

NAPOLÉON.

4219. — DÉCISION (1).

Laeken, 15 mai 1810.

Sa Majesté est priée de faire connaître si les dispositions des décrets, qui accordent aux majors de la garde le rang de colonel dans la ligne, doivent s'appliquer aux majors de l'artillerie de la garde.

Les officiers de l'artillerie de la garde conserveront leur rang d'ancienneté dans le corps impérial d'artillerie et continueront d'en faire partie.

---

(1) Non signée; extraite du « Travail du ministre de la guerre avec S. M. l'Empereur et Roi, daté du 28 mars 1810 ».

4220. — AU MARÉCHAL BERTHIER (1).

Laeken, 15 mai 1810.

Mon Cousin, je vous renvoie vos dépêches d'Espagne que je n'ai pas encore lues, pour que vous en fassiez un récit pour le *Moniteur*, faisant suite aux premiers. Vous le remettrez, ce soir, au duc de Bassano, qui me le présentera demain. Faites-moi connaître ceux qui se sont distingués, afin que je leur donne des récompenses.

Vous me renverrez ces paquets après avoir pris vos notes.

4221. — DÉCISIONS (2).

Laeken, 15 mai 1810.

On prend les ordres de Sa Majesté sur une dépense de 14.950 francs que nécessiteront l'achèvement et l'entretien des monuments érigés en l'honneur de Turenne, de Desaix et de Kléber, sur la frontière du Rhin.	Approuvé.
On propose à Sa Majesté d'accorder une gratification une fois payée de 1.000 francs à M. le général Sol, commandant d'armes de la place de Bayonne, pour l'indemniser de ses dépenses extraordinaires de frais de bureau et de représentation.	Accordé 3.000 francs une fois payés.
Attendu les bons témoignages donnés par les préfets maritimes de Brest et de Lorient, sur la conduite qu'ont tenue les prisonniers des bandes de Schill et d'Oëls pendant leur route pour arriver aux bagnes, Sa Majesté est priée de faire connaître ses intentions sur la proposition que font ces préfets de faire entrer ces hommes dans	Accordé.

(1) Non signé.
(2) Non signées; extraites du « Travail du ministre de la guerre avec S. M. l'Empereur et Roi, daté du 10 mai 1810 ».

les bataillons coloniaux ou étrangers où ils témoignent le désir de servir.

On propose à Sa Majesté d'employer à l'armée de Catalogne le général de brigade Callier, qui commande l'île d'Elbe et de le remplacer par le général de brigade Dazémar.

Approuvé.

Le général de brigade Coëhorn, employé dans la division sous les ordres du général Dupas, demande un congé de convalescence de quatre mois avec appointements.

Accordé.

On soumet à Sa Majesté la demande d'un congé de convalescence de deux mois avec solde, formée par M. Joubert, colonel du 30e régiment d'infanterie de ligne, pour aller prendre les eaux ;

Accordé.

La demande d'un congé de convalescence de six mois avec solde faite par M. Barrié, colonel du 45e régiment de ligne, pour aller prendre les eaux.

Accordé.

On propose à Sa Majesté d'autoriser le sieur Legros, maréchal des logis de gendarmerie, de passer au service du roi de Naples.

Accordé.

Sa Majesté est priée de faire connaître si Elle approuve la suppression de la place d'Amiens comme dépôt d'artillerie.

Oui.

Rapport sur la poudrerie de Pampelune et la récolte de salpêtre en Aragon. Grand avantage de fabriquer des poudres à Pampelune.

Approuvé.

On rend compte à Sa Majesté de la mauvaise conduite tenue par le 2e bataillon du régiment prussien

En général, il paraît que ces troupes font en Espagne plus de mal que de bien.

lors de son passage à Angoulême pour se rendre en Espagne. Les ordres sont donnés pour faire punir les coupables exemplairement.	
Le général de brigade Kirgener, désigné par décision de Sa Majesté du 12 novembre 1808 pour remplir les fonctions de chef d'état-major général du génie à l'armée d'Espagne, a perçu l'indemnité de 1.000 francs par mois attribuée à ses fonctions pendant l'espace de sept mois qu'il a été retenu en Catalogne pour y commander l'arme du génie, persuadé que ce service lui donnait droit au même traitement. Le ministre soumet à Sa Majesté la proposition de maintenir ce traitement comme ayant été perçu de bonne foi.	Approuvé.
On prend les ordres de Sa Majesté sur la demande faite d'accorder des secours aux enfants des réfugiés égyptiens nés en France et à quelques personnes encore non admises à cette faveur. Cette dépense formerait un objet de 18.250 francs.	Accordé.
On propose à Sa Majesté d'approuver que le sieur Thomas, père d'un vélite canonnier tué d'un boulet à la bataille de Wagram, soit dispensé de payer la somme dont il est redevable pour la pension de son fils ;	Accordé.
D'approuver que le sieur Bourzac, réduit par des malheurs à l'impossibilité de payer la pension de son fils, vélite grenadier à cheval, soit dispensé de ce payement à compter du 1er octobre 1809.	Accordé.

Rapport demandé par Sa Majesté sur le général de brigade Bonnamy, qui jouit du traitement de réforme et qui a demandé du service.	Communiqué au ministre de la police pour connaître les motifs qui l'avaient fait éloigner de l'armée.
Le général de division Chambarlhac, commandant la 24e division militaire, demande un congé de quinze jours pour venir régler à Paris des affaires de famille.	Accordé.
Le roi de Westphalie a fait écrire au chef de bataillon d'artillerie Marion qu'il lui accorderait avec plaisir la décoration de chevalier de la couronne de Westphalie. On prie Sa Majesté de faire connaître si son intention est de donner son agrément à cet officier supérieur.	Accordé.
Le sieur J.-F. Lenoble, sergent au 2e régiment d'infanterie de ligne, sollicite l'autorisation de passer dans les troupes italiennes, où il serait placé en qualité de sous-lieutenant.	Accordé.
Deux lieutenants espagnols, qui se sont bien conduits dans le Nord et sur lesquels on a reçu les renseignements les plus favorables, sollicitent leur renvoi dans leur patrie. Ils ont été fidèles à leur serment.	Approuvé.
Trois Anglais, âgés et infirmes, sont à Morlaix, et ne peuvent être transférés dans l'intérieur. Ce sont deux passagers et un pêcheur. Le ministre de la police générale demande leur renvoi en Angleterre sous condition d'échange.	Accordé.
Mme la grande-duchesse de Toscane réclame une indemnité de	Accordé.

600 francs, à titre de gratification, en faveur du chef de bataillon Mesnil, qui a été chargé de l'organisation des vélites de Florence, et qui a mis le plus grand zèle dans la formation de ce corps.	
On propose à Sa Majesté :	
D'employer au 4e corps de l'armée d'Espagne l'adjudant commandant Jeanet ;	Approuvé.
De nommer commandant d'armes de la place de Middelburg (3e classe) le commandant Lafond, du 120e régiment, en remplacement du colonel Cassard ;	Il n'y en a pas besoin.
De nommer commandant d'armes de Givet et Charlemont (2e classe) le général de brigade Ledée ;	Approuvé.
De dispenser Mme veuve Patot, qui, par suite de la mort de son mari, est dans l'indigence, de payer la pension de son fils, chasseur à pied de la garde.	Approuvé.
Le général de brigade Goullus, employé à l'armée de Catalogne, demande un congé de quatre mois avec appointements pour aller aux eaux de Barèges.	Accordé.
L'adjudant commandant Molard, employé à l'armée d'Italie, demande un congé de convalescence de trois mois.	Accordé.
On propose à Sa Majesté d'accorder un congé de trois mois avec appointements au colonel Laroche, commandant le 1er régiment de carabiniers ;	Accordé.
D'accorder au colonel d'Haugeranville, du 6e régiment de cuirassiers, un congé de quatre mois avec appointements.	Accordé.

On soumet à Sa Majesté la demande d'une permission de quinze jours que fait le sieur Ameil, colonel du 24e régiment de chasseurs, pour se rendre à Paris et pour y suivre les intérêts de l'administration de son régiment ;	Accordé.
La demande faite par M. Ducasse, colonel en retraite, d'une autorisation pour accepter des fonctions administratives qui lui sont offertes par Sa Majesté le roi de Westphalie.	Accordé.
On met sous les yeux de Sa Majesté la demande faite par le ministre de la guerre du royaume de Naples, pour obtenir, en faveur de M. Hecquet, sous-lieutenant au 14e régiment d'infanterie légère, l'autorisation de passer au service du roi des Deux-Siciles.	Accordé.
Un maréchal des logis au 10e régiment de hussards sollicite l'autorisation de quitter ce corps pour passer au service de Naples. Cette demande est transmise par le ministre de la guerre napolitain.	Accordé.
Le général Thouvenot demande le renvoi à Saint-Sébastien du sieur Michelana. Espagnol détenu en France et dont le frère remplit avec succès une mission de confiance.	Approuvé.
Sur la demande du grand maître de l'Université impériale, et d'après l'avis du directeur général de la conscription, on propose à Sa Majesté d'accorder une exemption de service militaire en faveur de huit jeunes professeurs.	Accordé.

4222. — AU GÉNÉRAL CLARKE.

Lacken, 15 mai 1810.

Monsieur le duc de Feltre, je vois par votre lettre du 8 que quatre compagnies de vétérans sont en route pour Berg-op-Zoom; que quatre compagnies arriveront à Bréda, trois à Anvers, pour être à la disposition de la marine, et douze à Bois-le-Duc. Je désire que les douze compagnies qui sont à Bois-le-Duc fournissent des détachements à Grave, à Gertruydenberg, à Bommel et autres petites places de la Hollande, en nombre suffisant pour fournir une garde à l'arsenal et aux portes.

Ordonnez le désarmement des places du Brabant et la rentrée des affûts dans les magasins, hormis Berg-op-Zoom; mais Bréda, Bois-le-Duc, Gertruydenberg, Grave et les autres places qui sont sur la Meuse doivent être désarmées.

Proposez-moi, avant le 15 juin, de retirer du Brabant les cinq régiments que j'y ai, soit pour les placer à Anvers, soit pour les attirer dans des lieux sains ; autrement, ce serait détruire, sans but, ces troupes. Les vétérans supporteront mieux la température du pays. Au 1er juillet, la répartition des vétérans aura lieu. Il est convenable que ceux qui seront dans les places du Brabant soient mieux payés que les autres, parce que les vivres y sont plus chers.

Il faut donner l'ordre au général Dulauloy de retirer du Brabant hollandais toutes les pièces inutiles.

Vous recevrez un décret par lequel la marine doit vous rendre toutes les pièces en bronze que vous lui avez fournies ; la marine peut s'en procurer en fer. Vous ferez placer à Anvers, etc., celles qui sont sur la flottille de l'Escaut ; celles qui sont sur la flottille de Boulogne rentreront dans les forts et places de la côte : celles de Saint-Omer rentreront dans les places fortes.

Les trois compagnies de vétérans, que vous avez mises à la disposition du général Dulauloy, seront placées, l'une dans l'île de Walcheren, une dans l'île de Schouwen, une dans le Sud-Beveland.

Au 1er juillet, tous les canonniers de ligne qui sont dans les îles, hormis une compagnie, rentreront à Anvers, d'où ils pourront entrer dans les petites îles, au premier événement. Sans ces mesures, les compagnies de canonniers seront détruites, et je n'aurai que des fiévreux et des malades.

NAPOLÉON.

4223. — AU GÉNÉRAL CLARKE.

Laeken, 15 mai 1810.

Monsieur le duc de Feltre, donnez ordre au général Dulauloy de détruire les batteries faites par les Anglais, existant sur la côte de l'île de Walcheren, du côté de Sloe, pour défendre le passage entre Rammekens et Terweere.

Vous lui donnerez l'ordre de désarmer, sans les détruire, les batteries existantes entre la pointe de Borselen et le point vis-à-vis Terweere.

Je vous ai fait connaître comment les forts de Batz, de Lillo et de Liefkenshoek doivent être armés. Je désire qu'entre Flessingue et le fort de Batz, il n'y ait que deux forts armés : Borselen et Baerland. Le fort de Borselen contiendra deux batteries de 6 pièces de 36 chacune, deux de 6 pièces de 24 chacune, trois batteries de 4 mortiers chacune, savoir 3 à plaque, 3 à la Gomer, et 6 mortiers de six pouces. De plus, ces forts tiendraient 3 obusiers, 6 pièces de canon de 12 en bronze et 6 d'un calibre supérieur à 4. Ces batteries, qui seraient dans le même fort, ne seraient pas éloignées de plus de 200 toises. Ce fort serait fermé à la gorge ; il y aurait un magasin à poudre, voûté, une manutention d'un ou deux fours, avec un magasin pour nourrir 300 à 400 hommes pendant deux mois, une forge et un hangar d'artillerie. Il serait défendu du côté de terre par une inondation, du côté de la mer par une galerie de mines qui permît de faire sauter la digue en cas d'événement. Le projet des forts et l'estimation me seront soumis au conseil de décembre prochain, de sorte que, sur la rive droite, il n'y aura d'autres points fortifiés que Flessingue, Borselen, Baerland, Lillo. Ces points, ainsi fortifiés, seront respectables et seront capables de soutenir vingt jours de tranchée ouverte, au lieu de batteries isolées et sans consistance.

NAPOLÉON.

4224. — DÉCISION.

Laeken, 15 mai 1810.

Le recrutement de la légion du Midi, à prix d'argent, étant presque nul, depuis l'établissement de la conscription en Piémont, il est proposé de la recruter avec des conscrits réfractaires.

Continuer l'engagement à prix d'argent.

NAPOLÉON.

4225. — DÉCISION.

Laeken, 15 mai 1810.

Mesures proposées par le général Clarke pour compléter la garnison de Corfou.

Approuvé ces mesures. Le ministre donnera les ordres en conséquence sans délai.

NAPOLÉON.

4226. — AU GÉNÉRAL PUTHOD (1).

Au château de Laeken, 15 mai 1810.

Par ordre de l'Empereur, je vous préviens, général, que l'intention de Sa Majesté est que vous formiez des colonnes de troupes qui, accompagnées de la gendarmerie et des préposés des douanes, feront des visites domiciliaires et exactes dans toutes les communes du Brabant hollandais et saisiront toutes les denrées coloniales et marchandises anglaises qui pourraient y être cachées. Les marchandises saisies seront ensuite transférées à la douane d'Anvers. Donnez vos ordres pour l'exécution de cette disposition, d'après les mesures qui seront déterminées à cet égard par les agents en chef des douanes.

Je vous préviens aussi que les quinze compagnies de voltigeurs qui se trouvent dans les 24e et 25e divisions militaires vont être distribuées sur les deux lignes de douanes actuellement placées tant sur les nouvelles frontières de la Hollande que sur les anciennes, pour prêter main-forte aux préposés des douanes.

4227. — DÉCISION.

Laeken, 15 mai 1810.

Les princes de Schwarzburg demandent que les hommes du bataillon de la Confédération du Rhin, employés en Catalogne, qui appartiennent aux contingents de ces princes, soient versés dans les régiments de la Confédération, également stationnés en Catalogne.

Approuvé. Donner les ordres en conséquence.

NAPOLÉON.

(1) Copie d'une lettre de Berthier.

4228. — AU GÉNÉRAL CHAMBARLHAC (1).

Au château de Laeken, 15 mai 1810.

Par ordre de l'Empereur, je vous préviens, général, que l'intention de Sa Majesté est que les quinze compagnies de voltigeurs qui se trouvent dans les 24e et 25e divisions militaires soient distribuées sur les deux lignes de douanes actuellement placées tant sur les nouvelles frontières de la Hollande que sur les anciennes, pour prêter main-forte aux préposés des douanes.

Donnez, en conséquence, vos ordres, général, pour exécuter, en ce qui vous concerne, cette disposition, d'après les demandes et indications qui vous seront adressées par les agents en chef des douanes et rendez-en compte à Son Excellence le ministre de la guerre.

4229. — DÉCISION (2).

Laeken, 15 mai 1810.

On rend compte à Sa Majesté de la demande faite par M. l'intendant général de l'armée d'Espagne, de divers effets du magasin de Bayonne.

On la prie de vouloir bien faire connaître si l'on peut donner des ordres pour leur expédition.

Approuvé.

NAPOLÉON.

4230. — DÉCISION.

Laeken, 15 mai 1810.

En raison du service pénible que les gardes nationales ont à assurer dans les îles de Ré et d'Oléron, le général Clarke propose d'accorder à chacun une solde de 50 centimes par jour.

Les deux bataillons du régiment de Berg qui sont à La Rochelle fourniront un bataillon dans l'île de Ré et un dans l'île d'Oléron. Ce qui me porte à cette démarche, c'est que je vois que les Allemands sont embauchés en Espagne et augmentent le nombre des brigands.

NAPOLÉON.

---

(1) Copie d'une lettre de Berthier.

(2) Extraite du « Travail du ministre directeur de l'administration de la guerre avec S. M. l'Empereur et Roi, daté du 11 mai 1810 ».

4231. — DÉCISION.

Laeken, 15 mai 1810.

Le général Dejean demande des chaloupes canonnières pour protéger les expéditions du commerce sur Barcelone, et propose d'envoyer à Perpignan une compagnie des équipages militaires.

Renvoyé au ministre de la guerre, pour ordonner qu'ils soient fournis sans délai.

NAPOLÉON.

4232. — DÉCISION.

Laeken, 15 mai 1810.

Etat des généraux d'artillerie, proposés par le ministre pour l'inspection des côtes.

Approuvé.

NAPOLÉON.

4233. — AU MARÉCHAL BERTHIER.

Laeken, 15 mai 1810.

Mon Cousin, je désire que vous me présentiez un projet de décret pour accorder des récompenses aux officiers du corps du duc d'Abrantès et du général Suchet, qui se sont distingués aux affaires d'Astorga et de Lérida, et (*sic*) si le colonel Robert, que je vois déjà cité plusieurs fois, a une dotation.

NAPOLÉON.

4234. — AU MARÉCHAL BERTHIER.

Laeken, 16 mai 1810.

Mon Cousin, j'approuve la proposition d'un échange à Majorque. Faites connaître au ministre de la guerre par quel canal cette proposition a été faite, afin qu'on échange, s'il se peut, toutes les personnes de l'île de Majorque.

NAPOLÉON.

4235. — DÉCISION.

Laeken, 16 mai 1810.

Le général Clarke rend compte que l'entrepreneur de la manufac-

Une décision du ministre suffit ; ce décret est dans la loi com-

ture d'armes de Charleville ayant fait faillite, il a prescrit de continuer la fabrication des armes par régie, sous la surveillance des officiers d'artillerie. Il présente un projet de décret destiné à sauvegarder les intérêts des créanciers de l'entrepreneur en faillite.

mune, je n'ai pas besoin d'intervenir dans cette affaire.

Il faut donc que le ministre décide et prenne toutes les mesures pour que la fabrication ne se ralentisse pas et mette à couvert les intérêts du Trésor.

Ce serait une question de savoir s'il ne vaut pas mieux que l'artillerie ait toutes les fabriques. Les fusils sont payés cher et régulièrement, et les entrepreneurs font cependant de mauvaises affaires. Partout où les fabriques sont en régie, on s'est bien trouvé de ce système.

NAPOLÉON.

4236. — AU GÉNÉRAL LACUÉE.

Laeken, 16 mai 1810.

Monsieur le comte de Cessac, donnez des ordres pour diriger sur la Catalogne la compagnie des équipages militaires qui est à Sampigny et tout ce que vous aurez de disponible des équipages militaires sur le Rhin.

NAPOLÉON.

4237. — DÉCISIONS (1).

On propose à Sa Majesté d'ordonner :

1° La suppression de la succursale d'Avignon, à compter du 15 juillet prochain, terme suffisant pour donner au munitionnaire la faculté de consommer l'approvi-

Renvoyé au Conseil d'Etat.

(1) Sans signature ni date; extraites du « Travail du ministre directeur de l'administration de la guerre avec S. M. l'Empereur et Roi, daté du 16 mai 1810 ». — Ces décisions sont de la main de Maret.

sionnement de deux mois auquel il est tenu par son traité ;

2° L'évacuation de cette succursale sur l'hôtel impérial de Paris ;

3° La vente des bâtiments affectés à cette succursale, et celle des gros meubles qui ne vaudraient pas les frais de transport à Paris, pour le produit de ces deux ventes être versé à la caisse d'amortissement qui en fera bonifier le produit, et on ouvrira un compte au profit de l'Hôtel des Invalides.

On propose à Sa Majesté d'ordonner la suppression des approvisionnements de siège, formés en 1808, dans diverses places des 10e et 11e divisions militaires, vu qu'ils ne paraissent plus nécessaires.

Sa Majesté désire que cet objet lui soit représenté à Paris.

On prie Sa Majesté de vouloir bien faire connaître si elle consent à ce qu'il soit fait remise des farines dues par des meuniers de Vienne et des environs, s'ils justifient avoir été pillés par les troupes.

Approuvé.

On propose à Sa Majesté de réduire à 13.256 fr. 94 le secours de 15.757 fr. 13 accordé par décret du 2 février 1809 au 96e régiment pour paiement de dettes antérieures à l'an XII.

A représenter.

On rend compte à Sa Majesté de la commande que l'on a cru devoir faire à Paris de 36.000 paires de souliers.

On la prie de décider si 30.000 paires de ces souliers et 1.465 habits, provenant des gardes nationales de la ville de Paris, demandés par M. l'intendant général de l'armée de Portugal, seront mis à sa disposition.

Les envoyer à Bayonne.

On propose à Sa Majesté de relever de la déchéance la commission administrative des hospices civils de Libourne.	Accordé.
On propose à Sa Majesté de relever de la déchéance la commission administrative de l'hospice civil de Bordeaux.	Accordé.
On propose à Sa Majesté de vouloir bien accorder, à titre de secours, une somme de 60 francs à la veuve d'un infirmier de l'hôpital militaire de Rennes.	Accordé.
Etat des pétitions remises à Sa Majesté l'Impératrice, lors de son voyage de Strasbourg à Paris ; une seule mérite l'attention, celle de la dame Kuntzelmann, veuve du chirurgien aide-major de ce nom. On propose de lui accorder un secours de 375 francs.	Accordé.

4238. — AU GÉNÉRAL CLARKE.

Gand, 17 mai 1810.

Monsieur le duc de Feltre, donnez ordre aux trois bataillons du 3e régiment d'infanterie légère, qui sont à Bois-le-Duc, de se rendre à Dunkerque. Le major général a déjà provisoirement donné cet ordre.

Donnez ordre aux trois bataillons du 4e de ligne, qui sont également à Bois-le-Duc, de se rendre à Calais.

Donnez ordre aux trois bataillons du 93e de se rendre à Bois-le-Duc ; aux trois bataillons du 26e léger de se rendre à Anvers, ainsi qu'à deux bataillons du 56e ; le 3e bataillon de ce dernier régiment restera à Berg-op-Zoom.

Par ce moyen, il n'y aura à Bois-le-Duc que le 93e. Il y aura à Anvers trois bataillons du 26e léger et deux bataillons du 56e, ce qui fournira des travailleurs pour les fortifications.

Le 3e d'infanterie légère et le 4e de ligne, qui vont à Dunkerque et à Calais, feront partie du camp de Boulogne, que commande le général Vandamme, mais resteront en garnison dans ces deux villes.

Il est nécessaire que les vivres de campagne soient donnés aux troupes qui sont en Hollande, jusqu'au 1er juillet, et, d'ici à cette époque, on me proposera de régler la masse d'ordinaire pour ces troupes, de manière qu'elles puissent vivre.

Aussitôt que les vétérans seront arrivés à Bois-le-Duc et à Grave, vous me proposerez de retirer le 93e de Bois-le-Duc et le bataillon du 56e de Berg-op-Zoom.

Le 93e enverra de Bois-le-Duc à Grave, à Gertruydenberg, ce qui est nécessaire pour monter la garde à la porte de l'arsenal.

Donnez des ordres pour le désarmement de Bréda, de Bois-le-Duc et de toutes les places qui regardent la Hollande, et présentez-moi l'état des places où il est inutile de garder de l'artillerie, afin que je donne des ordres pour concentrer cette artillerie inutile à Anvers.

Je vous ai écrit pour que vous me proposiez des mesures pour qu'au 15 juillet il ne reste plus de personnel d'artillerie dans les îles de Walcheren, de Sud-Beveland et de Schouwen. Il faut, à cette époque, tout envoyer à Burgos et à Ostende, hormis les canonniers gardes-côtes, les canonniers vétérans, et seulement une compagnie d'artillerie de ligne pour l'île de Walcheren. De Bruges et d'Ostende, ces compagnies d'artillerie seront à portée de marcher sur l'Escaut, en cas d'événement. Ces mesures sont importantes pour ménager la vie de mes soldats.

NAPOLÉON.

4239. — AU GÉNÉRAL LACUÉE.

Gand, 17 mai 1810.

Monsieur le comte de Cessac, il est nécessaire que les vivres de campagne soient fournis aux troupes qui sont en Hollande, jusqu'au 1er juillet. D'ici à cette époque, vous me présenterez un rapport pour régler leur masse d'ordinaire, de manière qu'elles puissent vivre.

NAPOLÉON.

4240. — DÉCISION (1).

19 mai 1810.

On propose à Sa Majesté d'ordonner que les compagnies du 5e bataillon du train des équipages, encore en Allemagne, soient dirigées sur Perpignan, et qu'il soit fait un achat de 250 chevaux ou mulets pour les équipages de l'armée de Catalogne.

Approuvé, hors l'achat des mulets. La guerre doit en avoir à Poitiers dont elle ne sait que faire. D'ailleurs, j'ai dans les services d'artillerie et des transports plus de chevaux qu'il n'en faut.

NAPOLÉON.

4241. — DÉCISION.

Bruges, 19 mai 1810.

Demande de congé en faveur du capitaine Talon, aide de camp du général Sainte-Croix. Le père de cet officier venant d'être interdit, la présence de ce dernier est nécessaire dans sa famille pour régler des affaires d'intérêt.

Accordé.

NAPOLÉON.

4242. — AU GÉNÉRAL CLARKE.

Bruges, 19 mai 1810.

Monsieur le duc de Feltre, j'approuve que les 3e, 4e et 7e demi-brigades provisoires restent à Paris, pendant le mois de juin, puisque le duc de Lobau trouve que cela leur est nécessaire pour être parfaitement en état. Pressez l'habillement, l'armement et la mise en règle de la comptabilité de ces demi-brigades.

Ordonnez que les dépôts des régiments qui composent la 7e demi-brigade envoient les hommes nécessaires pour compléter les détachements.

Je dis la même chose pour la demi-brigade qui était à Boulogne et qui a eu ordre de se rendre, je crois, à Orléans. Envoyez des dépôts des corps qui composent cette demi-brigade de quoi la compléter.

(1) Extraite du « Travail du ministre directeur de l'administration de la guerre avec S. M. l'Empereur et Roi, daté du 16 mai 1810 ».

Ces quatre demi-brigades doivent former une division. Si déjà vous avez fait partir ces demi-brigades de Paris, elles devront s'arrêter sur la Loire.

Donnez des ordres pour qu'à chaque demi-brigade il y ait un colonel en second ou un major, et que les majors, etc..., que vous avez appelés au moment de la dernière expédition des Anglais pour commander un bataillon ou deux bataillons, retournent à leurs dépôts.

NAPOLÉON.

4243. — DÉCISION.

Bruges, 19 mai 1810.

Il est proposé à l'Empereur de tirer du dépôt du 4e bataillon de sapeurs 145 hommes pour recruter les deux compagnies de ce bataillon destinées au siège de Lérida.

Approuvé.

NAPOLÉON.

4244. — AU GÉNÉRAL CLARKE.

Lille, 23 mai 1810.

Monsieur le duc de Feltre, j'ai parcouru les fortifications de Dunkerque. Les officiers du génie qui y sont, sont si médiocres, si peu instruits, connaissent si peu la place que je n'ai pu rien apprendre. Il n'y a à la direction aucun plan coté, ni aucun nivellement pour marquer les inondations. A-t-on volé les cartes et plans ou les a-t-on enfouis ? Le génie est dans un état pitoyable et je ne suis plus étonné comment on n'a pas eu l'art de faire dans l'île de Walcheren la facile opération de l'inondation, qui rend une place imprenable. Je crois que les officiers du génie changent trop souvent. Au lieu d'être toutes les journées sans rien faire, ils devraient être occupés à lever le plan des côtes et nivellement de la place et environs, sur grande échelle. Proposez-moi un projet là-dessus. Que voulez-vous que fasse un pauvre commandant d'armes arrivant dans une place où il trouve si peu de ressources ?

Il faut faire un projet pour la place de Dunkerque :

1° Il ne doit pas être question de revêtir cette place et de se jeter dans des dépenses de millions ; mais il faut que les parapets, chemins couverts, soient en état.

2° Il faut qu'il y ait sur l'Estran, à 500 ou 600 toises de la place, sur les dunes, un fort à droite et un à gauche, pour empêcher l'ennemi de s'établir sur les dunes et d'écraser la ville.

Ces deux chapitres de dépenses doivent se faire sans y employer des sommes immenses. Faites-en faire les projets. Aussitôt que vous m'aurez rendu compte de la manière dont les cent premiers mille francs peuvent y être dépensés, j'accorderai volontiers cent mille francs pour cette année.

Je désire faire faire à Nieuport quelques réparations pour entretenir cette place. Je n'y ai pas passé ; mais l'officier du génie m'a assuré qu'avec une trentaine de mille francs, on pourrait la mettre en état.

NAPOLÉON.

4245. — DÉCISION (1).

Lille, 23 mai 1810.

Congé de maladie demandé par le fils du sénateur comte Lemercier. Cet officier est lieutenant, aide de camp du général Gardane.	Accordé.

4246. — DÉCISION.

Le Havre, 23 mai 1810.

Echange de prisonniers proposé au général Suchet par le général O'Donnel.	Approuvé toute espèce d'échange de prisonniers, pourvu qu'on ne se laisse pas duper. NAPOLÉON.

4247. — AU GÉNÉRAL CLARKE.

Dieppe, 27 mai 1810.

Monsieur le duc de Feltre, écrivez au maréchal Macdonald pour lui faire connaître la prise de Lérida, où l'on a fait 8.000 prisonniers. Réitérez l'ordre, par les bureaux du génie et de l'artillerie, aux officiers de ces armes qui commandent à Lérida de faire démolir

---

(1) Non signée.

sans délai cette place, de fond en comble, en conservant un fort capable de contenir 500 à 600 hommes. Vous ferez évacuer l'artillerie qui ne sera pas nécessaire à l'armement de ce fort, sur le point de France le plus près de Lérida. Ces ordres sont déjà transmis par le major général.

Faites connaître au maréchal Macdonald que le général Suchet, sans doute déjà maître de Mequinenza, reçoit l'ordre de se porter sur Tortose, et que, dans le même temps, lui, maréchal Macdonald, doit se porter sur Tarragone, pour faire le siège de cette place; que la prise de Lérida et de Hostalrich arrange beaucoup les affaires de Catalogne, et qu'en marchant sans hésiter sur l'ennemi partout où il se montrera, le maréchal Macdonald obtiendra des succès importants.

NAPOLÉON.

P.-S. (Daté du Havre, le 29 mai). — Recommandez au maréchal Macdonald, de marcher sur Tarragone, en combinant sa marche avec le général Suchet, et de laisser sur ses derrières les troupes nécessaires pour maintenir ses communications et contenir les différentes bandes.

4248. — DÉCISION.

Le Havre, 29 mai 1810.

Le général Clarke fait observer à l'Empereur que, dans le décret du 15 mai, qui accorde des congés limités à un certain nombre de corps de cavalerie, il n'est pas fait mention de quatre régiments de cuirassiers qui composent la division du général Bruyère.

Tous les régiments de cuirassiers doivent avoir des congés, hormis les quatre régiments de la division Bruyère qui, étant en Allemagne, ne doivent pas en avoir.

NAPOLÉON.

4249. — DÉCISION.

Le Havre, 29 mai 1810.

Rapport du maréchal Berthier au sujet du recrutement des escadrons de gendarmerie qui sont en Espagne.

J'approuve ces dispositions, mais je désire que le ministre forme un dépôt de ces vingt escadrons à Versailles et qu'il y en ait toujours 100 hommes à cheval et 200 à pied, de sorte qu'on puisse à fur et à mesure des pertes maintenir ces escadrons au complet. Le ministre me présentera un projet de décret pour former ce dépôt.

Je désire également former pour la Catalogne une autre légion composée de 20 brigades à cheval et de 100 brigades à pied, divisées en quatre compagnies. Le ministre me proposera ce travail.

NAPOLÉON.

4250. — AU MARÉCHAL BERTHIER.

Le Havre, 29 mai 1810

Mon Cousin, écrivez au général Dufour que je suis très mécontent de son peu d'activité, qu'au lieu de rester inactif dans les villes, il doit marcher à la tête des colonnes et se porter partout pour détruire les bandes.

NAPOLÉON.

4251. — AU MARÉCHAL BERTHIER.

Le Havre, 29 mai 1810.

Mon Cousin, donnez ordre au général Seras de se rendre avec le 113e régiment de ligne et le 4e régiment de la légion de la Vistule, à Valladolid. Il prendra sous son commandement les quatre bataillons auxiliaires dont vous lui recommanderez d'avoir un soin particulier. Cela portera sa division à huit bataillons. Le prince d'Essling lui fournira 1.200 hommes de cavalerie et 3.000 hommes d'infanterie pour porter son corps à 10.000 hommes. Avec ce corps, le général Seras manœuvrera pour contenir l'armée de Galice.

NAPOLÉON.

4252. — AU MARÉCHAL BERTHIER.

Le Havre, 29 mai 1810.

Mon Cousin, donnez ordre, en écrivant au général Seras, conformément à ma dernière lettre, de ne déplacer le 113e et le régiment de la Vistule qu'à mesure qu'il y aura d'autres troupes dans la Biscaye. Écrivez au général Dorsenne de laisser les conscrits de la 2e division de la garde à Burgos, jusqu'à ce qu'il y ait assez de troupes dans la Biscaye.

Faites-moi connaître quand les conscrits et tirailleurs de la garde partis de Paris arriveront à Vitoria.

NAPOLÉON.

4253. — DÉCISION.

Le Havre, 29 mai 1810.

Rapport du général Clarke au sujet des congés limités qu'il se propose d'accorder aux militaires des compagnies de réserve pour le temps de la moisson.

Accordé, mais lorsqu'ils auront fourni le contingent destiné pour les gardes nationales de la garde.

NAPOLÉON.

4254. — DÉCISION.

Le Havre, 29 mai 1810.

Le général Clarke propose de retirer de l'île de Walcheren toutes les compagnies d'artillerie de ligne, sauf une, et de les envoyer dans les places de Bruges, Ostende et Anvers.

Le ministre me remettra cela sous les yeux.

NAPOLÉON.

4255. — DÉCISION.

Le Havre, 29 mai 1810.

Le général Clarke rend compte qu'il a donné l'ordre de désarmer les places et forts du Brabant hollandais.

Me remettre cela dans le courant de juin avec les rapports qu'on recevra.

NAPOLÉON.

4256. — AU GÉNÉRAL CLARKE.

Le Havre, 29 mai 1810.

Monsieur le duc de Feltre, la saison est bien contraire pour faire des expéditions d'armes sur Corfou. Puisqu'il y a 400.000 livres de poudre, il semble que rien ne presse. Il faudra attendre l'hiver, pour faire arriver ces munitions avec plus de sûreté.

NAPOLÉON.

4257. — AU GÉNÉRAL CLARKE (1).

29 mai 1810.

Le maréchal duc d'Istrie vous avait remis un état des principaux officiers des gardes nationales de la Belgique qui désiraient servir dans les régiments français ; je désirerais en choisir un certain nombre pour les envoyer dans divers régiments.

4258. — AU GÉNÉRAL CLARKE (2).

Le Havre, 29 mai 1810.

Monsieur le duc de Feltre, donnez ordre que tous les hommes disponibles du 2e régiment d'infanterie de Berg, qui est à l'armée de Catalogne, soient mis dans le premier régiment, et que les cadres des deux bataillons du second régiment retournent à Paris.

NAPOLÉON.

4259. — AU GÉNÉRAL CLARKE.

Le Havre, 29 mai 1810.

Monsieur le duc Feltre, j'ai en Espagne cinq régiments de hussards et sept régiments de chasseurs. Je désire que vous me remettiez l'état, fait avec soin, de ces douze régiments, qui me fasse connaître ce qu'ils ont en hommes et en chevaux, ce qu'ils ont aux dépôts de France, enfin ce qu'il faudrait tirer de ces dépôts pour que ces douze régiments formassent 14.000 hommes. Vous me ferez connaître ce que pourraient fournir les dépôts de chasseurs et de hussards qui sont en France, pour atteindre ce complet. Je sup-

(1) Extrait.
(2) Copie certifiée.

pose que le déficit doit être de 3.000 chevaux ; on en ferait trois ou quatre régiments de marche.

Faites-moi connaître la situation de la cavalerie de l'armée de Catalogne, des régiments provisoires de cuirassiers, de chasseurs et du 24e régiment de dragons, et ce qui leur manque pour les porter à 6.000 hommes, sans envoyer aucun nouveau cadre en Espagne.

Tous mes régiments de cavalerie légère sont rentrés en France, hormis les deux régiments de la division Bruyère et les trois régiments qui sont dans les villes hanséatiques et en Hollande.

Il y a neuf régiments, trois de la brigade Pajol, trois qui sont dans le Nord et trois de la brigade Colbert, qui, je crois, pourront fournir 200 chevaux. Il faudrait prendre des hommes qui n'eussent pas fait les campagnes d'Allemagne, ou du moins ceux arrivés les derniers. Par ce moyen, tous mes régiments de cavalerie qui sont en France n'auraient au plus que 600 chevaux.

Pour la gendarmerie, les régiments pourraient fournir 15 hommes chacun, en prenant de vieux serviteurs, ce qui ferait 1.200 hommes. Faites un travail là-dessus avec le premier inspecteur et présentez-moi un décret ; cela diminuerait les régiments de cavalerie et les rapprocherait du pied de paix.

NAPOLÉON.

4260. — AU GÉNÉRAL CLARKE.

Le Havre, 29 mai 1810.

Monsieur le duc de Feltre, donnez ordre aux dépôts du 13e de cuirassiers et des lanciers, qui sont dans la 12e division militaire, de faire partir tout ce qu'ils ont de disponible, en en formant une compagnie de marche, et de la diriger sur Saragosse, pour rejoindre leurs corps.

NAPOLÉON.

4261. — DÉCISION.

Le Havre, 29 mai 1810.

Le général Clarke rend compte d'une démarche du ministre de la guerre du royaume de Hollande qui réclame, de la part de son souverain, les effets d'artillerie exis-

Refusé, je garde tout ce que j'ai.

NAPOLÉON.

tant dans les places fortes du Brabant, nouvellement réunies à l'Empire, et excédant l'armement et l'approvisionnement d'artillerie de ces places, attendu que ces effets y ont été mis en dépôt lors de l'invasion des Anglais et qu'ils appartenaient aux places du royaume de Hollande.

4262. — DÉCISION.

Le Havre, 29 mai 1810.

Le maréchal Berthier rend compte d'une demande du général Lariboisière à l'effet d'obtenir l'envoi dans le midi de l'Espagne d'artillerie et notamment de mobiles.

On peut tirer tous ces mobiles de Lérida, de Pampelune et de Saragosse.

NAPOLÉON.

4263. — DÉCISION.

Le Havre, 29 mai 1810.

Le prince Borghese demande que les dépôts des 3e et 14e régiments de chasseurs soient transférés de Savigliano et Fossano à Turin et à Pignerol.

Approuvé.

NAPOLÉON.

4264. — DÉCISION.

Le Havre, 29 mai 1810.

Le général Clarke propose de diriger sur les trois premiers bataillons du régiment d'Isembourg, qui sont à Naples, 230 hommes disponibles au dépôt général de recrutement de ce corps, à Longwy.

Les diriger sur Naples.

NAPOLÉON.

4265. — ORDRE (1).

29 mai 1810.

Les officiers des 3e et 4e bataillons du régiment des gardes nationales de la garde seront placés dans les régiments du corps du général Suchet. Ce régiment sera réduit à deux seuls bataillons et placé à Courbevoie ; il est nécessaire qu'il soit promptement formé. Il n'est qu'à 1.100 hommes, il doit être porté à 1.600 ou 1.700. Mon intention est de faire un appel de 1.000 hommes sur toutes les compagnies départementales : proposez-moi la distribution de cette levée. Il faudrait n'y admettre que des hommes de 24 ans et d'une taille élevée ; par ce moyen, dans le courant de l'été, ils seraient mis en bon état et pourraient entrer en campagne.

4266. — DÉCISION.

Le Havre, 29 mai 1810.

Le général Clarke demande des ordres au sujet de la destination à donner au 1er régiment de chasseurs, en route pour Mayence.

Ce régiment se rendra à Bruxelles.

NAPOLÉON.

4267. — DÉCISION.

Le Havre, 29 mai 1810.

Le général Lacuée rend compte qu'il a fait partir pour Perpignan la 1re compagnie du 5e bataillon des équipages militaires. Il demande si les 2e et 4e compagnies, qui sont à Bréda, devront recevoir la même destination.

J'approuve que tout le 5e bataillon des équipages soit dirigé sur la Catalogne.

NAPOLÉON.

4268. — DÉCISION.

29 mai 1810.

Le général Clarke propose de transférer de Vérone à Turin le dépôt du 2e bataillon de pontonniers.

Approuvé.

NAPOLÉON.

(1) Extrait.

4269. — DÉCISION.

Le Havre, 29 mai 1810.

Projet de décret portant surséance, jusqu'au 1er janvier 1811, à l'exécution des dispositions prescrites par les articles 35 et 37 du décret impérial du 15 mai, en faveur des militaires hollandais devenus sujets français qui sont employés à l'armée d'Espagne.

Il est plus court au ministre de la guerre d'écrire aux préfets pour qu'il leur soit donné ce sursis sans prendre de décret.

NAPOLÉON.

4270. — DÉCISION.

Le Havre, 29 mai 1810.

Le maréchal Berthier rend compte que le général de brigade Lamotte est disponible et qu'il attend des ordres à Vitoria.

Donner ordre à ce général de se rendre au corps du duc d'Elchingen pour prendre le commandement de sa cavalerie.

NAPOLÉON.

4271. — DÉCISION.

Le Havre, 29 mai 1810.

Demandes de congés en faveur du général Solignac et du capitaine Girard, du 54e régiment, la première pour raison de santé, la seconde pour affaires de famille.

Accordé ces deux congés.

NAPOLÉON.

4272. — DÉCISION.

Le Havre, 29 mai 1810.

Le général Clarke rend compte que les dépôts des quatre régiments de cuirassiers de la division du duc de Padoue ont quitté les 27e et 28e divisions militaires pour se rendre à Versailles.

A leur passage, on retiendra les cavaliers disponibles et on formera une compagnie de marche d'une centaine d'hommes qu'on dirigera sur Perpignan pour renforcer les régiments de marche de carabiniers.

NAPOLÉON.

4273. — DÉCISION (1).

Le Havre, 29 mai 1810.

Demande du général Dorsenne, transmise par le maréchal Berthier, tendant à obtenir des fonds pour le service du génie de la place de Burgos.

Approuvé. Renvoyé au major général pour faire connaître au général Dorsenne que toutes ces dispositions sont approuvées.

4274. — DÉCISION.

Le Havre, 29 mai 1810.

Le général Clarke rend compte des ordres qu'il a donnés aux dépôts des 44e, 46e, 50e, 51e, 55e et 75e régiments d'infanterie de ligne d'envoyer de suite à Versailles tous les hommes armés, habillés et équipés qui sont disponibles, afin de compléter les trois compagnies que le 5e bataillon de chacun de ces régiments a fournies à la 7e demi-brigade provisoire.

Approuvé.

NAPOLÉON.

4275. — AU GÉNÉRAL CLARKE.

Rouen, 31 mai 1810.

Monsieur le duc de Feltre, donnez ordre au prince d'Eckmühl de faire passer à Ulm la division Friant, pour occuper cette ville et y vivre, ainsi que dans tous les pays cédés par la Bavière, du côté d'Ulm, pour être remis au Wurtemberg. Elle pourra même s'étendre jusqu'au Wurtemberg, en ayant soin de n'occuper aucun village bavarois, ni de causer aucune gêne à la Bavière. La division Friant restera en possession de ces pays, jusqu'à de nouveaux ordres.

Donnez ordre aux parcs du génie et de l'artillerie, de se rendre à Francfort. Par ce moyen, il n'y aura plus d'autres troupes en Bavière que la division Morand. Ce mouvement s'exécutera sans délai. Aussitôt que les provinces de Salzburg et de la droite de l'Inn seront remises à la Bavière, les commandants d'armes, commissaires

(1) Copie certifiée.

des guerres et autres agents civils et militaires doivent rentrer. On laissera à Passau, et dans les lieux où j'ai de l'artillerie, des officiers et des gardes-magasins, dans les lieux où j'ai des magasins. Les trois régiments de la brigade Pajol et les trois régiments de la brigade Jacquinot ayant évacué la Bavière, il ne doit plus y avoir d'autres troupes que la division Morand et ce royaume doit être considérablement soulagé.

NAPOLÉON.

4276. — DÉCISION.

Saint-Cloud, 4 juin 1810.

Sire, Votre Majesté, par décret du 29 mai, a décidé que la province de Burgos formera le 5e gouvernement de l'Espagne et que les provinces de Valladolid, Palencia et Toro formeront le 6e gouvernement.	
Il ne reste qu'à nommer les gouverneurs.	
Je prie Votre Majesté de me faire connaître si son intention est d'en confier les fonctions, savoir :	
Pour le 5e gouvernement, à M. le général Dorsenne, qui a le commandement supérieur de la province de Burgos ;	Oui.
Et pour le 6e gouvernement, à M. le général Kellermann, commandant des provinces de Valladolid, Palencia et Toro.	Oui.

NAPOLÉON.

4277. — DÉCISIONS (1).

On rend compte à Sa Majesté d'une nouvelle demande d'effets de grand équipement, faite par M. le maréchal duc de Raguse.	Remettre les effets de Gradisca; pour le surplus, y pourvoir par les moyens du pays.

(1) Sans signature ni date; extraites du « Travail du ministre directeur de l'administration de la guerre avec S. M. l'Empereur et Roi, daté du 6 juin 1810 ». — Ces décisions sont de la main de Maret.

On propose de l'autoriser à disposer des 6.900 gibernes et 1.400 porte-gibernes existant à Gradisca, et provenant de contributions; Et de lui envoyer, des magasins de France, 5.500 porte-gibernes en cuir noir qui ont été confectionnés en l'an VIII et qui ne sont plus à l'uniforme des troupes françaises.	
On a l'honneur de rendre compte à Sa Majesté que des abus paraissent avoir eu lieu dans l'exécution des services en Dalmatie.	Renvoyé au ministre du Trésor.

4278. — DÉCISION.

Saint-Cloud, 8 juin 1810.

Rapport du duc de Feltre à l'Empereur au sujet de la composition du conseil d'enquête chargé d'examiner la conduite de M. Victor Hugues, ex-commandant en chef à Cayenne.	Approuvé. NAPOLÉON.

4279. — DÉCISION.

Saint-Cloud, 8 juin 1810.

Le général Clarke soumet à l'Empereur une demande du ministre de la guerre du royaume de Naples à l'effet d'admettre les élèves du génie napolitains à la suite de l'école d'artillerie et du génie établie à Metz, pour qu'ils y suivent les cours pendant deux ans.	Ne point faire de réponse. NAPOLÉON.

4280. — AU GÉNÉRAL CLARKE (1).

Saint-Cloud, 8 juin 1810.

Monsieur le duc de Feltre, donnez ordre que le 56e régiment de ligne, qui est à Anvers et à Berg-op-Zoom, se rend à Nimègue.

(1) Copie certifiée.

Le bataillon de ce régiment qui est à Berg-op-Zoom sera remplacé dans cette ville par un bataillon qui est à Anvers.

A l'arrivée du 56e à Nimègue, vous ferez connaître au colonel qu'il est à la disposition du duc de Reggio, qui pourra le faire venir à Utrecht, si cela devenait nécessaire, ainsi que le 1er régiment de chasseurs auquel vous donnerez l'ordre de se rendre également à Nimègue.

Vous donnerez l'ordre au général Puthod de tenir le 93e réuni, et, à la première demande du duc de Reggio, de l'envoyer sur Utrecht.

Vous donnerez l'ordre aux tirailleurs du Pô et aux tirailleurs corses de continuer leur route de Mayence sur Anvers, afin que, si les circonstances l'exigeaient, tout le régiment qui est à Anvers et le 93e puissent être envoyés en Hollande.

4281. — AU GÉNÉRAL CLARKE.

Saint-Cloud, 8 juin 1810.

Monsieur le duc de Feltre, donnez ordre que le 4e bataillon du 8e régiment d'infanterie légère, le 4e bataillon du 60e régiment d'infanterie de ligne et le 4e bataillon du 79e régiment de ligne, complétés à 600 hommes chacun avec tout ce que leurs régiments peuvent offrir de disponibles, soient dirigés de Genève sur Toulouse. Vous me ferez connaître le jour où ils arriveront, et il leur sera donné une destination.

Ces bataillons partant de Genève, forts de 600 hommes, ne le seront bientôt plus que de 500 hommes. Il sera donc nécessaire de faire fournir, des régiments qui sont à Paris, 200 hommes à chacun de ces bataillons, lesquels seraient dirigés sur ces bataillons afin de les maintenir toujours à 600 hommes.

Les hommes sortant des hôpitaux appartenant à ces régiments rejoindront les 3e et 5e bataillons.

Napoléon.

4282. — AU GÉNÉRAL CLARKE.

Saint-Cloud, 8 juin 1810.

Monsieur le duc de Feltre, donnez l'ordre au colonel en second, commandant la 3e demi-brigade provisoire de former sa demi-brigade à deux bataillons composés, savoir :

Le 1er bataillon : de deux compagnies du 32e et de deux compagnies du 58e ;

Le 2e bataillon : de deux compagnies du 121e et de deux compagnies du 122e.

Chacune de ces compagnies seront formées à 200 hommes choisis parmi ceux qui sont à l'école de bataillon, les mieux portants et les plus instruits, ce qui fera 1.600 hommes pour les deux bataillons. Ce régiment provisoire se formera dans la journée de demain, portera le nom de 1er régiment provisoire et partira lundi 11, pour Bordeaux, par la route de Rambouillet. Les compagnies restant de cette demi-brigade rentreront au dépôt, où elles recueilleront les malades sortant des hôpitaux des galeux et autres. En conséquence, les compagnies qui partent feront de nouveaux contrôles. Vous donnerez le même ordre pour la 4e demi-brigade provisoire.

Elle formera deux bataillons, compris chacun sous le nom de 2e régiment provisoire. Elle partira également lundi, pour Bordeaux. Vous lui ferez suivre la route d'Orléans.

Ces deux régiments provisoires formeront quatre bataillons ou seize compagnies, fortes de 3.200 hommes.

Vous ordonnerez aux dépôts de ces régiments de préparer deux autres régiments provisoires pour le 15 juillet, en réunissant les hommes rentrant des hôpitaux des galeux, ou des hôpitaux des régiments.

Vous donnerez l'ordre aux majors de rentrer à leurs régiments. Ces régiments provisoires seront commandés par des colonels en second et vous aurez soin que les officiers et sous-officiers des seize compagnies soient complétés par ceux des compagnies restantes, que ceux qui seraient hors d'état de faire la guerre, par maladie ou toute autre cause, soient remplacés. Il doit y avoir à chaque demi-brigade provisoire, 16 capitaines, 16 lieutenants et 16 sous-lieutenants. Vous mettrez de plus, par compagnie, un sous-lieutenant qui recevra un brevet pour ce service, et que vous prendrez dans le régiment des gardes nationaux de la garde. Ainsi, il y aura, dans chaque demi-brigade, 64 officiers présents, indépendamment de l'état-major.

Vous donnerez le même ordre pour la 7e demi-brigade, qui sera le 3e régiment provisoire, savoir :

1er bataillon : deux compagnies du 44e, deux compagnies du 46e;
2e bataillon : deux compagnies du 50e, deux compagnies du 51e;
3e bataillon : deux compagnies du 55e, deux compagnies du 75e.

Il restera les cadres de six compagnies, c'est-à-dire des 3es compagnies, lesquelles seront destinées à recevoir les galeux, malades sortant des hôpitaux ; de sorte qu'au 15 juillet prochain, ces compagnies puissent former un bataillon de marche de 800 hommes. Le dépôt se rendra à Versailles.

Le 3e régiment provisoire sera complété par les hommes des autres compagnies, à 200 hommes, ou au moins à 150 hommes par compagnie, ce qui fera plus de 2.000 hommes.

Ce régiment partira le 12 pour Bordeaux, par la route de Rambouillet.

La 6e demi-brigade provisoire formera un 4e régiment provisoire, qui sera composé de dix compagnies, savoir :

1er bataillon : deux compagnies du 25e de ligne, deux compagnies du 28e de ligne ;

2e bataillon : deux compagnies du 36e de ligne, deux compagnies du 43e de ligne.

Total : huit compagnies.

Une du 14e de ligne et une formée de plusieurs détachements qu'elle rejoindra à Tours.

Les compagnies restantes rentreront aux dépôts, où les hommes sortant des hôpitaux iront les rejoindre.

Le général Pannetier aura le commandement des quatre régiments, et, le 12, jour où le 4e régiment partira, il partira pour prendre le commandement des quatre régiments. Vous les ferez marcher à très petites journées, elles se reposeront tous les trois jours et on les fatiguera le moins possible.

Vous ferez former deux escadrons de marche, forts de 400 chevaux, tirés des quatre régiments de cuirassiers qui sont à Paris.

Le 4e fournira 80 chevaux, commandés par un officier.

Le 6e, 80 chevaux, commandés par un officier.

Le 7e, 120 chevaux, commandés par un officier,

Et le 8e, 120 chevaux, commandés par un officier.

Total : 400 chevaux.

Ces deux escadrons seront commandés par 1 major, 2 capitaines, 2 lieutenants et 2 sous-lieutenants, avec le nombre de maréchaux des logis, brigadiers et trompettes nécessaires.

Ces deux escadrons partiront lundi 11 pour Perpignan, d'où ils seront dirigés sur le régiment provisoire de cuirassiers qui est à l'armée de Catalogne.

Vous aurez soin que les 400 hommes qui doivent composer ces deux escadrons de marche soient pris exclusivement parmi les cuirassiers qui n'ont point fait la guerre et ont été reçus au régiment depuis la bataille de Wagram.

Lundi, le 4e régiment de cuirassiers partira pour se rendre à Caen, le 6e pour se rendre à Abbeville, le 7e pour Rouen, et le 8e pour Evreux, où ils seront définitivement placés. Je désigne ces quatre places, parce qu'on m'a assuré que c'étaient celles où les fourrages étaient à meilleur marché.

NAPOLÉON.

4283. — DÉCISION.

Saint-Cloud, 9 juin 1810.

Le général Clarke demande à l'Empereur si son intention est que la division Grandjean continue à être traitée sur le pied de guerre.

Oui, jusqu'à nouvel ordre les laisser subsister sur le pied de guerre.

NAPOLÉON.

4284. — DÉCISION (1).

Saint-Cloud, 9 juin 1810.

On propose à Sa Majesté d'accorder à M. le général Chasseloup une permission pour se rendre dans son département, où des affaires de famille très pressantes exigent sa présence.

Demain après la messe, le ministre fera appeler le vice-roi, le général Chasseloup et le général Bertrand, s'il y est, pour régler ce qui est relatif aux places d'Istrie.

4285. — AU MARÉCHAL BERTHIER.

Saint-Cloud, 9 juin 1810.

Mon Cousin, j'approuve que le colonel Corda soit nommé chef d'état-major de l'artillerie et le colonel Neigre directeur du parc de l'armée de Portugal.

NAPOLÉON.

(1) Extraite du « Travail du ministre de la guerre avec S. M. l'Empereur et Roi, date du 28 mai 1810 ».

4286. — DÉCISION.

Saint-Cloud, 9 juin 1810.

Le général Clarke demande que la vallée d'Aran soit comprise dans le commandement du général Vouillemont, afin de faciliter le maintien de l'ordre sur cette partie de la frontière des Pyrénées.

Le ministre propose en même temps de nommer chef de bataillon des chasseurs de la Haute-Garonne M. Joseph de Montesquiou, qui a concouru à la répression de la rébellion des habitants de cette vallée.

J'approuve ces dispositions.

NAPOLÉON.

4287. — DÉCISION.

Saint-Cloud, 9 juin 1810.

Sa Majesté catholique désire prendre à son service le régiment des pionniers espagnols, attaché à l'arme du génie de l'armée.

Approuvé, pourvu qu'il n'y ait pas de Français. S'il y en a, on les incorporera dans des corps français.

NAPOLÉON.

4288. — AU GÉNÉRAL CLARKE (1).

Saint-Cloud, 9 juin 1810.

Monsieur le duc de Feltre, faites connaître au duc de Reggio que je vois avec peine qu'il soit à Utrecht avec un seul bataillon;

Que l'ordre donné au 56e, au 93e et au 1er de chasseurs de le joindre et le mouvement sur Emden de la division Molitor, qu'il peut faire marcher sous le prétexte de la faire rentrer en France, sur la direction d'Utrecht, vont mettre à sa disposition des forces suffisantes;

Que, quant à l'entrée en Hollande des 56e et 93e, aussitôt que ces régiments auront fait une marche, il doit déclarer que cet accroissement de troupes est nécessité par les armements qu'on fait, par la mauvaise disposition que l'on montre et la direction qu'on donne

(1) Non signé, copie conforme.

à l'esprit des habitants, et qu'il est impossible de laisser les Français exposés à être égorgés par les Hollandais et les Anglais, qui méditent une expédition en Hollande.

4289. — AU GÉNÉRAL CLARKE.

Saint-Cloud, 9 juin 1810.

Monsieur le duc de Feltre, donnez ordre que les 140 hommes du 4e régiment d'artillerie de la marine, qui sont à Belle-Ile et à Quiberon, ainsi que les 650 hommes des 1er et 2e régiments, qui sont à Belle-Ile, soient restitués à la marine, qui en a besoin pour armer ses vaisseaux.

NAPOLÉON.

4290. — AU GÉNÉRAL CLARKE (1).

Saint-Cloud, 9 juin 1810.

Monsieur le duc de Feltre, donnez ordre, par un courrier extraordinaire, à la brigade Pajol de se cantonner à Mannheim et environs, jusqu'à nouvel ordre, sur le territoire de Bade.

Faites-moi connaître les lieux où sont les dépôts de ces trois régiments et les pays où il serait convenable de les placer, pour qu'ils vivent à meilleur marché.

NAPOLÉON.

4291. — DÉCISIONS (2).

Saint-Cloud, 10 juin 1810.

On rend compte à Sa Majesté des instructions qui ont été données aux autorités civiles et militaires pour leur tracer la marche qu'elles ont à suivre dans les mesures préliminaires d'exécution du décret impérial du 23 avril dernier, relatif au casernement de plusieurs villes et surtout pour assurer dès à pré-

Je vois avec peine ces mesures. Il faut me remettre les décrets qui font don aux communes, sans quoi rien ne se fera ; et ce sera la faute du ministère de la guerre.

(1) Copie certifiée.
(2) Non signées; extraites du « Travail du ministre de la guerre avec S. M. l'Empereur et Roi, daté du 28 mai 1810 ».

sent l'effet de la disposition principale suivant laquelle ces villes devront pourvoir à l'entretien et aux réparations de leurs établissements militaires, à compter du 1er juillet prochain.	
Sa Majesté est priée de statuer sur le sort d'un nommé Mascarelli, se disant colonel autrichien, qu'Elle avait ordonné de faire juger pour avoir pris part aux derniers troubles de la Dalmatie et qui ne l'a point été, l'ordre envoyé à cet effet par M. le maréchal duc de Raguse n'étant pas parvenu à Zara, où cet individu est encore détenu.	S'il est Piémontais, il faut le retenir et l'envoyer à Fenestrelle.
On rend compte à Sa Majesté que M. Burel, capitaine du génie, qui avait été envoyé en mission au Maroc et qui a été retenu pendant près de dix-huit mois, réclame une indemnité extraordinaire pour le temps de son séjour.	Accordé 3.000 francs.
On propose à Sa Majesté d'approuver que les généraux de brigade disponibles Lasalcette et Pouchin soient placés dans la 30e division militaire.	Approuvé.
On propose à Sa Majesté d'accorder au général Durpaire, commandant d'armes à Brest, un congé de quinze jours avec appointements.	Le commandant de Brest ne peut quitter la ville qu'en hiver.
On soumet à Sa Majesté la demande d'un congé d'un mois que fait le sieur Montbrun, colonel du 7e régiment de chasseurs.	Accordé.
On soumet à Sa Majesté la demande d'un congé de deux mois que fait M. de Castries, sous-lieutenant au 2e régiment de chasseurs, par décret du 30 mars 1810.	Accordé.

On propose à Sa Majesté d'exempter Mme veuve Delsol du paiement de la somme de 600 francs dont elle est redevable pour la pension de son fils, vélite chasseur à pied, mort à l'hôpital de Strasbourg.	Accordé.
Le capitaine espagnol Molina, qui s'est bien conduit dans le Nord et a prêté serment, demande son renvoi à Madrid pour y prendre du service.	Accordé.
M. Hamburg, Anglais d'origine, négociant et manufacturier à Valenciennes, demande à aller passer un mois en Angleterre pour s'y marier. Les propriétés considérables qu'il a en France garantissent de son retour.	Accordé.
Compte rendu de l'autorisation donnée pour l'incorporation définitive de 355 hommes du 56e régiment d'infanterie dans le 73e régiment.	Accordé.
On soumet à Sa Majesté un projet de décret pour admettre à la retraite le général de brigade Viala, commandant la succursale des Invalides à Louvain, qui serait remplacé dans ce commandement par l'ex-général de brigade Meunier.	Accordé.
On propose à Sa Majesté d'accorder à chacun des bataillons de vélites de Florence et de Turin douze musiciens dont un chef et un tambour-major.	Refusé.
On propose à Sa Majesté d'accorder au général de brigade Lemoine, commandant d'armes à Wesel, un congé de deux mois avec appointements ;	Refusé.
D'accorder un congé de quatre	Accordé.

mois avec appointements au général de brigade Leguay, employé dans la division que commande le général Molitor.

On soumet à Sa Majesté la demande d'un congé de six mois avec appointements faite par l'adjudant commandant Raynardi, chef d'état-major de la division qui était commandée par le général Dupas ; — Accordé.

La demande d'un congé de convalescence de deux mois que fait le colonel du 1er régiment de hussards, Begougne-Juniac, pour aller prendre les eaux thermales. — Accordé.

On propose à Sa Majesté d'accorder au major Testot-Fery, du 13e régiment de cuirassiers, un congé de deux mois avec appointements pour rétablir sa santé ; — Accordé.

D'accorder un congé de trois mois au major Bureaux de Pusy, du 28e régiment de dragons, pour se rendre dans sa famille. — Accordé.

M. Pecout, capitaine au 14e régiment d'infanterie légère, sollicite l'autorisation de passer au service de S. M. le roi de Naples, qui veut bien l'admettre dans ses troupes. — Accordé.

On soumet à Sa Majesté la demande que fait le lieutenant Levavasseur, aide de camp de M. le maréchal, duc d'Elchingen, d'être autorisé à se retirer du service pour cause de mauvaise santé. Il sollicite une place d'auditeur au Conseil d'Etat. — Accepté.

Le prince de Schwarzenberg réclame, par ordre de sa cour, le renvoi de détachements de vétérans employés à la police des villes illyriennes, lors de leur remise. — Oui.

M. le duc de Frias demande, par ordre de son souverain, le renvoi en Espagne de deux capitaines et d'un lieutenant-colonel. Ces trois officiers se sont bien conduits dans le Nord, ont prêté serment et ont obtenu les certificats les plus favorables.	Approuvé.
Sa Majesté est priée d'approuver le renvoi sans condition du capitaine anglais Boothby, qui a perdu la cuisse à Talavera et dont Elle a déjà autorisé l'échange.	Accordé.
On soumet à Sa Majesté un projet de décret relatif à la réduction dans le nombre des compagnies de canonniers vétérans, qui sont très faibles, et dont quatre doivent former le noyau de douze compagnies de canonniers gardes-côtes.	Je ne veux point détruire ces compagnies par tout ce qu'il y a de disponible aux Invalides.
On propose à Sa Majesté d'employer dans la 25e division militaire le général de brigade Legrand, employé au camp de Boulogne, où il n'est plus nécessaire depuis que les généraux de brigade Friederichs et Ledru y ont été envoyés ;	Accordé.
D'accorder un congé de trois mois avec appointements au colonel Desirat, du 11e régiment de chasseurs, pour aller prendre les eaux ;	Accordé.
D'accorder un congé de quatre mois sans appointements à M. le baron Faure de Gière, colonel du 4e régiment d'artillerie à cheval, à Vérone, pour affaires de famille ;	Accordé.
D'autoriser un ex-officier au service d'Autriche, rentré en France au mois de janvier 1809, à accepter du service dans les troupes du roi de Westphalie.	Accordé.
On propose à Sa Majesté d'em-	Accordé le général Harty.

ployer au corps d'observation en Hollande le général de brigade Harty et les adjudants commandants Beauvais et Massabeau.

On propose à Sa Majesté d'employer à l'armée d'Illyrie M. de Scépeaux, adjudant commandant.

Puisqu'il n'a pas voulu être employé en temps de guerre, il ne faut pas l'employer.

4292. — DÉCISION.

Saint-Cloud, 10 juin 1810.

Démissions des sous-lieutenants Failly et Keller, du 8e hussards, pour cause d'infirmités.

Accepté.

NAPOLÉON.

4293. — DÉCISION.

Saint-Cloud, 10 juin 1810.

Le général Clarke propose d'élever à la 2e classe la compagnie de réserve de Seine-et-Oise.

Refusé.

NAPOLÉON.

4294. — DÉCISIONS (1).

Saint-Cloud, 10 juin 1810.

Dans le système actuel d'administration, la régie existe de fait, l'entrepreneur n'est qu'un simple bailleur de fonds, et ce mode semble être celui qui entre dans les intentions de Sa Majesté et paraît préférable à tout autre.

Approuvé.

Sa Majesté est priée de faire connaître si Elle consent à ce qu'il soit fait une avance de 120.000 francs au sieur Félix, entrepreneur de la manufacture d'armes de Maubeuge, pour l'aider à faire construire une nouvelle usine et autres bâtiments

Je n'aime point faire des avances aux fournisseurs ; l'expérience en administration a prouvé que lorsqu'un fournisseur a besoin d'avances, ses affaires sont déjà mauvaises. Cela est d'au-

(1) Non signées; extraites du « Travail du ministre de la guerre avec S. M. l'Empereur et Roi, daté du 6 juin 1810 ».

qui donneraient à cette manufacture l'extension dont elle manque.

tant plus vrai que l'on trouve facilement aujourd'hui de l'argent à 5 p. 100 lorsqu'on a du crédit et que les affaires sont bonnes.

On rend compte à Sa Majesté de la demande faite par le général Puthod, commandant la 25e division militaire, d'être assimilé pour le traitement extraordinaire aux généraux commandant les 5e et 24e divisions militaires et qui reçoivent à ce titre une somme de 12.000 francs par an.

Approuvé.

On propose à Sa Majesté d'accorder à M. le chef de bataillon Charroy une indemnité de 1.200 francs pour le dédommager des pertes qu'il a faites lorsqu'il a été envoyé en 1807 près de Mustafa-Bavaïktar.

Approuvé.

4295. — DÉCISION (1).

11 juin 1810.

On a l'honneur de soumettre à Sa Majesté une requête des sous-traitants de l'ex-entreprise Lehman, ayant pour objet de faire décider affirmativement la question de savoir si ces sous-traitants doivent jouir du privilège accordé par le décret du 12 décembre 1806 sur les porteurs de transferts d'une date antérieure à la promulgation du décret.

On propose de renvoyer cette affaire à l'examen du Conseil d'Etat.

Approuvé.

NAPOLÉON.

---

(1) Extraite du « Travail du ministre directeur de l'administration de la guerre avec S. M. l'Empereur et Roi, daté du 7 février 1810 ».

4296. — NOTE (1).

Saint-Cloud, 12 juin 1810.

Le secrétaire du cabinet Deponthon prendra connaissance du décret que l'Empereur a pris aujourd'hui sur les places d'Italie. Il ira voir les généraux Chasseloup et Bertrand, pour ce qui regarde les ordres que j'ai donnés pour ces places et pour celles du Havre et de Boulogne, et en fera un extrait pour le ministre de la guerre.

M. Deponthon verra également le général Bertrand pour toutes les notes qu'il aurait ou qui auraient été faites sur la bataille d'Arcole, de Saint-Georges et autres batailles des campagnes d'Italie.

4297. — DÉCISIONS (2).

Saint-Cloud, 13 juin 1810.

Sa Majesté est priée de faire connaître ses intentions sur une demande de M. le feld-maréchal Kalkreuth en faveur du nommé Jachmann, qui a fait partie de la bande de Schill.	J'accorde cette grâce; en écrire au grand juge, écrire au maréchal Kalkreuth que j'ai été bien aise, en lui accordant cette grâce, de lui donner une preuve particulière de mon estime.
On rend compte à Sa Majesté de la condamnation prononcée contre un déserteur des tirailleurs du Pô, qui est susceptible de bénéficier de l'amnistie.	Accordé.
Attendu l'immoralité du général de brigade en retraite Dutertre, qui se trouve maintenant à Vienne sans autorisation, Sa Majesté est priée d'ordonner qu'il lui sera défendu de porter dorénavant l'habit de général et qu'il sera sursis au paiement de sa pension de retraite jusqu'à ce qu'il soit rentré en France et qu'il y ait purgé un jugement par	Approuvé, le faire arrêter aussitôt qu'il se présentera en France ; il est actuellement en Hongrie.

(1) Non signée, mais de la main du baron Fain.

(2) Non signées; extraites du « Travail du ministre de la guerre avec S. M. l'Empereur et Roi, daté du 6 juin 1810 ».

contumace qui le condamne à deux ans de prison et à 1.500 francs d'amende pour escroquerie.

Proposition d'employer dans une division militaire le général de brigade Guillot, qui est hors d'état de faire un service actif aux armées et qui se trouve disponible ;	Approuvé.
D'accorder un congé d'un mois et demi au général de brigade Cassagne, commandant supérieur de l'île d'Aix ;	Point de congé pendant l'été au commandant de l'île d'Aix.
D'approuver le congé de six mois avec appointements au général baron de Caulaincourt, qui se trouve dans le plus grand état de faiblesse et dont la santé a été détruite par les fatigues de ses campagnes à l'armée d'Espagne.	Approuvé.
On soumet à Sa Majesté une lettre de M. le maréchal duc de Castiglione, par laquelle il demande un congé pour le général de brigade Mazzuchelli, qui commande une brigade dans la division italienne.	Approuvé.
On propose à Sa Majesté d'accorder un congé de deux mois au major Duchastel, du 10e régiment de dragons.	Accordé.
Le ministre rend compte à Sa Majesté qu'il a accordé un congé de trois mois avec appointements au sieur Gobrecht, major du 24e régiment de dragons, pour faire usage des eaux thermales et rétablir sa santé.	Accordé.
Le général de brigade Constantini, nommé commandant d'armes de Flessingue par décret du 14 mai dernier, représente dans sa lettre ci-jointe qu'il craint que son âge	Lui donner sa retraite.

avancé (59 ans) et ses infirmités ne lui permettent pas de remplir les devoirs de cette place avec toute l'activité que Sa Majesté a droit d'attendre et que la situation importante de Flessingue exige.

On propose à Sa Majesté d'accorder à un maréchal des logis de gendarmerie en Corse l'autorisation qu'il demande de quitter son service en France pour passer à celui du roi de Naples ; — Approuvé.

D'accorder un congé absolu au sieur Nicolas Blondeau, soldat du train d'artillerie de la garde impériale, qui a été appelé sous les drapeaux comme conscrit de l'an VIII et qui, marié depuis sept ans, lors de son départ, a laissé une femme et trois enfants sans ressources. — Accordé.

4298. — DÉCISIONS (1).

13 juin 1810.

On prie Sa Majesté de vouloir bien décider si, à l'égard des masses d'habillement et de harnachement, on doit s'en tenir à la stricte exécution de sa lettre du 5 mars qui défend de faire aucun fonds pour l'armée d'Espagne.

Il faut fournir la masse d'habillement aux troupes qui sont en Espagne. Le ministre doit faire connaître où cette masse est payée aux corps ou aux dépôts. Comment les dépôts qui sont sur le Rhin pourront-ils fournir en Andalousie ? Il faut donc qu'ils puissent se fournir dans le pays.

On rend compte à Sa Majesté de l'ordre donné par M. le maréchal duc de Tarente, pour l'approvisionnement des places de Figuières, Roses, Girone et Hostalrich, et de la demande faite par l'ordonnateur en chef de l'armée de Catalogne

Il ne faut rien fournir pour Girone, puisque j'ai ordonné qu'on démolisse la place. Les autres approvisionnements me paraissent nécessaires à faire.

NAPOLÉON.

(1) Extraites du « Travail du ministre directeur de l'administration de la guerre avec S. M. l'Empereur et Roi, daté du 6 juin 1810 ».

pour que cet approvisionnement ait lieu au compte de l'administration de la guerre.

On a l'honneur de représenter à Sa Majesté, d'après ses ordres, le rapport par lequel on lui a proposé de réduire à 13.256 fr. 94 le secours de 15.757 fr. 13 accordé par décret du 2 février 1809 au 96e régiment pour paiement de dettes antérieures à l'an XII.

Approuvé.

NAPOLÉON.

4299. — DÉCISIONS (1).

On propose à Sa Majesté d'autoriser la réintégration en nature des effets d'hôpitaux empruntés par l'administration bavaroise et par la commission des provinces réservées pour un service éventuel à la charge par ces administrations de payer la moins-value de ces effets.

A la disposition du ministre.

Le 3e régiment d'infanterie de ligne à la Grande Armée n'a été remboursé par l'administration de la guerre que de 2.000 paires de souliers en gratification. Comme il avait ses quatre bataillons à l'armée et un effectif de 3.402 hommes, il réclame aujourd'hui le complément de la gratification à raison d'une paire par homme.

On propose à Sa Majesté de rejeter cette réclamation.

S'en tenir aux termes du décret.

On met sous les yeux de Sa Majesté l'état des achats de chevaux faits en Espagne par divers corps de cavalerie. On la prie de déterminer qui doit supporter cette dé-

Le gouvernement espagnol.

(1) Sans signature ni date; extraites du « Travail du ministre directeur de l'administration de la guerre avec S. M. l'Empereur et Roi, daté du 13 juin 1810 ». — Ces décisions sont de la main de Maret.

pense, du gouvernement français ou du gouvernement espagnol.

4300. — DÉCISION.

Saint-Cloud, 14 juin 1810.

Rapport de l'administrateur du gouvernement de Sainte-Maure sur la reddition de cette place aux Anglais et sur la conduite de ses habitants dans cette circonstance.

Renvoyé au ministre de la guerre. Il faut tâcher de faire venir les officiers d'état-major à Sainte-Maure et voir la tournure qu'on doit donner à cette affaire.

NAPOLÉON.

4301. — DÉCISION.

Saint-Cloud, 14 juin 1810.

Le général Clarke demande l'autorisation de faire partir de Lille pour Flessingue une partie du 3e bataillon du régiment de Prusse, en attendant que le reste du bataillon soit en état de partir.

Il n'y a pas d'inconvénient à attendre. Me rendre compte de cela au 1er juillet.

NAPOLÉON.

4302. — DÉCISION.

Saint-Cloud, 14 juin 1810.

Le général Clarke rend compte à l'Empereur que le quatrième convoi de recrues destiné à la division napolitaine de l'armée de Catalogne arrivera le 20 juin à Turin, d'où il continuera sa route sur Perpignan et l'Espagne.

Le roi de Naples se purge de brigands qui nous coûtent fort cher. Il faut déclarer que je rends responsables le général Grenier et le maréchal Pérignon s'il nous vient des brigands au lieu de soldats ; à cet effet, le maréchal Pérignon les passera en revue avant leur départ, car ces brigands empoisonnent l'armée.

NAPOLÉON.

4303. — NOTES POUR LE MINISTRE DE L'ADMINISTRATION DE LA GUERRE, DICTÉES DANS LE CONSEIL DES MINISTRES, SÉANCE DU 20 JUIN 1810 (1).

Il convient de faire une circulaire aux colonels pour leur faire connaître :

1° Qu'on ne doit faire aucune retenue aux soldats pour qu'ils se pourvoient de culottes de coton;

2° Qu'on ne doit pas souffrir que le soldat soit habillé autrement que le prescrit l'ordonnance, et qu'avec les effets que donne l'administration.

Il résulte des usages contraires, qui se sont établis dans beaucoup de corps, qu'on prend aux soldats des sommes considérables ; qu'ils vendent leurs culottes de drap pendant l'été et qu'ils n'en ont plus lorsque l'hiver arrive. Cela fait un très grand mal aux soldats pendant la guerre.

Le ministre écrira à l'ordonnateur Aubernon que, l'Illyrie ayant beaucoup de côtes, il n'y aurait point de difficultés à faire venir des grains de Venise, des Bouches-du-Pô et d'Ancône.

Il vaut beaucoup mieux consommer les grains dont l'Italie abonde que d'en tirer d'Autriche.

Le ministre écrira aussi au vice-roi afin qu'on ne laisse pas échapper une ressource importante pour l'Italie.

4304. — DÉCISION (2).

Saint-Cloud, (3) juin 1810.

Le ministre du royaume d'Italie réclame le renvoi des soldats de sa nation qui ont été envoyés en France comme prisonniers espagnols.	Accordé.

---

(1) Copie. Ces deux notes sont accompagnées d'une lettre d'envoi de Maret au ministre de l'administration de la guerre, datée de Saint-Cloud, 21 juin 1810.

(2) Extraite du « Travail du ministre de la guerre avec S. M. l'Empereur et Roi, daté du 20 juin 1810 ».

(3) Sans date de jour.

4305. — DÉCISIONS (1).

Saint-Cloud, 21 juin 1810.

On propose à Sa Majesté d'affecter aux travaux du fort de Batz un fonds de 50.000 francs restant disponible, les 60.000 francs affectés par le décret du 15 février à ces mêmes travaux étant insuffisants.	Approuvé.
On rend compte à Sa Majesté des paiements effectués par cumulation aux officiers généraux et d'état-major de l'artillerie et du génie pour traitement extraordinaire, frais de bureau et de tournée, antérieurement à la décision du 14 juin 1809. On propose à Sa Majesté de donner son approbation à ces paiements.	Accordé.
On propose à Sa Majesté d'affranchir le lieutenant Desrosiere et le maréchal des logis Lambert des retenues qu'ils subissent en extinction d'un déficit de 27.000 francs existant à la caisse du 5e bataillon *bis* du train. Ce déficit a été causé principalement par le commandant du bataillon mort insolvable et par le quartier-maître qui a été destitué et dont la fortune ne présente aucune ressource.	Accordé.
On rend compte à Sa Majesté que, pour encourager le zèle des gardes nationales de la commune de Larreau, le général commandant la 11e division militaire a fait accorder à un détachement de gar-	Approuvé.

(1) Non signées; extraites du « Travail du ministre de la guerre avec S. M. l'Empereur et Roi » daté du 20 juin 1810 ».

des nationales, qui a poursuivi plusieurs brigands, une gratification de 500 francs.	
On propose à Sa Majesté d'approuver l'ordre donné au colonel Viviand, de se rendre à la division d'arrière-garde de l'armée d'Espagne qui s'est formée à Paris, pour y remplir les fonctions d'adjudant commandant chef d'état-major ;	Approuvé.
De confier le commandement du département de l'Arno (29e division militaire) à M. le général de brigade Barquier, qui est disponible.	Approuvé.
On soumet à Sa Majesté la demande d'un congé de trois mois avec appointements faite par le général de division Bruyère, employé à l'armée d'Allemagne.	Accordé, lorsqu'il y aura un général à la division.
On propose à Sa Majesté d'approuver la décision qui accorde un congé de deux mois avec appointements au général de brigade Pouget ;	Accordé.
D'accorder au général de brigade Schilt et au colonel Larcilly, du 13e régiment d'infanterie de ligne, à l'armée d'Italie, un congé de trois mois avec appointements pour le rétablissement de leur santé.	Accordé.
Le général de brigade Grandjean, employé dans la 6e division militaire, demande pour aide de camp M. Praileur, lieutenant au régiment de la Tour d'Auvergne.	Approuvé.
Le ministre de la guerre du royaume de Naples a demandé, au nom de S. M., que M. Aymé, capitaine en retraite, fût autorisé à passer au service de cette puissance.	Accordé.

On propose à Sa Majesté d'accorder au colonel Clerc, commandant le 1er régiment de cuirassiers, un congé de convalescence de trois mois avec appointements pour rétablir sa santé.

Accepté.

4306. — PROCÈS-VERBAL DE LA SÉANCE DU CONSEIL D'ADMINISTRATION DE LA GUERRE, TENUE AU PALAIS DE SAINT-CLOUD LE 21 JUIN 1810 (1).

Le baron Préval fait un rapport sur les plaintes portées contre M. Guéry, colonel du 3e régiment provisoire de cuirassiers, par trois capitaines du même corps.

Sa Majesté ordonne que le ministre de la guerre suspende le colonel Guéry de ses fonctions, le mande à Paris pour être interrogé et fasse faire à Barcelone une enquête sur les faits qui ne sont pas suffisamment établis.

Le comte Andréossy fait un rapport sur les plaintes portées contre le sieur Almain, colonel de gendarmerie.

Sa Majesté ordonne au ministre de la guerre de lui proposer un projet pour donner la retraite au colonel Almain qui recevra l'ordre de se retirer dans ses foyers.

Le comte Andréossy fait un rapport sur la conduite du 26e régiment d'infanterie légère et du colonel Campy au passage de ce corps à Würzburg.

Sa Majesté charge le ministre de la guerre de proposer le colonel Campy pour une place d'adjudant commandant, et de faire connaître à cet officier qu'on le croit capable de servir, mais non de commander un régiment.

Le comte Andréossy fait un rapport sur les plaintes portées contre le général Duhesme et les autres personnes qui ont partagé l'autorité à Barcelone, sous les ordres de ce général.

Sa Majesté charge le ministre de la guerre : 1° de faire faire une enquête sérieuse à Barcelone sur tous les objets de plaintes ; 2° de demander au général Duhesme le compte des contri-

(1) Copie certifiée.

butions qu'il a levées et de leur emploi, et un mémoire détaillé sur son administration ; 3° d'ordonner au duc de Tarente de faire conduire à Paris par la gendarmerie le commissaire Grobert avec tous ses papiers ; 4° de faire venir à Paris pour être entendus le receveur des contributions et le consul de Sa Majesté, qui a été arrêté par ordre du général Duhesme et au mépris du caractère dont il était revêtu.

4307. — DÉCISION.

21 juin 1810.

Le général Bertrand rappelle à l'Empereur son intention d'accorder une pension ou gratification à l'ingénieur géographe Bagetti. Cet artiste a représenté à l'aquarelle toutes les batailles gagnées par Sa Majesté, et une partie de la collection précieuse qui résulte de ce travail orne la galerie de Fontainebleau.

Accordé 400 francs.

NAPOLÉON.

4308. — DÉCISION (1).

Saint-Cloud, 21 juin 1810.

Liste des auditeurs au Conseil d'Etat en service ordinaire près la section de la guerre, le ministre de la guerre et l'administration des poudres.

Approuvé.

NAPOLÉON.

---

(1) Copie certifiée.

4309. — DÉCISION.

Saint-Cloud, 21 juin 1810.

Le général Clarke propose de retirer le commandement du camp de vétérans de la 25e division au capitaine Marie, dont la mauvaise administration a donné lieu à un mécontentement général.

Accordé.

NAPOLÉON.

4310. — AU GÉNÉRAL CLARKE (1).

Saint-Cloud, 23 juin 1810.

Monsieur le duc de Feltre, je vous envoie un rapport du major général sur le service de l'artillerie de l'armée d'Espagne. Je désire que vous me fassiez connaître :

1° Ce que les dépôts d'artillerie peuvent fournir pour recruter les compagnies qui sont en Espagne ;

2° Quels sont les cadres des bataillons du train qu'il faudrait faire revenir en France, en versant les chevaux dans les autres bataillons ;

3° Le nombre d'hommes que ces bataillons peuvent envoyer à Bayonne pour recevoir les chevaux envoyés de France pour faire une remonte qui maintienne les corps dans un équilibre convenable ;

4° Vous me présenterez un projet de décret pour faire des lieutenants du corps des sous-officiers et de l'école de Metz ;

5° Vous me ferez un rapport sur les propositions d'avancement.

4311. — AU GÉNÉRAL CLARKE.

Saint-Cloud, 23 juin 1810.

Monsieur le duc de Feltre, mon intention est de placer le 11e régiment de chasseurs et les 5e et les 12e de hussards, à Verdun, à Saint-Mihiel et à Stenay. Faites-moi connaître quand ces régiments arriveront à Mannheim, afin que je donne des ordres pour qu'ils soient dirigés sur ces garnisons. Ce qui me porte à choisir ces villes, c'est qu'il paraît que les fourrages y sont à bon marché. Dirigez les dépôts de ces régiments dans ces trois lieux.

NAPOLÉON.

---

(1) Non signé, copie conforme.

4312. — AU GÉNÉRAL CLARKE.

Saint-Cloud, 23 juin 1810.

Monsieur le duc de Feltre, je suppose que vous communiquez au comte de Sussy l'état de toutes les saisies qui sont faites par les corsaires et les douanes françaises, afin que ce qui concerne cet objet me soit présenté dans les conseils des lundis. Je désire que vous veniez à ces conseils, pour régler la part qui revient aux troupes dans ces saisies.

Napoléon.

4313. — DÉCISIONS (1).

Saint-Cloud, 23 juin 1810.

On propose à Sa Majesté de permettre à M. le colonel Guéhéneuc d'assister à la cérémonie funèbre en mémoire du maréchal duc de Montebello, dont il était beau-frère.	Approuvé (2).
On propose à Sa Majesté d'accepter la démission du lieutenant Decors, aide de camp du général Maurice Mathieu.	Accordé.
On demande les ordres de Sa Majesté sur la construction qu'Elle a ordonnée d'une salle d'armes à la citadelle d'Anvers.	Anvers devient une place de premier ordre, l'artillerie n'y a point d'établissement : il lui en faut ; la destination naturelle de la citadelle est de renfermer cet établissement; me présenter un projet pour établir non seulement la salle d'armes, mais les hangars-magasins dans la citadelle. Regarder le couvent qui est dans la ville comme supplément.

(1) Non signées; extraites du « Travail du ministre de la guerre avec S. M. l'Empereur et Roi, daté du 13 juin 1810 ».

(2) Sans date. Cette décision a été renvoyée aux bureaux le 18 juin.

Sa Majesté est priée d'autoriser l'allocation d'une somme de 2.683 fr. 57, dépensée par l'administration des poudres sans autorisation préalable.	Approuvé.
Proposition de faire délivrer les rations de fourrages à la gendarmerie de l'armée d'Espagne sans retenue et de composer, de cette retenue, une masse particulière destinée au remplacement de pertes de chevaux et d'effets qu'éprouvent les gendarmes.	Approuvé.
On propose à Sa Majesté d'exempter la mère d'un vélite chasseur à cheval, tué à la bataille d'Eylau, du paiement de la somme de 221 fr. 94, dont elle est redevable pour la pension de son fils.	Accordé.
D'exempter le sieur Garderas du paiement de la somme de 315 fr. 55, dont il est redevable pour la pension de son fils, ex-vélite, tué à l'armée d'Espagne.	Accordé.
Le général de division Meynier, commandant d'armes à Mayence, demande la permission de se rendre tous les soirs à 6 heures aux eaux de Wiesbaden et de ne rentrer dans Mayence que le matin à 9 heures.	Accordé.
On propose à Sa Majesté d'approuver l'autorisation donnée au général de brigade Ricard, de se rendre aux eaux de Barèges.	Accordé.
On soumet à Sa Majesté la demande que fait le général de brigade prince d'Isembourg d'être autorisé de se rendre à Wiesbaden, dont les eaux sont jugées nécessaires au rétablissement de sa santé ;	Approuvé.

La demande d'un congé de deux mois avec appointements faite par le général de brigade Jacquinot.	Approuvé.
On met sous les yeux de Sa Majesté la demande que fait le ministre de la guerre du royaume de Naples, pour que M. Christophe, sous-lieutenant au 23e régiment d'infanterie légère, puisse passer au service napolitain. Cet officier en a exprimé le désir.	Approuvé.
On soumet à Sa Majesté la convention qui a été adoptée pour l'administration du corps de 6.000 hommes de troupes françaises qui doit être soldé, nourri et entretenu par la Hollande.	Approuvé.
On demande les ordres de Sa Majesté sur la réclamation de M. le maréchal duc de Raguse, relativement à l'insuffisance du traitement qui lui a été réglé. Il indique qu'il serait indispensable que la totalité des traitements qui lui sont accordés fût portée à 400.000 francs par an.	Mon intention est que l'Illyrie ne me coûte rien. Me faire connaître l'état actuel des revenus. Le traitement du gouverneur sera augmenté à proportion de l'augmentation des produits du pays.

4314. — DÉCISION.

Saint-Cloud, 23 juin 1810.

Noms des généraux et colonels tués à l'ennemi, dont le maréchal Berthier propose de placer les statues sur les ponts d'Austerlitz et d'Iéna.	Approuvé. NAPOLÉON.

4315. — DÉCISIONS (1).

Saint-Cloud, 23 juin 1810.

On propose à Sa Majesté de décider que les fournitures de pain faites aux troupes italiennes dans le Tyrol depuis le 29 janvier dernier seront à la charge du royaume d'Italie.

Approuvé.

NAPOLÉON.

On prend les ordres de Sa Majesté sur la proposition faite par M. l'intendant général de l'armée d'Allemagne, de remettre aux villes hanséatiques les denrées d'approvisionnement de siège en vivres et fourrages, à charge par elles de les entretenir en même nature et quantité.

Approuvé.

NAPOLÉON.

Je prie Votre Majesté d'autoriser une avance de 30.000 francs sur 1810, au 2e régiment suisse, à valoir sur ce qui lui est dû, tant pour créances liquidées que pour pertes résultant des événements de la guerre d'Espagne.

Approuvé.

NAPOLÉON.

J'ai l'honneur de rendre compte à Votre Majesté de la demande faite par M. l'intendant général de l'armée de Portugal, de 353.844 rations de biscuit qui existent encore à Bayonne.

Approuvé.

NAPOLÉON.

4316. — DÉCISION.

Saint-Cloud, 23 juin 1810.

Rapport fait par le général Clarke au sujet de l'inspection faite à Belle-Ile et à l'île d'Aix par les généraux d'artillerie Seroux et Devaux.

Il est inutile d'envoyer des chevaux à Belle-Ile ; on se servira en cas d'événement, de ceux de l'île. Il est également inutile d'envoyer des canonniers à l'île

(1) Extraites du « Travail du ministre directeur de l'administration de la guerre avec S. M. l'Empereur et Roi, daté du 2 juin 1810 ».

d'Aix. On doit ordonner que 300 hommes d'infanterie de la garnison soient exercés au tir du canon. Se concerter avec la marine pour qu'en cas d'événement il soit envoyé de Rochefort 200 canonniers de la marine pour renforcer la garnison. Il faut avoir soin seulement qu'il y ait suffisamment d'officiers supérieurs.

Ce rapport ne fait pas connaître si les affûts sont en bon état et s'il y en a de réserve.

NAPOLÉON.

4317. — DÉCISION.

23 juin 1810.

Le général Clarke demande si les régiments de cuirassiers de la division du duc de Padoue, qui viennent d'être placés à Caen, Abbeville, Rouen et Evreux, doivent être mis sur le pied de paix.	Oui. NAPOLÉON.

4318. — DÉCISION (1).

23 juin 1810.

On prie Sa Majesté d'accorder à titre de secours extraordinaire, au 14e régiment d'infanterie légère, employé à Corfou, une somme de 1.900 francs pour le couvrir de la perte qu'il a faite de 200 schakos capturés par les Anglais.	Accordé. NAPOLÉON.

(1) Extraite du « Travail du ministre directeur de l'administration de la guerre avec S. M. l'Empereur et Roi, daté du 13 juin 1810 ».

4319. — DÉCISIONS (1).

23 juin 1810.

J'ai l'honneur de proposer à Votre Majesté de décider :

1° Que toutes les troupes dans le département des Bouches-de-l'Escaut continueront à recevoir en nature la fourniture de la viande, des riz ou légumes secs et du sel, jusqu'à ce qu'il en soit autrement ordonné ;

2° Que les troupes dans le département des Bouches-du-Rhin et celles dans la partie du pays nouvellement réuni au département des Deux-Nèthes cesseront de jouir de ladite fourniture à compter du 1er juillet prochain, et que les sous-officiers et soldats dans ces pays recevront, jusqu'à nouvel ordre, un supplément de 5 centimes à la masse d'ordinaire, ce qui portera cette masse à 20 centimes.

Approuvé.

NAPOLÉON.

J'ai l'honneur de rendre compte à Votre Majesté de la fâcheuse situation du service des subsistances en Dalmatie et en Albanie, par suite de la disette qui se fait vivement sentir dans ces provinces.

Je la préviens aussi que j'ai invité M. l'intendant général Dauchy à pourvoir d'une manière efficace aux besoins pressants que ce service éprouve et à procurer les fonds nécessaires pour l'approvisionner convenablement.

Faire passer de celle d'Italie par terre et par mer.

NAPOLÉON.

J'ai l'honneur de prendre de nouveau les ordres de Votre Majesté sur le rapport que je lui ai présenté, le 2 de ce mois, pour lui ren-

Accordé à Flessingue pour 2.500 pour un mois, à Zierikzée pour 400, pendant un mois.

NAPOLÉON.

(1) Extraites du « Travail du ministre directeur de l'administration de la guerre avec S. M. l'Empereur et Roi, daté du 20 juin 1810 ».

dre compte de la demande faite par M. le général Gilly d'approvisionnement de siège, savoir :

A Flessingue, pour 5.000 hommes pendant trois mois ;

A Zierikzée, pour 800 hommes pendant trois mois.

J'ai l'honneur de rappeler à Votre Majesté un rapport du 16 mai dernier par lequel je lui ai proposé d'ordonner la suppression des approvisionnements de siège, formés en 1808 dans diverses places des 10e et 11e divisions militaires, attendu qu'ils ne paraissent plus nécessaires.

Réduire ces approvisionnements au tiers.

NAPOLÉON.

On propose à Sa Majesté de traiter les troupes de la division Grandjean, Tharreau, Dupas et de la brigade Colbert, en ce qui concerne les fourrages, comme les troupes dans l'intérieur.

Le nombre des rations, depuis l'entrée de ces troupes en France, doit être sur le pied de paix.

NAPOLÉON.

On rend compte à Sa Majesté de la disette d'avoine qu'éprouvent les départements du Midi pour l'armée de Catalogne, et de la nécessité d'y suppléer par des mesures promptes.

Cette armée, vers la fin du mois, doit faire un mouvement en avant qui soulagera le trésor public.

NAPOLÉON.

4320. — DÉCISION.

Saint-Cloud, 23 juin 1810.

Le colonel du 1er régiment d'infanterie légère demande qu'il soit envoyé aux trois premiers bataillons de ce régiment, à l'armée de Catalogne, 600 hommes tirés des 4e et 5e bataillons.

Approuvé.

NAPOLÉON.

4321. — DÉCISION.

Saint-Cloud, 23 juin 1810.

Le maréchal Berthier demande l'autorisation de faire parvenir à Gibraltar une lettre de M. de Metternich concernant le rappel du chargé d'affaires d'Autriche en Espagne.

Approuvé.

NAPOLÉON.

4322. — DÉCISION.

Saint-Cloud, 23 juin 1810.

Le roi d'Espagne propose d'affecter au paiement de dépenses extraordinaires de l'armée d'Espagne le produit des ventes de marchandises confisquées en Andalousie.

Le major général écrira pour qu'on emploie à solder l'armée et à payer les dépenses de l'administration, le produit de la vente des marchandises coloniales saisies en Andalousie, et il chargera le duc de Dalmatie d'affecter là-dessus une somme pour l'administration.

NAPOLÉON.

4323. — DÉCISIONS (1).

24 juin 1810.

Je prie Votre Majesté de me faire connaître si Elle veut bien accorder une pension annuelle de 225 francs au sieur Follard, médecin de l'armée d'Espagne, maintenant hors d'état de continuer ses fonctions.

Approuvé.

NAPOLÉON.

Je prie Votre Majesté de vouloir bien relever la commission administrative de l'hospice civil de Lapalisse, département de l'Allier, de la déchéance qu'elle a encourue pour n'avoir pas fourni en temps

Approuvé.

NAPOLÉON.

(1) Extraites du « Travail du ministre directeur de l'administration de la guerre avec S. M. l'Empereure et Roi, daté du 2 juin 1810 ».

utile ses états de journées de traitement de militaires pendant les exercices XIV, 1806, 1807 et 1808.		
J'ai l'honneur de prier Votre Majesté de vouloir bien décider si la fourniture des souliers, faite à Paris, au bataillon de marche venant de Boulogne, lui sera donnée en gratification ou imputée.	Oui.	NAPOLÉON.
J'ai l'honneur de proposer à Votre Majesté de permettre que M. Heurteloup, l'un des inspecteurs généraux du service de santé, chirurgien en chef de l'armée d'Allemagne, vienne reprendre ses fonctions à l'inspection générale de santé.	Approuvé.	NAPOLÉON.
Je prie Votre Majesté d'accorder au sieur Treille, chirurgien aide-major de l'armée d'Espagne, la décoration de la Légion d'honneur, en récompense de la conduite honorable qu'il a tenue auprès des malades et blessés français prisonniers de guerre à l'affaire de Baylen.	Accordé.	NAPOLÉON.
Je prie Votre Majesté de vouloir bien me faire connaître si Elle approuve la gratification de 800 francs accordée par M. l'intendant général de l'armée d'Espagne à l'adjoint provisoire aux commissaires des guerres Lavillegille qui, tombé au pouvoir des insurgés espagnols, a perdu en cette circonstance effets, chevaux et bagages	Accordé.	NAPOLÉON.

4324. — DÉCISIONS (1).

24 juin 1810.

J'ai l'honneur de proposer à Votre Majesté de décider qu'il ne sera exercé aucune poursuite pour le recouvrement de la somme totale de 128 fr. 80, dont ont été déclarés reliquataires trois maires qui ont exécuté le service des convois militaires pendant l'an X.

Accordé.

NAPOLÉON.

J'ai l'honneur de prier Votre Majesté de vouloir bien autoriser le paiement, avec des fonds de 1807, des 107.481 fr. 39 dus au ministère de la marine par résultat des comptes de compensation établis entre les deux ministères, pour journées d'hôpitaux pendant les exercices XII, XIII, XIV, 1806 et 1807.

Approuvé.

NAPOLÉON.

J'ai l'honneur de demander à Votre Majesté si Elle veut autoriser le sieur Dupont, chirurgien aide-major à l'hôpital de Rome, à passer au service du roi de Naples, qui l'a nommé chirurgien aide-major de sa garde.

Approuvé.

NAPOLÉON.

4325. — DÉCISION (2).

Saint-Cloud, 25 juin 1810.

M. le duc de Frias réclame, par ordre de son souverain, le renvoi de 16 officiers, prisonniers de guerre, dont les familles ont donné des preuves de dévouement et de fidélité.

Il faut écrire à M. Laforest pour avoir des renseignements sur les talents de ces individus. Savoir son opinion.

(1) Extraites du « Travail du ministre directeur de l'administration de la guerre avec S. M. l'Empereur et Roi, daté du 20 juin 1810 ».

(2) Non signée; extraite du « Travail du ministre de la guerre avec S. M. l'Empereur et Roi, daté du 13 juin 1810 ».

4326. — DÉCISION.

Saint-Cloud, 25 juin 1810.

Projet d'organisation pour l'artillerie qui devra rester en Allemagne après la rentrée en France de la division du général Friant.

Approuvé pour faire exécuter après la rentrée de la division Friant avec les modifications suivantes :

1° Laisser en Allemagne les quinze compagnies du 7e régiment à pied et cinq compagnies du 5e, ce qui fera vingt compagnies ;

2° Faire rentrer toutes les compagnies du 6e régiment à pied.

NAPOLÉON.

4327. — DÉCISION.

Saint-Cloud, 25 juin 1810.

Le général Clarke propose de faire rentrer à leur dépôt, à Alexandrie, les sept compagnies du 4e d'artillerie qui sont à Vérone.

Approuvé.

NAPOLÉON.

4328. — DÉCISION.

Saint-Cloud, 25 juin 1810.

Proposition à l'effet de tirer du 5e bataillon de sapeurs, établi à Mayence, 30 hommes pour renforcer la 7e compagnie de ce corps employée aux travaux de Flessingue.

Approuvé.

NAPOLÉON.

4329. — DÉCISION.

Saint Cloud, 25 juin 1810.

Proposition à l'effet de remplacer par les colonels d'artillerie Saint-Vincent et Lepin les colonels Neigre et Corda, qui sont désignés pour se rendre à l'armée de Portugal.

Il y a assez d'officiers dans l'artillerie qui est en Espagne.

NAPOLÉON.

4330. — DÉCISION.

Saint-Cloud, 25 juin 1810.

Des six compagnies de sapeurs qui sont employées à Palmanova, le général Clarke propose d'en envoyer trois sur Alexandrie pour les y employer aux travaux.

Approuvé de retirer seulement deux compagnies.

NAPOLÉON.

4331. — DÉCISION.

Saint-Cloud, 25 juin 1810.

Proposition tendant à l'envoi en Espagne des compagnies d'artillerie à cheval rentrées en France et qui dépassent le complet de paix en hommes et en chevaux.

Approuvé. Ordonner leur réunion à Orléans, où ils seront formés en régiment provisoire pour être envoyés en Espagne.

NAPOLÉON.

4332. — DÉCISION.

Saint-Cloud, 26 juin 1810.

Le général Sénarmont réclame des objets d'artillerie qui avaient été expédiés de Bayonne pour l'Andalousie, et qui ont été détournés à Valladolid et dirigés sur Salamanque pour le siège de Ciudad-Rodrigo.

Renvoyé au ministre de la guerre pour faire partir de Bayonne tout ce qui sera possible.

NAPOLÉON.

4333. — DÉCISION.

Saint-Cloud, 26 juin 1810.

L'approbation de l'Empereur est demandée en ce qui concerne le mouvement d'un détachement d'ouvriers d'artillerie parti de Mayence pour Douai.

Approuvé.

NAPOLÉON.

4334. — DÉCISION.

26 juin 1810.

Le maréchal Berthier soumet à l'Empereur une lettre par laquelle le général d'Agoult expose qu'il se-

Oui.

NAPOLÉON.

rait avantageux au gouvernement qu'on fît apurer les comptes de l'administration de la Navarre depuis le 1er mars 1808 jusqu'à l'arrivée du général Dufour.

4335. — AU GÉNÉRAL CLARKE.

Saint-Cloud, 27 juin 1810.

Monsieur le duc de Feltre, j'ai reçu et lu avec attention vos rapports des 7 et 18 de ce mois et les états qui y étaient joints.

Je vois qu'il y a aux cinq grands dépôts de Versailles, d'Angoulême, de Tours, de Libourne et d'Orthez, 140 cuirassiers et 74 chevaux. Je désire que vous fassiez passer des revues par les commandants de ces dépôts et que vous donniez ordre que tout ce qui sera prêt à partir ait à se rendre d'abord à Orthez, afin de former dans cette ville un détachement de 50 hommes, commandé par un officier, qui, de là, ira rejoindre le 13e régiments de cuirassiers.

S'il y a dans ces dépôts des chevaux hors d'état de servir, il faut les faire abattre.

Je vois qu'il y a 568 dragons montés. Ordonnez que tout ce qu'il y a de dragons disponibles dans ces dépôts soit dirigé sur Orthez, où seront formés trois escadrons de marche de dragons. Chaque escadron sera de 150 à 200 hommes. Vous formerez le premier escadron de marche des 200 premiers dragons qui arriveront à Orthez, le second, de ceux qui viendront après, et, le troisième, des derniers. Les inspecteurs des différents dépôts feront partir sans délai tout ce qui y est disponible, pour former le premier escadron. Ils feront connaître quand pourront partir les hommes destinés pour le second, et ainsi de suite pour le troisième.

Les chasseurs n'ont que 104 hommes disponibles.

Les hussards n'ont que 75 hommes.

Tout ce qu'ils ont de disponible, vous le ferez partir pour Orthez, où les chasseurs et hussards formeront une compagnie provisoire, qui rejoindra l'armée, aussitôt qu'elle sera forte de 100 hommes.

Je vois, au total, 661 hommes à pied. Je suppose que ce sont des hommes présents sous les armes et non des hommes à l'effectif. Vous ferez choisir sur ce nombre, parmi les plus forts, 400 hommes disponibles, que vous dirigerez sur un point central, pour y établir un dépôt destiné à recruter les trente escadrons de gendarmerie. Les jeunes gens qui ne sauront pas monter à cheval recruteront les gendarmes d'infanterie, et ceux qui sont déjà cavaliers recruteront les gendarmes à cheval. Faites-moi connaître ce que vous avez ordonné pour augmenter ces trente escadrons, afin que les mesures que je vais prendre y coïncident. Ces escadrons feront beaucoup de pertes. Ainsi, il est nécessaire de réunir beaucoup de moyens pour y suffire.

NAPOLÉON.

4336. — AU GÉNÉRAL CLARKE.

Saint-Cloud, 27 juin 1810.

Monsieur le duc de Feltre, la 3e division de cuirassiers sera dissoute et les régiments qui la composent seront mis sur le pied de paix.

Vous emploierez le duc de Padoue comme inspecteur.

NAPOLÉON.

4337. — AU GÉNÉRAL CLARKE.

Saint-Cloud, 27 juin 1810.

Monsieur le duc de Feltre, donnez ordre au général de division Reille, mon aide de camp, d'être rendu le 5 juillet à Bordeaux et de diriger le mouvement des régiments provisoires de manière que chaque régiment ait deux ou trois jours de séjour à Bordeaux pour se refaire, et, de là, se rendre à très petites marches à Bayonne.

NAPOLÉON.

4338. — DÉCISIONS (1).

On à l'honneur de rappeler à Sa Majesté la demande qu'on lui a faite, d'autoriser le paiement en France des délégations faites par les officiers de santé et employés de

Approuvé.

(1) Sans signature ni date; extraites du « Travail du ministre directeur de l'administration de la guerre avec S. M. l'Empereur et Roi, daté du 27 juin 1810 ». — Ces décisions sont de la main de Maret.

l'armée d'Espagne en faveur de leurs familles.

On la prie de faire connaître ses intentions.

On prie Sa Majesté de permettre l'envoi à Strasbourg ou à Mayence des linges d'hôpitaux et des instruments de chirurgie neufs ou très bons, qui ne pourraient être vendus à un bon prix en Allemagne, et dont les frais de transport, ajoutés au produit des ventes, laisseraient un bénéfice certain par comparaison aux prix d'achats en France.

Le ministre prendra les mesures d'emmagasinement les plus convenables en Allemagne.

4339. — AU GÉNÉRAL LACUÉE.

Saint-Cloud, 27 juin 1810.

M. le comte de Cessac, donnez ordre que les 300.000 rations de biscuit qui sont à Bayonne soient dirigées sur Valladolid, pour être à la disposition de l'armée de Portugal.

NAPOLÉON.

4340. — DÉCISION (1).

On met sous les yeux de Sa Majesté la réclamation faite par le conseil d'administration du 59e régiment d'infanterie sur la nomination, par décret du 16 mai 1809, du lieutenant Gruselle à l'emploi d'adjudant-major, au lieu de capitaine; on pense, en effet, qu'il y a erreur. et on propose à Sa Majesté d'ordonner qu'elle soit rectifiée sur la minute du décret précité.

M. Gruselle sera reconnu comme capitaine du 16 mai 1809.

NAPOLÉON.

---

(1) Non datée; extraite du « Travail du ministre de la guerre avec S. M. l'Empereur et Roi, daté du 27 juin 1810 ».

4341. — AU GÉNÉRAL CLARKE.

Saint-Cloud, 28 juin 1810.

Monsieur le duc de Feltre, je reçois votre lettre du 28, où je vois qu'il y a dans l'île de Kadzand 900 prisonniers espagnols, qui ont besoin d'être surveillés. Je pense que vous devez y tenir un officier de gendarmerie, avec quatre brigades à cheval et quatre brigades à pied, ce qui fera une cinquantaine d'hommes de gendarmerie, lesquels seront chargés de surveiller ces prisonniers et de faire la police dans l'île de Kadzand, où elle doit être très sévère.

Vous mettrez sous les ordres du général qui y commande 60 hommes d'un des régiments qui sont à Saint-Omer.

J'approuve que vous donniez l'ordre au 3e bataillon du 3e régiment d'infanterie suisse, qui est à Lille, d'envoyer 600 hommes à Bruges. Ces 600 hommes fourniront constamment 200 hommes de garde dans l'île de Kadzand. Tout le bataillon sera mis sous les ordres du commandant de l'île de Kadzand, pour qu'au moindre mouvement il fasse venir tous les 600 hommes.

NAPOLÉON.

4342. — DÉCISIONS (1).

28 juin 1810.

Sa Majesté est priée d'approuver le congé de convalescence de trois mois donné au général de brigade L'Héritier, qui se trouve disponible depuis la dissolution de la 3e division de cuirassiers.	Je ne vois pas qu'il soit besoin d'accorder un congé, puisque cet officier n'est pas employé.
On propose à Sa Majesté de faire une exception en faveur de la veuve du sieur Legras, sous-lieutenant au 27e régiment de chasseurs à cheval, qui a été assassiné en Espagne, et de lui accorder le paiement d'une somme de 400 francs, à titre d'indemnité, pour tenir lieu des effets perdus par cet officier au moment de sa mort.	Accordé.

(1) Non signées; extraites du « Travail du ministre de la guerre avec S. M. l'Empereur et Roi, daté du 27 juin 1810 ».

Sa Majesté est priée de faire connaître ses intentions sur la proposition de réorganiser le 3e bataillon du 4e régiment suisse, qui fut fait prisonnier de guerre en 1808 au corps d'armée du général Dupont.

Ajourné à six mois.

Un soldat du 31e régiment d'infanterie de ligne s'est fait admettre sans autorisation préalable dans le train d'artillerie de la garde royale d'Espagne où il se conduit bien.

Sa Majesté est priée de faire connaître si son intention est que ce militaire soit maintenu au service d'Espagne, ou forcé de rentrer dans son ancien régiment.

Accordé.

4343. — DÉCISION.

Saint-Cloud, 29 juin 1810.

Le général Clarke soumet à l'Empereur la proposition d'organiser à cinq bataillons forts de 3.862 hommes les 26e, 66e et 82e régiments d'infanterie de ligne.

Les cadres des quatre premiers bataillons existent en Europe, il ne s'agirait que de former les cadres des quatre compagnies du bataillon de dépôt.

Avant de rien changer à l'organisation de ce bataillon, il faut voir si l'échange des prisonniers aura bientôt lieu.

NAPOLÉON.

4344. — DÉCISIONS (1).

29 juin 1810.

De nommer capitaine, pour tenir rang, le sieur Noël, lieutenant quartier-maître au 4e régiment de cuirassiers, qui y continuera ses fonctions.

A quelle bataille s'est-il trouvé ?

(1) Non signées; extraites du « Travail du ministre de la guerre avec S. M. l'Empereur et Roi, daté du 10 mai 1810 ».

On soumet à Sa Majesté la demande faite par le capitaine Delamarre, aide de camp du général Launay, pour être rétabli sur le tableau des officiers français.

Le général Launay rentrant en France, le capitaine Delamarre n'a plus de motifs pour se rendre en Westphalie.

Avec le rang qu'il avait auparavant.

4345. — DÉCISIONS (1).

20 juin 1810.

On propose à Sa Majesté de nommer major un chef de bataillon et chef de bataillon un capitaine, tous deux destinés au régiment de la Méditerranée.

J'ai un grand nombre de chefs de bataillon et de majors à la suite qu'il faut prendre. J'ai refusé ceux que l'on me propose.

On propose à Sa Majesté de nommer chef de bataillon le capitaine Pradel, aide de camp du général de division Chambarlhac.

Y a-t-il des places vacantes de chefs de bataillon ?

On propose à Sa Majesté de conférer le grade de major au sieur Fauconnet, chef d'escadron au 1er régiment de carabiniers.

Refusé, il y a des majors à la suite.

On soumet à Sa Majesté la demande que fait le général de division Saint-Sulpice pour que M. Duchaffaut, capitaine au régiment de la Tour d'Auvergne, soit placé sous ses ordres en qualité d'aide de camp.

Refusé.

On rend compte à Sa Majesté que le sieur Devante, lieutenant au 2e régiment de hussards, admis à la retraite par décret du 16 mars dernier, a été autorisé à rentrer en activité et à continuer d'occuper son emploi de lieutenant, dans lequel il n'était pas encore remplacé.

Le remettre.

(1) Non signées; extraites du « Travail du ministre de la guerre avec S. M. l'Empereur et Roi, daté du 28 mai 1810 ».

4346. — DÉCISION (1).

Saint-Cloud, 29 juin 1810.

Deux listes d'officiers, sous-officiers et soldats de la brigade commandée par le général Schwarz, qui se sont distingués sous les ordres de cet officier général dans l'expédition de Manresa.

Réduire cette nomination à moitié.

4347. — DÉCISIONS (2).

Saint-Cloud, 30 juin 1810.

On rend compte à Sa Majesté que la compagnie des gardes d'honneur de S. A. I. Mme la grande-duchesse de Toscane sollicite le paiement des fonds de première mise pour l'achat des chevaux, ainsi que de la masse des remontes.

Comme le décret de création de cette compagnie ne détermine pas sur quels fonds ces dépenses doivent être acquittées, on demande si elles doivent l'être par l'administration de la guerre ou par le Trésor de Toscane.

Au premier cas, on prie Sa Majesté d'augmenter le budget des remontes pour 1809 de 12.807 fr. 44, qui sont à payer pour ladite année, et d'autoriser à prendre sur les 500.000 francs qu'Elle a accordés pour 1810 la somme à laquelle s'élèveront les achats de chevaux, ainsi que la masse de remonte pendant cette dernière année.

Il n'y a pas de caisse de Toscane. Je ne veux faire cette année aucune dépense pour les remontes. Voir s'il n'y a pas quelque autre moyen de leur procurer des chevaux.

NAPOLÉON.

(1) Extraite du « Travail du ministre de la guerre avec S. M. l'Empereur et Roi, daté du 20 juin 1810 ».

(2) Extraites du « Travail du ministre directeur de l'administration de la guerre avec S. M. l'Empereur et Roi, daté du 27 juin 1810 ».

On rend compte à Sa Majesté que les fournitures de chevaux, faites par les sieurs Landawer et Weiller au dépôt de Passau, pendant la campagne de 1809, sont justifiées par les comptes, rendus par le général Bourcier, de l'administration de ce dépôt.

On la prie, en conséquence, de lever la restriction qu'Elle a mise à sa décision du 13 de ce mois, portant qu'il sera ouvert à M. l'intendant général de l'armée d'Allemagne un crédit spécial de 154.000 francs pour solder la créance des sieurs Landawer et Weiller, s'il est prouvé que les chevaux ont été réellement versés.

Approuvé.

NAPOLÉON.

On demande à Sa Majesté si l'on doit continuer à faire fournir les subsistances à l'armée de Catalogne sur le pied de 45.000 rations de vivres par jour et de 4.000 rations de fourrages aussi par jour.

Cette armée se porte sur Tarragone, et cette nouvelle position rendra inutile cette fourniture.

NAPOLÉON.

On soumet à Sa Majesté la copie du rapport qui lui a été présenté le 22 avril dernier concernant la vente des approvisionnements existant dans les magasins de l'armée d'Allemagne, à l'exception des places de Danzig, Stettin, Küstrin et Glogau.

Prendre des mesures pour bien connaître la situation de ces magasins. Prendre des mesures pour faire vendre ce qui pourrait se détériorer. Ne pas vendre si on ne trouve pas la véritable valeur. Pour le reste, si le biscuit est bon et qu'on puisse le garder jusqu'au mois d'octobre, le garder; à cette époque, demander un ordre.

NAPOLÉON.

On propose à Sa Majesté d'approuver un remplacement anticipé d'effets d'habillement en faveur du 4e bataillon du 46e régiment; de considérer la somme nécessaire à ce remplacement comme un secours

Approuvé.

NAPOLÉON.

à ce corps de 7.513 fr. 98 ; de regarder cette même somme comme une addition de 7.513 fr. 98 au budget de l'administration, chapitres 7 et 18.	
On prie Sa Majesté de relever l'hospice civil de Rebais, département de Seine-et-Marne, de la déchéance qu'il a encourue pour n'avoir pas fourni en temps utile ses états de journées de quatre prisonniers de guerre autrichiens qui y ont été traités pendant le 3e trimestre 1809, et dont le montant s'élève à 74 francs.	Approuvé. NAPOLÉON.
On rend compte à Sa Majesté d'une demande en objets de chirurgie formée pour les ambulances du 3e corps de l'armée d'Espagne pour remplacer ceux consommés à l'affaire de Lérida. On la prie de vouloir bien faire connaître ses intentions.	Envoyer seulement deux caisses. NAPOLÉON.
On propose à Sa Majesté d'accorder au 13e régiment de ligne un secours extraordinaire de 33.539 fr. 35 pour le rééquipement de 611 prisonniers de guerre rentrés.	Approuvé. NAPOLÉON.
On remet sous les yeux de Sa Majesté un rapport présenté le 22 avril sur la question de savoir si les chemises et les souliers fournis du magasin de Bayonne au 7e bataillon auxiliaire doivent être donnés en gratification ou imputés.	A imputer. NAPOLÉON.
On rend compte à Sa Majesté que les régiments d'infanterie de la Grande Armée, qui avaient des caissons à leur suite pour leurs divers transports, déposent en ce moment ces caissons et remettent les chevaux qui étaient affectés à leur attelage.	Ces caissons doivent rester pour le compte des corps dont ils sont la propriété. NAPOLÉON.

4348. — DÉCISION (1).

30 juin 1810.

De nommer chef d'escadron M. Gentil, capitaine, aide de camp du prince de Ponte-Corvo.

Revenu déchiré de la secrétairerie d'Etat le 30 juin (2).

4349. — DÉCISIONS (3).

30 juin 1810.

M. le maréchal duc d'Elchingen demande le grade de général de brigade en faveur de l'adjudant commandant Bechet, chef de l'état-major du 6e corps de l'armée d'Espagne.

Renvoyé déchiré de la secrétairerie d'Etat (4).

On propose à Sa Majesté de nommer général de brigade le colonel Maupoint, qui commande le 16e régiment de chasseurs.

Revenu déchiré de la secrétairerie d'Etat (5).

4350. — DÉCISION (6).

30 juin 1810.

On propose à Sa Majesté de nommer capitaine le lieutenant Sauvajol, aide de camp du général de brigade Sarrazin.

Revenu déchiré de la secrétairerie d'Etat (7).

4351. — DÉCISION.

Saint-Cloud, 30 juin 1810.

Le général Clarke rend compte que les régiments d'infanterie de la Grande Armée, qui avaient des caissons à leur suite pour leurs di-

Ces caissons doivent rester pour le compte du corps dont ils sont la propriété.

NAPOLÉON.

(1) Extraite du « Travail du ministre de la guerre avec S. M. l'Empereur et Roi, daté du 10 mai 1810 ».
(2) Annotation des bureaux.
(3) Extraites du « Travail du ministre de la guerre avec S. M. l'Empereur et Roi, daté du 28 mai 1810 ».
(4) Annotation des bureaux.
(5) Annotation des bureaux.
(6) Extraite du « Travail du ministre de la guerre avec S. M. l'Empereur et Roi, daté du 6 juin 1810 ».
(7) Annotation des bureaux.

vers transports, déposent en ce moment ces caissons et remettent les chevaux qui étaient affectés à leur attelage.

4352. — DÉCISION.

Saint-Cloud, 3 juillet 1810.

Nouvelle répartition des troupes de la division Molitor.

Approuvé ces dispositions.

NAPOLÉON.

4353. — DÉCISION (1).

Saint-Cloud, 3 juillet 1810.

On soumet à Sa Majesté quelques observations sur sa décision du 13 de ce mois, relative au paiement des masses d'habillement et de harnachement aux troupes de l'armée d'Espagne.

On lui propose de décider que ces masses continueront à être payées aux dépôts, et que les bataillons et escadrons de guerre ne toucheront que la portion de ces masses à eux allouée par le décret du 23 mai dernier.

Cela étant, il faut que la France paye la portion à fournir aux corps qui sont en France, et que l'Espagne paye la portion qui doit être fournie aux corps qui sont en Espagne.

NAPOLÉON.

4354. — AU GÉNÉRAL CLARKE.

3 juillet 1810.

Monsieur le duc de Feltre, je croyais vous avoir donné l'ordre de dissoudre la 2e et la 3e division de cuirassiers, et de ne faire toucher aux généraux et officiers que le traitement de paix.

Je croyais vous avoir donné également l'ordre de mettre ces divisions sur le pied de paix.

La même observation s'applique à la brigade de carabiniers qui doit également être dissoute.

NAPOLÉON.

(1) Non signée; extraite du « Travail du ministre directeur de l'administration de la guerre avec S. M. l'Empereur et Roi, daté du 27 juin 1810 ».

4355. — DÉCISION.

Saint-Cloud, 3 juillet 1810.

Le ministre de la marine demande que les équipages des cent bâtiments de transport qui vont être dirigés de Boulogne sur le Havre soient renforcés par des troupes de terre.

Approuvé.

NAPOLÉON.

4356. — DÉCISION.

Saint-Cloud, 3 juillet 1810.

Le général Clarke propose de faire partir pour Bayonne 650 hommes, disponibles au dépôt de la légion de la Vistule à Sedan.

Faire partir ces hommes pour Bayonne lorsqu'on aura vérifié au préalable que tous ces hommes sont Polonais, car je ne veux aucun Allemand.

NAPOLÉON.

4357. — DÉCISION.

Saint-Cloud, 3 juillet 1810.

La division Bonet ayant ses généraux de brigade au complet, le maréchal Berthier demande si le général Reynaud, désigné par l'Empereur pour servir dans cette division, ne doit pas être affecté à un autre commandement.

Le général Reynaud ira sous les ordres du général Bonet où il est nécessaire.

NAPOLÉON.

4358. — AU MARÉCHAL BERTHIER.

Saint-Cloud, 4 juillet 1810.

Mon Cousin, donnez ordre au général Quesnel de former des bataillons de marche, des hommes disponibles des petits dépôts de l'armée d'Espagne. Il formera un bataillon des hommes appartenant aux 1er, 4e et 5e corps. Il formera un autre bataillon de ce qui appartient au 3e corps, et un troisième bataillon de ce qui appartient aux 2e, 6e et 8e corps. Il fera entrer ces bataillons dans les vallées pour soumettre ces pays.

NAPOLÉON.

4359. — AU GÉNÉRAL CLARKE.

4 juillet 1810.

Monsieur le duc de Feltre, vous donnerez l'ordre au 9e régiment de hussards de former ses 3e et 4e escadrons à 600 hommes à cheval, qui partiront sous le commandement du major pour se rendre à la 2e division d'arrière-garde. Le 1er et le 2e escadrons, avec le colonel, resteront à La Rochelle ; ils ne seront forts que de 350 hommes, vu le pied de paix.

Vous donnerez le même ordre au 20e de chasseurs et au 7e de chasseurs. Les 3es et 4es escadrons de ces deux régiments feront partie de la division Dupas, qu'ils iront rejoindre à Bayonne.

Vous donnerez ordre aux colonels des trois régiments de compléter leurs 3e et 4e escadrons avec des jeunes gens qui n'aient point fait la guerre et entrés au régiment depuis la bataille de Wagram. On leur donnera des caissons de régiments et tout ce qui est nécessaire pour faire la guerre.

Vous attacherez à ces six escadrons des officiers à la suite des régiments. Par ce moyen, les deux escadrons de chacun de ces régiments, qui resteront en France, seront sur le pied de paix.

Donnez ordre à la division Dupas, de se rendre à Bordeaux à petites journées, et faites-moi connaître la situation en personnel, matériel et artillerie.

Vous donnerez ordre au général Drouet de se rendre à Bordeaux, pour prendre le commandement de cette division, infanterie, artillerie et des deux régiments de cavalerie qui y sont joints.

NAPOLÉON.

4360. — AU GÉNÉRAL CLARKE.

Saint-Cloud, 4 juillet 1810.

Monsieur le duc de Feltre, donnez ordre que la division Tharreau soit distribuée de la manière suivante : la 1re demi-brigade légère se rendra à Lorient, où elle tiendra garnison ; la 3e demi-brigade légère restera à Nantes et les 1re et 2e demi-brigades de ligne se rendront à Brest.

NAPOLÉON.

4361. — AU GÉNÉRAL CLARKE.

4 juillet 1810.

Monsieur le duc de Feltre, le 3ᵉ bataillon du 62ᵉ, qui est à Marseille, sera complété à 800 hommes et se rendra à Toulon.

Le 3ᵉ bataillon du 16ᵉ de ligne, le 3ᵉ bataillon du 32ᵉ léger et un bataillon du 2ᵉ régiment suisse seront également complétés à 800 hommes chacun. Ces quatre bataillons, formant plus de 3.000 hommes, composeront la garnison de Toulon.

Il sera réuni à Avignon une réserve, qui sera composée du 3ᵉ bataillon du 5ᵉ, du 3ᵉ bataillon du 23ᵉ, du 3ᵉ bataillon du 81ᵉ et du 3ᵉ bataillon du 18ᵉ léger.

Ces quatre bataillons seront complétés à 840 hommes, d'abord par ce qu'il y a de disponible à leurs dépôts et aux bataillons qu'ils ont en France, ensuite par un appel d'hommes des compagnies de réserve des départements, qui n'ont point fourni au régiment de gardes nationaux de la garde.

NAPOLÉON.

4362. — AU GÉNÉRAL CLARKE.

Saint-Cloud, 4 juillet 1810.

Monsieur le duc de Feltre, le bataillon provisoire, qui est à Belle-Ile, a deux compagnies du 47ᵉ, formant 240 hommes, sous les armes. Faites-y envoyer 100 hommes du dépôt, afin de porter ces deux compagnies à plus de 150 hommes.

Donnez le même ordre au dépôt du 86ᵉ, afin que les deux compagnies de ce régiment et les deux compagnies du 47ᵉ forment un bataillon de 600 à 700 hommes.

Donnez ordre au 4ᵉ régiment suisse de compléter quatre compagnies à Belle-Ile, fortes de 600 hommes, au lieu de deux compagnies qu'il y a. Ces renforts porteront le bataillon provisoire à Belle-Ile, à 1.200 hommes, ce qui remplacera facilement l'artillerie de la marine, qui pourra retourner à son service, à Lorient.

NAPOLÉON.

4363. — AU GÉNÉRAL CLARKE.

4 juillet 1810.

Monsieur le duc de Feltre, donnez ordre que le régiment de

Prusse, qui est à Lille, complète à Nieuport un bataillon d'au moins 500 hommes.

NAPOLÉON.

4364. — AU GÉNÉRAL CLARKE.

Saint-Cloud, 4 juillet 1810.

Monsieur le duc de Feltre, faites-moi connaître combien de compagnies et d'hommes peuvent fournir les dépôts des 32e, 58e, 121e et 122e, ainsi que les dépôts de Versailles des 3e et 4e régiments provisoires, et les dépôts des 2e, 12e, 15e et 4e légère.

Quand pourra-t-on former un régiment provisoire, de 700 hommes, de chacun de ces dépôts?

Faites passer la revue du 113e, et faites-moi connaître ce qu'il peut fournir aux bataillons de guerre.

Donnez ordre que le détachement de 44 hommes du 122e, qui est à la disposition de la marine, à Toulon, rentre au dépôt à Versailles.

NAPOLÉON.

4365. — AU GÉNÉRAL CLARKE.

4 juillet 1810.

Monsieur le duc de Feltre, les 1er, 2e, 3e et 4e régiments provisoires, qui arrivent à Bordeaux, du 5 au 8 juillet, en partiront successivement, après deux ou trois jours de repos, et avoir été passés en revue pour se rendre à Bayonne.

Vous me ferez connaître le jour de leur arrivée dans cette place.

NAPOLÉON.

4366. — DÉCISION (1).

Sa Majesté est priée d'accorder grâce à sept des condamnés qui sont détenus au fort de Cattaro, pour avoir fait partie de la rébellion qui eut lieu, en juin 1807, dans la Dalmatie.	A la disposition du duc de Raguse (2).

(1) Sans signature ni date; extraite du « Travail du ministre de la guerre avec S. M. l'Empereur et Roi, daté du 4 juillet 1810 ».

(2) De la main de Maret.

4367. — DÉCISIONS (1).

Saint-Cloud, 6 juillet 1810.

On demande à Sa Majesté si l'on peut envoyer de Bayonne à Vitoria le matériel d'ambulance demandé par M. l'intendant général de l'armée d'Espagne pour l'arrière-garde, forte de 9.000 à 10.000 hommes, qui n'a en ce genre aucun approvisionnement à sa suite.

Accordé.

NAPOLÉON.

On propose à Sa Majesté de fixer à 20.000 francs les frais de voyage, d'entrée en campagne et de première mise de M. Lambert, son traitement à 3.000 francs par mois et ses frais de bureau à 6.000 francs aussi par mois.

Accordé.

NAPOLÉON.

On propose à Sa Majesté d'accorder au sieur Laroche, médecin des salles militaires de l'hospice civil de Rouen, le traitement de réforme de 900 francs auquel il a droit.

Approuvé.

NAPOLÉON.

On demande à Sa Majesté si Elle veut autoriser le sieur Goullin, chirurgien sous-aide de l'armée d'Espagne, à passer au service de Sa Majesté catholique.

Accordé.

NAPOLÉON.

On propose à Sa Majesté d'accueillir la demande du sieur Campastri, chirurgien sous-aide du 10e régiment de ligne, tendant à être autorisé à passer au service de S. M. le roi de Naples.

Accordé.

NAPOLÉON.

On remet sous les yeux de Sa Majesté un rapport du 24 février dernier, dans lequel on la priait de relever les habitants de Chalus de

Accordé.

NAPOLÉON.

(1) Extraites du « Travail du ministre de l'administration de la guerre avec S. M. l'Empereur et Roi, daté du 4 juillet 1810 ».

la déchéance qu'ils avaient encourue d'une somme de 593 fr. 60, qui leur était due pour secours donnés à des malades tant français qu'espagnols pendant le 4e trimestre 1808, mais dont l'état a été produit trois mois trop tard pour être admis en liquidation. On la prie de vouloir bien faire connaître ses intentions.	
On prie de nouveau Sa Majesté de décider que la dépense du chauffage des troupes françaises dans les départements du Metauro, Musone et Trento, lors de la prise de possession de ces trois départements par le gouvernement italien, restera à la charge du pays, comme la même dépense est restée à la charge de la partie des Etats romains réunis à la France.	Approuvé. NAPOLÉON.

4368. — AU GÉNÉRAL LACUÉE.

Saint-Cloud, 6 juillet 1810.

Monsieur le comte de Cessac, je reçois votre lettre sur l'approvisionnement de Corfou. Je pense qu'il n'y a point d'inconvénient à envoyer à Corfou une plus grande quantité de vivres. Il y a trois moyens d'approvisionner cette île : par le royaume de Naples, par Ancône, et par l'Albanie.

Il faudrait faire un mémoire sur les saisons les plus favorables pour faire partir les convois d'Ancône. Pour l'Albanie, le commissaire Bessières, qui est à Paris, et qui, à son retour, a traversé les Etats d'Ali-Pacha et a favorisé les approvisionnements, peut vous donner des détails là-dessus. On doit faire à Corfou deux espèces d'approvisionnements, pour la garnison et pour les habitants. Il faut demander un mémoire statistique, qui fasse connaître la quantité de grains, de vins, d'huile, de bois et autres productions du pays qui est récoltée annuellement, le produit de la récolte actuelle ; et, par là, on verra le déficit qui existera pour la consommation des habitants de Corfou. Quant à la garnison, elle doit avoir en farine, en blé, en vin, etc., de quoi nourrir 8.000 hommes pendant un an.

NAPOLÉON.

4369. — DÉCISIONS (1).

Saint-Cloud, 6 juillet 1810.

Les mortiers à semelle destinés pour le royaume d'Italie seront coulés à la fonderie de Pavie, où trois l'ont déjà été avec succès. Sa Majesté est priée de faire connaître si Elle approuve cette disposition.	Comme ces mortiers sont pour le royaume d'Italie, il est tout simple de les laisser faire aux fonderies d'Italie, si elles peuvent les fournir.
On propose à Sa Majesté de décider définitivement que les huit compagnies de canonniers gardes-côtes des îles formant le département des Bouches-de-l'Escaut seront fournies par leurs habitants.	Approuvé.
Proposition de faire rentrer en magasin les affûts qui sont encore en batterie à Alexandrie et à Plaisance, dont Sa Majesté avait ajourné le désarmement en novembre dernier.	Approuvé.
Sa Majesté est priée de décider quel rang doit occuper dans l'armée française le colonel Rambourgt, aide de camp du général Caffarelli. Cet officier a été nommé colonel par Sa Majesté après la campagne d'Autriche.	Je ne conçois rien à cette question du ministre. Il faut suivre mes décrets ; s'il est au service d'Italie, il ne peut rentrer au service de France qu'avec le grade qu'il avait lorsqu'il l'a quitté.
On propose à Sa Majesté d'accorder au colonel Panisse, revenu de Santo-Domingo, une somme de 600 francs pour lui tenir lieu d'une solde arriérée qui ne peut plus être liquidée.	Accordé.

(1) Non signées; extraites du « Travail du ministre de la guerre avec S. M. l'Empereur et Roi, daté du 4 juillet 1810 ».

On propose à Sa Majesté d'accorder à M. Dubreil, inspecteur aux revues, une indemnité de 2.400 francs pour le dédommager des dépenses qu'il a faites lorsqu'il s'est rendu à Naples pour y régler la dette du Trésor napolitain envers les troupes françaises et le Trésor public de France.	Accordé.
On soumet à Sa Majesté la demande d'un congé de deux mois avec appointements pour aller aux eaux, faite par le général de brigade Levasseur, qui commande le département de la Manche.	Accordé.

4370. — DÉCISION.

6 juillet 1809.

Rapport du général Clarke concernant le recrutement des escadrons de gendarmerie d'Espagne et la formation à Versailles d'un dépôt pour ces escadrons.	Approuvé. NAPOLÉON.

4371. — DÉCISION.

Saint-Cloud, 6 juillet 1810.

Le général Lacuée renouvelle la demande d'affecter à la remonte des 2e et 5e bataillons du train des équipages militaires, jusqu'à concurrence de leur complet, les chevaux des caissons de transport qui étaient à la suite des corps d'infanterie de la Grande Armée et dont ces corps font aujourd'hui la remise au parc de Sampigny.	Approuvé. NAPOLÉON.

4372. — DÉCISION.

8 juillet 1810.

Le général Dorsenne demande l'autorisation de faire délivrer des souliers aux détachements de passage qui pourront en manquer.

Accordé.

NAPOLÉON.

4373. — DÉCISION (1).

Rambouillet, 8 juillet 1810.

On a l'honneur d'exposer à Sa Majesté la difficulté toujours croissante d'assurer économiquement le service des fourrages à Rouen et Evreux.

On représente que, si les 7e et 8e régiments de cuirassiers, qui se trouvent dans ces places, pouvaient en être retirés, ils seraient, par rapport aux fourrages, mieux placés à Versailles, Beauvais et Laon.

Me faire connaître si l'on pourrait placer les régiments qui sont à Evreux et à Rouen dans la Manche ou sur la Loire, ne désirant faire aucun mouvement rétrograde.

4374. — DÉCISION

8 juillet 1810.

Le maréchal Masséna demande qu'il soit donné une destination au général de division Lagrange.

L'employer dans le 6e corps.

NAPOLÉON.

4375. — DÉCISION.

Rambouillet, 8 juillet 1810.

Le directeur d'artillerie en Corse demande une ou deux compagnies d'artillerie de ligne pour le service de cette île où il n'en existe plus depuis quatre ans.

Lui mander que cela est inutile.

NAPOLÉON.

(1) Non signée; extraite du « Travail du ministre de l'administration de la guerre avec S. M. l'Empereur et Roi, daté du 4 juillet 1810 ».

4376. — DÉCISION.

Rambouillet, 8 juillet 1810.

Le général Clarke demande si les quatre demi-brigades qui composent la division du général Tharreau continueront à subsister sur le pied de guerre.

Cette division sera dissoute et les troupes mises sur le pied de paix.

Les demi-brigades seront conservées, mais la comptabilité sera tout à fait par bataillon. Le ministre me fera un rapport pour envoyer des dépôts ce qui sera nécessaire pour compléter ces quatrièmes bataillons.

NAPOLÉON.

4377. — DÉCISION.

Rambouillet, 8 juillet 1810.

Le général Clarke fait connaître que le 3e bataillon du régiment de Prusse sera prêt à partir du 8 au 10 de ce mois pour Flessingue.

Il serait plus convenable que ce bataillon se rende à Goës, où il garnirait tous les postes de l'île de Sud-Beveland et serait à portée de se rendre dans l'île de Walcheren.

NAPOLÉON.

4378. — DÉCISION.

Rambouillet, 8 juillet 1810.

Ordres donnés par le ministre pour le transfert des dépôts des 5e hussards, 11e et 12e chasseurs à Stenay, Verdun et Saint-Mihiel.

Le ministre de la guerre, dans quinze jours, me proposera un projet de mouvement pour ces trois régiments. Mon intention est d'attendre quinze jours pour voir si les affaires de Hollande se finissent paisiblement, auquel cas je ferai rentrer ces régiments à leurs dépôts.

NAPOLÉON.

4379. — DÉCISION.

8 juillet 1810.

Le général Kellermann estime qu'il serait avantageux que Zamora et Léon fissent partie du 6e gouvernement.

Approuvé.

NAPOLÉON.

4380. — AU GÉNÉRAL CLARKE.

8 juillet 1810.

Monsieur le duc de Feltre, il sera formé un 5e régiment de marche provisoire, qui sera composé de trois bataillons, savoir :

1er bataillon : deux compagnies du 32e, deux compagnies du 58e ;

2e bataillon : deux compagnies du 121e, deux compagnies du 122e ;

3e bataillon : une compagnie du 2e léger, une compagnie du 4e léger, une compagnie du 12e léger.

Chacune de ces compagnies sera complétée à 140 hommes, ce qui fera 1.540 hommes. Un colonel en second ou un major commandera ce 5e régiment de marche. Vous me ferez connaître quand il sera prêt.

Vous donnerez ordre qu'il soit réuni à Versailles le 15 juillet. Vous me ferez connaître s'il est possible de former des dépôts de Versailles, qui ont fourni aux régiments provisoires dernièrement partis, un nouveau bataillon.

NAPOLÉON.

4381. — DÉCISION.

Rambouillet, 10 juillet 1810.

Etat des commandes d'armes à faire aux manufactures pour 1810.

Approuvé.

NAPOLÉON.

4382. — AU GÉNÉRAL CLARKE.

10 juillet 1810.

Monsieur le duc de Feltre, faites-moi connaître le nombre d'affûts de côte que la marine devait vous remettre au 1er juillet et la destination que vous projetez pour ces affûts. Vos batteries de côte sont dans le plus pitoyable état. Il est important qu'on place ces 1.000 affûts dans les points les plus intéressants.

NAPOLÉON.

4383. — DÉCISION.

Rambouillet, 10 juillet 1810.

Rapport du général Clarke à l'Empereur au sujet des emplacements proposés pour le matériel d'artillerie de campagne des armées d'Italie et d'Illyrie, et au sujet du désarmement des places du royaume d'Italie.

J'approuve : 1° que Palmanova soit désarmée, et les affûts mis en magasin ainsi que toutes les places d'Italie ; 2° qu'il ne reste en Italie pour l'équipage de campagne que le nombre de voitures nécessaire pour être attelées par les 400 chevaux laissés, que le reste soit placé dans les magasins de Palmanova : bien entendu qu'on laissera à Raguse, Zara et dans le fort de Trieste le nombre de pièces nécessaire de campagne, pour le service des localités ; les 600 bouches à feu du parc de l'armée d'Italie seront réunies à Mantoue, Vérone et Peschiera.

NAPOLÉON.

4384. — AU GÉNÉRAL LACUÉE.

Rambouillet, 10 juillet 1810.

Monsieur le comte de Cessac, j'ai donné ordre au ministre du Trésor public de vous avancer sans délai un million pour l'armée de Catalogne. Vous emploierez 400.000 francs à payer les dépenses des transports militaires et réquisitions de chevaux dans les départements, 400.000 francs pour payer ce qui serait dû aux employés et 200.000 francs pour réquisitions de fourrages, etc... Ce million vous sera avancé par la caisse de service, et vous le ferez partir aussitôt, pour que l'on fasse tous les paiements. Vous répartirez cette somme sur les exercices 1808, 1809 et 1810. Vous la porterez, dans votre demande de fonds pour le mois d'août, sur les exercices auxquels vous l'aurez affectée, et elle sera portée en dépense définitive pour le mois d'août. Je mets de l'importance à ce que tout ce que doit votre département se trouve soldé à l'armée de Catalogne.

NAPOLÉON.

4385. — DÉCISION.

Rambouillet, 11 juillet 1810.

On propose d'accorder une gratification de 700 francs au chef de bataillon Pinthon, échappé du ponton *la Castille*, sur lequel il était prisonnier à Cadix.

Approuvé.

NAPOLÉON.

4386. — AU MARÉCHAL BERTHIER.

Rambouillet, 11 juillet 1810.

Mon Cousin, donnez ordre que le bataillon d'ouvriers de la marine qui est avec le général Dorsenne rentre à Bayonne. Donnez ordre au bataillon de marine de se rendre à Valladolid. Le colonel Baste en laissera le commandement à l'officier le plus capable et, de sa personne, il reviendra à Paris.

NAPOLÉON.

4387. — DÉCISION.

Rambouillet, 11 juillet 1810.

Rapport du général Clarke sur la refonte des bouches à feu irrégulières qui manquent de projectiles.

Approuvé.

NAPOLÉON.

4388. — AU GÉNÉRAL CLARKE.

Rambouillet, 11 juillet 1810.

Monsieur le duc de Feltre, donnez ordre au vice-roi de faire les dispositions suivantes :

Les quatre bataillons du 92e seront égalisés de manière à avoir 600 à 700 hommes à chacun des quatre bataillons de guerre.

La même opération sera faite pour le 9e. Il faut faire revenir, à cet effet, le bataillon qui est à Modène.

La même opération sera faite pour le 84e, pour le 35e, pour le 53e, pour le 106e (hormis les deux bataillons que ce régiment a dans l'Etat romain) et pour le 13e de ligne.

NAPOLÉON.

4389. — AU GÉNÉRAL CLARKE (EXTRAIT) (1).

Rambouillet, 11 juillet 1810.

Je crois également nécessaire que vous donniez ordre que le cadre de la 20e compagnie du 2e régiment d'artillerie à pied, qui est en Illyrie, retourne à son dépôt, et que les hommes disponibles de cette compagnie soient versés dans les autres cinq compagnies d'artillerie, étant suffisantes dans les provinces illyriennes : les compagnies seront au delà de 100 hommes.

Donnez ordre également que le détachement du 7e bataillon *bis* du train rejoigne son bataillon.

Il y a là la 10e compagnie d'ouvriers, qui est forte de 110 hommes ; faites-la rentrer à Palmanova ou à l'arsenal de Mantoue, pour être employée aux travaux de ces places, en ne laissant qu'une escouade à l'équipage de campagne.

Faites également rentrer en Italie les compagnies d'artillerie italiennes, ainsi que le train d'artillerie italien.

Le bataillon d'artillerie italien pourrait être employé à faire le service dans le château de Trieste et sur la côte d'Istrie et à Pola.

4390. — AU GÉNÉRAL CLARKE.

Rambouillet, 11 juillet 1810.

Monsieur le duc de Feltre, donnez ordre que le 9e bataillon d'équipages militaires rentre à Plaisance et soit désarmé, que les voitures rentrent au dépôt et que les chevaux soient répartis chez les habitants.

Donnez ordre que les compagnies d'artillerie du 8e régiment qui sont à l'armée d'Italie rentrent à leur régiment.

Donnez ordre que les trois bataillons du train soient employés à la navigation du Pô et aux transports d'artillerie, de manière que cela ne coûte rien ; ils feront le même service pour les 28e, 29e et 30e divisions militaires. Placez en conséquence ces trois bataillons du train.

Faites rentrer toutes les compagnies régimentaires et leur artillerie à l'arsenal d'Alexandrie.

NAPOLÉON.

---

(1) Non signé.

4391. — DÉCISIONS (1).

Rambouillet, 12 juillet 1810.

Le 47e régiment a fait à la retraite d'Oporto des pertes qui s'élèvent à 57.748 fr. 60.

M. le comte Dejean, considérant que les besoins de ce corps nécessiteraient une disposition d'urgence, lui a accordé une avance de 20.000 francs à valoir sur ses prétentions à une indemnité.

Sur ces 20.000 francs, 10.000 ont été provisoirement payés.

Le corps réclamant les 10.000 autres francs, on prie Sa Majesté de vouloir bien en autoriser le paiement.

Accordé.

NAPOLÉON.

On a l'honneur de remettre à Sa Majesté les états numériques des officiers de santé et employés d'administration des armées d'Allemagne, d'Italie, de Dalmatie et de Brabant, dont l'activité a cessé depuis le 1er janvier dernier.

Le nombre des officiers de santé s'élève à 874, celui des employés à 1.236.

Il doit y avoir une grande réforme à faire parmi ces officiers, vu la situation actuelle de nos armes et le grand nombre de troupes mises sur le pied de paix.

NAPOLÉON.

On donne à Sa Majesté l'explication qu'Elle a demandée sur la possibilité de placer dans la Manche ou sur la Loire les deux régiments de cuirassiers qui sont à Rouen et Evreux.

On pense qu'un des deux régiments serait bien à Saumur, et que l'autre pourrait être divisé par escadrons dans les places de la Seine-Inférieure et de l'Eure.

Le régiment qui est à Evreux se rendra à Saumur.

Le ministre de la guerre prendra mes ordres en me faisant connaître quand il désire que ce régiment se mette en marche.

NAPOLÉON.

(1) Extraites du « Travail du ministre de l'administration de la guerre avec S. M. l'Empereur et Roi, daté du 11 juillet 1810 ».

4392. — AU GÉNÉRAL CLARKE (EXTRAIT) (1).

12 juillet 1810.

Je vous ai déjà fait connaître que les divisions Tharreau et Grandjean et la brigade Colbert devaient être mises sur le pied de paix et que la division Tharreau et la brigade Colbert devaient être dissoutes.

La division Grandjean restera organisée comme elle est, mais sur le pied de paix.

Les 24e et 13e de chasseurs, qui sont sur les côtes, seront également mis sur le pied de paix et cette brigade dissoute. Les colonels seront sous les ordres des généraux commandant les divisions où elles se trouvent.

La brigade de carabiniers et les divisions de cuirassiers ont dû également être dissoutes et mises sur le pied de paix.

4393. — DÉCISION.

Rambouillet, 12 juillet 1810.

Le général Clarke propose à l'Empereur de ne pas revenir sur des paiements de suppléments de solde faits à des officiers du train d'artillerie appelés à faire partie de l'état-major de cette arme et à qui ils n'étaient pas dus, mais qui ont été perçus de bonne foi.

Approuvé.

NAPOLÉON.

4394. — AU GÉNÉRAL LACUÉE.

Rambouillet, 12 juillet 1810.

Monsieur le comte de Cessac, le ministre de la guerre vous fera connaître le grand nombre de troupes que j'ai mises sur le pied de paix. Vous devez renvoyer à la suite tous les commissaires des guerres employés aux corps que j'ai mis sur le pied de paix, ainsi que les administrations.

NAPOLÉON.

(1) Non signé.

4395. — DÉCISION.

Rambouillet, 12 juillet 1810.

Le général Clarke rend compte que le 3e bataillon du régiment de Prusse partira de Lille le 15 juillet, d'où il se rendra à Goës en passant par Breskens.

Il ne faut pas que ce bataillon passe par Breskens pour se rendre à Goës. Il faut le diriger sur Anvers d'où il se rendra à Goës.

NAPOLÉON.

4396. — DÉCISIONS (1).

Rambouillet, 12 juillet 1810.

On met, en résumé, sous les yeux de Sa Majesté, l'historique de la légion portugaise, et, conformément à ses ordres, on lui fait connaître combien elle a recruté d'hommes et de quelle nation sont ces recrues.

Le recrutement de la légion portugaise parmi les prisonniers espagnols est une mauvaise chose. Il faut envoyer un officier général vigoureux pour en passer la revue, renvoyer dans les prisonniers ceux qui se conduisent mal. C'est mettre les armes à la main d'hommes très dangereux et empêcher que je puisse me servir de ces cadres.

On propose à Sa Majesté d'accorder une indemnité de 24 francs par mois aux lieutenants et sous-lieutenants employés dans le pays hollandais nouvellement réuni à l'Empire français, à cause de la cherté des vivres.

Il faut proposer d'accorder une gratification pour le trimestre qui vient de se passer, afin que ces officiers éprouvent un bien-être et n'essuient plus de retard ; après on prendra un parti pour la Hollande.

Proposition de conserver aux officiers de canonniers vétérans, qui passent dans les compagnies de gardes-côtes de la Zélande, les mêmes appointements qu'ils avaient dans leurs premiers corps.

Approuvé.

(1) Non signées; extraites du « Travail du ministre de la guerre avec S. M. l'Empereur et Roi, daté du 11 juillet 1810 ».

Le colonel Vasconcellos, commandant le 5e régiment d'infanterie de la légion portugaise, demande à être employé à l'armée de Portugal. Le général Pamplona pense que cet officier supérieur pourrait y rendre des services.	Approuvé. L'envoyer au quartier général du prince d'Essling à Ciudad Rodrigo.
Le capitaine bavarois Heydeck, qui a été employé à l'état-major de la division bavaroise en Allemagne, désire suivre en Espagne le général de division comte d'Erlon, en qualité de volontaire ; il a l'agrément du roi de Bavière. Sa Majesté est priée de faire connaître ses intentions.	Approuvé.
Le roi des Deux-Siciles demande que le sieur Boclon, garde général de l'artillerie de l'armée française dans le royaume de Naples, soit autorisé à passer à son service.	Approuvé.

4397. — DÉCISION.

Rambouillet, 12 juillet 1810.

Le général Clarke rend compte de l'effectif des dépôts des trois régiments d'infanterie du grand-duché de Varsovie, stationnés à Bordeaux, et il demande si ces dépôts devront rejoindre leurs régiments au 4e corps de l'armée d'Espagne.	Il faut charger le chef d'escadron des chevau-légers Lubienski de se rendre à Bordeaux, de passer la revue homme par homme de ces dépôts polonais, de renvoyer tous les Allemands et Polonais de nouveau partage et de laisser les vrais Polonais seuls continuer leur route en Espagne : car tous ces étrangers désertent et vont grossir les brigands. Il faudrait envoyer un autre chef d'escadron de la garde, homme sûr, pour faire la même chose à Sedan. NAPOLÉON.

4398. — DÉCISION.

Rambouillet, 13 juillet 1810.

Le général Dorsenne demande l'autorisation de faire vendre au bénéfice du service des hôpitaux l'argenterie en dépôt chez le receveur de Burgos.

Approuvé, écrire au général Dorsenne de lever des contributions dans le pays pour fournir à tous ses besoins.

NAPOLÉON.

4399. — PROJET D'INSTRUCTION POUR M. LE DUC DE DALMATIE (EXTRAIT).

Rambouillet, 14 juillet 1810.

Je vous adresse, Monsieur le duc, un décret de l'Empereur que M. le duc de Feltre, ministre de la guerre, m'a fait passer. Vous verrez par ce décret que l'Empereur a jugé utile au bien de son service de vous nommer général en chef de son armée du Midi en Espagne. Sa Majesté, par cette disposition, a voulu que votre commandement et votre activité fussent plus directs et plus clairs.

Il faut ajouter à cela que j'ai voulu aussi faire peser sur lui la responsabilité (1).

4400. — AU ROI D'ESPAGNE (2).

Rambouillet, 14 juillet 1810.

Sire, l'Empereur m'ordonne d'avoir l'honneur d'écrire à Votre Majesté pour lui faire connaître que, par son séjour à Madrid, il considère l'armée en Andalousie comme n'ayant point de chef immédiat, le maréchal duc de Dalmatie n'ayant aucune autorité légale, de sorte que personne ne se trouve avoir la responsabilité des événements sur les trois corps qui se combinent pour les opérations du midi de l'Espagne, s'il arrivait le moindre événement ou quelque cas d'insubordination de la part d'un des commandants des trois corps. L'Empereur pense utile à son service de former une armée du Midi, composée des 1er, 4e et 5e corps. Votre Majesté ju-

(1) De la main de Napoléon.
(2) Non signé; corrigé de la main de l'Empereur.

gera que, la responsabilité étant directe pour le général qui sera nommé, les opérations marcheront avec plus de célérité. Le maréchal duc de Dalmatie ayant eu le bonheur de mériter la confiance de Votre Majesté, en même temps qu'il a celle de l'Empereur, pourrait être pourvu de ce commandement.

L'Empereur, Sire, apprend avec la plus grande peine que l'armée qui assiège Cadix est dans un entier dénuement, que la solde est arriérée de neuf mois : il peut résulter de cet état de choses les plus graves inconvénients. Sa Majesté ne peut envoyer en Espagne que les deux millions qu'Elle a assignés par mois, parce que la France est épuisée d'argent, que, dans l'état actuel des choses en Espagne, la guerre doit nourrir la guerre, que toutes les ressources du pays doivent être employées pour nourrir, solder et habiller les troupes qui en font la conquête, que former et solder des troupes espagnoles, c'est solder des ennemis, qu'enfin le militaire doit être payé avant le civil et surtout les troupes françaises, qui sont les seuls soutiens de Votre Majesté en Espagne. L'Empereur pense que Séville, Cordoue, Malaga et tout ce beau pays doivent fournir abondamment aux besoins des troupes dans le Midi et tenir la solde à jour.

4401. — AU GÉNÉRAL CLARKE.

15 juillet 1810.

Monsieur le duc de Feltre, j'ai examiné votre rapport sur la composition du génie à l'armée d'Allemagne.

Il faut réunir à Metz la compagnie de mineurs, les deux compagnies de sapeurs et la 1re compagnie du train qui se trouvent en Allemagne.

J'approuve que vous laissiez en Allemagne un général de brigade, un chef de bataillon et cinq capitaines, conformément à votre état.

NAPOLÉON.

4402. — DÉCISION.

Rambouillet, 16 juillet 1810.

Le général Clarke rend compte qu'il a fait partir de Niort pour Bayonne et l'Espagne un détachement de 25 chasseurs hanovriens.

Donner à ce détachement l'ordre de rentrer en France. Je ne veux pas que rien de la légion hanovrienne rentre en Espagne.

Faites mettre pied à terre à ce détachement et donnez les chevaux à 25 hommes français de l'armée.

NAPOLÉON.

4403. — AU GÉNÉRAL CLARKE.

Rambouillet, 16 juillet 1810.

Monsieur le duc de Feltre, les voyages survenus depuis le moment où vous m'avez présenté le dossier ci-joint m'ont empêché de décider cette affaire de l'artillerie. Je vous la renvoie pour que vous y jetiez un coup d'œil, que vous y voyiez les changements et additions dont ce travail peut être devenu susceptible, que vous le combiniez avec ce que j'ai dicté dans les conseils, et qu'enfin, vous teniez prête cette grande affaire du matériel pour le travail de l'hiver prochain.

NAPOLÉON.

4404. — AU GÉNÉRAL CLARKE.

Rambouillet, 17 juillet 1810.

Monsieur le duc de Feltre, donnez ordre au 6e d'infanterie légère, qui est à Salzburg, de faire partir un détachement de 150 hommes pour se rendre à Lorient et être incorporé dans le 4e bataillon de ce régiment.

Le dépôt du 16e léger, qui est à Mâcon, et celui du 25e léger, qui est à Verdun, fourniront le même nombre d'hommes pour la même destination. Le dépôt du 9e léger, qui est à Longwy, et celui du 27e léger, qui est à Bruges, fourniront à Nantes de quoi compléter les 4es bataillons de ces deux corps.

Le dépôt du 8e de ligne, qui est à Venloo, celui du 24e de ligne, qui est à Lyon, celui du 47e, qui est à Liège, enverront chacun un détachement de 150 hommes pour recruter à Brest les 4es bataillons de ces corps, hormis cependant que le dépôt du 24e enverra 400 hommes au lieu de 150.

Les dépôts du 94e, du 95e et du 96e, qui sont à Wesel, à Cologne et à Thionville, enverront à Brest, à leurs 4es bataillons, de pareils détachements, ce qui portera les onze bataillons qui composaient la division Tharreau à 9.000 hommes effectifs et à 8.000 hommes présents. Par ce moyen, la Bretagne sera suffisamment gardée.

J'ai également ordonné l'envoi des vétérans en Bretagne. Moyennant ces forces, les canonniers, ouvriers et autres troupes appartenant à la marine, sous quelque dénomination que ce soit, pourront être rendus à ce service; vous en donnerez l'ordre. Vous ferez également rendre à la marine ce qui est à Belle-Ile, à Lorient, aux îles d'Aix et de Ré, et, dans quelque poste que ce soit, employé au service de terre.

Donnez ordre au 24e de chasseurs de se réunir tout entier à Saint-Omer. Il laissera des piquets à Boulogne. Il s'occupera de son instruction, de son organisation, il est en mauvais état. Vous en ferez passer la revue.

NAPOLÉON.

4405. — AU GÉNÉRAL CLARKE.

Rambouillet, 17 juillet 1810.

Monsieur le duc de Feltre, donnez ordre que les trois régiments de cavalerie légère qui sont à Mannheim entrent en France et se dirigent sur les lieux où sont leurs dépôts. Vous me ferez connaître le jour de leur arrivée.

Faites-moi connaître quelles sont les troupes qui existent dans le pays de Bade, le nombre des officiers, etc., et proposez-moi de les réduire et de soulager le pays.

NAPOLÉON.

4406. — AU GÉNÉRAL CLARKE.

Rambouillet, 17 juillet 1810.

Monsieur le duc de Feltre, faites connaître au roi de Naples qu'il n'y a pas assez de poudre ni de munitions dans les châteaux de Saint-Elme, de l'Œuf et du fort Neuf, puisqu'il n'y a que 100 coups à tirer par pièce.

NAPOLÉON.

4407. — DÉCISION.

Saint-Cloud, 18 juillet 1810.

Le général Clarke rend compte qu'un détachement de 628 hommes et 5 officiers du dépôt de la légion de la Vistule est parti de Sedan pour se rendre à Bayonne : tous ces militaires sont Polonais.

Les faire de nouveau passer en revue à Bayonne pour s'assurer qu'ils sont Polonais.

NAPOLÉON.

4408. — DÉCISIONS (1).

On soumet à Sa Majesté la demande du grade de général de division que fait M. le général de brigade Rousseau, qui commande l'île de Kadzand ;

Ajourné, l'Empereur lui a accordé une autre récompense, il n'y a pas de places de divisionnaires vacantes.

Comte DE LOBAU.

La demande que fait M. le général de brigade Barquier, élevé à ce grade par décret du 24 avril dernier, de prendre rang en cette qualité à dater du 28 germinal an X, époque depuis laquelle il en a rempli les fonctions à l'île de Saint-Domingue ;

L'Empereur refuse; il prendra rang du jour du décret de nomination ou de confirmation par Sa Majesté.

Comte DE LOBAU.

De nommer sous-lieutenant un maréchal des logis au 3e régiment de hussards.

Par ordre de Sa Majesté, ajourné ; attendre que les officiers surnuméraires de ce grade soient placés.

Comte DE LOBAU.

4409. — AU MARÉCHAL BERTHIER.

Saint-Cloud, 19 juillet 1810.

Mon Cousin, donnez ordre que trois millions partent en un seul convoi pour le quartier général de l'armée du Midi, escorté par un

(1) Non datées; extraites du « Travail du ministre de la guerre avec S. M. l'Empereur et Roi, daté du 18 juillet 1810 ».

corps de 1.200 hommes, qui sera formé à Bayonne, par le général Quesnel, de tous les détachements disponibles des 1er, 4e et 5e corps, et par ce que pourront fournir les dépôts des Polonais. Vous ferez commander cette escorte par un de vos aides de camp ou par un colonel intelligent, qui aura ordre de conduire ce convoi intact à sa destination et d'empêcher que sur la route, et même à Madrid, il ne soit retiré aucun fonds, sous sa responsabilité ; il sera, à cet effet, porteur d'un ordre de moi. Indépendamment de cette escorte de 1.200 hommes, les gouverneurs Thouvenot et Dorsenne feront les dispositions nécessaires pour y joindre des détachements d'infanterie et de cavalerie sur tous les points de leurs gouvernements. Vous écrirez au duc de Dalmatie, au duc de Bellune, au duc de Trévise et au général Sébastiani pour qu'ils fassent également renforcer l'escorte du convoi dans la Manche et dans l'arrondissement de leurs corps d'armée. Ce convoi, de trois millions, se rendra en droite ligne à Séville ; il est destiné à mettre à jour la solde des corps de l'armée du Midi.

NAPOLÉON.

4410. — DÉCISIONS (1).

On a l'honneur de proposer à Sa Majesté de renvoyer au Conseil d'Etat un projet de décret relatif aux revues d'effectif.	Renvoyé au Conseil d'Etat.
On prie Sa Majesté d'approuver la demande que fait M. le directeur général des vivres d'envoyer en Corse M. l'auditeur Doazan pour y faire l'inspection du service des vivres et recueillir des renseignements sur les autres services dépendant de l'administration de la guerre.	Approuvé.

(1) Sans signature ni date; extraites du « Travail du ministre de l'administration de la guerre avec S. M. l'Empereur et Roi, daté du 18 juillet 1810 ».

4411. — AU GÉNÉRAL CLARKE.

Saint-Cloud, 19 juillet 1810.

Monsieur le duc de Feltre, je viens de lire avec attention votre rapport du 18 juillet sur les affûts des batteries de côtes.

J'y vois qu'il faut 3.940 affûts de côtes, ci.........		3.940
Que vous avez en bon état..................	2.480	
Que la marine vous en fournit.	1.000	
Que vous en faites faire.	570	
Par conséquent, vous en avez.	4.050	ci 4.050
C'est-à-dire que vous en avez. . ... plus qu'il ne vous faut.		110
Il en manque à Gênes.	80	
et à Rome.	100	
	180	

Mais vous en avez de trop 110 à Toulon. Il faudrait envoyer ces 110 affûts à Gênes et à Rome.

Les 50 affûts de l'arsenal de Toulouse, au lieu de les diriger sur Montpellier et Perpignan, dirigez-les sur Toulon, ce qui, avec les 110 qui se trouvent d'excédent dans ce port, formera les 180 nécessaires pour Gênes et Rome. Il faudrait combiner cette répartition de manière que les 30 affûts d'excédent au Havre pussent être disponibles pour l'île de Goeree et autres postes du côté d'Hellevoetsluis.

Il faudrait également que les 40 affûts que vous avez d'excédent à Brest, les 50 que vous avez à Nantes, et les 60 que vous avez à Bayonne pussent être utilisés du côté de la Hollande.

Il me semble qu'il est facile de faire ces combinaisons. Ainsi, je puis donc espérer que toutes mes batteries de côte seront en bon état.

Je crois nécessaire, pour 1811, de construire au moins 300 affûts de côte, afin d'être en mesure de pourvoir à l'augmentation des batteries et au remplacement des affûts que les inspecteurs auront jugés mauvais. Il est nécessaire que le service soit assuré sur toutes les côtes. Partout, je vais avoir de fortes escadres, dans l'Escaut, dans la Meuse, au Texel, à Cherbourg, à Brest, à Lorient, à la rade de l'île d'Aix, à Toulon, à la Spezia. Ces escadres et les grandes constructions que je fais faire exigent un grand mouvement sur toutes les côtes ; il faut donc que le cabotage soit protégé partout.

NAPOLÉON.

4412. — AU GÉNÉRAL CLARKE.

19 juillet 1810.

Monsieur le duc de Feltre, proposez-moi la formation d'une commission composée d'un officier du génie, d'un officier d'artillerie et d'un officier de marine pour parcourir les îles de Goeree, d'Overflakkee, de Landvoenwoorn, du Texel et autres îles et côtes de la Hollande jusqu'à Emden, et faire un projet d'armement de toutes ces côtes pour protéger le cabotage et assurer la défense du Texel et des principales îles dont l'ennemi pourrait s'emparer.

NAPOLÉON.

4413. — DÉCISION.

Saint-Cloud, 19 juillet 1810.

Le colonel Thomasset, commandant les bataillons de guerre des régiments suisses à l'armée d'Espagne, réclame des soldats suisses qui ont été, sans autorisation préalable, enrôlés au service d'Espagne.

Le général Kellermann en porte le nombre à 700 ou 800.

Approuvé.

NAPOLÉON.

4414. — DÉCISION.

Saint-Cloud, 19 juillet 1810.

Les vicaires généraux du diocèse de Saint-Flour sollicitent le congé définitif d'un soldat de la compagnie de réserve de la Haute-Loire qui se destine à l'état ecclésiastique.

Accordé.

NAPOLÉON.

4415. — DÉCISION.

Saint-Cloud, 19 juillet 1810.

Le préfet des Ardennes demande que la compagnie de réserve de ce département soit portée à la 4e classe.

Approuvé.

NAPOLÉON.

4416. — DÉCISION.

Saint-Cloud, 19 juillet 1810.

Dispositions ordonnées par le général Clarke au sujet de l'emplacement des bataillons du train d'artillerie employés à la navigation militaire du Pô.

Il faudrait avoir moins de chevaux d'artillerie en Frioul, parce que le fourrage est très cher dans ce pays.

NAPOLÉON.

4417. — DÉCISION.

Saint-Cloud, 19 juillet 1810.

Le ministre plénipotentiaire de Bavière réclame, comme nés sujets bavarois, 15 hommes incorporés dans le 1er bataillon étranger.

Approuvé.

NAPOLÉON.

4418. — DÉCISION.

Saint-Cloud, 19 juillet 1810.

Le général Lacuée rend compte qu'il existe une grande mésintelligence entre le commandant et le quartier-maître du 2e bataillon du train des équipages militaires, et il regarde comme utile de les faire passer dans d'autres bataillons.

Approuvé.

NAPOLÉON.

4419. — NAPOLÉON, EMPEREUR DES FRANÇAIS, ROI D'ITALIE ET PROTECTEUR DE LA CONFÉDÉRATION DU RHIN, AU GÉNÉRAL DE DIVISION COMMANDANT LA (1) DIVISION MILITAIRE.

Nous avons adressé, Général, aux présidents des assemblées de canton du département d'Ille-et-Vilaine où vous commandez, une lettre qui fixe la convocation desdites assemblées de canton, conformément à l'état ci-joint.

Les présidents de ces assemblées en ont seuls la police.

Nous vous faisons savoir, en conséquence, par cette lettre, que nous avons ordonné au premier inspecteur de la gendarmerie de donner des ordres : 1° pour que, dans chaque assemblée de canton, un officier du corps qu'il commande aille prendre ceux du président ; 2° pour que des dispositions soient faites afin que les réquisitions que ledit président pourrait adresser à la gendarmerie soient exécutées ponctuellement et sans délai ; 3° pour que des mesures spéciales soient prises pour assurer le maintien de la tranquillité publique.

Nous jugeons convenable que vous fassiez connaître au général commandant le département, aux commandants d'armes et aux chefs de corps qu'aucune force armée ne peut être placée près du lieu des séances des assemblées ni y pénétrer sans la réquisition écrite de leurs présidents, et qu'aucune autre autorité civile et militaire ne peut faire une telle réquisition, si ce n'est en vertu d'un ordre émané de nous directement.

Nous comptons, en cette occasion solennelle, sur la continuation et le redoublement de votre zèle et de votre vigilance, sur l'observation exacte des ordres du gouvernement, et sur votre respect pour les lois de l'Etat.

Donné à Saint-Cloud, le dix-neuvième jour du mois de juillet, l'an 1810.

NAPOLÉON.

4420. — AU GÉNÉRAL LACUÉE.

Saint-Cloud, 19 juillet 1810.

Monsieur le comte de Cessac, je vous renvoie vos pièces sur l'habillement parce que je n'y comprends rien. Il paraît qu'on me

(1) En blanc. — La lettre existe aux Archives historiques sous forme de circulaire imprimée.

demande 72 millions pour l'habillement de 1809 ! Il doit y avoir d'étranges désordres dans cette partie ! Voyez combien on habillerait de soldats à neuf avec cette somme, et encore n'y comprend-on pas ce que j'ai fait donner aux armées et ce que les soldats ont pris partout ! Il faudrait préparer un travail pour faire connaître dans un conseil ce qui revenait à chaque corps d'après les revues et ce qu'on leur a donné.

NAPOLÉON.

4421. — DÉCISIONS (1).

Saint-Cloud, 19 juillet 1810.

On fait connaître à Sa Majesté que la caserne de Chauny paraît convenir pour le logement d'un escadron du train d'artillerie de la garde impériale.

Approuvé.

Proposition d'approuver pour régularisation le maintien aux toisés de Corte et de Caprara de deux sommes qui y sont portées pour l'entretien des bâtiments militaires sans détails justificatifs.

Approuvé.

Compte rendu d'une demande de la ville de Carignan tendant à obtenir la cession de ses remparts et des terrains qui en dépendent.

Sa Majesté est priée de faire connaître si cette cession doit être gratuite ou s'il faut que la ville paye le prix des terrains dont il s'agit.

Approuvé, quant à la démolition ; quant au prix, faire connaître ce que valent ces démolitions et s'il y aurait possibilité de les vendre ; si le terrain est un objet de peu de conséquence, on peut le céder à la ville.

On demande les ordres de Sa Majesté pour la rentrée en magasin des affûts en batterie à la citadelle de Perpignan.

Approuvé.

Sa Majesté est priée d'autoriser, sans égard au manque de formalités des procès-verbaux de récep-

Il faut suppléer à ce visa par une note équivalente, mais il est important de ne pas se passer

(1) Non signées; extraites du « Travail du ministre de la guerre avec S. M. l'Empereur et Roi, daté du 18 juillet 1810 ».

tion, l'établissement du compte de la fourniture des 1.600 mulets achetés à Poitiers pour le service de l'armée d'Espagne.

d'une formalité si nécessaire, surtout lorsqu'il s'agit d'un nombre de mulets aussi considérable.

Renseignements demandés par Sa Majesté sur les canons de 48 qui doivent être évacués de Magdeburg sur Mayence. Ils n'y sont pas encore arrivés.

Au lieu de les envoyer à Mayence, les diriger de Magdeburg sur le point du Rhin le plus près, et de là les embarquer sur le Rhin pour les transporter à l'île de Kadzand ; mon intention étant d'y mettre ces pièces en batterie dans le fort impérial, on fera faire des affûts exprès.

On demande à Sa Majesté si les trois légions de gendarmerie qui doivent être organisées dans la Biscaye, la Navarre et l'Aragon remplaceront les escadrons de l'arme qui y font le service.

Mon intention est que le général Buquet fasse le projet d'organisation de cette gendarmerie de Biscaye ; après cela, on verra les moyens de l'organiser en se servant du personnel qui est aujourd'hui en Espagne.

On propose à Sa Majesté d'accorder aux militaires qui ont formé le détachement chargé d'accompagner le convoi du duc de Montebello à Paris un mois de solde en gratification.

Approuvé.

On propose à Sa Majesté d'exempter Mme veuve Bergounhe du paiement de la somme de 444 fr. 44, dont elle est redevable pour la pension de son fils, ex-vélite à pied de la garde impériale, nommé sous-lieutenant au 18e régiment d'infanterie de ligne.

Approuvé.

Rapport demandé par Sa Majesté sur les motifs qui, en l'an VII, firent rappeler de l'armée de Naples le général de brigade Bonnamy qui

Depuis l'an VII, n'a-t-il pas été employé et destitué ?

y remplissait les fonctions de chef d'état-major.	
Le général de division Pino, qui était en congé, se trouvant rétabli, désire retourner à l'armée de Catalogne, où il a été remplacé par le général Severoli.	Approuvé, donner l'ordre au général Pino de se rendre à l'armée.
On propose à Sa Majesté d'accorder un congé de vingt jours au général de brigade Jordy, commandant d'armes à Landau, pour faire usage des eaux de Baden qui lui sont ordonnées ;	Approuvé.
D'accorder un congé de trois mois avec appointements au colonel Duplouy, commandant d'armes à La Rochelle, pour aller prendre les eaux d'Aix-la-Chapelle ;	Accordé.
De nommer au commandement du 54e régiment de ligne M. le colonel Buquet, ex-commandant du 75e, et qui s'est échappé des prisons des insurgés espagnols le 16 mai dernier.	Approuvé.
M. Rouzier, colonel à la suite et commandant le 3e régiment provisoire, est passé au commandement du 95e régiment et a été remplacé au 3e provisoire par le colonel en second Braun.	Approuvé, proposer le décret.
Sa Majesté est priée d'approuver le congé de convalescence de deux mois avec solde qui a été accordé au major Malval, du 85e régiment.	Approuvé.
On met sous les yeux de Sa Majesté la demande d'un congé de deux mois avec solde pour M. Lacour, colonel commandant la 11e légion de gendarmerie, en résidence à Rodez ;	Accordé.
La demande d'un congé de six semaines pour venir à Paris que fait	Accordé.

M. le baron Lamarque, colonel du 3e régiment d'infanterie légère, actuellement à Dunkerque.

Le prince de Neuchâtel témoigne le désir de conserver dans son bataillon le sieur Davel, qui y sert en qualité de sergent-major.

Le sieur Davel est conscrit de 1806, du département de Léman, et ne peut, en cette dernière qualité, rester dans ce bataillon sans l'autorisation de Sa Majesté dont on demande les ordres.

Approuvé.

On propose à Sa Majesté d'annuler la nomination d'un enfant de 10 ans au grade de sous-lieutenant.

Approuvé.

Le ministre de la marine rend compte à Sa Majesté de l'état actuel de défense de l'embouchure et des deux rives de la Loire jusqu'à Paimbeuf.

Renvoyé au ministre de la guerre pour faire construire ces batteries.

4422. — DÉCISIONS (1).

Saint-Cloud, 19 juillet 1810.

Les bataillons du train qui, en l'an 1808, ont traversé la France pour se rendre d'Allemagne en Espagne, devaient comme les autres troupes éprouver une retenue de 3 sols par homme pour chaque ration de viande reçue.

M. le comte Dejean n'a point fait exercer cette retenue. Convient-il aujourd'hui de la faire opérer ?

Il est impossible de faire une retenue après deux ans.

NAPOLÉON.

On prie Sa Majesté de faire connaître : 1° si les troupes françaises en Hollande doivent être traitées sur le pied de guerre ; 2° si leur

Jusqu'au 1er janvier 1811, il sera pourvu à l'entretien de mon armée en Hollande par le ministre de la guerre hollandais et

(1) Extraites du « Travail du ministre de la guerre avec S. M. l'Empereur et Roi, daté du 18 juillet 1810 ».

nombre sera augmenté ; 3° s'il devra être formé des approvisionnements ou des hôpitaux.

sur les fonds du pays. Écrire dans ce sens à l'ordonnateur qui se concertera avec le ministre de la guerre. Mon intention est de tenir en Hollande le moins de troupes que je pourrai.

NAPOLÉON.

4423. — DÉCISION.

Saint-Cloud, 19 juillet 1810.

Le maréchal Berthier demande des ordres pour la destination ultérieure des troupes composant la division Drouet, qui sont en marche sur Bordeaux.

Les faire continuer leur route sur Bayonne.

NAPOLÉON.

4424. — DÉCISION.

Saint-Cloud, 20 juillet 1810.

Propositions du général Clarke au sujet du personnel d'artillerie à laisser dans le pays de Bade.

J'approuve toutes ces dispositions : dégorgez l'Allemagne de toute l'artillerie, employez le train à l'évacuation du matériel. Ne laissez que le personnel et l'artillerie attelée portés dans ma dernière dépêche. On laissera en plus 15 pièces de canon pour la division Friant jusqu'à ce qu'elle retourne.

NAPOLÉON.

4425. — DÉCISION.

Saint-Cloud, 20 juillet 1810.

Le général Clarke rend compte qu'il a dirigé de Mannheim à Metz, pour y rejoindre leurs corps, la 1re compagnie du 2e bataillon de mineurs, les 3e et 4e compagnies du

Tout ceci est bon, hormis pour les sapeurs. Le train du génie et les sapeurs pourraient être envoyés à Anvers ou à Os-

3e bataillon de sapeurs et la 1re compagnie du train du génie.

tende. Les mineurs seront envoyés à Bois-le-Duc. On me fera connaître quand ils arriveront, ayant l'intention de détruire ces places, à moins de les envoyer à Girone pour la démolition de cette place.

NAPOLÉON.

4426. — DÉCISION.

Saint-Cloud, 20 juillet 1810.

Le général Clarke rend compte qu'il a donné aux 2e et 6e compagnies du 8e bataillon principal du train d'artillerie l'ordre de se rendre de Mannheim à Anvers.

Je n'approuve pas ce mouvement. Je n'ai pas besoin de nouveaux armements en Brabant, mon intention est d'en retirer les troupes. Faire donc venir les deux compagnies de ce bataillon du train à leur dépôt, jusqu'à ce que je voie où il est convenable de l'employer.

NAPOLÉON.

4427. — DÉCISION.

Saint-Cloud, 20 juillet 1810.

Le général Vandamme demande l'autorisation de faire venir à Boulogne tous les hommes disponibles au dépôt du 46e régiment d'infanterie afin de renforcer ce régiment.

Me présenter un projet de recrutement général pour tirer des dépôts les hommes disponibles pour renforcer le camp de Boulogne.

NAPOLÉON.

4428. — DÉCISION.

Saint-Cloud, 20 juillet 1810.

Le général Clarke rend compte que les cadres des deux bataillons du 2e régiment d'infanterie du grand-duché de Berg ont quitté l'ar-

Aussitôt que les cadres de ces bataillons seront arrivés à Paris, je ne vois pas d'inconvénient qu'ils retournent après à

mée de Catalogne pour se rendre à Paris, et que le cadre du 2e régiment est désormais insuffisant pour l'instruction des conscrits.

Düsseldorf. Mon intention est de ne plus rien tirer de Düsseldorf pour l'Espagne.

NAPOLÉON.

4429. — DÉCISION.

Saint-Cloud, 20 juillet 1810.

Le maréchal Berthier rend compte à l'Empereur d'un rapport du général Dorsenne au sujet des recettes et dépenses dans la province de Burgos. Pour porter les recettes au taux des dépenses, ce général propose d'augmenter les droits sur le sel extrait de la saline de Posa et de remplacer les impôts indirects par un impôt foncier et par un impôt somptuaire.

Répondre au général Dorsenne qu'il n'y a pas de difficulté qu'il fasse payer un droit à la sortie de la saline, sans avoir égard à la province où le sel passe, en l'augmentant autant qu'il pourra. C'est un moyen légitime de se procurer de l'argent. Il faudrait plus de détail qu'il m'en donne pour établir un impôt direct.

NAPOLÉON.

4430. — DÉCISION.

Saint-Cloud, 20 juillet 1810.

Rapport sur l'organisation du 5e régiment provisoire d'infanterie au sujet du départ duquel le ministre sollicite des ordres.

Faire partir ce régiment pour Bordeaux. Il partira le 25 et ira à petites journées.

NAPOLÉON.

4431. — DÉCISION.

Saint-Cloud. 20 juillet 1810.

Le général Clarke rend compte que le bataillon du 113e régiment d'infanterie, complètement organisé à Orléans, est en état de partir pour Bayonne

Ce bataillon sera l'un des bataillons des régiments provisoires qui vont se former à Versailles.

NAPOLÉON.

4432. — AU GÉNÉRAL CLARKE.

23 juillet 1810.

Monsieur le duc de Feltre, je reçois votre lettre du 22, avec les états des dépôts de cavalerie de l'armée d'Espagne qui sont en France ; je désire que vous prescriviez les dispositions suivantes :

1° Que tous les hommes qui restent dans ces dépôts rentrent à leurs dépôts primitifs et que les 140 chevaux qui peuvent encore servir se rendent avec les hommes à Orthez ;

2° Que les chevaux inutiles soient vendus. Par ce moyen, ces dépôts seront dissous.

NAPOLÉON.

4433. — DÉCISION.

23 juillet 1810.

Le général Clarke demande si l'état de siège des îles de la Zélande doit être maintenu.

Il n'y a point de doute qu'il faille laisser ces îles en état de siège.

NAPOLÉON.

4434. — AU GÉNÉRAL CLARKE.

Saint-Cloud, 25 juillet 1810.

Monsieur le duc de Feltre, donnez ordre que la légion portugaise qui est à Mayenne se rende à Metz. Chargez quelqu'un d'en passer la revue et de vous faire connaître le nombre d'Espagnols, d'Allemands et de Polonais qui sont dans cette légion, ainsi que des détails sur sa composition.

NAPOLÉON.

4435. — AU GÉNÉRAL CLARKE.

25 juillet 1810.

Monsieur le duc de Feltre, donnez ordre que les deux régiments de cavalerie italienne qui sont en Catalogne soient réduits de trois escadrons à deux, et que le cadre du 3e escadron, ainsi qu'un des deux chefs d'escadron, rejoignent les dépôts en Italie.

Donnez le même ordre pour le 5e régiment de ligne italien, qui se trouve à la même armée.

NAPOLÉON.

4436. — AU GÉNÉRAL CLARKE.

Saint-Cloud, 25 juillet 1810.

Monsieur le duc de Feltre, donnez ordre qu'il soit formé un régiment de marche de la garde, composé d'une compagnie de la brigade de tirailleurs-chasseurs, forte de. 150 hommes.
D'une de la brigade de tirailleurs-grenadiers, de 150 —
D'une de la brigade de conscrits-chasseurs, de 250 —
Et d'une de la brigade de conscrits-grenadiers, de. . . . . 190 —

Ce qui formera un bataillon de marche d'environ. 800 hommes.

Il est nécessaire qu'il y ait un officier par compagnie ; un capitaine commandera tout le bataillon. Ce bataillon de marche se mettra en route pour Bayonne le 28.

Faites-moi connaître si l'on pourra faire partir, au 1er août, des dépôts de Versailles, un bataillon de marche de 600 hommes.

Donnez des ordres pour que l'on presse l'instruction de ce qui est disponible du 113e à Orléans. Je suppose que la plus grande partie de ces hommes sont Italiens, c'est ce qui m'empêche de les envoyer en Espagne. Donnez donc ordre au dépôt de ce régiment de les exercer pendant tout l'été.

NAPOLÉON.

4437. — DÉCISIONS (1).

On propose à Sa Majesté de nommer à l'emploi de colonel du 26e régiment d'infanterie légère, en remplacement de M. Campy, nommé adjudant commandant, M. Latour, colonel à la suite.

Ce régiment est donné par l'Empereur à M. Guéhéneuc, l'un de ses aides de camp.

Comte DE LOBAU.

On propose à Sa Majesté d'approuver la reconstruction entière de la façade du quartier Eugène, en l'alignant avec la caserne Bona-

Le ministre propose de donner 242.000 francs pour loger 200 hommes. C'est donc plus de 1.000 francs par homme. Com-

(1) Sans date; extraites du « Travail du ministre de la guerre avec S. M. l'Empereur et Roi, daté du 25 juillet 1810 ».

partie, au lieu de se borner à exhausser seulement d'un étage cette façade, et d'accorder pour cet objet une somme de 242.000 francs, dont 100.000 francs déjà compris dans le budget de 1810 et 142.000 francs à imputer sur le budget de 1811.

bien logera-t-on d'hommes et de chevaux après cette dépense ?

A combien Vauban et le génie depuis cent ans ont-ils estimé la dépense pour le casernement d'un homme et d'un cheval ?

Combien le logement d'un homme coûte-t-il dans les casernes ?

On pense que, nulle part, les casernes ne doivent coûter plus de 200 francs pour loger un homme (1).

Sa Majesté est priée de confirmer la nomination de quatre jeunes gens à des places d'élèves pensionnaires à l'Ecole militaire de Saint-Germain.

Faire un rapport mercredi prochain sur l'école de Saint-Germain (2).

4438. — DÉCISIONS (3).

On prie Sa Majesté de faire connaître si son intention est que quelques distributions extraordinaires de vivres et de liquides, ordonnées par M. le maréchal duc de Reggio à des troupes sur divers points en Hollande, soient continuées à ces troupes.

Laisser aller.

On demande à Sa Majesté de se faire rendre compte de la situation des différents services militaires en Hollande pour pouvoir prendre à l'avance les mesures propres à assurer le service.

A représenter.

---

(1) De la main de Maret.
(2) Non signé.
(3) Sans signature ni date; extraites du « Travail du ministre directeur de l'administration de la guerre avec S. M. l'Empereur et Roi, daté du 25 juillet 1810 ».

4439. — AU MARÉCHAL BERTHIER.

Saint-Cloud, 27 juillet 1810.

Mon Cousin, je vois, par votre rapport du 24, que la 2e demi-brigade d'infanterie légère arrive à Bayonne le 5 août ;

La 5e demi-brigade de ligne le 7 ;

La 6e demi-brigade de ligne le 9 ;

La 7e demi-brigade de ligne le 11,

Et la 8e demi-brigade de ligne le 13.

Donnez ordre que la 2e demi-brigade légère parte le 8, la 5e de ligne le 9, la 6e le 10, et ainsi successivement pour les autres, et qu'elles se rendent en droite ligne à Valladolid.

NAPOLÉON.

4440. — DÉCISION.

Saint-Cloud, 27 juillet 1810.

Le maréchal Berthier demande quelle destination doit être assignée au 4e bataillon du régiment d'Isembourg, stationné dans la Navarre, et qui n'appartient à aucun corps de l'armée d'Espagne, les trois premiers bataillons de ce régiment étant à l'armée de Naples.

Le laisser à Perpignan, en garnison pour la place.

NAPOLÉON.

4441. — DÉCISION (1).

27 juillet 1810.

Le sieur Carré, chirurgien aide-major au 2e régiment d'artillerie à pied, sollicite l'autorisation de passer au service de Sa Majesté le roi de Naples et des Deux-Siciles.

On prie Sa Majesté de faire connaître ses intentions sur cette demande.

Approuvé.

(1) Non signée; extraite du « Travail du ministre directeur de l'administration de la guerre avec S. M. l'Empereur et Roi, daté du 25 juillet 1810 ».

4442. — DÉCISION.

Saint-Cloud, 27 juillet 1810.

Le général Clarke demande l'autorisation de faire venir à Lille et à Saint-Omer les 1re et 3e compagnies d'armuriers pour les employer à la réparation des armes remises par les gardes nationales du Nord.

Approuvé.

NAPOLÉON.

4443. — AU GÉNÉRAL CLARKE.

27 juillet 1810.

Monsieur le duc de Feltre, je reçois votre projet de recrutement du camp de Boulogne. On ne peut rien faire partir du 3e léger dont le dépôt, étant à Parme, est trop éloigné pour recruter son régiment.

Le 4e de ligne ayant son 4e bataillon à Nancy, il est impossible d'en rien ôter, puisqu'il faut qu'il y reste avec une certaine quantité d'hommes, à cause du nombre d'officiers.

Quant au 19e de ligne, donnez ordre aux 120 hommes disponibles de ce régiment de se rendre au camp de Boulogne, ce qui portera la force du régiment à 2.000 hommes.

Donnez le même ordre aux 100 hommes disponibles au dépôt du 46e, à Arras.

Donnez le même aux 200 hommes du 72e qui sont disponibles au dépôt de Bruxelles.

Quant au 17e, je ne juge pas à propos d'envoyer rien à ce bataillon, puisque c'est un 5e bataillon et qu'il est convenable de conserver les 100 hommes qui sont au dépôt, jusqu'à ce que je prenne un parti définitif sur ce bataillon.

Je désire qu'il n'y ait pas d'infanterie légère à bord des vaisseaux; faites remplacer les 192 hommes du 3e d'infanterie légère par 192 hommes du 19e de ligne.

NAPOLÉON.

4444. — AU GÉNÉRAL CLARKE.

Saint-Cloud, 27 juillet 1810.

Monsieur le duc de Feltre, la commission des généraux Dulauloy et Kirgener est indépendante des six commissions chargées de l'inspection des côtes. Pressez le départ de ces deux officiers, parce que je suis fort désireux d'avoir, au plus tôt, un mémoire sur le Texel, qui me fasse bien connaître l'ensemble de cette position importante. Ecrivez au ministre de la marine de Hollande pour qu'il joigne à cette commission un contre-amiral hollandais qui connaisse bien le Texel. Envoyez des officiers du génie subalternes pour aider le général Kirgener, faire les devis des fortifications et autres détails. Il faut, au Texel, une place forte de grande consistance.

NAPOLÉON.

4445. — AU GÉNÉRAL CLARKE (1).

Saint-Cloud, 27 juillet 1810.

Monsieur le duc de Feltre, faites connaître au roi de Naples que toutes ses troupes en Espagne désertent et sont dans la misère et que, désormais, je n'en veux plus.

Donnez ordre au maréchal Pérignon de n'en plus envoyer et au général Miollis de n'en plus laisser passer ; c'est un ramas de brigands qui empoisonnent les pays par où ils passent.

Vous ne me parlez pas de la démolition de Girone ni de ce que j'ai ordonné de la démolition de Lérida.

4446. — DÉCISION.

Saint-Cloud, 28 juillet 1810.

Le général Clarke soumet à l'Empereur la composition de six commissions qui seront chargées de faire l'inspection des côtes de l'Empire.	Approuvé. NAPOLÉON.

4447. — DÉCISIONS (2).

28 juillet 1810.

On propose à Sa Majesté d'envoyer aux autres manufactures	Accordé, en envoyer à Turin.

(1) Non signé.

(2) Non signées; extraites du « Travail du ministre de la guerre avec S. M. l'Empereur et Roi, daté du 25 juillet 1810 ».

impériales d'armes les ouvriers de celle de Versailles, que le sieur Boutet laisse sans ouvrage et qui se trouvent sans ressources pour subsister.	
On soumet à Sa Majesté l'état des vélites qui ont quatre ans de service et ont été à deux des batailles désignées dans le décret du 16 mai 1810. On propose leur incorporation dans la garde.	Approuvé.
Il existe un déficit de 8.752 francs dans la caisse du 13e régiment d'infanterie légère ; il provient de ce que cette somme a été perdue au jeu par le capitaine Brunel, qui avait été chargé de la toucher à Strasbourg ; on présume que ce capitaine, qui a été condamné par contumace à treize années de fer, s'est donné la mort. On propose à Sa Majesté d'ordonner la réintégration de cette somme par le Trésor public, sauf le recours de celui-ci contre qui de droit.	Accordé.
On rend compte à Sa Majesté que le général du Roure a réclamé le paiement des dépenses extraordinaires qu'il annonce avoir faites lorsqu'il a pris possession de Bréda et de Bommel, et qui se montent à 1.500 francs. On propose à Sa Majesté de lui accorder une indemnité de 1.200 francs.	Accordé.
On propose à Sa Majesté d'exempter l'ex-général de division Caffin du paiement de la somme de 924 fr. 98, dont il est redevable pour la pension de son fils, vélite chasseur à cheval, qui a eu le poi-	Accordé.

gnet droit emporté par un boulet à la bataille de Wagram.	
On propose à Sa Majesté d'exempter du paiement de la somme de 865 fr. 56 le père d'un vélite chasseur à cheval, mort par suite des blessures qu'il a reçues à la bataille de Wagram.	Accordé.
On propose à Sa Majesté les généraux de brigade Lesuire et Razout pour des commandements d'îles sous les ordres du général de division Gilly, commandant général des îles de la Zélande. Ce général assure que le bien du service exige que des officiers généraux soient envoyés dans ces îles.	Accordé, Razout.
Le général de brigade Castex, employé au camp de Boulogne, à qui le ministre a accordé la permission de se marier, sollicite un congé de trois mois avec appointements pour se rendre à Strasbourg où il doit conclure son mariage.	Accordé.
L'adjudant commandant Lautour demande un congé de convalescence de six mois avec appointements. Cet officier supérieur est atteint de plusieurs infirmités.	Accordé.
On soumet à Sa Majesté la demande d'un congé de convalescence de deux mois faite par le colonel Maupoint pour prendre les eaux thermales.	Accordé.
M. Texier, ex-major du 75e régiment, sollicite de nouveau la faveur de passer au service de S. M. C. le roi d'Espagne.	Accordé, prévenir le roi d'Espagne.
On met sous les yeux de Sa Majesté la demande que fait le lieute-	Accordé.

nant Viviant de passer au service du roi d'Espagne.	
On propose d'approuver que le sieur Lépine, ci-devant préposé aux douanes, âgé de 28 ans, de la taille de 5 pieds 11 pouces et demi, soit nommé gendarme dans les départements pour, ensuite, être appelé dans la gendarmerie d'élite.	Accordé l'admission dans la gendarmerie, refusé quant à la gendarmerie d'élite.
Le prince d'Essling a fait réclamer par le colonel commandant la place de Saragosse le renvoi en Espagne du sieur Thomas Aldasoro, chirurgien-major, porté par erreur sur une liste de prisonniers espagnols, et qui est en marche pour se rendre au dépôt de Mâcon.	Accordé.
Le gouvernement des Deux-Siciles réclame la mise à la disposition de son consul à Livourne d'un matelot napolitain, détenu dans cette ville, qui a été trouvé à bord d'un bâtiment anglais capturé.	Refusé, l'embarquer pour le dépôt de Toulon.
Proposition d'admettre dans la composition des brigades de la 30e légion de gendarmerie un tiers d'indigènes. Ces brigades seraient alors composées ainsi qu'il suit : Anciens gendarmes. . . . . 2 Militaires extraits de la ligne. 2 Indigènes. . . . . 2 — 6	On admettra un sixième, savoir : Anciens gendarmes. . . . . 2 Militaires extraits de la ligne. . . . . 2 Des bataillons du Pô et de chasseurs. . . . . 1 Indigène. . . . . 1 — 6
On met sous les yeux de Sa Majesté un rapport du conseiller d'Etat, directeur général de la conscription, qui contient la proposition, faite sur la demande du grand-maître de l'Université, d'exempter du service militaire le sieur Malecot, professeur au collège d'Eu.	Faire connaître si le collège est une école secondaire.

4448. — DÉCISION (1).

Saint-Cloud, 29 juillet 1810.

On prie Sa Majesté de vouloir bien prononcer sur le marché Stranlino pour le service des fourrages en Italie.

Ne sachant pas que cela fût si pressé, j'ai demandé au prince Eugène son opinion sur cette affaire. Mais cependant si un retard peut être nuisible, et si le conseil juge utile le marché, on peut passer outre.

NAPOLÉON.

4449. — DÉCISION.

29 juillet 1810.

Le maréchal Berthier propose d'envoyer dans la Navarre, sous les ordres du général Reille, le général de brigade Arnaud, qui est disponible à Bayonne.

Accordé.

NAPOLÉON.

4450. — DÉCISION.

Saint-Cloud, 29 juillet 1810.

Le prince d'Essling a ordonné au général Cacault d'aller prendre le commandement de Ciudad-Rodrigo : cette disposition est soumise à l'approbation de l'Empereur.

Approuvé.

NAPOLÉON.

4451. — DÉCISION (2).

30 juillet 1810.

Sur la demande du grand-maître de l'Université, on propose à Sa Majesté d'exempter du service militaire cinq professeurs de collège et un professeur de faculté.

Accordé.

(1) Extraite du « Travail du ministre de l'administration de la guerre avec S. M. l'Empereur et Roi, daté du 25 juillet 1810 ».

(2) Non signée: extraite du « Travail du ministre de la guerre avec S. M. l'Empereur et Roi, daté du 25 juillet 1810 ».

4452. — AU MARÉCHAL BERTHIER.

Saint-Cloud, 31 juillet 1810.

Mon Cousin, je vous renvoie les propositions du prince d'Essling pour les récompenses à accorder pour la prise de Ciudad-Rodrigo. Faites-moi connaître le nom des individus cités, soit dans les relations, soit dans les détails du siège, et proposez-moi pour eux des récompenses. Faites-moi connaître également quels étaient les régiments qui faisaient partie du siège ; ceux-là, seuls, ont droit à des récompenses (1).

NAPOLÉON.

4453. — DÉCISION.

Saint-Cloud, 31 juillet 1810.

Le maréchal Berthier soumet à l'Empereur l'ordre donné par Sa Majesté catholique au chef de bataillon Valence, à l'effet de se rendre à Bayonne.

Faites interroger cet officier à son arrivée à Bayonne et savoir pourquoi on renvoie cet officier de l'armée. Il faut faire des plaintes pour qu'on le fasse juger.

NAPOLÉON.

4454. — AU GÉNÉRAL CLARKE.

Saint-Cloud, 31 juillet 1810.

Monsieur le duc de Feltre, il y a à Cherbourg quatre régiments, savoir : le 5e léger, qui doit y rester, et trois régiments de la division Grandjean. Donnez l'ordre à l'un de ces trois régiments de se rendre à Saint-Malo, au 2e de se rendre au Havre et au 3e de rester à Cherbourg.

Ordonnez en même temps que ces trois régiments soient mis sur le pied de paix. Par ce moyen, la côte sera suffisamment gardée.

NAPOLÉON.

(1) Tout le texte de cette lettre est souligné.

4455. — DÉCISION.

Saint-Cloud, 31 juillet 1810.

Le général Clarke propose d'envoyer le 8e cuirassiers à Beauvais, où les fourrages sont plus abondants qu'à Evreux.

Accordé le mouvement de ce régiment sur Beauvais.

NAPOLÉON.

4456. — AU GÉNÉRAL LACUÉE, COMTE DE CESSAC, MINISTRE DE L'ADMINISTRATION DE LA GUERRE.

Saint-Cloud, 31 juillet 1810.

Monsieur le Comte, Sa Majesté me charge de vous demander une note indicative de la manière dont le service des conseillers d'Etat, ayant des sections dans votre ministère (MM. Gau, Bourcier et Chaban), est organisé : quelles sont leurs attributions, s'ils ont l'instruction des affaires, la correspondance directe et quels sont leurs rapports avec les chefs de bureau, etc., etc., etc... ? Sa Majesté a désiré que je recueillisse ces renseignements à l'occasion du conseil de marine qu'Elle vient de créer.

J'ai l'honneur d'offrir à Votre Excellence l'assurance de ma plus haute considération.

Le duc de BASSANO.

4457. — DÉCISION.

Saint-Cloud, 31 juillet 1810.

Le maréchal Berthier soumet à l'Empereur des propositions à l'effet d'employer plusieurs officiers prisonniers, échappés de Cadix.

Autoriser le prince d'Essling à placer ces officiers dans les bataillons de son corps qui en ont besoin : il fera cela par un ordre, et vous en enverra la note afin que vous lui renvoyiez les décrets signés de moi. Par ce moyen, son corps aura un bon renfort d'officiers et tout sera en règle.

NAPOLÉON.

4458. — DÉCISION.

Saint-Cloud, 31 juillet 1810.

Le maréchal Berthier demande si l'Empereur a l'intention d'accorder deux jours de repos, à Bayonne, à chacune des demi-brigades composant la division Drouet.

Oui. Accordé deux jours de repos à Bayonne à tous les corps.

NAPOLÉON.

4459. — DÉCISIONS (1).

On rend compte à Sa Majesté que les officiers de santé en chef des armées élèvent des prétentions sur le droit à exercer par les commissaires des guerres dans la partie administrative du service de santé.

Ces prétentions tendant à l'indépendance, on propose à Sa Majesté, pour les faire cesser, de fixer par un avis interprétatif les droits des intendants généraux et commissaires des guerres pour cette partie du service.

Renvoyé au Conseil d'Etat (2).

On propose à Sa Majesté de faire confectionner 14 aigles et 14 drapeaux pour l'ex-armée hollandaise. Cette dépense s'élèvera à 4.382 francs.

Après la nouvelle organisation.

4460. — PREMIÈRE NOTE SUR L'ILE D'AIX (3).

Les retranchements du bourg n'ont que 200 toises de longueur du côté de terre ; en les rectifiant, on doit les considérer comme à l'abri d'un coup de main, parce qu'ils ont un fossé plein d'eau et un chemin couvert avec place d'armes. Mais, si l'ennemi cheminait, on sent qu'ils seraient d'une faible défense.

(1) Sans signature ni date; extraites du « Travail du ministre de l'administration de la guerre avec S. M. l'Empereur et Roi, daté du 1er août 1810 ».
(2) De la main de Maret, ainsi que la suivante.
(3) Présumée du 2 août 1810, copie certifiée par le secrétaire général Fririon.

On fera sur ces 200 toises une fortification meilleure qui, revêtue, coûtera 2 millions. Si on juge qu'une fortification aussi considérable aurait l'inconvénient d'avoir 200 toises sur chacun de ses flancs d'un faible profil et que même la batterie circulaire, qui n'a point de terre-plein, qui n'est flanquée par rien, qui est dominée par les vaisseaux de guerre, pourrait se trouver détruite par leurs feux et qu'alors ce bel ouvrage, qui aurait coûté 2 millions, tomberait de lui-même, il faudra alors une place qui mette en équilibre tout le pourtour avec le front de terre, ce qui occasionnera une dépense de 7 à 8 millions, et cette dépense n'aura d'autre résultat que de prolonger le siège de vingt ou trente jours, ce qui est un mince résultat, parce que, dans l'état de faiblesse maritime où nous sommes, nous ne pourrions le secourir ou le reprendre, et que les bombes et l'artillerie, qui sont le grand moyen de réduire les places, seront en abondance et à proximité sur la flotte ennemie. Ainsi, 7 à 8 millions seraient mal dépensés.

Il faut avoir recours à un autre système, regarder les batteries circulaires, les retranchements du bourg comme en équilibre, les améliorer, établir un bon chemin couvert, bien palissadé, deux bonnes places d'armes, et rendre impossible à l'ennemi le débarquement dans l'île.

En effet, depuis l'extrémité du fort jusqu'à la batterie circulaire, l'île n'a que 1.000 toises. Sur ces 1.000 toises, près du tiers sont employées par les fortifications. Ainsi, il reste donc 600 toises du fort actuel à la mer. Il est donc clair que l'ennemi, qui débarquera à la batterie Saint-Eulard ou au corps de garde de la tente, se trouvera à 600 toises des coups de canon du retranchement du bourg, c'est-à-dire qu'il ne pourra point asseoir là son camp, parce qu'il sera accablé d'obus et de bombes ; il ne pourra non plus débarquer à la batterie de Fougère ou de Jamblet; il n'y a également que 600 toises.

En débarquant à la batterie du corps de garde du pont, il ne débarquerait encore qu'à 800 toises ; ainsi donc, tous les points de l'île sont soumis au canon de retranchement du bourg ; il faut que l'ennemi qui débarquera là. marche droit sur le faubourg et l'enlève ; s'il ne l'enlève pas, tout le camp qui sera établi dans l'île serait sans cesse inquiété par les bombes, obus et coups de canon, à 5 ou 6 degrés de toute l'artillerie de la place ?

Mais l'île a différents niveaux, c'est ce qui avait donné l'idée d'établir un cavalier, qui donnerait du commandement et plus d'effet à l'artillerie, dans toute l'étendue de l'île ; mais, pour faire ce cavalier avec le bastion, il faudrait trop d'argent ; on propose donc de ne pas en faire.

Ce cavalier, devant coûter considérablement d'argent, doit avoir une propriété, c'est de ne pas dépendre entièrement des autres points de l'enceinte actuelle ou bien d'être considéré comme premier travail d'une enceinte générale à faire. On voit, sous ce rapport, que ce sera un point qui coûtera 600.000 francs et qui entraînera, pour le reste de l'enceinte, dans la dépense de 7 à 8 millions citée plus haut.

D'où il résulte que ce cavalier doit être un fort isolé, formant fort à lui seul. Mais ce cavalier devant coûter autant d'argent, ne serait-il pas plus convenable de laisser les retranchements du bourg tels qu'ils sont, en les améliorant toujours, pour les mettre parfaitement à l'abri d'un coup de main, et d'établir sur le point Z de la hauteur un beau fort carré, avec une redoute en maçonnerie, laquelle ne coûterait pas 600.000 francs et rendrait impossible le débarquement dans l'île. Or, on estime que rendre impossible le débarquement dans l'île est plus facile que de retarder de quinze jours la prise du fort, du moment que l'ennemi sera établi dans l'île.

Il y a du point Z à la batterie d'Eulard.	200	toises.
A la batterie Neuve.	220	—
A la batterie du pont.	450	—
Au point le plus près du retranchement du bourg.	600	—

Il faudrait faire un projet du fort de la manière suivante : qu'il y ait un point qui batte à 400 toises du côté du retranchement du bourg, un autre à 200 toises de la batterie du corps de garde du pont, et placer le réduit sur le point Z, de manière à avoir de la domination à 200 toises du rivage ; cela formerait une couronne fermée à la gorge, toute en terre, hormis le bastion isolé sur le point Z, qui aurait le commandement d'un cavalier, qui contiendrait des souterrains pour loger la garnison, les fours, les vivres, les poudres.

On ne voit pas, dans cette situation, comment l'ennemi débarquerait dans l'île.

2e PROJET (1).

Il faudrait faire un camp retranché d'un millier de toises de tour,

(1) Ce qui précède constitue le 1er projet.

au centre duquel on mettrait un fort en maçonnerie d'une quarantaine de toises de côté, contenant tous ces établissements. Il est clair qu'une garnison de 1.200 hommes, qui est la force naturelle qu'on laissera à l'île d'Aix, nécessaire même pour servir les canons, dont 800 hommes dans le camp et 400 hommes dans le faubourg, avec le secours des pièces empêcheront l'ennemi de débarquer.

3e PROJET.

Enfin, un autre projet serait de considérer l'île entière comme un camp retranché qui a été fait par la nature ; en effet, qu'est-ce que l'île a de tour, sans y comprendre le faubourg qui est déjà retranché ? 2.500 toises, formant une figure très irrégulière. Le camp serait tout fait le jour où on fermerait toutes les batteries à la gorge. Elles sont au nombre de huit, ce serait donc huit ou neuf redoutes. Ces batteries sont très près les unes des autres, à moins de 150 toises. Il n'y aura plus qu'à choisir le point où on construira des redoutes en maçonnerie, où on fera des établissements : le point Z sur la hauteur, un autre point à mi-chemin entre le point Z et le faubourg.

En faisant ces redoutes en maçonnerie, comme celles de Boulogne, qui n'ont pas coûté, l'une portant l'autre, 200.000 francs, et construisant un petit fort à étoile, on aura deux forts, qui seront à 200 toises des batteries, qui seront entre eux à la distance de 200 ou 300 toises et à pareille distance du faubourg. Il y a là des combinaisons à faire, qui donneraient des résultats très avantageux et réuniraient le faubourg et les deux forts par deux caponnières avec fossés.

4461. — DEUXIÈME NOTE SUR L'ILE D'AIX.

Saint-Cloud, (1) août 1810.

Après avoir examiné le projet n° 1 de l'île d'Aix, on pense qu'un million ou 1.500.000 francs, dépensés pour le pentagone qu'on a tracé sur le mamelon Z, serait mal employé. Ce pentagone a, d'ailleurs, le grand défaut, qui répugne à tout homme de l'art, d'avoir deux fronts qui tirent contre le bourg.

(1) Sans date de jour; présumée du 2. Copie certifiée par le secrétaire général Fririon.

On préférerait donc un réduit capable de contenir 1.500 hommes à l'abri de la bombe, les vivres, les poudres, munitions, etc...

Ce réduit se trouverait à 800 mètres du fort actuel, à 500 toises de l'extrémité de l'île du coup du pont (*sic*) et à 300 toises du corps de garde de la tente.

On supposera pour un moment que les retranchements du bourg n'existent pas et qu'on occupe seulement la batterie circulaire, qu'on achèverait comme fort fermé, soit en faisant passer de l'eau dans les fossés, soit en achevant le revêtement de la gorge.

On occuperait encore par un fort ou redoute la batterie du corps de pont.

En supposant qu'il n'existe que cela, on ne conçoit pas comment l'ennemi débarquerait contre des batteries de pièces de 36 éloignées de 800 toises l'une de l'autre, car il sera sous la mitraille, puisque la mitraille des pièces de 36 porte à 400 toises ; de l'autre côté de l'île, les pièces ne sont éloignées que de 500 toises. Ainsi, on met en fait que, ces trois points étant occupés, l'ennemi ne peut débarquer.

Mais il existe des retranchements qu'on est loin de vouloir démolir, qu'au contraire on veut laisser exister et améliorer ; c'est un camp retranché qui met tous les établissements à l'abri d'un coup de main.

Cela rapproche les feux de 200 toises. Il faudra donc que l'ennemi débarque dans un espace de 600 toises, c'est-à-dire qu'il sera éloigné au plus de 300 toises de la mitraille.

On va plus loin : on place autour de la redoute un chemin couvert, qui soit de tous côtés à 100 ou 120 toises de la ligne magistrale du réduit ; ce chemin couvert serait palissadé et couvert par un avant-fossé.

Ce chemin couvert tracé, on prend un point du chemin couvert A et on y établit une place d'armes, qui ne sera qu'à 120 toises du réduit et dans laquelle on pourra placer trois ou quatre pièces de canon qui auront l'avantage de flanquer tout le front et d'approcher de 620 toises le croisement des feux. Il n'y aurait donc plus que 500 toises entre eux.

Cette place d'armes est établie de manière qu'elle flanque les retranchements du bourg et bat l'anse par laquelle l'ennemi peut venir et la plage d'ouest.

Une ou deux autres places d'armes ou batteries de côte seront nécessaires à établir sous les feux du réduit sur quelques points.

On en ferait de bonnes redoutes en terre bien palissadées. Alors les mouvements de terre seront de peu d'importance et pourront se faire pour moins de 300.000 francs ; ce ne serait qu'un chemin couvert soutenu par quelques redoutes ou places d'armes.

Le réduit, en le supposant à 600.000 francs, ne coûtera que ce que coûte une caserne qu'on veut mettre à l'épreuve de la bombe ; on peut dire qu'on aura rendu le débarquement impossible avec peu de dépense.

Dans les autres projets, qui coûteront 2 ou 3 millions, il faudra encore dépenser 1 million pour les casernes ; c'est donc le meilleur moyen de résoudre le problème.

Il s'agit de bien tracer et de travailler sans délai au réduit qu'on établira au point Z, qui a déjà du commandement et qui permettra d'en donner au réduit sur les ouvrages qui l'environnent.

Il est impossible qu'on attaque ce réduit sans s'être emparé du fort actuel ou de la batterie circulaire ; et alors même le réduit se défendra et conservera sa communication avec la terre ferme par la batterie du coup du (*sic*) pont.

Si on suppose qu'on attaque cette pointe et qu'on chemine par là sur le réduit, la batterie circulaire se défendra encore autant qu'elle peut le faire aujourd'hui.

Mais, certainement, aucun des deux événements n'arrivera, et on sera plus certain de conserver l'île d'Aix avec 600 hommes, qu'on ne peut l'être aujourd'hui avec 3.000 hommes.

Aucune batterie du réduit ne doit être hasardée ; il y en a beaucoup trop aujourd'hui. Il faut des batteries fermées à la gorge, soumises au réduit ou au fort. S'il y a deux petites anses à surveiller, il sera plus convenable d'y mettre des postes d'infanterie, avec deux pièces de campagne.

En plaçant au fort actuel 400 hommes, qui sont nécessaires pour servir les batteries du reste de l'île, on aura l'immense résultat de n'avoir aucune inquiétude avec 800 hommes. Nous y avons constamment entretenu plus de 2.000 hommes.

Ainsi, le fort de l'île d'Aix doit consister dans le fort actuel, dans un réduit avec deux ou trois batteries de côte, fermées à la gorge et soumises au réduit, enfin dans un chemin couvert, qui formera camp retranché et mettra les baraques et tous les hommes à l'abri.

4462. — DÉCISION.

Saint-Cloud, 2 août 1810.

Le général Clarke rend compte d'une demande du prince Eugène tendant à ce que le dépôt du 14e chasseurs, qui est à Pignerol, soit réuni à ses escadrons de guerre en Italie.

En conséquence de cette demande, ordonner que les escadrons de guerre quittent l'Italie et se rendent en Piémont, car les dépôts ne doivent jamais marcher.

NAPOLÉON.

4463. — DÉCISION (1).

Saint-Cloud, 2 août 1810.

On prie Sa Majesté de faire connaître si Elle approuve qu'on lui présente des officiers de gardes nationales qui n'ont pu rentrer dans le régiment des gardes nationales de la garde pour des emplois de la ligne analogues aux grades qu'ils ont remplis dans les gardes nationales.

M'en parler au Conseil. Me faire connaître leur âge, s'ils ont déjà servi et où ils ont servi.

4464. — DÉCISIONS (2).

3 août 1810.

Avant de présenter à Sa Majesté le budget du ministère de l'administration de la guerre, on la prie de décider que les frais d'administration intérieure seront réunis et classés dans le chapitre 16.

Approuvé.

NAPOLÉON.

M. le comte Dejean a accordé une somme de 10 francs au conseil d'administration du bataillon de tirailleurs corses pour chaque conscrit venant de la Corse.

Approuvé.

NAPOLÉON.

(1) Non signée; extraite du « Travail du ministre de la guerre avec S. M. l'Empereur et Roi, daté du 1er août 1810 ».

(2) Extraites du « Travail du ministre de l'administration de la guerre avec S. M. l'Empereur et Roi, daté du 1er août 1810 ».

Sa décision est motivée sur la longue route que ces conscrits ont à parcourir d'Antibes à Deux-Ponts. On prie Sa Majesté de vouloir bien confirmer cette décision.	
Le 5e bataillon auxiliaire a reçu des magasins de Bayonne 694 paires de souliers. On prie Sa Majesté de faire connaître si son intention est que cette fourniture soit donnée à titre de gratification.	Approuvé. NAPOLÉON.

4465. — DÉCISIONS (1).

3 août 1810.

On propose à Sa Majesté d'approuver l'acquisition, au prix de 9.500 francs, d'une maison particulière à Flessingue, qui est destinée à servir de logement à huit officiers et à un employé du génie.	Approuvé.
On demande les ordres de Sa Majesté à l'égard de 102 militaires de la ci-devant garde royale hollandaise, dont : 19 sont proposés pour les vétérans ; 50 pour recevoir des congés de réforme pour infirmités ; 33 pour recevoir des congés absolus, leur temps de service étant expiré. —— 102	Les admettre à la retraite ou aux vétérans avant leur départ.

4466. — AU MARÉCHAL BERTHIER.

Trianon, 4 août 1810.

Mon Cousin, le ministre de la guerre donne ordre à la 3e et à la

(1) Non signées; extraites du « Travail du ministre de la guerre avec S. M. l'Empereur et Roi, daté du 1er août 1810 ».

1re demi-brigades légères, qui sont, l'une à Nantes et l'autre à Lorient, de se rendre à Bayonne. Faites-moi connaître quand elles y arriveront. Je destine ces troupes à tenir garnison permanente dans la Biscaye, ce qui laissera disponible pour aller plus loin la division du général Drouet.

NAPOLÉON.

4467. — AU MARÉCHAL BERTHIER.

Trianon, 4 août 1810.

Mon Cousin, donnez l'ordre que le 5e régiment provisoire, qui arrive le 17 à Bayonne, soit sous les ordres du général Thouvenot pour tenir garnison à Saint-Sébastien ou à Tolosa.

NAPOLÉON.

4468. — DÉCISION.

4 août 1810.

Récompenses proposées par le maréchal Berthier pour les régiments qui ont pris part au siège de Ciudad-Rodrigo.

Accordé pour le siège de Ciudad-Rodrigo deux places de commandeurs, quatre d'officiers, quatre-vingts de légionnaires. Berthier me fera connaître qui les a méritées et un décret me sera soumis là-dessus.

NAPOLÉON.

4469. — DÉCISION (1).

4 août 1810.

On propose à Sa Majesté de créer un emploi de portier-consigne pour la porte du port de l'île d'Aix.

Approuvé.

(1) Non signée; extraite du « Travail du ministre de la guerre avec S. M. l'Empereur et Roi, daté du 1er août 1810 ».

4470. — AU GÉNÉRAL CLARKE.

4 août 1810.

Monsieur le duc de Feltre, la 3e demi-brigade légère recevra l'ordre de se diriger sur Bayonne. Elle prendra ses caissons, ses canons et sa compagnie d'artillerie à Nantes, où ils ont été réunis. Les détachements de 250 hommes de ce régiment, qui devait arriver à Nantes, le... (1) août, et celui de... (1) qui y arrive le 12 septembre, seront dirigés sur Tours, où ils attendront de nouveaux ordres. Vous donnerez également l'ordre à la 1re demi-brigade légère qui est à Lorient de se diriger sur Bayonne. Elle prendra ses caissons, ses pièces et ses canonniers à son passage à Nantes. Envoyez ces ordres par courrier extraordinaire.

Les 450 hommes de la 1re demi-brigade qui doivent arriver dans les premiers jours de septembre à Orléans se dirigeront sur Tours, et, avec les détachements de la 3e demi-brigade légère, ils formeront un bataillon de marche pour aller rejoindre ces corps.

NAPOLÉON.

4471. — AU GÉNÉRAL CLARKE.

4 août 1810.

Monsieur le duc de Feltre, le 4e bataillon du 1er régiment de ligne tiendra garnison à Toulon, de sorte qu'il y aura à Toulon, le 1er bataillon du 1er de ligne, qui sera complété à 600 hommes présents ; le bataillon du 62e, complété à 600 hommes; le 2e bataillon du 2e régiment suisse, complété à 800 hommes; le 5e bataillon du 16e de ligne, complété à 400 hommes et le bataillon du 32e léger, complété à 300 hommes, ce qui fera 2.700 hommes de garnison.

Vous donnerez ordre qu'on place au moins 600 hommes dans les îles d'Hyères et que les batteries qui sont dans ces îles soient mises dans le meilleur état de défense, de sorte que mon escadre de Toulon venant à s'y réfugier, elle soit à l'abri de toute attaque de l'ennemi.

Envoyez un général de brigade intelligent pour commander le département du Var.

NAPOLÉON.

(1) En blanc.

4472. — DÉCISION.

Trianon, 5 août 1810.

Le général Thouvenot demande 200.000 cartouches.

Approuvé.

NAPOLÉON.

4473. — DÉCISIONS (1).

Trianon, 5 août 1810.

Sa Majesté est priée de prononcer soit sur la remise au roi de Westphalie des effets et matériaux existant dans les magasins de la fortification, à Magdeburg, soit sur l'évacuation de ces objets sur Mayence, soit sur la vente de ces mêmes effets au profit du domaine extraordinaire.

Ces objets doivent être achetés sur inventaire par le roi de Westphalie.

On soumet à Sa Majesté un rapport du conseiller d'Etat directeur général de la conscription, qui expose la nécessité de compléter les compagnies de réserve et indique les moyens de parvenir à ce but.

Me présenter un projet de décret.

4474. — DÉCISION (2).

Trianon, 5 août 1810.

On a l'honneur de rendre compte à Sa Majesté des mesures qu'on se propose de prendre relativement au désarmement du 9e bataillon du train des équipages militaires.

On la prie de vouloir bien faire connaître si Elle les approuve.

Il faut laisser les hommes, les chevaux et les caissons en Italie, les chevaux en les mettant chez les paysans du côté de Plaisance, ou les laissant à la disposition de l'administration. Il faut bien se garder de diminuer ce qui reste disponible,

(1) Non signées; extraites du « Travail du ministre de la guerre avec S. M. l'Empereur et Roi, daté du 25 juillet 1810 ».

(2) Extraite du « Travail du ministre de l'administration de la guerre avec S. M. l'Empereur et Roi, daté du 1er août 1810 ».

puisque cela serait difficile à rétablir en Italie.

NAPOLÉON.

4475. — AU GÉNÉRAL CLARKE.

5 août 1810.

Monsieur le duc de Feltre, donnez ordre au général Gudin, qui est du côté de Magdeburg, de faire saisir tous les bâtiments de transport chargés de marchandises (1) qui passeraient l'Elbe, pour entrer en Westphalie ou dans les villes hanséatiques. Faites donner cet ordre par le prince d'Eckmühl.

NAPOLÉON.

4476. — AU GÉNÉRAL CLARKE.

5 août 1810.

Monsieur le duc de Feltre, envoyez l'ordre par un courrier extraordinaire au général Morand de faire partir une brigade de deux régiments pour Rostock et Wismar, pour y confisquer toutes les marchandises coloniales et anglaises qui s'y trouvent.

Donnez l'ordre, par courrier, au général Liébert de faire mettre le séquestre sur toutes les marchandises coloniales qui se trouvent à Stettin, vu que ces marchandises, venues sur bâtiments américains, ne sont autres que des marchandises anglaises ; qu'il doit donc les confisquer toutes et n'en laisser sortir aucune, en laissant entrer toutes celles qui arriveraient, parce qu'elles sont bonnes à être confisquées.

NAPOLÉON.

4477. — AU GÉNÉRAL CLARKE.

Trianon, 5 août 1810.

Monsieur le duc de Feltre, donnez ordre que le 13e régiment de chasseurs se rende à Niort.

Donnez ordre que les tirailleurs corses et les tirailleurs du Pô se rendent à Boulogne, où ils feront partie du camp.

Donnez ordre que le bataillon du régiment irlandais, qui est à

(1) D'après une lettre de Meneval, du 8 août, il s'agit ici des marchandises anglaises.

Landau, se rende à Bois-le-Duc, où il fournira des postes à Willemstad.

Donnez ordre que le 1er bataillon étranger, qui est à Cherbourg, se rende en Hollande.

NAPOLÉON.

4478. — DÉCISION.

Trianon, 5 août 1810.

Le général Clarke soumet à l'Empereur un rapport du directeur général de la conscription sur la nécessité de compléter les compagnies de réserve.

Renvoyé au ministre de la guerre pour me présenter un projet de décret.

NAPOLÉON.

4479. — DÉCISION.

Trianon, 5 août 1810.

Rapport du général Clarke relatif au mode de recrutement des bataillons étrangers.

Me remettre l'organisation de ces bataillons par compagnie, combien d'officiers par compagnie, le nom de ceux qui les commandent. Il faudrait les placer de préférence en Hollande et leur donner des commandants hollandais.

NAPOLÉON.

4480. — DÉCISION.

Trianon, 5 août 1810.

Rapport du général Clarke au sujet des quartiers de cavalerie des départements du Nord et du Pas-de-Calais qui pourraient recevoir le 1er cuirassiers et le 1er hussards hollandais.

Placer les deux régiments hollandais à Lille et à Arras.

NAPOLÉON.

4481. — DÉCISION.

Trianon, 5 août 1810.

Le général Clarke demande quel-

Mon intention est de lui don-

les sont les intentions de l'Empereur au sujet du numéro à attribuer dans l'armée française au 1er régiment de cuirassiers hollandais.

ner un numéro provisoire, quand même j'organiserais ce régiment; ainsi, il n'y a pas de difficulté à appeler ce régiment hollandais, le 14e de cuirassiers.

NAPOLÉON.

4482. — DÉCISION.

Trianon, 5 août 1810.

Rapport du général Clarke au sujet de la situation des finances de l'Ecole militaire de Saint-Germain.

Renvoyé au vice-connétable pour prendre des mesures pour que cette école ait des chevaux et la faire marcher définitivement.

NAPOLÉON.

4483. — DÉCISIONS (1).

Trianon, 5 août 1810.

M. le maréchal duc de Reggio a employé provisoirement le général de brigade hollandais Vichery dans la division Molitor et les généraux de brigade Ferrière et Suden, également Hollandais, dans celle de Dessaix.

Il demande l'autorisation de confier le commandement du 5e régiment de cavalerie au général Bruno, Hollandais.

On demande les ordres de Sa Majesté.

Il faut me faire connaître les généraux hollandais qu'il serait convenable de faire venir en France, en Italie, en Illyrie et dans l'intérieur, et les généraux Français qu'on enverrait en Hollande.

Envoyer le général Colbert prendre le commandement de la cavalerie en Hollande.

On propose à Sa Majesté de nommer au commandement de la place d'Amsterdam le général de division Durutte, qui est en congé à Ypres.

Approuvé, mais comme commandant seulement.

(1) Non signées; extraites du « Travail du ministre de la guerre avec S. M. l'Empereur et Roi, daté du 1er août 1810 ».

On met sous les yeux de Sa Majesté la demande que fait le général de division Carra-Saint-Cyr, employé à l'armée d'Illyrie, pour obtenir une autre destination.	Le remplacer par un général de division hollandais ; me faire connaître lequel on pourrait prendre.
On propose à Sa Majesté de nommer au commandement du département du Léman le général de brigade Fiteau, qui n'est point encore assez bien rétabli pour être envoyé à l'armée, mais qui peut cependant être employé dans l'intérieur.	Approuvé.
On propose à Sa Majesté de nommer à l'emploi de commandant d'armes de 2e classe, à Flessingue, le général d'artillerie Charles-François-Léger Favereau ;	Refusé, pourquoi aller chercher des officiers réformés depuis longtemps, dont on n'entend plus parler et qui sont cassés, tandis qu'il y a tant d'officiers en activité dont on ne sait que faire ?
De nommer le chef d'escadron Lavillette, commandant d'armes à Bellegarde, en la même qualité à Collioure ; Le chef d'escadron en retraite Crepia au commandement d'armes de 4e classe à Bellegarde.	Pourquoi chercher des officiers réformés et en retraite ? Cela est inutile, il y a tant d'officiers en activité dont on ne sait que faire.
Le général de division Verdier demande l'autorisation de rester dans ses foyers jusqu'à ce que sa santé lui permette de retourner à l'armée. Il désire conserver son traitement.	Lui accorder les simples appointements de paix de son grade.
Le général de brigade Augereau est malade ; le maréchal duc de Tarente lui a accordé un congé de deux mois.	Approuvé.
On soumet à Sa Majesté la demande d'un congé de quatre mois avec appointements, faite en faveur du général de brigade Ba-	Accordé.

chelu par M. le maréchal duc de Raguse.	
Le général de brigade Amey, employé à l'armée de Catalogne, demande un congé de convalescence de six mois avec appointements.	L'employer en Hollande.
Le ministre de la guerre et de la marine du roi de Naples transmet la demande que fait M. Taverne, Belge et capitaine adjudant-major au régiment d'Isembourg, de passer au service de Naples, où un emploi avantageux dans la cavalerie lui est promis.	Le laisser entrer au service du roi de Naples.
Le gouvernement anglais a renvoyé le lieutenant français Montaron, sous condition d'échange contre le lieutenant anglais Stanhope.	Refusé.
Le gouvernement anglais demande le renvoi du sieur Hanning, otage irlandais, âgé de 68 ans et paralytique, par réciprocité de ce qu'il renvoie les infirmes français.	Refusé.
M. Huet, capitaine au 4e bataillon du 81e régiment d'infanterie, est mort après vingt-quatre ans de services effectifs, par suite des fatigues de la guerre, et a laissé une veuve et sept enfants, dont trois demoiselles ; l'un des quatre garçons a été admis à la demi-solde. Sa Majesté est priée de faire connaître si Elle est dans l'intention d'accorder la même faveur aux trois autres.	Approuvé.
Le ministre de la guerre d'Espagne a transmis, par ordre de son souverain, la demande que font un soldat du 116e régiment et un soldat du 117e, de passer dans la garde royale d'Espagne.	Refusé.

Mme Emilie Coutas sollicite l'autorisation nécessaire pour que le sieur E.-P.-L. Lichtenstein, son fils, âgé de 18 ans, puisse accepter une sous-lieutenance dans les troupes de S. M. le roi des Deux-Siciles.

Sa Majesté est priée de faire connaître ses intentions.

Accordé, point de difficulté.

On rend compte à Sa Majesté des observations qui ont été adressées au prince archi-trésorier de l'Empire par le ministre de la guerre hollandais, sur le budget de la guerre de la Hollande. On fait remarquer que ce budget avait été établi dans la supposition de plusieurs réformes dans la garde et les troupes hollandaises, qui n'ont point été opérées.

Si ces réformes ne doivent pas avoir lieu de suite, il faudra un supplément au budget de 700.000 florins.

Il me semble qu'il n'y a pas de difficulté de réformer quelques officiers d'état-major; quant à la garde, quand elle sera ici, je lui donnerai une direction ; il me paraît qu'on a supprimé les régiments qui étaient à réformer. Ainsi les réductions qu'il y avait à faire ont été faites.

On présente à Sa Majesté le rapport du directeur général des revues et de la conscription au sujet des résultats de l'exécution du décret d'amnistie : il reste à poursuivre 32.686 réfractaires et 30.775 déserteurs.

Faire connaître par département et division militaire les lieux où se trouvent ces 62.000 individus, afin que dans les lieux où il s'en trouve davantage, j'envoie des colonnes mobiles pour les faire rentrer.

4484. — DÉCISIONS (1).

On renouvelle à Sa Majesté la proposition d'autoriser l'envoi d'un auditeur au Conseil d'Etat près le préfet de Morbihan, à l'effet d'établir le compte de la masse de loge-

Envoyer un inspecteur aux revues pour rester jusqu'à ce que le travail soit fait.

(1) Sans signature ni date; extraites du « Travail du ministre de la guerre avec l'Empereur, du 8 août 1810 ».

ment de la gendarmerie, pendant les années XI, XII et XIII, que ce préfet n'a point encore rendu.

Sa Majesté est priée de faire connaître si son intention est que M. Tardif, chef de bataillon, et M. Mellinet, sous-inspecteur aux revues, prévenus d'avoir reçu à leur profit une surtaxe de 210.000 francs de France sur la levée des sommes nécessaires à payer les marchandises anglaises saisies à Livourne, soient mis en jugement.

A renvoyer à une commission du Conseil d'Etat (1).

4485. — DÉCISIONS (2).

Trianon, 9 août 1810.

On rend compte à Sa Majesté du résultat des ventes d'effets d'artillerie proposés aux puissances étrangères.

La Bavière seule demande à acheter pour 254.000 francs.

Il n'a été fait dans l'intérieur de soumission que pour 30.000 kilogrammes de bronze.

Ne pourrait-on pas vendre ce bronze à la marine ?

Je rappelle à Sa Majesté qu'Elle m'a autorisé verbalement à lui soumettre des observations relativement aux retards qu'éprouvent dans les corps les nominations aux emplois vacants.

Il faut simplifier la manière dont se fait aujourd'hui le travail du personnel ; le moyen est simple, il faut que le ministre me remette deux états, l'un où les avancements sont proposés selon les règles et dans les corps, soit à l'ancienneté, soit par le choix, l'autre par le choix dans les corps hors ligne pour passer dans les autres corps, tels que la Tour d'Auvergne, Isembourg et irlandais. Ceux-là seulement donnent lieu à des observations.

(1) De la main de Maret, ainsi que la précédente.

(2) Non signées; extraites du « Travail du ministre de la guerre avec S. M. l'Empereur et Roi, daté du 8 août 1810 ».

Les sous-lieutenants seraient présentés par le corps pour leurs sergents ou pris dans l'école militaire, ce qui est le canal de droit.

D'autres seraient présentés sur des renseignements particuliers du ministre.

Si le travail était fait ainsi, on n'éprouverait aucun retard et les décrets pourraient être signés de suite.

4486. — AU MARÉCHAL BERTHIER.

Trianon, 10 août 1810.

Mon Cousin, donnez ordre que le 4e bataillon du 50e de ligne, qui est au 8e corps, passe au 6e corps et que le 6e corps donne en place le bataillon du 15e d'infanterie légère. Donnez ordre que les 7es bataillons des 26e, 66e et 82e régiments, qui sont à la division Loison, soient incorporés dans les premiers bataillons et que les cadres de ces 7es bataillons soient renvoyés en France. Ces deux mesures sont demandées par le duc d'Elchingen et toutes deux me paraissent conformes au bien du service.

Mandez également que, le cadre du 3e bataillon du 6e régiment d'infanterie légère ayant été fait prisonnier de guerre, il serait bon de renvoyer en France tous les officiers et sous-officiers, en gardant ce qui reste de soldats pour renforcer les autres bataillons ; qu'au surplus, le duc d'Elchingen peut faire à cet égard ce qu'il jugera le plus convenable, seulement qu'il doit me faire connaître les motifs du parti qu'il prendra.

NAPOLÉON.

4487. — DÉCISION.

10 août 1810.

Dispositions proposées par le maréchal Berthier pour alimenter en hommes l'effectif des corps de cavalerie de l'armée d'Espagne.	Approuvé. NAPOLÉON.

4488. — DÉCISION.

Rapport du général Clarke au sujet de la formation de détachements, tirés des dépôts des régiments qui ont concouru à l'organisation des 3e et 4e régiments provisoires et réunis à Versailles pour, de là, être dirigés sur l'Espagne.

Renvoyé au ministre de la guerre pour donner ordre que les dépôts des 44e, 56e, 75e, 50e, 51e, 55e, 25e, 28e, 36e et 43e régiments envoient à Versailles de quoi compléter à 140 hommes ce qu'ils ont dans cette ville, de sorte qu'au lieu de 400 hommes ceci fasse 1.400 hommes. Par ce moyen, ces quatre compagnies seront reformées et pourront composer un régiment de marche qui pourra partir pour l'Espagne dans le courant de septembre prochain.

NAPOLÉON.

4489. — DÉCISIONS (1).

Trianon, 10 août 1810.

On rend compte des dispositions faites par M. l'intendant général de l'armée d'Allemagne pour le rétablissement de trois courriers, dont un sur Salzburg, en vertu d'une décision de Sa Majesté.

Les supprimer. Nous n'avons personne à Salzburg. Tout cela est une dépense inutile.

NAPOLÉON.

On prie Sa Majesté de faire connaître si Elle veut maintenir le personnel du service de santé des régiments croates sur le même pied que lorsque ces corps étaient au service de l'Autriche, ou si Elle veut, au contraire, qu'ils soient rangés dans la classe des régiments français pour cette partie de leur organisation.

Je ne connais pas assez ces régiments pour avoir une opinion. Mais si le gouverneur demande qu'on lui envoie des chirurgiens, il faut les lui envoyer. Il faudrait consulter sur tout cela la députation d'Illyrie, dans laquelle il y a plusieurs officiers de ces régiments.

NAPOLÉON.

(1) Extraites du « Travail du ministre directeur de l'administration de la guerre avec S. M. l'Empereur et Roi, daté du 8 août 1810 ».

L'intendant général de l'armée de Portugal demande l'autorisation de faire organiser deux nouvelles brigades de mulets à bât pour le service de cette armée. On pense que deux brigades d'augmentation seraient utiles.	Approuvé. NAPOLÉON.

4490. — AU GÉNÉRAL CLARKE.

Trianon, 10 août 1810.

Monsieur le duc de Feltre, faites-moi connaître si l'on pourrait former à Turin un régiment de marche pour l'armée de Catalogne, qui serait composé :

De 200 hommes du 1er régiment d'infanterie légère ;
— 300 — du 3e —
— 200 — du 2e de ligne ;
— 200 — du 7e —
— 200 — du 37e —
— 200 — du 42e —
— 200 — du 56e —
— 100 — du 67e —
— 200 — du 93e —

Le 16e, qui est à Toulon, pourrait envoyer 300 hommes à son 4e bataillon à l'armée de Catalogne ; ce qui ferait pour cette armée un secours de 2.000 hommes. Envoyez-moi un projet d'organisation de ce régiment et faites-moi connaître quand il sera prêt. Ne serait-il pas possible de compléter le 4e bataillon du 1er léger et celui du 42e, en tirant des dépôts du Piémont et du royaume d'Italie tous les hommes qu'ils peuvent fournir, ce qui fournirait encore 1.600 hommes et porterait à 4.000 hommes le renfort qu'on enverrait à l'armée de Catalogne ?

Ne pourrait-on pas former pour les autres corps de l'armée d'Espagne trois bataillons de marche de 1.000 hommes chacun, qu'on tirerait des 5e léger, 14e de ligne, 19e léger, 19e de ligne, 28e de ligne, 34e, 65e et 75, et des autres dépôts des régiments qui ont leurs bataillons de guerre en Espagne ?

N'y aurait-il pas moyen d'envoyer en Espagne six bataillons formés du 3e bataillon du 25e léger, du 4e bataillon du 43e, du 3e du 44e, du 4e du 50e, du 4e du 51e et du 4e du 55e qui sont en France. On compléterait ces six bataillons avec ce qu'il y aurait de disponible aux 4es bataillons dont les dépôts sont en France, et qui ont leurs bataillons de guerre en Hollande, en Allemagne et sur les côtes; et si on parvenait à les compléter, ce serait une force de 3.000 à 4.000 hommes, qui avec les bataillons de marche ci-dessus demandés, formerait une division de 8.000 hommes. Cette mesure dégarnira la France du reste des cadres des régiments de l'armée d'Espagne, permettra de faire revenir d'Espagne les cadres des 3e et 4e bataillons, afin de n'être pas au dépourvu en France, et d'avoir, si cela est nécessaire, des cadres pour exercer nos levées. Cela aura l'avantage : 1° de fournir 4.000 hommes de renfort pour l'armée de Catalogne, et 8.000 hommes pour l'armée d'Espagne; 2° de diminuer le nombre des hommes présents sous les armes des régiments qui sont sur le pied de paix, c'est-à-dire des régiments qui sont sur les côtes de France, en Allemagne, en Hollande, etc..., ce qui diminuera la dépense.

NAPOLÉON.

4991. — AU GÉNÉRAL CLARKE.

10 août 1810.

Monsieur le duc de Feltre, les 1re et 2e demi-brigades qui étaient à Brest ont reçu ordre de se rendre à Lorient et Nantes, pour de là se porter sur Bayonne. 1.200 hommes tirés des dépôts de ces corps sont en route pour les rejoindre et étaient dirigés sur la Bretagne. Avez-vous ordonné que ces hommes fussent réunis sur la Loire, pour y former des bataillons de marche et de là se diriger sur Bayonne ?

NAPOLÉON.

4492. — DÉCISIONS (1).

Trianon, 10 août 1810.

On prend les ordres de Sa Majesté sur la demande d'un congé de convalescence de trois mois avec appointements, faite en faveur du général de division Friant, employé à l'armée d'Allemagne.

Il faut que la division ait pris une position définitive avant qu'on puisse accorder un congé au général.

(1) Non signées; extraites du « Travail du ministre de la guerre avec S. M. l'Empereur et Roi, daté du 8 août 1810 ».

On rend compte à Sa Majesté que M. le maréchal duc de Tarente a autorisé l'adjudant commandant Dembowski à retourner en Italie.	Approuvé.
Le général de brigade Launay, employé à l'armée de Catalogne, a été autorisé à rentrer en France, pour cause de santé, par M. le maréchal duc de Tarente. On demande à Sa Majesté si son intention est d'accorder au général Launay un congé de trois mois avec appointements.	Accordé.
On met sous les yeux de Sa Majesté la demande que fait l'adjudant commandant Miollis pour être admis à la retraite.	Accordé.
Sa Majesté est priée de vouloir bien faire connaître ses intentions sur la demande de M. le maréchal Pérignon pour jouir de la solde de retraite, quoiqu'il soit gouverneur de Nice.	Je ne conçois pas comment il peut avoir la solde de retraite lorsqu'il est en activité de service.
Sa Majesté est priée de faire connaître ses intentions sur la demande du nommé Nani, ex-carabinier, d'aller servir à Naples comme domestique dans la maison du roi et d'y toucher sa pension de retraite.	Accordé.
Le capitaine espagnol Marqué s'est rendu à Bayonne avec une permission de M. le maréchal duc de Tarente pour rentrer en Espagne. Cette permission porte qu'il a prêté serment et a usé de tout son crédit pour engager ses compatriotes à la soumission. Sa Majesté est priée de décider s'il peut continuer son voyage et aller à Saragosse.	Approuvé.

Un lieutenant, ex-prisonnier autrichien, invalide, né à Mayence, demande à retourner à Vienne, n'ayant d'autre moyen d'existence que la pension que lui fait ce gouvernement. Il est retenu à Strasbourg jusqu'à la décision de Sa Majesté.

Le laisser passer sans conséquence.

Le colonel général de la garde du roi des Deux-Siciles a transmis, par ordre de son souverain, la demande que fait un conscrit de 1810 de passer au service de cette puissance.

Approuvé.

Le chargé d'affaires du roi de Saxe réclame comme né sujet de son souverain un fourrier de la 1re compagnie du 1er bataillon étranger.

Accordé.

4493. — DÉCISION.

Trianon, 11 août 1810.

Le général Clarke rend compte qu'il ne peut réunir à Bayonne que 600 chevaux, au lieu des 1.200 demandés par Sa Majesté, et il demande s'il faut compléter ce nombre de 1.200 en prenant des chevaux dans la garde ou à l'armée d'Allemagne.

En garder 600. Avec ces 600, il faudrait avoir le personnel et le matériel pour les atteler, pour la division Seras.

NAPOLÉON.

4494. — DÉCISION.

Trianon, 11 août 1810.

Le général Clarke rend compte que l'artillerie des lignes d'Amsterdam a été évacuée sur Anvers, et il propose de laisser cette artillerie en Hollande pour l'armement des côtes.

Faites évacuer toutes les pièces en bronze. Envoyez sur les côtes toutes les pièces en fer, mon intention est qu'il n'y ait sur les côtes de Hollande que des pièces en fer.

NAPOLÉON.

4495. — DÉCISION.

Saint-Cloud, 14 août 1810.

Le colonel du 116e régiment d'infanterie demande que le dépôt de ce corps, stationné à Aire, soit transféré à Tarbes.

Approuvé.

NAPOLÉON.

4496. — DÉCISION.

Saint-Cloud, 14 août 1810.

Sur la demande du ministre de la marine, le général Clarke propose d'envoyer aux îles Saint-Marcouf une compagnie du 5e d'infanterie légère.

Approuvé. Il faudrait pour être envoyé à Marcouf une demi-compagnie d'artillerie de ligne.

NAPOLÉON.

4497. — AU MARÉCHAL BERTHIER.

Saint-Cloud, 14 août 1810.

Mon Cousin, répondez au prince d'Essling que vous m'avez mis sous les yeux sa lettre du (1) juillet et que je vous ai chargé de lui faire connaître qu'il doit réprimer sévèrement tout désordre ou insubordination, qu'il a le commandement, et qu'il n'y a pas de modification dans le commandement ; qu'il doit faire cesser le brigandage et faire en sorte que les fonds provenant des contributions soient employés au profit de l'armée et qu'il serait coupable d'avoir la moindre négligence là-dessus.

NAPOLÉON.

4498. — DÉCISION.

Saint-Cloud, 14 août 1810.

Le général Clarke propose d'envoyer le 4e bataillon du 3e régiment suisse dans l'île de Walcheren, où il rejoindrait le 3e bataillon.

Me faire connaître les troupes qui sont dans l'île de Walcheren.

NAPOLÉON.

(1) La date manque.

4499. — DÉCISION.

Saint-Cloud, 14 août 1810.

Le maréchal Berthier rend compte qu'un bataillon de marche de la garde impériale se rend de Paris à Bayonne, et il propose d'envoyer de là les compagnies qui le composent rejoindre en Espagne les différents corps de la garde auxquels elles appartiennent.

Accordé.

NAPOLÉON.

4500. — DÉCISION.

Saint-Cloud, 14 août 1810.

Le maréchal Berthier propose de faire diriger sur le 3e corps de l'armée d'Espagne un détachement tiré du dépôt de la légion de la Vistule, qui doit arriver à Bayonne le 31 de ce mois.

Renvoyé au major général pour faire vérifier à Bayonne que ce sont des Polonais et non des Allemands, et, en ce cas seulement, ordonner leur entrée en Espagne.

NAPOLÉON.

4501. — DÉCISION.

14 août 1810.

Le colonel Drouot demande que deux compagnies provisoires du train de la garde, fortes ensemble de 174 hommes et 348 mulets, soient dissoutes ; les hommes rentreraient dans leurs compagnies et les mulets seraient incorporés : 90 dans la garde et 258 dans les bataillons du train de la ligne employés à l'armée de Portugal.

Accordé des demandes en ce qui regarde les hommes. Le prince d'Essling donnera ordre que les 258 mulets soient incorporés dans l'artillerie de la garde et que les 174 hommes retournent à Bayonne.

NAPOLÉON.

4502. — DÉCISIONS (1).

L'adjudant commandant Lautour, employé à l'armée d'Allemagne,

Ajourné par Sa Majesté.

Comte DE LOBAU.

(1) Extraites du « Travail du ministre de la guerre avec S. M. l'Empereur et Roi, daté du 15 août 1810 ».

assure qu'à la revue de Znaïm, Sa Majesté lui promit le grade de général de brigade.

On propose à Sa Majesté de remettre en activité l'adjudant commandant Villet, admis à la retraite par décret du 25 septembre 1806.

L'Empereur a décidé qu'il resterait dans l'état de retraite jusqu'à nouvel ordre (1).

4503. — AU GÉNÉRAL CLARKE.

(2) août 1810.

Monsieur le duc de Feltre, j'approuve que vous placiez le 1er régiment de dragons à Chartres, le 9e à Châteaudun, le 5e à Provins, le 3e à Soissons et le 15e à Laon; mais je n'approuve pas que vous placiez le 121e à Meaux et le 122e à Saint-Quentin ; je préfère que vous choisissiez deux places sur la Loire, dans la direction de l'Espagne.

NAPOLÉON.

4504. — AU GÉNÉRAL CLARKE.

16 août 1810.

Monsieur le duc de Feltre, je vois, par les états que vous m'avez envoyés, qu'il y a à Danzig 285 pièces de canon et seulement 312 affûts ; mais, comme je vois qu'il y a à Stettin 445 affûts, mon intention est que vous donniez l'ordre qu'il soit envoyé à Danzig 60 affûts de Stettin, des calibres qui manquent à Danzig et qu'il soit mis, dans le courant de l'année, 40 affûts de place en construction à Danzig, aux frais de la ville, lesquels serviront à mettre en parfait état l'artillerie de cette place, mon intention étant qu'il y ait 3 affûts pour deux pièces. Le bois ne manque pas du côté de Danzig.

Donnez ordre qu'il soit envoyé de Stettin à Danzig 20 pièces de 18 en fer, afin d'utiliser les 25.000 boulets de 18 qui se trouvent à Danzig. Lorsqu'il sera question d'évacuer Stettin, Küstrin et Glogau, mon intention est que toute la poudre qui se trouvera dans ces places soit évacuée sur Danzig, afin que son approvisionnement soit complet.

---

(1) Non signé.
(2) Sans date de jour. On lit en marge : « Reçu le 16 août, à 11 heures du soir, et remis le 17 à M. Gérard. »

Il est important qu'il y ait à Danzig un officier supérieur du génie qui maintienne la place en bon état de défense et préparée à tout événement.

NAPOLÉON.

4505. — AU GÉNÉRAL CLARKE.

16 août 1810.

Monsieur le duc de Feltre, donnez des ordres pour qu'il soit formé à Turin un régiment de marche de l'armée de Catalogne. Ce régiment sera composé de trois bataillons. Vous enverrez sur-le-champ à Turin un colonel en second pour le commander.

Le 1er bataillon sera le 4e du 42e, complété à 1.170 hommes de la manière suivante :

420 hommes existant au cadre du 4e bataillon du 42e ;
150 — du 52e ;
150 — du 101e ;
150 — du 84e ;
150 — du 35e ;
150 — du 13e de ligne.

TOTAL : 1.170 hommes.

Le 2e bataillon sera composé :

D'une compagnie du 56e.	200 hommes.
De deux compagnies du 93e.	300 —
De deux — du 7e de ligne.	300 —
De deux compagnies du 1er d'infanterie légère, formées par l'incorporation de 200 hommes du 4e bataillon du 23e d'infanterie légère et de 200 du 4e bataillon du 1er d'infanterie légère, ci.	400 —
TOTAL.	1.200 hommes.

Le 3e bataillon sera composé de :

2 compagnies	du 3e d'infanterie légère.	300	hommes.
2 —	du 37e —	300	—
1 —	du 67e —	150	—
2 —	du 16e de ligne.	350	—

(Ce détachement ne devra rejoindre le bataillon qu'à son passage à Nîmes.)

TOTAL. . . . . 1.100 hommes.

J'ai signé un décret pour ordonner l'incorporation des détachements qui entrent dans le 4e bataillon du 42e et pour celle du détachement du 23e d'infanterie légère dans le 1er régiment de cette arme.

Donnez des ordres pour que tous les hommes qui seront envoyés pour former ce régiment de marche soient bien portants et en état de faire la guerre. Recommandez qu'ils soient bien habillés, qu'ils aient deux paires de souliers dans le sac et que leurs livrets de masse et chaussure soient en bon état. Vous chargerez les généraux qui commandent dans les arrondissements où sont situés les dépôts de passer eux-mêmes l'inspection de ces détachements avant leur départ, pour s'assurer s'ils sont composés comme ils doivent l'être et qu'il ne s'y trouve pas d'hommes malingres.

Pour les détachements venant du royaume d'Italie, vous chargerez le général Charpentier d'en passer la revue, à leur passage par Milan.

Ainsi le 1er régiment de marche de l'armée de Catalogne sera composé :

1° D'un 1er bataillon qui sera le 4e du 42e, complété à	1.170	hommes.
D'un 2e bataillon fort de.	1.100	—
D'un 3e bataillon fort de	1.250	—
Total du régiment.	3.550	hommes.

Lorsque le régiment sera ainsi complété, le gouverneur général en passera la revue à Turin.

Le bataillon du 42e arrivé en Catalogne rejoindra son régiment. La compagnie du 23e d'infanterie légère sera incorporée dans le 1er d'infanterie légère, toutes les autres compagnies seront incorporées dans les bataillons qu'elles ont en Catalogne. L'on retiendra les officiers qui seront nécessaires pour compléter les cadres et remplacer les officiers infirmes; le reste sera renvoyé au dépôt.

Expédiez sur-le-champ vos ordres pour la formation de ce régiment. Prenez vos mesures pour qu'il soit prêt à partir de Turin le 20 septembre; je désire cependant qu'il ne soit mis en marche que quand je vous aurai donné mes derniers ordres à ce sujet. En conséquence, rendez-moi compte de sa formation, vers le 15 septembre.

NAPOLÉON.

4506. — DÉCISIONS (1).

16 août 1810.

Rapport relatif aux subsistances nécessaires à l'armée de Catalogne.

Sa Majesté m'a autorisé à faire délivrer à l'armée 15.000 rations par jour, mais de (*sic*) me faire rendre compte de la force de l'armée active, afin de ne faire distribuer réellement que ce qui est nécessaire à la subsistance du corps de réserve.

Les distributions commenceront à compter du 1er septembre (2).

On rend compte à Sa Majesté de la demande de l'ordonnateur en chef de l'armée de Catalogne de reprendre les expéditions de denrées pour le corps destiné à couvrir les places fortes en Catalogne. On la prie de faire connaître ses intentions.

La récolte étant faite, on a dû remplir les places de blé. Cependant, il faut faire filer quelques approvisionnements pour suppléer à l'imprévoyance ou malhabileté, et surtout garnir les places.

NAPOLÉON.

4507. — DÉCISIONS (3).

On soumet à Sa Majesté trois questions qui tiennent à l'ordre des

Renvoyé au Conseil d'Etat (4).

(1) Extraites du « Travail du ministre directeur de l'administration de la guerre avec S. M. l'Empereur et Roi, daté du 16 août 1810 ».

(2) Non signée.

(3) Sans signature ni date; extraite du « Travail du ministre directeur de l'administration de la guerre avec S. M. l'Empereur et Roi, daté du 16 août 1810 ».

(4) De la main de Maret.

délibérations de la commission de liquidation des comptes de la Grande Armée.

4508. — DÉCISIONS (1).

Saint-Cloud, 17 août 1810.

On propose à Sa Majesté d'autoriser, au profit de 51 hommes du 12e régiment de cuirassiers, le remboursement d'une somme de 487 fr. 87, montant de leur masse et chaussure prise en Espagne.	Approuvé.
On remet sous les yeux de Sa Majesté le travail sur l'organisation du personnel des places de la 30e division militaire. Sa Majesté est priée de prononcer sur les différentes propositions qu'il renferme.	L'Empereur désire que les officiers qui ont fait les dernières campagnes et qu'il a désignés dans le cours de ces mêmes campagnes pour servir dans les places soient choisis de préférence à ceux qui sont portés au présent état, sauf à prendre dans ces derniers si le nombre des autres est insuffisant : cette décision sera surtout rigoureusement observée relativement aux officiers supérieurs. Comte DE LOBAU.
On propose à Sa Majesté de confier le gouvernement de Venise au général de division Michaud, qui commande à Magdeburg.	Refusé.
Le général Gudin demande une prolongation de congé.	Approuvé.

4509. — AU MARÉCHAL BERTHIER.

Saint-Cloud, 18 août 1810.

Mon Cousin, les escadrons du 7e de chasseurs, à leur passage à

(1) Non signées, sauf une; extraites du « Travail du ministre de la guerre avec S. M. l'Empereur et Roi, daté du 15 août 1810 ».

Bordeaux, se sont plaints de n'être pas payés depuis six mois et ont fait un léger mouvement. Ecrivez au général qui commande à Bordeaux et au général Drouet pour avoir des renseignements là-dessus.

NAPOLÉON.

4510. — AU GÉNÉRAL CLARKE.

18 août 1810.

Monsieur le duc de Feltre, donnez ordre à chacun des régiments de la brigade Pajol, qui vient de repasser le Rhin pour prendre ses cantonnements à Stenay, etc., de mettre en marche pour Tours leur 4e escadron, complété à 250 hommes, en le complétant avec les hommes qui n'ont pas fait la guerre et ceux qui ont rejoint depuis Wagram.

Donnez le même ordre au 4e escadron du 24e de chasseurs et au 4e escadron du 13e *idem ;* cela formera cinq escadrons ou 1,250 hommes qui se réuniront à Tours. Proposez-moi de les former en régiments provisoires et de leur donner une destination pour l'Espagne, sous un bon général de brigade. Envoyez à Tours deux colonels en second pour organiser ces régiments et en prendre le commandement.

Proposez-moi d'envoyer aux régiments de chasseurs et dragons qui sont en Catalogne, des secours de cavalerie tirés des 27e et 28e divisions militaires.

NAPOLÉON.

4511. — DÉCISIONS (1).

Saint-Cloud, 18 août 1810.

On pense que l'artillerie bavaroise existant à la citadelle de Würzburg doit être considérée comme la propriété du grand-duc de Würzburg.	Approuvé pour ce qui regarde la France sans considérer le différend entre la Bavière et Würzburg.
Sa Majesté est priée de vouloir bien faire connaître si, en autorisant le général Gratien à rentrer au service de France, Elle a accordé	Approuvé.

(1) Non signées; extraites du « Travail du ministre de la guerre avec S. M. l'Empereur et Roi, daté du 15 août 1810 ».

la même faveur à M. Michelin, aide de camp de cet officier général, mort au champ d'honneur en Espagne, et dont la mère demande à recueillir la succession.	
On soumet à Sa Majesté la demande d'un congé de trois mois avec appointements, faite par M. le maréchal duc de Raguse en faveur du général de brigade Plauzonne, employé à l'armée d'Illyrie.	Approuvé.
Proposition d'accorder un congé de convalescence de trois mois à M. Pouchelon, colonel du 33e régiment d'infanterie de ligne, pour se rendre aux eaux thermales.	Approuvé, le faire remplacer par le major.
M. le maréchal duc de Tarente demande le renvoi en Catalogne du fils d'une dame domiciliée à Girone, et des nommés Joseph et François Ripello, laboureurs, qui n'ont jamais porté les armes et qui se trouvent détenus en France. Il annonce que cet acte de clémence produirait un bon effet parmi les habitants de cette province.	Approuvé.

4512. — AU GÉNÉRAL CLARKE.

19 août 1810.

Monsieur le duc de Feltre, je désire que vous formiez plusieurs bataillons de marche pour l'Espagne et le Portugal.

Le 1er bataillon de marche (ou bataillon de marche de la division d'arrière-garde) sera celui qui s'organise à Saint-Denis et qui sera composé, savoir :

110 hommes du 44e ;		A cet effet, ce qui est au camp de Boulogne fournira 60 hommes, lesquels seront réunis aux 50 qui sont à Versailles.
110 — 46e ;		
A reporter 220		

Report.... 220

140 hommes du 50e;
100 — 51e ;
110 — 55e ;
130 — 75e ;
77 — 25e ;
130 — 28e ;
80 — 36e ;
120 — 43e.

TOTAL.. 1.107 hommes.

Le 2e bataillon de marche (ou 1er bataillon de marche de l'armée de Portugal) se réunira à Bordeaux. Il sera composé de :

300 hommes du 26e de ligne ;
300 — 66e ;
300 — 82e.

TOTAL.... 900 hommes.

Ce bataillon sera formé sans délai. Vous aurez soin de faire revenir, s'il est nécessaire, tout ce qu'il y a à l'île d'Aix, vu que cela pourra être remplacé par le régiment du grand-duc de Berg.

Le 3e bataillon de marche se réunira à Nantes et sera composé de :

200 hommes du 15e de ligne ;
200 — 47e ;
200 — 86e ;
200 — 70e.

TOTAL.... 800 hommes.

Le 4e se composera de :

200 hommes du 2e léger ;
100 — 4e id. ;
100 — 15e id. ;
200 — 17e ;
300 — 65e.

TOTAL... 900 hommes. Le 4e bataillon se réunira à Paris.

Le 5e bataillon de marche se composera de :

100 hommes du 27e de ligne ;
100 — 39e ;
150 — 59e ;
150 — 69e ;
100 — 76e ;
100 — 22e de ligne.

TOTAL.. 700 hommes. Ce bataillon se réunira à Orléans.

Ainsi, les quatre bataillons de l'armée de Portugal formeront plus de 3.000 hommes.

Il sera formé un 6e bataillon, qui portera le nom de bataillon de marche d'Aragon. Ce bataillon se réunira à Blois, et sera composé de :

200 hommes du 5e léger ;
100 — 14e ;
200 — 121e ;
400 — dépôt de la Vistule.

TOTAL.. 900 hommes.

Le 7e bataillon de marche (ou bataillon de l'armée du Midi) se composera de :

100 hommes du 16e de ligne ;
100 — 100e ;
100 — 27e ;
100 — 54e ;
100 — 63e ;
100 — 95e ;
400 — 24e.

TOTAL.. 1.000 hommes. Ce bataillon se réunira à Limoges.

Le 8e bataillon de marche sera composé de :

130 hommes du 28e léger ;
100 — 40e de ligne ;
100 — 64e ;
100 — 88e ;

A reporter 430

Report.... 430
100 hommes du 100e ;
100 — 103e ;
100 — 34e ;
150 — 58e ;
150 — 32e.

TOTAL.. 1.030 hommes. Ce bataillon se réunira à Orléans.

Le 3e bataillon du 50e régiment sera complété à 900 hommes, de la manière suivante :

100 hommes du 50e ;
200 — 48e ;
200 — 108e ;
150 — 12e de ligne ;
150 — 4e de ligne ;
100 — 85e.

TOTAL.. 900 hommes. Tous ces détachements se réuniront à Tours où se formera le bataillon.

Le 4e bataillon du 43e de ligne sera complété également à 900 hommes, moyennant :

100 hommes du 43e ;
200 — 18e ;
100 — 3e ;
100 — 111e ;
150 — 57e ;
150 — 105e ;
200 — 17e.

TOTAL.. 1.000 hommes. Ce bataillon se formera égalcment à Tours.

Enfin, le 3e bataillon du 25e léger se formera à Tours de la manière suivante :

140 hommes du 25e léger ;
250 — 24e id ;
150 — 7e id ;

A reporter 540

Report.... 540
200 hommes du 26ᵉ léger;
100 — 10ᵉ id.;
200 — 13ᵉ id.

TOTAL.. 1.040 hommes.

Ces trois derniers bataillons seront connus sous leur nom dans la ligne, savoir : le 3ᵉ bataillon du 50ᵉ, le 4ᵉ bataillon du 43ᵉ, et le 3ᵉ bataillon du 25ᵉ léger.

Cela formera donc onze bataillons, ou près de 10.000 hommes de renforts, qui se trouveront disponibles pour l'armée d'Espagne.

Je désire actuellement que vous me fassiez un rapport sur la manière de compléter à 1.000 hommes les 4ᵉˢ bataillons du 51ᵉ, du 55ᵉ et les 3ᵉˢ bataillons du 44ᵉ et du 6ᵉ léger, afin de pouvoir également disposer de ces bataillons, pour renforcer leurs cadres.

Je désire aussi former plusieurs escadrons de marche de dragons et de cavalerie légère, en prenant tous les hommes disponibles aux dépôts de dragons et de cavalerie légère, dont les régiments sont en Espagne. Faites-moi un rapport là-dessus.

NAPOLÉON.

4513. — AU GÉNÉRAL CLARKE.

Saint-Cloud, 10 août 1810.

Monsieur le duc de Feltre, donnez ordre que la 5ᵉ compagnie de pionniers, qui est à Wesel, la 7ᵉ, qui est à Strasbourg, et la 8ᵉ, qui est à Juliers, se rendent dans l'île de Walcheren pour y être employées aux travaux de Flessingue, ce qui, avec la compagnie qui s'y trouve, fera quatre compagnies, ou 800 hommes. Le directeur du génie les distribuera entre les travaux de Flessingue, Weere, Rameskens, et même, s'il est nécessaire, il en enverra aux travaux de l'île de Kadzand.

J'approuve que vous formiez un nouveau cadre de ces compagnies à Strasbourg, quoique je pense que cela pourrait être retardé d'ici à la 1ʳᵉ conscription, puisque, d'ici à cette époque, il se présentera peu de cas de donner à des hommes cette destination.

Il me semble que le régiment de pionniers étrangers, qui doit être composé de déserteurs, n'aurait pas besoin d'état-major. J'approuve donc que vous en formiez des compagnies qu'on appellerait compagnies de pionniers volontaires étrangers.

Je ne veux pas envoyer d'étrangers en Espagne. Par conséquent, il ne faut pas compléter les compagnies de pionniers qui sont en Espagne : ce serait donner des aliments à la désertion.

J'approuve qu'on réunisse les 5e et 7e compagnies qui sont à Kadzand, et qu'on en fasse une compagnie de 200 hommes. J'approuve que vous réunissiez à Flessingue les 6e et 8e compagnies qui sont à Anvers, et que vous en formiez une belle compagnie, enfin, j'approuve qu'il soit créé de nouvelles compagnies pour être employées aux travaux des fortifications.

NAPOLÉON.

4514. — AU GÉNÉRAL CLARKE.

19 août 1810.

Monsieur le duc de Feltre, donnez ordre que le 5e bataillon du 65e, qui forme un des bataillons de la 18e demi-brigade provisoire, quitte l'île de Walcheren et rejoigne son dépôt. Faites-moi connaître, lorsque ce bataillon sera rentré à son dépôt, ce qu'on pourra en faire partir pour renforcer son régiment en Espagne.

Le bataillon du 65e sera remplacé à la 18e demi-brigade par le 4e bataillon suisse. Par ce moyen, la 18e demi-brigade sera composée d'un bataillon du 13e léger, d'un du 48e, d'un du 108e et de deux bataillons suisses.

NAPOLÉON.

4515. — DÉCISION.

Saint-Cloud, 19 août 1810.

Le général Clarke propose de réduire à trois les quatre bataillons coloniaux.

J'approuve que ces bataillons en établissent un en Corse, un à l'île de Ré, un à Belle-Ile et un à Flessingue. Je pense donc qu'on peut en conserver quatre, mais qu'il faut les faire de quatre compagnies. Mon intention est qu'il me soit présenté un travail spécial pour nommer à toutes les places d'officier vacantes dans ces corps.

NAPOLÉON.

4516. — DÉCISION.

Saint-Cloud, 19 août 1810.

Le général Clarke propose de licencier le bataillon franc de l'île d'Elbe.

Renvoyé au ministre de la guerre pour me présenter un projet de décret. Les officiers, s'ils sont bons et s'ils sortent des troupes de ligne, pourront être employés dans le régiment de la Méditerranée, et s'ils sortent des régiments auxiliaires, on les placera dans le bataillon étranger qui est en Corse. On placera, dans ce même bataillon, les soldats qui sortiraient des bataillons auxiliaires. Le ministre me proposera de reformer le bataillon de l'île d'Elbe, de manière à pouvoir toujours en disposer comme garde nationale en leur continuant une très légère paye, afin de pouvoir toujours les réunir deux fois par semaine.

NAPOLÉON.

4517. — DÉCISION.

Saint-Cloud, 19 août 1810.

Le général Clarke rend compte que les militaires hollandais, qui faisaient partie de la députation admise le 15 août courant en présence de Sa Majesté, demandent s'ils peuvent retourner à leurs corps.

Accordé. Me présenter l'état de leurs services pour savoir s'ils sont dans le cas d'être nommés de la Légion d'honneur.

NAPOLÉON.

4518. — DÉCISION.

Saint-Cloud, 19 août 1810.

Dispositions proposées par le général Clarke en vue de l'évacuation

Approuvé.

NAPOLÉON.

des casernes et écuries de Versailles réservées dorénavant à la garde impériale.

4519. — DÉCISION.

Saint-Cloud, 19 août 1810.

Rapport du général Clarke tendant à la réorganisation des bataillons de chasseurs des montagnes.

Renvoyé au ministre de la guerre pour me remettre en détail la situation de ces bataillons, bataillon par bataillon, compagnie par compagnie.

NAPOLÉON.

4520. — DÉCISION (1).

20 août 1810.

On soumet à Sa Majesté un état de proposition pour nommer à des places d'officiers dans divers régiments d'infanterie des différents corps d'armée.

L'Empereur désire que les officiers étrangers qui sont présentés pour entrer à son service n'excèdent pas 40 ans, surtout dans les grades subalternes, autrement c'est ouvrir la porte aux retraites et froisser (*sic*) ses finances (2).

4521. — DÉCISION (3).

20 août 1810.

On présente à Sa Majesté un état de proposition de nomination à différents emplois vacants dans les régiments de troupes à cheval.

L'Empereur a décidé qu'on ne ferait plus d'avancement dans la légion hanovrienne. Sa Majesté a l'intention de la licencier et a ordonné de placer M. Soubiran dans un autre régiment étranger.

Approuvé, on prendra les changements en considération.

(1) Non signée; extraite du « Travail du ministre de la guerre avec S. M. l'Empereur et Roi, daté du 4 juillet 1810 ».

(2) Cette annotation n'est pas signée.

(3) Non signée; extraite du « Travail du ministre de la guerre avec S. M. l'Empereur et Roi, daté du 8 août 1810 ».

4522. — AU GÉNÉRAL CLARKE.

Saint-Cloud, 21 août 1810.

Monsieur le duc de Feltre, j'ai reçu votre rapport du 17. Je vois que vous avez 62.000 armes hanovriennes, autrichiennes ou prussiennes, sur lesquelles il y a 24.000 fusils à Maëstricht, environ 12.000 à Mayence et 16.000 à Strasbourg. Ces fusils sont de 16, 18, 20 et 22 à la livre. Faites-moi connaître s'ils sont en bon état, quels sont ceux qui seraient le plus avantageux pour notre service, et si je voulais en donner 20.000, ceux que je devrais choisir comme pouvant le moins nous convenir.

NAPOLÉON.

4523. — AU GÉNÉRAL CLARKE.

Saint-Cloud, 21 août 1810.

Monsieur le duc de Feltre, je réponds à votre lettre du 19. Au lieu de 12 pièces de canon, la division Séras aura assez de 6 pièces, ce qui emploiera 150 chevaux. Faites partir les 450 autres pour Cadix. Laissez toujours venir à Bayonne les 300 hommes du train qui n'ont pas de chevaux, et rendez-moi compte de l'époque de leur arrivée ; on leur fournira d'autres chevaux.

NAPOLÉON.

4524. — DÉCISION.

21 août 1810.

Le maréchal Berthier pense que c'est sur Burgos et non sur Bayonne que l'Empereur a donné l'ordre de diriger les 174 hommes du train d'artillerie de la garde qui ont conduit 348 mulets au siège de Ciudad-Rodrigo et qui doivent maintenant rentrer à leurs casernements en Espagne.	Approuvé. NAPOLÉON.

4525. — DÉCISION (1).

Le général Clarke propose d'admettre à la solde de retraite MM. les colonels du génie Lapisse, Lalustière, Dudezerseul et Belprey.

Accordé la retraite.

NAPOLÉON.

4526. — AU GÉNÉRAL CLARKE.

Saint-Cloud, 22 août 1810.

Monsieur le duc de Feltre, faites-moi connaître quand les hommes provenant de l'appel que j'ai fait sur les compagnies de réserve seront arrivés à Genève, et quand je pourrai faire partir de forts détachements pour renforcer les quatre bataillons d'Avignon.

NAPOLÉON.

4527. — AU GÉNÉRAL CLARKE.

Saint-Cloud, 22 août 1810.

Monsieur le duc de Feltre, je vois que le 4e escadron du 13e de chasseurs arrive à Tours le 26 août, tandis que les autres n'y arriveront que vers le 15 septembre. Cela étant, mon intention est que cet escadron continue sa marche avec son régiment jusqu'à Niort ; que là, le major se mette à la tête des 3e et 4e escadrons du régiment, complétés au moins à 500 hommes avec les hommes qui ont rejoint depuis Wagram, et parte pour Bayonne. Par ce moyen, ce régiment entrera de suite en ligne, en Espagne. Aussitôt qu'il sera arrivé à Bayonne, je lui donnerai une destination.

Les 4es escadrons du 24e et du 11e de chasseurs formeront un régiment provisoire. Les 4es escadrons du 12e de chasseurs et du 5e de hussards en formeront un autre. Aussitôt que ces régiments seront formés, ils continueront leur marche pour Bayonne. Le régiment composé des deux escadrons du 13e de chasseurs portera son nom. Celui formé du 11e et du 24e de chasseurs portera le nom de 1er régiment provisoire de cavalerie légère de l'armée d'Espagne, l'autre portera le nom de 2e régiment *idem*.

NAPOLÉON.

(1) Sans date; le rapport du général Clarke est daté du 15 juillet et a été renvoyé aux bureaux, revêtu de la décision de l'Empereur, le 22 août.

4528. — AU GÉNÉRAL CLARKE.

Saint-Cloud, 22 août 1810.

Monsieur le duc de Feltre, vous recevrez un décret par lequel je viens d'organiser définitivement le 3e régiment provisoire de cavalerie de l'armée de Catalogne. Ce sera le 29e régiment de chasseurs à cheval. Ce régiment est fort actuellement d'environ 300 hommes. Pour le compléter, faites organiser à Turin un régiment de marche composé de la manière suivante :

120 hommes du 3e de chasseurs ;
40 — 14e id. ;
150 — 19e id. ;
130 — 23e id.

TOTAL.... 440 hommes, que vous dirigerez de Turin sur Perpignan, pour y être incorporés dans le nouveau régiment (29e de chasseurs à cheval).

Réunissez à Milan un autre escadron de marche que vous composerez de :

100 hommes du 8e de chasseurs ;
100 — 25e id. ;
et de 100 — 6e id.

TOTAL.... 300 hommes que vous dirigerez également sur Perpignan et qui, joints aux 440 hommes de Turin, porteront le 29e de chasseurs à 1.040 hommes. Proposez-moi un projet de décret, pour l'incorporation de ces détachements.

Réunissez à Turin un régiment de marche de dragons pour l'armée de Catalogne; ce régiment sera composé de :

100 hommes du 7e de dragons ;
100 — 23e ;
100 — 28e ;
100 — 29e ;
100 — 30e ;
100 — 24e.

TOTAL.... 600 hommes, qui formeront le régiment de marche de dragons de Catalogne. Présentez-moi un projet de décret pour que tous les détachements qui le composeront soient incorporés, à leur arrivée, dans le 24e de dragons, ce qui portera ce régiment à 1.100 ou 1.200 hommes.

Enfin, donnez ordre que tous les dépôts de dragons, de hussards et de chasseurs, qui ont leur régiment en Espagne, envoient tout ce qu'ils ont de disponible à Tours, pour y former des régiments de marche et aller recruter leurs corps.

NAPOLÉON.

4529. — DÉCISIONS (1).

Saint-Cloud, 22 août 1810.

On soumet à Sa Majesté des observations sur l'élévation du prix de journée, payé à la Prusse pour les hôpitaux de Stettin, Glogau et Küstrin.

On la prie de faire connaître si l'on doit continuer à faire payer ce prix.

Il ne faut payer pour les journées d'hôpitaux que ce qu'elles valent.

NAPOLÉON.

On prie Sa Majesté d'approuver la confection de 15.000 capotes pour l'armée d'Espagne, et de faire connaître si Elle veut les donner en gratification à cette arme, ou si elles devront être imputées aux corps.

Approuvé sur les 4 millions que le ministre doit employer pour les services des armées d'Espagne une confection extraordinaire de 20.000 capotes et de 20.000 paires de souliers, qui seront tenues en dépôt à Bayonne.

NAPOLÉON.

On prie Sa Majesté de faire connaître si la dépense du transport des archives de l'Empire germanique, de Passau à Strasbourg, doit être payée par le ministère de l'intérieur ou par le département de la guerre.

Cette dépense doit être payée par l'administration de l'armée (2).

(1) Extraites du « Travail du ministre directeur de l'administration de la guerre avec S. M. l'Empereur et Roi, daté du 16 août 1810 ».

(2) Non signée.

4530. — AU GÉNÉRAL LACUÉE.

Saint-Cloud, 22 août 1810.

Monsieur le comte de Cessac, j'ai lu avec attention l'état que vous m'avez remis de la situation des bataillons des équipages au 16 août. Je vois qu'il y a 1.500 voitures, sur lesquelles 120 sont en Italie et le reste en Espagne ou en Portugal. Il faut donc calculer que toutes ces voitures sont perdues et qu'il n'en pourra pas revenir une seule. Or, en supposant que j'aie besoin de remettre mon armée sur pied de guerre, il me sera facile de faire revenir la moitié des bataillons ; mais il sera impossible de faire revenir un seul caisson. Je désire donc que vous me fassiez un rapport qui me fasse connaître si je peux compter avoir en 1811, et un mois après l'avoir demandé, à Plaisance, 200 caissons et, à Sampigny, 600, et si un mois après, c'est-à-dire deux mois après la première demande, je pourrais encore avoir 600 autres caissons à Sampigny, ce qui ferait 1.400 caissons.

Napoléon.

4531. — AU MARÉCHAL BERTHIER.

Saint-Cloud, 26 août 1810.

Mon Cousin, donnez ordre que le 7e bataillon du 26e de ligne soit incorporé dans les 4e, 5e et 6e bataillons, et que le cadre retourne en France. Donnez le même ordre pour les 66e et 82e, de sorte que ces trois régiments de la division Loison n'auront que trois bataillons chacun au lieu d'en avoir quatre.

Donnez ordre que le 5e bataillon du 15e de ligne, qui est au 8e corps, soit incorporé dans le 4e; que le 5e bataillon du 47e soit également incorporé dans le 4e, que le 5e du 70e soit également incorporé dans le 4e, et que le 5e bataillon du 86e soit incorporé dans le 3e. Les cadres de ces quatre 5es bataillons rentreront en France.

Donnez ordre que les 1er, 2e et 3e bataillons du 15e de ligne quittent le 2e corps et se rendent au 8e, pour y joindre leur 4e bataillon; que le 4e bataillon du 47e, qui est à la division Solignac, passe au 2e corps, pour y rejoindre ses trois premiers bataillons.

La division Solignac sera par conséquent composée : de quatre bataillons du 15e de ligne, formant 2.400 hommes sous les armes; de quatre bataillons du 65e, formant 3.000 hommes, ce qui fera, pour la 1re brigade, 5.400 hommes.

Vous donnerez ordre que le 4e bataillon du 70e passe au corps du général Reynier pour rejoindre ses trois premiers bataillons, et que, par contre, les 1er, 2e et 4e bataillons du 86e, passent à la division Solignac, pour rejoindre le 3e bataillon.

La 2e brigade de la division Solignac sera composée de quatre bataillons du 86e, formant 2.400 hommes, et des deux régiments irlandais et de Prusse.

Ainsi la division Solignac sera composée de trois régiments de ligne, les 15e, 65e et 86e et des régiments irlandais et de Prusse.

Donnez ordre que le 4e bataillon du 2e léger, qui est à la division Seras, rejoigne ses trois premiers bataillons au 2e corps; que le 4e bataillon du 4e léger rejoigne ses trois premiers bataillons au 2e corps; et que le 4e bataillon du 36e, qui est au 8e corps, rejoigne également ses trois premiers bataillons au 2e corps; de sorte que le corps du général Reynier sera composé ainsi qu'il suit :

DIVISION MERLE.

2e léger, quatre bataillons.	2.400 hommes,	7.000 hommes.
36e de ligne, quatre bataillons.	2.200 —	
4e léger, quatre bataillons.	2.400 —	

DIVISION HEUDELET.

17e léger, trois bataillons. ..	1.500 hommes,	8.700 hommes.
47e de ligne, quatre bataillons.	2.400 —	
31e léger, quatre bataillons.	2.400 —	
70e — quatre —	2.400 —	
		15.700 hommes

Par ce moyen, tous les régiments de l'armée de Portugal se trouveront réunis.

Donnez ordre que le 3e escadron du 22e de chasseurs qui est à Ségovie rejoigne son régiment au corps du général Reynier, et qu'il soit remplacé à Madrid par le régiment de chasseurs hanovriens.

Donnez ordre que le 8e régiment provisoire de dragons soit dissous; que les 3e et 4e escadrons du 8e rejoignent les 1er et 2e, qui font partie du 2e corps, et que les 3e et 4e escadrons du 5e de dragons soient réunis au 9e régiment provisoire de dragons.

Donnez ordre que le 5e régiment provisoire d'infanterie de l'armée d'Espagne soit dissous. Les compagnies des 2e, 4e et 12e légers seront réunis aux deux compagnies des 2e, 4e et 12e légers qui font partie du 2e régiment provisoire d'infanterie qui sont dans la Navarre.

Le 1er bataillon du 2e provisoire d'infanterie sera donc composé de trois compagnies du 5e bataillon du 2e léger et de trois compagnies du 4e léger; le 2e bataillon sera composé de trois compagnies du 12e léger et de deux compagnies du 15e léger.

Les deux compagnies du 32e de ligne, qui sont au 5e régiment provisoire, se joindront aux deux compagnies du 32e de ligne qui sont au 1er provisoire; les deux compagnies du 58e, les deux compagnies du 121e et les deux du 122e se réuniront aux deux compagnies des 58e, 121e et 122e qui sont au même 1er régiment provisoire.

Par ce moyen, le 1er régiment provisoire d'infanterie sera composé de :

Quatre	compagnies du	32e de ligne.	700	hommes.
—	—	58e.	700	—
—	—	121e	700	—
—	—	122e.	700	—

Vous laisserez le général Reille maître de former quatre bataillons au 1er régiment provisoire, au lieu de deux, et d'y nommer 4 officiers des plus capables pour faire les fonctions de chefs de bataillons. Il pourra retenir le major ou colonel en second qui commande le 5e régiment provisoire pour commander une partie du 1er provisoire.

La dissolution du 5e régiment provisoire d'infanterie, qui a ordre de se rendre à Tolosa, renforcera le corps du général Reille de onze compagnies, ce qui augmentera d'autant la garnison de la Navarre.

NAPOLÉON.

4532. — DÉCISION.

Saint-Cloud, 27 août 1810.

Sur la demande du général Vandamme, le ministre de la guerre propose à l'Empereur de faire di-

Le 16e doit se rendre à Toulon. Il faut, après les grandes chaleurs, le diriger sur Paris. Quant

riger sur Dunkerque le 16e ou le 67e de ligne, venant de la Hollande, et qui doivent arriver incessamment à Lille.

au 67e, je désirerais qu'après les chaleurs, il s'approchât du Midi. Le général Vandamme peut détacher du camp de Boulogne ce qui est nécessaire pour le service de Dunkerque et des autres ports.

NAPOLÉON.

4533. — AU MARÉCHAL BERTHIER.

Saint-Cloud, 27 août 1810.

Mon Cousin, donnez ordre au général Claparède de se rendre à Bayonne pour prendre le commandement d'une division qui sera composée de la 3e demi-brigade d'infanterie légère, de la 1re demi-brigade d'infanterie légère et des deux autres demi-brigades qui, de Lorient et de Nantes, ont ordre de se rendre à Bayonne.

NAPOLÉON.

4534. — DÉCISION.

Saint-Cloud, 27 août 1810.

Le général Clarke propose de placer provisoirement à Ypres la portion du 1er régiment de chasseurs qui n'a pu être logée à Bruges.

Ne vaudrait-il pas mieux en mettre deux escadrons à Gand où ce régiment se referait mieux?

NAPOLÉON.

4535. — AU GÉNÉRAL CLARKE.

Saint-Cloud, 27 août 1810.

Monsieur le duc de Feltre, 8 pièces de 48 venaient de Magdeburg sur Mayence. Faites-moi connaître où elles sont. Je désire qu'elles soient placées dans l'île de Kadzand. J'avais ordonné qu'on en coulât 8 autres de même calibre, à Douai. On pourrait en faire faire 24 autres aussi de 48 en Hollande, où il paraît qu'on a beaucoup de matières et qu'on a besoin de travail. Ces 24 pièces de 48 seraient très utiles pour l'embouchure de l'Escaut.

NAPOLÉON.

4536. — DÉCISION.

Saint-Cloud, 27 août 1810.

Rapport du ministre au sujet du mode de recrutement en usage en Hollande et mesures proposées pour le rapprocher du système français.

Il faut jusqu'au 1er janvier continuer à tout faire comme faisaient les Hollandais et suivre en tout, jusque-là, les usages hollandais.

NAPOLÉON.

4537. — AU GÉNÉRAL LACUÉE.

Saint-Cloud, 27 août 1810.

Monsieur le comte de Cessac, je reçois votre lettre du 23 dans laquelle vous me dites que, si je demandais 1.200 caissons à Sampigny en 1811, la dépense serait plus considérable et le travail moins solide. Cela étant, je me contenterai d'être maître d'avoir à Sampigny 600 caissons au mois de mars 1811 et, un mois après que je les aurai demandés, d'en avoir 300 au mois de septembre et un mois après que je les aurai demandés, et d'en avoir 300 au mois de mars 1812, un mois après que je les aurai demandés. Faites-moi connaître si, au moyen de ces modifications, le travail serait bon et fait économiquement. S'il en était autrement, il faudrait donner encore plus de latitude.

NAPOLÉON.

4538. — DÉCISION.

Saint-Cloud, 27 août 1810.

Le général Dorsenne propose de supprimer les impôts indirects dans la province de Burgos et de les remplacer par un seul impôt direct.

Renvoyé au ministre des finances pour faire un rapport.

NAPOLÉON.

4539. — AU GÉNÉRAL CLARKE.

28 août 1810.

Monsieur le duc de Feltre, il paraît que les prisonniers espagnols qui sont à Valence et dans le Midi désertent ; faites-les remonter dans le Nord, et mettez-les dans les places fortes.

Je vois que les bataillons portugais ont 900 Espagnols ; je ne puis guère employer une pareille troupe.

Si le bataillon qui est à Lyon continue à avoir des déserteurs, faites-les entrer en Italie, en les tenant éloignés des côtes.

NAPOLÉON.

4540. — AU GÉNÉRAL CLARKE.

Saint-Cloud, 29 août 1810.

Monsieur le duc de Feltre, mon intention est de former un 9e corps de l'armée d'Espagne.

Ce corps serait composé de deux divisions.

La 1re division serait formée des cinq demi-brigades provisoires qui sont sous les ordres du général Drouet.

La 2e division serait formée des quatre demi-brigades qui composent la division Tharreau.

Il faudrait donc deux généraux de division et quatre généraux de brigade.

Le général Drouet commandera le 9e corps.

La cavalerie sera composée de 2.000 chevaux ; vous me proposerez un général de brigade pour les commander.

Il faudra un ordonnateur, un médecin, un chirurgien, un colonel du génie, un général d'artillerie.

L'artillerie sera composée de 18 pièces de régiment ; en conséquence, on rendra aux neuf demi-brigades leurs pièces et leurs caissons.

Il faudra affecter à ce corps une compagnie d'artillerie, une compagnie de sapeurs, une de mineurs, et les officiers d'artillerie et du génie nécessaires.

Il y aura à la réserve 9 pièces de 12 et 3 obusiers, ce qui fera 30 pièces de canon et un parc de caissons.

Envoyez-moi le projet de formation de ce corps, que je destine à appuyer l'armée de Portugal et à occuper la Galice.

J'attendrai le rapport que vous me ferez là-dessus.

NAPOLÉON.

4541. — A M. DE CHAMPAGNY (1).

Saint-Cloud, 29 août 1810.

Réitérez l'ordre que, dans toutes les places du Mecklenburg et de l'Oder, les marchandises coloniales soient confisquées.

---

(1) Extrait d'un ordre de l'Empereur cité dans une lettre de M. de Champagny au général Clarke, en date du 31 août 1810.

4542. — DÉCISIONS (1).

M. Villemanzy, inspecteur en chef aux revues et intendant général de l'armée d'Allemagne, en ce moment à Paris, d'après l'autorisation de Sa Majesté, demande qu'il lui soit permis d'aller dans le département d'Indre-et-Loire, et d'y séjourner pendant un mois.	Accordé.
On met sous les yeux de Sa Majesté la demande que fait le sieur F. Dubourg, adjudant d'escadre, d'être employé à l'état-major de l'armée d'Espagne dans le grade de chef de bataillon.	L'Empereur a décidé que M. Dubourg continuerait de servir dans la marine.
On demande l'autorisation de faire passer M. Vasserot, chef de bataillon, aide de camp du général Drouet, à un emploi de même grade vacant au 82e régiment d'infanterie.	Approuvé.

4543. — DÉCISION.

Saint-Cloud, 30 août 1810.

Le général Clarke propose de réunir au dépôt qui est à Turin les deux compagnies du 2e bataillon de pontonniers restées à Vérone.	Approuvé. NAPOLÉON.

4544. — DÉCISION.

Saint-Cloud, 30 août 1810.

Le général Clarke rend compte de l'impossibilité où se trouvent les dépôts des 13e, 35e et 84e d'infanterie de ligne de compléter à 150 hommes le détachement que chacun de ces dépôts doit envoyer au régiment de marche de Catalogne.	Il n'y a pas de doute qu'on doit compléter les détachements que j'ai demandés. NAPOLÉON.

(1) Sans signature ni date; extraites du « Travail du ministre de la guerre avec S. M. l'Empereur et Roi, daté du 29 août 1810 ».

4545. — DÉCISION.

Saint-Cloud, 30 août 1810.

Le général Clarke demande si l'intention de l'Empereur est de faire continuer aux 1re et 2e demi-brigades d'infanterie de ligne et au bataillon de marche, qui se rendent à Tours, Lorient et Nantes, leur route sur Bayonne.

Oui, mais à très petites journées.

NAPOLÉON.

4546. — DÉCISION.

Saint-Cloud, 31 août 1810.

Le général Clarke propose d'établir une partie du 1er chasseurs à Ypres.

Approuvé.

NAPOLÉON.

4547. — NOTE DICTÉE PAR L'EMPEREUR SUR LES TRAVAUX DU PORT DE CHERBOURG (1).

La rade de Cherbourg ne peut contenir au plus que vingt-quatre vaisseaux de guerre, et, quelques travaux que l'on y fasse, elle ne pourra être mise en comparaison avec Brest, Toulon et l'Escaut; cette considération porte à abandonner entièrement et absolument le projet du second bassin. Il faut s'en tenir : 1° à l'avant-port; 2° au bassin latéral à droite prolongé jusqu'à l'endroit où on devait établir des cales.

Il y aura à l'avant-port une forme qui sera faite l'année prochaine en même temps que l'avant-port.

On construira quatre cales de vaisseau, une de frégate et une de brick, sur le côté ouest.

L'enceinte des fortifications sera sur la ligne C D, éloignée au maximum de 50 toises de la ligne du quai de l'avant-port, M. Cachin sera maître de se rapprocher jusqu'à cette ligne, mais il ne pourra la dépasser.

On a besoin de 50 toises pour l'épaisseur des fortifications et de 400 toises pour l'esplanade.

Du point A, on prendra 400 toises de longueur sur 200 toises de

(1) Ni datée ni signée; présumée de septembre 1810.

largeur et on construira dans l'espace A B E D, ayant 200 toises sur 200 toises, tous les bâtiments nécessaires pour la construction des vaisseaux, le magasin général, forges, etc...

Dans l'autre carré B O H E, qui aura également 200 toises sur 200 toises, on construira autour du bassin les magasins particuliers pour 18 vaisseaux.

Derrière ces magasins, on construira le magasin général, les logements des administrations et tous les établissements nécessaires à la marine.

On tâchera d'avoir un filet d'eau, qui circulera tout autour des établissements et donnera de l'eau dans les fossés de la place. Alors, tous les établissements de Cherbourg, savoir : une forme, quatre cales de vaisseau, une cale de frégate, une cale de brick, tous les établissements nécessaires pour alimenter un arsenal de construction de quatre vaisseaux, une frégate et un brick et tous les établissements nécessaires à l'armement de dix-huit vaisseaux seront placés dans un espace de 400 toises sur 200 toises.

Le filet d'eau, ou petit canal, pourrait sortir à côté des chantiers, à droite ou à gauche à peu près dans l'emplacement U.

La manutention et l'arsenal de terre seront également sur le canal ; au delà de la ligne C D H S, tout serait cédé à la terre pour établir sa caserne, son arsenal d'artillerie, ses établissements du génie et la manutention.

50 toises seraient prises sur la ligne D H, pour la guerre, ce qui ferait un rectangle de 400 toises sur 50. Casernes, établissements, tout peut se trouver là, y compris deux places qu'on pourra y établir.

Il sera nécessaire que le général Bertrand et M. Cachin se voient, afin que l'arsenal et la manutention de terre puissent profiter du canal, et pour que ce canal puisse aller dans les fossés et les remplir d'eau et qu'il y ait deux places, chacune de 50 toises carrées, ce qui est indispensable dans une place de guerre.

Les fortifications seraient serrées à la place, de manière qu'elles n'eussent pas plus de 50 toises d'épaisseur et que l'extrémité ne fût pas rapprochée de la ville de plus de 400 toises.

De l'autre côté, on serrera les fortifications, de manière qu'il n'y ait que 450 toises du quai à la crête intérieure des fortifications.

Par ce moyen, on aura un carré de 800 à 900 toises de développement qu'on doit pouvoir former avec cinq fronts.

Quand on aura tracé cette fortification sur le plan, on verra ce qui reste à faire pour mettre la ville et les établissements à l'abri d'un bombardement.

4548. — AU GÉNÉRAL CLARKE.

Saint-Cloud, 2 septembre 1810.

Monsieur le duc de Feltre, j'ai reçu votre lettre du 31 août. Donnez ordre qu'on ne s'arrête à aucune formalité. Toutes les marchandises coloniales doivent être confisquées et sont de bonne prise.

Mandez au général Morand de vous rendre compte de tout ce qui se passe dans le Mecklenburg, dans l'Oldenburg, dans la Poméranie suédoise, sous le rapport des marchandises coloniales ; de se mettre en garde contre toute espèce de corruption, et de partir du principe que toute marchandise coloniale, sous quelque pavillon qu'elle arrive, quelque certificat qu'elle ait, doit être confisquée ; que tout pavillon est simulé, et tout certificat faux.

NAPOLÉON.

4549. — DÉCISION.

Saint-Cloud, 2 septembre 1810.

Il est rendu compte à l'Empereur qu'un parlementaire russe, arrêté par un corsaire français parce qu'il avait des marchandises anglaises à bord et conduit à Bonifacio, a été relâché par ordre du général Morand, commandant en Corse.

Renvoyé au ministre de la guerre pour témoigner mon mécontentement au général Morand et lui faire connaître que je désire que cela n'arrive plus.

NAPOLÉON.

4550. — DÉCISIONS (1).

Saint-Cloud, 2 septembre 1810.

Il existe au magasin de Perpignan 18.301 paires de souliers de confection allemande, dont 10.270 paires classées bonnes ou médio-

Approuvé.

NAPOLÉON.

---

(1) Extraites du « Travail du ministre directeur de l'administration de la guerre avec S. M. l'Empereur et Roi, daté du 29 août 1810 ».

cres et 8.031 paires classées hors de service. On propose à Sa Majesté : 1° D'utiliser les premiers pour les troupes en en accordant une partie des médiocres en gratification aux hommes qui passent les Pyrénées pour la première fois, et en imputant les autres au compte des corps qui les recevront ; 2° De faire délivrer les souliers classés hors de service aux prisonniers de guerre espagnols.	
On propose à Sa Majesté d'accorder un supplément au budget de 1809 de la somme de 31.386 francs pour première mise d'habillement à 600 conscrits de la garde impériale, incorporés en décembre 1809 dans le 22e régiment de ligne.	Approuvé. NAPOLÉON.
On rend compte à Sa Majesté que le service des transports de Bayonne sur l'Espagne va être totalement interrompu faute de fonds, et on propose d'ouvrir pour ce service un crédit de 300.000 francs.	Approuvé. NAPOLÉON.
On propose à Sa Majesté d'attacher à chaque régiment croate composé de deux bataillons : 1 chirurgien-major, 2 chirurgiens aides-majors, 12 chirurgiens sous-aides.	Approuvé. NAPOLÉON.
On propose à Sa Majesté : 1° D'approuver le remplacement anticipé de 900 vestes et de 500 capotes dans le 113e régiment ; 2° D'accorder au corps un supplément de crédit au budget de 1809 de la somme de 9.884 francs.	Approuvé. NAPOLÉON.
On rend compte à Sa Majesté des ordres donnés pour que les vivres qui seraient envoyés des magasins de l'intérieur pour les troupes fran-	Fournir ce qui est nécessaire aux troupes qui sont dans cette vallée. NAPOLÉON.

çaises réparties dans la vallée d'Aran soient remboursés sur les contributions du pays.

4551. — DÉCISIONS (1).

Saint-Cloud, 2 septembre 1810.

Le traitement de M. le général Rapp, comme gouverneur de Danzig, n'a point été réglé. On propose de le fixer à 3.000 francs par mois.	Approuvé à 4.000 francs par mois, à condition qu'il ne recevra rien de la ville.
On soumet à Sa Majesté la demande que fait le major du 112e régiment d'infanterie de ligne, d'obtenir la remise d'une somme de 32.314 fr. 75 provenant d'économies dont il a été fait un mauvais emploi.	Approuvé.
On demande les ordres de Sa Majesté sur la remise d'une retenue de 890 francs, qui reste à faire sur la solde d'activité de M. Spiégel, lieutenant de la compagnie de réserve du département de la Moselle. Cette retenue devait avoir lieu pour une somme qui lui a été illégalement payée, mais qu'il a touchée de bonne foi.	Approuvé.
Le général de brigade Dumoulin, employé à l'armée de Catalogne, désire passer à celle d'Illyrie. Cet officier général est en congé à Neuburg, en Allemagne.	On ne doit pas demander à quitter une armée qui se bat pour une armée qui ne se bat pas.
Sa Majesté est priée de faire connaître si Elle est dans l'intention d'accorder la retraite au général Dallemagne, commandant la 14e division militaire.	Accordé.

(1) Non signées; extraites du « Travail du ministre de la guerre avec S. M. l'Empereur et Roi, daté du 29 août 1810 ».

On demande les ordres de Sa Majesté au sujet des officiers hollandais qui présentent leur démission.

Les recevoir.

Sa Majesté est priée de faire connaître si Elle approuve que six officiers des gardes à cheval de la ci-devant garde royale hollandaise soient proposés pour la solde de retraite qu'ils sollicitent et que trois autres officiers obtiennent la démission qu'ils demandent.

Approuvé.

Proposition d'accorder un congé de convalescence de trois mois à M. Buquet, colonel du 54e régiment d'infanterie, et de le remplacer à ce corps par le colonel en second Saint-Faust.

Approuvé.

Sa Majesté est priée de prononcer sur la demande d'emploi formée par M. le comte Baillet de la Tour, ex-chambellan au service de l'Autriche.

Accordé de l'emploi.

On propose à Sa Majesté d'admettre à la pension entière, dans un lycée, deux fils d'un capitaine en 1er de chasseurs, actuellement en activité à l'armée d'Espagne.

Approuvé.

Le ministre de Bavière sollicite, par ordre de sa cour, en faveur du sieur de Korb, capitaine au service d'Espagne et sujet bavarois, la permission de rentrer dans sa patrie.

Approuvé.

Le maréchal duc de Tarente demande le renvoi en Catalogne de six ecclésiastiques espagnols, qui offrent de prêter le serment de fidélité.

Approuvé.

Sa Majesté est priée de faire connaître si Elle veut permettre l'impression des cahiers classiques, sur les diverses parties du service de

Approuvé.

l'artillerie, à l'usage des élèves et officiers de cette arme.

4552. — AU GÉNÉRAL CLARKE (1).

Saint-Cloud, 3 septembre 1810.

Monsieur le duc de Feltre, réitérez l'ordre au duc de Reggio de ne laisser chez l'habitant, à Amsterdam, aucun soldat, de caserner tout le monde, de ne laisser à Amsterdam que ce qui peut être caserné, et d'envoyer le reste à Haarlem et à Utrecht.

NAPOLÉON.

4553. — DÉCISION.

Saint-Cloud, 3 septembre 1810.

Les corps hollandais, qui, depuis l'entrée des troupes françaises en Hollande, ont été compris dans la composition du corps d'observation et ont coopéré à des saisies de marchandises anglaises ou denrées coloniales, demandent à être admis au partage du produit des confiscations.

Il n'y a pas de doute à cela, ils seront traités comme les Français.

NAPOLÉON.

4554. — DÉCISION.

Saint-Cloud, 3 septembre 1810.

Le général Eblé demande que la loi qui accorde à l'artillerie les cloches des villes prises après un siège soit remise en vigueur.

Cela est juste. Renvoyé au ministre de la guerre pour présenter un projet de décret là-dessus.

NAPOLÉON.

4555. — DÉCISION.

Saint-Cloud, 3 septembre 1810.

Le général Clarke propose d'établir à Carcassonne le dépôt du 29e régiment de chasseurs.

Approuvé.

NAPOLÉON.

---

(1) Copie certifiée.

4556. — DÉCISION (1).

Saint-Cloud, 3 septembre 1810.

Le général de brigade Boyer, employé à l'armée d'Allemagne, demande un congé de trois mois. Cet officier général étant seul pour commander la division Gudin, ce congé ne pourrait être accordé, en ce moment, qu'en envoyant un général de brigade à cette division.

On désigne, à cet effet, le général Barbanègre. On demande les ordres de Sa Majesté.

Refusé. Donner ordre au général Barbanègre de se rendre à Hamburg sous les ordres du général Morand qui a besoin de trois généraux de brigade.

4557. — DÉCISION.

Saint-Cloud, 3 septembre 1810.

Le général Reille demande que les villes d'Irun et de Fontarabie soient comprises dans le gouvernement de la Biscaye pour le civil, comme elles le sont pour le militaire.

Approuvé, le prince de Neuchâtel en enverra l'ordre.

NAPOLÉON.

4558. — AU GÉNÉRAL CLARKE.

Saint-Cloud, 4 septembre 1810.

Monsieur le duc de Feltre, il importe beaucoup que le canal de Saint-Quentin soit terminé au mois d'octobre. J'ai donné l'ordre d'y envoyer 1.000 hommes. Faites-moi connaître le nombre d'Espagnols que vous y avez envoyés ; on m'assure qu'il y en a très peu. Le bataillon espagnol qui est à Lyon et moitié de celui qui est à Anvers peuvent être envoyés à Saint-Quentin. Ce renfort donnerait le moyen de pousser les travaux avec activité.

NAPOLÉON.

(1) Non signée; extraite du « Travail du ministre de la guerre avec S. M. l'Empereur et Roi, daté du 29 août 1810 ».

4559. — NOTE ADRESSÉE LE 4 SEPTEMBRE 1810 PAR M. LE DUC DE BASSANO AU MINISTRE DE L'INTÉRIEUR (1).

Paris, 4 septembre 1810.

Sa Majesté a donné des licences pour trafiquer avec l'Angleterre. Elle n'a compris, dans les denrées d'importation, ni le sucre, ni le café, ni le coton des colonies.

Elle a donné des licences pour la Méditerranée, pour les marchandises du Levant, y compris le coton du Levant.

Les bâtiments porteurs de ces licences vont probablement à Malte, et ce sont des bâtiments français ; cela est inconvenant. Ne serait-il pas convenable d'accorder des permis à des vaisseaux d'Alger, de Tunis, de Smyrne, pour venir en droite ligne, chargés de marchandises du Levant, coton et autres, à la condition d'exporter des draps de Carcassonne, des soieries, des voiles et autres objets dont on se sert dans le Levant ? On mentionnerait dans les licences de Livourne les voiles de Bologne. On pourrait donner dix licences à Gênes, dix à Livourne, vingt à Marseille, en prescrivant les mêmes précautions que pour les permis américains. On aurait des consuls sûrs, qui remettraient les lettres en chiffres, etc., etc.. Cette mesure serait avantageuse aux Ottomans ; elle le serait pour nous, puisqu'elle donnerait le moyen d'exporter nos marchandises et maintiendrait notre commerce du Levant.

Sa Majesté désire que le ministre de l'intérieur lui présente un modèle, où l'on établirait toutes les précautions nécessaires, et qui ferait le pendant des permis américains.

Ainsi, on n'admettrait en France que deux pavillons : le pavillon américain et le pavillon ottoman ou barbaresque ; ce sont effectivement deux grandes nations qui, si elles n'obligent pas l'Angleterre à respecter leur pavillon, la chicanent et l'obligent à des ménagements.

4560. — DÉCISION.

Saint-Cloud, 5 septembre 1810.

Rapport du général Clarke sur la nécessité de laisser encore quelque temps en Illyrie la 10e compa-	Approuvé. NAPOLÉON.

(1) Non signée.

gnie d'ouvriers d'artillerie, qui avait eu ordre de retourner à Palmanova.

4561. — DECISIONS (1).

Attendu qu'aucune des circonstances de la désertion de trois militaires du régiment d'Isembourg ne paraît mériter de l'indulgence, on propose à Sa Majesté d'ordonner l'exécution du jugement qui les a condamnés à la peine de mort.

Sa Majesté fait renvoyer à M. le duc de Feltre les rapports nos 11 et 14 sur cette feuille, article *objets généraux*, faite par les bureaux de la guerre sur des cas non graciables. Sa Majesté n'est pas dans l'usage de signer des sentences de mort, et, en conséquence ces rapports n'auraient pas dû lui être présentés.

Le nommé Jean Kohl, garde national du département de Rhin-et-Moselle, étant signalé comme un voleur de profession, le ministre, conformément au décret du 15 mars dernier, propose à Sa Majesté d'ordonner l'exécution d'un jugement qui condamne cet homme à douze ans de fers, pour vol commis la nuit avec escalade et effraction dans une maison habitée.

Même observation qu'au n° 11 de cette feuille, article *objets généraux*.

Rapport à Sa Majesté sur les fonctions qui pourraient être confiées aux auditeurs employés près la direction des revues et de la conscription militaire, de l'administration des poudres et salpêtres.

Renvoyé au Conseil d'Etat (2).

Vu les motifs qui militent en faveur de trois chasseurs du régiment d'Isembourg, condamnés à mort pour désertion, on propose à Sa Majesté de commuer cette peine en celle de sept ans de travaux publics.

Renvoyé au grand juge.

---

(1) Sans signature ni date; extraites du « Travail du ministre de la guerre avec S. M. l'Empereur et Roi, daté du 5 septembre 1810 ».
(2) De la main de Maret, ainsi que les deux suivantes.

Le vice-roi d'Italie donne de nouveaux renseignements sur les militaires français et italiens non rentrés des prisons d'Autriche.

Le 35e régiment réclame 766 hommes, les corps italiens 449.

Remis au ministre des relations extérieures.

4562. — DÉCISION.

Saint-Cloud, 6 septembre 1810.

Le comte de Lacépède, grand chancelier de la Légion d'honneur, transmet à l'Empereur des propositions en faveur de militaires revenus de Santo-Domingo.

Renvoyé aux bureaux de la guerre pour me remettre les états de service.

NAPOLÉON.

4563. — AU MARÉCHAL BERTHIER.

Saint-Cloud, 6 septembre 1810.

Mon Cousin, donnez ordre au général Quesnel de se porter avec la 3e demi-brigade légère sur Oloron, et, de là, dans la vallée de Bastan, de rechercher tous les dépôts de denrées coloniales qui s'y trouvent, soit sur la frontière de France, soit sur celle d'Espagne, d'en faire la saisie et de les diriger sur-le-champ sur Bayonne. Il se fera assister par les douanes et ne portera respect à aucun territoire, soit qu'il soit dans la ligne, soit qu'il soit hors de la ligne des douanes. Demandez-lui si cette brigade lui suffira et s'il aura besoin de celle qui arrivera le 13. J'aurai sa réponse avant que cette demi-brigade arrive à Bayonne.

NAPOLÉON.

4564. — DÉCISIONS (1).

Saint-Cloud, 6 septembre 1810.

Compte rendu d'une demande de fonds par M. le commandant du génie à Girone pour les besoins du service dans les places de Girone, Roses, Figuières et Hostalrich.

Lui accorder ces 10.000 francs.

---

(1) Non signées; extraites du « Travail du ministre de la guerre avec S. M. l'Empereur et Roi, daté du 5 septembre 1810 ».

On demande à Sa Majesté un acompte de 10.000 francs.

On propose à Sa Majesté d'accorder un nouvel acompte de 24.600 francs pour continuer cette année, au Havre, les constructions des magasins destinés à contenir 200 milliers de poudre, conformément à un ordre de Sa Majesté.

Accordé.

M. le général de division, commandant la 9e division militaire, expose que la blessure qu'il a reçue à l'armée de Catalogne lui a occasionné de grandes dépenses et qu'il a le plus grand besoin que l'on vienne à son secours.

On demande à Sa Majesté si son intention est d'accorder à cet officier général une gratification de 3.000 francs.

Approuvé.

On propose à Sa Majesté d'accorder au sieur Widemann, qui a été précédemment attaché à la secrétairerie d'Etat, une gratification de 2.400 francs pour tout le temps pendant lequel il est resté sans emploi.

Approuvé.

On ne pense pas qu'il soit convenable d'incorporer dans les régiments napolitains qui sont en Espagne 200 individus de cette nation, arrêtés à diverses époques et détenus depuis longtemps à Alexandrie.

Cette proposition est absurde, des galériens ne peuvent jamais être soldats.

Sa Majesté est priée de faire connaître si on doit admettre les réclamations des Suisses pris sur les Espagnols et qui demandent du service, et, dans ce cas, si on doit se restreindre à les faire incorporer exclusivement dans le 1er régiment.

Approuvé et les envoyer à Naples.

Le conseil d'administration du bataillon valaisan demande à être autorisé à délivrer des congés absolus à une cinquantaine d'hommes dont l'engagement est sur le point d'expirer. Sa Majesté est priée de faire connaître si son intention est que les congés qui seront réclamés en vertu des dispositions de la capitulation soient accordés.	Oui.
Le général de division comte Vandamme demande qu'un bon général de brigade soit envoyé au camp de Boulogne. On propose d'y envoyer le général de brigade Marion, qui est disponible.	Approuvé.
Sa Majesté est priée d'approuver l'ordre donné au général de brigade Brun de se rendre dans la 8e division militaire, pour y prendre le commandement du département du Var.	Approuvé.
On propose à Sa Majesté de confier le commandement du département de la Haute-Loire à M. le général de brigade Margaron, qui est assez rétabli de ses blessures pour faire un service dans l'intérieur.	Approuvé.
On propose à Sa Majesté de nommer provisoirement au commandement de la place de Bordeaux le colonel Montbrun, ancien commandant de cette place, qui, depuis le 15 septembre 1808, en exerce les fonctions.	Refusé. Il n'y a pas besoin de commandant d'arme.
On soumet à Sa Majesté la demande d'un congé d'un mois avec appointements que fait le général de brigade Grandjean, employé dans la 6e division militaire.	Approuvé.
On propose à Sa Majesté d'autoriser le sieur Dauvergne, lieute-	Approuvé.

nant réformé de la légion des Francs du Nord, à passer au service d'Espagne.

On demande les ordres de Sa Majesté concernant le sieur Langlois, fusilier chasseur de la garde, qui a rempli avec succès une place de professeur dans un lycée, et qui demande à rentrer dans l'instruction publique.

Approuvé.

On propose à Sa Majesté de ne pas réclamer les arrérages de la pension d'un vélite dragon de la garde. Le père de ce jeune homme est, par suite de maladie, dans l'impossibilité de se livrer à sa profession et est réduit à vivre du travail de ses enfants ;

Approuvé.

De dispenser un ex-vélite chasseur à cheval de la garde de payer la somme de 637 francs, dont il est débiteur pour sa pension. Le père de ce jeune homme n'a laissé en mourant qu'un faible héritage et des dettes qui en surpassent la valeur ;

Approuvé.

D'exempter du paiement de la somme de 516 fr. 66, dont il est redevable pour la pension de son fils, ex-vélite à pied, un particulier, père de huit enfants, à la subsistance desquels il a peine à subvenir.

Approuvé.

Le ministre de l'intérieur déclare qu'on éprouve de grands obstacles pour le placement des Espagnols comme travailleurs chez les particuliers ; il pense que la contrainte ferait beaucoup murmurer. Il adresse l'analyse de la correspondance des préfets à cet égard et désire connaître les intentions de Sa

Si on les répartit dans les départements convenables, on les recevra volontiers; d'ailleurs, on en a besoin aux travaux publics.

Majesté avant d'autoriser la répartition d'office de ces prisonniers.	
Le ministre de Wurtemberg réclame, comme sujet de son souverain et comme appartenant à la conscription, le nommé Meyerlin, qui servait comme soldat en Espagne et est prisonnier de guerre en France.	Accordé.
Les officiers espagnols prisonniers de guerre qui ont prêté serment se sont adressés à MM. les ducs de Frias et de Santa-Fé et au général Kindelan, pour témoigner des craintes d'être compris dans un échange avec l'Angleterre. On prend les ordres de Sa Majesté sur la réponse à faire à cet égard.	Vérifier les faits et dès lors on ne les comprendra plus comme prisonniers.
Le maréchal duc de Tarente demande le renvoi de six habitants de Palamos, non militaires et envoyés comme otages en France.	Approuvé.
Les autorités civiles de Roses réclament le renvoi d'un vieillard de 70 ans, qu'elles déclarent n'avoir jamais porté les armes et avoir été compris par erreur au nombre des prisonniers de guerre envoyés en France.	Approuvé.
On propose à Sa Majesté d'admettre à la retraite, pour cause d'infirmités constatées, l'adjudant commandant Allain, employé à l'armée d'Espagne.	Accordé sa retraite.
On soumet à Sa Majesté la démission du sieur Bertier, sous-lieutenant au 3e régiment de dragons, qui expose que son état continuel de maladie le rend incapable de remplir ses devoirs.	Approuvé.

4565. — DÉCISIONS (1).

Saint-Cloud, 6 septembre 1810.

On prie Sa Majesté de faire connaître si le fonds de 4 millions dont Elle a ordonné d'employer une partie pour un approvisionnement extraordinaire à Bayonne de 20.000 capotes et de 20.000 paires de souliers est le même que celui qui avait primitivement été destiné aux dépenses de l'administration extérieure de l'armée d'Espagne, chapitre 17.

Oui.

NAPOLÉON.

On reproduit à Sa Majesté la demande de la décoration de la Légion d'honneur pour M. Victor Broussonnet, médecin de l'Hôtel-Dieu de Montpellier, à cause de ses services et de son dévouement lors de la maladie contagieuse qui s'est manifestée à l'hôpital militaire de Toulon en novembre 1809.

On la supplie d'y avoir égard.

Accordé.

NAPOLÉON.

On appelle l'attention de Sa Majesté sur les rapports des 24 février, 29 mai et 10 août derniers, par lesquels on la priait de faire connaître : 1° si les officiers de santé prisonniers de guerre seraient admis, ainsi que les officiers, à recevoir une partie de leurs appointements pendant leur captivité; 2° si les épouses de ces officiers de santé seraient admises à toucher une partie du traitement qui aurait été accordé à leurs maris.

Faire comme cela a été fait jusqu'à cette heure (2).

On soumet à Sa Majesté les moyens proposés par la commis-

Oui.

NAPOLÉON.

(1) Extraites du « Travail du ministre directeur de l'administration de la guerre avec S. M. l'Empereur et Roi, daté du 5 septembre 1810 ».

(2) Non signée.

sion formée à Anvers pour procurer aux troupes stationnées dans les îles de la Zélande de l'eau bonne et potable et pour les garantir autant que possible, pendant la saison des fièvres, des influences funestes de l'atmosphère.

4566. — AU MARÉCHAL BERTHIER.

Saint-Cloud, 9 septembre 1810.

Mon Cousin, donnez des ordres aux commandants français de la Navarre, des deux Biscayes, de la Castille et de la province de Santander, de l'Aragon, de faire confisquer toutes les marchandises anglaises, partout où elles se trouveront.

NAPOLÉON.

4567. — DÉCISION (1).

9 septembre 1810.

On prie de nouveau Sa Majesté de vouloir bien faire connaître :

1° S'il faut ou non un intendant général en Allemagne ;

2° Si M. Chambon ne peut être réduit au simple traitement d'ordonnateur en chef ;

3° Enfin, si M. Villemanzy y doit jouir de son traitement comme intendant général.

M. Villemanzy conservera le titre d'intendant général de l'armée d'Allemagne et sera spécialement chargé, pendant son séjour à Paris, de l'administration des provinces réservées et de la liquidation de toutes les dépenses qui restent à acquitter pour le service de la Grande Armée et pour celui de l'armée du Rhin, antérieurement au 1er avril 1809.

M. Villemanzy continuera de recevoir son traitement d'intendant général ; mais le traitement extraordinaire attribué aux fonctions d'intendant général sera réduit à 6.000 francs par mois et

(1) Non signée; extraite du « Travail du ministre directeur de l'administration de la guerre avec S. M. l'Empereur et Roi, daté du 12 septembre 1810 ».

les 6.000 francs de surplus seront réservés à M. Chambon, commissaire ordonnateur chargé de le suppléer à l'armée d'Allemagne.

Cette disposition devra avoir lieu à compter du 1er juin dernier, époque à partir de laquelle M. Villemanzy a repassé le Rhin pour se rendre en France.

4568. — AU GÉNÉRAL LACUÉE.

Saint-Cloud, 9 septembre 1810.

Monsieur le comte de Cessac, faites-moi connaître quand les dépôts des 8e et 18e légères, des 5e, 11e, 23e, 74e et 81e de ligne auront les moyens nécessaires pour habiller les hommes disponibles et compléter leurs bataillons.

NAPOLÉON.

4569. — DÉCISIONS (1).

Saint-Cloud, 9 septembre 1810.

On propose à Sa Majesté de conserver à M. Villemanzy les fonctions d'intendant général de l'armée d'Allemagne et des provinces réservées, et de lui confier spécialement le soin de régler tout ce qui a rapport aux dettes des provinces réservées et de liquider toutes les dépenses qui restent dues à la Grande Armée.

Approuvé (2).

Il conserverait le traitement d'intendant général, mais il ne jouirait que de la moitié du traitement extraordinaire ;

---

(1) Extraites du « Travail du ministre de la guerre avec S. M. l'Empereur et Roi, daté du 5 septembre 1810 ».

(2) Non signée.

De confirmer dans le commandement de Trieste le colonel Rabié.

La décision écrite par ordre de Sa Majesté, relativement aux officiers de place de la 30e division militaire, est applicable au commandement de la place de Trieste.

Comte DE LOBAU.

4570. — AU GÉNÉRAL CLARKE.

Saint-Cloud, 11 septembre 1810.

Monsieur le duc de Feltre, quels sont les besoins de Corfou en munitions de guerre, en affûts, en fusils, en poudre, etc... ? Entendez-vous avec le ministre de la marine pour me proposer l'expédition de deux frégates, cet hiver, à Corfou.

NAPOLÉON.

4571. — DÉCISION.

Saint-Cloud, 11 septembre 1810.

Le général Clarke propose d'employer aux travaux de fortifications de Willemstad la 6e compagnie du 5e bataillon de sapeurs, actuellement à Berg-op-Zoom.

Approuvé.

NAPOLÉON.

4572. — AU GÉNÉRAL CLARKE.

Saint-Cloud, 12 septembre 1810.

Monsieur le duc de Feltre, j'approuve que les 3e et 17e compagnies du 6e d'artillerie à pied soient destinées au 9e corps, que la 7e compagnie du même régiment soit envoyée à la division Seras et que les 1re, 8e et 16e compagnies du même régiment remplacent ces compagnies à Belle-Ile et aux îles de Ré et d'Aix.

Les 600 chevaux d'artillerie qui vont être réunis à Bayonne doivent tous être donnés au 9e corps et à la division Seras, savoir : 150 pour la division Seras et 450 pour le 9e corps, dont 300 pour les pièces et 150 pour le parc.

Vous écrirez au duc de Dalmatie et au commandant de l'artillerie pour qu'ils aient à se procurer des mulets ou des chevaux dans la province de Grenade ou dans l'Andalousie.

NAPOLÉON.

4573. — DÉCISION.

13 septembre 1810.

Le général Clarke propose d'envoyer à La Rochelle la 22e compagnie du 8e régiment d'artillerie à pied, qui est à Boulogne.

Approuvé.

NAPOLÉON.

4574. — DÉCISION.

Saint-Cloud, 13 septembre 1810.

Le général Clarke propose de faire une remonte de 1.000 chevaux pour réparer les pertes éprouvées par l'artillerie de l'armée de Portugal.

Remettre l'état de situation des hommes et chevaux et des harnais du train de l'armée de Portugal. Donnez ordre que les train et harnais rétrogradent sur Bayonne. Me faire connaître combien il en arrive et quand ils arriveront.

NAPOLÉON.

4575. — AU MARÉCHAL BERTHIER.

Saint-Cloud, 13 septembre 1810.

Mon Cousin, un bataillon de marche de 450 hommes est destiné à renforcer les 1re et 3e demi-brigades légères, qui arrivent à Bayonne le 4 et le 13. Ce bataillon de marche doit arriver le 21 à Bayonne. Vous donnerez ordre qu'à son arrivée il soit dissous et dirigé sur ces demi-brigades pour y être incorporé.

NAPOLÉON.

4576. — AU MARÉCHAL BERTHIER.

Saint-Cloud, 13 septembre 1810.

Mon Cousin, réitérez l'ordre au général Reille de faire partir le 2e régiment de marche pour sa destination. Donnez l'ordre au général Lagrange de prendre le commandement de la division que commandait le général Sébastiani, ce général commandant le 4e corps et laissant par là le commandement de sa division vacant depuis longtemps.

NAPOLÉON.

4577. — DÉCISIONS (1).

Saint-Cloud, 13 septembre 1810.

On rend compte à Sa Majesté des mesures prises pour assurer l'habillement et l'équipement du 4e bataillon du 1er régiment prussien qui s'organise à Lille, et que la dépense à laquelle cette première mise donnera lieu sera de 123.082 fr. 20.

On la prie de vouloir bien approuver ces dispositions.

Je n'ai pas besoin d'un 4e bataillon de Prusse. Tous les hommes qui s'y trouvent peuvent être envoyés aux régiments hollandais. J'en écris au ministre de la guerre.

NAPOLÉON.

On propose à Sa Majesté de décider que M. Bergognié, auditeur du Conseil d'Etat, chargé de l'inspection des hôpitaux militaires des départements méridionaux de l'Empire, jouira, pendant sa mission, d'une indemnité de 20 francs par jour et de 10 francs par poste.

Approuvé.

NAPOLÉON.

On prie de nouveau Sa Majesté de prononcer sur la question de savoir si le gouvernement italien ne doit pas entrer pour moitié dans la dépense faite pour réparations et constructions à l'hôpital de San-Benedetto, et qui s'élève à 40.574 francs, ou au moins payer les 6.129 fr. 23 restant dus pour solde de cette dépense.

Approuvé.

NAPOLÉON.

On rend compte à Sa Majesté que les 1.200 voitures qu'Elle a demandées pour mars et septembre 1811 et mars 1812 seront préparées. Mais on représente qu'il est nécessaire de construire des hangars et de faire divers achats, surtout en bois.

Ces dépenses étant évaluées à

Il faut prendre ce fonds sur un article de votre budget.

NAPOLÉON.

(1) Extraites du « Travail du ministre directeur de l'administration de la guerre avec S. M. l'Empereur et Roi, daté du 12 septembre 1810 ».

518.470 francs, on demande la mise en distribution extraordinaire de cette somme sur l'exercice 1810.

On la prie aussi de vouloir bien approuver une augmentation de 100 ouvriers au parc.

On a l'honneur de mettre sous les yeux de Sa Majesté le rapport qu'Elle a demandé sur la poste militaire de l'armée d'Allemagne.

Cela étant, laisser subsister cette poste encore pendant toute l'année.

NAPOLÉON.

4578. — DÉCISIONS (1).

Saint-Cloud, 13 septembre 1810.

On demande les ordres de Sa Majesté pour le maintien du décret du 15 octobre 1809 qui met à la charge de l'administration de la guerre le paiement des masses destinées à l'entretien et au renouvellement des voitures, tant d'équipages que d'artillerie, accordées aux régiments d'infanterie.

Les voitures d'artillerie doivent être entretenues par l'artillerie.

On rend compte à Sa Majesté de l'incomplet actuel du corps de l'artillerie et l'on propose de destiner lors de la levée de la prochaine conscription 3.000 hommes, pris dans les contrées de l'Empire qui recrutaient jadis ce corps en presque totalité.

Approuvé pour y avoir égard lorsqu'il en sera temps.

On pense que les 24 déserteurs hollandais que le ministre de la guerre du ci-devant royaume de Hollande a proposé de faire incorporer dans le bataillon des militaires étrangers seraient mieux placés dans le bataillon colonial qui est à Flessingue.

Approuvé.

(1) Non signées; extraites du « Travail du ministre de la guerre avec S. M. l'Empereur et Roi, daté du 12 septembre 1810 ».

On informe Sa Majesté des dispositions prises pour faire juger par une commission militaire quatre des plus coupables dans le complot d'assassinat formé par treize forçats napolitains.	Approuvé.
Attendu les motifs qui servent d'excuses à treize jeunes gens du département de la Moselle, qui ne se sont pas présentés dans les délais donnés pour profiter du décret du 25 mars, Sa Majesté est priée de leur pardonner ce retard et de permettre qu'ils jouiront de l'amnistie.	Approuvé.
On soumet à Sa Majesté la demande que fait le général Miollis d'accorder au bataillon des vétérans romains le même traitement qu'à la ligne ou le tiers en sus de leur solde, ainsi qu'en jouissent les gardes-côtes de la Toscane ;	Approuvé.
La demande du conseil d'administration du 2e régiment d'infanterie de ligne pour que le fils naturel de Jean-Baptiste Grenier, de ce régiment, tué au combat naval de Trafalgar, soit admis à ce régiment comme enfant de troupe.	Approuvé.
On propose à Sa Majesté de vouloir bien faire la remise au sieur Gaulthier, commissaire des guerres, faisant fonctions de sous-inspecteur aux revues à La Fère, d'une somme de 1.008 fr. 59, dont il est responsable pour une erreur commise par son secrétaire pour un trop-payé à des prisonniers prussiens, pendant une tournée qu'il faisait pour assurer le service.	Approuvé.
On rend compte à Sa Majesté que, par suite de l'autorisation qu'Elle avait donnée pour que l'on	Approuvé cette dépense.

fournît en gratification une troisième paire de souliers aux conscrits qui ont été envoyés de la garde dans les régiments de ligne, le conseil d'administration des chasseurs à pied de la garde a délivré cette troisième paire de souliers, même aux régiments de conscrits de la garde. Il en est résulté une dépense extraordinaire de 44.219 francs.	
Sa Majesté est priée de faire connaître si, en remettant le fort Napoléon à l'artillerie de la marine, conformément au décret du 16 juillet dernier, Elle a eu l'intention de supprimer le commandant militaire de ce fort et d'en confier le commandement à un officier de marine.	Tout laisser à la marine.
On soumet à l'approbation de Sa Majesté l'état de 63 jeunes gens qui se sont enrôlés volontairement pour faire partie de la compagnie des gardes d'honneur de S. A. I. et R. la grande-duchesse de Toscane.	Approuvé.
On propose à Sa Majesté d'approuver la prolongation de congé jusqu'au 1er octobre que le ministre a accordée au général de division Chabran pour le rétablissement de sa santé ;	Le mettre en réforme.
D'approuver le congé de trois mois accordé au général de brigade Viallanes. Cet officier général est encore hors d'état de reprendre du service, mais sa vue s'améliore.	Accordé.
Le général de brigade Fontanes, employé dans la division de l'armée de Catalogne, a obtenu du maréchal duc de Tarente un congé de quatre mois avec appointements et	Approuvé.

l'autorisation de rentrer en France pour le rétablissement de sa santé.	
On propose à Sa Majesté d'accorder un congé de trois mois avec appointements au général de brigade Nalèche, atteint d'une fièvre violente qui le retient au lit ;	Approuvé.
D'accorder un congé de trois mois au colonel Quinette, du 5e régiment de cuirassiers, pour terminer des affaires de famille qui l'appellent dans divers départements ;	Accordé.
D'accorder un congé avec demi-solde jusqu'au 15 octobre prochain au colonel Dubois, commandant le 7e régiment de cuirassiers, pour affaires de famille.	Accordé.
Le sieur Strauss, natif de Strasbourg, lieutenant dans les hussards de Bade, vient d'être appelé à l'armée française en sa qualité de conscrit. S. A. I. le grand-duc de Bade demande l'autorisation de le conserver dans ses troupes et fait l'éloge de sa conduite.	Approuvé.
Le maréchal prince d'Essling témoigne le désir d'employer à l'armée de Portugal le général de brigade Fressinet, qui jouit du traitement de non-activité depuis le 16 ventôse an XIII.	S'il n'y a rien contre cet officier général, l'envoyer à Naples.
On soumet à Sa Majesté la démission du lieutenant Parans, aide de camp du général Guérin d'Etoquigny.	Accordé.
On soumet à l'approbation de Sa Majesté un état des démissions présentées par quatre officiers d'infanterie.	Approuvé.
Le gouvernement ou canton de Fribourg sollicite le renvoi sur pa-	Approuvé.

role d'un officier suisse, fait prisonnier en Espagne, dont le frère a été fait prisonnier au service de France et est détenu en Angleterre.

4579. — AU MARÉCHAL BERTHIER.

Saint-Cloud, 16 septembre 1810.

Mon Cousin, j'ai donné l'ordre d'envoyer deux millions à l'armée du Portugal. Vous les ferez escorter par les 223 artilleurs qui arrivent le 23 septembre à Bayonne. Mais, comme cette escorte serait trop faible, il sera facile de trouver dans les dépôts de Bayonne de quoi composer un petit bataillon de marche, et de former avec tout cela et les hommes qui sont en route, artillerie, cavalerie, infanterie, un millier d'hommes. Ces 1.000 hommes seront mis sous les ordres d'un aide de camp du général Quesnel, qui doit être un officier intelligent, et se mettront en route pour Valladolid, Salamanque et le quartier général de l'armée de Portugal. Il sera bon que les canonniers destinés à l'armée du Midi ne partent pas seuls de Bayonne. Il est convenable d'attendre qu'il y ait assez de monde pour former un millier d'hommes. Les hommes destinés au... (1) corps attendront également qu'on puisse faire un détachement de 500 hommes. Il serait imprudent de les laisser seuls et de les exposer ainsi à des événements fâcheux.

NAPOLÉON.

4580. — DÉCISION.

Saint-Cloud, 16 septembre 1810.

Le maréchal Berthier propose cinq officiers supérieurs pour être employés en Navarre, près du général Reille, pour commander ses colonnes mobiles.

Approuvé.

NAPOLÉON.

4581. — AU GÉNÉRAL DUMAS.

Saint-Cloud, 16 septembre 1810.

Monsieur le général M. Dumas, je vous envoie un projet de décret sur une levée de conscrits pour le service de la marine. Faites

(1) En blanc.

vos observations sur ce projet, afin que cette levée se fasse sur les mêmes principes et de la même manière que les levées de terre.

NAPOLÉON.

4582. — DÉCISION.

Saint-Cloud, 16 septembre 1810.

Le maréchal propose d'envoyer à l'armée de Portugal un détachement de mineurs hollandais et deux compagnies de pionniers qui sont à Burgos.

Accordé le départ de la compagnie de mineurs hollandais pour l'armée du Portugal. Quant aux pionniers, me faire connaître de quelle nation ils sont.

NAPOLÉON.

4583. — DÉCISION.

Saint-Cloud, 16 septembre 1810.

Le maréchal Berthier demande des ordres pour la destination ultérieure des 3e et 4e escadrons du 13e chasseurs qui arriveront à Bayonne le 25 septembre.

Lui donner l'ordre de se rendre à Tolosa, où il recevra de nouveaux ordres.

NAPOLÉON.

4584. — DÉCISION.

Saint-Cloud, 16 septembre 1810.

Le général Sénarmont expose qu'il serait très important de faire transporter, partie à Bayonne, partie à Burgos, les plombs et projectiles trouvés à Gijon et aux forges de Trubia.

Donner des ordres en conséquence.

NAPOLÉON.

4585. — DÉCISION.

Saint-Cloud, 16 septembre 1810.

Le maréchal Berthier propose de faire payer aux 5e et 19e escadrons de gendarmerie de la province de Santander les mois de solde qui leur sont dus.

Donnez des ordres pour que leur solde leur soit envoyée de Bayonne.

NAPOLÉON.

4586. — DÉCISION.

Saint-Cloud, 16 septembre 1810.

Le consulat de Santander étant supprimé, le général Thouvenot demande si les agents de ce consulat doivent cesser leurs fonctions.

Ce consulat n'est point supprimé.

NAPOLÉON.

4587. — AU GÉNÉRAL CLARKE.

Saint-Cloud, 16 septembre 1810.

Monsieur le duc de Feltre, deux bataillons expéditionnaires de Batavia et deux compagnies d'artillerie doivent bientôt arriver à Utrecht. Aussitôt qu'ils y seront arrivés, vous les dirigerez sur Paris.

Ces bataillons ne seront forts que de 400 à 500 hommes chacun.

NAPOLÉON.

4588. — AU GÉNÉRAL CLARKE.

Saint-Cloud, 16 septembre 1810.

Monsieur le duc de Feltre, mettez le bataillon de marche de la division d'arrière-garde sous les ordres d'un colonel en second ou d'un major qui soit en ce moment à Paris, et faites partir lundi ce bataillon pour se rendre à Bayonne; je le verrai dimanche, 23 septembre. Vous me ferez connaître quand il arrivera.

NAPOLÉON.

4589. — DÉCISION (1).

Saint Cloud, 16 septembre 1810.

On propose de nommer à des emplois d'officiers vacants dans différents régiments d'infanterie faisant partie de divers corps d'armée.

L'Empereur a décidé que les officiers qui ont été promus à des grades provisoirement, étant à Saint-Domingue, ne devront prendre rang dans l'armée que du jour de leur confirmation par

(1) Extraite du « Travail du ministre de la guerre avec S. M. l'Empereur et Roi, daté du 22 août 1810 ».

Sa Majesté, mais ils ne pourront être obligés, pour leur traitement dans les grades dont ils étaient provisoirement pourvus, à rapporter ce qu'ils auraient perçu.

Comte DE LOBAU.

4590. — AU MARÉCHAL BERTHIER.

... (1) septembre 1810.

Mon Cousin, faites connaître au général Drouet que des plaintes graves sont portées contre le général Barthélémy qui commande à Santander, que mon intention est qu'il le destitue et le remplace par un autre général, et qu'il fasse faire une enquête sévère sur les dilapidations qui auraient été commises dans ce pays ; qu'il fasse faire la même chose du côté du général Avril. Vous lui écrirez qu'on se plaint beaucoup du neveu du général d'Agoult, qu'il est urgent de faire des exemples sévères, que la corruption est poussée au point de trafiquer de la libération des prisonniers, que je lui recommande la plus grande énergie dans la recherche de ces abus, que des dilapidations pareilles se commettent dans les Biscayes. Recommandez-lui de faire saisir tous les dépôts de marchandises coloniales, de coton, de sucre, de café, etc., qui se trouvent dans les Biscayes, dans la Navarre et sur la frontière de France, destinées par les contrebandiers à être introduites en France (2). Vous devez lui faire connaître que mon intention est qu il ne déplace pas mes consuls sur les côtes, qu'il doit les laisser correspondre avec le ministre des relations extérieures, et que je n'ai point supprimé ces consulats. Ecrivez aussi au général Drouet que je le charge de prendre des renseignements sur les contributions qui ont été levées dans les provinces d'Espagne, que ma volonté est que toutes soient versées dans la caisse de l'armée et employées pour le compte du soldat. Vous le préviendrez que je porte la plus grande attention sur cet objet et que je me fais rendre compte de toutes les contributions qui sont levées.

NAPOLÉON.

---

(1) Cette lettre a été expédiée le 17. D'après le recueil Lecestre, où elle se trouve reproduite partiellement, elle serait du 16.

(2) Ce qui suit n'est pas reproduit par M. Lecestre.

4591. — DÉCISION.

Saint-Cloud, 17 septembre 1810.

Le général Clarke rend compte des mesures qu'il a prises pour faire passer 100 chevaux du train au directeur de l'artillerie à Anvers.

Approuvé.

NAPOLÉON.

4592. — AU MARÉCHAL BERTHIER.

17 septembre 1810.

Mon Cousin, envoyez copie de ce rapport du général Avril au général Dorsenne, à Burgos. Comment le général Dorsenne laisse-t-il les brigands s'établir à Medina-de-Pomar et près d'Espinosa, c'est-à-dire à moins de trois marches de Burgos et pourquoi ne marche-t-il pas contre eux ? Ecrivez-lui dans ce sens.

NAPOLÉON.

4593. — DÉCISION.

Saint-Cloud, 17 septembre 1810.

Sur la demande du ministre de la marine, le général Clarke propose de prendre dans le 105e de ligne, qui est à Cherbourg, deux détachements destinés à la garnison des frégates *l'Amazone* et *l'Elisa*, en armement au Havre.

Approuvé.

NAPOLÉON.

4594. — DÉCISIONS (1).

17 septembre 1810.

Le maréchal duc de Reggio a employé provisoirement le général de brigade Devaux, qui était disponible depuis la dissolution de l'armée de Brabant, au corps d'observation en Hollande.

L'Empereur approuve cette disposition.

Comte DE LOBAU.

(1) Extraites du « Travail du ministre de la guerre avec S. M. l'Empereur et Roi, daté du 22 août 1810 ».

Sa Majesté est priée de faire connaître si Elle approuve cette décision.

On met sous les yeux de Sa Majesté la demande que fait le colonel de la légion hanovrienne (infanterie) d'une adjudance de place pour M. d'Auvergne, lieutenant dans ce corps.

L'Empereur a répondu négativement.

Comte DE LOBAU.

4595. — DÉCISION (1).

Saint-Cloud, 17 septembre 1810.

On rend compte à Sa Majesté des mesures prises pour fournir aux 5e, 11e, 79e et 81e régiments d'infanterie de ligne les objets dont ils ont besoin pour l'équipement de leurs hommes disponibles.

On pense que tous ces hommes et de plus ceux des 23e de ligne, 8e et 28e légère seront habillés et prêts à partir pour le 20 octobre.

Ils trouveront au besoin les effets qui leur manqueraient encore dans les magasins de Bayonne ou de Perpignan (2).

Ces hommes ne vont pas à Bayonne. Il est nécessaire qu'ils soient équipés avant de partir de Genève.

NAPOLÉON.

4596. — AU GÉNÉRAL CLARKE.

Saint-Cloud, 18 septembre 1810.

Monsieur le duc de Feltre, donnez l'ordre aux quatre bataillons qui sont à Avignon de se rendre à Perpignan.

Donnez le même ordre au bataillon du 11e de ligne, qui est à Montpellier. Par ce moyen, il y aura à Perpignan les 3es bataillons du 18e léger, du 23e de ligne, du 81e de ligne, du 11e de ligne et du 5e de ligne.

(1) Extraite du « Travail du ministre directeur de l'administration de la guerre avec S. M. l'Empereur et Roi, daté du 19 septembre 1810 ».

(2) Ce rapport a été envoyé à l'Empereur extraordinairement le 15 septembre, ce qui explique que la décision soit du 17, alors que le *Travail* n'est daté que du 19.

Si ces cinq bataillons étaient au complet, ils formeraient 4.000 hommes.

Faites partir de Genève un bataillon de marche composé de tous les hommes disponibles aux dépôts de ces corps, lequel y sera incorporé à son arrivée à Perpignan.

Faites sortir des bataillons corses et du Pô tous les hommes étrangers à ces départements qui s'y trouvent et dirigez-les sur Perpignan, où ils seront incorporés dans le 18e d'infanterie légère.

NAPOLÉON.

4597. — AU GÉNÉRAL CLARKE.

Saint-Cloud, 18 septembre 1810.

Monsieur le duc de Feltre, en parcourant le livret des divisions militaires, je vois qu'il y a à Toulon 189 hommes des troupes ioniennes. Qu'est-ce que ces troupes ioniennes ? Qu'est-ce que c'est que le 6e régiment d'infanterie italienne qui est à l'île d'Elbe ? Qui est-ce qui le paye ? Est-ce l'Italie ou la France ?

Demandez au général Miollis s'il a encore besoin de la brigade du général Pacthod, composée de deux bataillons des 53e et 106e, et du 29e de dragons, et de la colonne de l'adjudant commandant Mariotti. S'il n'a pas besoin de ces deux colonnes, qu'il les renvoie en Italie.

NAPOLÉON.

4598. — DÉCISIONS (1).

18 septembre 1810.

On propose à Sa Majesté de confirmer le sieur Lemaire, lieutenant au 15e régiment de chasseurs, dans l'emploi de capitaine qu'il occupe au 14e régiment de même arme.	Approuvé, faire le décret.
D'accorder au sieur. Lacouster, sous-lieutenant au 14e régiment de chasseurs, l'autorisation de passer au 2e régiment de même arme.	Approuvé.

(1) Non signées; extraites du « Travail du ministre de la guerre avec S. M. l'Empereur et Roi, daté du 12 septembre 1810 ».

4599. — DÉCISION (1).

18 septembre 1810.

On présente à Sa Majesté les services du capitaine Rebsomen, aide de camp du général de brigade Gros qui demande pour cet officier, qui est son beau-père, la décoration de la Légion d'honneur.

L'Empereur a ajourné cette demande.

4600. — NOTE POUR LE MINISTRE DE LA GUERRE.

19 septembre 1810.

Sa Majesté désire que le ministre de la guerre fasse préparer pour le conseil du génie qui aura lieu au mois de décembre les projets pour porter Anvers au plus grand degré de force possible. Cette place sera le grand dépôt des magasins, des affûts et de l'artillerie de toute la Hollande. Elle doit être en état de se soutenir et de se défendre, quand même l'ennemi occuperait toute la Belgique.

Le ministre fera préparer pour le même conseil des mémoires et des projets pour l'établissement d'une place forte à Bonn ou dans tout autre point intermédiaire, entre Mayence et Wesel, pour empêcher que l'ennemi ne débouche dans la belle plaine de Maëstricht. Il remettra le plus promptement possible un mémoire particulier sur Bonn, afin que Sa Majesté puisse donner d'avance ses vues sur le travail qui sera ensuite préparé pour le conseil de décembre. Il a déjà été question fort souvent de fortifier Bonn. Cette question a été très discutée et il doit être facile de recueillir tous les renseignements nécessaires pour faire un bon mémoire. On n'oubliera pas, dans ce travail, de faire connaître les débouchés de Bonn en Allemagne.

Sa Majesté est dans l'intention de faire construire un nouveau pont au Vieux-Brisach. Elle désire qu'il lui soit remis un mémoire sur cet objet, afin d'ordonner au ministre des relations extérieures les démarches nécessaires pour acquérir le Vieux-Brisach, comme tête de pont (2).

(1) Non signée; extraite du « Travail du ministre de la guerre avec S. M. l'Empereur et Roi, daté du 29 août 1810 ».

(2) Copie adressée à M. de Caux par le secrétaire général Fririon

4601. — NOTE POUR LE MINISTRE DE LA GUERRE (1).

19 septembre 1810.

Sa Majesté désire que le ministre de la guerre charge des officiers de gendarmerie intelligents de faire des enquêtes parmi les prisonniers de Ciudad-Rodrigo. On assure qu'à Valladolid et ailleurs on leur a proposé de se racheter.

4602. — DÉCISION (2).

19 septembre 1810.

Le général Clarke propose d'évacuer sur la Hollande une partie des projectiles qui sont à Bois-le-Duc, Bréda et Gertruydenberg, pour augmenter l'approvisionnement des bouches à feu qu'on laissera au delà de la Meuse, qui n'est pas assez considérable.

Ce rapport n'a pas de sens, cela expose à de doubles dépenses. Il ne peut y avoir trop de projectiles à Anvers. N'envoyer de projectiles qu'autant qu'il n'y aurait pas 200 coups par pièce aux batteries de côtes en Hollande. En général, l'artillerie doit avoir un système. Ces fers coulés seront placés dans la citadelle d'Anvers et tous les canons venant de la Hollande.

4603. — NOTE POUR LE MINISTRE DE LA GUERRE SUR LE RAPPORT PORTÉ SOUS LE N° 5, DANS SA FEUILLE DE TRAVAIL DU 19 SEPTEMBRE 1810 (3).

La proposition de l'artillerie n'est pas réfléchie. Elle expose à de doubles dépenses. Delft n'est pas une place forte. Il ne peut y avoir trop d'objets d'artillerie à Anvers. Il faut tout y faire rentrer et ne rien envoyer en Hollande que quand les places et les côtes ne pourront pas fournir 200 coups de canon par pièce. Les fers coulés, ainsi que tous les canons qui reviendront de la Hollande, seront placés dans la citadelle d'Anvers. En général, l'artillerie ne devrait pas proposer de faire des mouvements aussi légèrement. Il faut auparavant avoir un grand système.

(1) Non signée, copie certifiée.
(2) Non signée, écrite sous la dictée de l'Empereur.
(3) Non signée, copie certifiée. — Cette note est une variante de la décision du 19 septembre, publiée ci-dessus.

4604. — DÉCISIONS (1).

On propose à Sa Majesté d'approuver que, dans les corps des troupes à cheval où il se trouve des officiers à la suite, les remplacements aux tours d'ancienneté et d'élection n'aient lieu désormais qu'autant qu'il n'existera plus dans chaque corps d'officiers surnuméraires qui puissent être pourvus des emplois vacants de leurs grades respectifs ;

L'Empereur approuve cette proposition, mais Sa Majesté désire qu'on laisse aux sous-officiers le tour d'ancienneté; on aura donc en faveur des surnuméraires, indépendamment des places qui appartiennent au gouvernement, celles qui étaient remplies par le mode d'élection.

Comte DE LOBAU.

De conférer le commandement du 6e régiment provisoire de dragons au sieur Thevenet, colonel en second, qui se trouve sans destination par la dissolution du 8e provisoire qu'il commandait ;

Approuvé (2).

De nommer adjudant commandant le colonel Gouget, commandant les dragons de la garde de Paris, et de l'employer en cette qualité au 9e corps de l'armée d'Espagne.

L'Empereur désire qu'on lui donne des renseignements sur la conduite et les griefs imputés à ce colonel.

Comte DE LOBAU.

4605. — DÉCISION (3).

On prend les ordres de Sa Majesté sur la demande que fait S. A. le prince héréditaire de Suède d'un congé de six mois avec appointements, en faveur du sieur Laubry, médecin principal, que Son Altesse désire emmener avec Elle en Suède.

Accorder quatre mois (4).

(1) Extraites du « Travail du ministre de la guerre avec S. M. l'Empereur et Roi, daté du 19 septembre 1810 ».
(2) Non signée.
(3) Non datée; extraite du « Travail du ministre directeur de l'administration de la guerre avec S. M. l'Empereur et Roi, daté du 19 septembre 1810 ».
(4) De la main de Maret.

4606. — AU GÉNÉRAL CLARKE.

Saint-Cloud, 20 septembre 1810.

Monsieur le duc de Feltre, j'aurai dimanche parade à Paris. Donnez l'ordre à la légion portugaise de venir à Paris demain, pour qu'elle ait le temps de se reposer après-demain. La légion portugaise, le bataillon de marche de la division d'arrière-garde, la garde hollandaise et la garde française seront à la parade.

NAPOLÉON.

4607. — DÉCISION.

Saint-Cloud, 20 septembre 1810.

Le général Reille demande que 50 hommes à pied et quelques ouvriers soient envoyés aux escadrons du 9e de hussards qui sont en Navarre.

Accordé.

NAPOLÉON.

4608. — DÉCISIONS (1).

Saint-Cloud, 20 septembre 1810.

Sa Majesté est priée de faire connaître si Elle approuve que trois colonels, un chef de bataillon et six capitaines en second d'artillerie restent provisoirement employés en Hollande, où leur présence paraît nécessaire à l'organisation des directions d'artillerie qui s'y forment.

Approuvé l'envoi en Hollande du directeur, sous-directeur et capitaines en résidence, mais avec la condition de prendre un même nombre d'officiers d'artillerie hollandais et les placer dans les directions de France.

On prend les ordres de Sa Majesté sur les projets des établissements militaires d'Ajaccio.

Approuvé la construction de la maison du commandant, pourvu qu'elle ne dépasse pas 110.000 francs; la construction de l'hôpital, pourvu qu'elle ne dépasse pas 150.000 francs; l'augmentation dans les caser-

(1) Non signées; extraites du « Travail du ministre de la guerre avec S. M. l'Empereur et Roi, daté du 19 septembre 1810 ».

nes, de manière à ne dépenser que 9.000 francs.

Total : 350.000 francs.

Lesquels seront fournis en deux ans : 1811, 1812.

Les trois travaux seront poussés de front ; il sera nécessaire de faire à l'hôpital, qui est sur une hauteur, des murs crénelés et des tourelles, pour mettre l'hôpital à l'abri des paysans.

On propose à Sa Majesté, sur la demande de M. l'Ambassadeur d'Autriche, l'extradition d'un sujet autrichien, traduit en justice comme contrefacteur des billets de la banque de Vienne.

Accordé.

On propose à Sa Majesté de maintenir les paiements qui ont été faits à M. Ravina, chef d'escadron, pour un temps où il n'était pas employé titulairement de fait, mais où il devait l'être de droit.

Approuvé.

Proposition de faire payer à trois gendarmes du département de la Dyle la gratification d'un mois de solde déjà accordée à vingt gendarmes qui ont fait rentrer dans le devoir une colonne de gardes nationaux de Seine-et-Marne.

On a omis dans le temps de désigner ces trois gendarmes qui ont pris part à cette action.

Approuvé.

La manufacture impériale d'armes de Saint-Etienne peut fabriquer en 1810 105.000 armes. Sa commande n'est que de 84.000 armes.

On demande à Sa Majesté si son intention est qu'on prenne livraison de toutes les armes que cette manufacture fabriquera.

Prendre tout ce qu'elle pourra faire de bon.

On propose à Sa Majesté d'appeler à d'autres fonctions le sous-inspecteur aux revues Grobert.

Ce rapport n'est pas assez clair. Je ne comprends pas ce que cela veut dire.

4609. — DÉCISIONS (1).

Saint-Cloud, 20 septembre 1810.

On rend compte à Sa Majesté des motifs pour lesquels on a cru devoir charger la direction générale des vivres du service dans les 27e et 28e divisions à dater du 1er octobre prochain.

Il faudrait que cette direction fît partir les vivres de Cette ou du Languedoc, ou achetât dans le royaume d'Italie, où le blé est encore à bon marché, en faisant ensuite remonter par le Pô.

NAPOLÉON.

Sa Majesté a fait connaître que les 518.470 francs nécessaires pour les approvisionnements et les travaux à faire à Sampigny devaient être pris sur un article du budget. Le chapitre 11, auquel appartient Sampigny, étant épuisé, et celui des dépenses imprévues n'ayant plus que 300.000 francs, on demande à les prendre sur les 4 millions accordés pour l'administration de l'armée d'Espagne, et à les recevoir par une distribution mensuelle de 100.000 francs.

Approuvé.

NAPOLÉON.

4610. — DÉCISION (2).

Saint-Cloud, 21 septembre 1810.

Le sieur Thomas Evangelisti, de Livourne, qui a été pris sur un bâtiment marchand anglais qu'il commandait, est réclamé par M. Corsini, qui sollicite sa mise en liberté,

Il n'avait pas plus le droit de servir l'Angleterre avant la réunion qu'aujourd'hui. Retenir cet homme en prison.

(1) Extraites du « Travail du ministre directeur de l'administration de la guerre avec S. M. l'Empereur et Roi, daté du 19 septembre 1810 ».

(2) Non signée; extraite du « Travail du ministre de la guerre avec S. M. l'Empereur et Roi, daté du 19 septembre 1810 ».

attendu qu'il ignorait, lorsqu'il a été pris en revenant des Indes, la réunion de la Toscane à la France.

4611. — DÉCISION (1).

21 septembre 1810.

On rend compte à Sa Majesté que la commission de liquidation des comptes de la Grande Armée est formée.

On la prie de régler le supplément de traitement à accorder aux membres de cette commission et d'ordonner que les frais en seront ordonnancés sur les fonds de la caisse de la 5e coalition.

Approuvé.

NAPOLÉON.

4612. — DÉCISION.

Saint-Cloud, 21 septembre 1810.

Le détachement composé des 3e et 4e escadrons du 13e chasseurs partira de Bayonne le 28 pour se rendre à Tolosa, où il arrivera le 30 septembre.

Il continuera de là sa route sur Burgos.

NAPOLÉON.

4613. — AU GÉNÉRAL CLARKE.

Saint-Cloud, 22 septembre 1810.

Monsieur le duc de Feltre, mon intention est que vous ne donniez point d'ordre directement à mon armée d'Allemagne, mais que vous adressiez tous les ordres au prince d'Eckmühl, lequel est à même de les exécuter, en sollicitant les modifications que les circonstances demandent. Prescrivez la même chose aux bureaux de l'artillerie et du génie.

NAPOLÉON.

(1) Extraite du « Travail du ministre directeur de l'administration de la guerre avec S. M. l'Empereur et Roi, daté du 25 juillet 1810 ».

4614. — DÉCISION.

Saint-Cloud, 22 septembre 1810.

Le général Clarke demande des ordres au sujet de la destination à donner aux 1er et 3e bataillons du régiment Joseph-Napoléon, qui sont, le 1er à Saint-Jean-de-Maurienne, le 3e à Lyon.

Envoyer le bataillon qui est dans la Maurienne à Palmanova, à Mantoue et Magliera, près Venise, pour travailler aux fortifications. Le bataillon qui est à Lyon, l'envoyer dans la place d'Alexandrie où l'on fait des travaux.

NAPOLÉON.

4615. — DÉCISION.

Saint-Cloud, 23 septembre 1810.

Extrait d'une lettre du prince d'Eckmühl relatif aux inconvénients résultant des ordres que les bureaux de la guerre adressent directement aux corps, au lieu de les lui adresser à lui-même.

Renvoyé au ministre de l'administration de la guerre. Il est nécessaire que les deux ministres ne donnent point d'ordres directement en Allemagne, mais en adressent au prince d'Eckmühl, soit qu'il se trouve à Paris, soit qu'il soit en Allemagne; cela met à même ce maréchal de faire des représentations selon les circonstances, ce dont les ministres ne peuvent juger. Le ministre directeur de l'administration de la guerre me rendra compte.

NAPOLÉON.

4616. — DÉCISION.

Saint-Cloud, 23 septembre 1810.

Rapport du général Clarke au sujet des hommes, étrangers au grand-duché de Varsovie, à retirer de la légion de la Vistule et des autres corps polonais.

Renvoyé au ministre de la guerre pour ordonner que les 123 hommes étrangers à la Pologne, ne parlant pas polonais, qui sont à Bordeaux, et les 300 hommes retirés à Bayonne du bataillon de marche de la Vistule, se dirigent sur la Hollande, où ils seront incorporés dans les régiments hollandais. En général, il faut que tous les Allemands soient envoyés en Hollande. Faites-moi connaître où en est l'organisation des régiments hollandais. Je crois qu'il serait nécessaire que, dans les compagnies de grenadiers et voltigeurs, il n'y eût aucun étranger et que le nombre d'étrangers à admettre dans les régiments hollandais fût fixé. Il me semble que 100 nationaux devraient être par compagnie et 40 étrangers. 100 nationaux, à vingt-huit compagnies, feraient 2.800 par régiment, et pour les quatre régiments, 11.000 à 12.000 Hollandais que la Hollande pourrait fournir.

NAPOLÉON.

4617. — DÉCISION.

Saint-Cloud, 23 septembre 1810.

Le général Clarke demande si l'on peut prendre dans le régiment provisoire de Belle-Ile les hommes nécessaires pour compléter les deux détachements des 47e et 86e d'infanterie de ligne, qui sont au 2e bataillon de marche de Portugal.

Oui.

NAPOLÉON.

4618. — DÉCISION.

Paris, 25 septembre 1810.

Rapport du général Clarke sur la composition du 6e régiment de ligne italien, stationné partie en Catalogne, partie à l'île d'Elbe, et qui a été formé de conscrits réfractaires, déserteurs, amnistiés, vagabonds, etc., dont le retour en Italie constituerait un danger pour la paix publique.

Le vice-roi d'Italie propose d'envoyer à l'armée de Catalogne, pour renforcer le régiment, des hommes prélevés sur les bataillons qui sont à l'île d'Elbe : le ministre combat cette proposition.

Comme le ministre l'observe bien, il faut bien se garder d'envoyer des brigands en Catalogne ; il n'y en a déjà que trop. Il faut demander qu'aucune recrue du royaume d'Italie ne soit plus envoyée à l'île d'Elbe. Il faut que le vice-roi pourvoie d'une autre manière à se défaire des mauvais sujets. Il peut en former des dépôts dans les îles de Venise. Il faut avoir soin que ces troupes soient payées par le royaume d'Italie. Ordonner au général commandant à l'île d'Elbe de faire le dépouillement de ces hommes, afin qu'en cas d'événement on pût désarmer et savoir où mettre les mauvais sujets.

NAPOLÉON.

4619. — AU GÉNÉRAL CLARKE.

Paris, 25 septembre 1810.

Monsieur le duc de Feltre, donnez ordre aux divers régiments et bataillons qui ont été formés pour recruter l'armée de Catalogne de se mettre en marche pour Perpignan.

NAPOLÉON.

4620. — DÉCISION (1).

D'attacher comme surnuméraire au 2e régiment de carabiniers, en qualité de chef d'escadron, et pour

Puisqu'il a quitté, qu'il reste où il est.

(1) Sans signature ni date; extraite du « Travail du ministre de la guerre avec S. M. l'Empereur et Roi, daté du 26 septembre 1810 ».

être pourvu du premier emploi vacant dans ce corps ou dans le premier de même arme, le sieur de Saint-Simon, ancien chef d'escadron, aide de camp du maréchal duc d'Elchingen et colonel du 1er régiment de chasseurs de la garde de Sa Majesté catholique.

Cet officier a demandé à rentrer au service de France.

4621. — AU MARÉCHAL BERTHIER.

Fontainebleau, 27 septembre 1810.

Mon Cousin, donnez ordre à la 1re et à la 3e demi-brigades légères, qui sont à Bayonne, de se rendre à Vitoria. Vous donnerez le même ordre à la 1re et à la 2e demi-brigades de ligne, lorsqu'elles seront arrivées à Bayonne. Cette division, composée de quatre demi-brigades et forte de près de 7.000 hommes, se formera dans la Biscaye. Je dois vous avoir donné l'ordre de faire diriger également le 13e régiment de chasseurs sur Vitoria.

NAPOLÉON.

4622. — DÉCISION.

Fontainebleau, 27 septembre 1810.

Deux des quatre bataillons du train d'artillerie qui sont à l'armée d'Allemagne n'y sont plus nécessaires.

On demande les ordres de Sa Majesté pour l'emplacement à leur donner ou pour leur rentrée en France.

Approuvé de faire rentrer en France les bataillons du train inutiles en Allemagne et de les employer à l'évacuation de l'artillerie partout où elle ne pourra pas se faire par eau.

NAPOLÉON.

4623. — DÉCISION.

Fontainebleau, 27 septembre 1810.

Le conseil d'administration des dépôts des marins de la garde impériale demande la rentrée en France de 2 officiers et de 58 sous-

Laissez maître le duc de Dalmatie de les renvoyer en France.

NAPOLÉON.

officiers et marins de la garde, qui se trouvent devant Cadix où ils sont inutiles.

4624. — AU GÉNÉRAL CLARKE (1).

Fontainebleau, 27 septembre 1810.

Monsieur le duc de Feltre, donnez ordre que la compagnie du 5e bataillon du 50e de ligne, forte de 150 hommes, qui fait partie du 1er bataillon de marche ou d'arrière-garde qui est à Saint-Denis, en parte demain pour Tours, où les hommes seront incorporés dans le 3e bataillon du 50e qui se forme dans cette ville ; le cadre de cette compagnie retournera au dépôt.

Donnez ordre que la compagnie du 5e bataillon du 43e, forte de 95 hommes, qui fait partie du même 1er bataillon de marche qui est à Saint-Denis, parte demain pour Tours, où elle sera incorporée dans le 4e bataillon du 43e ; le cadre retournera au dépôt.

Vous donnerez ordre que le 1er bataillon de marche, ainsi diminué de deux compagnies, parte le 1er octobre de Saint-Denis pour se diriger sur Bayonne.

Il manque à ce bataillon des officiers qu'il serait convenable de nommer.

Donnez ordre au général Caffarelli de se porter à Orléans, à Tours, à Limoges pour passer la revue de sa division ; le général Caffarelli vous écrira au fur et à mesure de sa revue.

Envoyez-moi un état de situation de cette division, artillerie, cavalerie et infanterie, et faites-moi connaître le moment où elle pourra se mettre en marche pour se réunir à Bordeaux.

Je suppose que vous nommez autant de chefs de bataillon qu'il y a de bataillons dans cette division d'arrière-garde. Ces chefs de bataillon entreront ensuite dans les corps en Espagne. Il faut donc que ce soient de bons officiers.

4625. — AU GÉNÉRAL CLARKE.

Fontainebleau, 27 septembre 1810.

Monsieur le duc de Feltre, donnez ordre qu'on mette aux arrêts pour un mois l'officier du dépôt du 28e de dragons qui a reçu l'ordre de fournir 100 hommes au régiment de marche de dragons de l'ar-

(1) Non signé, copie conforme.

mée de Catalogne et qui a présidé à la composition de ce détachement.

Cet officier a envoyé un détachement en si mauvais état, que le prince Borghese a jugé avec raison devoir le renvoyer ; on l'a composé d'hommes qui étaient aux hôpitaux ou proposés pour la réforme ; on a retiré les bons chevaux pour en donner de mauvais, notamment un cheval de caisson boiteux et deux chevaux de trompettes boiteux et aveugles ; on a ôté aux dragons leurs habits, leurs culottes, leurs bottes, etc., etc., pour leur donner des effets de rebut ; on leur a donné des pistolets sans chiens ou bassinets ; les selles, les housses, les manteaux, porte-manteaux, tout a été changé et remplacé par des effets hors de service.

Faites-moi connaître le nom de l'officier qui s'est permis une pareille plaisanterie, et donnez sur-le-champ des ordres pour que le dépôt du 28e fournisse 100 autres dragons, bien montés, bien armés, bien équipés, bien portants et en état de jouer un rôle.

NAPOLÉON.

4626. — AU GÉNÉRAL CLARKE.

Fontainebleau, 27 septembre 1810.

Monsieur le duc de Feltre, le commandant du dépôt du 13e de ligne s'est aussi mal comporté que le commandant du dépôt du 28e de dragons. Infligez la même peine à cet officier, qui a envoyé un détachement en si mauvais état et s'est ainsi moqué de mes ordres.

NAPOLÉON.

4627. — AU GÉNÉRAL CLARKE.

Fontainebleau, 27 septembre 1810.

Monsieur le duc de Feltre, donnez ordre au 3e régiment d'infanterie légère de se rendre à Lyon.

NAPOLÉON.

4628. — AU GÉNÉRAL CLARKE.

Fontainebleau, 27 septembre 1810.

Monsieur le duc de Feltre, je désire prendre un décret qui fixe définitivement l'armement de Corfou. J'ai, en date du 1er mai, le résumé d'un état qui porte comme existant dans cette place :

211 pièces en bronze, en bon état ;
172 pièces en fer, id. ;
78 mortiers, id. ;
6 caronades ;
13 pierriers,
140.000 boulets, etc..., mais je n'ai pas l'état en règle des calibres.

Je vois qu'il n'y a que 23 affûts de siège, 15 de place et 64 de côtes, et que tous les autres sont des affûts marins.

Cependant, il paraît que vous vous proposez d'envoyer à Corfou 10 pièces de 24 et 2.000 boulets. Cela ne me paraît pas utile, tandis que les 10 affûts me paraissent nécessaires, et je crois qu'il faudrait en envoyer encore 6. Je désire que vous me remettiez un état raisonné de ce qu'il faut à Corfou, de ce qui s'y trouve, et de ce qui a été envoyé. Cette place est d'une si grande importance, que mon intention, indépendamment des deux frégates qui partent de Toulon, est d'en envoyer encore deux d'Ancône.

Puisqu'il y a à Corfou une centaine d'ouvriers, je suppose que le général Donzelot les aura employés à faire des affûts. Vous devez lui prescrire de faire de ces affûts marins des affûts de bataille.

NAPOLÉON.

4629. — AU GÉNÉRAL CLARKE.

Fontainebleau, 27 septembre 1810.

Monsieur le duc de Feltre, je désire également compléter la garnison de Corfou, c'est-à-dire porter les bataillons à 840 hommes. Faites-moi connaître ce qu'il faut envoyer. Comme les dépôts des régiments qui ont leurs bataillons à Corfou sont à Rome, ils pourront facilement fournir.

NAPOLÉON.

4630. — AU GÉNÉRAL CLARKE.

Fontainebleau, 27 septembre 1810.

Monsieur le duc de Feltre, je reçois votre rapport du 25. J'approuve l'envoi du capitaine Jacquier devant Cadix. Il faudrait envoyer un autre officier connaissant ces artifices au 3e corps, en Aragon, où l'emploi de ces fusées serait fort utile pour les sièges de Tortose, de Valence. Il faudrait faire continuer ces épreuves et faire un fonds pour les dépenses qu'elles occasionnent.

Il serait aussi convenable de faire venir des artificiers des corps, pour les instruire, et pouvoir les envoyer partout où cela serait nécessaire; mais il faudrait faire des épreuves en grand, c'est-à-dire tirer 300 ou 400 fusées, pour être sûr que véritablement elles réussissent.

NAPOLÉON.

4631. — AU GÉNÉRAL CLARKE.

Fontainebleau, 27 septembre 1810.

Monsieur le duc de Feltre, je vois par les rapports du duc de Reggio du... (1) qu'on ne montre pas l'énergie convenable pour contenir la Hollande. Il faudrait qu'il y eût quelques pièces de campagne sur les bords de la Jade et de l'Ems pour pouvoir tirer sur les Anglais.

NAPOLÉON.

4632. — AU MARÉCHAL BERTHIER.

Fontainebleau, 28 septembre 1810.

Mon Cousin, donnez ordre au général Thouvenot de faire confisquer toutes les marchandises anglaises et coloniales qui se trouvent dans son gouvernement. On assure qu'il a reçu des marchandises anglaises moyennant un droit de 10 p. 100. Si cela est vrai, il faut lui faire restituer ces sommes et confisquer les marchandises qu'il aurait laissé débarquer. Il aurait commis là une grande faute.

NAPOLÉON.

4633. — AU GÉNÉRAL CLARKE.

Fontainebleau, 28 septembre 1810.

Monsieur le duc de Feltre, vous trouverez ci-joint un projet de décret que j'avais fait pour le port de Cherbourg, suivant le plan coté *A*; mais je viens d'apprendre que les officiers du génie s'accordent à préférer le plan coté *B*. Ce plan *B* a l'inconvénient de rapprocher le tracé de 60 à 80 toises de la ville vieille. Il est donc bon que l'enceinte du port soit, le plus possible, éloignée de la

(1) Resté en blanc.

ville. Le trait A me paraît donc préférable. J'attendrai votre rapport sur le projet de décret, avant de le signer.

NAPOLÉON.

4634. — AU GÉNÉRAL CLARKE.

Fontainebleau, 28 septembre 1810.

Monsieur le duc de Feltre, je vois que vous avez donné ordre que 689 hommes du train d'artillerie avec 1.500 harnais se rendissent à Bayonne. Proposez-moi les moyens d'y diriger 900 chevaux qui seront conduits par la garde et par les autres corps et réunis à ce détachement du train. Comme l'armée de Portugal a beaucoup plus de chevaux qu'il ne lui en faut, puisqu'elle en a près de 5.000, proposez-moi une organisation provisoire pour ces 600 hommes, afin qu'avec les chevaux qu'ils serviront, on puisse les porter où ils seraient nécessaires.

NAPOLÉON.

4635. — AU GÉNÉRAL CLARKE.

Fontainebleau, 28 septembre 1810.

Monsieur le duc de Feltre, donnez ordre aux 1er et 2e régiments provisoires de cavalerie légère de l'armée d'Espagne, c'est-à-dire aux deux escadrons des 11e, 24e, 12e de chasseurs et 5e de hussards, formant 2.000 hommes et qui sont arrivés à Niort, d'en partir sans délai pour se rendre à Vitoria où ils seront sous les ordres du général Caffarelli.

Donnez ordre au général de division Caffarelli, mon aide de camp, de partir demain pour Vitoria, où il trouvera les ordres du prince de Neuchâtel.

NAPOLÉON.

4636. — AU GÉNÉRAL LACUÉE.

Fontainebleau, 28 septembre 1810.

Monsieur le comte de Cessac, je veux faire transporter du blé et du riz à Barcelone. Le moyen le plus sûr est que vous fournissiez le blé et le riz, et que vous chargiez un homme de confiance de conclure le marché avec une maison de commerce pour le transport aux risques de ces négociants. Voici les avantages qu'on proposera : 30.000 quintaux de blé et 3.000 quintaux de riz, qui forment le chargement de dix tartanes, seront transportés à Barcelone, soit sur bâtiments français, soit sur bâtiments catalans, grecs, etc.

Le nolis, je crois, d'une tartane portant 3.000 quintaux n'est pas plus de 3.000 francs, à raison d'un franc par quintal. Eh bien, décuplez le prix et donnez pour le transport de 3.000 quintaux 30.000 francs, davantage même si cela est nécessaire. En donnant un prix de 10 francs par quintal, ce serait 300.000 francs. Mais ces 30.000 quintaux assureraient la subsistance de 30.000 hommes pendant cent jours. Ce serait donc un grand but rempli.

Moyennant ces conditions, il faudra que le négociant réponde de la valeur du blé et du riz et que, s'il est pris, ou si le bâtiment périt, il vous en tienne compte. J'accorderai, de plus, la permission de rapporter en retour du sucre, du café, du coton et autres marchandises coloniales qui seraient à Barcelone.

Je pense que vous pouvez faire faire la même opération à Tunis ou à Alger, en expédiant un avis à mes consuls et en concluant le marché sur les mêmes bases. Ainsi un bâtiment ottoman simulerait un voyage à Tarragone, et profiterait du premier moment favorable pour entrer à Barcelone. Vous donnerez l'autorisation d'acheter et d'expédier de cette manière jusqu'à 30.000 quintaux ancienne mesure.

Enfin, je pense que vous pourriez trouver à faire partir de chacun des ports de Gênes et de Livourne 20.000 quintaux.

Ce serait donc 100.000 quintaux de blé qui, s'ils arrivaient réellement à Barcelone, me coûteraient un million de frais de transport, mais 100.000 quintaux formeraient un approvisionnement immense. Faites-moi un rapport là-dessus et sur ce que coûterait le blé acheté à Barcelone. L'intérêt particulier peut seul réussir dans ces expéditions, et je n'ai qu'à gagner en élevant la prime aussi haut que l'on voudra, pourvu que les négociants répondent des risques.

NAPOLÉON.

4637. — DÉCISION.

Fontainebleau, 28 septembre 1810.

Un nouveau corps, qui ne paraît

Renvoyé au ministre de la mapas compris parmi ceux que l'Empereur a destinés à la Hollande, vient d'arriver à Naarden. La Hollande est hors d'état de subvenir à l'entretien de ce corps. rine pour savoir ce que c'est que ce corps.

NAPOLÉON.

4638. — DÉCISION.

Fontainebleau, 29 septembre 1810.

Le général Clarke rend compte qu'il a ordonné au bataillon de marche de la 2e division d'arrière-garde de s'arrêter à Chartres où il attendra les ordres de l'Empereur. Ce bataillon a manifesté de l'insubordination à Versailles à propos de la distribution de la viande.

Approuvé ces dispositions, mettre quelques élèves de Saint-Cyr et mettre des officiers des 30e et 43e, comme je l'ai ordonné. Donner ordre à la gendarmerie de faire suivre ce bataillon par un officier et quelques gendarmes, afin de découvrir les mutins et les faire arrêter.

NAPOLÉON.

4639. — AU GÉNÉRAL CLARKE.

Fontainebleau, 29 septembre 1810.

Monsieur le duc de Feltre, je vois qu'il y a encore dans la légion portugaise 3.300 Espagnols. Si je me décide à envoyer cette légion portugaise en Espagne, il sera indispensable d'en ôter ces hommes. C'est un argent bien mal employé que celui qui est destiné à armer et à équiper des Espagnols.

NAPOLÉON.

4640. — DÉCISION.

Fontainebleau, 30 septembre 1810.

Le général Clarke fait observer à l'Empereur qu'il y a dans les 112e, 113e de ligne, 31e et 32e d'infanterie légère, 26e, 27e et 28e chasseurs, 31e dragons, les bataillons des tirailleurs corses et du Pô, des hommes qui ne sont pas des départements affectés spécialement au recrutement de ces corps.

Faire dresser un état qui fasse connaître le nombre d'hommes des différents départements qui se trouvent dans ces corps.

NAPOLÉON.

4641. — DÉCISION.

Fontainebleau, 30 septembre 1810.

Le maréchal Berthier rend compte que le général Belliard, d'après les ordres du roi d'Espagne, demande, pour la garnison française de Madrid, l'équivalent du supplément de solde attribué à la garnison de Paris. Cette demande est fondée sur la cherté de la vie à Madrid.

Il n'y a aucune nécessité. Mes troupes à Madrid doivent avoir les vivres de campagne.

Toute parité entre Madrid et Paris est ridicule.

NAPOLÉON.

4642. — INSTRUCTION POUR LE GÉNÉRAL DONZELOT, GOUVERNEUR DES ILES IONIENNES (1).

Octobre 1810.

Napoléon, etc. D'après le compte qui nous a été rendu des attaques de l'ennemi sur les îles Ioniennes, et de la perte de trois de ces îles tombées en son pouvoir, nous avons trouvé convenable d'adresser au général de division Donzelot, que nous avons ci-devant établi gouverneur général des dites îles, les présentes lettres pour lui faire connaître nos volontés et lui remettre sous les yeux les devoirs de sa place, et les obligations que notre confiance dans sa bravoure, son zèle, et son dévouement à notre service, lui imposent dans les circonstances actuelles.

Les îles Ioniennes étant attaquées par l'ennemi, qui est parvenu à s'emparer de trois d'entre elles, et se trouvant exposées à de nouvelles tentatives de sa part, nous avons confirmé dans le gouvernement de ces îles le sieur comte Donzelot, général de division dans nos armées, par la connaissance que nous avons acquise de sa bravoure, de son zèle, et de son dévouement à notre service.

Nous lui enjoignons particulièrement de faire tous ses efforts pour nous conserver les dites îles en défendant celles qui seraient encore attaquées, surtout celles de Sainte-Maure et de Corfou, par l'emploi de tous les moyens qui ont été mis à sa disposition. Nous supposons qu'il aura pris les mesures nécessaires pour faire échouer l'attaque de l'ennemi sur l'île de Sainte-Maure, et nous lui ordonnons expressément de faire tout ce qui sera en son pouvoir

(1) Minute, sans signature ni date; présumée d'octobre 1810.

pour repousser celles qu'il voudrait tenter contre l'île de Corfou, le point le plus important, comme aussi le plus susceptible de défense. Il devra s'attacher surtout à empêcher un débarquement des Anglais au pont de Govino, et à la pointe des Salines, qui leur faciliterait la prise de l'île, et l'attaque de la forteresse. Le général Donzelot mettra tous ses soins à la défense de l'île de Vido, dont l'importance lui est connue, pour assurer celle de Corfou. Enfin, il doit, dans ces circonstances, redoubler de zèle, de fermeté et d'activité pour disputer à l'ennemi tout ce qu'il voudrait encore lui enlever, pour faire échouer toutes ses tentatives, et pour lui reprendre, dès qu'il sera possible, les lieux qui sont tombés en son pouvoir. Dans le cas où ses communications avec la France seraient interrompues, il doit rester sourd à tous les bruits répandus par l'ennemi et résister à ses insinuations comme à ses attaques, ayant soin d'éviter de communiquer avec lui, autant que faire se pourra. Il faut qu'il ait toujours devant les yeux les conséquences inévitables d'une négligence à remplir les devoirs qui lui sont imposés, ou d'une contravention à nos ordres. Il ne doit jamais oublier qu'en perdant notre estime, il encourrait toute la sévérité des lois militaires. Enfin nous voulons et entendons qu'il emploie toutes ses ressources, et qu'il tente tous les moyens qui serviraient à prolonger sa défense et à augmenter la perte de l'ennemi. Il aura pour pensée habituelle qu'un Français doit compter la vie pour rien, dès qu'elle peut être mise en balance avec son honneur, et que cette idée doit être pour lui et pour ses subordonnés le mobile de toutes leurs actions. Et comme l'évacuation totale des îles Ioniennes par les troupes françaises doit être le dernier terme des efforts du général Donzelot et de l'impossibilité la plus absolue de résister davantage à l'ennemi, nous lui défendons de jamais avancer cet événement malheureux par son consentement, sous quelque prétexte que ce soit, fût-ce même sous celui d'obtenir par là une capitulation plus honorable. Nous voulons aussi que toutes les fois que le conseil de défense sera assemblé pour délibérer sur les opérations, il y soit fait lecture des présentes lettres patentes, à haute et intelligible voix, etc...

4643. — AU GÉNÉRAL CLARKE.

Fontainebleau, 1er octobre 1810.

Monsieur le duc de Feltre, je vous envoie une lettre du vice-roi sur le 6e de ligne italien. Faites-moi connaître comment s'est comporté ce régiment en Catalogne, et demandez au général qui commande à l'île d'Elbe si effectivement on pourrait tirer des bataillons de ce corps, qui sont en garnison à l'île d'Elbe un bataillon de 800 hommes bien composé et qu'on pût envoyer à l'armée.

NAPOLÉON.

4644. — DÉCISIONS (1).

Fontainebleau, 2 octobre 1810.

Sa Majesté est priée d'ordonner la réunion au domaine militaire de l'île de la Gorgone, située sur la côte de Toscane, et qu'il importe d'occuper militairement.	Approuvé.
On demande les ordres de Sa Majesté pour la reconstruction d'un pont sur le ravelin Elisa, à Livourne.	Cela ne regarde pas la guerre; la commune est assez riche, cela doit se faire à ses dépens.
On met sous les yeux de Sa Majesté l'état nominatif des 154 officiers d'artillerie hollandais que Sa Majesté a ordonné de lui présenter. Cet état indique la destination actuelle de ces officiers et celle qu'on propose de leur ordonner.	J'approuve toutes ces dispositions, hormis que les 29 lieutenants ou sous-lieutenants doivent être envoyés à l'armée d'Andalousie, où ils seront à la disposition du général Senarmont, qui les mettra dans les places vacantes dans les différents régiments.
Dans le cas où Sa Majesté croirait devoir renvoyer à l'examen d'une commission le règlement sur le service des troupes en campagne, on proposerait de composer cette commission de MM. les généraux comte Bourcier, de Lobau et le commissaire ordonnateur Blin-Mutrel, qui se trouve en ce moment à Paris.	Approuvé.

(1) Non signées; extraites du « Travail du ministre de la guerre avec S. M. l'Empereur et Roi, daté du 26 septembre 1810 ».

Sa Majesté est priée de faire connaître si son intention est d'élever la compagnie de réserve du Nord de la 2e classe (160 hommes) à la 1re (210 hommes). Le préfet en fait la demande et peut sans inconvénient faire face à l'augmentation de dépenses.	Approuvé.
Sa Majesté a ordonné d'envoyer plusieurs officiers supérieurs à la division de réserve de l'armée d'Espagne pour commander les régiments ou bataillons de marche qui doivent la composer.	Approuvé.
On fait connaître à Sa Majesté que des ordres sont donnés pour que les adjudants sous-officiers de la ligne qui avaient été attachés au régiment des gardes nationales de la garde, d'après la désignation de M. le général Curial, fussent remplacés par des vélites. Les sous-officiers et caporaux du même corps devant être pris parmi les fusiliers, on propose de leur accorder la même solde que celle fixée pour les sous-officiers et caporaux des régiments de tirailleurs et conscrits de la garde.	Il n'est pas possible de leur accorder une autre solde que celle des régiments d'infanterie, car bientôt cela s'étendrait à toute l'armée.
On soumet à l'approbation de Sa Majesté la demande que M. Grenier, colonel du 52e régiment d'infanterie, forme de participer aux congés de semestre accordés à son régiment. Son père vient de mourir, et sa présence est nécessaire dans sa famille.	Approuvé.
On soumet à Sa Majesté la demande d'un congé d'un mois que fait le colonel du 25e régiment de hussards pour en faire usage au mois de novembre prochain ;	Approuvé.

D'accorder au sieur Belliard, sous-lieutenant surnuméraire au 19e régiment de chasseurs, l'autorisation de passer au 29e de même arme ;

Approuvé.

D'accorder au sieur Legros, maréchal des logis de gendarmerie à Turin, l'autorisation de passer au service du roi de Naples ;

Approuvé.

D'accorder au sieur Longroy, maréchal des logis au 4e chasseurs, l'autorisation de passer dans les troupes du royaume d'Italie, et S. A. I. le prince vice-roi a bien voulu lui promettre un emploi de sous-lieutenant ;

Approuvé.

De consentir à ce qu'un vélite dragon de la garde impériale, qui s'est présenté pour reprendre du service, soit, en considération de son retour volontaire, incorporé dans le 1er régiment de dragons au lieu d'être envoyé à un bataillon colonial.

Approuvé.

Le capitaine Ville, qui a obtenu une retraite de 1.200 francs, demande à fixer sa résidence en Italie et à faire toucher sa retraite en France.

Approuvé.

On propose à Sa Majesté d'accorder un congé absolu au nommé H. Bonnaud, canonnier dans la 80e compagnie de gardes-côtes de l'arrondissement de Marseille.

Approuvé.

On rend compte à Sa Majesté que le roi de Bavière prend un vif intérêt au sort de M. Kropff, lieutenant prussien, détenu à Mayence comme ayant servi dans le corps du duc d'Oels.

Le renvoyer à la disposition du roi de Bavière.

On demande à Sa Majesté si Elle approuve le placement de 4 déser-

Approuvé.

teurs du service anglais dans le régiment irlandais.

L'examen de la police à leur égard n'a fait naître aucun soupçon contre eux.

M. le maréchal duc de Tarente sollicite le renvoi en Catalogne du comte de Moy, capitaine espagnol, prisonnier de guerre, dont la famille lui a rendu des services, et sous condition qu'il prêtera serment de fidélité avant son départ.

Approuvé.

Un mulâtre, tambour-major au 6e régiment d'infanterie de ligne, sollicite l'autorisation de quitter ce corps pour passer dans le régiment royal africain qui est au service de Naples.

Approuvé.

On propose à Sa Majesté d'accorder des congés de semestre à la 2e compagnie du 5e régiment d'artillerie à cheval, revenant de l'armée d'Allemagne, et qui vient de rentrer au dépôt à Besançon.

Approuvé.

Des déserteurs autrichiens et autres étrangers porteurs de congés du service d'Autriche ou de quelque prince de la Confédération du Rhin sollicitent la faveur de se rendre de Munich en France pour y être incorporés dans la légion de la Vistule.

Le ministre pense qu'on pourrait les envoyer à Strasbourg, au dépôt du régiment de la Tour d'Auvergne ou au régiment d'Isembourg.

Approuvé.

Les cinq officiers autrichiens envoyés à l'île d'Elbe comme simples soldats, pour avoir pris part à l'insurrection du Tyrol, sont en ce moment à Livourne, en surveillance.

Sa Majesté est suppliée de faire

Il faudrait me faire connaître dans quelle ville sont nés ces officiers.

connaître si Elle veut pardonner à ces officiers et quelle destination ils doivent recevoir.	
L'intendant de Girone sollicite le renvoi en Espagne d'un jeune homme qui naviguait pour affaires de commerce, qui n'a point porté les armes et dont la famille a fait sa soumission.	Approuvé.

4645. — AU GÉNÉRAL CLARKE.

Fontainebleau, 2 octobre 1810.

Monsieur le duc de Feltre, je vous renvoie les lettres du duc de Tarente. Je suppose qu'actuellement Tortose est pris, et qu'il est en train d'agir contre Tarragone. Je viens de donner l'ordre au général Suchet de faire diriger sur Barcelone trois convois de grains de 10.000 quintaux chacun, tirés de l'Aragon, l'un en novembre, le second en décembre, le troisième en janvier. Il y a donc apparence de pouvoir bien approvisionner cette place, surtout en continuant à employer les moyens qui ont déjà réussi par terre, et qui seront d'autant plus faciles que Girone sera garnie de troupes nombreuses. On peut espérer d'avoir trois fortes divisions en Catalogne, l'une à Girone, la deuxième à Barcelone, la troisième à Tarragone et Tortose ; elles se soutiendront et serviront à contenir le pays, et à le purger de brigands.

La marine prend tous les moyens pour approvisionner Barcelone. Faites connaître au général Baraguey d'Hilliers qu'il est essentiel qu'il fasse garnir aussitôt San-Feliu et Palamos, afin que les convois de la marine qui longeront les côtes puissent trouver protection, en se rendant à Barcelone.

J'ai réitéré l'ordre au ministre de la marine de prendre à Port-Vendres un nouvel approvisionnement de 15.000 quintaux de grains, pour expédier à Barcelone. Il faut que le commandant de Perpignan s'entende avec le commissaire de la marine et corresponde avec vous et avec le général Baraguey d'Hilliers, pour tout ce qui est relatif à cette opération.

Il serait peut-être bon d'envoyer Carrion Nisas à Girone, pour se concerter avec Baraguey d'Hilliers pour le passage le long des côtes. Il ira ensuite à Port-Vendres, où il verra ce que fait la flottille : il activera l'opération et mettra tout en mouvement.

Le ministre de l'administration de la guerre pourra se charger de la direction de tout ce qui est relatif à ces convois.

NAPOLÉON.

4646. — AU GÉNÉRAL CLARKE.

Fontainebleau, 2 octobre 1810.

Monsieur le duc de Feltre, donnez ordre au 24e régiment d'infanterie légère, qui est dans le Nord, de se rendre à Paris.

NAPOLÉON.

4647. — AU GÉNÉRAL CLARKE.

Fontainebleau, 2 octobre 1810.

Monsieur le duc de Feltre, je reçois votre lettre du 28 septembre.

Tous les bâtiments ottomans qui entrent dans les ports des provinces illyriennes doivent être sur-le-champ mis sous séquestre, et tous leurs papiers doivent être envoyés au directeur-général des douanes à Paris, par qui il m'en est rendu compte en conseil de commerce. D'après ces papiers, il est décidé lesquels de ces bâtiments doivent être confisqués, et lesquels doivent être relâchés.

Vous voyez ainsi qu'il n'y a aucun décret de rapporté.

NAPOLÉON.

4648. — AU GÉNÉRAL LACUÉE.

Fontainebleau, 2 octobre 1810.

Monsieur le comte de Cessac, je désire que vous me fassiez un rapport sur l'emploi des commissaires des guerres dans l'intérieur. Nous en avons toujours un grand nombre à l'extérieur : cela fait un double emploi de commissaires des guerres. Je crois que dans l'intérieur ils sont inutiles. Les appointements, frais de logement et frais de bureaux qu'ils me coûtent, même dans les villes où je n'ai pas un soldat, forment une dépense considérable et qui est sans objet. Leurs fonctions ne seraient-elles pas beaucoup mieux remplies par les préfets et sous-préfets ? Il me semble qu'autrefois les ordonnateurs étaient pris parmi les intendants des provinces frontières ; je désire que vous me donniez des renseignements à cet égard. Les préfets et les sous-préfets ont beaucoup plus ma confiance, sous le point de vue de l'honnêteté ; ils connaissent mieux les localités, les individus, et en général ils n'ont pas trop de besogne, surtout les sous-préfets.

NAPOLÉON.

4649. — DÉCISION.

Fontainebleau, 3 octobre 1810.

Le général Clarke rend compte à l'Empereur que le roi de Naples désirerait voir les régiments d'Isembourg et de la Tour d'Auvergne passer au service de Naples, sans avoir toutefois à subvenir aux frais nécessités par l'entretien de l'habillement et de l'armement.

Renvoyé au ministre de la guerre. Ces régiments doivent rester à la solde de la France. Me rendre compte de l'organisation actuelle de ces régiments et y envoyer de bons colonels.

NAPOLÉON.

4650. — AU MARÉCHAL BERTHIER.

Fontainebleau, 3 octobre 1810.

Mon Cousin, je vous envoie un décret que j'ai pris pour que, dans les six gouvernements que j'ai établis en Espagne, les denrées coloniales et anglaises soient saisies et confisquées, et que toutes celles qui proviennent de prises ou de ventes faites par mes agents soient assujetties aux droits portés par mes décrets des 5 août et 12 septembre derniers. Envoyez un courrier au duc de Dalmatie et au prince d'Essling, et écrivez au roi d'Espagne pour que toutes les denrées coloniales et anglaises soient confisquées et les autres soumises au tarif. C'est un moyen de se procurer des fonds considérables.

NAPOLÉON.

4651. — AU MARÉCHAL BERTHIER.

Fontainebleau, 4 octobre 1810.

Mon Cousin, il y a en Espagne trop de compagnies d'artillerie et de sapeurs. Donnez ordre à la 20e compagnie du 6e d'artillerie de se rendre à Burgos pour y remplacer la compagnie qui a été prise pour le 6e corps.

Donnez ordre à la 6e et à la 9e compagnies du 2e bataillon de sapeurs qui sont à Madrid, de se rendre à Valladolid pour faire partie du 9e corps. Elles mèneront avec elles un certain nombre de caissons avec des outils attelés.

NAPOLÉON.

4652. — AU MARÉCHAL BERTHIER.

Fontainebleau, 4 octobre 1810.

Mon Cousin, trois brigades de la division de réserve de l'armée d'Espagne se réunissent à Limoges, à Tours et à Bordeaux. Elles forment un corps de 10.000 hommes d'infanterie.

La 1re brigade, qui se réunit à Limoges, est composée du 1er régiment de marche de l'armée du Midi, du bataillon de marche de l'armée d'Aragon et du bataillon du 43e de ligne.

La 2e brigade, qui se réunit à Bordeaux, est composée du 1er et du 2e régiment de marche de l'armée du Portugal.

La 3e brigade, qui se réunit à Tours, est composée d'un bataillon du 25e léger, d'un bataillon du 50e et de deux bataillons de garde nationale de la garde.

Donnez l'ordre au général Monthion de prendre, aux bureaux de la guerre, la composition de ces trois brigades et d'aller en passer la revue. Il prendra note des officiers et sous-officiers manquants et de tout ce qu'il faudrait à ces troupes pour qu'elles soient d'un bon service.

NAPOLÉON.

4653. — DÉCISION.

Fontainebleau, 4 octobre 1810.

Le ministre soumet à l'Empereur un projet de composition de l'artillerie destinée à la division Caffarelli.

Se servir pour la division Caffarelli d'une des divisions d'artillerie destinée au nouveau corps et à laquelle on a suppléé par l'artillerie qui était à Burgos.

NAPOLÉON.

4654. — DÉCISION.

Fontainebleau, 4 octobre 1810.

Organisation proposée pour les détachements du train d'artillerie qui doivent se rendre à Bayonne, et des 900 chevaux qui sont à diriger sur cette place.

Me faire connaître ce que fait le 12e bataillon du train qui est du côté de Saint-Omer. Pourquoi ne l'emploierait-on pas aux mouvements d'artillerie ? Me faire connaître où sont les batteries de l'artillerie de la garde, personnel, matériel et attelages, tant pour faire reposer le matériel que pour désarmer cette artillerie et lui faire prendre garnison permanente à La Fère.

NAPOLÉON.

4655. — DÉCISION.

Fontainebleau, 4 octobre 1810.

Le général Clarke propose de faire rentrer en France le 1er régiment d'artillerie à cheval, qui est en Italie.

Approuvé ce mouvement. Ce régiment viendra par le Simplon.

NAPOLÉON.

4656. — AU GÉNÉRAL CLARKE.

Fontainebleau, 4 octobre 1810.

Monsieur le duc de Feltre, écrivez au général Baraguey d'Hilliers pour lui faire connaître les cinq bataillons de bonnes et vieilles troupes que vous mettez à sa disposition, le régiment de cavalerie et les escadrons de marche qui viennent de Turin et les huit bataillons de bonnes troupes qui arrivent dans le mois de novembre.

NAPOLÉON.

4657. — AU GÉNÉRAL CLARKE.

4 octobre 1810.

Monsieur le duc de Feltre, donnez ordre que le régiment de garde nationale de la garde parte de Paris le 7 octobre, pour se rendre à Tours et y joindre la 3e brigade de la division de réserve de l'armée d'Espagne.

Donnez ordre que le 2e régiment de marche de Portugal, qui est réuni à Orléans, en parte pour se rendre à Bordeaux, où il rejoindra le 1er régiment et complétera la 2e brigade de cette division.

Donnez ordre que la 1re brigade, qui est à Limoges, commence à en partir le 15 octobre ; elle partira en trois colonnes.

Le bataillon de marche d'Aragon partira le 16 et le bataillon du 43e le 17, pour se réunir à Bayonne.

La 2e brigade partira pour Bayonne, savoir : le 1er régiment de marche de l'armée de Portugal le 10 de Bordeaux, et le 2e régiment partira le 6 d'Orléans ; il continuera sa route jusqu'à Bayonne pour rejoindre le 1er régiment.

La 3e brigade partira pour Bayonne, savoir : le 3e bataillon du 50e le 10 et le bataillon du 25e léger le 11. Ces deux bataillons partiront de Tours.

Le régiment de garde nationale de la garde partira de Tours, deux jours après son arrivée, et continuera sa route sur Bayonne, où il rejoindra la brigade.

Vous nommerez un général de brigade pour commander cette brigade, pour régler sa marche, en passer la revue successivement, et se trouver à Bayonne, à l'arrivée de chaque bataillon, pour recevoir les ordres pour l'entrée en Espagne. Il rendra compte au général Caffarelli, qui est rendu à Vitoria.

Ayez soin que le régiment de gardes nationales de la garde ait, en partant, ses chefs de bataillon.

Quant à la cavalerie, j'ai donné des ordres pour que le 1er et le 2e régiments provisoires se rendissent à Vitoria.

Vous donnerez ordre au général de brigade Watier de partir pour Bayonne, pour se mettre à la tête de ces régiments, en passer la revue, être sous les ordres du général Caffarelli.

Quant à l'escadron de marche de dragons, qui doit être à Niort le 15, et à l'escadron de marche de cavalerie légère, qui doit s'y trouver à la même époque, formant 300 chevaux, vous donnerez l'ordre au capitaine Vena, mon officier d'ordonnance, d'aller en passer la revue, et après avoir bien constaté l'état de situation de ces escadrons, de venir à Paris vous en rendre compte.

Lorsque je connaîtrai le résultat de cette revue, je donnerai des ordres pour leur destination.

Mon intention est que le 2e bataillon du 1er régiment de marche de

Portugal ne parte pas de Bayonne que les détachements des 47e et 86e ne soient arrivés. Vous dirigerez ces détachements sur Bayonne, où ils se réuniront à leur bataillon de marche.

Donnez communication de ces ordres au major général.

NAPOLÉON.

4658. — AU GÉNÉRAL CLARKE.

Fontainebleau, 4 octobre 1810.

Monsieur le duc de Feltre, je reçois votre rapport du 26 septembre relatif aux cuivres à vendre à la marine. La marine peut acheter ces cuivres au prix de 3 francs le kilogramme, qui est le prix du commerce.

Je désire que le ministre du Trésor public, le ministre de la marine et vous, vous réunissiez pour établir la compensation de ce qui est dû de part et d'autre pour les années 1806, 1807, 1808 et 1809, exercice par exercice, et que vous me présentiez un projet en règle, afin que je puisse régulariser cette affaire et faire disparaître cet objet de dépense.

Vous ferez le même travail pour 1810, autant que cela est à votre connaissance, et vous passerez un marché avec la marine pour les cuivres que vous lui cédez. Il n'y aura pas d'inconvénient à ce que les termes de payement soient plus ou moins retardés.

NAPOLÉON.

4659. — AU GÉNÉRAL CLARKE.

Fontainebleau, 4 octobre 1810.

Monsieur le duc de Feltre, donnez ordre que deux compagnies d'artillerie du 9e régiment, qui sont en Hollande, soient complétées à 100 hommes et partent sans délai pour se rendre à Cuxhaven, où elles seront sous les ordres du général Morand et feront partie du 3e corps.

Donnez ordre qu'une des deux compagnies d'artillerie qui sont à Magdeburg se rende à Hamburg.

Donnez ordre sur-le-champ à la 9e compagnie du 5e bataillon de sapeurs, qui est à Wesel, de se rendre à Hamburg ; à la 3e compagnie du même bataillon, à laquelle vous avez donné ordre de quitter Hamburg et qui est en route, d'y retourner ; et à la 5e compagnie du même bataillon, qui est à Mayence, de se rendre également à Hamburg.

Vous recommanderez au dépôt de ce 5e bataillon, qui est à Mayence, de compléter ces trois compagnies au plus haut possible.

Donnez ordre à la 6e compagnie du 3e bataillon de sapeurs, qui est en Hollande, de se rendre aussi à Hamburg, completee à 100 hommes.

Par ce moyen, le prince d'Eckmühl aura quatre compagnies de sapeurs qui, provisoirement, pourront suffire en Allemagne.

Donnez ordre que les 15.000 outils attelés qui sont, soit en Hollande, soit à Anvers, soit à Mayence, partent pour Hamburg.

Ces ordres sont pressés. Je suis fâché de faire faire des contremarches, mais je ne puis que témoigner au ministre de la guerre que je suis contrarié de ce qu'on a laissé le 3e corps sans sapeurs.

Je donne ordre au prince d'Eckmühl de porter son quartier général à Hamburg.

J'ai donné ordre qu'un régiment de cavalerie légère se rendît de Hollande au corps du prince d'Eckmühl ; je ne sais pas si on a exécuté mon ordre. Si ce régiment n'est pas parti, faites-moi connaître pourquoi on n'a pas exécuté mon ordre.

Faites partir sans délai le 8e de hussards ; qu'il se rende à Hamburg.

Donnez le même ordre au 16e de chasseurs. Par conséquent la cavalerie légère du 3e corps sera composée de quatre régiments, savoir : le 2e et le 16e de chasseurs, et le 7e et le 8e de hussards.

NAPOLÉON.

4660. — AU GÉNÉRAL CLARKE.

Fontainebleau, 4 octobre 1810.

Monsieur le duc de Feltre, concertez-vous avec le ministre de la police pour la formation de quatre colonnes, composées chacune de 60 gendarmes d'élite, commandées par un officier supérieur de la gendarmerie d'élite, et, à défaut de celui-ci, par un colonel de gendarmerie de département. L'une de ces colonnes se rendra dans le département de la Creuse, et les trois autres dans les départements où vous jugerez qu'il y a le plus de conscrits réfractaires. Leur mission sera la même que celle qu'a déjà eue le colonel Henry, de faire rejoindre les conscrits réfractaires. Commencez par faire partir le 6, la colonne de 60 gendarmes pour le département de la

Creuse, et donnez-lui les instructions nécessaires pour cette opération. Il est urgent de profiter de l'année où la conscription ne se lève pas, et où nous avons du monde disponible, pour faire rejoindre les anciennes conscriptions.

NAPOLÉON.

4661. — AU GÉNÉRAL CLARKE.

Fontainebleau, 4 octobre 1810.

Monsieur le duc de Feltre, je vois que le 124e régiment, composé de cinq bataillons, a 2.800 hommes à l'effectif : il devrait avoir 3.300 hommes ; que le 125e a 2.300 hommes et le 126e 2.900. Il paraît que les cadres de ces trois régiments sont complets.

Le 123e n'a que deux bataillons. Présentez-moi un projet de décret pour former sans délai les 3e et 4e bataillons. On prendra soit les cadres inutiles de la garde, soit les autres cadres inutiles de l'armée.

Ce qui est en Espagne fera un corps détaché ; vous me ferez connaître ce qu'il y a en infanterie et en cavalerie et j'en ferai un corps à part.

Présentez-moi des mesures pour porter au complet les régiments de ligne hollandais. Faites-moi connaître le nombre d'Allemands et de Hollandais qui s'y trouvent. Mon intention est que, dans chaque compagnie du 1er et du 2e bataillon de chaque régiment, il y ait 20 étrangers et 100 nationaux ; ce qui ferait donc 120 étrangers, 600 nationaux et 120 officiers (1). Total, 840 hommes par bataillon.

Dans le 3e et dans le 4e bataillon, il pourra y avoir 40 étrangers et 90 nationaux par compagnie ; ce qui fera 240 Allemands et 480 Hollandais par bataillon, et, par régiment, 720 étrangers et 2.100 Hollandais, total, 3.260 hommes. Les quatre régiments de ligne auraient donc 2.800 étrangers et 8.400 Hollandais. Le régiment d'infanterie légère aurait la même composition ; ainsi, les cinq régiments hollandais formeraient 10.500 hommes hollandais et 3.500 étrangers. Présentez-moi un projet de décret organique là-dessus.

Il ne faut pas s'éloigner du possible et garder la proportion que je vous indique entre les nationaux et les étrangers.

NAPOLÉON.

(1) Une note en marge dit : « Et sans doute aussi les sous-officiers. »

4662. — AU GÉNÉRAL CLARKE.

Fontainebleau, 4 octobre 1810.

Monsieur le duc de Feltre, faites-moi connaître sur quelle espèce d'affûts sont placées les 8 pièces de 48 qui sont à Breskens.

Il me semble qu'il n'y a pas d'inconvénient de faire venir à la fois à Douai les 4 pièces qui ne sont pas de calibre, pour leur faire subir l'opération d'alézage. Si ces 8 pièces ne sont pas sur affûts de côtes, faites-en faire.

Chargez des officiers de mérite de faire l'épreuve de ces pièces, à boulet, à mitraille, à but en blanc, et de constater leur portée, comparativement à celle des pièces de 36. Faites faire pour ces 8 pièces des obus et des boulets creux de 48. Ce doit être des bombes de plus de 7 pouces, lesquelles peuvent être tirées sur l'angle de 45 degrés à 2.300 toises. Ces bombes, vomies par 20 pièces, doivent être d'un grand effet.

La marine devait vous fournir 1.000 affûts de côtes. Combien en avez-vous reçu ? Combien vous en annonce-t-elle en octobre ?

NAPOLÉON.

4663. — DÉCISIONS (1).

Fontainebleau, 4 octobre 1810.

On met sous les yeux de Sa Majesté le rapport de M. le 1er inspecteur général du génie sur la nécessité de conserver la place de Deventer au nombre des places de guerre en Hollande.	Renvoyé au conseil de décembre ; on y décidera si cette place doit être conservée.
On met sous les yeux de Sa Majesté un plan du fort de Civita-Castellana dans l'Etat romain, et un rapport sur l'importance militaire de ce fort.	Ce petit fort peut être conservé.
On prend les ordres de Sa Majesté sur la conservation ou l'abandon des redoutes et autres ouvrages en terre qui existent sur la rive gauche du Rhin.	Renvoyé au conseil de fortifications du mois de décembre, où l'on proposera l'abandon de ces postes et où l'on décidera.

(1) Non signées; extraites du « Travail du ministre de la guerre avec S. M. l'Empereur et Roi, daté du 26 septembre 1810 ».

On met sous les yeux de Sa Majesté un travail sur la défense des îles de Cornero. Plans et mémoires remis par M. le duc de Raguse.

Renvoyé au conseil de décembre pour statuer sur l'importance militaire de ces îles.

4664. — DÉCISIONS (1).

Fontainebleau, 4 octobre 1810.

On prie de nouveau Sa Majesté de vouloir bien prononcer sur la question de savoir s'il ne conviendrait pas de faire payer par le Trésor public de France les appointements dus pour vendémiaire an XIV aux employés ayant fait partie du 2e corps de la Grande Armée, qui formait alors le camp d'Utrecht, dont les dépenses étaient à la charge de la Hollande à cette époque.

Faire payer par la France.

NAPOLÉON.

On soumet à Sa Majesté des observations sur la lettre de M. le maréchal prince d'Eckmühl, du 21 septembre, sur la réduction des rations de vivres et de fourrages aux troupes françaises en Westphalie.

Mon intention est que la ration soit conforme à la décision que j'ai prise. Mais dans les villes hanséatiques, en Westphalie, en Bavière et en général dans l'Allemagne, je ne paye point les rations. Il faut donc laisser subsister la ration telle qu'elle a été fixée par le prince d'Eckmühl.

Il est juste que les soldats qui sont éloignés aient quelques douceurs. Faire la même chose en Espagne. Comme je ne paye pas les rations dans le pays, il faut laisser toute latitude là-dessus aux administrateurs.

NAPOLÉON.

(1) Extraites du « Travail du ministre directeur de l'administration de la guerre avec S. M. l'Empereur et Roi, daté du 30 septembre 1810 ».

4665. — AU GÉNÉRAL LACUÉE.

Fontainebleau, 4 octobre 1810.

Monsieur le comte de Cessac, je réponds à vos lettres des 24 et 30 septembre. Par l'article 3 de mon décret du 22 septembre, vous devez mettre 15.000 quintaux de blé à la disposition du ministre de la marine. Ce ne sont pas des quintaux métriques que j'ai entendu, mais des quintaux de 100 livres, poids de marc. Par l'article 4, vous devez expédier 15.000 autres quintaux également de 100 livres. Ainsi, vous avez à fournir 30.000 quintaux de blé et farine de 100 livres ou 15.000 quintaux métriques. Sur ces 15.000 quintaux métriques, vous en avez 14.500 à Perpignan. Vous n'avez donc, en réalité, besoin de rien ; mais, comme il ne faut pas dégarnir absolument Perpignan, mon intention est que vous achetiez 15.000 quintaux de 100 livres de blé. Vous évaluez 30.000 quintaux métriques 1.300.000 francs. Ce serait 700.000 francs pour la moitié ; et, comme je ne demande que 7.500 quintaux métriques ou 15.000 quintaux de 100 livres, vous n'avez donc besoin pour l'achat de ces 15.000 quintaux que de. . . . . 325.000 francs.

Pour l'achat du riz, de.	75.000	—
Pour le sel.	14.000	—
Pour les bœufs.	40.000	—
Ces sommes font un total de.	454.000	francs.

Je donne ordre au ministre du Trésor public de tenir à votre disposition 500.000 francs pour cet objet.

NAPOLÉON.

4666. — DÉCISION (1).

Fontainebleau, 4 octobre 1810.

Note extraite de la correspondance de la commission des séquestres établie à Madrid le 20 août 1810.	Renvoyé au major général par ordre de l'Empereur.

(1) Non signée.

4667. — DÉCISION.

Fontainebleau, 4 octobre 1810.

Note relative à des troupeaux de mérinos confisqués en Espagne.

Le major général donnera l'ordre que tous ces troupeaux, au fur et à mesure qu'ils seront recouvrés, soient envoyés en France.

NAPOLÉON.

4668. — DÉCISION.

Fontainebleau, 4 octobre 1810.

Propositions du maréchal Berthier portant nomination du général en chef et des principaux chefs de service de l'armée du Centre.

Approuvé ces dispositions.

NAPOLÉON.

4669. — AU GÉNÉRAL LACUÉE.

Fontainebleau, 5 octobre 1810.

Monsieur le comte de Cessac, l'armée d'Allemagne a besoin de deux bataillons du train complets. Faites-moi connaître les compagnies qui leur manquent, d'où il faudrait les faire partir. On couvrirait cet envoi en leur faisant porter tout ce qui manque à l'armée.

NAPOLÉON.

4670. — AU GÉNÉRAL LACUÉE.

Fontainebleau, 5 octobre 1810.

Monsieur le comte de Cessac, j'ai donné ordre au vice-roi d'envoyer à Corfou 10.000 quintaux métriques de blé et 2.000 quintaux de riz. J'ai également donné l'ordre au roi de Naples d'envoyer à Corfou 10.000 quintaux métriques de blé et 1.000 quintaux de riz. Veillez à ce que ces expéditions aient lieu. J'espère que dans le courant de l'hiver une partie arrivera. Il ne faut pas négliger le moyen de traiter avec quelques Grecs pour tâcher de faire arriver des subsistances dans cette île.

NAPOLÉON.

4671. — DÉCISION.

Fontainebleau (1), octobre 1810.

Le général Clarke rend compte d'un rapport du général Morand, commandant la 1re division de l'armée d'Allemagne, au sujet des navires marchands entrés dans les ports de Wismar et Rostock, depuis le 18 août jusqu'au 16 septembre inclusivement.

Renvoyé au prince d'Eckmühl pour savoir pourquoi on n'a pas saisi le bâtiment danois chargé de marchandises coloniales. Le faire séquestrer sur-le-champ. Tout bâtiment chargé de marchandises coloniales vient d'Angleterre. Sous quelque pavillon qu'il soit, il doit être saisi.

NAPOLÉON.

4672. — NOTE POUR LE MINISTRE DE LA GUERRE (2).

Sa Majesté n'a pas signé le projet de décret délibéré au Conseil d'Etat pour l'organisation des compagnies du train du corps impérial du génie. Elle a trouvé qu'il ne contenait que la plus petite partie des dispositions qu'il doit renfermer.

Le service du génie en campagne est négligé. L'année dernière, pour la première fois depuis la guerre, on a eu des outils sur chaque champ de bataille, et c'est à cela que Sa Majesté doit d'avoir surmonté beaucoup d'obstacles.

Sa Majesté ne voudrait qu'un bataillon du train du génie, composé de six compagnies de guerre et d'une compagnie de dépôt.

Metz est-il plus favorable pour le dépôt que ne le serait Mézières ?

Il faut établir un arsenal.

Il faut dire quel sera le nombre des voitures et des chevaux. Puisqu'on met 60 hommes par compagnie, on aura donc 40 voitures et 120 chevaux. Ces 40 voitures pourraient être réparties de la manière suivante :

(1) Sans date de jour; le rapport du général Clarke est du 5 octobre.

(2) Sans signature ni date. — Accompagnée de la lettre ci-dessous de M. Maret au ministre de la guerre, datée de Fontainebleau, 6 octobre 1810 : « Monsieur le duc, le projet de règlement délibéré au Conseil d'Etat pour l'organisation des compagnies du train du corps du génie a été mis sous les yeux de l'Empereur. Sa Majesté ne l'a pas trouvé suffisant et m'a ordonné de le renvoyer à Votre Excellence avec la note ci-jointe qu'Elle a dictée. (Signé : Duc DE BASSANO.) »

32 voitures chargées d'outils de pionniers ;
 2 d'outils de mineurs ;
 4 d'objets pour le raccommodage des ponts ;
 1 forge ; } Par compagnie.
 1 prolonge ; }
—
40.

Il est nécessaire de prescrire comment seront faits les caissons, combien chaque caisson portera d'outils, quelles seront les dimensions de ces outils, combien il y en aura d'emmanchés, combien il y en aura sans manche. Indépendamment des outils à pionniers, il devrait y avoir dans chaque caisson des marteaux et des clous.

En supposant 400 outils par caisson, cela ferait, pour 32 voitures, 12.800 outils. On estime qu'il faut deux voitures par division, c'est-à-dire 800 outils. Un bon corps d'armée étant composé de quatre divisions, cela ferait 8 voitures de 3.200 outils.

Il faut compter 2 voitures pour les pontonniers, 2 pour la cavalerie, ce qui fait 12 voitures et 4.800 outils. Il resterait donc 20 voitures pour le parc et 8.000 outils, outre la forge et la prolonge de chaque compagnie.

Ainsi, une compagnie fera le service de huit compagnies de sapeurs, de quarante régiments d'infanterie et de vingt régiments de cavalerie.

En supposant trois armées de cette force, elles emploieront trois compagnies. Il en restera trois pour les équipages de siège.

Dans ce calcul, le génie aurait 240 voitures et un millier de chevaux.

Ce serait un bon emploi et une bonne organisation. Sa Majesté n'entend pas tout prévoir. Elle désire que l'on consulte le général Bertrand et les officiers qui ont fait la dernière campagne. Les voitures étaient trop lourdes et les outils de mauvaise dimension et inégaux.

Le génie doit faire trois services : 1° fournir les outils aux pionniers ; 2° fournir les outils aux mineurs ; 3° pourvoir au raccommodage des ponts. Il faut pour ce dernier service des outils spéciaux. Il faudrait aussi des cordages, des ancres, de petites nacelles pour porter un bout de câble et enfin des moutons pour battre les pieux.

C'est la première fois qu'on pense à organiser ce service. Il faut donc une ordonnance bien faite et bien détaillée. Il faut aussi que le génie soit chargé de construire lui-même les outils et de les tenir en magasin à Metz.

Il ne faut pas perdre de vue qu'indépendamment des sapeurs et des pontonniers, Sa Majesté mènera toujours à la guerre un équipage de 1.200 marins, propres au passage des rivières, et un bataillon de 600 à 700 ouvriers de la marine. Il est donc indispensable qu'il y ait dans les six compagnies tout ce qui est nécessaire, soit à jeter des ponts, soit à construire des barques, soit à planter des pilôts.

Ici, vient la question de savoir s'il convient d'ôter les pontonniers à l'artillerie et de les donner au génie. Sa Majesté désire connaître le pour et le contre.

Une des considérations pour l'affirmative serait que l'artillerie ne soigne pas les pontons, qu'elle n'a jamais assez d'attelages pour ses poudres et ses boulets. Donnez-lui 6.000 chevaux de plus et soyez sûr que, partant de Strasbourg avec l'équipage de ponts, elle le laissera en chemin, parce qu'en effet, pour aller à Vienne, à Friedland, à Cadix, on ne peut calculer la quantité de poudre dont on aura besoin et qu'on n'en a jamais trop. D'ailleurs, le génie est chargé de planter les pilôts, de raccommoder les ponts, de construire des fortifications de campagne et tous ces travaux se font avec du bois, des barrières, des palissades, des brouettes. On éprouve sans cesse des inconvénient d'avoir besoin en même temps du génie et de l'artillerie pour rétablir des ponts.

Sa Majesté trouverait quelque avantage à ce qu'avec une compagnie de sapeurs par bataillon, il y eût une escouade d'une compagnie du train et qu'on réunît ainsi tout ce qui est nécessaire. Mais cela ne serait la conséquence que du principe organique par lequel on dirait que chaque armée aura un équipage de marins et un bataillon d'ouvriers de la marine ; que, quand l'armée sera de 60.000 hommes, elle aura tant de compagnies de marins et d'ouvriers de la marine ; que, quand elle sera de 120.000 hommes, elle en aura le double ; que, quand ce sera une grande armée, elle aura 1.200 marins et 600 ouvriers de la marine. On comprend que ces 1.800 hommes, entre les mains du génie, avec les sapeurs et les pontonniers, lui fourniront un matériel plus considérable que tout ce que l'artillerie peut avoir pour les ponts. On a donné des pontonniers à l'artillerie parce qu'elle avait les ouvriers de l'artillerie ; mais, quand ces ouvriers seraient doublés, ils lui suffiraient à peine, et son immense matériel les absorberait tous.

L'artillerie est une arme à elle seule : mais les réparations des routes, la construction des ponts, les fortifications de campagne, etc., appartiennent au génie, qui n'est pas une arme, sans doute, mais qui est le complément de toutes les autres.

Sa Majesté voudrait donc qu'on fît un règlement pour le génie en campagne: qu'on établît les devoirs et qu'on lui donnât tous les moyens de les remplir.

L'idée de prendre des ouvriers de la marine est très heureuse. Dans une grande guerre de terre, peu importe que l'on construise un ou deux vaisseaux de moins. La privation d'un millier d'ouvriers ne serait jamais un grand tort pour la marine.

Sa Majesté avait établi en Allemagne que chaque corps de 30.000 hommes devait avoir trois pontons capables de jeter un pont d'une vingtaine de toises. Elle était parvenue à avoir de quoi jeter un pont sur une grande rivière. Le Danube exige 80 bateaux, ce qui fait plus de 100 voitures et plus de 400 chevaux.

Si ce principe passe, chaque compagnie du génie aura cinq pontons, capables de faire un très beau pont. Alors, en rendant les compagnies un peu plus fortes et en donnant au génie de quoi avoir 300 voitures attelées, on aurait 100 voitures d'outils de pionniers portant 40.000 outils, 120 voitures chargées de bateaux et 80 voitures pour les forges de campagne, les outils de mineurs, les câbles, les moutons et les approvisionnements nécessaires pour les travaux. Il faudrait diviser les voitures en compagnies, de manière que chaque compagnie eût de tout. On pourrait ensuite consacrer la 5e et la 6e compagnies à avoir deux grands pontons (1).

4673. — DÉCISION (2).

Le maréchal Berthier demande à l'Empereur si son intention est bien de faire revenir à Bayonne 689 soldats du train d'artillerie et 1.569 harnais excédant le nombre nécessaire.

Approuvé.

NAPOLÉON.

(1) Non signée.

(2) Sans date; le rapport du maréchal Berthier est du 30 septembre, l'expédition de la décision du 6 octobre.

4674. — AU GÉNÉRAL CLARKE.

Fontainebleau, 6 octobre 1810.

Monsieur le duc de Feltre, je vois qu'il n'y a, pour commandant de l'artillerie à Corfou, qu'un chef de bataillon. Envoyez-y un colonel et un autre chef de bataillon. Je vois qu'il n'y a qu'un capitaine du génie, envoyez-y un chef de bataillon et un colonel. Il faut que ce soient des officiers très distingués. Prenez, s'il est possible, des officiers de l'armée de Naples, ou des provinces illyriennes.

Donnez ordre au général Donzelot de ne garder qu'un bataillon ou au plus deux bataillons d'Albanais, au lieu des six qu'il a, en les complétant avec les hommes les plus sûrs, et d'envoyer les autres dans le royaume de Naples. L'expérience du passé a prouvé qu'on ne pouvait compter sur les Albanais. On aurait encore moins lieu d'y compter si les Anglais étaient maîtres de l'île, et si la place était investie. Ces gens-là compromettraient la sûreté de la place. Il y en a 2.000, c'est beaucoup trop. Mon intention est qu'il n'y en ait que 400 ou 500.

Les bataillons septinsulaires ne serviraient pas non plus à grand' chose ; et cela a l'inconvénient de ne servir qu'à nous constituer dans de très grandes dépenses.

Je vois, par l'état de situation que vous me remettez, qu'il y a 1.469 hommes du 6e régiment de ligne présents sous les armes ; donnez ordre au dépôt du 14e léger d'envoyer 300 hommes.

Donnez ordre au roi de Naples d'envoyer le 2e bataillon du régiment d'Isembourg en entier.

Donnez ordre au dépôt du 2e régiment d'artillerie à pied d'envoyer 100 hommes et 7 officiers, pour compléter les trois compagnies qui se trouvent à Corfou, à 140 hommes chacune.

Donnez ordre qu'on porte à 40 chevaux le détachement du 6e bataillon du train. Ce détachement est de 25 hommes et de 10 chevaux. Il suffira d'envoyer 30 chevaux avec les harnais ; il se complétera en hommes dans l'île.

Donnez ordre au vice-roi d'envoyer 40 canonniers italiens, pour compléter la compagnie d'artillerie italienne, et 100 sapeurs italiens, pour compléter la compagnie des sapeurs italiens.

Donnez-lui également l'ordre de compléter le bataillon du 2e régiment italien à 840 hommes présents sous les armes.

Tout cela ne fera que porter la garnison de Corfou à 6.000 hommes. Donnez l'ordre au roi de Naples de faire partir pour Corfou une compagnie de pionniers napolitains de 140 hommes, et d'envoyer un bataillon de 700 hommes, composé entièrement de Napolitains, sans y mettre de mauvais sujets.

Avec les équipages des deux frégates, des chaloupes-canonnières et des trois bricks italiens, la garnison de Corfou se trouverait forte de 9.000 Français et Italiens ; un millier d'Albanais et de gens du pays la porteraient à 10.000 hommes.

J'approuve que le général Donzelot tienne les Albanais à Parga ; mais il ne doit pas en tenir à Corfou plus de 500 ; et ce qui sera inutile à la garde de Corfou et de Parga, il doit le renvoyer à Naples.

Vous lui ferez connaître que je regarde comme très possible qu'au mois de mars il soit assiégé ; qu'il faut qu'il emploie l'hiver à compléter le système de défense que j'ai ordonné ; que je suppose qu'il n'a pas perdu un moment pour blinder ses magasins, car ce sera par une nuée de bombes qu'il sera attaqué. Il faut aussi qu'il défende longtemps l'île de Fano, puisque cette île est nécessaire pour pouvoir l'approvisionner.

NAPOLÉON.

4675. — EXTRAIT D'UN ORDRE DE L'EMPEREUR (1).

Fontainebleau, 6 octobre 1810.

Il faut donner à l'armée d'Allemagne un bon général du génie. Il faut 20 officiers du génie ; prenez-les parmi les ingénieurs hollandais. Vous avez dû donner des ordres pour que quatre compagnies de sapeurs et 15.000 outils attelés fussent envoyés à Hambourg.

4676. — DÉCISION (2).

Fontainebleau, 6 octobre 1810.

Le maréchal Berthier rend compte à l'Empereur que l'inspecteur aux revues Marchand-Duchaume est accusé d'avoir exigé 10.000 francs du 120e régiment.

Renvoyé au ministre de la guerre par ordre de l'Empereur.

(1) Non signé. Extrait certifié.

(2) Non signée. En marge le ministre a écrit : « M. Duchaume sera arrêté et poursuivi conformément aux lois. »

4677. — AU GÉNÉRAL LACUÉE.

Fontainebleau, 6 octobre 1810.

Monsieur le comte de Cessac, je vous envoie le prix du blé dans le royaume d'Italie. Vous y verrez qu'ils y sont (*sic*) à bon marché. Il est donc nécessaire que le directoire des vivres fasse des achats dans le royaume d'Italie pour l'approvisionnement des 27e et 28e divisions militaires, et même pour avoir du côté de Turin et de Florence assez de blé pour, en cas d'événement, pouvoir en aider la ville. Il ne faut point faire d'achat à Marseille et en France ; cela reflue sur Paris ; d'ailleurs, ces approvisionnements deviendraient trop chers, tandis que le royaume d'Italie peut suffire à d'immenses achats et à bon marché.

Je ne serais pas éloigné de dépenser un million pour avoir un magasin de réserve dans la main du munitionnaire à Turin. Faites-moi connaître la situation des magasins militaires des 27e et 28e divisions militaires, à combien y revient la ration de pain, et où le directeur des vivres se propose de faire des achats dans ce moment.

NAPOLÉON.

4678. — DÉCISION (1).

Fontainebleau, 6 octobre 1810.

Sa Majesté est priée de faire connaître si Elle approuve que cinq officiers supérieurs et un capitaine de gardes nationales soient proposés pour des emplois de leurs grades dans la ligne.

Le régiment des gardes nationales étant formé, l'Empereur ajourne cette proposition.

4679. — DÉCISION.

Fontainebleau, (2) octobre 1810.

Rapport à l'Empereur au sujet d'un arrêté pris par le maréchal Soult, portant institution d'un conseil à Séville pour juger les prises

Renvoyé au ministre des relations extérieures pour me rendre compte de cela.

NAPOLÉON.

(1) Non signée; extraite du « Travail du ministre de la guerre avec S. M. l'Empereur et Roi, daté du 19 septembre 1810 ».

(2) Sans date; le rapport est du 6 octobre.

qui ont été ou seraient conduites dans les ports d'Andalousie, et qui charge les officiers de l'administration de la marine de l'instruction et de la vente de ces prises, précédemment confiées aux agents consulaires.

4680. — DÉCISION (1).

Le maréchal Berthier soumet à l'Empereur le nouveau projet de formation de l'armée du Centre de l'Espagne, dressé conformément aux ordres de Sa Majesté.

Approuvé.

NAPOLÉON.

4681. — DÉCISION.

Fontainebleau, 7 octobre 1810.

Rapport du général Clarke sur le matériel d'artillerie qui est au fort de Breskens et notamment sur les canons de 48.

Faire couler quelques boulets creux de ce calibre.

NAPOLÉON.

4682. — AU GÉNÉRAL CLARKE.

Fontainebleau, 7 octobre 1810.

Monsieur le duc de Feltre, je vous renvoie votre dernier rapport sur l'artillerie en Allemagne pour que vous le coordonniez avec les dispositions préparatoires que je vous ai indiquées par ma lettre de ce jour et que rien n'arrête le mouvement de l'armée d'Allemagne.

NAPOLÉON.

4683. — DÉCISIONS (2).

Le ministre pense qu'il serait peut-être convenable de tolérer par compagnie 15 ou 20 hommes de départements de l'ancienne France

Approuvé.

(1) Sans date; le rapport est du 4 octobre, l'expédition de la décision du 7.

(2) Sans signature ni date; extraites du « Travail du ministre de la guerre avec S. M. l'Empereur et Roi, daté du 7 octobre 1810 ».

dans les régiments composés de Belges, d'Italiens et à l'avenir de Hollandais.

Des sous-officiers qui n'entendent pas le français ne pourraient pas suivre convenablement la comptabilité.

Le général Compans demande des congés pour plusieurs militaires des régiments de cuirassiers qui composent la division du général Bruyère et qui sont, avec quelques compagnies d'artillerie, les seuls corps de l'armée d'Allemagne qui n'ont point obtenu de semestres.

Refusé.

M. Chailliard, 1er porte-aigle du 69e régiment d'infanterie, a été forcé par sa mauvaise santé de rentrer au dépôt, d'où il a été ensuite envoyé en recrutement.

Sa Majesté est priée de faire connaître si, dans le cas où se trouve M. Chailliard, il doit être remplacé dans ses fonctions de 1er porte-aigle.

L'Empereur décide que le premier porte-aigle d'un régiment ne peut être remplacé définitivement qu'autant qu'il obtient de l'avancement ou qu'il quitte le corps; en conséquence, M. Chailliard, qui occupe cet emploi au 69e, doit être envoyé aux bataillons de guerre pour y remplir ses fonctions et être remplacé au recrutement. Si sa santé ne lui permet plus de faire la campagne, il convient, dans ce cas, qu'il quitte le service actif, autrement l'armée finirait par avoir beaucoup de parties en souffrance.

On présente à Sa Majesté la demande d'un congé de quinze jours faite par le général de division Desbureaux, qui commande la 5e division militaire à Strasbourg;

Approuvé.

La demande que fait M. le maréchal duc de Reggio pour que le général de brigade Bordessoulle soit autorisé à venir passer quinze jours à Paris, où sa présence est

Accordé.

nécessaire pour régler des affaires de famille.	
M. le maréchal duc de Reggio demande qu'il soit accordé un congé de plusieurs mois à M. Coutière, commandant, employé au corps d'observation en Hollande, pour affaires de famille.	Accordé.
Le ministre rend compte à Sa Majesté que M. Ketterling, médecin du prince primat, a eu entièrement sa maison pillée à Ratisbonne lorsqu'il donnait ses soins aux militaires blessés. Les pertes de ce médecin sont évaluées à 8.330 francs argent de France. On demande à Sa Majesté si son intention est de faire acquitter cette perte sur les fonds qu'Elle a destinés à la ville de Ratisbonne.	Approuvé.
On propose de faire passer dans le 3e régiment provisoire de grosse cavalerie le capitaine Meyer, du 8e régiment de ligne, blessé à la bataille d'Essling.	Accordé.

4684. — DÉCISIONS (1).

On propose à Sa Majesté de faire délivrer en gratification aux troupes qui sont à Lyon 4.995 tire-boutons existant depuis plusieurs années dans le magasin de cette place.	Accordé.	NAPOLÉON.
On demande à Sa Majesté l'autorisation d'attacher définitivement comme chirurgiens sous-aides à l'armée d'Espagne trois élèves en chirurgie, qui ont contribué puissamment à la délivrance du ponton *l'Argonaute*.	Accordé.	NAPOLÉON.

(1) Sans date; extraites du « Travail du ministre directeur de l'administration de la guerre avec S. M. l'Empereur et Roi, daté du 7 octobre 1810 ».

4685. — DÉCISION.

Fontainebleau, 8 octobre 1810.

Le général Clarke rend compte que les dispositions ont été prises pour réunir à Strasbourg les compagnies du 8e bataillon *bis* du train d'artillerie qui sont en Allemagne et pour réunir à Mayence le 9e bataillon principal.

Je préfère que ces deux bataillons restent en Allemagne.

NAPOLÉON.

4686. — DÉCISIONS (1).

9 octobre 1810.

On propose d'annuler le décret du 20 août dernier qui nomme colonel au 3e régiment de dragons le sieur Ludot, Sa Majesté ayant nommé à ce même emploi le sieur Berruyer, chef d'escadron de sa garde, le 2 du même mois ;

Approuvé. Le décret qui nomme M. Ludot colonel du 3e régiment de dragons, est annulé, mais il restera colonel et sera appelé au commandement du premier régiment vacant.

D'admettre à servir comme sous-lieutenant à la suite du 15e régiment de dragons le sieur Plet, officier en retraite, ex-sous-lieutenant au 37e régiment de ligne.

Cet officier annonce que la blessure qui l'a forcé de quitter l'infanterie ne l'empêche pas de reprendre du service dans la cavalerie.

Approuvé.

4687. — DÉCISIONS (2).

9 octobre 1810.

On rend compte à Sa Majesté de l'assassinat d'un sergent-major du 66e régiment d'infanterie et du vol qui lui a été fait d'une somme de

Accordé.

(1) Non signées; extraites du « Travail du ministre de la guerre avec S. M. l'Empereur et Roi, daté du 19 septembre 1810 ».

(2) Non signées; extraites du « Travail du ministre de la guerre avec S. M. l'Empereur et Roi, du 7 octobre 1810 ».

730 francs dont il était porteur provenant de la solde de la compagnie. On demande les ordres de Sa Majesté pour le remboursement de cette somme par le Trésor public.	
On rend compte à Sa Majesté d'un vol de 3.094 fr. 80, qui s'est commis dans le logement d'un capitaine de la 5e compagnie du 3e régiment d'artillerie, pendant qu'il était de tranchée devant Girone. On demande les ordres de Sa Majesté pour le remboursement de cette somme à la 5e compagnie du 3e régiment d'artillerie à pied, à qui elle appartenait.	Approuvé.
On propose à Sa Majesté d'accorder à M. Dunesme, colonel du 25e régiment d'infanterie de ligne, à l'armée d'Allemagne, un congé de trois mois avec demi-solde. Cet officier supérieur est appelé à Luxembourg pour des affaires de famille et à Landrecies pour celles de son régiment.	Refusé.
M. le général Compans, chef de l'état-major de l'armée d'Allemagne, demande un congé de semestre en faveur de M. Luchaire, colonel du 7e régiment d'infanterie légère.	Refusé.
On soumet à Sa Majesté la demande d'un congé de quatre mois que fait M. Eulner, colonel du 7e régiment de hussards, pour se rendre en France. Ce colonel est à Magdeburg.	Refusé.
On propose à Sa Majesté d'accorder un congé de trois mois avec demi-solde à M. Mathis, colonel du 2e régiment de chasseurs.	Refusé.

On propose à Sa Majesté d'approuver le paiement d'une somme de 3.487 francs pour frais de poste à des officiers envoyés à l'armée de Portugal.	Accordé.
On propose à Sa Majesté de rapporter sa décision du 15 août 1806, que tout vétéran qui abandonnerait la compagnie serait considéré comme démissionnaire et n'aurait droit à aucune récompense militaire ; D'autoriser le ministre à accepter la démission de ceux de ces vétérans qui la donneraient et de punir comme déserteurs ceux d'entre eux qui abandonneraient leur corps sans congés en bonne forme.	Approuvé.

4688. — AU GÉNÉRAL CLARKE.

Fontainebleau, 10 octobre 1810.

Monsieur le duc de Feltre, envoyez l'ordre au général commandant la 10e division militaire de faire délivrer des armes aux vallées de l'Ariège, dans la Cerdagne et autres communes frontières des Pyrénées occidentales. Ecrivez en même temps aux préfets de mettre en réquisition les gardes nationales pour la défense de la frontière, en commençant par organiser un bataillon pour chaque département de la 10e division militaire.

NAPOLÉON.

4689. — DÉCISION (1).

Fontainebleau, 10 octobre 1810.

Sa Majesté est priée de faire connaître s'il sera accordé des congés aux militaires des 2e, 3e et 4e régiments suisses dont l'engagement va expirer et qui se refuseraient à le renouveler.	Est-ce que, par la capitulation, les Suisses peuvent se retirer même en temps de guerre ?

(1) Non signée; extraite du « Travail du ministre de la guerre avec S. M. l'Empereur et Roi, daté du 7 octobre 1810 ».

4690. — DÉCISIONS (1).

Fontainebleau, 10 octobre 1810.

On propose de nouveau à Sa Majesté de vouloir bien fixer le mode d'imputation des effets délivrés aux corps, en 1808 et 1809, des magasins de l'armée d'Allemagne.

C'est au ministre à régler cela.

NAPOLÉON

On demande à Sa Majesté de vouloir bien intervenir en faveur de l'ordonnateur Monnay, à qui le gouverneur général de Danzig a infligé les arrêts de rigueur à la suite d'une enquête faite au sujet d'un incendie qui a détruit dans cette ville un approvisionnement de foin.

S'adresser pour cela au prince d'Eckmühl.

NAPOLÉON

On remet à Sa Majesté copie d'un rapport qu'on a eu l'honneur de lui présenter le 1er août dernier sur la situation des divers services de l'armée d'Illyrie.

On la prie de vouloir bien faire connaître ses intentions sur les questions qui lui sont soumises.

Il faut prendre des informations sur ce pays avant de rien statuer (2).

4691. — AU GÉNÉRAL LACUÉE.

Fontainebleau, 10 octobre 1810.

Monsieur le comte de Cessac, je vois, par l'état de situation des équipages militaires que vous me remettez, que tout est en Espagne. Est-ce qu'il n'y a pas deux bataillons à l'armée d'Allemagne ?

NAPOLÉON.

---

(1) Extraites du « Travail du ministre directeur de l'administration de la guerre avec S. M. l'Empereur et Roi, daté du 7 octobre 1810 ».

(2) Non signée.

4692. — DÉCISION.

11 octobre 1810.

Le général Clarke propose que, dans le corps de troupes à cheval où il se trouve des officiers à la suite, les remplacements aux tours de l'ancienneté et de l'élection n'aient lieu désormais qu'autant qu'il n'existera plus, dans chaque corps, d'officiers surnuméraires qui puissent être pourvus des emplois vacants de leurs grades respectifs.

Accordé.

NAPOLÉON.

4693. — AU MARÉCHAL BERTHIER.

Fontainebleau, 11 octobre 1810.

Mon Cousin, je vois que deux millions sont partis pour l'armée de Portugal et qu'ils arrivent le 18 à Vitoria, d'où ils doivent partir le 19 et le 20. Donnez ordre au général Drouet de retenir ce convoi d'argent jusqu'à nouvel ordre, mon intention étant de ne le diriger sur l'armée de Portugal que lorsque les affaires seront finies dans ce pays.

NAPOLÉON.

4694. — DÉCISION.

Fontainebleau, 11 octobre 1810.

Rapport du général Clarke sur la formation de la batterie d'artillerie destinée à la division du général Caffarelli.

Le général Caffarelli n'a besoin que de 4 pièces de 4 ou de 6 et de 2 obusiers, mais pas de pièces de 12.

NAPOLÉON.

4695. — AU GÉNÉRAL CLARKE (1).

Fontainebleau, 11 octobre 1810.

Monsieur le duc de Feltre, faites partir d'Anvers pour Hamburg, en la faisant passer par la Hollande, la compagnie du train du gé-

(1) Copie certifiée.

nie et les 6.000 outils attelés ; puisqu'il n'y a que ce nombre, il faut bien s'en contenter, car je ne veux pas faire de nouvelles dépenses pour acheter des chevaux.

Vous pouvez laisser la compagnie de mineurs à Bois-le-Duc, en la portant sur les états que vous devez me remettre comme faisant partie de l'armée d'Allemagne.

Les quatre compagnies de sapeurs que vous faites partir pour Hamburg sont suffisantes ; laissez à Ostende les deux autres ; vous les porterez seulement sur les états comme faisant partie de l'armée d'Allemagne.

Vous pouvez faire partir 8 officiers du génie hollandais.

NAPOLÉON.

4696. — AU GÉNÉRAL CLARKE.

Fontainebleau, 11 octobre 1810.

Monsieur le duc de Feltre, je réponds à votre rapport du 9. Je ne puis pas faire le travail de détail des armes du génie et de l'artillerie. Je désire que vous ne me proposiez plus d'envoyer des canonniers, des sapeurs, ni du train du génie en Espagne, où il y en a suffisamment. Il ne s'agit que de bien répartir ce qui s'y trouve aujourd'hui. Il faut faire revenir sur Bayonne les cadres d'artillerie et de sapeurs qui sont inutiles à cette armée. Presque toutes les compagnies d'artillerie et de sapeurs étant à moitié de leur complet, on pourrait en resserrer les cadres, conserver un bataillon sur deux, y verser les hommes disponibles, et faire revenir les cadres des autres bataillons. Ces cadres devraient se composer non seulement des officiers et sous-officiers, mais aussi de huit anciens sapeurs. Par ce moyen, en mettant dans ces cadres des jeunes gens, on aurait de quoi les réformer. Faites-moi un travail sur cette organisation de l'artillerie et du génie de l'armée d'Espagne, et présentez-le moi.

J'ai cinq bataillons de sapeurs ; il faut en conserver deux bien complets en Espagne, deux en France, portés sur les états, comme faisant partie de l'armée d'Allemagne et un en Italie.

L'artillerie à cheval est susceptible aussi de renvoyer beaucoup de monde en France.

NAPOLÉON.

4697. — DÉCISION.

Fontainebleau, 11 octobre 1810.

Rapport du général Clarke au sujet du capitaine Heems, qu'il propose pour la croix de la Légion d'honneur, en raison de sa belle conduite pendant l'attaque de Flessingue par les Anglais.

Approuvé.

NAPOLÉON.

4698. — AU GÉNÉRAL LACUÉE.

Fontainebleau, 11 octobre 1810.

Monsieur le comte de Cessac, faites-moi un travail sur les équipages militaires. Faites-moi connaître à quels corps de l'armée d'Espagne se trouvent les différents bataillons et remettez-moi un projet pour rappeler les cadres d'une partie.

NAPOLÉON.

4699. — DÉCISION.

Fontainebleau, 11 octobre 1810.

Le maréchal Bessières soumet à l'Empereur la liste des officiers, sous-officiers et caporaux hollandais qui demandent à aller à Batavia.

Renvoyé au ministre de la guerre pour se concerter avec le ministre de la marine et diriger les 50 hommes sur Bordeaux, où ils seront embarqués sur la corvette *la Sapho*.

NAPOLÉON.

4700. — AU GÉNÉRAL CLARKE.

Fontainebleau, 12 octobre 1810.

Monsieur le duc de Feltre, mon intention n'est pas d'avoir plus d'un bataillon allemand à Corfou. Comme on m'a dit que les officiers et sous-officiers et une partie du 2e bataillon d'Isembourg étaient à Naples, j'ai ordonné qu'on les fît partir, afin que ce 2e bataillon fût réuni tout entier à Corfou ; mais je ne veux pas y envoyer le 1er bataillon.

NAPOLÉON.

4701. — AU GÉNÉRAL CLARKE.

Fontainebleau, 12 octobre 1810.

Monsieur le duc de Feltre, donnez ordre à un des régiments de fusiliers de ma garde de se rendre à Saumur.

NAPOLÉON.

4702. — AU GÉNÉRAL CLARKE (1).

Fontainebleau, 12 octobre 1810.

Monsieur le duc de Feltre, communiquez le procédé des fusées à la Congrève au ministre de la marine, mon intention étant de m'en servir à Boulogne, actuellement qu'on en a trouvé le secret.

Envoyez-le également au vice-roi pour s'en servir à Ancône.

Je désire aussi en envoyer secrètement à Flessingue.

Faites faire plusieurs essais à la fois de ces fusées, afin d'en perfectionner la composition.

4703. — DÉCISION.

Fontainebleau, 12 octobre 1810.

Le maréchal Oudinot propose de réduire de moitié pendant l'hiver la garnison de l'île de Texel : cette garnison est actuellement d'un bataillon d'infanterie et de deux compagnies d'artillerie.

J'approuve que, passé le 15 novembre, on ne laisse dans cette île qu'une compagnie de 120 et 25 canonniers. Organiser les habitants pour faire le service des garde-côtes.

NAPOLÉON.

4704. — DÉCISION.

Fontainebleau, 12 octobre 1810.

Le maréchal Berthier propose à l'Empereur de diriger sur Pampelune le bataillon de marche de la 2e division d'arrière-garde qui doit arriver le 31 à Bayonne.

Me proposer un projet de décret pour la dissolution de ce bataillon. Me faire connaître les compagnies, de quel bataillon elles font partie et si les cadres

(1) Non signé, copie conforme.

Ce bataillon serait alors dissous à Pampelune et les détachements qui le composent rentreraient à leurs corps.

doivent rester avec les régiments provisoires qui sont en Navarre ou s'ils doivent revenir.

NAPOLÉON.

4705. — DÉCISION.

Fontainebleau, 12 octobre 1810.

Le maréchal Berthier demande des instructions sur la destination à donner à la 9e compagnie du 3e bataillon de sapeurs et à la 3e compagnie du 1er bataillon de mineurs qui vont arriver à Bayonne.

Laisser jusqu'à nouvel ordre à Bayonne. Il y a assez d'artillerie en Espagne.

NAPOLÉON.

4706. — DÉCISION.

Fontainebleau, 12 octobre 1810.

Le maréchal Berthier propose d'accorder au général Buquet une indemnité de 600 francs par mois pour frais de bureaux.

J'ai donné ordre au ministre de la guerre de lui donner une gratification de 6.000 francs.

NAPOLÉON.

4707. — AU GÉNÉRAL CLARKE.

Fontainebleau, 13 octobre 1810.

Monsieur le duc de Feltre, donnez ordre au 4e régiment de ligne, qui est au camp de Boulogne, de se rendre au Havre, où il tiendra garnison, en fournissant les postes nécessaires dans la ville de Dieppe.

NAPOLÉON.

4708. — AU GÉNÉRAL CLARKE.

Fontainebleau, 13 octobre 1810.

Monsieur le duc de Feltre, je ne suis pas satisfait de l'armement que vous me présentez pour Corfou ; il faut faire un armement raisonné, qui n'exige que 400 à 500 milliers de poudre, et vous en demandez près de 1.200 milliers :

1° Je pense que 30 pièces d'un calibre supérieur à 26 suffiront ; les 10.000 boulets qui se trouvent à Corfou les approvisionneront de 300 boulets par pièce ; mais il suffit, pour leur approvisionnement en poudre, de 120 coups par pièce, c'est-à-dire de 28 milliers.

2° On gardera 60 bouches à feu d'un calibre supérieur à 16. 500 boulets par pièce seront suffisants, ce qui fera 30.000 boulets ; il n'y en a que 20.000 ; ce sera donc 10.000 boulets à envoyer ; mais on suppose qu'un approvisionnement de poudre pour 400 coups par pièce sera suffisant. On met plus de boulets que de poudre, parce qu'on peut tirer des boulets avec toute espèce de charge, parce qu'il est nécessaire, pour éviter les fréquents transports de boulets, qu'il y en ait à toutes les batteries, et qu'enfin il n'y a aucun inconvénient à avoir beaucoup de boulets.

3° On portera pusqu'à 80 le nombre des pièces d'un calibre entre 16 et 10. Chaque pièce sera approvisionnée, pour les boulets, à 600 coups ; cela fait 50.000 boulets. Il y en a 40.000 ; c'est donc 10.000 boulets à envoyer.

Pour la poudre, un approvisionnement de 500 coups par pièce suffira.

Enfin pour les pièces d'un calibre de 10 à 3, 90 pièces me paraissent nécessaires. Celles-ci devront être approvisionnées à 600 coups pour les boulets, et pour la poudre à 100 coups de moins par pièce.

Je vous prie de me diriger l'armement de Corfou sur ces principes.

Quant aux mortiers, il y a à Corfou 1.500 bombes de 12 p° 4 lignes et un mortier de 12 p° 1/2 ; ce mortier peut-il suffire aux bombes de 12 p° 4 lignes ? et s'il est insuffisant, il faudra faire fondre à Turin des mortiers de 12 p° 4 lignes, et les envoyer à Corfou.

Les 900 bombes de 11 p° 10 lignes peuvent être lancées par les mortiers de 12 p° ; il y en a 2. De même les 500 bombes de 11 p° 8 lignes peuvent être lancées par les mortiers de 12 p°.

Les 5 bombes de 11 p° 1 ligne peuvent être lancées par les mortiers de 11 p° 5 lignes.

Les 800 bombes de 9 p° 6 lignes et 5 lignes ont besoin de deux mortiers de ce calibre, qu'il faudra faire fondre.

Les 1.900 bombes de 7 p° 5 lignes pourront être lancées par les mortiers de 7 p° 7 lignes.

Enfin pour les 4.000 bombes de 6 p° 4 lignes, il y a 5 mortiers de ce calibre.

Avant de faire fondre les mortiers, il faudra s'assurer qu'à Venise, à Zara et dans les autres places ci-devant vénitiennes, on n'en trouverait pas de ce calibre.

Je vois que cela fera un total de 20 mortiers et de 10.000 bombes, ce qui suffit. 40 ou 50 milliers me paraissent nécessaires pour le service de ces bouches à feu.

Il y a 14.000 obus. Si les obusiers qu'on a ne peuvent pas servir, et qu'on n'en trouve pas du calibre à Venise ou à Zara, il faudra en faire fondre à Turin. Ces 14.000 obus peuvent employer 36 obusiers.

Je vous prie de me faire un rapport détaillé et un projet d'approvisionnement fixe sur ces bases, en déterminant tous les affûts qu'il faut envoyer et en ordonnant que les pièces supérieures au calibre de 26 seront mises du côté de la mer, qui exige peu d'approvisionnements ; que les pièces de 26 à 16 seront placées dans la citadelle sur la ligne magistrale et sur quelques points saillants des principaux fronts; que les pièces de 16 à 10 seront placées dans les forts, dans les demi-lunes, dans les redoutes, et dans les ouvrages avancés : et enfin, que les pièces du calibre de 10 à 3 seront placées sur les flancs, dans les chemins couverts et dans les ouvrages de campagne. Moyennant ce, 500 milliers de poudre ou 250.000 kilogrammes seront suffisants.

Mon intention est que l'on conserve de préférence l'artillerie de fer, surtout pour le calibre supérieur à 26, et que toutes les pièces, mortiers et obusiers qui ne seront pas employés à l'armement arrêté seront embarqués sur une frégate et envoyés à Ancône, d'où on les enverra à la fonderie de Turin.

Il est inutile d'envoyer à Corfou des pièces de 24, des boulets de 12, des mortiers de 12 et des boulets de 24. Cependant il faudrait envoyer quatre mortiers de 12 p° à plaque à grande portée pour pouvoir battre au loin.

Il faudrait aussi envoyer un bon officier, des ouvriers et des approvisionnements pour organiser tous les affûts.

J'attendrai donc, pour donner mes ordres au ministre de la marine, que vous m'ayez présenté ce projet d'armement en détail.

Napoléon.

4709. — AU GÉNÉRAL CLARKE (1).

Fontainebleau, 13 octobre 1810.

Monsieur le duc de Feltre, vous pouvez envoyer un second chef de bataillon d'artillerie à Corfou, en le prenant parmi les meilleurs officiers hollandais.

Je suppose que le colonel est un officier choisi, sans cela il faudrait sur-le-champ le remplacer.

Dans un système de fortification aussi vaste, il faut un homme de tête, car la défense de la place dépend beaucoup de lui, soit sous le point de vue de l'économie des poudres, soit sous le point de vue de la direction des feux.

Envoyez un capitaine d'ouvriers pour présider à la confection des affûts bâtards et aux réparations de la place.

Veillez à ce que les quatre officiers de chaque compagnie soient présents et à ce qu'on remplace ceux qui manqueraient ; les capitaines en second doivent y être. Il faut beaucoup d'officiers dans un grand siège ou l'on en perd beaucoup. Il faut un officier pour commander en chef, un pour commander en second et des officiers en bon nombre. Envoyez des Hollandais. Envoyez d'ici beaucoup de jeunes gens, tant d'artillerie que du génie.

4710. — DÉCISION (2).

Fontainebleau, 13 octobre 1810.

Rapport relatif à la remise du matériel d'artillerie française au royaume d'Italie en exécution du décret du 22 janvier 1810.

Renvoyé par l'Empereur avec une lettre à ce sujet du prince vice-roi d'Italie, avec ordre de faire un rapport définitif sur cette affaire.

(1) Copie certifiée.

(2) Non signée; extraite du « Travail du ministe de la guerre avec S. M. l'Empereur et Roi, daté du 19 septembre 1810 ».

4711. — AU GÉNÉRAL LACUÉE.

Fontainebleau, 13 octobre 1810.

Monsieur le comte de Cessac, je vous envoie les états de recettes et dépenses de la province de Burgos. Faites-en classer les dépenses, et faites-moi connaître les observations auxquelles elles donnent lieu.

NAPOLÉON.

4712. — AU GÉNÉRAL LACUÉE.

Fontainebleau, 13 octobre 1810.

Monsieur le comte de Cessac, je pense qu'il est convenable d'approvisionner Barcelone, en pourvoyant à ce qui est nécessaire pour le nolis et pour les assurances. Vous pouvez commencer par 5.000 quintaux métriques ou 10.000 quintaux, poids de marc. Le négociant s'engagera à avoir ce blé embarqué avant le 20 novembre, et à n'être payé que des quintaux qu'il fera parvenir. Comme je payerai l'assurance, les pertes, comme de raison, seront à ses frais. Si l'on voit que cette expédition marche bien, on pourra continuer successivement.

NAPOLÉON.

4713. — DÉCISION.

Fontainebleau, 14 octobre 1810.

Il manque 170 hommes au complet du 2e bataillon expéditionnaire.

On peut prendre à Belle-Ile, si cela est nécessaire.

NAPOLÉON.

4714. — DÉCISION (1).

Fontainebleau, 14 octobre 1810.

Le ministre des relations extérieures a transmis une lettre du ministre anglais Canning, qui sollicite pour M. Palmer, vieillard irlandais et membre de sociétés savantes, la permission de retourner pour quelque temps dans sa patrie.

Accordé son retour en Angleterre.

(1) Non signée; extraite du « Travail du ministre de la guerre avec S. M. l'Empereur et Roi, daté du 19 septembre 1810 ».

4715. — DÉCISION (1).

Proposition de ne pas évacuer la place de Steenbergen et d'y laisser son artillerie.

La défense de Berg-op-Zoom paraît liée avec celle de Steenbergen.

A présenter au conseil de septembre.

4716. — DÉCISION.

Fontainebleau, 15 octobre 1810.

Avis du Conseil d'Etat sur le fonctionnement de la commission de liquidation des comptes des régies.

Approuvé.

NAPOLÉON.

4717. — DÉCISIONS (2).

Fontainebleau, 16 octobre 1810.

On rend compte à Sa Majesté de l'exécution de ses ordres pour la continuation de l'épreuve des fusées incendiaires, et on demande un fonds extraordinaire de 50.000 francs destiné aux dépenses occasionnées par ces épreuves.

Accordé.

On met sous les yeux de Sa Majesté une demande du capitaine portugais Lobo, qui a pour objet d'obtenir comme avance ou comme secours une somme de 1.200 francs, et on propose à Sa Majesté d'accorder à cet officier 600 francs à titre d'avance remboursable sur ses biens après sa rentrée en Portugal.

Lui accorder les 1.200 francs qu'il demande.

M. Schneider, officier d'état-major, ancien aide de camp du général de division Musnier, est auteur

Approuvé.

(1) Extraite du « Travail du ministre de la guerre avec S. M. l'Empereur et Roi, daté du 14 octobre 1810 ».

(2) Non signées; extraites du « Travail du ministre de la guerre avec S. M. l'Empereur et Roi, daté du 14 octobre 1810 ».

d'un ouvrage intéressant sur l'histoire et la description des îles Ioniennes.

Cet ouvrage, qui est orné de cartes très bien faites, paraît devoir être déposé au dépôt général de la guerre.

On propose à Sa Majesté d'accorder à M. Schneider, tant pour l'indemnité des dépenses de cet ouvrage que pour une mission qu'il a été remplir à Corfou, une somme de 4.000 francs.

Le 2e bataillon étranger est fort de 843 hommes, son complet doit être de 851.

On demande à Sa Majesté si les déserteurs qui arrivent à Milan ne doivent pas toujours être dirigés sur ce bataillon et sur le 3e qui est en Corse.

Continuer jusqu'à ce qu'il soit à 900 hommes; après que ces bataillons seront complets, demander au roi de Naples que, s'il veut prendre à son service ces régiments de déserteurs autrichiens, on les lui enverra de Milan au fur et à mesure qu'ils déserteront.

Le ministre de la guerre demande le passage d'un chasseur du 4e régiment dans la gendarmerie de Naples.

Approuvé.

On soumet à Sa Majesté la demande de congé absolu pour un soldat du 13e régiment de ligne, dont le père, âgé de 91 ans, a eu six enfants au service.

Accordé.

On propose à Sa Majesté d'attacher au gouvernement de la Navarre, où il se trouve peu d'officiers d'état-major, l'adjudant commandant Maucune, disponible à Paris depuis la dissolution de l'armée d'Allemagne.

Approuvé.

On soumet à Sa Majesté la demande d'un congé de trois mois avec appointements que fait le sieur Montbrun, colonel du 7e régiment

Approuve.

de chasseurs, pour soigner sa santé.	
M. de Laforest pense qu'il n'y a pas d'inconvénient à permettre le retour en Espagne d'un ex-secrétaire de légation à Rome, qui a prêté serment de fidélité et qui n'a pris aucune part à l'insurrection.	Approuvé.
Le ministre rend compte à Sa Majesté de la proposition faite par le ministre des travaux publics de faire avancer par ce Trésor la gratification accordée aux troupes qui gardent les côtes de la Hollande et des villes hanséatiques sur les fonds provenant des saisies en confiscation en matière de douanes.	Approuvé.

4718. — DÉCISION.

Fontainebleau, 16 octobre 1810.

Rapport sur l'exécution de l'ordre de l'Empereur relatif aux hommes qui doivent sortir des bataillons de tirailleurs corses et du Pô.	Approuvé. NAPOLÉON.

4719. — AU GÉNÉRAL LACUÉE.

Fontainebleau, 16 octobre 1810.

Monsieur le comte de Cessac, j'approuve que vous complétiez l'approvisionnement de Corfou, et que vous y dirigiez 15.000 quintaux, poids de marc, par la voie de Turin et d'Alger. Je vous accorderai les crédits qui vous seront nécessaires pour cet objet.

NAPOLÉON.

4720. — DÉCISIONS (1).

Fontainebleau, 16 octobre 1810.

On rend compte à Sa Majesté que des militaires du 96e régiment ont volontairement donné leurs capotes à des prisonniers français échappés des pontons, et que ce régiment prend de là occasion de demander une fourniture extraordinaire de 1.264 capotes dont il annonce avoir besoin.

On pense qu'il suffit, pour le moment, de rendre au 96e les 154 capotes qu'il a données.

On prie Sa Majesté de faire connaître ses intentions.

Approuvé.

NAPOLÉON.

On rend compte que des marchandises appartenant à la 13e demi-brigade d'élite de la légion portugaise ont été confisquées aux douanes de Mayence et qu'elles y seront retenues jusqu'au paiement des droits auxquels sont assujetties les marchandises d'origine étrangère.

Ces marchandises étant destinées à la confection d'effets pour les soldats de cette demi-brigade, on prie Sa Majesté de vouloir bien les affranchir de ces droits et d'ordonner leur libre rentrée en France.

Accordé.

NAPOLÉON.

4721. — AU GÉNÉRAL CLARKE.

Fontainebleau, 17 octobre 1810.

Monsieur le duc de Feltre, vous recevrez un décret par lequel j'organise les régiments d'Isembourg et de la Tour d'Auvergne à six bataillons de six compagnies chacun. Vous y verrez que j'ordonne qu'indépendamment du colonel, il y ait un colonel en second, Les

(1) Extraites du « Travail du ministre directeur de l'administration de la guerre avec S. M. l'Empereur et Roi, daté du 14 octobre 1810 ».

neuf compagnies qui sont à Corfou, appartenant au régiment d'Isembourg, devant former deux bataillons, donnez ordre que les cadres des trois compagnies nécessaires soient envoyés à Corfou par un des deux bataillons qui sont à Naples, avec tous les hommes nécessaires pour porter ces deux bataillons à 1.680 présents. Nommez-y un colonel en second, qui se rendra à Corfou et commandera les deux bataillons.

NAPOLÉON.

4722. — AU GÉNÉRAL CLARKE.

Fontainebleau, 17 octobre 1810.

Monsieur le duc de Feltre, je n'approuve aucune des dispositions renfermées dans ce rapport (1). Présentez-moi un projet pour former les quatre colonnes, comme je l'ai ordonné. Celle du colonel Henry formera la première ; celle qui est dans le département de la Creuse formera la seconde, les deux autres partiront de Paris. Le présent des gendarmes d'élite est de plus de 240 hommes à pied ; il n'y en a pas besoin à Paris ; 15 suffisent pour le service de la Cour. Faites-moi connaître d'ailleurs les départements qu'ils ont à parcourir. On leur joindra des gendarmes à pied et à cheval, pris dans ces départements. Il est singulier que, lorsque je donne un ordre, il y ait toujours des *si* et des *mais* à opposer à son exécution. 240 gendarmes d'élite que je demande et 100 qui sont en Espagne, ne font que 340 ; or le présent sous les armes de la gendarmerie d'élite est plus considérable. Si vous avez donné des ordres contraires, contremandez-les tous. Proposez-moi quatre officiers supérieurs pour mettre à la tête des quatre colonnes.

Il n'y a pas de difficultés à joindre aux 60 gendarmes d'élite 40 ou 50 gendarmes des départements, ce qui fera des colonnes d'une centaine d'hommes, qui, avec un officier supérieur, feront partout exécuter les ordres.

NAPOLÉON.

4723. — DÉCISION.

Fontainebleau, 17 octobre 1810.

Le général Clarke rend compte que les deux bataillons expéditionnaires des Indes, venant de Hol-

Faire passer ces bataillons, au lieu de Paris, par Versailles, où le ministre les fera passer en re-

(1) Le rapport en question, relatif à la formation de colonnes mobiles, n'est pas joint à l'ordre de l'Empereur.

lande, arriveront à Paris le 20 octobre.

vue et les dirigera sur Saint-Malo et sur Nantes.

NAPOLÉON.

4724. — DÉCISION (1).

Fontainebleau, 17 octobre 1810.

Sa Majesté est priée de prononcer, soit sur l'acquisition du ci-devant hôtel de Luynes et d'une maison voisine pour le casernement de la cavalerie de la garde impériale à Compiègne, soit sur la location de ces bâtiments.

Approuvé, payer en deux ans.

4725. — AU MARÉCHAL BERTHIER.

Fontainebleau, 18 octobre 1810.

Mon Cousin, écrivez au général Caffarelli de diriger sur Pampelune les détachements ci-après, aussitôt que les bataillons de marche dont ils font partie seront arrivés à Tolosa, savoir :

Les 149 hommes du 32e de ligne et les 161 hommes du 58e qui arrivent avec le régiment de marche de l'armée du Midi, et les 200 hommes du 121e qui arrivent avec le 1er bataillon de marche de l'armée d'Aragon.

Total : 510 hommes, pour être incorporés dans les compagnies de leurs corps qui font partie du 1er régiment provisoire de Navarre.

Les 200 hommes du 2e légère, les 100 hommes du 4e et les 100 hommes du 15e, qui font partie du 3e bataillon du 2e régiment de marche de l'armée de Portugal.

Total 400 hommes, pour être incorporés dans les détachements de leurs corps qui composent le 2e régiment provisoire de Navarre.

Les 58 hommes du 14e de ligne qui font partie du bataillon de marche d'Aragon.

Les 100 hommes du 34e, les 100 hommes du 54e et les 94 hommes du 88e qui font partie du 1er régiment de marche de l'armée du Midi.

(1) Non signée; extraite du « Travail du ministre de la guerre avec S. M. l'Empereur et Roi, daté du 19 septembre 1810 ».

Total 352, pour être incorporés dans les compagnies que ces régiments ont dans le 4e régiment provisoire de Navarre.

Ce qui fera une augmentation de 1.262 hommes pour les régiments de Navarre. Prévenez-en le général Reille. Recommandez-lui de prendre un soin particulier de l'organisation de ces régiments provisoires, de les fournir de ce qui leur manque et de les tenir en bon état.

Moyennant ce, le 1er régiment de marche de l'armée du Midi se trouvera diminué de 500 à 600 hommes. Il sera donc convenable que, des deux bataillons, le général Caffarelli n'en forme plus qu'un qui se trouvera composé savoir :

De	104	hommes	du 21e légère ;
—	127	—	du 28e ;
—	67	—	du 40e ;
—	100	—	du 64e ;
—	70	—	du 63e ;
—	104	—	du 100e ;
—	86	—	du 103e.

TOTAL.. 658 hommes. On l'appellera : bataillon de marche de l'armée du Midi.

Le 2e régiment de marche de l'armée de Portugal se trouvera également diminué, savoir :

De	215	hommes	du 2e légère ;
—	88	—	du 4e ;
et	103	—	du 15e.

TOTAL.. 406 hommes de diminution. Il faudra n'en former qu'un seul bataillon qui sera composé savoir :

De	157	hommes	du 17e léger ;
—	297	—	du 65e ;
—	92	—	du 22e de ligne ;
—	89	—	du 27e ;
—	95	—	du 39e ;
—	125	—	du 59e ;
—	95	—	du 69e ;
—	79	—	du 76e.

TOTAL.. 1.029 hommes. Ce bataillon fera partie du 1er régiment de marche de l'armée de Portugal.

Le bataillon de marche d'Aragon, réduit aux 196 hommes du 5e légère et 377 hommes de la légion de la Vistule, ne sera plus que de 573 hommes. Donnez ordre qu'il se rende à Pampelune où il sera sous les ordres du général Reille et fera partie de sa division.

Par contre, vous donnerez l'ordre au général Reille de renvoyer de Pampelune à Vitoria les 307 hommes du 43e de ligne qui font partie du 4e régiment provisoire et les 280 du 50e, qui sont au 3e régiment provisoire, ce qui fait 587 hommes.

Ces deux détachements seront incorporés par le général Caffarelli, le 1er dans le 4e bataillon du 43e et le second dans le 3e du 50e, qui sont en Biscaye. Les cadres des compagnies du 5e bataillon rentreront à leur dépôt.

Ainsi, le général Reille aura sous ses ordres :

1° Les quatre régiments provisoires formant actuellement.	7.500	hes envir.
auxquels on envoie un renfort de.	1.262	—
TOTAL.	8.762	hommes.
d'où il faut déduire les détachements des 43e et 50e qu'on renvoie en Biscaye.	587	—
Reste pour total des quatre régiments provisoires.	8.175	hommes.
2° Le bataillon de marche d'Aragon.	573	—
Total des troupes en Navarre.	8.748	hommes.

Et, de son côté, le général Caffarelli :

1° Le bataillon de marche de l'armée du Midi fort de.		658	hommes.
2° Les trois bataillons de marche de l'armée du Portugal, savoir:			
Les deux du 1er régiment actuel.	1.548	2.577	hommes.
Le 3e bataillon réuni avec le 4e.	1.029		
3° Le 4e bataillon du 43e.	648	955	—
renforcé du détachement venant de Navarre.	307		
4° Le 3e bataillon du 50e.	726	1.006	—
renforcé du détachement de Navarre. . .	280		
5° Le 3e bataillon du 25e léger.		630	—
6° Et les deux bataillons des gardes nationales de la garde.		2.000	—
TOTAL.		7,816	hommes.

Au lieu de trois brigades, cette division n'en formera que deux seulement de la manière suivante :

1re brigade : le bataillon de marche de l'armée du Midi ; le 4e bataillon du 43e ; les deux bataillons des gardes nationales de la garde.

Total : quatre bataillons.

2e brigade : les trois bataillons de marche du Portugal ; le 3e bataillon du 50e ; et le 3e bataillon du 25e léger.

Total : cinq bataillons.

Je suppose que la brigade de cavalerie légère du général Watier, qui arrive le 22 octobre à Bayonne, a ordre de continuer sa route sur Vitoria.

NAPOLÉON.

4726. — AU MARÉCHAL BERTHIER.

Fontainebleau, 18 octobre 1810.

Mon Cousin, je n'approuve pas la proposition du général Seras. Mon intention est de diriger ces quatre bataillons auxiliaires sur l'armée de Portugal pour les incorporer dans les bataillons qui s'y trouvent, en mettant les détachements d'infanterie de ligne dans les régiments de ligne et les détachements d'infanterie légère dans les régiments d'infanterie légère, à cause de l'économie qui en résultera pour les uniformes. Mais je crois qu'il faut attendre l'issue de la bataille qui va avoir lieu, afin de les donner aux régiments qui viendraient à faire le plus de pertes.

NAPOLÉON.

4727. — AU GÉNÉRAL LACUÉE.

Fontainebleau, 18 octobre 1810.

Monsieur le comte de Cessac, donnez ordre que les cadres des 3e, ... (1) et 7e bataillons du train rentrent d'Espagne. Ils peuvent laisser leurs chevaux, leurs harnais et leurs voitures aux autres bataillons. Ces trois bataillons, joints au deuxième qui est de retour de

(1) Resté en blanc.

Catalogne et au 12e qui est à Strasbourg, feront cinq bataillons qui seront destinés à l'armée d'Allemagne. Ordonnez d'abord que ces cadres reviennent à Bayonne.

NAPOLÉON.

4728. — AU MARÉCHAL BERTHIER.

20 octobre 1810.

Mon Cousin, écrivez au général Caffarelli qu'il est bien important qu'il fasse partir sans délai pour le corps du général Drouet tous les régiments de la 2e division du 2e corps, en les faisant marcher à grandes journées (1).

4729. — AU MARÉCHAL BERTHIER.

Fontainebleau, 20 octobre 1810.

Mon Cousin, donnez ordre que les 3es compagnies des 5es bataillons des 44e, 46e, 51e, 55e, 75e, 25e, 28e et 36e, qui font partie du bataillon de marche d'arrière-garde et qui arrivent le 30 à Bayonne, se dirigent sur Pampelune où ce bataillon sera dissous et où ces compagnies rejoindront les compagnies de leurs régiments aux 3e et 4e régiments provisoires, de sorte que le 3e régiment provisoire sera composé de la manière suivante : 1er bataillon, trois compagnies du 5e bataillon du 44e, au lieu de deux, et trois compagnies du 5e bataillon du 46e, au lieu de deux, et ainsi de suite. Vous voyez par là que je n'approuve pas la proposition du ministre de la guerre de faire revenir ces cadres en France. Les cadres de ces compagnies me paraissent nécessaires aux 5es bataillons.

NAPOLÉON.

4730. — AU GÉNÉRAL CLARKE (2).

Fontainebleau, 20 octobre 1810.

Monsieur le duc de Feltre, donnez ordre à la légion portugaise, qui est à Paris, d'en partir lundi pour se rendre à Orléans.

---

(1) Non signé; l'expédition a eu lieu le 21,
(2) Non signé. Copie certifiée.

4731. — AU GÉNÉRAL CLARKE.

Fontainebleau, 21 octobre 1810.

Monsieur le duc de Feltre, il y a un bataillon étranger à Utrecht. Ne serait-il pas convenable de l'incorporer dans les régiments hollandais ? Mais cela ne pourra être décidé que lorsque j'aurai le rapport sur la formation des régiments hollandais.

Il y a à l'article des régiments croates, dans votre livret des troupes françaises par ordre numérique, un dépôt à Toulon composé d'un officier et de 188 hommes. Faites-moi connaître ce que cela veut dire.

Il y a à Alexandrie la 9e compagnie de pionniers français. Je désirerais qu'on dédoublât cette 9e compagnie et qu'on en formât une nouvelle qui s'appellerait 10e compagnie qu'on compléterait à 160 hommes, tous Français, et le plus possible de l'ancienne France, et qu'on dirigerait sur Otrante, où elle s'embarquerait pour Corfou.

Napoléon.

4732. — AU GÉNÉRAL CLARKE.

Fontainebleau, 21 octobre 1810.

Monsieur le duc de Feltre, il y a trop de dépôts de cavalerie dans les 27e et 28e divisions militaires. Donnez l'ordre aux dépôts du 24e et du 3e de chasseurs de se rendre dans la 6e division militaire. Par ce moyen, il ne restera plus que le 14e de chasseurs dans la 27e division militaire.

Donnez ordre que le dépôt du 15e de chasseurs s'approche de l'Espagne. Je vous laisse le choix entre Arles et Auch.

Donnez ordre que le dépôt du 23e de chasseurs soit envoyé dans la 6e division militaire. Ainsi il ne restera dans la 28e division militaire que le 19e de chasseurs, et il sortira des deux divisions quatre dépôts de cavalerie.

Napoléon.

4733. — AU GÉNÉRAL CLARKE.

Fontainebleau, 21 octobre 1810.

Monsieur le duc de Feltre, le 24e régiment d'infanterie légère tiendra garnison à Paris jusqu'à nouvel ordre et y fera le service.

Napoléon.

4734. — AU GÉNÉRAL CLARKE.

Fontainebleau, 21 octobre 1810.

Monsieur le duc de Feltre, donnez ordre aux dépôts des tirailleurs corses et du Pô d'envoyer tout ce qu'ils ont de disponible à Boulogne pour renforcer ces deux bataillons.

NAPOLÉON.

4735. — AU GÉNÉRAL CLARKE.

Fontainebleau, 21 octobre 1810.

Monsieur le duc de Feltre, le régiment de la Méditerranée étant composé de Français, il faut le faire porter dans les livrets à la suite des régiments français et ne pas le confondre avec les régiments allemands d'Isembourg, de la Tour d'Auvergne, de Prusse, etc.

NAPOLÉON.

4736. — DÉCISION.

Fontainebleau, 21 octobre 1810.

Le général Clarke rend compte que le dépôt du 113e de ligne, stationné à Orléans, offre des ressources suffisantes pour envoyer 500 à 600 hommes à ses deux 1ers bataillons en Espagne et pour diriger sur la même région son 3e bataillon complété à 600 hommes.

Mon intention n'est pas de renvoyer ce 3e bataillon en Espagne, mais lorsque les 3e, 4e et 5e bataillons seront complétés, de les placer dans une place forte au camp de Boulogne pour les mettre dans le cas de se former promptement. Ces deux bataillons compteront pour l'armée d'Allemagne.

NAPOLÉON.

4737. — DÉCISION.

Fontainebleau, 21 octobre 1810.

Le général Clarke propose de transférer d'Avignon à Maëstricht le dépôt du régiment Joseph-Napoléon.

Approuvé.

NAPOLÉON.

4738. — DÉCISION.

Fontainebleau, 21 octobre 1810.

Le colonel du 9e hussards demande qu'il soit envoyé 100 hommes à pied du dépôt de ce corps aux deux premiers escadrons qui sont à La Rochelle.

Approuvé ce mouvement. Ordonner la même chose pour tous les régiments qui ont des hommes au dépôt et des chevaux disponibles aux escadrons de guerre.

NAPOLÉON.

4739. — DÉCISION.

Fontainebleau, 21 octobre 1810.

Le général commandant la 26e division militaire demande que le dépôt du bataillon des tirailleurs corses soit transféré de Deux-Ponts à Trèves.

Approuvé.

NAPOLÉON.

4740. — DÉCISION (1).

On propose à Sa Majesté d'employer sous les ordres du gouverneur général des îles Ioniennes les généraux de brigade Barquier et Pouchin.

Le premier s'est distingué au siège de Santo-Domingo et le second à celui de Gênes.

Sa Majesté n'a pas jugé à propos de donner suite à cette proposition.

4741. — AU GÉNÉRAL CLARKE.

Fontainebleau, 22 octobre 1810.

Monsieur le duc de Feltre, vous donnerez l'ordre que trois compagnies de marche soient formées dans le régiment de la Méditerranée. L'une sera tirée du bataillon qui est à Porto-Ferrajo et sera composée de 200 hommes choisis dans ce qu'il y a de mieux dans ce bataillon, et parlant la langue française, c'est-à-dire nés dans les

(1) Sans signature ni date; extraite du « Travail du ministre de la guerre avec S. M. l'Empereur et Roi, daté du 21 octobre 1810 ».

anciens départements. La seconde compagnie de marche sera formée à Bastia, et selon le même principe ; la troisième sera formée à Ajaccio. Ces trois compagnies, formant 600 hommes, s'embarqueront séparément pour Livourne, et, arrivées à Livourne, se dirigeront séparément sur Rome, où le major du 14e régiment d'infanterie légère les passera en revue. Il retiendra les hommes malingres ou mal habillés, et après avoir fait fournir aux autres tout ce qui leur manquerait, il les dirigera sur Otrante, où ils s'embarqueront pour Corfou. Le général Donzelot les incorporera dans le 14e régiment d'infanterie légère : il restera le maître d'employer les officiers et les sous-officiers dans les deux bataillons du 14e léger. Ce sera donc un recrutement de 600 hommes pour ce régiment ; ce qui, avec la compagnie de pionniers qui doit partir d'Alexandrie, augmentera la garnison de Corfou d'environ 800 hommes.

NAPOLÉON.

4742. — DÉCISION.

Fontainebleau, 22 octobre 1810.

Lundi prochain auront lieu les épreuves des nouvelles pièces de fonte coulées à La Haye.

Renvoyé au ministre de la guerre, pour savoir si c'est lui qui a ordonné ces fontes.

NAPOLÉON.

4743. — AU GÉNÉRAL CLARKE.

Fontainebleau, 23 octobre 1810.

Monsieur le duc de Feltre, il y a trop de généraux d'artillerie en Espagne. Il y a à l'armée de Catalogne les généraux Taviel et Noury ; il faut faire revenir un de ces deux généraux en France ; un seul suffit en Catalogne. Il y a au 9e corps les généraux Couin et Ruty ; il faut faire revenir l'un des deux en France.

Il y a en Portugal quatre généraux d'artillerie ; je crois que deux suffiraient.

NAPOLÉON.

4744. — DÉCISION.

Fontainebleau, 23 octobre 1810.

Dispositions proposées pour la formation des quatre colonnes mobiles destinées à opérer dans les

Approuvé.

NAPOLÉON.

départements de la Lys, de la Creuse, de l'Aveyron et des Basses-Pyrénées.

4745. — DÉCISION.

Fontainebleau, 23 octobre 1810.

Le général Clarke rend compte que, conformément aux ordres de l'Empereur, il a fait diriger sur Versailles les deux bataillons expéditionnaires des Indes, formés en Hollande.

Approuvé.

NAPOLÉON.

4746. — DÉCISIONS (1).

23 octobre 1810.

On propose à Sa Majesté d'accorder au général de division Macors, commandant d'armes de la place de Lille, un congé de deux mois avec appointements pour se rendre à Liège où il a des affaires de famille à régler.

Accordé.

S. A. I. le vice-roi d'Italie demande qu'il soit accordé un congé aux généraux de brigade Alméras et Teste, employés à l'armée d'Italie.

Sa Majesté est priée de faire connaître si son intention est d'accorder un congé d'un mois avec appointements au général Alméras, et un congé de quatre mois avec appointements au général Teste.

Accordé.

Le ministre plénipotentiaire du roi de Wurtemberg réclame comme sujets de son souverain quatre soldats du 1er bataillon étranger.

Accordé, si les soldats consentent.

(1) Non signées; extraites du « Travail du ministre de la guerre avec S. M. l'Empereur et Roi, daté du 21 octobre 1810 ».

M. le baron de Lutzow réclame également, au nom de la cour de Mecklenburg-Schwerin, un autre soldat du même bataillon.

4747. — AU GÉNÉRAL CLARKE.

Fontainebleau, 24 octobre 1810.

Monsieur le duc de Feltre, je reçois votre lettre du 21 avec les états de l'armement de Corfou. Ces états sont très bien faits et conformes à mes intentions. Je désire y faire les modifications suivantes :

D'abord, en sus des 30 canons d'un calibre supérieur à 26 proposés pour l'armement, vous proposez de laisser 1 pièce de 37, 2 pièces de 36, 1 pièce de 27 et 3 pièces de 26, c'est-à-dire 7 pièces de plus que le nombre prescrit. Je désirerais qu'indépendamment de ces 7 pièces, vous n'évacuassiez pas les 2 autres pièces de 36, ce qui ferait 2 pièces de 36 de plus, et, ainsi, il y aurait 39 pièces, dont 9 seraient en réserve. Cela me paraît d'autant plus utile, que mes vaisseaux pourraient, dans la circonstance, prendre de ces pièces de 36 en fer.

Outre les 60 pièces de 16 à 26, je désirerais laisser les 3 pièces de 24 et les 6 pièces de 18 que vous voulez évacuer. Ainsi, au lieu de 14 pièces de 16 à 26, que vous proposez de laisser, vous en laisseriez 23. Ces pièces de 24 et de 18 peuvent être utiles à mes vaisseaux. Il n'y a aucun inconvénient à avoir un certain nombre de pièces de plus ; elles n'ont pas besoin d'approvisionnements.

Quant aux pièces de 10 à 16, je n'ai aucune observation à faire.

Pour celles de 10 à 3, je vois que vous manquez de 34.000 boulets. Je préférerais employer les 21.000 boulets de 8 qui existent à Corfou, et y envoyer, à cet effet, 20 pièces de 8. Alors, au lieu de 34.000 boulets, ce ne serait plus que de 13.000 dont on aurait besoin, ce qui ferait une grande économie. Je désire que l'on n'évacue aucune pièce en fer. Pour l'approvisionnement, il ne faudrait, à la rigueur ni boulets, ni affûts, ni poudre ; elles seraient là pour valoir ce que de raison.

Je ne conçois pas bien pourquoi vous portez 153 bombes de 12 pouces 2 lignes, comme inutiles. Pourquoi ne pas conserver 2 mortiers de 12 pouces 8 lignes, pour employer ces 153 bombes ? Ils serviraient en même temps de pierriers. Je dirai la même chose pour toutes les bombes portées dans l'état des projectiles non employés à l'armement. Il faut les comprendre pour l'approvisionnement, et garder des mortiers pour employer ces calibres. Alors, au lieu de 10.000 bombes, on en aurait 12.000.

Ainsi, je vois qu'il faut envoyer 20 pièces de 8 en bronze et en fer. Vous pourrez en envoyer 16 de siège et 4 de bataille. Vous aurez également à envoyer 4 mortiers à semelle, 2 mortiers à la Gomer, 4 obusiers de 6 pouces, 10 obusiers de 5 pouces 6 lignes et 20 obusiers de 4 pouces 8 lignes, ce qui ferait 60 mortiers et obusiers à envoyer. Je crois qu'une partie des pièces de 8 pourrait être envoyée d'Italie. Au lieu de 59.000 boulets, il n'en faudrait plus que 38.000.

Je désirerais que les 80 affûts que vous envoyez fussent des affûts de place, et que vous y joignissiez des bois, pour faire des affûts d'un calibre supérieur à 26. L'état n° 3 est donc à refaire.

A ces changements près, j'approuve votre travail. Lorsque ces états seront rectifiés, vous les adresserez au ministre de la marine.

Je désire qu'il soit ajouté un quart en sus à tout ce qu'on veut envoyer. Par exemple, on envoie 4 mortiers à semelle, il faut en envoyer 5 ; 4 obusiers de 6 pouces, on en enverra 5 ; 10 obusiers de 5 pouces 6 lignes, on en enverra 13 ; 20 obusiers de 4 pouces 8 lignes, on en enverra 26, ainsi de suite. Une colonne de l'état doit contenir ce qui est nécessaire, une autre ce qui partira. Je suppose que ce quart peut être perdu en route. Les deux tiers de ces objets contenus dans cette nouvelle colonne partiront de Toulon, l'autre tiers partira d'Ancône. Ainsi, sur 5 mortiers à plaque, 3 partiront de Toulon, dont 1 en fer, tiré de ces galiottes à bombes, et les 2 autres en bronze, et les 2 autres partiront d'Ancône et ainsi de suite pour le reste.

On suivra la même marche pour la poudre : au lieu de 100 milliers, on en enverra 125 milliers, dont 83 milliers partiront de Toulon et 42 milliers d'Ancône. Je parle du poids de marc.

Quand ces états seront ainsi faits, vous les soumettrez à mon approbation ; et ils seront ensuite envoyés au ministre de la marine et au vice-roi pour les expéditions à faire de Toulon et d'Ancône.

Je ne vois pas dans vos états d'outils de pionniers, de mineurs, je ne vois pas d'ingrédients nécessaires à s'éclairer la nuit. Il n'y aurait pas d'inconvénient à envoyer quelques réchauds de fer et autres objets de cette nature.

Je suppose que vous n'oubliez pas les fusils. Je crois qu'il serait bon d'envoyer même quelques fusils de rempart.

NAPOLÉON.

P.-S. — Faites connaître au gouverneur de Corfou que je le rends responsable de l'exécution de mes ordres relativement au placement de l'artillerie, et que, si Corfou venait à se rendre par le manque de poudre, c'est à lui que je m'en prendrais ; qu'il doit veiller, sous sa responsabilité, à ce qu'on ne tire pas des pièces de 18 où il ne faut tirer que des pièces de 12 et des pièces de 12 où il ne faut tirer que du 3 ou 6.

Vous devez bien lui expliquer sur quels principes est fondé l'armement de Corfou ; que les pièces d'un calibre supérieur à 26 ne doivent pas être employées hors de l'enceinte de la ville, excepté au Lido ou sur la côte, à 300 toises de la ville ; que c'est la véritable défense ; que ces canons ne doivent jamais tomber dans les mains de l'ennemi ; que les batteries des îles environnantes et à 600 toises de la place, peuvent être armées de pièces de calibre de 10 à 16 seulement ; que ces pièces doivent être toutes en fer, et aucune en bronze ; qu'il ne doit y avoir que la quantité de poudre nécessaire à l'approvisionnement des pièces, de sorte que ces batteries venant à être prises par l'ennemi, on ne perde presque point de poudre ; que les pièces de 16 à 26 doivent être dans la citadelle ou dans la ligne magistrale de la place (s'il en était mis dans les ouvrages avancés, il faudrait que la nécessité en fût reconnue par un conseil, et que ce ne fût que dans des points très importants), que le calibre de 16 à 26 est le véritable mobile de la défense de la place ; qu'il est reconnu en principe que les boulets de 16 et de 12 font le même effet, contre les ouvrages en terre, que des boulets d'un calibre supérieur, et que les premiers ont l'avantage d'économiser la poudre ; que les canons de 10 à 3 doivent servir pour les ouvrages de campagne, de places et autres ouvrages de défense analogue ; qu'enfin, le présent ordre d'armement reçu, il est nécessaire que le conseil de défense s'assemble et fasse toutes les dispositions en conséquence.

NAPOLÉON.

4748. — AU GÉNÉRAL CLARKE.

Fontainebleau, 24 octobre 1810.

Monsieur le duc de Feltre, la légion portugaise arrive le 26 à Orléans. Comme il ne faut pas trop charger cette ville, faites placer ces troupes sur la route d'Orléans à Limoges.

NAPOLÉON.

4749. — DÉCISION.

Fontainebleau, 24 octobre 1810.

Le général Clarke propose de transférer de Metz à Pont-à-Mousson le dépôt et les quatre escadrons du 5e cuirassiers.

Approuvé.

NAPOLÉON.

4750. — AU GÉNÉRAL LACUÉE.

Fontainebleau, 24 octobre 1810.

Monsieur le comte de Cessac, j'ai reçu les états de votre budget pour l'exercice 1810. Remettez-moi le même état pour 1806, 1807, 1808 et 1809. Pour l'exercice 1806, je vous ai accordé 175 millions 401.789 francs, dont j'ai mis 1.828.805 francs en suspens. Faites-moi connaître si ces 1.828.805 francs vous sont nécessaires, et quelle est la situation de cet exercice. Pour l'exercice 1807, je vous ai accordé 140.949.468 francs dont 1.603.757 francs sont mis en suspens. Pour 1808, je vous ai accordé 152.767.000 francs.

Enfin, je vous ai accordé pour 1809 165.500.000 francs. Il est indispensable que je sache si ces quatre crédits vous suffisent et quelle est votre situation au vrai. Si ces sommes ne suffisent pas, faites-moi connaître ce qu'il vous faudrait, et quand les paiements devraient être effectués.

NAPOLÉON.

4751. — DÉCISIONS (1).

Fontainebleau, 24 octobre 1810.

On rend compte à Sa Majesté que, lorsque le général César Ber-

Approuvé.

(1) Non signées; extraites du « Travail du ministre de la guerre avec S. M. l'Empereur et Roi, daté du 21 octobre 1810 ».

thier a quitté Corfou, il lui a été fait l'avance de 20.000 francs qui n'ont pas encore été remplacés.

Comme cet officier général n'a touché aucune somme pour les frais de son retour, on demande à Sa Majesté si Elle veut allouer tout ou partie de ces 20.000 francs à titre de frais de voyage.

On rend compte à Sa Majesté du refus du ministre de la guerre hollandais de payer les officiers sans troupe excédant le nombre, déterminé par le décret du 18 août, des régiments de troupes françaises qui doivent rester en Hollande à partir du 1er septembre 1810.

Comme il y a, depuis le 1er octobre, deux régiments de cavalerie de moins que ne le porte le décret et que la dépense de ce régiment est à peu près équivalente, on propose à Sa Majesté d'ordonner que la Hollande paiera par compensation les états-majors à partir de cette époque.

Renvoyé à M. l'archi-trésorier pour donner des ordres en conséquence.

On rend compte à Sa Majesté qu'il est nécessaire de fixer indistinctement à 1 franc la ration, l'indemnité représentative des fourrages qui ne sont point distribués en nature, afin de faire disparaître toutes les difficultés que présenteront les diverses fixations qui existent en ce moment.

Approuvé.

On propose à Sa Majesté de décider qu'à compter du 1er janvier prochain les revues mensuelles d'inspection des dépôts de toutes armes n'auront lieu que tous les trois mois, à l'exception de ceux qui sont dans les 10e et 11e divisions militaires.

Approuvé.

Le nombre des hommes étrangers aux départements au delà des Alpes et de l'île de Corse, qui se sont trouvés dans les bataillons de tirailleurs corses et du Pô, est de 256 hommes, qui seront incorporés dans le 3e bataillon du 18e régiment d'infanterie légère à Perpignan.	Approuvé.
On propose à Sa Majesté de confier au général de brigade Gency le commandement du département de la Seine-Inférieure, en remplacement du général de brigade Destabenrath, qui se rend à l'armée d'Espagne.	Approuvé.
S. A. I. Mme la grande-duchesse de Toscane a ordonné au général de brigade Dalesme, qui commandait le département de l'Ombrone, d'aller prendre le commandement de l'île d'Elbe, en remplacement du général Dazémar, appelé par Son Altesse Impériale à celui du département de l'Ombrone. Ce général est affecté de rhumatismes qui ne lui permettent pas de supporter le climat de l'île d'Elbe. On soumet cette disposition à l'approbation de Sa Majesté.	Approuvé.
Le général de brigade Moreau, employé à l'armée d'Italie et qui a le commandement supérieur d'Ancône, sollicite un congé de convalescence. Sa Majesté est priée de faire connaître si son intention est d'accorder au général de brigade Moreau un congé de trois mois avec appointements.	Approuvé.
On propose à Sa Majesté d'accorder au colonel Striffler, commandant l'infanterie de la légion hanovrienne, un congé de convales-	On n'accorde point de congé devant l'ennemi.

cence de six mois avec appointements pour soigner sa santé.	Accordé.
Le ministre plénipotentiaire de Bade réclame comme sujet badois le nommé M. Weiler, appelé par la conscription au service de son pays. Ce militaire sert en Espagne dans le régiment des lanciers du grand-duché de Berg.	
Le ministre de Suisse sollicite la mise en liberté du domestique de M. Bathurst, dernier ambassadeur d'Angleterre à Vienne. Cet homme est Suisse et a été arrêté à Ancône où le mauvais temps l'a forcé à relâcher en conduisant les équipages de son maître en Angleterre.	Le tenir comme prisonnier pour l'échanger contre des Français.
On met sous les yeux de Sa Majesté la demande que fait M. de Molant pour que son fils, chef d'escadron au service d'Autriche, soit admis dans les troupes françaises avec son grade qui équivaut à celui de capitaine, ou pour qu'il soit autorisé à rester au service d'Autriche.	Il faut d'abord qu'il se fasse amnistier pour avoir porté les armes contre la France, après quoi il pourra être employé.

4752. — DÉCISIONS (1).

Fontainebleau, 24 octobre 1810.

On prie Sa Majesté de vouloir bien accorder un supplément de crédit de 18.315 fr. 40 à la masse du 1er régiment d'infanterie légère, pour donner au conseil d'administration les moyens de pourvoir à tous les remplacements dus cette année.	Accordé. NAPOLÉON.

(1) Extraites du « Travail du ministre directeur de l'administration de la guerre avec S. M. l'Empereur et Roi, daté du 21 octobre 1810 ».

On prie Sa Majesté de vouloir bien accorder un crédit supplémentaire de 33.938 fr. 19 à la masse du 2e bataillon de sapeurs, pour donner au conseil les moyens de pourvoir à la totalité des remplacements dus cette année.	Accordé. NAPOLÉON.
On prie Sa Majesté d'autoriser à faire acquitter à chacune des compagnies des gardes d'honneur de LL. AA. II. Mme la grande-duchesse de Toscane et le prince Camille une somme de 31.000 francs pour première mise d'achat de 62 chevaux.	Accordé (1).

4753. — DÉCISION.

Fontainebleau, 24 octobre 1810.

Rapport sur les discussions qui ont eu lieu en Andalousie entre les autorités militaires et les autorités consulaires au sujet des prises maritimes.	Renvoyé au major général pour faire exécuter les lois de l'Etat et la juridiction de mes conseils. NAPOLÉON.

4754. — DÉCISION.

Fontainebleau, 20 octobre 1810.

Le maréchal Berthier demande l'autorisation de faire passer en jugement le colonel du 13e régiment de dragons, qui s'est rendu coupable d'un acte grave d'insubordination.	Faire mettre cet officier en jugement, conformément aux lois militaires. NAPOLÉON.

4755. — AU MARÉCHAL BERTHIER.

25 octobre 1810.

Mon Cousin, réitérez l'ordre au général Reille de renvoyer à Madrid le 1er et le 2e régiments de marche d'infanterie anciennement

(1) Non signée.

formés. Donnez ordre que le 1er régiment de marche, qui a dû arriver le 20 à Madrid, continue sa route sur l'Andalousie. Le duc de Dalmatie fera incorporer ce régiment et pourra employer le colonel et les officiers dans son corps.

NAPOLÉON.

4756. — AU MARÉCHAL BERTHIER.

Fontainebleau, 25 octobre 1810.

Mon Cousin, il faut que l'officier que vous enverrez au général Drouet aille jusqu'à Madrid et Séville. Il portera au duc de Dalmatie les nouvelles de l'armée de Portugal, tirées des journaux anglais, et l'ordre de pousser sur la Romana, s'il est vrai qu'il ait marché sur le Portugal.

NAPOLÉON.

4757. — AU MARÉCHAL BERTHIER.

Fontainebleau, 25 octobre 1810.

Mon Cousin, vous pouvez envoyer ces journaux anglais au roi d'Espagne qui, peut-être, n'a pas reçu de renseignements aussi clairs.

NAPOLÉON.

4758. — DÉCISION (1).

Fontainebleau, 25 octobre 1810.

Proposition relative à l'envoi d'un officier distingué d'artillerie à Corfou pour y commander cette arme et demande d'avancement en sa faveur.

On désigne à cet effet M. le colonel Corda, directeur de l'arsenal de Metz.

Approuvé.

(1) Non signée; extraite du « Travail du ministre de la guerre avec S. M. l'Empereur et Roi, daté du 21 octobre 1810 ».

4759. — AU GÉNÉRAL CLARKE.

Fontainebleau, 25 octobre 1810.

Monsieur le duc de Feltre, envoyez un courrier extraordinaire porter l'ordre à la brigade de fusiliers de la garde, dont un régiment est à Angers et l'autre à Saumur, de se diriger sur Bayonne. Vous me ferez connaître le jour où ces deux régiments arriveront dans cette ville.

NAPOLÉON.

4760. — AU GÉNÉRAL CLARKE.

Fontainebleau, 25 octobre 1810.

Monsieur le duc de Feltre, donnez ordre que la 3e compagnie de canonniers conscrits de la garde parte après-demain 27, pour aller rejoindre à Bayonne la brigade de fusiliers de la garde. Cette compagnie mènera ses pièces, avec double approvisionnement, dix caissons d'infanterie et les autres objets qui pourraient être nécessaires à l'artillerie de la garde qui est en Espagne.

NAPOLÉON.

4761. — AU GÉNÉRAL CLARKE.

Fontainebleau, 25 octobre 1810.

Monsieur le duc de Feltre, donnez ordre au général de Baraguey-d'Hilliers de réunir en bataillon de marche les compagnies des 4e, 2e et 7e de ligne italiens qui sont arrivées à Perpignan, les 1er, 18 et 23 octobre, afin que ces compagnies puissent aller joindre leurs corps, si cela est nécessaire.

Faites-lui connaître qu'un bataillon de marche de 500 hommes d'infanterie italiens lui arrive le 16 novembre, qu'il sera nécessaire de mettre ensemble ces deux bataillons de marche, qu'à l'heure qu'il est 1.200 chevaux doivent lui être arrivés, que je compte qu'avant le 1er novembre il aura ainsi reçu 12.000 hommes de renfort, infanterie et cavalerie, que les trois bataillons du 16e de ligne, les trois bataillons du 67e, les trois bataillons du 16e léger et les deux bataillons du 11e de ligne, formant 11 bataillons de guerre en bon état, seront, avant le 10 novembre, dans son armée, qu'il aura ainsi un corps de près de 18.000 hommes, que j'approuve qu'il emploie tout son temps et ses soins à organiser ces forces, qu'il mette les généraux, colonels, officiers qu'il aura pour les conduire, mais qu'il ne fasse aucun mouvement sur Barcelone qu'en force, qu'il vaut mieux tarder de vingt jours, et employer ce temps à soumettre le pays et à balayer tout ce qui inquiète nos frontières. Engagez-le à correspondre avec le duc de Tarente, pour lui faire connaître sa position.

Envoyez un de vos officiers à Perpignan pour voir ce qui se passe, prendre connaissance de la situation des troupes, à mesure qu'elles défilent, et vous en rendre compte.

NAPOLÉON.

4762. — AU GÉNÉRAL CLARKE.

Fontainebleau, 26 octobre 1810.

Monsieur le duc de Feltre, on me rend compte que les 8 pièces de 48 qui sont à Kadzand pèsent 15 milliers et valent 40.000 francs chacune. Ce seraient des monuments dans ce genre. Si cela est, mon intention est de les remplacer par les pièces que je fais fondre à Douai et par d'autres que je ferai fondre en fer à Liège. Alors ces pièces pourraient être remontées à Anvers. Cependant je désire que, jusqu'à nouvel ordre, on les laisse à Kadzand. Je donne ordre à la marine de faire couler 20 pièces de 48 à Liège. Ces pièces de gros calibre sont importantes et très avantageuses pour la marine. Je vous charge de faire un projet pour des pièces propres à tirer des bombes ou obus de 8 pouces. Lorsque la fameuse pièce turque dont on s'est tant moqué a tiré aux Dardanelles, elle a jeté un boulet qui a produit un grand effet et qui a imprimé du respect. Des pièces d'un gros calibre sont très utiles contre les vaisseaux.

NAPOLÉON.

4763. — AU GÉNÉRAL CLARKE.

Fontainebleau, 27 octobre 1810.

Monsieur le duc de Feltre, le 2e de ligne, le 37e, le 56e et le 93e étant destinés à faire partie de l'armée d'Allemagne, mon intention est que vous ordonniez aux 5es bataillons et dépôts de ces régiments de se diriger dans la 6e division militaire. Ils passeront par le Simplon ; on les peut placer à Besançon.

NAPOLÉON.

4764. — AU GÉNÉRAL CLARKE.

Fontainebleau, 27 octobre 1810.

Monsieur le duc de Feltre, donnez des ordres pour qu'on forme un bataillon de marche de tous les hommes disponibles aux dépôts de la garde, dont l'état est ci-joint. On y mettra quelques officiers et sergents pour le conduire. Le duc d'Istrie passera la revue de ces hommes, et quand on sera certain qu'il ne leur manque rien et qu'ils sont en état de faire campagne, on m'en rendra compte, afin que j'ordonne leur départ pour Bayonne.

NAPOLÉON.

4765. — DÉCISION.

28 octobre 1810.

Le général Clarke propose de réduire le régiment irlandais à deux bataillons par la réunion des 1er et 4e bataillons actuels (1).	Approuvé. NAPOLÉON.

4766. — DÉCISIONS (2).

28 octobre 1810.

Proposition de laisser à Anvers les affûts destinés à augmenter, en cas d'événement, l'armement des forts Lillo et Liefkenshoek qui n'ont pas d'abri pour conserver ces affûts.	Approuvé.
Il est possible d'envoyer à Corfou la 9e compagnie de pionniers, réduite à 160 Français, sans établir de nouveaux cadres pour cette arme.	Approuvé.

(1) En marge de son rapport, le général Clarke avait ajouté, de sa main, les observations suivantes : « Pour soutenir l'existence de ce corps irlandais, j'y avais réuni avec soin les Irlandais-unis et les anciens partisans des Stuarts. Ce corps est une sorte d'épouvantail pour l'Angleterre, qui s'en est toujours inquiétée, et voilà tout ce qui reste de cette armée venue en France après la capitulation de Limerick. »

(2) Non signées; extraites du « Travail du ministre de la guerre avec S. M. l'Empereur et Roi, daté du 28 octobre 1810 ».

Indication des ressources qu'on peut se procurer pour former les deux premiers bataillons du 123e régiment.

Approuvé, mais il est nécessaire de porter ce régiment à quatre bataillons, comme les autres, sans compter ce qui est en Espagne.

Sa Majesté est priée de décider si la Westphalie entretiendra un état-major et des employés d'administration en proportion des 18.500 hommes qui sont à sa charge.

Oui.

On propose à Sa Majesté d'autoriser le remboursement à la masse de linge et chaussure du 9e bataillon *bis* du train d'artillerie d'une somme de 105 fr. 82 enlevée par l'ennemi ;

Accordé.

D'employer dans la 2e division du 9e corps de l'armée d'Espagne, pour y remplir les fonctions de chef d'état-major, l'adjudant commandant Songeon, qui est disponible et qui a témoigné le désir d'être employé à cette armée.

J'ai nommé le général Thiébault pour chef d'état-major au 9e corps. Le ministre enverra l'adjudant commandant Songeon à Avignon pour réunir les troupes qui y arrivent et les faire filer sur Perpignan.

On prie Sa Majesté d'ordonner que 51 individus hollandais, détenus dans les prisons militaires de la Hollande par suite de jugements criminels, soient envoyés au bagne d'Anvers pour y rester détenus jusqu'à l'expiration de leur peine.

Approuvé.

On propose à Sa Majesté d'accorder des semestres au 1er régiment de chasseurs, qui est à Ypres.

Accordé.

On met sous les yeux de Sa Majesté la demande d'un congé de dix jours avec appointements pour venir à Paris, faite par le général de division Gilly, commandant des îles de la Zélande.

Accordé.

Le général Aubry, commandant l'artillerie en Illyrie, demande un

Accordé.

congé de deux mois pour le colonel Mongenet, directeur d'artillerie à Trieste, pour affaires de famille.

Le colonel Le Masson du Chénoy, directeur d'artillerie à Strasbourg, demande un congé de six semaines pour se rendre dans ses foyers pour affaires de famille.

Accordé.

Un fourrier du 10e régiment d'infanterie de ligne sollicite l'autorisation de quitter ce corps pour passer dans un régiment napolitain, où le ministre de la guerre de ce royaume est disposé à lui accorder un emploi.

Accordé.

On propose à Sa Majesté d'exempter du service militaire les sieurs Casabianca et Piccini, conscrits de 1809, qui ont reçu les ordres sacrés.

Accordé.

D'après la décision de Sa Majesté, portant que les officiers espagnols qui ont prêté serment de fidélité ne seront plus traités comme prisonniers de guerre, on propose de réunir les 285 qui sont réclamés par l'ambassadeur d'Espagne au nom de sa cour et de leur accorder la démission au lieu du traitement de réforme.

Accordé.

Le ministre directeur de l'administration de la guerre réclame le renvoi en Espagne de deux soldats de cette nation qui ont eu les deux pieds amputés et dont le séjour à l'hospice civil de Montauban est onéreux et inutile, leurs blessures étant cicatrisées.

Accordé.

M. le maréchal duc de Dalmatie écrit en faveur de deux frères officiers espagnols prisonniers en France, dont la famille lui a été

Accordé.

très utile. On propose à Sa Majesté de faire remettre à chacun d'eux une gratification de 150 francs et on la prie de faire connaître si Elle veut leur accorder de plus grandes faveurs.	
Le commandant de la marine de Sardaigne réclame 16 prisonniers de sa nation qui sont en Corse ; il a antérieurement renvoyé 400 Français. Le général Morand annonce que ce commandant paraît dévoué à l'Empereur.	Accordé.
Le ministre de la guerre du royaume de Westphalie demande l'extradition d'un réfractaire westphalien qui s'est réfugié en Hollande.	Approuvé.
Sa Majesté est priée de décider si le château de Vincennes doit être assimilé aux places de guerre, en ce qui concerne la défense faite par la loi du 10 juillet 1791 de bâtir dans les limites des fortifications de ces places, ou si le château sera seulement considéré comme poste de police, en fixant à 50 mètres la distance au delà de laquelle toute bâtisse particulière sera prohibée.	Il suffit d'empêcher qu'aucun bâtiment ne le domine.

4767. — DÉCISION.

Fontainebleau, 28 octobre 1810.

Le général Clarke expose le détail des mesures à prendre pour la réunion des canonniers d'artillerie de marine qui doivent être attachés aux équipages de haut bord, ainsi que pour leur remplacement à terre par des hommes d'infanterie.	Renvoyé au ministre de la guerre pour donner l'ordre aux généraux qui commandent dans les 12e et 28e divisions militaires, ainsi qu'au camp de Boulogne, de pourvoir au remplacement de ces troupes dans les différentes positions qu'elles occupaient. Quant à Brest, le ministre don-

nera le même ordre d'y pourvoir et augmentera à cet effet la garnison de deux bataillons qu'il fera venir de Saint-Malo.

NAPOLÉON.

4768. — DÉCISIONS (1).

Fontainebleau, 28 octobre 1810.

On prie de nouveau Sa Majesté de faire connaître si son intention est qu'il soit conservé des approvisionnements de siège dans les places de Bréda, Berg-op-Zoom, Steenbergen et Willemstad.

Approuvé le renouvellement des denrées.

NAPOLÉON.

On propose à Sa Majesté d'accorder à titre de secours à la masse d'habillement du 24e régiment de chasseurs, pour l'exercice 1809, une somme de 14.950 francs.

Approuvé.

NAPOLÉON.

On demande à Sa Majesté une somme de 300.000 francs pour le remboursement des fournitures faites par la Hollande aux troupes françaises excédant les 6.000 hommes qu'elle a été chargée d'entretenir.

Le ministre prendra cela sur les différents articles de son budget, puisqu'il aurait nourri ces troupes en France.

NAPOLÉON.

On propose à Sa Majesté d'accorder un crédit supplémentaire à la masse du 3e régiment d'artillerie à pied, pour donner au conseil les moyens de pourvoir à tous les remplacements dus cette année, ainsi qu'à la première mise des 45 recrues qu'il a reçus.

Approuvé.

NAPOLÉON.

(1) Extraites du « Travail du ministre directeur de l'administration de la guerre avec S. M. l'Empereur et Roi, daté du 28 octobre 1810 ».

4769. — DÉCISION (1).

Le lieutenant-colonel Cox, ex-gouverneur d'Almeida, et deux autres officiers anglais de la même garnison prétendent que le prince d'Essling leur a promis qu'ils seraient renvoyés dans leur patrie.

Le ministre de la guerre a répondu qu'il n'était pas informé de cette réponse et a donné avis au prince major général de cette réclamation et de sa réponse.

Les tenir au dépôt et veiller sur eux.

4770. — DÉCISION.

Fontainebleau, 29 octobre 1810.

Le général Clarke propose de compléter la 4e compagnie du 1er bataillon de mineurs, employée aux démolitions de Girone, par 50 hommes tirés du dépôt du bataillon.

Approuvé.

NAPOLÉON.

4771. — DÉCISION.

Fontainebleau, 29 octobre 1810.

Le général Clarke prie l'Empereur de faire connaître ses intentions au sujet de l'envoi en Allemagne de trois compagnies d'artillerie à cheval demandées par le maréchal Davout.

Approuvé. Déguiser le mouvement en faisant passer ces troupes, non par l'Allemagne, mais par la Hollande.

NAPOLÉON.

4772. — DÉCISION.

Fontainebleau, 29 octobre 1810.

Envoi de 25.000 kilogrammes de poudre de Toulon à Barcelone.

Ces poudres ont été fournies par l'artillerie, la marine n'en ayant pas de disponibles à Toulon.

S'il y a à Barcelone 400.000 kilos de poudre, cela paraît raisonnable. Ecrire au ministre de la marine qu'il fasse passer surtout des blés, et que la poudre est moins pressée.

NAPOLÉON.

---

(1) Sans date ni signature; extraite du « Travail du ministre de la guerre avec S. M. l'Empereur et Roi, daté du 28 octobre 1810 ».

4773. — DÉCISION.

Fontainebleau, 29 octobre 1810.

Le major du 8e hussards demande que l'on envoie aux escadrons de guerre à Hamburg 80 hommes à pied pour les instruire au moyen des chevaux restés disponibles pendant l'absence des semestriers.

Approuvé.

NAPOLÉON.

4774. — DÉCISION (1).

Fontainebleau, 29 octobre 1810.

On demande à Sa Majesté si, en raison des pertes faites en Espagne par le colonel Blancheville lorsqu'il a été tué, son intention est d'accorder une indemnité de 3.000 francs à sa famille.

Accordé.

4775. — AU MARÉCHAL BERTHIER.

Fontainebleau, 30 octobre 1810.

Mon Cousin, je vous envoie une lettre du ministre d'Espagne. Faites-moi connaître de quel droit le général Kellermann a changé la formule de l'administration civile et pourquoi il arrête la marche des postes.

NAPOLÉON.

4776. — DÉCISION (2).

30 octobre 1810.

On propose de nouveau à Sa Majesté de confirmer le colonel Rabié dans le commandement de Trieste.

Approuvé.

(1) Non signée; extraite du « Travail du ministre de la guerre avec S. M. l'Empereur et Roi, daté du 28 octobre 1810 ».

(2) Non signée; extraite du « Travail du ministre de la guerre avec S. M. l'Empereur et Roi, daté du 7 octobre 1810 ».

4777. — DÉCISIONS (1).

Fontainebleau, 30 octobre 1810.

On met sous les yeux de Sa Majesté les demandes que font trois capitaines au service d'Autriche pour obtenir de l'emploi dans les troupes de Sa Majesté.	Accordé.
On soumet à Sa Majesté la demande que fait le maréchal duc d'Istrie du grade d'adjudant commandant pour le chef d'escadron Laforce.	Accordé.

4778. — AU GÉNÉRAL CLARKE.

Fontainebleau, 31 octobre 1810.

Monsieur le duc de Feltre, je reçois votre nouveau projet d'approvisionnement de Corfou, avec les états explicatifs numérotés 1, 2 et 3 qui y sont joints ; je l'approuve entièrement. Je désire que vous envoyiez au ministre de la marine l'état de ce qu'il faut embarquer à Toulon, et au vice-roi l'état de ce qu'il doit faire embarquer à Ancône ; enfin, que vous envoyiez au ministre de la marine l'état des bouches à feu en bronze à retirer de Corfou et à transporter à Ancône, d'où cette artillerie irrégulière sera dirigée sur Turin par le Pô. Envoyez ces états en duplicata à Corfou et recommandez bien qu'on replace l'artillerie conformément à mes intentions. afin qu'on ne fasse point de consommation inutile de poudre.

NAPOLÉON.

4779. — DÉCISION (2).

31 octobre 1810.

On rend compte de l'incorporation, en qualité de vélites, dans la garde des ci-devant gardes du corps hollandais, et on demande à	Approuvé.

(1) Non signées; extraites du « Travail du ministre de la guerre avec S. M. l'Empereur et Roi, daté du 14 octobre 1810 ».

(2) Non signée; extraite du « Travail du ministre de la guerre avec S. M. l'Empereur et Roi, daté du 28 octobre 1810 ».

Sa Majesté l'autorisation de présenter 37 de ces jeunes gens les plus méritants pour des sous-lieutenances d'infanterie.

4780. — DÉCISION (1).

31 octobre 1810.

On propose à Sa Majesté d'accorder à titre de secours, savoir : à la veuve d'un infirmier de l'armée d'Allemagne, 108 francs, et à deux infirmiers, 100 francs chacun.	Accordé.

NAPOLÉON.

4781. — AU GÉNÉRAL CLARKE.

Fontainebleau, 1er novembre 1810.

Monsieur le duc de Feltre, je reçois votre lettre du 31 octobre. J'approuve que l'évacuation de l'artillerie de Magdeburg soit retardée jusqu'au printemps prochain.

NAPOLÉON.

4782. — AU MARÉCHAL BERTHIER.

Fontainebleau, 2 novembre 1810.

Mon Cousin, je suis surpris que le général Drouet se trouvât encore le 23 à Valladolid. Il est nécessaire que vous lui fassiez connaître que je désire beaucoup qu'il fasse une diversion pour tâcher de rouvrir la communication avec le prince d'Essling.

Envoyez-lui les nouvelles que nous avons de Portugal, c'est-à-dire que lord Wellington était, le 17 octobre, avec son armée, à 4 lieues de Lisbonne et que le prince d'Essling était vis-à-vis ; que le 18 il n'y avait pas encore eu de bataille.

Témoignez mon mécontentement au général Dorsenne de ce qu'il a retenu un détachement du 27e léger faisant partie du 1er régiment de marche. Donnez-lui l'ordre de renvoyer le plus tôt possible ce détachement à Madrid.

NAPOLÉON.

(1) Extraite du « Travail du ministre directeur de l'administration de la guerre avec S. M. l'Empereur et Roi, daté du 28 octobre 1810 ».

4783. — AU MARÉCHAL BERTHIER.

Fontainebleau, 3 novembre 1810.

Mon Cousin, témoignez ma satisfaction au général Dorsenne, en lui prescrivant de prendre des mesures sévères contre les commandants d'armes qui ont laissé voler la poudre.

Cette insouciance doit être réprimée par un sévère châtiment.

NAPOLÉON.

4784. — DÉCISION.

Fontainebleau, 3 novembre 1810.

Rapport du maréchal Berthier sur la situation critique des troupes de la garde impériale qui sont en Espagne au point de vue de l'habillement et de l'équipement. Le maréchal Berthier demande 1.000 capotes pour chacun des nouveaux régiments d'infanterie de la garde et une gratification de 25.000 francs destinée à compléter leur masse de linge et chaussure.

Renvoyé au ministre de la guerre pour me faire un rapport sur cet objet.

NAPOLÉON.

4785. — AU GÉNÉRAL CLARKE (1).

Fontainebleau, 3 novembre 1810.

Monsieur le duc de Feltre, je désirerais dissoudre la 18e demi-brigade provisoire qui est dans l'île de Walcheren et composer la garnison de cette île de 400 vétérans, de deux bataillons suisses et de deux bataillons complets d'un des nouveaux régiments hollandais.

Faites-moi connaître combien je pourrais tirer d'hommes des 4e et 5e bataillons des quinze régiments qui forment le corps du prince d'Eckmühl en Allemagne, pour renforcer ces régiments.

NAPOLÉON.

(1) Copie certifiée.

4786. — AU GÉNÉRAL CLARKE.

Fontainebleau, 3 novembre 1810.

Monsieur le duc de Feltre, je réponds à votre lettre du 30 octobre par laquelle vous me faites connaître que le bataillon du 108e, qui était à West-Cappel, a eu beaucoup moins de malades que les bataillons du 13e régiment d'infanterie légère et du 48e de ligne ; faites-moi connaître de quelles provinces sont les hommes de ce bataillon.

Quant à l'année prochaine, mon intention est que le nombre de 2.000 hommes, qu'il est toujours nécessaire d'avoir pour la garnison de Flessingue, soient embarqués du 15 août au 15 novembre, sur des prâmes ou vaisseaux devant Flessingue. On mettra en outre 500 hommes au camp de West-Cappel. Indépendamment de ces troupes, il serait à propos d'avoir dans Flessingue 300 ou 400 vétérans.

NAPOLÉON.

4787. — DÉCISION.

3 novembre 1810.

Mesures prises par le général Clarke en vue d'assurer le recrutement des deux bataillons du génie qui doivent rester en Espagne.

Approuvé. Avoir soin que les deux bataillons qui restent en Espagne pourvoient à l'Aragon et au 3e corps. Faire rentrer les cadres de ces compagnies.

NAPOLÉON.

4788. — AU GÉNÉRAL CLARKE (1).

Fontainebleau, 4 novembre 1810.

Monsieur le duc de Feltre, je donne ordre au ministre de la marine de faire partir 2 frégates de Toulon avec tous les objets d'artillerie qui doivent être embarqués dans ce port pour Corfou. De plus, elles porteront 550 hommes, qui seront pris dans le régiment de la Méditerranée.

Je donne également ordre au vice-roi d'envoyer à Corfou 2 bricks, 6 chaloupes canonnières et 6 petits chebecs et autres bâtiments lé-

(1) Copie certifiée.

gers ; enfin, je donne ordre au roi de Naples d'y envoyer aussi 12 chaloupes canonnières et 6 petits bâtiments ; 2 frégates, dont la *Thétis*, qui s'y rend armée en flûte, mais qui devra être armée en guerre aussitôt qu'elle sera arrivée ; 1 goélette italienne, 2 bricks, 12 chaloupes canonnières, six petits bâtiments de la marine italienne ; 12 chaloupes canonnières, 6 petits bâtiments de la marine napolitaine.

Ce qui fait un total de plus de 40 bâtiments, qui lui donneront près de 1.500 hommes d'augmentation d'équipage et un matériel considérable.

Le commandant de ces forces doit tout sacrifier pour favoriser les approvisionnements de Corfou, maintenir la communication de l'île avec le continent, se rendre maître des côtes d'Albanie, défendre l'île du côté de la mer, et enfin s'ensevelir sous la place en lui donnant toute espèce de secours.

Je suppose que vous avez un chiffre avec le gouverneur ; si vous n'en aviez pas il faudrait lui en envoyer un sans délai.

Ces renforts considérables, joints à l'artillerie et aux vivres qui lui sont expédiés de tous côtés, et à la confiance où je suis qu'il emploie tout son temps à se bien fortifier, me donnent l'espoir d'une grande et vigoureuse défense.

Je pense qu'il est convenable que vous lui expédiiez vos ordres par un jeune officier du génie, qui lui portera l'ensemble de toutes les mesures qui ont été prises, et l'indication particulière des approvisionnements que le comte de Cessac lui envoie.

Cet officier prendra connaissance au comité des fortifications des instructions qui ont été données pour les travaux de Corfou. Il restera dans l'île jusqu'au 15 janvier et reviendra me rendre compte de tous les renseignements qu'il aura recueillis, tant sur les troupes que sur les fortifications et les approvisionnements. Il me rapportera des états en règle qui me fassent bien connaître la situation de cette place importante et ce qu'elle aura reçu des différents envois que je viens d'ordonner.

Il faut qu'il soit de retour dans les premiers jours de février, afin que je puisse faire une autre expédition s'il est nécessaire, si l'on avait oublié quelque chose.

4789. — AU GÉNÉRAL CLARKE.

Fontainebleau, 4 novembre 1810.

Monsieur le duc de Feltre, les transports de l'artillerie d'Ancône seront aux frais du royaume d'Italie ; seulement le vice-roi sera le maître de prendre cette artillerie dans toutes les places du royaume où il le trouvera plus convenable.

Je dois avoir à Rome et à Civita-Vecchia une assez grande quantité d'artillerie de bronze, qu'on pourrait faire venir à Turin, pour la fondre.

NAPOLÉON.

4790. — AU GÉNÉRAL CLARKE.

Fontainebleau, 4 novembre 1810.

Monsieur le duc de Feltre, faites-moi connaître quand le bataillon expéditionnaire de Hollande arrivera à Nantes et à Saint-Malo, quand le bataillon expéditionnaire français qui doit se réunir à Rochefort et à Brest sera en état de partir, enfin quand les fusils et tout ce qui doit être embarqué sur ces différentes expéditions sera prêt.

L'expédition de Nantes, ainsi que celle de Saint-Malo, et le *Sapho*, qui doit partir de Bordeaux, sont destinés pour Batavia. Dans cette colonie, on manque d'hommes qui connaissent bien la manutention de la poudre, et on n'a pas de directeur d'artillerie. Voyez quel chef de bataillon de distinction on pourrait y envoyer ; il serait fait colonel à son arrivée et commanderait l'artillerie.

Désignez aussi trois employés entendant parfaitement la manutention de la poudre et du salpêtre, et mettez-les à la disposition du ministre de la marine à Nantes et à Saint-Malo, pour qu'il les fasse partir.

Parmi le grand nombre d'officiers réformés, il faudrait en choisir 400 à 500, dans la vigueur de l'âge, et leur proposer de partir avec ces expéditions. A leur arrivée, ils auraient le brevet du grade supérieur à leur grade actuel.

Des sergents qui voudraient y passer seraient faits officiers. J'ai pris un décret là-dessus.

NAPOLÉON.

4791. — AU GÉNÉRAL CLARKE.

Fontainebleau, 4 novembre 1810.

Monsieur le duc de Feltre, je suppose que vous avez envoyé au vice-roi la colonne de votre état indiquant les principaux effets d'artillerie à envoyer d'Ancône à Corfou. Je désire que vous preniez la moitié des quantités indiquées dans cette colonne, et que vous en formiez un état, que vous adresserez au roi de Naples, avec ordre d'envoyer de son côté, à Corfou, tout ce qui se trouve indiqué dans cet état. Par ce moyen, Corfou se trouvera approvisionné de tout ce qui peut y être nécessaire.

NAPOLÉON.

4792. — DÉCISIONS (1).

On demande à Sa Majesté si le 13e régiment de cuirassiers devra être conservé au complet de cinq escadrons et de 1.500 hommes qui avait été fixé par le décret du 24 décembre 1809 et si le 28e de chasseurs devra être porté à quatre escadrons.	Oui.
On demande si les compagnies de réserve des départements de la Hollande devront être organisées en janvier prochain et si celles des départements des Bouches-du-Rhin et des Bouches-de-l'Escaut doivent être formées de suite et portées à la 5e classe.	Oui, au 1er janvier.
On propose à Sa Majesté d'accorder une gratification de 1.200 francs au général de brigade Herbin, pensionné, pour l'indemniser de ses frais de représentation pendant le temps où il a été chargé provisoirement du commandement du département de l'Orne.	Accordé.

(1) Sans signature ni date; extraites du « Travail du ministre de la guerre avec S. M. l'Empereur et Roi, daté du 4 novembre 1810 ».

On soumet à Sa Majesté la demande faite par le major du 7e régiment d'artillerie d'admettre comme enfant de troupe de ce régiment le fils d'un ancien soldat du régiment qui vient de mourir, laissant une femme enceinte et quatre enfants dans la misère.	Accordé.
Le général de brigade Destabenrath, nommé au commandement de la 3e brigade d'infanterie de la division de réserve, qui est sous les ordres du général Caffarelli, n'est pas entièrement guéri de ses blessures et ne peut entrer en campagne. On propose de le remplacer par le général de brigade Grandjean, qui est en congé à Paris.	Accordé.
Le général de division Souham expose que sa santé ne lui permet pas de servir activement à l'armée de Catalogne et demande une autre destination ou un congé. On propose à Sa Majesté d'accorder à cet officier général un congé avec appointements jusqu'au 1er mai prochain.	L'envoyer en Italie à la disposition du vice-roi.
Proposition de maintenir un chef d'escadron dans la composition de chaque légion de gendarmerie.	Approuvé.
Le général Bruno demande un congé et l'autorisation de venir à Paris pour y attendre une destination.	Accordé.
Le sieur de Mailly, maire de Vesoul, ex-constituant et ex-conventionnel, sollicite pour son fils Antoine-Raphaël, âgé de 19 ans, élève du collège de Sainte-Barbe, à Paris, une sous-lieutenance dans un régiment d'infanterie.	Il faut qu'il fasse une année de Saint-Cyr.

On propose à Sa Majesté de nommer le sieur Roelants (J.-P.), né à Anvers, conscrit libéré de 1808, à une sous-lieutenance vacante au 4e bataillon du 112e régiment d'infanterie de ligne.

Il faut qu'il fasse une année de Saint-Cyr.

4793. — AU GÉNÉRAL LACUÉE.

Fontainebleau, 4 novembre 1810.

Monsieur le comte de Cessac, les 5.000 quintaux de blé que le vice-roi a envoyés cet été à Corfou et dont 4.300 quintaux sont arrivés, sont aux frais de mon royaume d'Italie. Les 10.000 quintaux de blé et les 2.000 quintaux de riz, dont je vous ai chargé par ma lettre du 5 octobre dernier de surveiller l'expédition d'Ancône, seront également à la charge du royaume d'Italie. Ainsi vous devez continuer de recommander à mes consuls ou à vos agents en Italie de vous informer de ces envois, mais vous ne devez en tenir compte que pour mémoire et vous n'aurez rien à y dépenser. Le vice-roi me mande qu'il a trouvé à traiter à Ancône avec une maison qui se chargerait de transporter le blé à Corfou moyennant 50 p. 100 de sa valeur, tant pour assurance que pour frais de transport. Ainsi, le blé valant à Ancône à peu près 14 francs, faites-moi connaître si ces conditions vous paraissent convenables et si vous pensez avoir meilleur prix des maisons de Tunis ou d'Alger. Je désire que vous me remettiez un tableau qui me fasse connaître : 1° la situation des approvisionnements de Corfou, d'après le dernier état que vous avez reçu de cette île ; 2° la partie des 5.000 quintaux et des 400.000 rations de biscuit, envoyés par le vice-roi, qui y est arrivée depuis et qui par conséquent n'est pas comprise dans la dernière situation de l'île ; 3° ce que vous et le munitionnaire y avez envoyé de votre côté ; 4° enfin, ce que j'ai ordonné au vice-roi, au roi de Naples et à vous en dernier lieu, d'y faire passer, afin que je voie d'une manière claire l'ensemble et les différentes parties d'un approvisionnement qui m'importe à tant de titres.

NAPOLÉON.

4794. — DÉCISIONS (1).

On prie Sa Majesté de vouloir bien accorder au 1er bataillon de pontonniers un secours extraordinaire de 3.503 fr. 42 pour lui donner les moyens de remplacer les effets d'habillement qu'il avait envoyés à ses compagnies de guerre employées en Espagne et qui ont été pris par les insurgés.

Accordé.

NAPOLÉON.

On prie Sa Majesté d'autoriser, au lieu d'acquérir une maison pour le service de l'administration de la guerre, à faire construire une aile de bâtiments à l'hôtel de Tessé.

Accordé.

NAPOLÉON.

On prend les ordres de Sa Majesté sur la demande du général Donzelot tendant à ce qu'il soit accordé à la compagnie de chasseurs ioniens une somme de 10.332 francs pour achat de 46 chevaux et de 32 harnachements dont elle a besoin pour monter tous les hommes qui la composent.

Accordé, à condition que tous les cavaliers, officiers et soldats soient Français.

NAPOLÉON.

On a eu l'honneur de rendre compte à Sa Majesté, le 28 octobre dernier, du résultat des propositions du sieur Boyer-Fonfrède pour le ravitaillement de Barcelone.

On la prie instamment de vouloir bien faire connaître ses intentions à cet égard.

La marine faisant tous les efforts, la concurrence nuirait. Ajourné.

NAPOLÉON.

4795. — DÉCISION.

Fontainebleau, 4 novembre 1810.

Rapport de M. Billiot, consul de France à Stettin, sur les agissements du général Liébert, gouver-

Renvoyé au ministre de la guerre pour faire revenir sur-le-champ le général Liébert, le

(1) Sans date; extraites du « Travail du ministre directeur de l'administration de la guerre avec S. M. l'Empereur et Roi, daté du 4 novembre 1810 ».

neur de cette place, dans la Poméranie suédoise, relativement au séquestre des marchandises anglaises.

remplacer dans son commandement et approfondir cette affaire, afin que, si ce général a touché de l'argent, il soit sévèrement puni.

NAPOLÉON.

4796. — DÉCISIONS (1).

Fontainebleau, 3 novembre 1810.

On met sous les yeux de Sa Majesté la demande de démission faite par le sieur Andrieu, capitaine, quartier-maître du 5e régiment de hussards.

Accordé.

Le lieutenant-colonel anglais réformé Cope est tombé dans un état de démence qui ne laisse pas d'espoir de guérison, parce que c'est une rechute. Sa femme sollicite la permission de le reconduire en Angleterre.

Refusé.

Un jeune homme de 19 ans, né en Angleterre de parents français d'origine et élevé en France depuis 8 ans, sollicite la permission de s'enrôler volontairement dans un corps français.

Accordé.

Le ministre de la police expose à Sa Majesté que le sieur Bernard, officier au 3e bataillon colonial, qui demande d'être employé ailleurs, paraît digne de servir Sa Majesté.

Renvoyé au ministre de la guerre pour l'employer sur la *Sapho*, bâtiment de guerre, qui part de Rochefort. Il aura la promesse du grade de chef de bataillon à son arrivée.

Compte rendu par le ministre de la marine à Sa Majesté d'un rapport sur les moyens de compléter la

Renvoyé au ministre de la guerre, qui me présentera un projet de décret, conformément

(1) Non signées; extraites du « Travail du ministre de la guerre avec S. M. l'Empereur et Roi, daté du 4 novembre 1810 ».

défense de la côte est et ouest de Toulon.

aux propositions faites par la commission pour l'armement des côtes est et ouest de Toulon.

4797. — AU GÉNÉRAL CLARKE.

Fontainebleau, 8 novembre 1810.

Monsieur le duc de Feltre, donnez des ordres pour qu'il soit formé un régiment de marche, qui sera composé des hommes disponibles des :

4e et 5e bataillons du 13e léger, jusqu'à concurrence de	500	hommes.
Du 17e de ligne	400	—
Du 30e —	30	—
Du 57e —	40	—
Du 61e —	30	—
Du 15e léger	30	—
Du 48e	600	—
Du 108e	700	—
Des détachements du 12e de ligne	60	—
Du 21e de ligne	60	—
Du 85e —	30	—

Ce régiment de marche, fort de 2.500 hommes, se réunira à Wesel, d'où il se rendra à Hamburg, quartier général de l'armée d'Allemagne. Là, il sera dissous, et les cadres des 4es et 5es bataillons rentreront en France, sans qu'il en soit rien retenu.

Faites-moi connaître ce qu'il serait possible de tirer des dépôts des quatre régiments de cuirassiers et des six régiments de cavalerie légère, ainsi que des dépôts d'artillerie et de sapeurs. Vous me proposerez d'en réunir un détachement à Wesel, d'où il ira renforcer l'armée.

La 18e demi-brigade provisoire, qui est dans l'île de Walcheren, sera dissoute.

400 vétérans se rendront à Flessingue.

Les 3e et 4e bataillons du 3e régiment suisse, un bataillon colonial, deux bataillons complets d'un des cinq régiments hollandais, et deux bataillons du 123e, formeront la garnison du département des Bouches-de-l'Escaut. Les deux autres bataillons du 123e, aussitôt qu'ils seront formés, se réuniront à Berg-op-Zoom.

NAPOLÉON.

4798. — AU MARECHAL BERTHIER.

Fontainebleau, 9 novembre 1810.

Mon Cousin, j'ai six escadrons de gendarmerie dans l'Aragon. Ces six escadrons forment 1.200 hommes et 400 chevaux. Je désire que vous donniez l'ordre au général Buquet, commandant la gendarmerie en Espagne, de tirer de ces six escadrons 300 chevaux et d'en former deux escadrons à cheval auxquels il donnera deux des numéros 9 ou 10, ou 11, ou 12, ou 13, ou 14. Il appellera les officiers et sous-officiers des deux escadrons qu'il conservera pour y être employés, et il en ôtera les hommes à pied qu'il répartira entre les autres escadrons. Ces deux escadrons, qui prendront les numéros 9 et 10 par exemple, se réuniront à Burgos. Ainsi le général Buquet aura à Burgos deux escadrons de gendarmerie qui seront composés chacun de 150 hommes à cheval sans homme à pied, tandis que les autres escadrons n'auront que 100 hommes à cheval, mais auront 800 hommes à pied. Cette mesure aura l'avantage de retirer de ces montagnes une cavalerie qui y est inutile et des chevaux qui y périssent.

Le général Buquet fera la même opération pour les quatre escadrons qui sont dans la Navarre. Ces quatre escadrons ont 800 hommes et 300 chevaux. Il en tirera un escadron de 150 chevaux auquel il donnera les numéros 6, 7, 17 ou 20. Par ce moyen, il n'y aura plus dans la Navarre que 150 gendarmes à cheval au lieu de 300. Les hommes à pied de l'escadron qu'on prendra seront jetés dans les autres escadrons. Le général Buquet réunira cet escadron à Burgos.

Il fera la même opération dans la Biscaye, et il réunira également cet escadron à Burgos.

Vous me ferez connaître quand ces quatre escadrons, formant 600 chevaux, seront réunis à Burgos. Mon intention est de m'en servir pour faire la police dans toute la plaine. Il faudrait former de ces quatre escadrons une légion et la mettre sous les ordres d'un bon colonel. Je ne trouve sur mes états de situation que dix-huit escadrons de gendarmerie, savoir : six en Aragon, quatre dans la

Navarre, quatre en Biscaye et quatre à Burgos. Faites-moi connaître où sont les deux autres. Il sera nécessaire, lorsque l'opération du général Buquet sera terminée, qu'il vous envoie un projet de décret que vous soumettrez à ma signature, pour le régulariser.

NAPOLÉON.

4799. — AU MARÉCHAL BERTHIER.

Fontainebleau, 9 novembre 1810.

Mon Cousin, réitérez les ordres en Navarre pour que le général Dumoustier avec sa brigade se rende à Burgos, ainsi que le régiment du grand-duché de Berg.

Réitérez l'ordre au général Dorsenne de tenir une forte division d'au moins 8.000 hommes avec de l'artillerie et de la cavalerie entre Burgos et Valladolid, prête à partir, si cela est nécessaire, pour se porter au secours de l'armée de Portugal.

Donnez l'ordre au général Caffarelli d'accélérer le départ de la division Conroux et de tout ce qui appartient au corps du général Drouet, et de tenir toujours des colonnes de cavalerie et d'infanterie en mouvement pour se concerter avec celles du général Reille et du général Dorsenne, et pousser loin les brigands.

Réitérez l'instruction au général Drouet de se porter à Almeida avec la brigade de cavalerie légère du général Fournier, les divisions Claparède et Conroux, la brigade de cavalerie du général Gardane et ce qu'il peut avoir de disponible.

Le général Gardane fera l'avant-garde avec sa brigade, et le général Drouet le soutiendra avec son corps, pour pousser les brigands, rouvrir les communications et se procurer à tout prix des nouvelles du prince d'Essling, en lui recommandant en général de ne pas se laisser couper d'avec nous. Vous ferez connaître au général Drouet qu'une division de 7.000 à 8.000 hommes de la garde se porte entre Burgos et Valladolid et le soutiendra en cas d'événement ; qu'il faut absoltment avoir des nouvelles de l'armée de Portugal et lui être de quelque secours.

Ecrivez au général Drouet que si les escadrons de cavalerie qui ont ordre de se rendre à l'armée du Centre sont encore du côté de Valladolid, il les retienne jusqu'à ce qu'on ait des nouvelles du Portugal. Ces escadrons seront fort utiles pour faire la police dans les environs de Valladolid. Ils continueront leur route sur Madrid, aussitôt qu'on saura à quoi s'en tenir sur l'armée de Portugal (1).

NAPOLÉON.

Envoyez un de vos officiers de Paris avec l'ordre de ne revenir qu'avec des nouvelles de l'armée de Portugal (2).

4800. — AU GÉNÉRAL CLARKE.

Fontainebleau, 9 novembre 1810.

Monsieur le duc de Feltre, je désire que le conseil du génie, où l'on doit me présenter les comptes des travaux de 1810 et le budget de 1811, se tienne dans le mois de janvier. En conséquence, vous pouvez convoquer les officiers du génie pour être rendus à Paris le 1er janvier. Mon intention est que vous fassiez venir les officiers du génie qui peuvent m'être utiles, sans considération de grade.

Les officiers qui doivent rendre compte des îles d'Hyères, de Toulon, des côtes de la Méditerranée, des 27e, 28e, 29e et 30e divisions militaires, du royaume d'Italie et des provinces illyriennes, ne seront convoqués que pour le 20 janvier. Les opérations les plus importantes doivent être réglées à ce conseil.

1° LA HOLLANDE.

L'armement des côtes et la défense des rades et îles depuis l'Escaut. — Le parti à prendre sur toutes les places de la Hollande ; celles qu'il faut conserver ou détruire. Déterminer les travaux à faire aux places conservées.

L'établissement de la grande route d'Anvers à Amsterdam, et de Wesel à Hamburg, en lui donnant la direction la plus militaire.

L'armement de toutes les côtes, depuis la Hollande jusqu'à l'Elbe, et du port de Travemünde dans la Baltique.

Comment doit-on appuyer la ligne du Rhin, soit à la ligne de l'Yssel, ou de toute autre manière, de sorte que la France, réduite à défendre le Rhin, puisse conserver Amsterdam ?

Pour l'artillerie, il faut poser les principes de l'armement de toutes les places qui doivent être conservées, donner une destination aux arsenaux qui sont en Hollande, aux différentes manufactures

(1) Tout le texte de cette lettre est souligné.
(2) Ce post-scriptum est de la main de l'Empereur.

d'armes ; en général aux établissements d'artillerie; enfin, il faut poser les principes et arrêter tout ce qui est relatif à l'artillerie.

2° L'ESCAUT.

Les fortifications d'Anvers ; les établissements à faire sur la rive gauche, pour la nouvelle ville, et pour y concentrer tous les établissements de la guerre.

Les différents forts de la rive de l'Escaut, savoir Lillo, Batz et les deux ou trois forts à établir pour concentrer les batteries qui défendent les deux grandes rades afin qu'elles ne puissent être tournées par un petit débarquement.

Indépendamment de ce qui est relatif à l'accroissement des fortifications de Flessingue, il faut réunir cette place avec Rammekens par une inondation.

Enfin, il faut prendre des moyens pour se maintenir maître de la communication de l'île de Sud Beveland avec l'île de Walcheren.

Tout porte à penser que l'île de Walcheren sera de nouveau le théâtre de la guerre. L'Escaut contiendra bientôt 40 vaisseaux de guerre. L'importance de cette rivière se trouve très accrue par la réunion de la Hollande ; et il est hors de doute que, si on avait une grande guerre continentale, les Anglais tenteraient de nouveau avec une armée de 40.000 à 50.000 hommes, et leurs immenses moyens maritimes, de s'emparer de l'île de Walcheren ; et une fois maîtres, ils en couperaient la moitié, pour s'y maintenir, si cela était nécessaire.

Cette considération m'a fait penser qu'on pourrait jeter une grande quantité de bâtiments de guerre et de commerce, chargés de terre ou de pierres, sur les bancs qui découvrent entre Flessingue et l'île de Kadzand, pour essayer de faire une île qui puisse servir de base à un fort, et rendre absolument impossible d'intercepter la communication. J'avais d'abord rejeté toute idée de cette espèce ; mais je désire aujourd'hui qu'on me fasse faire sur les lieux des projets de cette nature.

Alors à l'abri de ce fort, il sera toujours possible de ravitailler Flessingue, surtout étant dans l'intention d'établir un bassin vis-à-vis, et si, surtout, Flessingue se maintient toujours maître d'une partie de la côte, depuis le Nole jusqu'à Rammekens.

L'autre projet qui est de réunir l'île de Walcheren à l'île de Sud Beveland, de sorte qu'il ne reste plus qu'un passage de 300 à 400 toises, exige l'établissement de deux places sur l'une et l'autre rive.

Ces deux places correspondraient entre elles et pourraient être faites facilement, puisqu'on peut les inonder.

Le système serait complet si Rammekens et Flessingue pouvaient être réunis par une vaste inondation.

Du côté de l'île de Kadzand, je n'ai rien à ajouter aux idées que j'ai déjà données. La rade de Terneuse paraît la meilleure. Il faut que la grande batterie soit continuée dans un fort fermé, à l'abri de tout événement.

Je n'ai rien à ajouter aux idées que j'ai déjà données sur Ostende et Nieuport, qui entrent dans le système de l'Escaut.

3° LE RHIN.

Les objets généraux à discuter sont Wesel, qui vient d'acquérir une nouvelle importance par la réunion de la Hollande, Grave, Venloo, Juliers, Maestricht, qui forment ma frontière, et la place aux environs de Bonn, sur laquelle je vous ai déjà écrit.

Je n'ai rien à ajouter aux idées que j'ai déjà données sur Mayence.

Quant à la frontière d'Alsace, les têtes de pont d'Huningue et de Brisach sont les deux points à fixer dans ce conseil.

4° LES CÔTES.

J'ai déjà fait connaître les idées générales sur Dunkerque, Boulogne, Le Havre. Il faut arrêter ses idées sur le grand problème de Cherbourg, faire connaître ce qu'il y a à faire pour Brest, Lorient et Rochefort.

J'ai déjà donné quelques idées générales pour ces divers points ; je ne crois pas cependant avoir arrêté encore aucune idée sur Lorient. Il faudrait me mettre sous les yeux un plan pour que je donne quelques idées.

Je crois vous avoir demandé des plans du port du Passage, afin que je puisse donner également des idées. Je regarde ce port comme à moi, ne voulant dans aucune circonstance m'en dessaisir. Je veux là, la place qui est aujourd'hui à Saint-Sébastien.

5° L'ITALIE.

Quant à l'Italie, il y a un système défensif à établir pour le fort de Laibach, pour Trieste, la place de Raguse, Ancône, et un nouveau point à choisir dans le Tyrol, qui puisse contenir cette population factieuse, et empêcher les communications des Autrichiens par la vallée de la Drave, dans celle de l'Adige. Il faut également choisir le point le plus convenable, pour s'opposer aux débouchés de Villach, soit sur Osoppo, soit sur Goritz.

Hors de France, il est un point que, par le traité de Tilsit, je dois garder jusqu'à la paix avec l'Angleterre ; c'est un point qui, dans toutes les guerres qui peuvent avoir lieu, est de la plus grande importance pour le duché de Varsovie : c'est Danzig.

Je désire qu'un officier du génie intelligent soit mandé avec tous les plans et renseignements nécessaires, pour me faire connaître la situation actuelle des choses, avec tous les projets qui ont été faits par les divers officiers, et qui doivent avoir été envoyés au comité, afin que je puisse décider.

NAPOLÉON.

4801. — AU GÉNÉRAL CLARKE.

Fontainebleau, 10 novembre 1810.

Monsieur le duc de Feltre, je reçois votre lettre du 8 avec celle du duc de Raguse. Répondez-lui que j'ai donné la direction des douanes des provinces illyriennes au directeur général des douanes parce que la matière est si compliquée aujourd'hui, que le duc de Raguse ne peut pas la connaître et qu'il se présente chaque jour des cas où le directeur général des douanes peut seul décider.

Vous ferez connaître au duc de Raguse qu'il ne doit pas se mêler des douanes, en ce sens qu'il ne doit autoriser en rien l'entrée ou la sortie des marchandises et que, s'il donnait des décisions de cette espèce, les douanes ne l'exécuteraient pas. C'est ainsi qu'ayant dernièrement autorisé l'introduction du bois de teinture et autres denrées coloniales pour faire venir du sel, il a fait la chose la plus contraire au système que nous suivons aujourd'hui ; qu'à cela près, il doit surveiller les douaniers, avoir connaissance du placement des brigades et continuer à adresser des rapports au ministre des finances et à vous. Quant à une diminution de confiance, vous lui ferez comprendre qu'il n'y en a pas encore ; mais que je suis surpris que, depuis quinze mois, je n'aie pu obtenir un budget, ni aucun compte de recettes ni de dépenses ; que le ministre des finances ne cesse de les lui demander ; que cela ne peut marcher plus longtemps ; qu'il y avait du temps de l'Autriche un budget. Vous lui réitérerez la recommandation d'envoyer ce budget et les comptes de 1810, et vous lui insinuerez que, si cela tarde, je prendrai un décret pour réunir l'administration des provinces illyriennes à l'Italie ou d'en faire administrer les revenus par le Trésor public ; que, longtemps on a cru que les divisions entre lui et M. Dauchy entravaient son administration, mais qu'aujourd'hui il n'y a plus d'excuse et que je suis dans une ignorance parfaite de la manière dont marchent ces provinces.

Vous devez rejeter bien loin cette idée d'étiquette du ministre des finances qui, loin d'être jaloux de ses attributions, ne demanderait pas mieux que de n'avoir point à se mêler des provinces illyriennes. Vous lui direz que les rapports qu'il vous fait sont la même chose que ceux qu'il fait au ministre des finances ; que n'étant pas membre du Conseil de commerce, vous êtes obligé de les envoyer à ce ministre, parce que ces questions, qui sont aujourd'hui les plus importantes de l'Etat, ne se décident qu'en Conseil de commerce.

NAPOLÉON.

4802. — AU GÉNÉRAL CLARKE.

Fontainebleau, 10 novembre 1810.

Monsieur le duc de Feltre, il est important de n'avoir aucune arme dans la ville de Paris. Il faut les tenir à La Fère et à Vincennes. Je pense qu'il faudrait avoir à Vincennes un magasin capable de contenir 12.000 à 15.000 armes, mais n'en avoir jamais aucun dépôt à Paris. Je vois dans l'état de situation de l'armement au 1er juillet qu'il n'y a point d'armes à La Fère. Il serait bon cependant que vous prissiez des mesures pour avoir une centaine de mille armes dans ce point central et important.

Je vois qu'il n'y a que 17.000 armes à Lille et 10.000 ou 12.000 à Metz. Je désirerais qu'il y eût dans ces dépôts 80.000 armes.

Je vois qu'il y en a près de 100.000 à Strasbourg et 30.000 à Mayence.

Dans les conseils qui seront tenus cette année, on décidera les lieux où seront déposées les armes qui sortiront des fabriques.

Je crois qu'il y a trop d'armes dans le Midi puisque, suivant les états, je vois qu'il y en a 90.000 à Grenoble, 20.000 à Antibes et Toulon et 40.000 en Italie, ce qui fait près de la moitié des armes que j'ai. Je désirerais en avoir une douzaine de mille à Wesel, mais surtout beaucoup dans mes dépôts de La Fère, de Lille, de Metz.

NAPOLÉON.

4803. — DÉCISION.

Fontainebleau, 10 novembre 1810.

Rapport du maréchal Berthier au sujet de la solde des troupes aux ordres du comte d'Erlon qui est très en retard.

Autoriser le général Drouet à prendre 500.000 francs sur les fonds destinés à l'armée de Portugal pour les répartir entre les régiments qui en ont le plus besoin.

NAPOLÉON.

4804. — DÉCISIONS (1).

Fontainebleau, 10 novembre 1810.

On propose d'approuver le passage dans le 19e régiment de chasseurs, en qualité de sous-lieutenant surnuméraire, le sieur Desenfans du Ponthois, sous-lieutenant du 13e de ligne, élève de l'école militaire de Saint-Germain.

Accordé, le sieur Désenfans du Ponthois passera, avec son grade de sous-lieutenant au 13e d'infanterie de ligne, au 19e régiment de chasseurs à cheval.

On soumet à Sa Majesté la demande que fait le maréchal duc de Reggio d'une sous-lieutenance dans un régiment de cavalerie légère sous ses ordres en faveur du sieur Carondelet Noyelle, fils de l'ex-marquis de ce nom.

Il a déjà fait une campagne comme volontaire et a été blessé.

Approuvé, une sous-lieutenance dans la cavalerie légère sera donnée au sieur Carondelet Noyelle.

4805. — AU GÉNÉRAL CLARKE.

Fontainebleau, 11 novembre 1810.

Monsieur le duc de Feltre, donnez des ordres à l'armée de Portugal pour qu'on renvoie en France le cadre de la 3e compagnie du 2e régiment d'artillerie à cheval, et que les hommes et les chevaux soient versés dans les 5e et 6e compagnies du même régiment.

---

(1) Non signées; extraites du « Travail du ministre de la guerre avec S. M. l'Empereur et Roi, daté du 28 octobre 1810 ».

Vous donnerez l'ordre que les hommes disponibles de la 6e compagnie du 3e régiment d'artillerie à cheval soient incorporés dans la 7e compagnie et que le cadre soit renvoyé en France.

Vous aurez soin d'ordonner qu'indépendamment des officiers, sergents et caporaux, il soit renvoyé, avec les cadres de ces deux compagnies, quatre appointés parmi les premiers canonniers, afin d'avoir un noyau pour réformer ces cadres.

Par ce moyen, il restera à l'armée de Portugal deux compagnies du 2e régiment d'artillerie à cheval, une du 3e, une du 5e et une du 6e, ce qui fera cinq compagnies d'artillerie à cheval.

Pour l'artillerie à pied, vous enverrez des ordres à la même armée pour qu'on renvoie en France les cadres des 5e et 10e compagnies du 1er régiment, officiers, sergents, caporaux et quatre appointés, ou les plus importants canonniers de la compagnie, désignés par le capitaine.

Ces hommes disponibles de ces deux compagnies seront incorporés dans les 13e, 14e et 19e compagnies. Par ce moyen, il ne restera, du 1er régiment d'artillerie à pied, que trois compagnies en Portugal et deux reviendront en France.

Vous ordonnerez que la 1re compagnie et la 8e du 3e régiment d'artillerie à pied versent leurs hommes disponibles dans les 10e, 15e, 19e et 20e compagnies du même régiment, et que les cadres rentrent en France. Par ce moyen, le 3e régiment d'artillerie à pied conservera en Portugal quatre compagnies et en renverra deux en France.

Vous donnerez l'ordre que la 15e compagnie du 5e régiment d'artillerie à pied soit incorporée dans la 21e du même régiment et que le cadre rentre en France. Ainsi, le 5e d'artillerie à pied n'aura qu'une compagnie en Portugal.

Vous donnerez l'ordre que la 9e compagnie du 6e d'artillerie à pied soit incorporée dans les 10e et 12e compagnies du même régiment et que le cadre rentre en France. Par ce moyen, le 6e régiment d'artillerie n'aura que deux compagnies en Portugal.

Le 7e d'artillerie à pied conservera sa 20e compagnie en Portugal et le 8e régiment sa 11e compagnie.

La 10e compagnie de pontonniers restera en Portugal.

Résumé. — Cinq compagnies d'artillerie à cheval resteront en Portugal, et deux *idem* rentreront en France ; douze compagnies d'artillerie à pied resteront en Portugal et six *idem* rentreront en France.

Espagne. — Armées du Midi et d'Aragon. — La 4e et la 6e compagnie du 1er régiment d'artillerie à pied verseront leur disponible dans les 7e, 9e, 11e et 12e compagnies, et les cadres des 4e et 6e compagnies rentreront en France. Ainsi le 1er régiment d'artillerie à pied conservera, à l'armée du Midi, 4 compagnies, et en renverra 2 en France.

La 20e compagnie du 1er régiment d'artillerie à pied continuera à rester au 3e corps, en Aragon.

Ainsi le 1er régiment d'artillerie à pied aura cinq compagnies en Espagne.

La 3e compagnie du 3e régiment d'artillerie à pied sera incorporée dans les 4e, 14e, 18e, 21e et 22e compagnies du même régiment, et le cadre rentrera en France. Ainsi, il n'y aura plus au 3e corps que cinq compagnies du 3e régiment d'artillerie à pied.

La 20e compagnie du 5e d'artillerie à pied versera ses hommes dans la 1re compagnie; et le cadre rentrera en France. Ainsi, il n'y aura plus à l'armée du Midi qu'une compagnie du 5e à pied.

Le 6e régiment d'artillerie à pied renverra en France le cadre de sa 2e compagnie et versera les hommes disponibles de cette compagnie dans les 11e, 19e, 20e et 21e compagnies. Ainsi, il ne restera plus à l'armée du Midi que quatre compagnies du 6e régiment d'artillerie à pied.

La 3e compagnie du même 6e régiment versera ses hommes disponibles dans la 17e, qui est à Bayonne, et le cadre rentrera à son régiment.

La 1re compagnie du 8e régiment d'artillerie à pied sera incorporée dans les 2e et 6e compagnies du même régiment, et le cadre rentrera en France.

Artillerie à cheval. — La 1re compagnie du 3e régiment sera versée dans les 2e et 3e, et le cadre rentrera en France.

Résumé. — Six compagnies à pied rentreront en France, et dix-sept resteront aux armées du Midi et d'Aragon. Une compagnie à cheval rentrera en France et cinq resteront en Espagne.

NAPOLÉON.

4806. — DÉCISIONS (1).

Le ministre prie Sa Majesté d'approuver les dispositions qu'il a ordonnées pour le nouvel armement de Flessingue, d'après le nouveau développement des fortifications de cette place.

Renvoyé au conseil du mois de janvier 1811.

On présente à la signature de Sa Majesté un projet de décret spécial pour la cession à la ville de Salins, qui a demandé à recevoir l'application du décret du 23 avril, tant des bâtiments militaires qu'elle renferme que de son mur d'enceinte avec quelques portions de terrains militaires qui en dépendent et dont la modique valeur se trouve près d'un quart en dessous des dépenses de premier établissement qui restent à la charge de cette ville.

Renvoyé au conseil du mois de janvier 1811.

4807. — AU MARÉCHAL BERTHIER.

Fontainebleau, 12 novembre 1810.

Mon Cousin, le général Reille demande 1.300 capotes. Répondez-lui de se les procurer à Pampelune. Quand on est gouverneur de la Navarre, on ne doit pas être embarrassé de se procurer 1.300 capotes et d'avoir en réserve quelques milliers de paires de souliers, afin de pourvoir à l'entretien de ses régiments provisoires. Recommandez-lui de veiller à la bonne organisation de ces régiments, et, comme ils n'ont point de conseil d'administration, de faire lui-même les fonctions de conseil d'administration, en les visitant et leur fournissant ce qui leur est nécessaire.

NAPOLÉON.

4808. — AU MARÉCHAL BERTHIER.

Fontainebleau, 12 novembre 1810.

Mon Cousin, je vois, par votre lettre du 10, qu'il y a deux esca-

(1) Non signées; extraites du « Travail du ministre de la guerre avec S. M. l'Empereur et Roi, daté du 11 novembre 1810 ».

drons de gendarmerie à Santander. Autorisez le général Buquet à détacher les trois quarts de la cavalerie de ces deux escadrons, qui est inutile dans ces montagnes, et à la joindre à quelques hommes à cheval des quatre escadrons actuellement à Burgos, pour former un escadron à cheval de 150 hommes qui sera joint aux quatre escadrons à cheval dont je viens d'ordonner la réunion à Burgos, ce qui fera cinq escadrons de gendarmerie à cheval.

NAPOLÉON.

4809. — APOSTILLE (1).

Fontainebleau, 12 novembre 1810.

Sa Majesté est priée de faire connaître si les troupes hollandaises devront avoir à l'avenir le même uniforme que les troupes françaises.

Quel est celui des habillements qui coûte le moins ?

4810. — AU GÉNÉRAL CLARKE.

Fontainebleau, 12 novembre 1810.

Monsieur le duc de Feltre, je reçois votre lettre du 11. Je vois qu'on peut tirer 300 hommes, cuirassiers et chasseurs, des dépôts des régiments de cavalerie de l'armée d'Allemagne, mais qu'il n'y a aucuns chevaux. Cela étant, il est inutile d'envoyer à ces régiments des hommes sans chevaux.

NAPOLÉON.

4811. — AU GÉNÉRAL CLARKE.

Fontainebleau, 12 novembre 1810.

Monsieur le duc de Feltre, faites-moi connaître les ordres que vous avez donnés pour renforcer le 6e de ligne et le 14e léger, qui sont à Corfou, ainsi que le reste de la garnison de Corfou.

NAPOLÉON.

(1) Non signée; extraite du « Travail du ministre de la guerre avec S. M. l'Empereur et Roi, daté du 11 novembre 1810 ».

4812. — AU GÉNÉRAL LACUÉE.

Fontainebleau, 12 novembre 1810.

Monsieur le comte de Cessac, je réponds à votre rapport du 11 sur l'approvisionnement des places d'Illyrie. Il faut laisser à Laibach, à Trieste, à Zara et dans les autres petits forts, le biscuit qui s'y trouve. Je pense qu'il est seulement convenable de laisser à Zara 4.000 quintaux de farine ou blé, poids de marc, autant à Raguse, et la moitié à Cattaro, c'est-à-dire 10.000 quintaux, poids de marc, ou 5.000 quintaux métriques. Cet approvisionnement est peu de chose, mais il mettra ces points importants à l'abri de tout événement imprévu.

NAPOLÉON.

4813. — DÉCISIONS (1).

Fontainebleau, 13 novembre 1810.

Le colonel du 24e régiment d'infanterie légère demande qu'il soit accordé six congés de semestre par compagnie dans ce régiment.	Accordé.
Proposition d'employer au 9e corps de l'armée d'Espagne, où il manque un adjudant commandant, M. Songeon, adjudant commandant.	Accordé.
On met sous les yeux de Sa Majesté la demande d'un congé de deux mois avec demi-solde faite par M. le baron Berthézène, colonel du 10e régiment d'infanterie légère ;	Accordé.
La demande d'un congé d'un mois avec solde, pour se rendre à Paris, faite par M. Dode, major au 21e régiment d'infanterie légère.	Accordé.
On propose à Sa Majesté de dispenser un vélite chasseur à pied du	Approuvé.

(1) Non signées; extraites du « Travail du ministre de la guerre avec S. M. l'Empereur et Roi, daté du 11 novembre 1810 ».

paiement de la somme de 788 fr. 66, dont il est redevable pour sa pension ; il ne reste à ce vélite de la succession de son père que 200 francs de rente.	
Un sergent au 4e bataillon du 32e régiment d'infanterie de ligne sollicite l'autorisation de quitter ce corps pour passer, en qualité de sous-officier, dans la garde du roi d'Espagne.	Accordé.
Le sieur Lafolie, ex-fourrier, admis à une retraite de 228 francs et ayant obtenu de l'emploi à la préfecture du Rubicon, demande l'autorisation de toucher cette pension à Paris par un fondé de pouvoir.	Oui.
On propose à Sa Majesté d'employer à l'armée du Midi en Espagne l'adjudant commandant Amoretti d'Anvie. Cet officier supérieur, disponible depuis la réorganisation de l'armée d'Italie, n'est âgé que de 36 ans et est très propre à un service actif à l'armée.	L'employer avec le maréchal Davout.
M. le comte de Laforest, consulté sur le renvoi en Espagne du capitaine Garrido, sorti volontairement de Girone pendant le siège et qui a été réclamé par M. le duc de Frias au nom de sa cour, donne de très bons renseignements sur cet officier. Sa Majesté est priée de prononcer sur cette demande.	Accordé.
On propose à Sa Majesté d'accorder un congé de convalescence de quatre mois avec appointements au colonel Ménoire, directeur de l'artillerie à Alexandrie.	Accordé.
On propose de substituer le drap bleu au drap blanc pour l'uniforme	Accordé, mais il faut que cela ne coûte rien.

du 14e régiment de cuirassiers, de lui affecter la couleur lie de vin pour marquer la distinction, et de décider que le 11e régiment de hussards conservera le drap bleu foncé pour son uniforme et la couleur écarlate pour marques distinctives.

On propose à Sa Majesté de faire grâce à cinq déserteurs de la légion portugaise.

Approuvé.

Proposition de faire sortir du 1er régiment italien un déserteur amnistié, natif de Saint-Benigne, département de la Doire, et de le faire rentrer dans un régiment français.

Accordé.

4814. — DÉCISIONS (1).

Fontainebleau, 13 novembre 1810.

On prie Sa Majesté d'accorder un crédit supplémentaire de 18.028 fr. 19 à la masse du 7e régiment d'artillerie à pied, pour donner au conseil les moyens de pourvoir à tous les remplacements dus cette année et à la première mise des 215 conscrits qu'il a reçus depuis le 1er janvier dernier.

Accordé.

NAPOLÉON.

On présente à Sa Majesté, pour assurer le service des fourrages en Illyrie, des dispositions qui paraissent préférables aux marchés isolés que pourraient faire les corps.

Le prix de cette ration (1 fr. 48) ne me paraît pas excessif. Me faire connaître ce que j'économiserais en laissant seulement 500 chevaux en Illyrie et faisant venir les 500 autres sur l'Adige.

NAPOLÉON.

On propose à Sa Majesté de décider qu'il sera fourni aux militaires isolés passant au Mont-Genèvre

Approuvé.

NAPOLÉON.

---

(1) Extraites du « Travail du ministre directeur de l'administration de la guerre avec S. M. l'Empereur et Roi, daté du 11 novembre 1810 ».

pendant cinq mois d'hiver, qui commenceraient au 1er novembre et finiraient au 1er avril, une ration de rafraîchissement semblable à celle qui est distribuée au Mont-Cenis.

4815. — AU GÉNÉRAL CLARKE.

Fontainebleau, 14 novembre 1810.

Monsieur le duc de Feltre, présentez-moi un projet pour resserrer les cadres des corps de la Confédération qui sont à l'armée de Catalogne, savoir : de la Westphalie, du grand-duché de Berg, des duchés de Saxe, etc., de manière à renvoyer les cadres inutiles chez eux.

Donnez ordre que tous les hommes des régiments de cuirassiers, chasseurs et dragons de l'armée de Catalogne, qui n'ont pas de chevaux, se réunissent à Avignon, où il sera formé un dépôt général.

Donnez également l'ordre que ceux du 13e de cuirassiers, et des autres régiments de cavalerie de l'armée d'Espagne, qui n'ont pas d'espoir d'avoir des chevaux en Espagne, rentrent en France et se réunissent au dépôt de Pau.

NAPOLÉON.

4816. — AU GÉNÉRAL CLARKE.

Fontainebleau, 14 novembre 1810.

Monsieur le duc de Feltre, je vous ai demandé l'état des hommes qui avaient été faits prisonniers en Catalogne depuis trois mois ; ces renseignements doivent exister dans vos bureaux.

Depuis l'affaire de Saint-Laurent de Cerda, vous devez avoir eu un état de situation de la brigade du général Gareau. Envoyez un de vos aides de camp, officier intelligent, auprès du général Baraguey-d'Hilliers, pour bien connaître de quelle manière ce général forme son armée. Ecrivez au duc de Tarente pour lui donner connaissance des renforts envoyés au général Baraguey-d'Hilliers, des mesures prises pour approvisionner Barcelone, et de l'espérance que j'ai que, dans ce moment, Tortose est pris, et que déjà on investit Tarragone et qu'on s'occupe de réduire les petits forts des montagnes de Catalogne, qui sont au pouvoir des insurgés. Vous lui manderez qu'après cela il pourra partager son corps en plusieurs divisions, de manière à pouvoir contenir le pays depuis Lerida jusqu'à Tarragone et Barcelone, et pacifier cette partie de la Catalogne, pour que le général Baraguey-d'Hilliers puisse avoir dans les mains des forces suffisantes pour maintenir la tranquillité, et empêcher que les désagréments que nous avons eus, d'avoir plusieurs villages brûlés, ne se renouvellent plus.

Mandez au général Baraguey-d'Hilliers de vous faire connaître de quelle manière il organisera les 20.000 hommes qu'il a à sa disposition et qu'il est nécessaire que, s'il le juge convenable, il renforce le général Gareau suffisamment pour qu'il puisse agir avec avantage du côté de Puycerda.

NAPOLÉON.

4817. — AU MARÉCHAL BERTHIER.

Fontainebleau, 15 novembre 1810.

Mon Cousin, je vous ai écrit pour des changements à faire dans l'organisation des escadrons de la gendarmerie d'Espagne. En y pensant mieux, j'ai préféré refaire moi-même cette organisation pour que mes idées fussent mieux remplies. Le ministre de la guerre vous enverra le décret que j'ai pris. J'ai joint cependant ici une copie, pour que vous gagniez deux jours. Expédiez ce décret au général Buquet et donnez-lui l'ordre de procéder sans délai à cette organisation. Prescrivez aux commandants des gouvernements le nombre d'hommes qu'ils ont à fournir. Pour les hommes à envoyer du dépôt de Bordeaux, il faut attendre les ordres du ministre de la guerre. Proposez-moi un homme sûr pour commander cette légion, soit un colonel tiré de la gendarmerie d'élite, soit un de ces bons officiers que nous avons connus à l'armée. J'ai en Espagne de la gendarmerie d'élite ; on pourrait peut-être y prendre quelques maréchaux des logis, cela leur donnerait de l'avancement. Concertez-vous avec le général Durosnel, qui désignera les hommes que le général Buquet pourrait prendre, s'il en avait besoin.

NAPOLÉON.

4818. — DÉCISION.

Fontainebleau, 15 novembre 1810.

Le général Clarke fait connaître à l'Empereur qu'il avait déjà attaché au bureau du personnel du ministre de la guerre M. Briatte, ci-devant chef du bureau topographique du roi de Hollande, lorsqu'il a reçu la décision de Sa Majesté portant que M. Briatte serait employé au dépôt de la guerre. Le ministre pense qu'il est préférable de laisser M. Briatte dans les bureaux du personnel, « où il est sous une surveillance suffisante. Des renseignements particuliers font craindre qu'il ne soit un peu porté pour les Anglais », et le ministre croit plus prudent de ne pas le laisser entrer au dépôt de la guerre.

Approuvé.

NAPOLÉON.

4819. — AU GÉNÉRAL CLARKE.

Fontainebleau, 15 novembre 1810.

Monsieur le duc de Feltre, donnez ordre que des instructions soient faites et imprimées sur le tir à boulets rouges ; qu'elles soient envoyées aux batteries de côte, surtout à celles de l'Escaut, et veillez à ce que l'on tire à boulets rouges à ces batteries. Faites faire un règlement pour cet exercice et ordonnez qu'on dresse des procès-verbaux et qu'on vous les envoie, car les canonniers n'aiment pas à tirer à boulets rouges.

NAPOLÉON.

4820. — DÉCISION.

Fontainebleau, 15 novembre 1810.

Le général Clarke demande l'autorisation de promettre aux officiers réformés, qui doivent être dirigés sur les colonies, un avancement de grade à leur arrivée à destination.

Oui.

NAPOLÉON.

4821. — AU GÉNÉRAL MATHIEU DUMAS.

Fontainebleau, 15 novembre 1810.

Monsieur le général Mathieu Dumas, j'ai reçu le projet de division de la garde nationale en six arrondissements. Je ne l'approuve pas. Cela m'a donné lieu d'en faire un autre, ce qui m'a conduit à m'arrêter au système des divisions militaires. Ainsi, la 1re division aura deux bataillons, la 2e division huit, la 3e cinq et ainsi de suite. Cette division a beaucoup d'avantages, puisque le général commandant la division militaire, en cas d'événement, marcherait à la tête, que le payeur de la division les payerait et que l'ordonnateur les nourrirait, ce qui formerait une division naturelle. Ainsi, aussitôt que le projet sera arrêté, je pourvoirai par un décret spécial à l'organisation de telle ou telle division militaire; peut-être prendrai-je des divisions éloignées les unes des autres, à peu près comme pour les collèges électoraux. Je vous dis cela pour que, dans votre projet, vous ne parliez pas des époques ; dites seulement que, par un décret particulier, les époques seront désignées. Mais faites de manière que toutes les divisions soient organisées en 1812. Cette répartition en divisions militaires est d'autant plus convenable, que le ministre de la guerre, qui a sa correspondance naturelle avec les commandants des divisions militaires, pourra faire passer les revues avant le départ et pourvoira à l'habillement, etc..., au chef-lieu de la division. Il faut donc s'en tenir là. Je ne vois plus rien qui retarde, après cela, la discussion de cette affaire au Conseil d'Etat.

NAPOLÉON.

4822. — AU GÉNÉRAL CLARKE.

.... (1) novembre 1810.

Monsieur le duc de Feltre, je reçois votre rapport du (2). Je ne veux point créer trois régiments des provinces illyriennes ; ce serait trop. Les bataillons autrichiens sont de huit compagnies. Ainsi, quatre bataillons formeraient trente-deux compagnies ; ce serait donc la même chose qu'un régiment français au grand complet. Vous recevrez un décret par lequel je forme un régiment ayant la

---

(1) Sans date de jour; en marge on lit : « Reçu le 16 novembre et remis le 17 à M. Barnier. »

(2) En blanc.

même organisation que les régiments français. Ainsi, pour les provinces de Villach, de Goritz, de Trieste et pour la Croatie civile, je ne demande qu'un régiment de cinq bataillons. Je crois devoir le réunir à Alexandrie. Prenez sur-le-champ toutes les mesures pour son organisation. Veillez bien à ce que, parmi les officiers qui seront proposés, il n'y en ait aucun qui n'appartienne à une famille du pays ayant de la considération et des revenus, afin que ce régiment ne soit pas composé d'aventuriers, comme ceux d'Isembourg et de la Tour d'Auvergne, et qu'il nous attache une partie du pays.

NAPOLÉON.

4823. — AU GÉNÉRAL CLARKE.

Paris, 17 novembre 1810.

Monsieur le duc de Feltre, je réponds à votre lettre du 16 sur l'artillerie de Danzig. J'attache une grande importance à cette place. Le génie est déjà chargé de me faire un rapport sur Danzig. Je désire qu'aux conseils de janvier, que je tiendrai pour l'artillerie, on me propose l'armement de Danzig, ce qu'il faut, ce qu'il y a, ce qui manque. Faites faire par les officiers du génie et de l'artillerie un mémoire, ouvrage par ouvrage.

NAPOLÉON.

4824. — AU MARÉCHAL BERTHIER.

Paris, 18 novembre 1810.

Mon Cousin, je ne vois pas d'inconvénient que le général Dedon commande l'artillerie de l'armée du Centre et que le général Ruty soit envoyé à l'armée du Midi. Je vous renvoie la lettre du roi d'Espagne.

NAPOLÉON.

4825. — AU GÉNÉRAL CLARKE.

Paris, 18 novembre 1810.

Monsieur le duc de Feltre, donnez ordre que les troupes westphaliennes qui sont en Catalogne soient réduites au cadre d'un seul bataillon et que le reste soit renvoyé en Allemagne.

Donnez ordre que les régiments nos 4, 5 et 6 soient renvoyés en entier. On pourra réunir ces régiments sur quelques points en arrière, tels que Collioure, Port-Vendres et Agde, pour servir à la défense de la côte, pendant quelque temps ; après quoi on les renverra en Allemagne, où ils se reformeront et où ils me serviront en cas de guerre.

Donnez également l'ordre de réduire le régiment de Berg au cadre d'un seul bataillon et de renvoyer le cadre de l'autre bataillon à Paris.

Il faut laisser en Catalogne le régiment de Nassau, puisqu'il a encore 1.100 hommes sous les armes.

NAPOLÉON.

4826. — AU GÉNÉRAL CLARKE.

Paris, 18 novembre 1810.

Monsieur le duc de Feltre, les 5es bataillons des quatre régiments hollandais seront placés, savoir : celui du 33e d'infanterie légère à Groningue, celui du 126e de ligne à Alkmaar ou Haarlem, celui du 125e à Leyde et celui du 124e à Deventer.

Les dépôts de l'artillerie et du génie resteront à La Haye.

Quant aux deux régiments de cavalerie, comme les fourrages me paraissent être plus chers en Hollande qu'en France, je désire n'y pas tenir des dépôts de cavalerie.

NAPOLÉON.

4827. — AU GÉNÉRAL LACUÉE.

Paris, 18 novembre 1810.

Monsieur le comte de Cessac, je reçois votre lettre du 17. En conséquence de mon décret, vous avez commandé un achat de 3.700 chevaux pour monter tout ce qui reste en France aux dépôts des escadrons de guerre qui sont en Espagne. Mais, comme vous avez calculé sur l'effectif, il est nécessaire que vous réduisiez ces achats d'un cinquième ; ainsi, au lieu de 3.700 chevaux, n'en faites acheter que 3.000. Je vois, dans la suite de votre travail, que vous proposez un second achat de 10.000 chevaux, ce qui serait une dépense de 4 millions. J'attendrai plus tard pour faire cette remonte. D'ailleurs, je vois des erreurs dans vos calculs. Mon intention n'est pas d'acheter un si grand nombre de chevaux sur le budget de 1811. J'approuve l'achat de 3.000 chevaux et j'ajourne toute décision sur les 10.000 autres.

Quant au 13e régiment de cuirassiers, aux Hanovriens, aux Portugais, aux Polonais, mon intention n'est pas de leur donner des chevaux. Les seuls auxquels je pourrais en donner sont les Polonais. Mais si, comme on me l'assure, les hommes qui sont au dépôt sont des Allemands, je ne veux pas faire pour eux la dépense d'un seul cheval.

NAPOLÉON.

4828. — DÉCISION.

Paris, 19 novembre 1810.

Le général Clarke soumet à l'Empereur une demande du colonel d'artillerie en retraite Demarçay, qui sollicite un emploi civil.

Connaître pourquoi cet officier s'est retiré.

NAPOLÉON.

4829. — DÉCISION.

Paris, 19 novembre 1810.

Le général Clarke expose qu'il est impossible de trouver parmi les sergents-majors ou sergents français en réforme les 300 sous-officiers qui doivent être envoyés à Batavia.

Les canonniers de la marine en fourniront 150, et l'armée de terre 150. On prendra des hommes de bonne volonté.

NAPOLÉON.

4830. — AU MARÉCHAL BERTHIER.

Paris, 19 novembre 1810.

Mon Cousin, présentez-moi un décret pour accorder la décoration de la Légion d'honneur aux sieurs Remond, capitaine, et Charbonnet, tambour maître d'un bataillon auxiliaire, et pour nommer major le chef de bataillon Périsse, pour leur bonne conduite dans le royaume de Léon.

NAPOLÉON.

4831. — DÉCISIONS (1).

Paris, 19 novembre 1810.

Renseignements sur le résultat

Reconnaître ce que la guerre

(1) Non signées; extraites du « Travail du ministre de la guerre avec S. M. l'Empereur et Roi, daté du 17 novembre 1810 ».

des comptes respectifs de la guerre et de la marine.

Sa Majesté est priée de prononcer sur les prétentions élevées par la marine de comprendre dans le montant de ses fournitures à la guerre celles faites à l'administration de la guerre.

et l'administration de la guerre doivent à la marine, recevoir quitus du dernier article et cela sera censé soldé.

M. le duc de Raguse demande l'autorisation nécessaire pour délivrer un certain nombre de congés limités aux militaires des corps sous ses ordres.

Accordé.

On propose à Sa Majesté de porter la compagnie de réserve du département des Deux-Nèthes de la 2e classe à la 1re.

Approuvé.

On propose à Sa Majesté d'ordonner le remboursement d'une somme de 2.126 fr. 25, due au 9e régiment d'infanterie légère par le 4e bataillon de ce corps, fait prisonnier de guerre en Andalousie au mois de juillet 1808.

Accordé.

On prie Sa Majesté d'accorder à M. Préau, aide de camp de M. le général Songis, une gratification de 2.000 francs, comme un témoignage de satisfaction pour la mission qu'il a remplie dans le grand-duché de Varsovie.

Accordé.

On rend compte à Sa Majesté que l'adjudant commandant Massabeau a été chargé depuis deux ans de plusieurs commandements qui lui ont occasionné des dépenses extraordinaires dont il semble juste de l'indemniser.

On propose à cet effet une gratification de 1.000 francs une fois payée.

Accordé.

Proposition d'employer dans la 7e division militaire le général de

Accordé.

brigade de Launay, qui était employé à l'armée de Catalogne, où il a été blessé, et qui a été autorisé à revenir en France.	
On propose à Sa Majesté d'envoyer dans la 15e division militaire, pour commander un département, le général de brigade Rostollant ;	Accordé.
D'envoyer dans la 23e division militaire le général de brigade Lesuire, qui est disponible.	Refusé, inutile.
On soumet à Sa Majesté la demande que fait S. A. I. le gouverneur des départements au delà des Alpes pour que l'adjudant commandant de Monteluppo soit nommé chef d'état-major de la 28e division militaire.	Accordé.
Le général de division Sorbier, commandant en chef l'artillerie de l'armée d'Italie, demande un congé de cinq mois avec solde pour le rétablissement de sa santé.	Accordé.
On met sous les yeux de Sa Majesté la demande d'un congé d'un mois avec appointements que fait M. le général de division Puthod, commandant la 25e division militaire.	Accordé.
L'intendant général de la Haute-Catalogne demande le retour dans cette province de deux prisonniers de guerre, l'un jardinier et l'autre cordonnier, qui n'ont point porté les armes contre la France et dont les familles sont privées de moyens d'existence.	Accordé.
On renouvelle à Sa Majesté la proposition qui lui a été faite de réformer sans traitement le sous-inspecteur Hotte, gravement compromis dans la comptabilité du 106e	Accordé.

régiment et dans celle de l'ex-2e demi-brigade helvétique.

Proposition d'accorder au colonel Bruny, du 62e régiment, un congé de convalescence de six mois avec solde et de le faire remplacer par M. Madier, colonel à la suite.

Le faire remplacer par le major.

4832. — DÉCISIONS (1).

Paris, 19 novembre 1810.

On propose à Sa Majesté d'accorder un secours extraordinaire de 3.954 fr. 08 à la masse d'habillement du 17e régiment d'infanterie de ligne pour effets perdus sur le champ de bataille par les bataillons de guerre de ce régiment à Wagram, Essling, Ratisbonne, Landshut, Abensberg et à l'île de Thében.

Accordé.

NAPOLÉON.

On prie Sa Majesté de décider si une distribution de souliers du magasin de Madrid, faite sur l'ordre de S. M. le roi d'Espagne aux 28e et 75e régiments de ligne, sera accordée en gratification ou imputée.

Accordé.

NAPOLÉON.

On propose à Sa Majesté de décider si une distribution de 1.008 paires de souliers du magasin de Séville, faite par ordre de M. le maréchal duc de Dalmatie aux 34e, 64e et 88e régiments et à des détachements de divers corps, sera accordée en gratification ou imputée.

Accordé.

NAPOLÉON.

On propose à Sa Majesté d'autoriser le remplacement anticipé de 310 capotes dans le 3e régiment provisoire, et d'accorder aux corps auxquels appartiennent les déta-

Le gouvernement de la Navarre les lui procurera.

NAPOLÉON.

---

(1) Extraites du « Travail du ministre directeur de l'administration de la guerre avec S. M. l'Empereur et Roi, daté du 17 novembre 1810 ».

chements qui le composent un secours de 4.030 francs.

On propose à Sa Majesté d'accorder au 106e régiment, en indemnité des pertes qu'il a faites à la guerre dans la campagne de 1809, un secours ou supplément de crédit de 15.639 fr. 54.

Accordé.

NAPOLÉON.

4833. — DÉCISION.

Paris, 19 novembre 1810.

Propositions soumises à l'Empereur par le ministre du Trésor à l'effet de régler en Espagne le cours des anciennes monnaies françaises.

Approuvé.

NAPOLÉON.

4834. — NOTE DICTÉE PAR SA MAJESTÉ (1).

Le chargement des objets d'artillerie pour les deux frégates destinées à Corfou sera fait par l'artillerie, de manière que, si l'une d'elles venait à être perdue, la moitié de chacune des espèces d'objets parvienne à la colonie par l'autre. Il sera bon que le directeur de l'artillerie se concerte avec le préfet maritime pour faire le projet d'armement, qui sera envoyé ensuite à Paris.

4835. — AU GÉNÉRAL CLARKE.

21 novembre 1810.

Monsieur le duc de Feltre, les deux frégates qui partent de Toulon ne peuvent porter que 500 hommes à Corfou. Donnez ordre à Porto-Ferrajo qu'on prépare 500 hommes du bataillon du régiment de la Méditerranée, en prenant autant que possible des hommes de l'ancienne France.

La compagnie de 200 hommes que doit fournir ce bataillon pour la garnison de Corfou doit toujours suivre sa destination. Si, lorsque les frégates se présenteront devant Porto-Ferrajo, cette compagnie n'était pas partie, elle s'embarquerait de préférence sur les

(1) Ni datée ni signée; on lit en marge : « Envoyée par M. le duc de Bassano le 21 novembre. »

frégates. Envoyez sur-le-champ votre ordre par l'estafette, en l'adressant à la grande-duchesse de Toscane, qui le fera passer sur-le-champ à Porto-Ferrajo. Vous écrirez au commandant de tenir prêts les 500 hommes à Porto-Ferrajo, en le prévenant que deux frégates doivent venir les prendre, et lui recommandant le plus grand secret.

Vous laisserez le gouverneur général de Corfou maître de former de ces 500 hommes un 6e bataillon du 14e d'infanterie légère ou de les incorporer dans ce régiment. Si les compagnies du 14e léger sont au complet de 140 hommes, il sera inutile d'y incorporer ce bataillon, parce que ces compagnies seraient trop fortes, ce qui a des inconvénients. Lorsque le 14e léger aurait besoin d'être renforcé, le général Donzelot serait le maître d'y incorporer ce 6e bataillon.

Le 14e léger et le 6e de ligne doivent déjà se trouver portés au grand complet par des détachements qui sont partis de Rome. Les 600 hommes que j'ai ordonné que le régiment de la Méditerranée envoyât, et les 500 hommes qui s'embarquent sur les frégates porteraient les renforts envoyés à Corfou à 1.100 hommes. Les quatre bataillons pourraient donc être complets et le 14e d'infanterie légère avoir de plus un 6e bataillon.

L'esprit du régiment et son administration seraient un. Comme vous laissez cela à la disposition du gouverneur général, il vous enverra un procès-verbal de ce qu'il aura fait, et vous présenterez un projet de décret, en conséquence, à ma signature.

NAPOLÉON.

4836. — AU GÉNÉRAL CLARKE.

Paris, 21 novembre 1810.

Monsieur le duc de Feltre, les frégates de Toulon destinées pour Corfou seraient prêtes à partir si le commandant de l'artillerie n'avait déclaré qu'une partie des munitions devait venir de Perpignan et de Strasbourg ; il faut rectifier promptement cette erreur et y suppléer par des munitions prises à Toulon, mon intention étant qu'avant le 1er décembre ces frégates soient chargées et en état de mettre à la voile.

L'importance que j'attache à l'île de Corfou m'engage à faire partir une seconde expédition de deux frégates, dont une armée en flûte, lesquelles seront chargées, comme les premières, de munitions de guerre et de 500 hommes de passage.

Faites dresser un état des munitions de guerre qu'il faudra y embarquer : elles doivent consister en outils de pionniers, en poudre, en quelques boulets, en affûts de tout calibre, si nécessaires dans une place assiégée, et en ce que ne peuvent pas embarquer les deux frégates qui vont partir. Il m'importe que cet état, approuvé par moi, soit remis au ministre de la marine avant le 1er décembre et que les objets qui doivent le composer soient rendus à Toulon au 20 décembre, afin de pouvoir être embarqués le 25. N'oubliez pas que, dans une place assiégée, on ne saurait avoir trop d'affûts. Si vous n'avez pas suffisamment de munitions pour emplir les deux frégates, on compléterait le chargement en biscuit. Je pense qu'il est nécessaire que vous adressiez au général Morand l'ordre de faire passer à Porto-Ferrajo un nouveau bataillon de la Méditerranée.

NAPOLÉON.

4837. — DÉCISION.

Paris, 21 novembre 1810.

Le général Clarke demande l'autorisation de faire rentrer en Hollande le 37e de ligne, que le duc de Reggio a placé sur la ligne des douanes depuis Rées jusqu'à l'Ems.

Ecrire au duc de Reggio qu'il peut retirer le 37e, aussitôt qu'il sera remplacé. Lui faire connaître qu'il n'y a pas assez de troupes du côté d'Emden.

NAPOLÉON.

4838. — DÉCISION.

Paris, 21 novembre 1810.

Le général Clarke demande l'autorisation d'envoyer à Châteauroux, où sont stationnés les deux régiments de chasseurs portugais, les 55 chevaux qui se trouvent disponibles au dépôt de la légion portugaise à Gray.

Approuvé.

NAPOLÉON.

4839. — DÉCISION.

21 novembre 1810.

Le maréchal Berthier soumet à l'approbation de l'Empereur l'ordre qu'il a donné de faire diriger sur Bayonne tous les hommes à pied des régiments de cavalerie employés en Espagne.

Approuvé.

NAPOLÉON.

4840. — DÉCISION.

Paris, 21 novembre 1810.

Le général Clarke met sous les yeux de l'Empereur l'état de la dépense qui résulterait de la fourniture de 8.000 capotes, de linge et chaussure nécessaires aux nouveaux régiments de la garde qui sont en Espagne.

Renvoyé au major général pour ordonner au général Dorsenne de se procurer ces capotes dans son gouvernement.

NAPOLÉON.

4841. — DÉCISIONS (1).

Paris, 21 novembre 1810.

On rend compte à Sa Majesté que les officiers du 2e régiment de grenadiers à pied de la garde impériale demandent à recevoir la gratification de première mise accordée aux officiers admis dans la garde.

Jouissaient-ils de cette première mise en Hollande?

M. le général Rapp sollicite l'autorisation de pouvoir toucher du Sénat de Danzig, en sa qualité de gouverneur de cette place, une somme de 5.000 francs par mois, qui lui a été offerte par ce Sénat et qui ne pèse point sur la classe des habitants.

Autoriser le général Rapp à toucher cette somme.

(1) Non signées; extraites du « Travail du ministre de la guerre avec S. M. l'Empereur et Roi, daté du 21 novembre 1810 ».

M. le comte Estève réclame en faveur de M. Baudeuf, payeur de la garde, une augmentation de traitement et de frais de bureau. Cette augmentation, qui est portée à 6.000 francs, est motivée sur l'accroissement de la garde impériale, qui s'est élevée depuis 1806 de 12.000 hommes à 35.000 hommes.	Approuvé.
On propose de faire passer le général de brigade Rostollant de la 24e division militaire dans la 15e, et de charger le général Destabenrath du commandement du département de l'Escaut.	Approuvé.
On soumet à Sa Majesté la demande d'une convalescence de trois mois avec appointements que fait le sieur de Sainte-Suzanne, colonel du 9e régiment de chasseurs, à l'armée de Naples, pour se rendre dans sa famille à Paris.	Approuvé.
On soumet à Sa Majesté la demande d'un congé de trois mois avec solde que fait le sieur Cavrois, colonel du 20e régiment de chasseurs à Nantes.	Accordé.
On propose à Sa Majesté de vouloir bien dispenser la dame veuve Camier de payer la somme de 264 fr. 69, dont elle est redevable pour la pension de son fils, ex-vélite grenadier à cheval, mort pendant la campagne de 1807.	Approuvé.
On présente à l'approbation de Sa Majesté la demande formée par S. M. le roi de Westphalie pour que M. de Racsfeld, actuellement lieutenant aux chevau-légers de sa garde et conscrit français, passe définitivement à son service.	Accordé.

Sa Majesté a ordonné de faire remplacer M. Bruny, colonel du 62e régiment, auquel Elle a accordé un congé de convalescence de six mois, par le major de ce corps. Ce major étant employé à commander des gardes nationales dans la 10e division militaire, on supplie Sa Majesté de vouloir bien approuver la proposition qui lui est faite de faire remplacer M. Bruny pendant la durée de son congé par M. Madier, colonel à la suite.	Envoyer le colonel Madier commander les gardes nationales et le major commander son régiment.
On propose à Sa Majesté de confier le commandement de la 1re brigade de la division Caffarelli au général de brigade Rouget, né Français, qui a obtenu en Hollande le grade de général de brigade et qui est maintenu en cette qualité sur le tableau de l'état-major général de l'armée française.	Approuvé.
Le comte de Cessac expose à Sa Majesté que, d'après la nouvelle organisation du bataillon de vétérans romains, ce bataillon doit être considéré comme un corps de nouvelle formation à qui l'on doit fournir le petit équipement complet.	Je ne connais pas ce bataillon; renvoyé au ministre de la guerre pour régulariser l'existence de ce bataillon.
Le ministre de la marine rend compte des motifs de la désertion qui a eu lieu à Rochefort parmi les troupes d'artillerie de marine.	Renvoyé au ministre de la guerre pour me faire un rapport là-dessus.
Sa Majesté est priée de vouloir bien faire connaître ses intentions sur la manière dont doit être employé M. Avisard, qui était colonel des gardes du corps de l'ex-garde hollandaise.	Le ministre me fera connaître s'il est capable de bien commander un régiment.
On propose à Sa Majesté de placer M. des Tombes, capitaine des grenadiers à pied de l'ex-garde hol-	Accordé.

landaise, à la suite des tirailleurs de la garde, en attendant la première place de son grade vacante.

On propose à Sa Majesté d'employer comme sous-lieutenant d'infanterie le sieur Goblin, sergent au régiment italien royal dalmate. — Accordé.

Sa Majesté est priée de permettre que les deux jeunes frères Rambaut, ex-officiers des gardes nationales d'élite des 10e et 11e divisions militaires, lui soient proposés pour des sous-lieutenances d'infanterie. — Approuvé.

4842. — DÉCISIONS (1).

21 novembre 1810.

On propose à Sa Majesté d'accorder la ration de fourrages sur le pied d'été aux deux régiments de carabiniers jusqu'au 1er avril prochain. — Approuvé.

NAPOLÉON.

On propose à Sa Majesté de décider : — Approuvé.

NAPOLÉON.

1° Que le nommé Massé, infirmier-major, sera détenu en prison pendant deux ans dans un château fort et qu'il ne sera jamais réemployé par le gouvernement ;

2° Que les sieurs Durand, Royer, Pornin et Serraire cesseront pour toujours de faire partie du corps des officiers de santé militaire ;

3° Qu'ils seront enfermés dans des forts pendant un an ;

4° Qu'à l'expiration du temps de leur détention, ils seront mis à la disposition du ministre de la guerre pour servir comme soldats.

---

(1) Extraites du « Travail du ministre directeur de l'administration de la guerre avec S. M. l'Empereur et Roi, daté du 21 novembre 1810 ».

On soumet à Sa Majesté quelques observations au sujet de la décision qui charge M. le comte Maret, directeur général des vivres de la guerre, de l'achat des 10.000 quintaux marc de blé, destinés pour Zara, Raguse et Cattaro. On pense qu'il serait plus convenable et plus avantageux que l'ordonnateur Joubert fût chargé de l'achat des 6.000 quintaux pour Raguse et Cattaro, et M. Séguier, consul à Trieste, des 4.000 destinés pour Zara. On prend les ordres de Sa Majesté.

Approuvé, il faudra faire ces achats à Ancône.

NAPOLÉON.

On expose à Sa Majesté qu'il faudrait acheter 3.798 chevaux pour monter tous les hommes disponibles qui sont à pied dans les dépôts des régiments dont les escadrons de guerre sont en Espagne, déduction faite de 1.015 hommes pour les maîtres ouvriers, les enfants de troupe et les hommes susceptibles de réforme et de retraite.

On demande à Sa Majesté s'il faut acheter ladite quantité de chevaux ou si Elle veut qu'il n'en soit acheté que 3.000.

Le 1/5e que j'ai ôté est pour les hommes à l'hôpital, dont le nombre est considérable dans les dépôts. Ainsi, je persiste dans mon premier ordre d'ôter à chaque corps un 1/5e des chevaux.

NAPOLÉON.

On a l'honneur d'exposer à Sa Majesté qu'il est indispensable de faire non seulement une autre répartition de la somme de 5.565.000 francs, montant du budget de l'Illyrie, mais encore de porter ce budget à 6 millions.

On la prie de vouloir bien faire connaître ses intentions.

Tout ceci est fort exagéré. 6.000.000 pour 12.000 hommes, cela fait 500 francs par homme, ce qui est impossible. Il y a mauvaise administration.

NAPOLÉON.

4843. — DÉCISION (1).

Paris, (2) novembre 1810.

Le major général propose un officier supérieur pour commander la nouvelle légion de gendarmerie qui va se former à Burgos.

Il présente MM. Noirot et Beteille.

Renvoyé au ministre de la guerre pour me faire connaître s'il y en a de meilleurs.

4844. — DÉCISION (3).

On rend compte à Sa Majesté, d'après ses ordres, de la demande d'avancement qui lui a été faite par le sieur Amblard, lieutenant de la compagnie de réserve du département de l'Aisne.

On propose à Sa Majesté de ne point accueillir la demande de cet officier.

Cette affaire restera sans suite, conformément aux intentions énoncées par Son Excellence.

4845. — AU GÉNÉRAL CLARKE.

Paris, 24 novembre 1810.

Monsieur le duc de Feltre, les obusiers de 4 pouces 8 lignes n'arriveront pas à temps à Toulon. Il doit y avoir à Toulon un certain nombre de petits mortiers anglais. S'ils existent et qu'ils puissent servir pour tirer comme bombes les bombes de 4 pouces 8 lignes, ou toutes autres bombes d'un calibre qui serait à Corfou, il me semble qu'il faudrait en envoyer. Faites-moi un rapport là-dessus.

NAPOLÉON.

4846. — AU GÉNÉRAL LACUÉE.

Paris, 24 novembre 1810.

Monsieur le comte de Cessac, il est indispensable que vous don-

(1) Extraite du « Travail du ministre de la guerre avec S. M. l'Empereur et Roi, daté du 21 novembre 1810 ».

(2) Sans date de jour.

(3) Non signée; extraite du « Travail du ministre de la guerre avec S. M. l'Empereur et Roi, daté du 21 novembre 1810 ».

niez l'ordre par duplicata et triplicata au gouverneur général, au commissaire ordonnateur et aux commissaires des guerres à Corfou de ne toucher ni laisser toucher, sous quelque prétexte que ce soit, aux approvisionnements de siège, ni de rien fournir des magasins à la population, dût la population mourir de faim ou aller chercher ailleurs sa subsistance. Vous leur ferez bien connaître que toute avance qui serait faite des magasins militaires aux habitants, avance qui finirait par compromettre la sûreté de la place, serait criminelle ; que l'importance de Corfou est si grande pour la sûreté de l'Italie, du golfe Adriatique, du royaume de Naples, de l'Albanie, qu'on doit mettre en magasin tous les approvisionnements qui arriveront ; y en eût-il pour deux ans, on n'a le droit de disposer de rien.

NAPOLÉON.

4847. — AU GÉNÉRAL CLARKE.

Paris, 26 novembre 1810.

Monsieur le duc de Feltre, puisqu'il y a des mortiers de 4 pouces 6 lignes à Corfou, mandez au gouverneur qu'il doit s'en servir pour tirer les obus qu'il a de ce calibre ; que les obusiers de 4 pouces 8 lignes n'ont pu partir à temps de Toulon. Recommandez-lui de mettre de ces mortiers dans les ouvrages avancés, parce qu'ils feront beaucoup de mal à l'ennemi.

NAPOLÉON.

4848. — AU GÉNÉRAL CLARKE.

Paris, 26 novembre 1810.

Monsieur le duc de Feltre, je crois qu'il n'y a que trois compagnies d'artillerie française à Corfou, indépendamment des compagnies italiennes. Il serait utile d'y envoyer une compagnie d'artillerie française de celles qui sont à Naples et qui n'y est pas nécessaire.

NAPOLÉON.

4849. — AU GÉNÉRAL CLARKE.

Paris, 26 novembre 1810.

Monsieur le duc de Feltre, j'ai reçu votre rapport du 22. J'approuve l'état n° 1 des objets d'artillerie que vous vous proposez d'envoyer à Corfou par la seconde expédition. Je désire seulement que vous y fassiez les changements suivants : au lieu de 20.000 kilogrammes de poudre, je pense qu'il faut en envoyer le double. Si les expéditions d'Ancône et de Naples ne réussissaient pas, j'y aurais ainsi envoyé 80.000 kilogrammes de poudre ou 160 milliers qui, avec ce qui existe, compléteraient les 500 ou 600 milliers nécessaires pour la défense.

Je voudrais également envoyer à Corfou 250.000 cartouches. Au lieu de 10 affûts de 24 de côte, je pense qu'il faudrait en envoyer 20.

Indépendamment des 20 affûts de siège de 12 et des 10 affûts de place de 24, il faudrait envoyer 20 autres affûts de place de 8 à 12.

Au lieu de 2.000 outils de pionniers, il faudrait en envoyer 4.000.

Enfin, je voudrais qu'on envoyât : 1° les outils nécessaires pour faire les mines ; 2° un assortiment d'artifices, tels que balles pour éclairer les remparts pendant la nuit, réchauds et tout ce que l'expérience a prouvé être utile dans un grand siège. Beaucoup de ces artifices existent dans nos places.

Je pense qu'il serait bon également d'y envoyer 200 bons fusils de remparts et une cinquantaine de fusées à la Congrève pour servir de modèle, avec le procédé pour en faire de nouvelles. Vous enverrez ce procédé, par duplicata, par terre. Je suppose qu'il y a des artificiers capables à Corfou.

NAPOLÉON.

4850. — DÉCISION.

Paris, 26 novembre 1810.

Le général Clarke fait connaître qu'il y a au dépôt du 113e de ligne à Orléans un nombre d'hommes suffisant pour former un 3e bataillon, et il demande si, conformément aux intentions de Sa Majesté, le moment n'est pas venu d'envoyer le 3e bataillon dans une place forte dépendant du camp de Boulogne.

Laisser ce régiment à Orléans le reste de l'hiver, s'il n'y a pas d'inconvénient, et en faire passer des inspections fréquentes pour s'assurer qu'on s'occupe de l'instruction et de l'administration du régiment.

NAPOLÉON.

4851. — DÉCISION.

Paris, 26 novembre 1810.

Le prince Eugène demande que les 3e et 4e bataillons du 6e régiment de ligne italien reçoivent l'ordre de quitter l'île d'Elbe pour se rendre à Mantoue, où doit avoir lieu la réorganisation de ce régiment.

Approuvé.

NAPOLÉON.

4852. — AU GÉNÉRAL LACUÉE.

Paris, 26 novembre 1810.

Monsieur le comte de Cessac, je vous envoie un état de situation des îles Ioniennes au 1er octobre. Si vous ne l'avez pas, prenez-en copie et renvoyez-le au ministre de la guerre, auquel il est nécessaire. Je vois avec peine dans cet état que le service ordinaire n'a point de blé ni de farine. Vous devez insister auprès de l'ordonnateur de l'armée de Naples pour que le roi envoie à Corfou les 10.000 quintaux métriques de blé et les 1.000 quintaux de riz qu'il doit y faire passer.

NAPOLÉON.

4853. — AU GÉNÉRAL LACUÉE.

Paris, 26 novembre 1810.

Monsieur le comte de Cessac, j'ai reçu vos rapports sur l'approvisionnement de Corfou. Le vice-roi enverra d'Ancône ce que j'ai ordonné. Le roi de Naples aura peut-être plus de difficulté. Puisque c'est l'Albanie qui envoie des blés pour l'approvisionnement journalier de Corfou, je donne ordre au ministre de la guerre à (*sic*) faire passer quelques fonds en Albanie pour cet objet. Quels sont les renseignements que vous avez sur les farines russes? Je pense qu'en cas de besoin elles pourraient servir. Faites-moi connaître combien il résulte des états que je vous ai envoyés que la garnison de Corfou a de jours de vivres.

NAPOLÉON.

4854. — DÉCISION.

Paris, 26 novembre 1810.

Le général Clarke rend compte qu'il a donné au dépôt des régiments de chasseurs de la légion portugaise l'ordre de faire partir de Gray 55 chevaux harnachés pour les diriger sur ces régiments à Châteauroux.

Je préfère donner ces chevaux à des Français. Je crois que des dépôts qui étaient en Piémont arrivent dans la 6e division militaire ; leur faire prendre ces chevaux.

NAPOLÉON.

4855. — DÉCISION (1).

Paris, 26 novembre 1810.

Rapport par lequel le ministre des finances propose d'attribuer des récompenses aux particuliers qui offrent de faciliter la saisie de marchandises anglaises.

Une somme de 100.000 francs est mise à la disposition du conseil spécial, pour accorder des gratifications, jusqu'à concurrence d'un cinquième de la valeur.

NAPOLÉON.

4856. — DÉCISION.

Paris, 26 novembre 1810.

Demande du colonel commandant le régiment des chevau-légers westphaliens pour qu'il soit envoyé à Ségovie, du dépôt de ce régiment stationné à Limoges, un détachement de sous-officiers et chevau-légers, en remplacement des hommes renvoyés au dépôt pour cause d'infirmités ou de blessures.

Accordé.

NAPOLÉON.

4857. — DÉCISION (2).

Proposition d'ajouter quelques

Sa Majesté n'est pas dans

(1) Copie.

(2) Sans signature ni date; extraite du « Travail du ministre de la guerre avec S. M. l'Empereur et Roi, daté du 28 novembre 1810 ».

places à la direction d'artillerie de Bois-le-Duc, qui n'a que celle de Grave armée, et de diminuer le nombre des places de la direction d'Anvers, qui en a trop.

l'intention de faire un changement.

4858. — AU MARÉCHAL BERTHIER.

Paris, 28 novembre 1810.

Mon Cousin, donnez des ordres précis pour que toutes les marchandises provenant de fabriques anglaises qui peuvent être saisies dans toutes les villes d'Espagne occupées par nos troupes soient brûlées sans délai.

NAPOLÉON.

4859. — DÉCISION.

Paris, 28 novembre 1810.

Rapport du général Clarke au sujet de la reddition de Puebla-de-Senabria par le chef de bataillon Graffenried, du 3e régiment suisse, qui a capitulé le 10 août dernier.

Le ministre doit faire faire une enquête sur lès lieux et nommer une commission pour juger si sa défense est en règle.

NAPOLÉON.

4860. — AU GÉNÉRAL CLARKE.

Paris, 28 novembre 1810.

Monsieur le duc de Feltre, je réponds à votre rapport du 28 novembre, bureau de l'artillerie.

Je pense qu'il faut ôter de la direction d'Anvers, Ostende et Nieuport, et toutes les côtes depuis Furnes jusqu'à l'Escaut.

Je pense qu'il faut, pour l'année prochaine, laisser la direction de Bois-le-Duc comme elle est, parce que, aussitôt que j'aurai pris un parti définitif sur les places de Hollande, on pourra supprimer cette direction et la réunir à celle de Wesel.

Je n'approuve donc que ce qui est relatif à l'augmentation de la direction de Lille, par la réunion des places d'Ostende, Nieuport et places adjacentes.

NAPOLÉON.

4861. — AU GÉNÉRAL CLARKE.

Paris, 28 novembre 1810.

Monsieur le duc de Feltre, donnez ordre que tout ce qu'il peut y avoir de disponible aux dépôts de Genève et de Grenoble, appartenant aux 8e et 18e légers et aux 5e, 11e, 23e, 60e, 81e et 79e de ligne, soit formé en bataillon de marche et mis en mouvement pour se rendre d'abord à Foix, et servir à renforcer les bataillons de ces huit régiments.

NAPOLÉON.

4862. — DÉCISIONS (1).

Paris, 29 novembre 1810.

On rend compte de la fixation de l'armement de la place de Grave et des ordres donnés pour compléter son approvisionnement en tirant des places de la Hollande.

Renvoyé au conseil de janvier.

On demande de nouveau à Sa Majesté s'il est dans ses intentions que le casernement de Beauvais, qui donne des logements pour 600 hommes et 540 chevaux, soit ou non affecté à la garde impériale pour suppléer au déficit de l'établissement de Chantilly.

Les escadrons de cavalerie sont aujourd'hui trop forts pour qu'on puisse la (*sic*) loger dans une seule ville; je pense qu'il est convenable de les séparer et de mettre deux escadrons dans une place et deux dans la place la plus à portée.

Compte rendu de l'exécution dans l'intérieur de la décision de Sa Majesté du 30 septembre dernier. On met à ce sujet sous les yeux de Sa Majesté le tableau qui fait connaître le nombre de militaires de l'ancienne France qui se trouvent dans les corps belges, piémontais, toscans, génois et romains ; le total s'en élève à 52 officiers et 750 sous-officiers et soldats.

Y laisser les officiers et sous-officiers, en retirer sans secousse les soldats, hormis ceux employés volontairement.

(1) Non signées; extraites du « Travail du ministre de la guerre avec S. M. l'Empereur et Roi, daté du 28 novembre 1810 ».

La réunion du Valais à l'Empire français devant amener quelques changements dans l'état militaire du pays, on demande les ordres de Sa Majesté sur la destination qu'il conviendra de donner au bataillon valaisan. Devra-t-on continuer à le recruter comme par le passé, en attendant l'organisation définitive du Valais ?	Me faire connaître s'il serait possible de retirer ce bataillon de la Catalogne, me faire connaître, également quel sera le produit de la conscription du Valais qu'on pourrait employer à recruter ce bataillon et même à former un petit régiment, s'il était possible.
On propose de faire passer au régiment de la Méditerranée en Corse les déserteurs des bataillons de chasseurs des montagnes.	Approuvé.
On rend compte à Sa Majesté de l'existence d'un dépôt de prisonniers anglais à Coeverden, en Hollande, et on propose de les transférer dans l'intérieur.	Approuvé.
On rend compte à Sa Majesté que les vétérans stationnés dans le département des Deux-Nèthes ont été soldés par extension à sa décision, comme ceux qui sont employés dans les départements du Brabant nouvellement réunis. On prie Sa Majesté de maintenir ces paiements sans conséquence pour l'avenir.	Approuvé.
On propose à Sa Majesté d'accorder à titre de gratification à la femme de M. Dehaupt, chef de bataillon employé à l'armée d'Espagne, une somme de 1.000 francs qu'elle a réclamée afin de pouvoir fournir aux frais de trousseau et de voyage de ses deux enfants admis au lycée de Mayence.	Approuvé.
On soumet à Sa Majesté la proposition que fait M. le duc de Reggio de nommer sous-lieutenant dans l'armée française les jeunes	On peut préparer cette mesure sans brusquerie, il faut faire chaque chose en son temps. Il n'y a pas d'inconvénient à pren-

gens des premières familles d'Amsterdam.	dre aujourd'hui ceux de bonne volonté et à attendre à l'année prochaine pour les autres.
Le maréchal duc de Reggio demande le remplacement du général Dulauloy dans le commandement de l'artillerie en Hollande. Il expose que ce général souffre beaucoup de l'air de ce pays et que, depuis qu'il est à Amsterdam, il a constamment été retenu par des douleurs qui ne lui permettent pas de sortir.	Ce général pourra revenir quand les deux directions seront organisées et que les deux directeurs seront en place.
Le maréchal Pérignon, gouverneur de Naples, désirerait obtenir, au commencement de janvier prochain, un congé de quelques mois et l'autorisation de venir à Paris. Sa Majesté est priée de faire connaître ses intentions.	Accordé.
Le colonel Carmejane, chef de l'état-major de l'artillerie de l'armée d'Italie, demande un congé pour vaquer à ses affaires et prendre les bains d'eaux thermales.	Approuvé.
L'adjudant commandant Maucune, qui, d'après une décision de Sa Majesté, a récemment reçu l'ordre de se rendre en Navarre, déclare que sa santé ne lui permet pas d'entrer en ce moment en campagne et demande un congé de deux mois pour se rétablir.	Accordé.
On met sous les yeux de Sa Majesté une lettre de M. le général Dejean, 1er inspecteur général du génie, ayant pour objet de déterminer le rang que doit occuper dans le corps impérial du génie M. Donnat, colonel du génie hollandais.	Me remettre ses états de service.
On soumet à Sa Majesté la demande que fait le général de divi-	Approuvé.

sion Seras pour obtenir que le sieur Barera, capitaine au régiment de la Tour d'Auvergne, soit placé sous ses ordres en qualité d'aide de camp.

Sa Majesté est priée de faire connaître si son intention n'est pas d'exempter du service le sieur Malecot, professeur au collège d'Eu.	Approuvé.
Le grand maître de l'Université demande une exemption de service pour un professeur au collège de Sainte-Barbe.	Approuvé.
On propose d'autoriser le renvoi dans ses foyers du nommé Pierre Riberti, sergent espagnol prisonnier de guerre, dont les blessures ont été reconnues incurables.	Approuvé.
On propose à Sa Majesté de décider en principe que les Suisses et les militaires d'autres corps, qui se recrutent à prix d'argent et pour un temps déterminé, recevront leurs congés à la fin du trimestre pendant lequel expirera leur engagement.	Approuvé.
On propose à Sa Majesté d'ordonner que les troupes françaises en Hollande continueront à être soldées sur le pied réglé par le tarif annexé à la convention conclue avec l'ancien gouvernement de Hollande.	Ce tarif est trop considérable, il faut prendre une mesure générale pour les troupes françaises et hollandaises qui sont en Hollande, il faudrait ou leur donner les vivres en nature ou augmenter certaines masses, mais se bien garder de prendre pour base la convention conclue avec l'ancien gouvernement, parce que, depuis la réunion, les vivres ont dû diminuer par suite de la diminution des impôts et du rétablissement des communications avec la France.

On rend compte à Sa Majesté qu'il reste dû au Trésor du grand-duché de Varsovie, pour la dépense des troupes d'augmentation pendant la campagne de 1809, une somme de 277.902 fr. 52. On propose à Sa Majesté de prélever cette somme sur les crédits non employés de l'armée d'Allemagne qui ont été ouverts en billets de banque et que l'on a proposé de convertir en crédit numéraire.	Approuvé.
On propose à Sa Majesté de convertir en crédit numéraire les crédits restés disponibles en billets de la banque de Vienne, pour les dépenses de l'armée d'Allemagne pendant les neuf derniers mois de 1809.	Approuvé.
On propose à Sa Majesté d'accorder au sieur E. Pharaon, Egyptien réfugié, à qui Elle paraît avoir promis un secours, une somme de 1.000 francs une fois payée.	Approuvé.
On propose à Sa Majesté d'accorder un congé de trois mois avec solde à M. Dunesme, colonel du 25e régiment d'infanterie de ligne, tant pour vaquer à ses affaires particulières qu'à celles du régiment dont le commandement lui est confié.	Approuvé.
Le ministre de la guerre de Westphalie transmet la demande que fait M. Victor, lieutenant au régiment d'Isembourg, natif d'Alsfeld, de rentrer dans sa patrie pour y prendre du service, conformément au décret royal du 9 janvier 1808 qui rappelle tous les Westphaliens.	Approuvé.
On met sous les yeux de Sa Majesté la demande de démission formée par M. Le Maire, sous-lieutenant au 1er régiment de conscrits grenadiers de la garde impériale.	Accordé.

4863. — ORDRE (1).

Tuileries, 29 novembre 1810, 2 heures après-midi.

L'Empereur désire que M. le conseiller d'Etat Mathieu Dumas se rende sur-le-champ aux Tuileries avec tout ce qui est relatif à l'organisation de la garde nationale.

4864. — DÉCISION.

Paris, 29 novembre 1810.

Ordre ayant été donné à la 1re compagnie du 9e bataillon du train des équipages militaires, restée en Illyrie, de se rendre à Plaisance, le duc de Raguse demande que cette compagnie soit, au moins en partie, maintenue en Illyrie.

Réitérez et faites exécuter votre ordre.

NAPOLÉON.

4865. — DÉCISIONS (2).

Paris, 29 novembre 1810.

On propose à Sa Majesté de décider :

1° Que, lorsque les prisonniers de guerre espagnols et portugais seront en France suffisamment vêtus pour être à l'abri des intempéries de l'air, le gouvernement ne doit leur fournir aucun effet d'habillement ;

2° Que, lorsqu'ils ne travaillent point, l'administration de la guerre doit leur faire délivrer, quand leurs vêtements sont hors de service, un nombre suffisant d'effets pour couvrir leur nudité et les empêcher de tomber malades ;

3° Que, lorsqu'ils sont employés, soit chez les particuliers, soit aux

Approuvé.

NAPOLÉON.

(1) Non signé.

(2) Extraites du « Travail du ministre directeur de l'administration de la guerre avec S. M. l'Empereur et Roi, daté du 28 novembre 1810 ».

travaux publics, les particuliers ou l'administration des ponts et chaussées doivent les mettre en état de s'entretenir avec le produit de leurs travaux.

On rend compte à Sa Majesté qu'on a chargé la direction générale des vivres, de la fourniture du pain et des liquides en Hollande à compter du 1er février 1811, et qu'on a donné des ordres pour que les troupes en Hollande reçoivent la même ration de pain que les troupes françaises.

Renvoyé au ministre de l'administration de la guerre pour s'entendre avec le ministre de la guerre et proposer un tarif général pour le traitement des troupes qui sont en Hollande. Il faut qu'elles soient mieux traitées que si elles étaient en France, puisque les vivres sont plus chers en Hollande ; mais il faut qu'elles aient moins que ce qui était accordé par la convention avec l'ancien gouvernement, parce que depuis le prix des vivres a baissé, par suite de la diminution des impôts et du rétablissement des communications avec la France.

NAPOLÉON.

On rend compte à Sa Majesté que les vêtements des Portugais seront prêts le 1er décembre prochain et les porte-manteaux le 5.

Ne rien faire partir d'ici au 15. A cette époque prendre mes ordres. Faites en sorte que ces régiments ne sachent rien de ce retard ; dire que ce n'est pas prêt.

NAPOLÉON.

4866. — DÉCISION (1).

Paris, 30 novembre 1810.

On rend compte à Sa Majesté des motifs pour lesquels M. le comte Dejean a refusé d'admettre au compte de l'administration de la

Approuvé.

NAPOLÉON.

(1) Extraite du « Travail du ministre directeur de l'administration de la guerre avec S. M. l'Empereur et Roi, daté du 28 novembre 1810 ».

guerre une dépense de 1.400 fr. 35, due à divers particuliers de l'arrondissement d'Ancenis pour fournitures de vivres et de fourrages qu'ils ont faites aux troupes qui, à la fin de 1807 et au commencement de 1808, ont été employées à la répression du brigandage dans ce département.

4867. — DÉCISION.

Paris, 1er décembre 1810.

Devra-t-on continuer à tirer des jeunes gens des lycées pour en former des caporaux et fourriers du bataillon de dépôt de la légion de la Vistule ?

Approuvé.

NAPOLÉON.

4868. — AU COMTE DUMAS.

Paris, 1er décembre 1810.

Monsieur le comte Dumas, je vous renvoie le projet sur la conscription de Hollande. Voici ce que j'y remarque. La France doit fournir à l'armée active 3.000 hommes par million d'hommes. La Hollande ayant 1.800.000 habitants devrait fournir 5.500 hommes par année, ce qui ferait 17.000 hommes pour trois années. Mais je désire qu'une partie soit fournie par la marine. Ainsi, au lieu de me contenter des 1.500 hommes que vous proposez, je voudrais en lever 6.000, ce qui serait à peu près le contingent de la conscription d'une année; bien entendu qu'on ne lèvera rien sur la conscription de 1811. Ces 6.000 hommes devraient être répartis de la manière suivante :

Les hommes d'usage aux carabiniers ;

Les hommes d'usage aux cuirassiers ;

Quelques hommes aux fusiliers, en prenant des hommes sachant lire et écrire;

Quelques hommes au 11e hussards ;

Quelques hommes à l'artillerie,

Et le reste pour compléter les cinq régiments hollandais.

Il sera nécessaire de faire la même levée pour les deux départements des Bouches-de-l'Escaut et du Rhin. Mais il faudra l'assigner à d'anciens régiments français. Affectez donc deux régiments de recrutement français à ces deux départements.

Il faudrait aussi connaître comment marche la conscription à Gênes, en Toscane, à Rouen. Il serait convenable de profiter du moment actuel pour donner à ces pays un grand mouvement pour la conscription. Je vois que les 113e et 32e léger qui doivent être composés de Génois et de Toscans sont encore bien faibles.

Faites au projet que je vous renvoie les changements indiqués dans cette lettre, afin de présenter cela le plus tôt possible au Conseil d'Etat.

NAPOLÉON.

4869. — DÉCISION (1).

Paris, 1er décembre 1810.

On prie Sa Majesté de faire connaître si Elle consent :

1° A ce que les 10.000 quintaux marc de blé, destinés pour Zara, Raguse et Cattaro, ne soient pas achetés à Ancône, vu la cherté du blé dans cette place ;

2° A ce que cet achat ait lieu dans ceux des ports les plus voisins du fond de l'Adriatique, d'où il sera plus avantageux de faire faire l'expédition de ces blés sur Zara, Raguse et Cattaro.

Ancône est un endroit le plus favorable, à moins qu'on ne puisse faire les achats en Hongrie pour les faire venir ensuite à Trieste et Corfou. Toutefois, je pense que, pour cette année, comme il n'y a aucune apparence d'hostilités, on pourrait se contenter de réaliser la moitié de cet approvisionnement, et l'autre moitié l'année prochaine, de sorte qu'en 1812 on aurait l'approvisionnement demandé.

NAPOLÉON.

4870. — AU GÉNÉRAL CLARKE.

Paris, 2 décembre 1810.

Monsieur le duc de Feltre, il faudrait envoyer 6 chefs de bataillon au général Reille, dans la Navarre, pour placer dans les régiments qui sont sous ses ordres. Il faudrait également lui envoyer 10 ca-

(1) Extraite du « Travail du ministre directeur de l'administration de la guerre avec S. M. l'Empereur et Roi, date du 5 décembre 1810 ».

pitaines, 15 lieutenants et 15 sous-lieutenants. Il vous rendra compte de l'incorporation de ces officiers, en vous désignant les régiments d'où ils sont tirés et les régiments provisoires où il les placera.

NAPOLÉON.

4871. — DÉCISION.

Paris, 2 décembre 1810.

Rapport du prince Eugène à l'Empereur au sujet de l'effectif des conscrits qui sont nécessaires pour porter au complet le régiment dalmate.

Renvoyé au ministre de la guerre pour me présenter un projet de décret.

NAPOLÉON.

4872. — DÉCISION.

Paris, 2 décembre 1810.

Etat des effets d'artillerie qui doivent faire partie de la seconde expédition préparée à Toulon pour Corfou et qui doit partir vers le 25 décembre 1810.

Approuvé.

NAPOLÉON.

4873. — DÉCISION.

Paris, 2 décembre 1810.

Le maréchal Berthier soumet à l'Empereur l'état indiquant le nombre des chevaux de la garde tués par l'ennemi, morts par suite de fatigues ou susceptibles de réforme dont le général Dorsenne sollicite le remplacement.

Renvoyé au major général pour donner l'ordre que les hommes de la garde qui n'ont plus de chevaux et qui sont à pied rentrent à Paris.

NAPOLÉON.

4874. — DÉCISION.

Paris, 2 décembre 1810.

Le général Clarke rend compte de l'achèvement à Viella (vallée d'Aran) d'un fort qu'il propose d'appeler fort de Sainte-Croix.

Approuvé.

NAPOLÉON.

4875. — AU GÉNÉRAL CLARKE.

Paris, 3 décembre 1810.

Monsieur le duc de Feltre, il serait convenable que le duc de Reggio fît une tournée sur les bords de l'Ems, de la Jade, jusqu'au Weser, pour bien s'assurer que mes flottilles peuvent être protégées par les batteries.

Il serait utile même que ces batteries fussent fermées à la gorge. Ecrivez au directeur d'artillerie.

Quant au Weser et à l'Elbe, cela regarde l'armée d'Allemagne. Ecrivez au prince d'Eckmühl et recommandez-lui de prendre les mesures pour qu'il n'arrive rien à mes flottilles.

NAPOLÉON.

4876. — DÉCISION.

Paris, 5 décembre 1810.

Le général Clarke soumet à l'Empereur différentes pièces envoyées de Tarragone par le général Schwarz, fait prisonnier de guerre à la Bisbal le 14 septembre dernier, relatives à une proposition d'échange de prisonniers.

Il n'y a pas de difficulté de procéder à l'échange de tous les prisonniers qui sont en Catalogne.

NAPOLÉON.

4877. — DÉCISION.

Paris, 5 décembre 1810.

Le prince Poniatowski demande si les troupes polonaises en garnison à Danzig doivent être nourries dorénavant par le duché de Varsovie, ou bien si elles continueront à recevoir des vivres tirés des magasins de la ville.

Continuer à nourrir ces troupes comme elles l'étaient.

NAPOLÉON.

4878. — DÉCISIONS (1).

Au palais des Tuileries, 5 décembre 1810.

Le général de division Dufour demande pour aide de camp M. Le Maistre de Beaumont, capitaine au 1er régiment de Prusse.	Refusé.
M. le général de division Tharreau sollicite une sous-lieutenance d'infanterie en faveur de son neveu H. Tharreau, qui fait près de lui les fonctions d'officier d'ordonnance.	Approuvé.
Un ex-sous-officier élève près de la garde royale hollandaise sollicite une sous-lieutenance dans un régiment d'infanterie française. Sa Majesté est priée de faire connaître si son intention est d'accorder cette faveur et de l'étendre aux jeunes Hollandais qui auront été jugés susceptibles, par leur instruction et leur fortune, d'occuper des places d'officiers dans l'armée française.	Accordé.

4879. — DÉCISION (2).

Au palais des Tuileries, 5 décembre 1810.

On propose à Sa Majesté de désigner des officiers supérieurs qui seront spécialement chargés de commander les places de Figuières, Girone, Roses et Hostalrich, et on présente pour cette destination MM. Bergeron, colonel; Boyer, colonel; Bonhomme, chef de bataillon, et Metzinger, chef de bataillon.	Refusé, prendre des officiers à qui j'ai donné des retraites dans mes revues de 1806, 7, 8, 9 et 10.

(1) Non signées; extraites du « Travail du ministre de la guerre avec S. M. l'Empereur et Roi, daté du 11 novembre 1810 ».

(2) Non signée; extraite du « Travail du ministre de la guerre avec S. M. l'Empereur et Roi, daté du 21 novembre 1810 ».

4880. — DÉCISION (1).

Au palais des Tuileries, 5 décembre 1810.

On met sous les yeux de Sa Majesté la demande que fait M. le maréchal duc de Bellune d'un emploi dans un régiment de cavalerie légère hors de l'Espagne pour le chef d'escadron Montgardé, employé à l'état-major du 1er corps.	Approuvé, il sera employé dans son grade hors d'Espagne.

4881. — DÉCISIONS (2).

Sa Majesté est priée de faire connaître ses intentions sur la proposition de désarmer la place de Montreuil, ou au moins d'en réduire l'armement.	Faire un rapport sur la place de Montreuil et sur celle d'Abbeville.
Sa Majesté est priée de renvoyer à l'examen de son Conseil d'Etat la question de savoir si un arrêt du Conseil de 1718, qui autorise les salpêtriers à continuer de jouir, en payant, des lieux où sont établis leurs ateliers, lorsque les baux en sont expirés, doit être maintenu ou annulé.	Renvoyé au Conseil d'Etat.

4882. — AU GÉNÉRAL CLARKE.

Paris, 6 décembre 1810.

Monsieur le duc de Feltre, je vous renvoie votre travail relatif à l'artillerie du royaume d'Italie. Vous y portez Rome comme faisant partie du royaume d'Italie, tandis que Rome est en France.

Je vois qu'il y a en Italie 20 affûts de 8, et qu'il n'y a qu'une pièce de ce calibre ; qu'il y a 17 affûts de 4 et seulement 4 pièces de 4. Ne pourrait-on pas envoyer une partie des affûts de 8 à Corfou ?

(1) Non signée; extraite du « Travail du ministre de la guerre avec S. M. l'Empereur et Roi, daté du 28 novembre 1810 ».

(2) Sans signature ni date; extraites du « Travail du ministre de la guerre avec S. M. l'Empereur et Roi, daté du 5 décembre 1810 ».

Je désire que vous joigniez à l'état de l'artillerie de campagne, qui se trouve en Italie, l'état de l'artillerie de siège et l'état du matériel que j'ai dans les provinces illyriennes. J'ai besoin de ces deux états pour compléter mes renseignements. Il faudrait y joindre l'état de ce qui restera en Italie, lorsque j'en aurai retiré l'artillerie française, c'est-à-dire de ce en quoi consiste l'artillerie italienne de campagne et de son emplacement; l'état de l'artillerie italienne qui est dans les places et la désignation des places, de ce qui est nécessaire pour l'armement de ces places, du matériel du royaume d'Italie et des lieux où il est. Ce n'est que sur l'ensemble de ce travail que je pourrai prendre un parti.

Vous me remettrez en même temps l'état des poudres, munitions et des cartouches confectionnées appartenant au royaume d'Italie et à la France, et des lieux où sont ces munitions.

Quand j'aurai ces états, je me déciderai sur le parti de céder au royaume d'Italie une quantité de mon artillerie et de mes munitions, si le royaume n'en a pas suffisamment, et d'augmenter en même temps son matériel pour qu'il puisse suffire à l'armement de ses places, de ses côtes, et à celui d'une armée active de 50.000 hommes.

NAPOLÉON.

4883. — NOTE POUR S. E. LE MINISTRE DE LA GUERRE.

Paris, 6 décembre 1810.

L'Empereur m'a donné l'ordre de faire connaître à Son Excellence que son intention était :

1° D'être informé des places du royaume d'Italie, dont le nombre et la classe se trouvent déterminés par décret ;

2° De lui faire connaître de nouveau par un travail s'il ne serait pas possible d'opérer des réductions, afin d'exercer sur cette partie des économies ;

3° Sa Majesté croit qu'en revisant tout ce qui a trait au commandement des places dans le royaume d'Italie, la Toscane, les Etats de Rome et le royaume de Naples (où l'armée royale peut remplacer les officiers qui en seraient tirés) on trouverait des sujets pour les places d'Illyrie en opérant également des économies;

4° Ces différentes demandes remplies, le travail sur les places d'Illyrie serait présenté et définitivement arrêté ;

5° L'Empereur désire qu'on emploie de préférence dans les places les officiers destinés à ce service et qui ont obtenu leur retraite en 1806, 1807, 1808, 1809 et 1810, Sa Majesté croyant qu'il en reste de disponibles.

Comte de LOBAU.

4884. — AU GÉNÉRAL CLARKE.

Paris, 7 décembre 1810.

Monsieur le duc de Feltre, envoyez 200 vétérans aux bataillons de vétérans d'Anvers, pour les compléter. Les bataillons des ports rendent de bons services : il est nécessaire de les tenir toujours au complet. Il ne faut pas laisser les vétérans maîtres de se retirer chez eux, et il faut, dans les revues, envoyer aux bataillons de vétérans les hommes qui en sont susceptibles, puisque le service de ces bataillons est très utile.

NAPOLÉON.

4885. — AU GÉNÉRAL CLARKE.

Paris, le 7 décembre 1810.

Monsieur le duc de Feltre, j'avais ordonné la réunion d'un régiment de marche à Wesel, pour fortifier les corps du prince d'Eckmühl. Quand ce régiment sera-t-il réuni ? Il est probable qu'il ne sera pas en état de partir avant Noël. Mon intention n'est pas de faire voyager les hommes par le temps le plus dur de l'année. Je désire donc qu'ils restent à Wesel et qu'ils partent immédiatement après les grands froids.

NAPOLÉON.

4886. — DÉCISIONS (1).

Paris, 7 décembre 1810.

Compte rendu de la situation des travaux de l'artillerie et des fortifications à Danzig.

Je crois avoir donné des ordres au ministre et je pense que le bureau de l'artillerie sera prêt aux conseils de janvier à faire

---

(1) Non signées; extraites du « Travail du ministre de la guerre avec S. M. l'Empereur et Roi, daté du 5 décembre 1810 ».

l'armement de Danzig, comme on l'a fait pour Corfou et réarmer complètement cette place ; si cela n'est pas fait, il ne faut pas perdre un moment et envoyer un officier sur les lieux. Y a-t-il à Danzig une fonderie ? Cette grande quantité de pièces à refondre y est-elle toujours et vaudrait-il la peine qu'on y eût une fonderie qui servirait ensuite pour toute la Pologne ? Non seulement j'approuve l'atelier qu'a établi le général Rapp, mais je désire même un très bon ouvrier pour mettre à la tête. Dans la circonstance actuelle, la guerre ne peut avoir lieu que contre la Russie ou contre l'Autriche, la guerre de Russie se ferait par Varsovie et Danzig, il est donc important d'avoir à Danzig un matériel et un approvisionnement de toute espèce, de manière à pouvoir y former un équipage de siège propre à prendre Graudenz, ou autre place de cette force, et avoir des pièces de campagne pour en donner aux Polonais et réparer les pertes de la guerre sans envoyer en France. Il est inutile que le ministre m'écrive là-dessus, il suffit qu'il prenne des renseignements pour répondre aux demandes auxquelles les conseils de janvier donneront lieu.

On soumet à Sa Majesté la question faite par M. le maréchal duc de Reggio pour savoir si les trou-

Accordé, depuis qu'elles y sont.

pes employées sur les côtes de Hollande pour concourir à la répression de la contrebande avant le 1er juillet 1810 peuvent participer à la gratification accordée à ces troupes depuis cette époque.	
On propose à Sa Majesté d'allouer aux officiers employés en Illyrie l'indemnité de logement sans supplément, avec obligation de payer leurs hôtes et de ne point revenir sur ce qui a été payé pour cet objet depuis le 1er mars jusqu'au 1er décembre 1810.	Approuvé.
On propose à Sa Majesté d'accorder à titre de secours au grenadier Grapp, militaire invalide, une somme de 75 fr. 60, représentative d'une solde arriérée qui ne peut plus être liquidée. Ce militaire n'a pu réclamer en temps utile, puisqu'il était détenu dans les prisons de l'ennemi.	Accordé.
Sa Majesté est priée d'accorder un congé absolu à un soldat au 59e régiment d'infanterie, attendu son utilité comme ouvrier dans les forges d'Hayange qui travaillent pour le service d'artillerie.	Accordé.
On met sous les yeux de Sa Majesté l'état sommaire des lieutenants et sous-lieutenants employés pendant le deuxième trimestre 1810 sur la partie du territoire hollandais réunie à la France avant la réunion générale du royaume de Hollande à l'Empire, et on propose de leur accorder une gratification de 24 francs par mois payable sur les fonds de la solde.	Accordé.
On propose à Sa Majesté de nommer à un emploi de lieutenant dans le 12e régiment de chasseurs le	Ne vaudrait-il pas mieux le nommer lieutenant dans la gendarmerie d'Illyrie ?

sieur d'Olendon, du département du Calvados.

On propose à Sa Majesté de faire passer M. Lafont, colonel de la 15e légion de gendarmerie, à Rodez, pour y commander la 11e légion, et M. Lacour, colonel de la 11e, à Arras, pour y commander la 15e.

Approuvé.

4887. — AU GÉNÉRAL LACUÉE.

Paris, 7 décembre 1810.

Monsieur le comte de Cessac, on me rend compte que le régiment de la Méditerranée est dans le plus mauvais état et est absolument nu. Faites-moi connaître d'où cela vient. Est-ce que le régiment n'est pas organisé comme les autres?

NAPOLÉON.

4888. — DÉCISIONS (1).

Paris, 7 décembre 1810.

On rend compte à Sa Majesté des fonds nécessaires à l'achat des grains pour l'approvisionnement de réserve.

Ce rapport ne fait pas connaître ce qui existe aujourd'hui. Il paraîtrait qu'il n'existe rien.

On propose à Sa Majesté d'accorder à la masse d'habillement du 45e régiment d'infanterie de ligne un secours de 18.673 fr. 27, pour indemnité d'effets perdus à la guerre en 1809.

Accordé.

NAPOLÉON.

On propose à Sa Majesté d'accorder à la masse d'habillement de la brigade de carabiniers un secours de 73.853 francs, montant de la dépense des casques qu'il est indispensable de lui fournir.

Accordé.

NAPOLÉON.

(1) Extraites du « Travail du ministre directeur de l'administration de la guerre avec S. M. l'Empereur et Roi, daté du 5 décembre 1810 ».

On prie Sa Majesté de vouloir bien prononcer sur une dépense de 835 fr. 50 faite pour frais de culte à l'hôpital militaire de Brescia.

S. A. I. le prince vice-roi a décidé que cette somme serait acquittée sur les fonds des hôpitaux.

Accordé.

NAPOLÉON.

On rend compte à Sa Majesté de la mission donnée à M. Dubois-Thainville pour envoi de grains de Barbarie à Barcelone et Corfou. On demande l'autorisation de lui ouvrir un crédit sur Marseille de 1.200.000 francs.

Il faut faire connaître les formalités que doit remplir M. Dubois-Thainville, car il serait fâcheux qu'il tirât des lettres de change pour 1.200.000 francs et que le blé allât à Cadix ou à Tarragone.

NAPOLÉON.

On prie de nouveau Sa Majesté de vouloir bien autoriser l'achat de 600 mulets de bât, tant pour le service ordinaire de l'armée de Catalogne que pour le transport de Girone sur Barcelone des approvisionnements destinés au ravitaillement de cette dernière place.

Accordé.

NAPOLÉON.

4889. — DÉCISION.

Paris, 8 décembre 1810.

Etat de dénuement du régiment de la Méditerranée au point de vue de l'habillement.

Ce n'est pas assez que me dire que ce régiment est en mauvais état, il faut m'en faire connaître la raison.

NAPOLÉON.

4890. — DÉCISIONS (1).

Paris, 8 décembre 1810.

On propose à Sa Majesté d'accorder à titre de secours une somme

Accordé.

NAPOLÉON.

(1) Extraites du « Travail du ministre directeur de l'administration de la guerre avec S. M. l'Empereur et Roi, daté du 5 décembre 1810 ».

de 500 francs à la veuve d'un médecin, professeur de l'hôpital militaire de Rennes.

On propose à Sa Majesté d'accorder un secours de 600 francs à la veuve d'un employé du service des hôpitaux militaires. — Accordé.

Cette veuve n'a pas droit à la pension.

NAPOLÉON.

4891. — DÉCISION.

Paris, 9 décembre 1810.

On prie Sa Majesté de faire connaître si Elle approuve que l'on comprenne parmi les 600 sous-officiers qui doivent faire partie de l'expédition destinée pour les colonies hollandaises des jeunes gens bien élevés de 19 à 25 ans. — Oui.

NAPOLÉON.

4892. — AU GÉNÉRAL CLARKE.

Paris, 9 décembre 1810.

Monsieur le duc de Feltre, il serait convenable que l'artillerie de l'armée d'Allemagne fût en bon état et, le plus que possible, française. Présentez-moi un projet pour compléter à 140 hommes toutes les compagnies d'artillerie qui sont à l'armée d'Allemagne.

NAPOLÉON.

4893. — AU GÉNÉRAL CLARKE.

Paris, 9 décembre 1810.

Monsieur le duc de Feltre, la première expédition qui partira de Toulon pour Corfou doit prendre 500 hommes à Porto-Ferrajo, et les embarquer dans les vingt-quatre heures. Le ministre de l'administration de la guerre m'assure qu'il a fait mettre à bord des frégates qui composent cette expédition 500 ou 600 habillements pour servir à l'habillement de ce bataillon.

Aussitôt que ce bataillon sera parti de Porto-Ferrajo, il sera nécessaire qu'un autre bataillon vienne remplacer celui-ci à Porto-Ferrajo, afin que la deuxième expédition, qui partira en janvier, puisse également y embarquer, en passant, 500 ou 600 hommes.

NAPOLÉON.

4894. — AU GÉNÉRAL CLARKE.

Paris, 9 décembre 1810.

Monsieur le duc de Feltre, donnez ordre au 5e bataillon du 22e d'infanterie légère de compléter le 4e bataillon avec tout ce qu'il a de disponible, et faites partir ce bataillon ainsi complété pour Toulon, où il renforcera la garnison.

NAPOLÉON.

4895. — DÉCISION.

Paris, 9 décembre 1810.

Le général Clarke demande s'il faut retenir à Wesel le régiment de marche, organisé pour l'armée d'Allemagne par ordre de l'Empereur du 8 novembre dernier, plutôt que de le laisser continuer sa marche sur Hamburg pour y être dissous.

S'il arrive avant les grands froids, il faut le laisser aller ; recommander au prince d'Eckmühl de faire dissoudre ce régiment à son passage près de Brême, afin qu'il n'y ait pas de troupes obligées de rétrograder et de faire double chemin.

NAPOLÉON.

4896. — DÉCISION.

10 décembre 1810.

Le général Clarke soumet à l'approbation de l'Empereur l'autorisation donnée par le maréchal Macdonald, de fondre dans le 5e de ligne italien le bataillon du 7e régiment de même arme, qui est à l'armée de Catalogne.

Approuvé.

NAPOLÉON.

4897. — DÉCISION.

Paris, 10 décembre 1810.

Demande de M. le bailli de Fer-

Accordé à ces hommes la perrette, ministre plénipotentiaire de Bade, tendant à ce que le détachement de 91 hommes des troupes de Bade qui a été laissé à Bayonne soit envoyé à l'armée d'Espagne pour rejoindre son corps ou qu'il soit renvoyé à Carlsruhe.

mission de joindre le bataillon.

NAPOLÉON.

4898. — DÉCISION.

Paris, 10 décembre 1810.

Les 480 hommes du dépôt de gendarmerie établi à Bordeaux sont complètement habillés, armés, équipés, enfin en état d'être dirigés sur Bayonne et l'Espagne.

Les envoyer à Tolosa, où ils seront à la disposition du général Buquet pour être répartis, suivant les besoins, dans les différents escadrons.

NAPOLÉON.

4899. — DÉCISION.

10 décembre 1810.

Demande du maréchal Davout tendant à faire bénéficier d'une haute paye toutes les troupes de l'armée d'Allemagne ayant concouru à la répression de la contrebande.

Accordé.

NAPOLÉON.

4900. — DÉCISION.

Paris, 10 décembre 1810.

Le général Rapp, gouverneur de Danzig, propose de faire, avec les étoffes prises sur un navire venant de Londres, des pantalons pour les douaniers qui ont effectué cette prise.

Approuvé.

NAPOLÉON.

4901. — DÉCISION (1).

Paris, 10 décembre 1810.

On rend compte à Sa Majesté des formalités exigées pour le payement au sieur Dubois-Thainville des grains livrés soit à Barcelone, soit à Corfou.

Ce payement n'aura lieu qu'au retour des bâtiments sur les certificats de réception.

Cela étant, le sieur Dubois-Thainville est autorisé à tirer sur le Trésor public à vue.

NAPOLÉON.

4902. — AU GÉNÉRAL CLARKE.

Paris, 12 décembre 1810.

Monsieur le duc de Feltre, faites-moi connaître l'état du matériel d'artillerie et des munitions de guerre appartenant à la France qui sont dans le royaume de Naples, afin que je voie ce qu'il serait convenable de faire revenir. En faisant l'approvisionnement de Corfou, j'ai senti le besoin de faire fondre quelques pièces en France pour employer les bombes et obus qui se trouvent dans cette place. Il me semble qu'au lieu de les faire fondre en France on pourrait les faire fondre à Naples, où il existe une fonderie, en se servant du bronze des vieux canons que l'on a à Rome.

NAPOLÉON.

4903. — DÉCISION (2).

Le général Clarke demande des ordres au sujet de la construction d'un hangar non voûté pour le service de l'artillerie dans la citadelle de Corfou.

Renvoyé au Conseil de janvier.

NAPOLÉON.

---

(1) Extraite du « Travail du ministre directeur de l'administration de la guerre avec S. M. l'Empereur et Roi, daté du 12 décembre 1810 ».

(2) Sans date; le rapport du ministre est du 12 décembre, la décision a été renvoyée au général Gassendi le 14.

4904. — DÉCISION.

Paris, 13 décembre 1810.

Dispositions proposées par le maréchal Berthier pour l'escorte d'un convoi de 3 millions destiné aux armées d'Espagne et de Portugal.

Approuvé.

NAPOLÉON.

4905. — DÉCISION.

Paris, 13 décembre 1810.

Proposition du général Dorsenne tendant à obtenir que tous les conscrits et tirailleurs-chasseurs soient réunis dans la 1re division d'infanterie de la garde espagnole en Espagne et que tous les conscrits et tirailleurs-grenadiers le soient dans la 2e division.

Approuvé.

NAPOLÉON.

4906. — DÉCISION (1).

13 décembre 1810.

On rend compte à Sa Majesté que six navires sont partis le 2 de ce mois de Port-Vendres pour Barcelone avec deux petits bâtiments appartenant au commerce et chargés de comestibles.

On lui demande s'il faut continuer les expéditions d'Agde et mettre en mouvement un autre approvisionnement pareil à celui qui est parti.

Approuvé.

NAPOLÉON.

4907. — DÉCISION.

Paris, 13 décembre 1810.

Le régime provisoire de la Hollande devant cesser au 1er janvier prochain, le général Clarke propose

Approuvé.

NAPOLÉON.

(1) Extraite du « Travail du ministre directeur de l'administration de la guerre avec S. M. l'Empereur et Roi, daté du 12 décembre 1810 ».

à l'Empereur d'ordonner que les archives de l'ancien ministère ou chancellerie de la guerre de ce pays soient envoyées de suite à Paris pour être réunies au dépôt de la guerre.

4908. — AU GÉNÉRAL CLARKE.

Paris, 14 décembre 1810.

Monsieur le duc de Feltre, j'approuve que l'on tire de Gênes 150.000 kilogrammes de poudre pour approvisionner Toulon et 50.000 kilogrammes de Livourne, ce qui fera 200.000 kilogrammes qui approvisionneront Toulon. On remplacera la poudre de Gênes par de la poudre qu'on tirera d'Alexandrie et de Turin.

Je désire également que des directions de Livourne et de Rome on expédie sur Otrante, par terre, 25.000 kilogrammes de poudre : d'Otrante, on les fera passer, par toutes les occasions, à Corfou. Je désire que les envois des directions de Livourne et de Rome sur Otrante soient faits en trois convois de 8.000 kilogrammes chacun : le premier convoi partira en janvier, le deuxième en février ; le troisième ne partira que lorsqu'on sera sûr que les deux premiers seront expédiés d'Otrante.

NAPOLÉON.

4909. — DÉCISION

Paris, 14 décembre 1810.

Rapport du général Lacuée sur la situation des approvisionnements des places de Ciudad-Rodrigo et d'Almeida.

Renvoyé au major général par ordre de l'Empereur.

NAPOLÉON.

4910. — DÉCISION.

Paris, 14 décembre 1810.

Indemnités et frais de voyage réclamés par les deux trésoriers espagnols des provinces de Burgos et Valladolid appelés à Paris pour rendre leurs comptes.

Approuvé.

NAPOLÉON.

4911. — DÉCISIONS (1).

Paris, 14 décembre 1810.

On propose de réduire de la 4e classe à la 5e la compagnie de réserve des Apennins.	Approuvé.
Attendu que l'incorporation dans l'armée de terre des déserteurs de la marine peut encourager à la désertion les hommes attachés à ce service, on propose à Sa Majesté d'ordonner que ces déserteurs, en sortant des ateliers, seront remis à la disposition du ministre de la marine qui leur donnera une destination.	Approuvé.
On rend compte à Sa Majesté de la mise en jugement du sieur Prince, lieutenant du 64e régiment, en recrutement, accusé d'avoir mis une négligence coupable dans la mission qui lui a été confiée à Rome de conduire jusqu'à Orléans 250 conscrits romains, dont 60 se sont échappés. Cet officier a été traduit devant un conseil de guerre dans la 30e division militaire.	Approuvé.
On soumet à Sa Majesté une demande du commandant d'armes au fort Barraux, tendant à obtenir la jouissance gratuite d'un jardin militaire, conformément à l'intention exprimée par Sa Majesté en germinal an XIII, lors de son passage en ce fort.	Accordé.
Proposition de compléter la gendarmerie de l'île de Corse par des hommes choisis parmi les 3es bataillons corses licenciés.	Accordé; en prendre ensuite 200 pour renforcer la gendarmerie à pied de la Toscane, Rome et le Piémont.

(1) Non signées; extraites du « Travail du ministre de la guerre avec S. M. l'Empereur et Roi, daté du 12 décembre 1810 ».

On propose à Sa Majesté d'accorder à M. le général Andréossy une indemnité de 6.000 francs pour le dédommager des dépenses extraordinaires qui lui ont été occasionnées par les divers rapports qu'il a dû avoir avec tous les membres de la députation des provinces illyriennes.	Accordé.
On propose à Sa Majesté de dispenser la dame veuve Latour de payer la somme de 100 francs dont elle est redevable pour la pension de son fils, vélite à pied incorporé dans la garde.	Accordé.
Le commandant des compagnies de vétérans espagnols à Pampelune demande, avec l'autorisation du général Reille, le retour dans cette ville du nommé Mahy, vétéran, qui s'était rendu par congé dans le département de Jemmapes, où il est né.	Envoyer ces vétérans dans une compagnie, dans le Brabant.
On soumet à Sa Majesté la demande de démission faite par M. Casalli, lieutenant des ci-devant gardes du corps hollandais, désigné pour être attaché aux tirailleurs ou aux conscrits de la garde.	Le placer dans le 31e régiment d'infanterie légère.
M. Bessières, intendant de la Navarre, a annoncé au prince de Neuchâtel qu'il avait besoin d'une somme de 20.000 francs pour ses frais de route et de premier établissement.	Accordé.

4912. — DÉCISIONS (1).

14 décembre 1810.

On a l'honneur de rappeler à Sa Majesté une demande tendant à ob-	Approuvé. NAPOLÉON.

(1) Extraites du « Travail du ministre directeur de l'administration de la guerre avec S. M. l'Empereur et Roi, daté du 12 décembre 1810 ».

tenir un supplément, au budget de 1810, de la somme de 19.880 francs pour la dépense qui résultera de la fourniture d'effets de petit équipement de première mise à faire au bataillon des vétérans romains.

On prie Sa Majesté de vouloir bien accorder une somme de 140.000 francs à titre d'emprunt sur le budget de 1811 pour l'achat à Ancône et l'expédition de 5.000 quintaux marc de blé sur Zara, Raguse et Cattaro.

Approuvé.

NAPOLÉON.

On rend compte à Sa Majesté que l'ordonnateur en chef Joubert affirme toujours qu'il est impossible de trouver des armateurs et des négociants qui veuillent entreprendre des transports pour Corfou en se chargeant des risques de la navigation.

On pense que, vu cette impossibilité et attendu l'urgence de réapprovisionner Corfou, il est prudent d'autoriser cet ordonnateur à traiter des transports sans garantie.

Approuvé.

NAPOLÉON.

On rend compte à Sa Majesté d'une acquisition de 500 kilos de tablettes de bouillon pour l'approvisionnement de siège de Corfou.

On la prie de vouloir bien y donner son approbation.

Approuvé.

NAPOLÉON.

On prie de nouveau Sa Majesté de vouloir bien décider si, à compter du 1er janvier prochain, les troupes employées dans les 17e et 31e divisions militaires seront traitées, quant aux fourrages, sur le pied de paix absolu et à l'instar de celles stationnées dans les autres divisions militaires de l'empire.

Je laisse cela à la discrétion du ministre (1).

(1) Non signée.

4913. — AU GÉNÉRAL CLARKE.

Paris, 15 décembre 1810.

Monsieur le duc de Feltre, on m'assure qu'il y a à Rome une fonderie. Faites-moi connaître l'état de l'artillerie de Civita-Vecchia et de Rome, afin de voir s'il est nécessaire que cette fonderie soit conservée. Il faut dans l'Etat romain des canons pour l'armement des côtes et des différents forts.

Par l'état que j'ai sous les yeux des bouches à feu qui se trouvent à Rome, je vois qu'il y en a 72. Il serait nécessaire de réformer la pièce de 13 et celle de 15 qui en font partie, pour en faire 2 pièces de 16 ; de faire de 4 pièces de 11, 4 pièces de 12 ; de la pièce de 9 et de celles de 7 des pièces de 8 et de 6, et de détruire celles de 5, de 2 1/2 et de 2.

Avec ces 72 pièces, le château Saint-Ange n'est pas assez armé et ne peut pas faire à l'ennemi un assez grand mal. Il faudrait qu'il y eût au moins 6 mortiers à la Gomer pour pouvoir promener le feu et en imposer à la ville. Civita-Vecchia me paraît également assez mal armée; les 49 pièces qui s'y trouvent sont d'un mauvais calibre. Proposez-moi de faire refondre ces pièces. Il faudrait me faire connaître les boulets qui existent, afin de se régler là-dessus pour l'armement.

NAPOLÉON.

4914. — DÉCISIONS (1).

On propose à Sa Majesté d'autoriser l'admission de deux enfants de troupes dans chaque compagnie isolée et irrégulière ayant une existence permanente.	Accordé.
On propose à Sa Majesté de nommer à l'emploi de chef d'état-major de la division Gudin (armée d'Allemagne) l'adjudant commandant Morat, qui remplissait les mêmes fonctions dans la division Legrand et qui est maintenant disponible.	Accordé.

(1) Sans signature ni date; renvoyées aux bureaux le 15 décembre; extraites du « Travail du ministre de la guerre avec l'Empereur et Roi, du 12 décembre 1810 ».

On propose à Sa Majesté d'ordonner la régularisation d'une dépense de solde de 5.523 francs payée à deux légions espagnoles et portugaises qui ont existé momentanément au 2e corps de l'armée d'Espagne.	Accordé.
On propose à Sa Majesté d'accorder à M. le général Desbureaux une gratification de 6.000 francs pour l'indemniser des dépenses extraordinaires auxquelles il est assujetti comme commandant la 5e division militaire.	Accordé.
On propose à Sa Majesté de maintenir les payements qui ont été faits aux adjudants-majors des bataillons de vétérans jusqu'au 1er novembre 1810 sur le pied de 2.000 francs par an.	Accordé.
On soumet à Sa Majesté la demande d'un congé d'un mois avec appointements faite par le général de brigade Offenstein qui commande le département de la Haute-Marne et que des affaires d'intérêt appellent à Paris.	Refusé.
On propose à Sa Majesté d'accorder un congé de quinze jours avec appointements au général Barbazan, commandant d'armes à Calais.	Accordé.
On propose à Sa Majesté d'accorder à M. l'adjudant commandant Fourn, employé à l'armée d'Allemagne, un congé de trois mois avec appointements.	
On propose à Sa Majesté d'approuver le congé de trois mois avec appointements expédié à l'adjudant commandant Parigot, employé dans la 29e division militaire, S. A. I.	Accordé.

Mme la grande-duchesse de Toscane ayant fait connaître qu'elle ne trouvait aucun inconvénient à accueillir la demande de M. Parigot.	
On soumet à Sa Majesté la demande d'un congé d'un mois faite par M. Aubry, colonel du 19e régiment d'infanterie de ligne, qui fait partie du camp de Boulogne.	Accordé.
On propose à Sa Majesté d'accorder à M. Chouard, colonel du 2e régiment de cuirassiers, un congé de quatre mois avec appointements pour se rendre à Paris, afin d'y suivre un traitement pour rétablir sa santé et d'y régler des affaires d'intérêt ;	Accordé.
D'accorder au colonel Trip, du 14e régiment de cuirassiers, un congé de trois mois avec appointements pour se rendre en Hollande, où il doit se marier.	Accordé.
On rend compte à Sa Majesté de l'autorisation donnée à M. le général Pernety de faire vendre la flottille laissée par les marins lorsqu'ils ont quitté l'armée d'Allemagne. La majeure partie des bâtiments et bateaux qui la composent ne sont plus en état de servir.	On ne retirera rien de cette flottille, il vaut mieux laisser ces bâtiments à Passau sous la garde d'un ou de deux gardes-magasins, en la mettant dans l'endroit où ils seront le plus sûrement et sous l'eau; dans cinq ou six ans, on en retirera encore des vestiges qui pourront être plus utiles que ce que l'on en retirerait.
On demande les ordres de Sa Majesté sur la construction d'un hangar non voûté pour le service de l'artillerie dans la citadelle de Corfou.	Renvoyé au travail de janvier.
On met sous les yeux de Sa Majesté une demande du roi de Westphalie qui désire que le sieur Lal-	Je suis surpris que le ministre me fasse une pareille demande sans s'être assuré si cet officier

lemant, dit Wattebled, capitaine adjudant-major au 11e régiment de dragons, natif de Magdeburg et par conséquent son sujet, soit autorisé à passer à son service.	voulait passer au service de la Westphalie.
Le général Grenier, chef de l'état-major de l'armée de Naples, appuie la demande faite par le sieur d'Esplan, sous-officier au 102e régiment, d'être autorisé à passer au service de Naples.	Accordé.
Le ministre de l'intérieur demande le renvoi à Dusseldorf du lieutenant Dallemscheir, prisonnier de guerre, qui y est né et qui était au service d'Espagne depuis seize ans; il est retenu au dépôt d'Autun avec sa femme et ses enfants.	Accordé.
Démission du sous-lieutenant Huart, du 11e régiment de chasseurs, soumise à l'approbation de Sa Majesté.	Accordé.
Démission du sieur Mougin, sous-lieutenant au 3e bataillon principal du train d'artillerie, soumise à l'approbation de Sa Majesté.	Accordé.
On rend compte à Sa Majesté qu'il paraît indispensable de fixer à 25 francs la gratification à accorder à tous les agents qui concourent à l'arrestation des réfractaires et des déserteurs. On soumet à cet effet un projet de décret à Sa Majesté.	Renvoyé au Conseil d'Etat.

4915. — DÉCISION.

Paris, 16 décembre 1810.

Rapport du prince Eugène à l'Empereur sur les inconvénients qu'il y aurait à retirer du royaume d'Italie tout le personnel de l'artillerie française.	Renvoyé au ministre de la guerre pour me faire un rapport. NAPOLÉON.

4916. — DÉCISION.

Paris, 17 décembre 1810.

Le général Clarke demande des ordres au sujet de la destination à donner au détachement d'artillerie du grand-duché de Berg, venu de l'armée d'Allemagne à Paris.

Cette compagnie d'artillerie sera envoyée à l'école de Metz où elle sera complétée par le grand-duché de Berg ; et toutes les mesures seront ordonnées pour qu'on veille à son instruction.

NAPOLÉON.

4917. — DÉCISION.

Paris, 18 décembre 1810.

Le maréchal Berthier propose de faire mettre en liberté un maréchal des logis des chevau-légers hessois, qui a été emprisonné pour avoir perdu l'argent de la solde de sa troupe. L'innocence de ce sous-officier ayant été bien établie, la perte de cette somme serait supportée par la caisse du payeur général de l'armée.

Approuvé.

NAPOLÉON.

4918. — DÉCISION.

Paris, 19 décembre 1810.

Le général Clarke demande des instructions au sujet de la destination à donner à la 9e compagnie du 3e bataillon de sapeurs, qui a été désignée pour servir au recrutement des deux bataillons conservés en Espagne.

La laisser comme elle est à Bayonne jusqu'à nouvel ordre.

NAPOLÉON.

4919. — DÉCISION.

Paris, 19 décembre 1810.

Le général Clarke demande s'il doit donner des ordres pour rassembler les bois et fers nécessaires à la construction d'un équipage de pont à Danzig.

Oui, tenir ces bois tout prêts de manière qu'en deux mois on puisse avoir cet équipage.

NAPOLÉON.

4920. — AU GÉNÉRAL CLARKE.

Paris, 19 décembre 1810.

Monsieur le duc de Feltre, je reçois votre rapport du... (1). J'accorde 34 pièces de 3 autrichiennes à la Saxe et 34 canons. Faites-les délivrer sans délai.

NAPOLÉON.

4921. — DÉCISION.

Paris, 19 décembre 1810.

Le bataillon de marche formé de tous les hommes disponibles aux dépôts d'infanterie de la garde impériale est prêt à partir.

La saison est trop avancée, laisser passer le mois de janvier.

NAPOLÉON.

4922. — DÉCISION (1).

On propose à Sa Majesté d'employer soit dans une des divisions de l'Empire, soit aux armées, M. Fornier de Mont-Casals, commissaire ordonnateur hollandais.

Approuvé (3).

4923. — AU GÉNÉRAL CLARKE.

Paris, 20 décembre 1810.

Monsieur le Duc, Sa Majesté m'ordonne de faire connaître à Votre Excellence qu'il y aura dimanche prochain grande parade dans la cour des Tuileries et que les troupes ci-après y paraîtront, savoir :

1° Les régiments à pied et à cheval de la garde, qui sont à Paris, et qui se trouvent à trois marches de cette ville ;

2° Les détachements des conscrits, des tirailleurs et de la brigade de fusiliers, dont on formera un ou plusieurs bataillons de marche;

3° Le 24e régiment d'infanterie légère tout entier. Le service sera relevé par la garde de Paris.

Duc de BASSANO.

---

(1) La date manque.

(2) Sans date; extraite du « Travail du ministre directeur de l'administration de la guerre avec S. M. l'Empereur et Roi, daté du 19 décembre 1810 ».

(3) De la main de Maret.

4924. — AU MARECHAL BERTHIER.

Paris, 21 décembre 1810.

Mon Cousin, mandez au général Caffarelli qu'il peut employer les fusiliers de la garde, mêlés avec ses autres troupes, à maintenir la tranquillité dans son gouvernement et à donner une bonne chasse aux brigands, que je suis surpris qu'il les laisse s'établir auprès de lui, qu'il ne met pas assez d'activité dans tout cela.

NAPOLÉON.

4925. — DÉCISIONS (1).

Paris, 21 décembre 1810.

Sa Majesté est suppliée de couvrir par une décision de régularisation un excédent de dépenses de 1.398 fr. 02, pour les travaux faits en 1809 aux fortifications et bâtiments militaires de Rochefort, lequel résulte d'une erreur d'interprétation de la part de M. le directeur du génie.	Approuvé.
Un enfant de 10 ans, né en Egypte, fils d'un sergent tué à la bataille de Wagram, a été admis, par arrêté du général Menou, à la solde entière dans le 13e régiment d'infanterie de ligne. Sa Majesté est priée de faire connaître si son intention est de faire une exception en faveur de cet enfant, attendu que la loi ne permet pas d'accorder la solde entière aux enfants de troupe avant l'âge requis.	Approuvé.
On propose à Sa Majesté de confier le commandement du département du Simplon à M. le colonel Panisse.	Mettre cet officier en activité, et envoyer dans le Valais un adjudant commandant de ceux qui sont sur la liste.

(1) Non signées; extraites du « Travail du ministre de la guerre avec S. M. l'Empereur et Roi, daté du 19 décembre 1810 ».

Cet officier supérieur, fait prisonnier à Santo-Domingo, ne peut être envoyé aux armées, et il jouit à Paris du traitement de non-activité.

On propose à Sa Majesté de nommer au commandement d'armes de la place d'Ostende, vacant par la retraite du colonel Juniac, M. le colonel Aussenac, connu sous des rapports avantageux.

Employer activement cet officier et nommer pour commander la place d'Ostende un colonel qui ait été mis en retraite après les campagnes de la Grande Armée.

On propose à Sa Majesté d'approuver la décision du ministre, qui a accordé au général de brigade Coëhorn une prolongation de congé avec appointements jusqu'au 1er avril prochain pour soigner sa santé.

Approuvé.

Sa Majesté est priée d'approuver la prolongation de congé accordée avec appointements, jusqu'au 1er février prochain, au général de brigade Schilt, employé à l'armée d'Italie, pour le rétablissement de sa santé.

Approuvé.

On met sous les yeux de Sa Majesté la demande d'un congé de six mois, pour raison de santé, que fait M. l'adjudant commandant Laville, chef de l'état-major de la 1re division de grosse cavalerie de l'armée d'Allemagne.

Approuvé.

On prie Sa Majesté de faire connaître si le général-major hollandais Wedel sera maintenu et employé dans son grade, où s'il lui sera accordé une pension de 3.000 francs.

Renvoyé au prince archi-trésorier pour faire une enquête et me faire connaître ce que c'est que ce général.

On demande à Sa Majesté si son intention est qu'un ex-fusilier du 82e régiment, admis à la solde de retraite, jouisse de sa pension en Westphalie.

Approuvé.

Le maire de la commune de Fernaud, département du Rhône, demande pour le nommé George, canonnier à pied au 4e régiment d'artillerie, un congé absolu motivé sur les besoins de sa famille.	Accordé.
On propose à Sa Majesté d'admettre à la solde de retraite un ex-capitaine quartier-maître des grenadiers à pied de l'ex-garde hollandaise.	Approuvé.
On met sous les yeux de Sa Majesté la demande que fait le sieur Duhamel de Querlonde, major au corps de l'état-major autrichien, pour être autorisé à passer au service de France.	Lui accorder ce qu'il demande dans les régiments étrangers.
M. Louis-Baillet de la Tour, ci-devant lieutenant feld-maréchal au service d'Autriche, ayant renoncé à tous les avantages, titres et pensions, etc., dont il jouissait, supplie Sa Majesté de lui accorder les secours nécessaires pour son existence et celle de sa famille, et de l'admettre à servir la France.	L'autoriser à jouir en France de la pension qu'il avait en Autriche. Le ministre de la guerre me fera connaître à quoi il pourrait être employé. Je ne crois pas que ce soit celui que j'ai vu à Rastatt et qui était, je crois, conseiller aulique.
On propose à Sa Majesté d'adopter des fixations pour les masses de toute nature du 2e régiment des grenadiers de la garde. Ces masses sont, pour les subsistances, les mêmes que pour les fusiliers; et les masses d'habillement ont été réglées d'après un travail particulier.	J'ai réglé tout cela par mon décret.
On soumet à Sa Majesté la demande faite par le conseil d'administration du 33e régiment de ligne d'admettre comme enfant de troupe le fils de M. Schmidt, chirurgien-major de ce régiment, père de six enfants, et dont les services sont recommandables.	Approuvé.

Bordereaux des ordonnances expédiées depuis le 11 décembre jusqu'au 17 du même mois inclusivement, sur les exercices an XIV, 1806, 1807, 1808, 1809 et 1810.	Approuvé.

4926. — AU GÉNÉRAL CLARKE.

Paris, 22 décembre 1810.

Monsieur le duc de Feltre, je vous renvoie approuvés :

1° L'état des officiers à employer dans les directions et sous-directions du génie d'Amsterdam et Groningue. Je désire qu'au lieu de résider à Amsterdam, où réside déjà le directeur, un des sous-directeurs demeure à Rotterdam et un officier à Hellevoetsluis. Je pense qu'avec le temps il serait bon d'employer hors de Hollande les officiers du génie hollandais et de n'en laisser aucun en Hollande ;

2° L'état des officiers démissionnaires ;

3° L'état des officiers à employer en France. Il me semble que vous pourriez en employer auprès du prince d'Eckmühl, qui en a besoin.

Quant aux officiers employés au cadastre et aux ingénieurs géographes, je fais les observations suivantes : sur huit ingénieurs géographes, il faut en conserver quatre en Hollande et employer les quatre autres en Italie et ailleurs. Vous remplacerez ces derniers par des officiers français. Le général Krayenhoff, qui est général de brigade, ne peut pas être ingénieur géographe ; il faut l'employer dans le génie, s'il est officier du génie. Quant aux cinq officiers employés au cadastre, vous pouvez les employer encore quelque temps. Mais c'est en général une mauvaise méthode que de donner des grades militaires à ces ingénieurs qui ne doivent être que des employés civils. Il faut donc, le plus tôt possible, les rappeler.

Je vous renvoie l'état des généraux et officiers à employer dans les deux divisions militaires. J'approuve que le général Molitor commande la 17e division militaire et demeure à Amsterdam ; que le général Durutte commande la 31e et demeure à Groningue ; que le général Amey commande le département du Zuyderzée et réside au Texel ; que le général Raymond-Viviès commande le département des Bouches-de-la-Meuse et réside à Rotterdam ; que le général Harty commande le département de l'Issel supérieur et demeure à Arnheim. Le général de brigade Albert sera le 4e général employé dans la 17e division militaire; il commandera dans l'île de Goeree et jusqu'à Willemstad; il exercera la plus grande surveillance dans les deux îles de Goeree et d'Over-Flakkee. J'approuve que le général Viallanes commande le département des Bouches-de-l'Issel ; le général Nalèche, La Frise ; le général Leguay, l'Ems oriental à Emden, et le général Guiton l'Ems occidental, à Groningue.

J'approuve également les deux adjudants commandants que vous proposez. Moyennant cela présentez-moi un projet d'ordre pour dissoudre le corps d'observation de la Hollande.

Napoléon.

4927. — AU GÉNÉRAL LACUÉE.

Paris, 22 décembre 1810.

Monsieur le comte de Cessac, la deuxième expédition, qui doit partir de Toulon pour Corfou, composée de la frégate *la Pomone* et de la flûte *la Persane*, doit embarquer à bord 100 hommes pris au dépôt du fort Lamalgue. Ces 100 hommes seront, à leur arrivée à Corfou, incorporés dans le 6e de ligne. Ils seront habillés avant leur départ. Donnez des ordres pour que l'habillement de ces 100 hommes, en uniformes d'infanterie de ligne, soit prêt à Toulon sans perdre de temps. Ces bâtiments doivent partir au 20 janvier.

Napoléon.

4928. — DÉCISION.

23 décembre 1810.

La rentrée en France de 15 cadres de compagnies d'artillerie des armées d'Espagne est-elle approuvée ? Le maréchal Berthier demande si ce mouvement doit avoir lieu.

Oui, il doit avoir lieu.

Napoléon.

4929. — DÉCISION.

Paris, 23 décembre 1810.

Propositions du général Clarke relatives à la répartition des troupes françaises et hollandaises entre les différents départements qui doivent composer, au 1er janvier prochain, les 17e et 31e divisions militaires.

J'approuve les différentes dispositions contenues dans ce rapport. Il faut recommander aux généraux des divisions de réunir quelques compagnies de voltigeurs françaises et hollandaises, soutenues de quelques détachements de cavalerie, et d'en faire des colonnes pour surveiller les côtes, prêter main-forte aux douanes et empêcher les communications avec l'Angleterre qui sont encore très fréquentes.

NAPOLÉON.

4930. — DÉCISION.

Paris, 24 décembre 1810.

Le général Thouvenot, gouverneur de la Biscaye, demande l'autorisation de transférer le siège de son commandement à Vitoria.

Approuvé.

NAPOLÉON.

4931. — ORDRE (1).

Paris, 25 décembre 1810.

Des officiers d'artillerie pourraient être également envoyés de Hollande en Allemagne, afin qu'on puisse promptement, quand on le voudra, porter cette armée de trois divisions à cinq. Vous ferez connaître au prince d'Eckmühl qu'il est autorisé à donner des congés de six à huit mois à ceux de ces officiers qui en voudront ; mais qu'il est bon que tous connaissent d'avance leur destination, afin qu'ils puissent diriger leurs chevaux en conséquence, et que ceux qui ne prendront pas de congés puissent se rendre directement à leur poste.

(1) Extrait. Copie conforme.

4932. — DÉCISION.

Paris, 27 décembre 1810.

Le général Clarke rend compte que le général Baraguey d'Hilliers a révoqué l'ordre qu'il avait donné au 2e bataillon du train des équipages militaires de se rendre à Commercy.

Le 5e bataillon restera seul en Catalogne, le 2e se rendra à Commercy.

NAPOLÉON.

4933. — AU MARÉCHAL BERTHIER (1).

Paris, 27 décembre 1810.

Mon Cousin, donnez l'ordre au général Caffarelli de considérer Santander comme faisant partie du quatrième gouvernement.

Autorisez-le à disposer des 70.000 francs provenant des prises.

Mettez à sa disposition les 233 balles de laine dont il propose la vente.

Mettez également à sa disposition toutes les marchandises coloniales.

Il faut qu'au moyen de ces ressources, la solde soit au courant et que la gendarmerie soit parfaitement payée. Faites connaître au général Caffarelli qu'il ne donne pas assez de mouvement à ses troupes, et qu'au lieu de les laisser tranquilles dans leurs cantonnements, il les fasse marcher et attaquer les brigands.

Faites le même reproche au général Reille.

Donnez l'ordre au général Quesnel d'occuper la vallée de Bastan et les postes d'Orbaiceta avec les gardes nationales qui sont à ses ordres.

NAPOLÉON.

4934. — DÉCISIONS (2).

Paris, 27 décembre 1810.

On propose à Sa Majesté d'approuver que les 100 paires de souliers qui ont été délivrées des ma-

Accordé.

NAPOLÉON.

(1) Publié par Brotonne, mais avec des variantes et des lacunes.

(2) Extraites du « Travail du ministre directeur de l'administration de la guerre avec S. M. l'Empereur et Roi, daté du 26 décembre 1810 ».

gasins de Gand à la 2e compagnie des canonniers garde-côtes de la direction de Cherbourg lui soient accordées en gratification, attendu le service extraordinaire qu'elle a fait à l'armée de l'Escaut.	
On propose à Sa Majesté d'accorder à titre de secours extraordinaire, à la masse d'habillement des 7e et 10e régiments de dragons, une somme de 40.000 francs, savoir : 20.000 sur 1808 et 20.000 sur 1809.	Accordé. NAPOLÉON.
On prie Sa Majesté de vouloir bien autoriser le ministre du Trésor public à faire à un entrepreneur des services du chauffage et des fourrages l'avance d'une somme de 400.000 francs, qui sera imputée sur son service du chauffage, savoir : 300.000 francs sur 1809 et 100.000 francs sur 1810.	Accordé. NAPOLÉON.
On prie Sa Majesté de vouloir bien faire connaître sa volonté définitive sur la destination à donner au 2e bataillon des équipages militaires.	Le 5e bataillon restera seul en Catalogne. Le 2e se rendra à Commercy. NAPOLÉON.
On prie Sa Majesté de décider si Elle veut que les magasins des vivres soient approvisionnés dans les 31 divisions pour 270.000 hommes ou seulement pour 200.000, et si les achats seront faits de manière à présenter au 1er janvier 1812 un approvisionnement de six ou neuf mois.	Pour combien d'hommes existe-t-il actuellement ? NAPOLÉON.

4035. — AU GÉNÉRAL CLARKE.

27 décembre 1810.

Monsieur le duc de Feltre, je suppose que vous avez recommandé l'exécution de l'ordre qui rappelle à Rome les 10e et 20e régiments de ligne qui sont à l'armée de Naples. Vous m'instruirez du jour où ces deux régiments arriveront dans cette ville. Faites bien connaître au roi de Naples que ce sont ces deux régiments que je veux et non point d'autres. Cette explication est utile, afin que, sous quelque prétexte, on ne fasse pas partir d'autres régiments. Je suppose que vous avez ordonné que plusieurs bataillons partissent du Frioul et de la Dalmatie pour se rendre à Toulon. Faites-moi connaître quand ces bataillons y arriveront.

NAPOLÉON.

4936. — DÉCISIONS (1).

27 décembre 1810.

On propose à Sa Majesté d'approuver, comme mesure de régularisation, que les toisés des travaux militaires de Sainte-Maure, pour les exercices 1809 et 1810, soient admis selon leur forme et teneur dans la comptabilité du ministère de la guerre.	Accordé.
On rend compte à Sa Majesté que des ordres ont été donnés pour faire cesser tout recrutement et tout rengagement à prix d'argent au bataillon valaisan.	On peut continuer pendant 1811 ce mode de recrutement.
On rend compte à Sa Majesté de la composition du 3e régiment provisoire de cavalerie, et on propose de faire dissoudre ce régiment à Toulouse lorsqu'il y sera réuni et de faire entrer chaque détachement dans son ancien corps.	Approuvé.
On met sous les yeux de Sa Majesté la composition des 116e régiment d'infanterie de ligne et 32e d'infanterie légère.	Organiser le 116e et le 32e légère à trois bataillons de guerre et un bataillon de dépôt, c'est-à-dire à seize compagnies.
On demande à Sa Majesté si on doit présenter un projet de décret	

(1) Non signées; extraites du « Travail du ministre de la guerre avec S. M. l'Empereur et Roi, daté du 26 décembre 1810 ».

pour donner à ces régiments la même organisation qu'aux autres.	
On propose à Sa Majesté de réduire les cadres des chasseurs des montagnes à trois bataillons.	Approuvé.
On met sous ses yeux la situation de ces bataillons telle qu'elle a été constatée tant à l'armée d'Espagne que sur les frontières.	
Le roi de Naples acceptera volontiers les déserteurs étrangers qui lui seront envoyés d'Italie; mais il aurait préféré le 1er régiment suisse et ceux d'Isembourg et de la Tour d'Auvergne.	Oui.
Ses motifs pour cette préférence ne paraissent pas suffisants pour faire révoquer la décision qui conserve ces régiments au service de France.	
Sa Majesté est priée de faire connaître si, lorsque les deux bataillons étrangers seront complets, les déserteurs étrangers devront être dirigés sur Naples.	
On propose à Sa Majesté de décider que M. Baltazar, nommé chef de bataillon du bataillon des gardes nationales de la garde, qui n'a pu être mis en possession de cet emploi, sera pourvu d'une des premières places de chef de bataillon vacantes dans les régiments de la jeune garde.	Le mettre à la disposition du général Caffarelli.
D'approuver que MM. Roque, lieutenant-colonel, et Meyer, lieutenant en second des gardes du corps de l'ex-garde hollandaise, soient attachés aux tirailleurs de la garde impériale.	Approuvé.
Sa Majesté est priée de faire connaître ses intentions à l'égard de 97 hommes de l'infanterie et de	2 de l'Italie, à envoyer à Milan ;

l'artillerie de l'ex-garde hollandaise qui sont nés Allemands et qui ne sont dans aucun des cas prévus par le décret du 30 octobre 1810.	1 de la française ; 15 Autrichiens, Hongrois, à envoyer dans le régiment d'Isembourg; 6 Polonais à envoyer au dépôt de Sedan ; 3 de la Poméranie suédoise, 2 de la Suède, 70 de la Confédération du Rhin : à envoyer dans le régiment de la Tour d'Auvergne.
On demande les intentions de Sa Majesté à l'égard de 151 militaires de l'infanterie de l'ex-garde hollandaise, nés Prussiens.	A mettre dans le 124e régiment de ligne hollandais.
On propose à Sa Majesté d'approuver l'incorporation dans la ligne de 26 grenadiers de l'ex-garde hollandaise, qui ne méritent point d'être conservés dans le 2e régiment des grenadiers à pied de la garde.	Accordé.
On propose à Sa Majesté de dispenser le sieur Lambert, maréchal des logis de gendarmerie, qui compte 50 ans de service, de continuer à payer la pension de son fils, vélite dans les dragons de la garde;	Accordé.
De faire passer dans le 8e régiment de dragons M. Larray, capitaine de la compagnie d'élite du 2e régiment de même arme.	Accordé.
Sa Majesté est priée de faire connaître si Elle consent à ce que le sieur Jean Charron, sous-officier au 12e régiment de ligne, passe au service de Naples ainsi qu'il en fait la demande.	Accordé.
Sa Majesté est priée de faire connaître si Elle consent à ce que le sieur Dépère, maréchal des logis au	Accordé.

8e régiment de cuirassiers, passe au service du roi de Westphalie.	
Le colonel Boulnois, du 4e régiment de chasseurs, demande à jouir du congé de trois mois que Sa Majesté a bien voulu lui accorder et dont il n'a pu faire usage à cause de l'ordre qu'il a reçu de se rendre au régiment en mai dernier.	Accordé.
On propose à Sa Majesté d'accorder un congé absolu à un caporal des conscrits canonniers de la garde, qui compte 17 ans de service et qui a une femme, trois enfants et un père infirme dont il est l'unique appui.	Accordé.
On annonce à Sa Majesté que le chargé d'affaires des Etats-Unis correspond directement avec des prisonniers des dépôts d'Anglais pour avoir la liste des Américains qui y sont détenus, et on propose de faire cesser cette correspondance qui a été interceptée.	Approuvé.
On demande à Sa Majesté si Elle veut permettre l'enrôlement au service de France de 213 prisonniers de guerre, originaires de la Prusse, de l'Autriche et de la Suisse, détenus dans les dépôts d'Espagnols de la 18e division militaire.	Envoyer les Suisses à Naples; les autres, vérifier s'ils ne sont pas déserteurs de notre service.
On propose à Sa Majesté de mettre à la disposition du ministre de la guerre d'Italie le sieur Paul Roguoguy, sous-lieutenant, prisonnier espagnol, né à Mantoue, qui demande à servir en France.	Accordé.
M. l'ambassadeur d'Espagne à Paris sollicite pour M. Guerrero de Torrès, capitaine d'artillerie, placé au dépôt des officiers espagnols assermentés à Châlons-sur-Marne,	Accordé.

l'autorisation de se rendre à Madrid, où il a à recueillir le dépôt d'une succession de la valeur de 200.000 francs, dont on cherche à le frustrer.

Le ministre plénipotentiaire de Suède demande la mise en liberté de deux prisonniers originaires de ce royaume, qu'il assure avoir été forcés de servir sur les bâtiments anglais à bord desquels ils ont été capturés.

Les mettre sur les bâtiments de l'Etat à Toulon.

Le vétéran Mahy, dont le général Reille sollicite le retour à Pampelune et dont Sa Majesté a ordonné l'envoi dans une compagnie de vétérans dans le Brabant, n'a servi qu'en Espagne où il s'est marié et jouit d'une pension.

Accordé.

Proposition de renvoyer dans ses foyers M. Marthe, capitaine au 103e régiment d'infanterie, hors d'état de servir à cause de ses blessures et de lui donner une gratification de 450 francs.

Accordé.

Démission du sous-lieutenant Bivort, du 2e régiment de carabiniers, soumise à l'approbation de sa Majesté.

Accordé.

4937. — DÉCISION.

Paris, 28 décembre 1810.

Sur la demande du colonel du 7e cuirassiers, le général Clarke propose de retirer de Rouen le 7e régiment de cuirassiers et de l'établir soit à Aire, soit à Mons, soit à Cambrai, villes où les casernements sont plus vastes.

La saison n'est guère favorable pour changer de garnison. Voir s'il y a des casernes ou des établissements à deux ou trois journées de Rouen.

NAPOLÉON.

4938. — DÉCISION.

Paris, 28 décembre 1810.

Le ministre de la police a proposé de former un bataillon colonial d'hommes dangereux qui se trouvent en Toscane et dans les Etats romains.

On pense que ces hommes peuvent être dirigés sur le 2e bataillon colonial, en Corse, et on prie Sa Majesté d'approuver cette proposition.

Approuvé.

NAPOLÉON.

4939. — DÉCISIONS (1).

Au palais des Tuileries, 28 décembre 1810.

On demande à Sa Majesté si Elle autorise la présentation au commandement d'un régiment d'infanterie de M. Hulot, chef d'escadron retiré du 7e régiment de chasseurs à cheval, et qui a eu un bras amputé.

Accordé.

On propose à Sa Majesté de nommer sous-lieutenant d'infanterie le sieur F.-N. Leborgne de Kéroulas, âgé de près de 23 ans, qui appartient à une ancienne famille de Bretagne et qui est recommandé par M. le général Lariboisière.

Accordé.

4940. — DÉCISION (2).

Au palais des Tuileries, 28 décembre 1810.

On met sous les yeux de Sa Majesté la proposition d'autoriser M. Jameron, colonel de la 27e légion de gendarmerie, en résidence à Turin, à passer au commande-

Accordé.

---

(1) Non signées; extraites du « Travail du ministre de la guerre avec S. M. l'Empereur et Roi, daté du 12 décembre 1810 ».

(2) Non signée; extraite du « Travail du ministre de la guerre avec S. M. l'Empereur et Roi, daté du 19 décembre 1810 ».

ment de la 22e légion de cette arme, en remplacement de M. Recco, décédé.

4941. — AU GÉNÉRAL CLARKE.

Paris, 30 décembre 1810.

Monsieur le duc de Feltre, donnez l'ordre aux deux bataillons du 23e d'infanterie légère de se rendre de Sion à Avignon. Vous me ferez connaître le jour où ils y arriveront. Il paraît que la gendarmerie suffira dans le Valais. Toutefois, s'il en était besoin, le général Berthier tirerait 100 hommes de Genève.

NAPOLÉON.

4942. — DÉCISION.

Paris, 31 décembre 1810.

Le général Clarke rend compte que le colonel du 4e régiment suisse sollicite le transfert à Huningue du dépôt de recrues de ce régiment, qui est à Besançon.

Approuvé.

NAPOLÉON.

TABLE DES NOMS DE PERSONNES (1)

A

B

(1) Les noms de *Napoléon*, *Berthier*, *Clarke*, qui reviennent presque à chaque page, n'ont pas été mentionnés dans cette table.

D

E

F

G

H

L

Q

R

S

Errata du tome Ier.

Au lieu de :

Page 57. CRAQUENBOURG.

Lire :

CRUQUENBOURG.

Au lieu de :

Page 109. SKOLSKI. . . . .

Lire :

SKALSKI.

Au lieu de :

— 488. Comte SOTTAU. . . . .

Lire :

Comte SOLTAN.

Au lieu de :

— 492. DUBICKI. . . . .

Lire :

WYBICKI.

Au lieu de :

— 622. MALAKOWSKI. . . . .

Lire :

MALACHOWSKI (Stanislas).

Paris et Limoges. — Imp. et libr. militaires HENRI CHARLES-LAVAUZELLE.

www.ingramcontent.com/pod-product-compliance
Lightning Source LLC
Chambersburg PA
CBHW070800020526
44116CB00030B/908

* 9 7 8 2 0 1 3 5 3 3 1 1 9 *